中國社會科學院老學者文庫

"歷組"卜辭時代辨析

常玉芝　林小安　胡振宇◎著

中國社會科學出版社

圖書在版編目（CIP）數據

"歷組"卜辭時代辨析／常玉芝，林小安，胡振宇
著. -- 北京：中國社會科學出版社，2025. 5. --（中
國社會科學院老學者文庫）. -- ISBN 978 - 7 - 5227 - 4681
- 4

Ⅰ. K877.14

中國國家版本館 CIP 數據核字第 20252U7Y76 號

出 版 人	趙劍英	
責任編輯	安　芳	
責任校對	張愛華	
責任印製	戴　寬	

出　　版	中国社会科学出版社	
社　　址	北京鼓樓西大街甲 158 號	
郵　　編	100720	
網　　址	http：//www. csspw. cn	
發 行 部	010 - 84083685	
門 市 部	010 - 84029450	
經　　銷	新華書店及其他書店	

印刷裝訂	北京君昇印刷有限公司	
版　　次	2025 年 5 月第 1 版	
印　　次	2025 年 5 月第 1 次印刷	

開　　本	710 × 1000　1/16	
印　　張	56	
字　　數	755 千字	
定　　價	309. 00 元	

前排左起：常玉芝、林小安、張寧；後排左起：胡振宇、吳鋭

本書作者常玉芝

---

* 本書課題組成員。

本书作者林小安

本书作者胡振宇

郭沫若先生（取自中國考古博物館）

董作賓像（取自《董作賓先生全集》甲編第一冊，臺北藝文印書館 1978 年版）

陳夢家先生（取自中國考古博物館）

胡厚宣先生（胡振宇提供）

桂瓊英先生與胡厚宣先生在天津歷史博物館鑒定甲骨，1964 年（胡振宇提供）

張政烺先生（取自《張政烺文集》中華書局 2012 年版）

徐中舒、胡厚宣、張政烺三位先生在中國科學院歷史研究所前（胡振宇提供）

鄒衡先生與張政烺先生在一起（林小安提供）

鄒衡先生（取自作者《夏商周考古學論文集（續集）》，科學出版社 1998 年版）

陳煒湛先生（本人提供）

石璋如像（取自《古今論衡》第 12 期，臺北："中研院"史語所，2005 年）

嚴一萍先生（取自《嚴一萍先生全集》，臺北藝文印書館 1973 年版）

劉一曼先生（本人提供）

曹定雲先生（本人提供）

方述鑫先生（取自作者《殷虚卜辞断代研究》，文津出版社 1992 年版）

朱歧祥先生（本人提供）

《甲骨文合集》編輯組部分成員，1988 年（後排左起彭邦炯、羅琨、王宇信、張永山、齊文心、常玉芝、楊昇南；前排左起謝濟、王貴民、胡厚宣、孟世凱、蕭良瓊、牛繼斌）（胡振宇提供）

目　　錄

下編　1977 年起對 "歷組" 卜辭時代的論辯

前　　言

何為"歷組"卜辭?

"歷組"卜辭的名稱是李學勤於 1977 年提出的。"歷組"卜辭是指董作賓 1933 年甲骨分期的第四期卜辭,即武乙、文丁卜辭①。李學勤認為董作賓把第四期卜辭即"歷組"卜辭的時代定在武乙、文丁時是錯誤的,這部分卜辭應該提前到第一期晚至第二期早,即是屬於武丁晚期至祖庚時期的卜辭。

李學勤提出"歷組"卜辭時代問題的背景。

1976 年,中國科學院考古研究所安陽工作隊在小屯村西北發掘出一座保存完整的中型墓 M5,即安陽小屯五號墓,墓中出土的大量青銅器上有"帚好"銘文,故也稱"婦好墓"。1977 年,李學勤藉"婦好"墓的發掘發表了《論"婦好"墓的年代及有關問題》一文,言殷墟甲骨第一期卜辭即武丁時期的賓組卜辭和第四期卜辭即武乙、文丁卜辭中都有"婦好"這個人物,"婦好"是指一個人的名,因"婦好墓"是早期武丁時期的墓,所以,也有"婦好"名的第四期卜辭就應該屬於第一期武丁晚至第二期祖庚時的卜辭。因此,董作賓"傳統的五期分法把歷組卜辭的時代斷錯了","五期分法早已陳舊了"。他將第四期卜辭中"字較大而細

① 1933 年,董作賓的第四期卜辭不包含自組、子組、午組卜辭,其時這幾組卜辭是劃在第一期武丁時。

勁”的那部分卜辭，因“有一個卜人秝（歷）”，而將第四期卜辭改稱為“歷組”卜辭，並自稱“拆穿”了“歷組卜辭的謎團”。1973年，中國科學院考古研究所安陽工作隊在小屯村南發掘，出土甲骨7150片，後將全部刻辭甲骨4612片（號）收錄於1980年出版的《小屯南地甲骨》一書中。1981年，李學勤藉小屯南地甲骨的發掘，發表了《小屯南地甲骨與甲骨分期》一文，對“歷組”卜辭提前說再提證據。總之，“婦好墓”發掘的第二年1977年，小屯南地甲骨發表的第二年1981年，李學勤都是馬上跟進，藉這兩次考古發掘提出將第四期武乙、文丁卜辭，即“歷組”卜辭，提前到第一期武丁晚至第二期祖庚時的新說。

　　“歷組”卜辭提前說甫一提出，就遭到了甲骨學者、考古學者、歷史學者的堅決反對。他們以甲骨文、金文、古文獻等資料證明，殷商時期有“異代同名”的社會現象；有世襲的世官制；賓組、出組卜辭記錄的殷商敵國和與國與“歷組”卜辭記錄的不同；指出在“婦好墓”之外出土的幾件商代青銅器上也見有“婦好”銘文；還列出了八十多年來殷墟考古發掘的地層證據，證明“歷組”卜辭從未在早期坑層中與賓組、自組、子組、午組等早期卜辭共出過，“歷組”卜辭都是出在較晚期的坑層中，等等。這些論據，特別是“婦好墓”之外也見有“婦好”銘文的青銅器，“歷組”卜辭都是出在較晚期的坑層中的鐵證，直接拔除了“歷組”卜辭提前說的根基。

　　之後，李學勤為了擺脫“歷組”卜辭都是出在較晚期地層的困境，於1989年、1992年相繼發表了內容基本相似的《殷墟甲骨兩系說與歷組卜辭》《殷墟甲骨分期的兩系說》兩文，提出殷墟甲骨的發展有“村北”和“村中、南”兩系。他把“歷組”卜辭和無名組卜辭（即康丁卜辭）從傳統的發展序列中抽出，劃歸到“村中、南系”，並把出土地層早於“歷組”卜辭的無名組卜辭安排在“歷組”卜辭之後，構建出了他的“兩系”路綫圖：

村北系：　　　 自組→賓組→出組→何組→黃組

村中、南系：自組→歷組→無名組→無名黃間類→黃組

他說自組是兩系的共同起源，黃組是兩系的共同歸宿（2008年，李學勤將"村中、南系"的"無名黃間類"卜辭改稱作"無名組晚期"卜辭，並使其不再歸宿到"村北系"的黃組卜辭，而是與黃組卜辭平行發展的）。這樣設置的"兩系"路綫圖，就使"村中、南系"的"歷組"卜辭與"村北系"的賓組、出組卜辭處在同一時段的發展平面上了，即"歷組"卜辭就與賓組、出組（早段）卜辭同屬於早期卜辭了。不過，他提出的"兩系"路綫圖一經發表，就遭到了學者們從考古地層學，從賓組、出組與"歷組"卜辭的內容等方面，給予了否定的論證，證明其所謂"兩系説"不能成立。也即"兩系説"圓不了"歷組"卜辭提前説。

1996 年，他與彭裕商合寫了《殷墟甲骨分期研究》一書，説該書是對"兩系説的較全面的叙述"，其採用的是考古學的"類型學"方法，即"先用字體分類，再進行斷代"，言此方法是不同於董作賓、陳夢家的新的甲骨分期"理論"。他們用字體分類將兩系各組卜辭用"間組""間類"卜辭連接起來，以證明"兩系説"正確，從而達到使"歷組"卜辭提前説正確的目的。但此論一出，又遭到考古學的否定。因為他們標榜的"先分類後斷代"方法，恰恰違背了考古"類型學"的基本規則，即運用考古學的"類型學"對出土遺物進行分類斷代時，最基本的前提是必須要以出土遺物的地層關係為依據（這已是考古學的常識）。但李、彭的字體分類，卻恰恰是拚棄了各組卜辭出土的地層關係，僅憑主觀意願對字體進行分類，他們的所謂"間組""間類"卜辭，就是明顯地將不同地層出土的卜辭用字體生拉硬拽地扯在一起的產物。因此，所謂"先用字體分類，再進行斷代"，就是個違反科學的錯誤"理論"。再檢查他們的先用字體分類再進行斷代的情況，可發

現其矛盾百出，不合情理之處屢見不鮮，每每都不能自圓其說，也即此"理論"在實踐上是行不通的。總之，"先用字體分類，再進行斷代"的所謂"理論"，是個偽論，它根本證明不了"兩系說"能夠成立，進而也就證明不了"歷組"卜辭提前說能夠成立。這種偽"理論"，根本替代不了董作賓、陳夢家的科學甲骨斷代學說。

四十多年來，學術界對李學勤的"歷組"卜辭提前說，以及由此派生出的"兩系說""先用字體分類再進行斷代"說，贊成者有之，反對者有之，雙方參與論戰的人數之眾，延續的時間之長，在甲骨斷代學史上都是空前的。反對者運用考古學（地層學、類型學）、甲骨文、金文、商代史、古文獻等資料，從多層次、多角度，全面詳實地論證了李學勤的"歷組"卜辭提前說、"兩系說""先用字體分類再進行斷代"說，都是錯誤的，都是不能成立的。他們繼承、發展了董作賓、陳夢家的甲骨斷代學說，將殷墟甲骨斷代研究推向了一個新的高度，特別是在運用科學的考古地層學對甲骨進行斷代研究方面，更是做出了超越前人的具有里程碑式意義的貢獻。

"歷組"卜辭時代等問題的討論，涉及多個領域。在甲骨學方面，涉及殷墟甲骨的发展序列、甲骨斷代標準的製定、甲骨文的釋讀、綴合等；在考古學方面，涉及地層學、類型學；在商代史方面，涉及"異代同名"制、職官制、祭祀、宗法、曆法等制度，其涉及領域的廣度和深度，也都是前所未見的。"歷組"卜辭的時代等問題牽涉面如此廣泛，因此實有結合百年來的甲骨斷代史，縷清雙方觀點並進行再研究的必要。

甲骨斷代研究，是甲骨學最基本最主要的工作。為了促進今後的甲骨斷代學研究，為了早日解決"歷組"卜辭的時代等問題，我們認為有必要對四十餘年來雙方論戰的情況做些介紹和總結。為此，本書把雙方四十餘年來散見於各種期刊、雜誌的文章，以及在各種專著中，涉及“歷組”卜辭時代等問題的主要論述，彙集起來做比較詳細地介紹與評議。這樣，一方面可以免除讀者的找尋之累，另一方面也便於讀者全面、系統地瞭解雙方的主要觀點，從而做出孰是孰非的正確判斷。

　　一百二十多年來的甲骨斷代研究是一個發展整體，為了使讀者能够系統瞭解甲骨斷代研究發展的歷史，本書採用依時間順序為主綫的叙述方式。全書分上下兩編。上編介評“1899 年至 1956 年的甲骨斷代研究”情況，分兩章。第一章介紹“1899 年至 1927 年，非科學發掘所得甲骨及時代推定”。第二章介紹“1928 年至 1956 年，考古發掘所獲甲骨及系統斷代標準的提出”，並全文附錄董作賓的《甲骨文斷代研究例》，陳夢家《殷虛卜辭綜述》第四章“斷代上”（附錄部分不錄）。做這些簡要介紹是為了使讀者了解、掌握前近六十年（1899—1956 年）中甲骨斷代研究的歷史以及前人的研究成果；也藉此使讀者明瞭 1977 年以來出現的“歷組”卜辭時代提前論等“新觀點”，對前人的研究成果做出了哪些改變，提出了什麽新“創見”。我們在介紹這兩個階段的卜辭斷代情況時，仍按當年的稱呼稱第三期卜辭為廩辛、康丁卜辭，第四期卜辭為武乙、文丁卜辭，第五期卜辭為帝乙、帝辛卜辭。下編介評“1977 年起對‘歷組’卜辭時代的論辯”，也分兩章。第三章介評“1977 年起‘歷組’卜辭時代及相關觀點的提出”，詳細介評李學勤提出“歷組”卜辭時代提前說、殷墟甲骨發展“兩系說”“先用字體分類再進行斷代”說的五篇代表作和一部與彭裕商合著的專著。並詳細介評支持李學勤觀點的裘錫圭、林澐的各一篇代表作。在此章中，我們遵循“著作權法”的規章，對持提前說觀點的各種著述，一概不做全文錄出，祇做詳細地介紹和簡單的評議。在此章後面附上“主張‘歷組’卜辭提前的論著目”，以便於讀者查找。第四章介評“1980 年起反對‘歷組’卜辭提前的論述”，全面、詳細地介評反對“歷組”卜辭提前說、

“兩系説”“先用字體分類再進行斷代”説的學者們的主要觀點及其代表作。在該章中，還特設一節介紹自 1977 年以來國内外出版的四十餘部甲骨著錄書的編纂情況，可以看到，絶大多數甲骨著錄書的編纂都不採用“歷組”卜辭提前説，祇有幾部是按“新説”編纂的。在此章後面附上“反對‘歷組’卜辭提前的論著目”，以便於讀者查找。

在本書最後，還設有兩個大的附錄：一個是全錄批判“歷組”卜辭提前説的文章，共錄十二篇代表作。另一個是全錄與“歷組”卜辭斷代有關的文章，共錄一篇代表作。這樣做是為了使讀者能够較全面、系統地瞭解反對方的觀點，以改變目前仍有人祇片面地了解提前論一方觀點的現狀。

這裏，需要説明的是，在下編的介評中，我們對 1977 年以後出現的卜辭分組新名稱，如“無名組”卜辭、“歷組”卜辭、“黄組”卜辭等，都認為是缺乏科學性的，但鑒於目前學界已普遍使用這些名稱，而且大家也都明白這些名稱所指卜辭的大致範圍，故為了叙述方便起見，我們也就隨流採用這些名稱了。

這裏，還特別要感謝中國社會科學院古代史研究所在職研究員吳銳先生，他對本書的完成付出了艱辛的勞動：他幫忙到圖書館查找多篇有關文章、資料，並全部用繁體字打出；他幫助校對多篇文章；他幫忙統編全部書稿；他還不計報酬、無償付出，等等。我們曾邀請他加入著者的行列，但他謙虛推辭。在這裏，我們寫作團隊對他的無私幫助表示衷心地、深深地感謝！

上　編

1899 年至 1956 年的甲骨斷代研究

第 一 章

1899 年至 1927 年，非科學發掘所得甲骨及時代推定

　　關於殷墟甲骨文最早的發現者和發現年代，學術界曾有過不同意見，現在經過多年的考證、研究，絕大多數學者都已認同殷墟甲骨文是在 1899 年，由時任國子監祭酒的山東福山人王懿榮首先發現的。[①]

一　非科學發掘所得甲骨

　　在 1899 年至 1928 年中央研究院歷史語言研究所在殷墟進行科學發掘之前，殷墟出土的甲骨基本上都是由小屯村民私掘得來的。

　　甲骨文被發現以後，其學術價值日增，於是引起小屯村民進行私掘。"自 1899 年至 1928 年中央研究院歷史語言研究所發掘殷墟前的 29 年間，村民的私掘甲骨文的活動較清楚發掘地點的有九次。"[②]

　　第一次："1899 年至 1900 年，小屯村民在小屯村北洹水南岸

---

① 王宇信：《中國甲骨學》（增訂本），上海書店出版社 2021 年版，第 23—36 頁。
② 其中八次私掘情況是根據董作賓、胡厚宣的著述，一次私掘情況是根據明義士的著述。見劉一曼《殷墟考古與甲骨學研究》，雲南人民出版社 2019 年版，第 10—11 頁。

的劉家二十畝地中段進行的挖掘。……這一地段所出甲骨文多為一、二、五期之物。”

第二次：“1904 年冬，地主朱坤率領佃戶在村北洹水南岸他自家的十四畝地裏進行大規模的發掘。……所獲甲骨文有數車之多。這批甲骨被端方、黃浚、徐坊、美國傳教士方法斂、英國傳教士庫壽齡所收購。”

第三次：“1909 年，小屯村民在村前張學獻的地裏挖山藥溝，發現甲骨文甚多。……這批甲骨為羅振玉購得。”

第四次：“1920 年，當時華北五省遭遇大旱，小屯村民迫於飢寒，相約於村北洹河邊挖掘甲骨，凡以前出土甲骨文之處，都再三搜尋，附近幾個村的農民也來參加挖掘，此年所得甲骨，多售與霍保祿和王襄。”

第五次：“1923 年，張學獻在村中家裏的菜園內挖掘……這批甲骨大多為明義士收購。”

第六次：“1924 年，小屯村民於村中築牆起土，發現了一坑甲骨文，其中有很大的骨版。這批甲骨大多數為明義士買去。”

第七次：“1925 年，小屯村民在村南大路旁挖掘，獲有字甲骨數筐，有的牛胛骨長一尺多。這批甲骨售與上海商人，其中有一部分為劉體智收藏。”

第八次：“1926 年春，張學獻被土匪綁架，出款甚多，村民乘機與張家商議，在其菜園內再次挖掘……挖得甲骨文數量多，亦為明義士購去。”

第九次：“1928 年春……村民在村南路旁及麥場前之樹林中大舉挖掘，發現了許多甲骨，多售與上海及開封的商人。”

“第三次及第五次至第九次私掘，地點在小屯村中或村南，所獲甲骨，絕大多數屬牛胛骨，其時代多為三、四期。”

“據統計，從 1899—1928 年，私人挖掘出土的甲骨文達十萬片左右。"①

二　對非科學發掘所得甲骨時代的推定

最早是王懿榮在 1899 年認出甲骨文是商朝人的遺物，他曾"細為考訂，始知為商代卜骨，至其文字，則確在篆籀之前"②。其後，1903 年，劉鶚編著了第一部甲骨著錄書《鐵雲藏龜》，收錄甲骨 1058 片，他在該書的"自序"中說，甲骨文上刻的"祖乙、祖辛、母庚，以天干為名"，是"殷人的刀筆文字"③。王懿榮和劉鶚都還衹是籠統地說甲骨文是商人或殷人的遺物，都還沒能明確地指認是商代哪些王的遺物。

1914 年，羅振玉在《殷虛書契考釋》"自序"中說，卜辭中有"康祖丁""武祖乙""文武丁"稱謂，"今證之卜辭，則是'徙於武乙，去於帝乙'"④，即認為殷墟甲骨含有武乙、文丁、帝乙時卜辭。1925 年，王國維在《古史新證·殷》中說："盤庚以後，帝乙以前，皆宅殷虛"⑤，即認為殷墟含有盤庚至帝乙的甲骨，但還不能具體指出各王的所屬甲骨。

另有加拿大長老會駐彰德府牧師明義士，從 1914 年開始從私人手中收購甲骨，他所得甲骨甚多。1924 年，小屯村民在村中築牆取土時發現了一坑甲骨，三百餘片，為明義士所得。1928 年，明義士將這批甲骨編入《殷虛卜辭後編》，他在未完成的"序"言中，利用單獨的親屬稱謂"父乙""父丁"，再結合字體進行斷

---

① 胡厚宣：《殷墟發掘》，學習生活出版社 1955 年版，第 36 頁。轉引自劉一曼《殷墟考古與甲骨學研究》，雲南人民出版社 2019 年版，第 13 頁。

② 王漢章：《古董錄》，1933 年 10 月 10 日、15 日，《河北第一博物院畫報》第 50、51 期。此處轉引自王宇信《新中國甲骨學六十年》，中國社會科學出版社 2013 年版，第 1 頁。

③ 劉鶚：《鐵雲藏龜·自序》，抱殘守缺齋石印本，1903 年。

④ 羅振玉：《殷虛書契考釋·自序》，1914 年。增訂本，1927 年。

⑤ 王國維：《古史新證》，清華研究院講義，1925 年。又，清華大學出版社 1996 年版。

代，認為“父乙”是指小乙，“父丁”是指武丁，即定這部分甲骨的時代是在武丁、祖庚之世。① 對於明義士的甲骨斷代，董作賓、陳夢家表示反對，董、陳二位先生認為，這種字體卜辭中的“父丁”是指康丁，“父乙”是指武乙，其時代應是在武乙、文丁時期。董作賓在1933年發表的《甲骨文斷代研究例》一文中，認定這部分卜辭是第四期武乙、文丁卜辭。他說：“民國二十一年我發表《斷代研究例》一文，祇有少數學者贊成這種方法，當時我的老友明義士（James M. Menzies）就是反對者之一。”② 陳夢家在1956年發表的《殷虛卜辭綜述》中說：“1928年明義士將其未收於《殷虛卜辭》的甲骨一千餘版拓成墨本，名為《殷虛卜辭後編》（未印）。其未完成的叙言，曾將1924年冬小屯村中一坑所出三百餘片加以分類，企圖以稱謂與字體決定甲骨年代。此坑所出我定為康丁、武乙、文丁三王卜辭，而明氏誤認‘父丁’為武丁（其實是武乙稱康丁），‘父乙’為小乙（其實是文丁稱武乙），因此他的斷代不免全錯了。”③ 到二十世紀七十年代，中國科學院考古研究所在殷墟先後發掘出小屯南地甲骨和殷墟 M5 號墓（即“婦好”墓）④，李學勤就這兩次發掘，先後發表了《論“婦好”墓的年代及有關問題》（1977年）和《小屯南地甲骨與甲骨分期》（1981年）兩文⑤，藉此將第四期卜辭改稱為“歷組”卜辭⑥，並

---

① 見許進雄《〈殷墟卜辭後編〉編者的話》，藝文印書館1972年版。

② 董作賓：《殷虛文字甲編·自序》，商務印書館1948年版。

③ 陳夢家：《殷虛卜辭綜述》，科學出版社1956年版，第135—136頁；又，中華書局1988年版。下文凡引陳夢家之言，皆出自此書，不再另作注明，祇在行文中列出頁碼。

④ 中國科學院考古研究所安陽工作隊：《1973年安陽小屯南地發掘簡報》，《考古》1975年第1期。中國社會科學院考古研究所安陽工作隊：《安陽殷墟五號墓的發掘》，《考古學報》1977年第2期。

⑤ 李學勤：《論“婦好”墓的年代及有關問題》，《文物》1977年第11期。《小屯南地甲骨與甲骨分期》，《文物》1981年第5期。

⑥ 這裏説的第四期卜辭不包括後來董作賓加進去的被陳夢家稱作自組、子組、午組的卜辭。

步明義士的後塵，提出"歷組"卜辭不是董作賓以來認定的第四期武乙、文丁卜辭，而應是類似明義士早在 1928 年就提出的是武丁、祖庚卜辭，提出"歷組"卜辭的時代應該提前到第一期晚至第二期早，也即是武丁晚期至祖庚時期的卜辭。[①]

明義士以稱謂進行甲骨斷代無疑是受了羅振玉、王國維的啟發，但他是首先試圖用字體進行甲骨斷代的學者。

總之，在 1928 年之前，由於甲骨都是非科學發掘所得，所以研究者還祇能根據卜辭中的稱謂、世系、連帶字體來推定卜辭的時代，還不能够提出系統的甲骨斷代標準。

① 李學勤：《論"婦好"墓的年代及有關問題》，《文物》1977 年第 11 期。《小屯南地甲骨與甲骨分期》，《文物》1981 年第 5 期。

第 二 章

1928 年至 1956 年，考古發掘所獲甲骨及系統斷代標準的提出

第一節　1928 年至 1937 年，殷墟十五次發掘出土甲骨及著錄（兼記 1973 年至 2004 年殷墟出土甲骨及著錄）

1928 年秋，中央研究院歷史語言研究所成立。從 1928 年到 1937 年，對殷墟進行了十五次發掘，殷墟的發掘，標誌著中國近代考古學的誕生。董作賓在 1928 年至 1934 年間，八次主持或參加了殷墟的發掘，他是第一、五、九次發掘的主持人，第二、三、四、六、七次發掘的參加者，又受中央古物保管委員會委託，監察了第十一、十三兩次發掘。

下面是在歷次發掘中甲骨出土的情況[①]：

第一次，地點在小屯村及村北。出土字甲 555 片，字骨 299 片，共計有字甲骨 854 片。

第二次，地點在小屯村中、村南、村北。出土字甲 55

[①]　以下見劉一曼《殷墟考古與甲骨學研究》，雲南人民出版社 2019 年版，第 14—16 頁。殷墟十五次發掘的情況主要根據胡厚宣的《殷墟發掘》，學習生活出版社 1955 年版。

片,字骨 685 片,共計有字甲骨 740 片。

第三次,地點在小屯村北、村西北。獲字甲 2050 片,字骨 962 片,共計有字甲骨 3012 片。

第四次,地點在小屯村北、四盤磨、後岡。在小屯出土字甲 751 片,字骨 31 片,共計有字甲骨 782 片。發現鹿頭刻辭。在後岡發現一塊有字骨版。梁思永在後岡的發掘,發現和認識了仰韶文化、龍山文化、殷代文化直接疊壓的地層關係,從而確定了這三種文化的時代序列,奠定了中國考古地層學的基礎。

第五次,地點在小屯村北、村中、後岡。出土字甲 275 片,字骨 106 片,共計有字甲骨 381 片。

第六次,地點在小屯村北等地。出土字骨 1 片。

第七次,地點在小屯村北。出土字甲 23 片,字骨 6 片,共計有字甲骨 29 片。

第八次,地點在小屯村北、四盤磨、後岡。出土字甲 256 片,字骨 1 片,共計有字甲骨 257 片。

第九次,地點在小屯村北、侯家莊南地、後岡、武官村。小屯出土字甲 438 片,字骨 3 片,共計有字甲骨 441 片。侯家莊南地出字甲 8 片,字骨 8 片,又購得有字甲骨 31 片,共計有字甲骨 47 片。

第十、十一、十二次,地點在侯家莊西北岡。這三次發掘未發現甲骨卜辭。

第十三次,地點在小屯村北。出土字甲 17756 片,字骨 48 片,共計有字甲骨 17804 片。(發現了 YH127 坑,出土甲骨文 17096 片)

第十四次,地點在小屯村北和大司空村。出土字甲 2 片。

第十五次,地點在小屯村北。出土字甲 549 片,字骨 50 片,共計有字甲骨 599 片。

"以上殷墟十五次發掘共出土有字甲骨 24918 片。董作賓從第一次至第九次發掘所獲的 6513 片有字甲骨中選出 3942 片，編成《殷虛文字甲編》，於 1948 年出版。他又從第十三次至第十五次所獲的 18405 片有字甲骨中選出 9105 片，編成《殷虛文字乙編》（上、中、下三輯），於 1948 年至 1953 年間陸續出版。"① 即《甲編》《乙編》總共公佈了十五次發掘出土的有字甲骨 13047 片。②

兼記：1980 年，中國社會科學院考古研究所編著的《小屯南地甲骨》③ 出版，收錄甲骨 4612 片（號），是 1973 年在殷墟小屯南地發掘的全部刻辭甲骨。"由於甲骨出土時都有明確的地層關係，而且與陶器共存，這為甲骨文分期斷代、為殷墟文化分期提供了證據。"④

2003 年，中國社會科學院考古研究所劉一曼、曹定雲編著的《殷墟花園莊東地甲骨》⑤ 出版，公佈了 1991 年在花東 H3 坑出土的 689 片刻辭甲骨。該書"將推動今後甲骨文分期斷代、非王卜辭和商代社會結構及家族形態研究的深入"⑥。

2012 年，中國社會科學院考古研究所編著的《殷墟小屯村中村南甲骨》⑦ 出版，該書收錄了 1986 年至 1989 年在小屯村中，2002 年至 2004 年在小屯村南發掘所獲甲骨，並附錄其他地區所獲甲骨 17 片，共著錄甲骨 531 片。該書甲骨按組別進行編排，對甲

---

① 劉一曼：《殷墟考古與甲骨學研究》，雲南人民出版社 2019 年版，第 16 頁。

② 中央研究院歷史語言研究所：《殷虛文字甲編》，1948 年。《殷虛文字乙編》，1948—1953 年。

③ 中國社會科學院考古研究所：《小屯南地甲骨》，中華書局 1980 年版。

④ 見劉一曼、韓江蘇《甲骨文書籍提要》（增訂本），上海古籍出版社 2017 年版，第 54 頁。

⑤ 中國社會科學院考古研究所：《殷墟花園莊東地甲骨》，雲南人民出版社 2003 年版。

⑥ 王宇信：《中國甲骨學》，上海人民出版社 2009 年版，第 272 頁。

⑦ 中國社會科學院考古研究所：《殷墟小屯村中村南甲骨》，雲南人民出版社 2012 年版。

骨斷代研究提供了科學的地層、坑位、共存陶器等資料。

至此，對殷墟自 1973 年至 2004 年殷墟出土的甲骨文的精品薈萃工作告一段落，共著錄甲骨 5832 片。

以上介紹了 1928 年至 1937 年，1973 年至 2004 年在殷墟進行的科學發掘所出甲骨及著錄情況。可以分成兩個階段：第一階段從 1928 年到 1937 年，近十年間發掘的甲骨文已著錄了 13047 片，第二階段從 1973 年到 2004 年，三十餘年發掘的甲骨文已著錄了 5832 片，兩個階段發掘的甲骨共著錄了 18879 片。如此多的經過科學發掘所得的甲骨文資料，都有明確的出土地層、坑位關係，以及陶器共存等資料，對研究甲骨文、商代史，對研究甲骨斷代問題，尤其是對解決學界爭議已達四十餘年之久的所謂"歷組"卜辭的時代問題，無疑提供了最為豐富的科學資料。

第二節　1933 年董作賓提出系統甲骨斷代標準

1929 年 10 月，中央研究院歷史語言研究所在殷墟進行第三次發掘時，發現了四版大龜甲，董作賓對這四版大龜甲上的卜辭進行了研究，遂於 1931 年 6 月發表了《大龜四版考釋》[①] 一文。在該文中，他指出卜辭中長期不明的"卜"下"貞"上一字實是"貞人"的名字，指出利用"貞人"可以推斷卜辭的時代，這就是"貞人斷代說"。同時，他還提出了八項甲骨斷代標準：1. 坑層，2. 同出器物，3. 貞卜事類，4. 所祀帝王，5. 貞人，6. 文體，7. 用字，8. 書法。1933 年 1 月，董先生又通過對第一至第五次發掘所獲甲骨文的研究，發表了著名的論文《甲骨文斷代研究例》[②]

---

① 董作賓：《大龜四版考釋》，《安陽發掘報告》1931 年第 3 期。
② 董作賓：《甲骨文斷代研究例》，中央研究院歷史語言研究所集刊外編第一種《慶祝蔡元培先生六十五歲論文集》上冊，1933 年。

（見本章附錄一）。在該文中，他把之前提出的甲骨斷代標準做了修改，完善成為十項標準：1. 世系，2. 稱謂，3. 貞人，4. 坑位，5. 方國，6. 人物，7. 事類，8. 文法，9. 字形，10. 書體。根據這十項斷代標準，他將殷墟甲骨"粗略地分為五期"：

第一期：武丁及其以前（盤庚、小辛、小乙）
第二期：祖庚、祖甲
第三期：廩辛、康丁
第四期：武乙、文丁
第五期：帝乙、帝辛

董作賓的甲骨分期研究比羅振玉、王國維進了一步，他將甲骨的時代上推到武丁之前的盤庚、小辛、小乙，下延到帝乙、帝辛。證實了"自盤庚徙殷，至紂之滅，二百七十三年，更不徙都"[①]。

對於自己"粗略"的分期，董先生説："分卜辭的時期為五，這是粗疏的，暫時的，將來必要求精細。"他"本著五個時期的劃分，就十種標準一一舉例論述之"。這裏，對董先生論述十項標準時，對卜辭和商史的詳細論證及其貢獻暫且不錄，祇對他就各項斷代標準的論述做簡要介紹。1. 關於"世系"。他説："斷代研究的第一步工作，即是定殷人的世系；世系定了，然後纔有分劃時期的可言。"2. 關於"稱謂"。他説："由各種稱謂定此卜辭應在某王時代，這是斷代研究的絕好標準。"3. 關於"貞人"。他説："貞人説的成立，為斷代研究的主要動機，由許多貞人定每一卜辭的時代，更由所祀先祖等的稱謂，而定此許多貞人是屬於某帝王的時代，這樣，我們就可以指出某貞人是某王的史官。如果我們把同在一版上的貞人聯絡起來，他們就可以成為一個團體。"即

[①]　見陳逢衡《竹書紀年集證》，卷49，轉引自方詩銘、王修齡《古本竹書紀年輯證》，上海古籍出版社1981年版，第30頁。

"貞人集團"。"貞人"的發現是"在斷代研究上,添了一個最確實而有力的憑證"。4. 關於"坑位"。董先生在該文中論述的是前五次發掘的"坑位"情況,他説:"就出土甲骨文字的坑位,分為五區","'坑位'是出土甲骨的地點",而且"祇限於民國十七年至廿六年中央研究院發掘的材料,不能概括全部甲骨文"。這裏,董先生明確地指出他所説的"坑位"是指"出土甲骨的地點",即是指灰坑所在發掘區的區位,區位是在發掘時人為劃分的,這與後來考古學所説的"坑位"是指灰坑在地層中的縱向位置不同。董先生説,由各區出土的甲骨文字證明,殷墟包含的時間是從盤庚到帝辛。他列出了一個前五次發掘在五個區裏發現的甲骨文的期屬表,即一區村北出一、二、五期,二區村北出一、二期,三區村中、南出三、四期,四區村北出一、二、三、五期,五區村北出一、二期。1956 年,陳夢家指出董作賓對各區所出甲骨的分期是有錯誤的①(見後文),並且將董先生的所謂"坑位"排除在斷代標準之外。但李學勤在二十世紀八十年代,為了使自己提出的"歷組"卜辭提前説能够成立,就不顧董先生一再聲明的"'坑位'是指出土甲骨的地點"(即"區位"),而且祇是指第一次至第五次發掘所獲的甲骨文,"不能概括全部甲骨文",卻説"董作賓先生在《甲骨文斷代研究例》中已意識到兩系的存在"②,以此為他的"兩系説"找根據,從而使"歷組"卜辭提前説能够成立。5. 關於方國。董先生説,各時期與各國的關係有所不同,"從方國的關係上,也可以看出每一時期的特異之點",因此,研究方國變化可有助於推斷時代。6. 關於人物。董先生説,與"方國"一樣,"各時期的人物如史官、諸侯、臣僚,也都有所隸屬",

---

① 陳夢家:《殷虛卜辭綜述》,科學出版社 1956 年版,第四章。又,中華書局 1988 年版。

② 李學勤:《殷墟甲骨兩系説與歷組卜辭》,收入《李學勤集》,黑龍江教育出版社 1989 年版。《殷墟甲骨分期的兩系説》,《古文字研究》第十八輯,中華書局 1992 年版。這兩篇文章的前十二段文字全同。

因此，由人物的相互關係，可以推定時代。7. 關於事類。董先生
說："由貞卜事類可以分時期的，無如祭祀。每一時代的祭法和所
祭的祖先神祇，都有不同。""其次如征伐，如卜旬，如帚矛的記
載，皆可為分期研究的標準。"8. 關於文法。董先生說："由文法的
隨時變易上，也可為劃定時期的標準。"9. 關於字形。董先生說：
"殷虛文字經過了二百餘年的長期，許多字都有他由簡而繁的演變
過程，這在分期整理完竣之後，自然可以找出一個系統來。"這裏
特別要注意的是，董先生說用字形斷代是"在分期整理完竣之後"
的事，而不是先用字形推斷時代。李學勤在 1957 年《評陳夢家
〈殷虛卜辭綜述〉》一文中提出，並在 1996 年為圓"兩系說"重申
的"先用字體分類再進行斷代"說，卻與董先生所說完全相反。
10. 關於書體。董先生說："從各時期文字書法的不同上，可以看出
殷代二百餘年間文風的盛衰。"董先生還特別強調了運用十項斷代
標準進行斷代時的主次，他說："斷代的十個標準，主要的法寶不
過是'稱謂'同'貞人'，其餘八項，除了'世系'之外，都是由
稱謂、貞人推演出來的。"①"世系、稱謂、貞人三位一體，都是斷
代的基礎。'坑位'是出土甲骨的地點，祇限於民國十七年至廿六
年中央研究院發掘的材料，不能概括全部甲骨文。'方國'、'事
類'、'文法'、'字形'、'書體'都是根據有貞人的基本片子推演
出來的，也可以說是間接的標準。因為如果有一片卜辭祇殘餘幾個
干支字，或者沒有貞人的'卜夕'、'卜旬'片子，那就祇好在
'字形'和'書體'或其他標準上找時代了。"②

　　1933 年之後，董作賓將主要精力投入對殷代曆法的研究，他
耗費十年時間，於 1945 年出版了《殷曆譜》一書。在該書中，他
稱又發現了殷代的禮制有新、舊兩派的不同，說："由本書分期分

---

　　① 董作賓：《殷虛文字乙編·序》上輯，中央研究院歷史語言研究所 1948 年版。
　　② 董作賓：《甲骨學五十年》，藝文印書館 1955 年版。(此處轉引自《中國現代學
術經典·董作賓卷》之《甲骨學六十年》，河北教育出版社 1996 年版。下同)

類整理卜辭之結果，乃得一更新之方法，即所謂分派之研究。此一方法須打破余舊日分為五期之說，即別分殷代禮制為新舊兩派，以武丁祖庚上世，及文武丁為舊派，以祖甲至武乙、帝乙、帝辛為新派也"①，即他定武丁、祖庚、文武丁為舊派，祖甲、廩辛、康丁、武乙、帝乙、帝辛為新派，在分期研究法之外又提出了分派研究法。分派研究法在學術界一直存在爭議，正如陳夢家所說："字體文例如一切制度是逐漸向前演化的，不能機械的武斷的用朝代來分割。因此董氏《殷曆譜》所標的新派舊派不但是不需要的，也是不正確的。"（第155頁）需要指出的是，這裏董作賓所說的"文武丁卜辭"，是指𠂤組、子組、午組卜辭，並不是他1933年劃分的第四期武乙、文丁卜辭。

　　1948年至1953年《殷虛文字乙編》（上、中、下三輯）相繼出版，該書收入"殷墟發掘第十三次至第十五次所採獲的甲骨文字"，三次發掘主要"集中在村北的BC兩區"。董作賓在《乙編·序》中說，他在寫《殷曆譜》做新、舊兩派研究時，就已發現文武丁"從紀日法、月名、祀典各方面看，他都恢復了舊派的制度，祇有一個唐的名稱沒有復活，仍然叫大乙，這是一個堅強的、惟一的證據"。即"由於稱唐為大乙，可以斷定絕對不是武丁"的。由此，他認為自己在1933年的《甲骨文斷代研究例》中，將有貞人𠂤、狄、勺、余、我、子、卌、𤔲、𠧩等卜辭劃歸在第一期武丁時是不對的。現在經過十八年的研究，乃認定貞人狄、勺、𠂤、医、余、我、子、卌、𤔲、車、史、万、𡧛、𦬣、𠧩、取、叶17人的卜辭都應屬於文武丁時期。所謂"文武丁卜辭"集中在第十三次發掘村北B區的兩個坑：119坑（共298版②，其中1版屬武

---

① 董作賓：《殷曆譜·自序》，中央研究院歷史語言研究所1945年版。董先生後來將武乙改為舊派，見《殷曆譜的自我檢討》，《大陸雜誌》1954年第9卷第4期。

② 董先生在《殷虛文字乙編·序》中對B119坑出土的甲骨片數有296、298版兩說。

丁)、YH006 坑 (207 版, 其中 6 版屬武丁), 以及 "散見別的坑中
的共 13 版", 即總共 511 版全屬於文武丁卜辭。董先生對比文武丁
與武丁在文字、曆法、祀典、文例、事類等方面的異同, 得出文武
丁絕大部分恢復了武丁時的舊制, 即 "文武丁復古" 了, 他稱是
"揭穿了文武丁時代卜辭的謎"。總之, 1948 年, 董作賓將 1933 年
劃歸到第一期武丁的一部分卜辭, 即後來被陳夢家稱作 "自組"
"子組" "午組" 的卜辭, 移到了第四期文武丁時。這是繼明義士之
後, 對第四期卜辭發表的第二個意見。對董先生的這個改定, 陳夢
家在二十世紀五十年代初, 就指出其是錯誤的。陳先生認為這幾組
卜辭仍應是武丁時代的。而李學勤則是同意董先生對 "自組" "子
組" "午組" 卜辭時代的改定的, 並又提出子組、午組是 "非王卜
辭" "婦女卜辭"①。陳夢家的意見被後來不斷發現的新材料證明是
正確的, 目前學術界對此已基本達成共識。

　　1955 年, 董作賓在《甲骨學五十年》中說, "第一期應包括
祖庚, 不能祇限於武丁"②。董先生還說《甲》3553 的 "何" 是
第三期貞人, 可以早到第二期。③ 這些表明他已認識到不能機械地
用王世來劃分卜辭的時代了。

　　董作賓在甲骨斷代研究上, 先是發現了卜辭中的 "貞人", 指
出利用貞人可以推斷卜辭的時代, "貞人說" 是個重大的發現。繼
而又系統地提出了甲骨斷代的十項標準, 並利用十項斷代標準將
殷墟甲骨卜辭按王世劃分為五期。這些成果開創了甲骨斷代研究
的新局面, 提升了甲骨文的史料價值, 其意義是十分深遠的。但
他的十項斷代標準中的 "坑位" 標準所指是不夠科學的; "人物"
作為斷代標準也是不合適的; 特別是後來他提出的 "新派" "舊

---

① 李學勤:《評陳夢家〈殷虛卜辭綜述〉》,《考古學報》1957 年第 3 期。李學勤
後來又改子組、午組為 "非王卜辭", 屬於帝乙時期, 見《帝乙時代的非王卜辭》,《考
古學報》1958 年第 1 期。

② 董作賓:《甲骨學五十年》, 藝文印書館 1955 年版。

③ 見陳夢家《殷虛卜辭綜述》, 科學出版社 1956 年版, 第 155 頁。

派"説,基本上是不被學界所接受的;而所謂"揭穿了文武丁卜
辭的謎",更是被卜辭和考古發掘證明是錯誤的。

第三節　1956 年陳夢家提出系統甲骨斷代標準

　　陳夢家從 1951 年到 1954 年,陸續發表了《甲骨斷代學》系
列文章①,後彙總並更加詳論於 1956 年出版的《殷虛卜辭綜述》
一書的第四章斷代上、第五章斷代下②。

　　第四章列有九個小節 (見本章附錄二)③,分別是:

　　　　第一節　斷代的分期及其標準
　　　　第二節　坑位對於甲骨斷代的限度
　　　　第三節　村中出土的康、武、文卜辭
　　　　第四節　𠂤組卜辭
　　　　第五節　E16 坑與𠂤組的時代
　　　　第六節　賓組卜辭
　　　　第七節　子組卜辭
　　　　第八節　午組卜辭
　　　　第九節　結語

　　第五章也列有九個小節④,分別是:

---

　　①　分別刊於《燕京學報》1951 年第 40 期;《考古學報》1951—1954 年第 5、6、
8 期。
　　②　陳夢家:《殷虛卜辭綜述》,科學出版社 1956 年版。又,中華書局 1988 年版。
　　③　陳夢家在第四章後列有五個附錄:一、第一次發掘各坑甲骨。二、《寫本》與
《甲編》1—447 對校。三、第十三次發掘所獲各坑甲骨。四、十五次發掘所獲甲骨及其
地區。五、賓、𠂤、子、午四組卜辭稱謂對照表。
　　④　第五章後列有五個表:表一:賓組卜人系聯表。表二:出組卜人系聯表。表
三:何組卜人系聯表。表四:卜人斷代總表。表五:卜人隸定原形對照表。

陳夢家的甲骨斷代研究，繼承和發展了董作賓的甲骨斷代學說。他的主要貢獻有：將董氏十項斷代標準進行了歸納整理，濃縮成甲骨斷代三大標準，論述了各大標準的運作程序和必須遵循的規則；指出董氏一些斷代標準具有局限性；指出董氏五期斷代法的缺陷，創立了"卜人組"的斷代方法；詳細論證了武丁至帝辛各組卜辭的時代，論述中蘊含著一個王世不是祇有一種類型的卜辭，一種類型的卜辭也不祇限於一個王世的觀點；論證了董氏所謂"文武丁卜辭"的斷代錯誤，等等。

一　歸納出甲骨斷代三大標準

陳夢家對董作賓的甲骨斷代十項標準逐一做了分析、研究，進行了歸納、整理：剔除了具有局限性的"坑位""人物"兩項標準；在董氏"貞人斷代說"的基礎上創立了"卜人組"斷代標準；將各項斷代標準濃縮成三大標準，論述了運用三大標準斷代時所必須遵循的規則。

第一標準：董作賓斷代十項標準中的前三項標準分別是世系、稱謂、貞人（陳夢家稱作"占卜者"或"卜人"），對此，陳夢家給予認同。他說："此三者（世系、稱謂、占卜者）乃是甲骨斷

代的首先條件,我們姑名之為第一標準。"即陳先生將董先生的前
三項標準歸納為第一標準。但他強調:"三者之中,占卜者尤為重
要","占卜者之所以重要,因為僅僅依靠稱謂斷代,其材料究屬
有限。並且,單獨的稱謂不足以為斷代的標準,如'父乙'可以
是武丁稱小乙,也可以是文丁稱武乙。占卜者是最好的斷代標準,
因為:(1)同一卜人可以在不同卜辭中記載若干稱謂(下略);
(2)在同一版甲骨上往往載有若干卜人,他們是同時的人,因此
將同時卜人見於不同版的諸種稱謂彙聚起來,可以得到某一時代
整個的稱謂系統"(第137頁)。我們用陳夢家的上述斷代第一標
準來對照李學勤提出的"歷組"卜辭提前說之"根據",有下列
不同:第一,陳夢家強調"單獨的稱謂不足以為斷代的標準,如
'父乙'可以是武丁稱小乙,也可以是文丁稱武乙"。而李學勤恰
恰是利用了"歷組"卜辭中單獨的稱謂"父丁""父乙"來作根
據,把"歷組"中的"父乙"想當然地定為是武丁稱小乙,把
"父丁"想當然地定為是祖庚稱武丁。第二,陳夢家說"同一卜
人可以在不同卜辭中記載若干稱謂"。而李學勤定的"歷組"卜
辭祇有一個卜人"歷",至今沒有見到在卜人"歷"的卜辭中記
有"父丁"或"父乙"的稱謂。第三,陳夢家說"在同一版甲骨
上往往載有若干卜人,他們是同時的人"。李學勤將"歷組"卜
辭定為武丁至祖庚時期的卜辭,但從未見到卜人"歷"有與賓組、
出組中諸多卜人中的任何一個卜人同版的。

　　第二標準:陳先生說:"根據第一標準,我們可以有兩種標準
片:一種是不具卜人名而可由稱謂決定年代者,屬於此者不很多;
一種是具有可定年代的卜人名字者,屬於此者為數甚多。從上述
兩種標準片,我們便有足夠數量的斷代材料來研究不同時代的

　　　　甲.字體,包括字形的構造和書法、風格等;
　　　　乙.詞彙,包括常用詞、術語、合文等;

丙．文例，包括行款、卜辭形式、文法等。

如此排列為表，可知某一時代字體、詞彙與文例的特徵，用此特徵可以判定不具卜人的卜辭的年代。我們姑名之為第二標準。"（第 137 頁）即字體、詞彙、文例是斷代的第二標準。這裏，陳先生特別強調了第二標準的字體、詞彙、文例等特徵，是從第一標準提供的可定年代的標準片中研究出來的。在掌握了某一確定時代的字體、詞彙、文例特徵後，纔能用這些特徵去判定那些不具卜人的卜辭的年代。陳先生的第二標準含有董先生斷代標準的第八項文法、第九項字形、第十項書體，但其所包含的內容更加豐富。而李學勤提出的斷代方法與此正相反，他為了圓他的"兩系說"，就強調字體是斷代的首要標準，即"先用字體分類再進行斷代"。此方法純屬本末倒置，字體所屬時代可由人主觀任意判定，根本不具科學性。

第三標準：陳夢家說："利用上述兩標準，可將所有的甲骨刻辭按其內容分別為不同的事類而加以研究。卜辭內容大別為六：

一．祭祀　對祖先與自然神祇的祭祀與求告等；
二．天象　風，雨，啟，水及天變等；
三．年成　年成與農業等；
四．征伐　對外戰爭與邊鄙的侵犯等；
五．王事　王之田獵、遊止、疾、夢、生子等；
六．卜旬　來旬今夕的卜問。

此各類如以分期之法研究，即可綜合成某一時期的祀典、曆法、史實以及其它制度。各種制度的不同，也可作為判別時代的一種用處，姑名之為第三標準。"（第 138 頁）即事類是斷代的第三標準。這裏，陳先生指出，事類是根據第一、第二標準給出的具有確切時代的卜辭分析、總結出來的,將各類"以分期之法研究,即可綜合成某一時期的祀典、曆法、史實以及其它制度",而"各種制度的不同,也可作為判別時代的一種用處"。陳夢家的第三標準含有董作賓斷代標準的第五項方國、第七項事類,而且所包含的內容更為廣泛,並且指出了運用事類進行斷代的程序。

陳先生歸納的三大標準,給我們繪製了一幅清晰的甲骨斷代路綫圖。他把董作賓十項斷代標準中,除第四項"坑位"、第六項"人物"之外的八項,進行了科學地分類、整理、歸納,濃縮成三大標準。闡述了三大標準之間相互依附的關係,構成了一個環環相扣條理分明的整體,改變了董氏十項斷代標準的分散狀況。陳先生並告誡說:"上述的三種標準,必須要依照先後次序逐步進行,必須要根據了材料作歸納的工作,必須要在嚴格的管制下尋求條例。"(第138頁)這裏的三個"必須"、一個"次序"、一個"歸納"、一個"管制",就是強調在運用三大標準進行甲骨斷代時,必須遵守的程序和規則。

陳先生說根據三大斷代標準,可以將已出土於安陽小屯的殷代卜辭並少數的記事刻辭分為九期:武丁、祖庚、祖甲、廩辛、康丁、武乙、文丁、帝乙、帝辛九王,他剔出了董作賓的盤庚、小辛、小乙卜辭。並說在"實際分辨時,常有困難",所以在可以細分時,儘量用九期分法,在不容易細分時則採用董作賓的五期分法,甚或他提出的早、中、晚三期的大概的分法。(第138頁)

在陳先生的三大斷代標準中,沒有收入董作賓斷代的第四項標準"坑位"、第六項標準"人物"。之所以如此,是因為董氏提供的"甲骨出土的坑位,在斷代上祇能作有限的指示"(第137頁)。董作賓在1931年《大龜四版考釋》一文中,首次提出"坑層"可作為斷代的方法。1933年在《甲骨文斷代研究例》中,將"坑層"改為"坑位",列入第四項斷代標準(緊接在

“世系”“稱謂”“貞人”之後），並列出前五次發掘在五個發掘區裏的灰坑中出土的甲骨文的時代。陳夢家説董氏“以為某區某些坑衹出某幾期卜辭”（第 139 頁）。1956 年，陳先生在《殷虛卜辭綜述》第四章“斷代上”中專門列出一節即第二節“坑位對於甲骨斷代的限度”，討論董先生的“坑位”標準。他説：截止到 1956 年，中央研究院對十五次發掘的坑位資料公佈的還十分有限，“因為坑位對於甲骨斷代有相當重要的關係，所以不得不暫就有限的資料加以研究”（第 139 頁）。陳先生首先對董氏的“坑位”概念提出疑議，他説：“所謂坑位應該和‘區’分別，A、B、C、D、E 等區是為發掘與記錄方便起見在地面上所作人為的分界，並非根據了地下遺物的構成年代而劃分的。”這是説，董氏將灰坑所在的人為劃分的發掘區的區位當成了斷代的“坑位”，而人為劃分的發掘區不是根據地下遺物的構成年代而劃分的，因此“區位”是不能表示灰坑的時代的。考察灰坑的時代，“必須是某些獨立的儲積甲骨的穴窖纔有可能定這個坑包含某個或某些朝代的卜辭”，“某坑出土的甲骨屬於某某期，必須根據了卜辭本身的斷代標準，如卜人、稱謂、字體、文例等等，這些斷代標準必須嚴格而準確，纔能定出某坑甲骨的時期”。因此，董氏的所謂“坑位”，“衹能供給我們以有限度的斷代啟示，而在應用它斷代時需要十分的謹慎”（第 140—141 頁）。陳夢家還特別告誡説：“坑以外我們自得注意層次。”（第 140 頁）陳先生沒有參加過田野考古發掘①，卻能够提示斷代應注意灰坑所在的“層次”即地層，這是非常難能可貴的。再一個是陳先生也沒有將董先生斷代標準的第六項“人物”列入專項斷代標準。究其原因，一個是人物的活動是包含在各種“事類”之

---

① 近讀王世民文《陳夢家的學術貢獻》（《亞洲考古》2019 年 12 月 5 日發佈，來源《中國史學家評傳》下册，中州古籍出版社 1985 年版），言陳先生 1937 年參觀過殷墟第十五次發掘。到考古所後，多次到考古發掘工地參觀。

中的;第二個是上古時代存在著"異代同名"的社會現象,各代
之間同名者衆,因此,單獨地依靠某個人物進行斷代必定是不準
確的,所以"人物"不能作為獨立的斷代標準來使用。陳夢家在
斷代標準中,沒有將董作賓的"坑位"和"人物"兩項列入其
中,實在是叡智過人。君不見,自二十世紀七十年代後半段起,
李學勤就是利用被陳夢家批評過的董氏的所謂"坑位"(區位),
提出殷墟甲骨發展的"兩系説";利用被陳夢家抽出不單列的董氏
斷代標準中的"人物"("婦好"等),作為"歷組"卜辭提前的
主要根據;利用被陳夢家(還有董作賓)提醒不能靠單獨的稱謂
("父丁""父乙")斷代,來論證"歷組"卜辭的時代,由此造
成了至今長達四十餘年的甲骨斷代的論爭局面。

　　總之,陳夢家的三項甲骨斷代標準是對董作賓十項甲骨斷代
標準的繼承、發展和修訂,他提出的甲骨斷代標準是科學的、適
用的。當然有的地方還需要完善、修訂,比如在"坑位"問題上,
隨著考古學的發展,科學的地層學、坑位學的建立,使得地層、
坑位在甲骨斷代研究中起著至關重要的作用,因此,不同於董氏
所説的"坑位",仍然必須列入甲骨斷代研究的標準中。這也是實
現了陳夢家的"坑以外我們自得注意層次"的告誡。

二　建立"卜人組",並推斷各組卜辭的時代

　　陳夢家將董作賓的十項斷代標準整理、歸納成三大標準,其
第一大標準就是董氏前三項標準世系、稱謂、貞人(陳氏稱作
"占卜者""卜人")的總合。陳先生認為"三者之中,占卜者尤
為重要","占卜者是最好的斷代標準,因為:(1)同一卜人可以
在不同卜辭中記載若干稱謂,如卜人行於某片稱'兄己兄庚',於
另片稱'父丁',則行必須是祖甲時人;(2)在同一版甲骨上往
往載有若干卜人,他們是同時的人,因此將同時卜人見於不同版
的諸種稱謂彙聚起來,可以得到某一時代整個的稱謂系統"(第

137 頁）。基於這種認識，他對卜人進行了全面地、系統地整理，提出了建立“卜人組”斷代方法。不過，陳先生也指出：“有些王朝並不記卜人，有些王朝的卜人不容易與上下朝代分別”，“就全部九朝的卜辭而言，武丁到廪辛的卜辭記卜人名的最多；廪辛以後卜人不記名，到了乙、辛又出現了少數記名的。因此用卜人斷代，也是有一定的限度的”（第 173 頁）。

　　陳先生建立“卜人組”的原則是：“決定卜人的時代可有四種方法：（1）由同組卜人的稱謂定其時代；（2）由特殊刻辭的簽署定其時代；（3）由卜辭内所記述的人物事類定其時代；（4）由字體文例等定其時代”，“四法之中，自然以第一種最為周密。所謂同組卜人者，是指某些卜人在兩種情形之下一同出現乃可定其為同時代的人：一是同版卜人，即同一甲或骨之上有若干條卜辭在不同卜辭内有幾個不同的卜人名，此諸人是同時代的；二是並卜人，即在同一版同一卜辭内兩個卜人同卜一件事，這樣的例子不很多。另有一種‘異卜同辭’的情形，即是在不同版上不同的卜人在同一日同卜一事，可推定此諸卜人乃屬於同時代的，這樣的例子也不多”，“由以上各法組成了某些組卜人，彙合某一組卜人見於不同版的稱謂便成為某組卜人的稱謂系統，由此系統可決定其時代”（第 173—174 頁）。他還指出：“有些卜人，與任何一組都沒有聯係，則我們祇可用其它三法來個別解決他們”（第 174 頁）。他特別強調對“不繫聯的卜人，需要等待各組卜辭的字形、文例、制度整理出系統後，方可以著手分別確定那些不繫聯卜人應列於那個時代”（第 202 頁）。

　　陳先生根據上述建立“卜人組”的原則，建立了“賓組”“自組”“子組”“午組”“出組”“何組”六個卜人組，各組以一個常見的卜人名作為組名。他説：“武乙、文丁兩世的卜辭，很少有記卜人的。我們祇找到一個卜人歷，他的字體似當屬於武乙。”（第 202 頁）“我們現在尚無法分別帝乙、帝辛的卜辭。這時期的卜辭也有一些卜人,並無見於同版的。此期共有六個卜人。"即他對於祇有一個卜人"歷"的武乙卜辭,沒有同版繫聯的帝乙、帝辛卜人,以及沒有卜人的康丁卜辭,都沒有建立"卜人組"。綜觀在商末九王中,武丁、祖庚、祖甲、廩辛四王的卜人成"組",康丁、武乙、文丁、帝乙、帝辛五王的卜辭沒有成"組",對於沒有成"組"的卜辭,陳先生是以王世相稱的,即稱某某王卜辭,即分別稱作康丁、武乙、文丁、帝乙、帝辛卜辭。他根據斷代的三大標準詳細論證了各卜人組及各王世卜辭所屬的時代。

陳先生利用分卜人組的斷代方法論證了賓組、出組、何組、自組、子組、午組六個組卜辭的時代;還區分出了廩辛、康丁和武乙、文丁卜辭。

(一)關於賓組、出組、何組卜辭的時代

陳先生論證賓組卜辭屬於武丁晚期,或武丁晚期至祖庚早期;"出組"卜辭屬於祖庚、祖甲時期。他説:"武丁晚期卜人有可能延伸至祖庚時;同樣的,出組中的祖庚卜人亦有可能上及武丁晚期"。他把"出組"卜人"由其聯繫的親疏關係"分成兄、大、尹三群:兄群3人,大群6人,尹群8人。(第190頁)説"尹群及其附屬者當屬於祖甲時代";"兄群的兄、出當屬於祖庚時代並上及武丁晚期";"大群可分為二":早期的"當屬於祖庚時代,並上及武丁晚期",晚期的"當屬於祖庚晚期與祖甲早期"(第192頁)。他定"何組為廩辛卜人"(第196頁)。他根據字體、卜辭文例、祭法等分辨出何組及附屬卜人有早、晚期的分別。(第197—201頁)

由以上陳先生採用分"卜人組"的斷代方法對賓組、出組、何組卜辭的斷代可以看到,"卜人組"的斷代方法比董先生的"五期"斷代法更加科學,它突破了"五期"分法一個王世祇能有一種卜辭的框架①，也證明了一種卜辭可以分屬於幾個王世。

（二）關於𠂤組、子組、午組卜辭的時代

1933 年，董作賓在《甲骨文斷代研究例》中，將有貞人狄、勺、𠂤、㢧、余、我、子、㐱、羸、車、史、万、𡧛、徝、卣、取、叶等的卜辭劃歸到第一期武丁時。但到 1945 年，他在《殷曆譜》中研究新、舊兩派祀典時，發現這類卜辭中稱“唐”為“大乙”，僅憑此一證據，他就懷疑這些卜辭不應該屬於舊派的武丁時。1948 年他在《殷虛文字乙編》“序”中說，經過十八年的研究，特別是對第十三次發掘 B 區的“幾乎完全是文武丁時的卜辭”的兩個坑，即 B119 坑出土的 298 片、YH006 坑出土的 207 片卜辭，“還有散見別的坑中的共 13 版”甲骨的研究，認定上述 17 個貞人的卜辭都應當屬於文武丁時期，即把原來劃歸到第一期武丁時的這部分卜辭整體地移到了第四期文武丁時期。同時從文字、曆法、祀典、事類等方面論證“文武丁復古了”，文武丁恢復了武丁時的舊制，他自稱“揭穿了文武丁時代卜辭的謎”。董先生所說的這部分“文武丁卜辭”，就是後來被陳夢家分別稱之為“𠂤組”“子組”“午組”的卜辭。這是繼明義士之後，對第四期卜辭發表的第二個意見，祇不過明義士指的是後來被稱為“歷組”的卜辭。

陳先生在《殷虛卜辭綜述》中說：“1949 年我初步整理𠂤、子兩組卜辭，曾據兩組卜辭本身定其為武丁卜辭。後來《乙編》出版，我們更得到這樣的現象：（1）B119 和 YH006 兩坑是𠂤組和子組的混合，且有少數的賓組；（2）E16 是𠂤組與賓組的混合，YH127 是子組與賓組的混合；（3）E16 和 B119 都有徝的卜

①　董作賓後來也認識到一種卜辭不是祇屬於一个王世，如 1955 年他在《甲骨學五十年》中說，“第一期應包括祖庚，不能祇限於武丁”。還說《甲》3553 的“何”是第三期貞人，可以早到第二期。這些表明他已認識到不能機械地用王世來劃分卜辭的時代了。

辭,他是和自組同時代的卜人。既然 YH127 大多數都是賓組卜辭,摻合在這坑之中的子組午組和其它少數卜辭是否也屬於武丁時代的?我們認為子組自組和賓組常常出於一坑,而同坑中很少武丁以後(可能有祖庚)的卜辭,則子組自組應該是武丁時代的,YH127 坑中的午組及其它少數卜辭也是屬於這一時代的"(第158頁)。YH127 坑出土 17088 片龜甲和 8 片牛骨,"這一大批龜甲,十分之九是賓組卜辭,十分之一是子組、午組和其他"(第156頁)。這是從出土坑位情況證明自組、子組、午組與賓組同屬於武丁時代。

1. 自組卜辭的時代

陳先生通過對自組、賓組兩組卜辭在稱謂、出土情況、字體特徵、紀時法、卜辭形式、祭法、稱號七個方面的比較,得出結論說:"凡此可見自組大部分和賓組發生重疊的關係,小部與下一代重疊,它正是武丁和祖庚卜辭的過渡"(第153頁),"自組在它本來的地位(武丁之晚葉),上承早期的武丁(賓組卜辭),下接祖庚卜辭"(第155頁)。也即自組卜辭是武丁晚期至祖庚時期的卜辭,而不是董作賓所說的是第四期文武丁卜辭。

陳夢家指出,董作賓定自組卜辭為文武丁卜辭,除了根據自組稱"唐"為"大乙"外,還有一個就是根據出土地區,也即董氏的所謂"坑位"定時代,陳先生說:"自組卜辭在村南大道旁(36坑一帶)出土不少,他把村南和村中廟前混合為一區,認為祇出三、四期卜辭,因此定自組卜人為文武丁的。"(第155頁)事實證明自組卜辭屬於武丁晚期至祖庚時期,這就證明了董作賓以甲骨出土地點推斷卜辭的時代是錯誤的。而李學勤提出的"兩系說"就是以甲骨出土地點為根據來劃分南北兩系的。

2. 子組卜辭的時代

陳先生從子組與賓組、自組、午組常常同坑而出;子組字體文例、前辭形式、稱謂等都有與賓組、自組、午組相同之處;賓組卜人有與子組卜人同版等。認為子組卜辭當屬於武丁晚期，可能已延伸到祖庚時期。

3. 午組卜辭的時代

陳先生舉在 YH127 坑中，午組與賓組、子組同坑而出。另外，在字體上有與賓組、子組、𠂤組相同之處；在祭法上是武丁的；在稱謂上，陳先生説："此組的稱謂約有半數與賓、𠂤、子三組相同，而其中'下乙'一稱尤足證午組屬於武丁時代。"（第 164 頁）

綜合上述，陳夢家運用卜人、稱謂、出土穴窖、字體、文法、卜辭內容等詳細考察了賓組、𠂤組、子組、午組卜辭的時代，認為這四組卜辭"雖都是武丁時代的，然而也有早晚之不同，𠂤、子兩組大約較晚"（第 166 頁），"這四組卜人，賓組和午組是約略同時的，子組和𠂤組屬於武丁晚期"（第 174 頁）。糾正了董作賓的所謂"文武丁復古"的錯誤説法。他明確指出："《殷曆譜》中所有稱為文武丁的都是武丁卜辭，祇有《交食譜·日食一》所舉'日月又食'兩片牛骨卻是真正的武、文卜辭。"（第 155 頁）他的研究成果得到國內外學者的普遍認同，並為後來的考古發掘所證實。[①] 目前學界尚存在兩點分歧：一個是對𠂤組卜辭究屬武丁早期還是晚期的認識不同；一個是對李學勤提出的子組、午組是非王卜辭的意見不同。

陳夢家證明了武丁時期有賓組、𠂤組、子組、午組四種卜辭，

① 貝塚茂樹、伊藤道治：《甲骨文斷代研究的再檢討》，《東方學報（京都）》1953 年第 23 號；貝塚茂樹：《京都大學人文科學研究所藏甲骨文字》（本文篇）"序論"，1959 年。姚孝遂：《吉林大學所藏甲骨選釋》，《吉林大學社會科學學報》1963 年第 3 期。鄒衡：《試論殷墟文化分期》，《北京大學學報（人文科學）》1964 年第 4、5 期。蕭楠：《安陽小屯南地發現的"𠂤組卜甲"——兼論"𠂤組卜辭"的時代及其相關問題》，《考古》1976 年第 4 期。中國社會科學院考古研究所：《小屯南地甲骨》上冊《前言》，中華書局 1980 年版。鄭振香、陳志達：《論婦好墓對殷墟文化和卜辭斷代的意義》，《考古》1981 年第 6 期。謝濟：《武丁時代另種類型卜辭分期研究》，《古文字研究》第六輯，中華書局 1981 年版。中國社會科學院考古研究所：《殷墟的發現與研究》，科學出版社 1994 年版，第 169—170 頁。

就證明了一個王世可以同時存在有多種類型的卜辭。他説:"我們似不可執賓組卜辭為武丁惟一的卜辭。"(第 167 頁)這個觀點董作賓早在《甲骨文斷代研究例》中就有指出,董氏在將自、子、午組劃歸為武丁時就説:"不能不承認武丁時代有各種不同的書體、字形、文法、事類、方國與人物了"[①];而後來他把上述三組卜辭改劃到文武丁後,仍然是承認這個觀點的。因此,董作賓、陳夢家纔是首先提出一個王世不是祇有一種類型卜辭的學者。而一種類型的卜辭也不祇屬於一個王世,也是由董作賓、陳夢家最先提出的,董作賓在 1955 年發表的《甲骨學五十年》中[②],就説賓組卜辭中也含有祖庚卜辭,第三期貞人何的卜辭也可以早到第二期[③]。陳夢家的論述就更多、更具體,前文所述的他對賓、自、子、午四組卜辭時代的論證就都藴含著這個觀點。

陳夢家建立的"卜人組"所收錄的卜人計有 120 位,比董作賓在《甲骨文斷代研究例》中所錄的增加了 4 倍,比陳先生自己在《殷代文化概論》中所錄的幾乎增加了一倍。

(三)　區分出廩辛、康丁和武乙、文丁卜辭

1933 年,董作賓在《甲骨文斷代研究例》中,將廩辛、康丁卜辭分在第三期,但不能將這兩王的卜辭區分開。1956 年,陳夢家説:"五個時期的卜辭,由字體文例及制度可大別為早中晚三類:早期是武丁、祖庚、祖甲和廩辛,中期是康丁、武乙和文丁,晚期是帝乙和帝辛。中期的康、武、文自成一系。因此所謂第三期正為早中兩期所平分,'三上'廩辛屬於早期,'三下'康丁屬於中期。"(第 142 頁)陳先生通過以下六個方面將廩辛和康丁、武乙、文丁卜辭加以區分:

---

① 董作賓:《殷虛文字乙編·序》,引自《中國現代學術經典·董作賓卷》,河北教育出版社 1996 年版。

② 董作賓:《甲骨學五十年》,藝文印書館 1955 年版。

③ 見陳夢家《殷虛卜辭綜述》,科學出版社 1956 年版,第 155 頁。

一是字體。"廩辛沿襲祖甲謹嚴的作風（晚期亦然），但刻劃粗而不平勻，每一筆勢首尾尖而中部粗；康丁和武、文比之早晚兩期較為散逸，康丁卜辭刻劃纖細而勻……武乙初期亦同……武乙、文丁卜辭漸發展而為剛勁的直筆與銳利的轉折，字也刻得大起來。"

二是卜人。"廩辛和其它早期卜辭都有卜人，康、武、文沒有卜人（除武乙卜旬之辭有卜人㱿數見），晚期也有一些卜人。"

三是龜骨。"早晚期占卜龜甲（腹甲與背甲）與牛胛骨並用，康、武、文多用牛骨，罕用龜甲。"

四是前辭形式。"廩辛及其它早期卜辭以作'甲子卜某貞''甲子卜貞''甲子卜某'為常例，康丁卜辭常作'甲子卜'，武乙卜辭作'甲子卜'，'甲子貞'，到晚期又恢復早期形式。又廩辛、康丁附刻占辭'吉''大吉'於卜辭之旁，康丁尤為普遍。康丁卜辭往往省去'甲子卜'這前辭；亦有作'甲子卜貞'的。"

五是稱謂。"廩康卜辭都可以有父甲、父庚（稱其父祖甲、祖庚）的稱謂，但是屬於粗筆常有卜人的廩辛卜辭絕沒有兄辛（即康丁所以稱廩辛者）的稱謂，祇有屬於細筆的康丁卜辭纔有'兄辛'的稱謂。"

六是周祭與記月。"康、武、文卜辭沒有記月名的；也極少有周祭；在此以前以後則皆有之。"

總之，"就卜辭本身而言，廩辛字體粗，康丁細；廩辛有卜人，康丁無；廩辛無'兄辛'，康丁有；廩辛偶有周祭並記月①，康丁更少；廩辛前辭作'甲子卜某貞''甲子卜貞''甲子卜某'，康丁常作'甲子卜'。就卜用的材料而言，廩辛甲與骨並用，康丁多用骨。"（第 193 頁）

---

① 陳夢家這裏說的"周祭"，是指有周祭中的某種祀典，並不是指有系統的周祭祭祀。

（四） 關於帝乙、帝辛卜辭

陳先生説："我們現在尚無法分別帝乙、帝辛卜辭。這時期的卜辭也有一些卜人，並無見於同版的。"（第 202 頁）

綜合上述，可以看到，陳夢家在甲骨斷代學研究上做出了巨大貢獻。在二十世紀五十年代上半葉，他憑藉殷墟十五次發掘公佈的有限資料，系統地對殷墟甲骨進行了全方位地整理、研究，批判地繼承和發展了董作賓的甲骨斷代學説。首先，他全面梳理了董先生的甲骨斷代十項標準，對其進行了科學地歸納、整理，糾正了其中某些不合理的部分。經過整合，再系統地歸納出甲骨斷代的三大標準。三大標準囊括了董先生十項標準中的九項。對董先生的所謂"坑位"標準提出質疑，指出董先生的"坑位"實際是灰坑所在人為劃分的發掘區裏的"區位"，用"區位"代替灰坑所在的層位進行斷代是有局限性的。他提出"坑位"是指有"獨立的儲積甲骨的穴窖"，並具有先見之明地指出"坑以外我們自得注意層次"。陳先生的重要貢獻還在於指出單獨利用每項斷代標準都有局限性，特別強調要綜合利用各項標準進行斷代。他詳盡地指明了利用三大標準斷代必須嚴格遵守的規則、步驟和程序，以及應注意的事項。其次，他在董作賓"貞人"斷代説的基礎上，系統地、全面地整理了殷墟甲骨卜辭中的"貞人"（卜人），統計出殷墟卜辭中共有卜人 120 位之多；他詳盡地考察了各位卜人的同版繫聯關係及其附屬關係，將其劃分為六個"卜人組"。他還利用三大標準對各卜人組進行斷代，證明了各卜人組的卜辭幾乎都有跨越王世存在的現象，即一個王世的卜辭可存在於上一王世的晚期，或可延續到下一王世的早期，這蘊含著一個王世並不是祇有一種類型的卜辭，一種類型的卜辭也不祇屬於一個王世的觀點，這就突破了董先生五期斷代法的局限。比董先生的五期斷代法更加準確、更加精密、更加科學。"卜人組"的斷代方法是陳夢家對甲骨斷代學的重要貢獻。他詳細論證了被董作賓分在第四期文武丁的自組、子組、午組卜辭，實際上都是武丁（至祖庚）時期的卜辭；第一次區分出了廩辛、康丁卜辭。他還特別意味深長地強調單純地利用字體進行斷代是很靠不住的，等等。這些研究成果都極大地推動了甲骨學與商代史的研究，在甲骨斷代學史上占有極重要的地位。

陳夢家、董作賓提出的甲骨斷代學説，陳夢家的"卜人組"斷代方法，以及董作賓的五期分法框架，經過八十多年的實踐證明，儘管有個別地方需要補充、修正、完善，但在整體上被證明是科學的、適用的，至今仍然具有強大的生命力。

第四節　1957 年李學勤對陳夢家斷代
標準的批判

李學勤在 1957 年，即陳夢家發表《殷虚卜辭綜述》（以下簡稱《綜述》）後的第二年，發表了《評陳夢家〈殷虚卜辭綜述〉》一文①。該文開頭對《綜述》總的評説是："作者沒有完全採取實事求是的態度"，書中"有很大部分祇是復述了前人、近人的學説，這些轉引的理論也有些是不妥的"。該文對《綜述》二十章內容逐章進行了批判，不但對凡是"陳夢家自己提出的主張"，基本上都給予了否定，而且對陳先生轉引的"前人、近人的學説"，也認為"這些轉引的理論也有些是不妥的"。下面看看李學勤對《綜述》第四章、第五章"斷代"（上、下）的批判情況。

李學勤對《綜述》"斷代"部分主要提出三點異議：一是"卜辭的分類"，二是"斷代標準和卜人"，三是"卜辭的斷代"。即對陳先生的斷代成果基本上給予了否定。

---

① 李學勤：《評陳夢家〈殷虚卜辭綜述〉》，《考古學報》1957 年第 3 期。

一　對"卜辭的分類"的批判

李學勤在文章的開頭即説："卜辭的分類與斷代是兩個不同的步驟，我們應先根據字體、字形等特徵分卜辭為若干類，然後分別判定各類所屬時代。同一王世不見得祇有一類卜辭，同一類卜辭也不見得屬於一個王世。《綜述》沒有分別這兩個步驟，就造成一些錯誤。例如《綜述》所謂'康丁卜辭'，便是用一個斷代上的名稱代替分類上的名稱。這種卜辭不用龜甲，而兆辭有'習龜卜'（《明》715）、'習霝一卜'（《粹》1550），故應與用龜甲的其他類同時存在。後者應即《綜述》所稱'廩辛卜辭'。"

李學勤的這段話有兩層意思：

其一，表明他不同意董作賓、陳夢家的世系、稱謂、卜人為首要的斷代標準，特別是不同意陳夢家的分"卜人組"的斷代方法。他主張先用字體分類，再進行斷代，即將字體視為斷代的首要標準。他把董作賓十項斷代標準中的第九項"字形"、第十項"書體"，陳夢家三大斷代標準中的第二大標準裏的"字體，包括字形的構造和書法、風格等"，提前到首要標準。

在董作賓、陳夢家的斷代學説中，字體、字形在斷代中的作用是有前提的。董先生説："斷代的十個標準，主要的法寶不過是'稱謂'同'貞人'，其餘八項，除了'世系'之外，都是由稱謂、貞人推演出來的"[1]，又説："'字形'、'書體'都是根據有貞人的基本片子推演出來的，也可以説是間接的標準"，也即字形斷代是"在分期整理完竣之後"的事。"如果有一片卜辭祇殘餘幾個干支字，或者沒有貞人的'卜夕'、'卜旬'片子，那就祇好在'字形'和'書體'或其他標準上找時代了。"[2]　陳夢家説，根

---

① 董作賓：《殷虚文字乙編·序》上輯，中央研究院歷史語言研究所1948年版。
② 董作賓：《甲骨學五十年》，藝文印書館1955年版。（此處轉引自《中國現代學術經典·董作賓卷》之《甲骨學六十年》，河北教育出版社1996年版。下同）

據第一斷代標準即世系、稱謂、卜人，研究出可以定年代的標準片，從這些標準片中歸納總結出各個時代字體的特徵，然後根據這些字體特徵（包括詞彙、文例等）判定那些不具卜人的卜辭的時代，因此，字體是斷代的第二標準。顯然，李學勤的先用字體分類再進行斷代的理念，顛覆了董作賓、陳夢家的甲骨斷代學說。至於李學勤說祇有用他的先用字體分類再進行斷代的方法，纔能證明"同一王世不見得祇有一類卜辭，同一類卜辭也不見得屬於一個王世"，這是武斷的說法。前文在敘述陳夢家的斷代成就時，已簡略地介紹了陳先生利用分"卜人組"斷代方法已證明了上述現象。

其二，李學勤指出"《綜述》沒有分別這兩個步驟，就造成一些錯誤"，即指《綜述》沒有先用字體分類再進行斷代兩個步驟，就造成了一些錯誤。他舉的錯誤例子是："《綜述》所謂'康丁卜辭'，便是用一個斷代上的名稱代替分類上的名稱。這種卜辭不用龜甲，而兆辭有'習龜卜'（《明》715）、'習龜一卜'（《粹》1550），故應與用龜甲的其他類同時存在。後者應即《綜述》所稱'稟辛卜辭'。"這段話表明，李學勤根本就沒有弄懂陳夢家的斷代標準和內容。

陳先生分"卜人組"（李學勤說是分類）的原則是：對沒有卜人的康丁卜辭，對祇有一個卜人"歷"的武乙、文丁卜辭，對雖有六個卜人，但沒有同版繫聯關係的帝乙、帝辛卜辭，都是不稱"組"的，也即是不分成"類"的，而是直接用王名（廟號）稱呼上述卜辭。特別是陳先生已經分清了康丁卜辭和稟辛卜辭（見上文），直接用"康丁卜辭"稱呼屬於康丁的那部分卜辭難道有錯嗎？將卜辭歸屬於各王不正是學者們研究甲骨斷代的終極目標嗎？李學勤卻還試圖用康丁卜辭的兆辭有"習龜卜""習龜一卜"，來指責陳先生沒有將康丁卜辭與用龜甲的稟辛卜辭放在一個類中。如果真如此做了就又出現一個問題：李學勤剛說

完要用字體分類，這裏卻又主張用骨料來分類了。此外，李學勤
還舉出三條廩辛卜辭和兩條康丁卜辭，説它們都有伐羌方、伐微
方之事，也證明康丁卜辭與廩辛卜辭是同時的，即是同類的。這
又是提出以事類進行分類了。李學勤批陳先生，以卜辭用料和事
類為標準來説明廩辛卜辭與康丁卜辭屬於同類，這不但違背了他
自己提出的以字體分類，而且將陳先生已從字體、卜人、稱謂
（"兄辛"）、祭祀、曆法、卜辭文例、卜用材料（廩辛龜骨並用，
康丁多用骨，少用龜）等方面（第193頁），區分出來的廩辛卜辭
和康丁卜辭的研究成果給打回去了，重新將廩辛卜辭與康丁卜辭
混同起來，這實在是斷代研究的倒退。經過二十餘年，到了七十
年代末期，李學勤在用字體分類時，將康丁卜辭定為"無名組"
卜辭，將廩辛卜辭定為"何組"卜辭，即康丁卜辭與廩辛卜辭是
被分在兩個類中的，這就等於承認了他二十年前對陳夢家的批判
是錯誤的。

　　此外，李學勤試圖從稱謂上證明"同一王世不見得衹有一類
卜辭，同一類卜辭也不見得屬於一個王世"。他舉的例子是："在
所謂'康丁卜辭'中有父丁（《甲》413）等，又有連稱的兄己、
兄庚（《南》明639、640、《寧》1.213＋1.268），它的時代應上
延至祖甲晚世。"我們檢查了《甲》413（即《合集》32689），這
是一版第四期武乙卜辭，不是康丁卜辭，辭為"祝于父丁"，該
"父丁"應是武乙對康丁的稱呼，不是祖甲對武丁的稱呼。我們又
檢查了《南明》639、640（分別是《合集》27617、27616）、
《寧》1.213＋1.268（即《合集》27615），這三片中都有"兄己"
"兄庚"的稱謂，但再檢查同樣字體的卜辭還有"兄辛"（《合集》
27622—27633）、"兄癸"（《合集》27634、27635）、"三兄"
（《合集》27636）、"多兄"（《合集》27637、27638）等稱謂，而
祖甲衹有"兄己""兄庚"兩兄，所以李學勤所舉上述三片卜辭
都不能作為康丁卜辭上延至祖甲晚世的證據。前已指明，一個王

世不是祇有一種類型的卜辭，一種類型的卜辭也不祇屬於一個王世，是由陳夢家首先作出論證的（董作賓也有指出），祇是陳先生沒有用一句話將其概括而已。因此，我們有理由認為，李學勤的這句話是根據陳先生的斷代成果悟出來的。同樣的，陳先生在論述各"卜人組"卜辭的構成和對其進行斷代時，都已指明了各組卜辭的字體、詞彙、文例等方面的特徵，李學勤提出以字體作為分類的標準，無疑也是受到陳先生研究成果的啟發。祇不過，他為了反對陳先生的"卜人組"的斷代標準，而將字體抬高到了首要的標準。

李學勤還說，他"依卜辭的字體、字形等，至少可把小屯所出卜辭分為二十四類"。這就是說，李學勤的分類是打破陳先生"卜人組"的斷代成果，當然也是不承認董先生的五期分法，是要將小屯出土的全部甲骨卜辭重新按字體進行分類，然後再重新進行斷代。但是到了近四十年之後的 1996 年，他改變了用字體分類的范圍，改字體分類僅限於在陳夢家的"卜人組"內進行了。[①]

這裏，有必要再提一下李學勤的"卜辭的分類與斷代是兩個不同的步驟，我們應先根據字體、字形等特徵分卜辭為若干類，然後分別判定各類所屬時代"的方法。李學勤的這個斷代方法與羅振玉、王國維以稱謂斷代，與董作賓以貞人或貞人集團斷代，與陳夢家以"卜人組"斷代的方法都不相同。羅、王、董、陳斷代重視的是以卜辭中的"人"分類，李學勤重視的是以"字"分類，他把董作賓十項斷代標準中的第九項字形、第十項書體，把陳夢家三大斷代標準中第二大標準的字體等，抬高到了第一標準。董作賓說字形斷代是"在分期整理完竣之後"的事，陳夢家說先用第一標準中的"卜人、世系、稱謂"定出卜辭的時代，在此基礎上，"掌握了某一時代的字體、詞彙、文例特徵後，纔可以用此

---

① 見李學勤、彭裕商《殷墟甲骨分期研究》，上海古籍出版社 1996 年版，第 21—22 頁。

特徵去判定那些不具卜人的卜辭的時代"。李學勤對這些前賢的科學斷代方法均不認同,反而提出了與之針鋒相對、本末倒置的錯誤方法。實踐證明,李學勤提出的所謂斷代方法,筆者認為在理論上是錯誤的,在實踐上是行不通的。

二 對"斷代標準和卜人"的批判

李學勤説:"卜辭斷代標準應以稱謂系統為主,祖先世系則系其根據。卜人雖是一個有效的標準,但因很多類卜辭不記卜人,所以並非通用的標準。《綜述》以祖先世系與卜人為斷代的第一標準,是不恰當的。"這句話,一是反映了李學勤根本沒有弄懂陳先生的斷代標準和要遵守的規則;二是他反對陳先生以"卜人"為斷代標準,主張以"稱謂"為主要斷代標準。這就揭示了他在1977 年説"歷組"卜辭的"父丁"稱謂是祖庚稱武丁,"父乙"稱謂是武丁稱小乙的原因,即對單獨的親屬稱謂進行隨意的解釋。

關於稱謂在斷代中的局限性,卜人在斷代中的重要性,陳夢家在《綜述》中都已做了詳盡的論述。如陳先生説:"僅僅依靠稱謂斷代,其材料究屬有限。並且,單獨的稱謂不足以為斷代的標準,如'父乙'可以是武丁稱小乙,也可以是文丁稱武乙"(第 137 頁)。此話實乃真知灼見!君不見現在學界對所謂"歷組"卜辭時代的爭論,很大一部分就是糾纏在單獨的"父乙""父丁"稱謂的所指上。早在 1928 年,明義士就是根據"父乙""父丁"的單獨稱謂,認為第四期卜辭也即現在所稱的"歷組"卜辭,應該屬於第一期武丁和第二期祖庚時期,這個觀點遭到了董作賓、陳夢家的反對。由於單獨地依據"稱謂"斷代具有局限性,所以稱謂不能作為斷代的主要標準。但在過了五十年之後,李學勤卻步明義士的後塵,重新以單獨的稱謂"父乙""父丁"進行斷代,以試圖將"歷組"卜辭即第四期卜辭提前到第一期武丁晚期至第二期祖庚時期,從而引發了甲骨斷代問題的混亂局面。

而對於卜人在斷代中的重要性，前文已引錄了陳先生的諸多論述，如他説：“占卜者是最好的斷代標準，因為：（1）同一卜人可以在不同卜辭中記載若干稱謂，如卜人行於某片稱‘兄己兄庚’，於另片稱‘父丁’，則行必須是祖甲時人；（2）在同一版甲骨上往往載有若干卜人，他們是同時的人，因此將同時卜人見於不同版的諸種稱謂彙聚起來，可以得到某一時代整個的稱謂系統。”（第 137 頁）因此，陳夢家以卜人與祖先世系、稱謂的相互作用，將其列為斷代的第一大標準是科學的、合理的。至於對不記卜人卜辭的斷代問題，陳先生在論述斷代第二大標準時已經説得很明確了。他説：根據第一大標準即卜人、世系、稱謂，可以選擇兩種標準片：“一種是不具卜人名而可由稱謂決定年代者”，“一種是具有可定年代的卜人名字者”，從這兩種標準片中研究不同時代的字體、詞彙、文例的特徵，將其排列成表，就可以得知某一時代字體、詞彙與文例的特徵，利用這些特徵就可以判定那些不具卜人名卜辭的時代了。

李學勤還説《綜述》“第五章關於卜人的叙述頗多錯誤”。我們查陳先生在《綜述》第五章末列有“卜人斷代總表”，列出武丁、武丁晚期、祖庚、祖甲、廩辛、武乙、帝乙帝辛時的卜人。武丁：“賓組”16 人，“附屬”24 人；“午組”2 人。共 42 人。武丁晚期：“自組”3 人，“附屬”9 人；“子組”7 人，“附屬”3人；“不附屬”9 人。共 31 人。祖庚：“出組兄群”3 人；“出組大群”3 人。共 6 人。祖甲：“出組大群”3 人；“出組尹群”4 人；“附屬”4 人；“不附屬”5 人。共 16 人。廩辛：“何組”13人；“不附屬”5 人。共 18 人。武乙：1 人。帝乙帝辛：6 人。總計 120 人。李學勤説該表“武丁卜人中有一些誤認的”等，認為全表“應刪去 21 人，移動 19 人，增補 5 人”。對李學勤的意見在這裏不能也沒有必要細述。陳、李二人孰對孰錯有待學者們進一步逐一甄別。但有一點可以肯定的是，李學勤從董作賓之説，認為被陳夢家分在武丁或武丁晚期的"所謂'午組'、'自組'、'子組'及其附屬卜人也屬於文丁時或其前後"，F36 坑"純係文丁的'自組卜辭'"，以及移動"自組""午組""子組"卜人到文武丁時代的意見肯定是全錯了。

三　對"卜辭的斷代"的批判

李學勤說陳夢家的卜辭斷代有四個錯誤：一是前面已說的"所謂'康丁卜辭'實是祖甲晚期至康丁的，可能還延至武乙初年"；二是"《綜述》以為侯家莊 HS57 坑所出卜骨近於'午組'，我們曾在別處指出它們屬於廩辛時代"；三是"有舊所謂'文武丁卜辭'"；四是帝辛卜辭。

關於所謂第一個錯誤。前文已指出李學勤列出的四條例證都不能證明康丁卜辭上延至祖甲晚期。此處又說"可能還延至武乙初年"，因為李學勤沒有給出例證，故不能評論。

關於所謂第二個錯誤。檢查侯家莊出土的甲骨，這是在 1934 年第九次發掘時所得的，這批甲骨著錄於《殷虛文字甲編》①。陳夢家在《綜述》第四章第八節"午組卜辭"中，所舉全部午組卜辭辭例均為《殷虛文字乙編》所收（祇有一例是《前》3·23·4），不見舉有《甲編》的辭例。（見第 162—165 頁）因李學勤沒有舉出例證，故不明白他根據什麼說陳夢家將侯家莊出土的卜辭認作"近於午組"了。

關於所謂第三個錯誤。李學勤說："'文武丁卜辭'一名是董作賓在《殷虛文字乙編》序中提出的。陳夢家則認為董作賓的'文武丁卜辭'都是武丁晚期的。"所謂"文武丁卜辭"，就是陳夢家稱作自組、子組、午組的卜辭。陳先生論證這幾組卜辭不是文武丁時期的，而應是武丁晚期的。李學勤則認為陳夢家的意見

---

① 董作賓：《殷虛文字甲編·自序》，中央研究院歷史語言研究所 1948 年版。

是錯誤的，他同意董作賓的意見，説：

> 我們認為，這些卜辭中王卜辭仍是文武丁的，理由如次：
> （1）其字體、字形都是晚期的。
> （2）與公認的武乙至文丁初的大字卜辭（有卜人殸）和另一類有"自上甲廿示"的卜辭聯繫。
> （3）沒有武丁至祖庚初與舌方戰爭的記載。
> （4）"自組"的稱謂系統不同於武丁，而近於文丁初的大字卜辭。
>
> 關於（1）（2）（3）在此不能詳論，僅把"自組"稱謂系統開列於下，以資比較（略）。

這裏，李學勤祇列出了自組卜辭中的稱謂，説明他祇是將自組卜辭定為"王卜辭"。查他所列出的"自組"卜辭稱謂中，稱"祖"的有8個（其中有"四祖丁"），稱"妣"的有6個，稱"父"的有5個，稱"母"的有11個，稱"兄"的有3個，還有"小王"，共34個稱謂。而檢查陳夢家所列的自組卜辭的稱謂有26個（第146—147頁），且與李氏所列的很不相同：沒有稱"祖"的，稱"妣"的有2個，稱"父"的有6個，稱"母"的有4個，稱"兄"的有4個，稱"子"的有5個，有"小王"，另有"象甲""丁示""咸戊""侯替"。李學勤稱謂表中賴以斷自組為文武丁的"祖己""祖庚""祖甲""四祖丁"，在陳先生稱謂表中皆不存在。李學勤説："'自組'最主要的父是父乙，母是母庚，兄中有兄丁，此三人也見於文丁初大字卜辭。"（也即他後來稱作"歷組"的卜辭）看來李學勤是根據這幾個單獨的稱謂將自組與"大字"卜辭（即"歷組"卜辭）的時代等同起來，定其時代為晚期的文丁初卜辭了，這種僅靠單獨的稱謂斷代的局限性再一次顯現出來。陳夢家則是將自組的稱謂系統與其它組的稱謂系統進行比較來定自組的時代的，他説自組的稱謂系統可分為數類：
（1）是同於賓組的（略），（2）是同於子組的（略），（3）是同
於午組的（略），（4）是獨有的（略）。他得出結論説："比較自
組與賓組，則知兩者相同之多。兩組所同的父甲、父庚、父辛、父
乙實即武丁所以稱其父輩陽甲、般庚、小辛、小乙者，所以兩組都
是武丁時代的卜辭。"（第 147 頁）這纔是令人信服的結論。陳夢家
論證自組、子組、午組卜辭屬於早期的武丁時代的精闢論證，已為
國内外學者的研究和考古發現證明是正確的。如 1953 年，日本學者
貝塚茂樹、伊藤道治發表《甲骨文斷代研究的再檢討》，得出了和
陳先生相同的結論。1959 年，貝塚茂樹在《京都大學人文科學研究
所藏甲骨文字》（本文篇）"序論"裏，再次談這幾組卜辭的時代
當屬早期。1963 年，姚孝遂在《吉林大學所藏甲骨選釋》一文中，
舉出一片賓組與子組兩種字體合刻於一版胛骨的例子。1964 年，鄒
衡發表《試論殷墟文化分期》一文，從考古發掘材料上證明 "自
組" 等組卜辭的時代在早期武丁時代。[①] 此後，這幾組卜辭屬於早
期的觀點又被殷墟小屯南地發掘所證實，發掘者劉一曼、曹定雲
等相繼以 "蕭楠" 的筆名發表文章給予論證。[②] 此外，還有一些
學者也做了這幾組卜辭屬於早期的論證。[③] 目前學術界對這幾組卜
辭的時代問題已基本上取得了一致的意見。六十餘年的研究證明，

---

① 貝塚茂樹、伊藤道治：《甲骨文斷代研究的再檢討》，《東方學報（京都）》1953
年第 23 號。貝塚茂樹：《京都大學人文科學研究所藏甲骨文字》（本文篇）"序論"，1959
年。姚孝遂：《吉林大學所藏甲骨選釋》，《吉林大學社會科學學報》1963 年第 3 期。鄒
衡：《試論殷墟文化分期》，《北京大學學報（人文科學）》1964 年第 4、5 期。

② 蕭楠：《安陽小屯南地發現的 "自組卜甲" ——兼論 "自組卜辭" 的時代及其相
關問題》，《考古》1976 年第 4 期。中國社會科學院考古研究所：《小屯南地甲骨》上册
《前言》，中華書局 1980 年版。中國社會科學院考古研究所：《殷墟的發現與研究》，科
學出版社 1994 年版，第 169—170 頁。

③ 鄭振香、陳志達：《論婦好墓對殷墟文化和卜辭斷代的意義》，《考古》1981 年
第 6 期。謝濟：《武丁時代另種類型卜辭分期研究》，《古文字研究》第六輯，中華書局
1981 年版。

陳夢家對"自組""子組""午組"卜辭的斷代是正確的。

　　關於第四個錯誤。李學勤指出陳先生所舉帝辛卜辭的兩個證據都不正確。他説："小屯所出卜辭有帝辛時代的，董作賓在《殷曆譜》中曾舉出一些證據。陳夢家在《綜述》中補充了兩個證據，不幸都是不妥的。第一個證據是'文丁配妣癸'，實則他所引衣祭文丁配妣癸的卜辭（《寧》2.125）祇記'妣癸'，無法判定是何王之配。第二個證據是'文武帝'即帝乙，這也是錯誤的。有'文武帝乙'的𠂤其卣是偽器。他所引乙日祭文武帝的例子，《續》2.7.1'來乙丑'是'來丁丑'的誤讀，《前》1.22.2'大乙日'是'翌日'的誤讀。文武帝仍應是文武丁。"我們同意李學勤的這個意見。[1] 不過需要指出的是，稱文武丁為文武帝的卜辭不一定都是帝辛卜辭，帝乙也可以稱其父文武丁為文武帝。再者，現在已證明"𠂤其卣"不是偽器。[2]

　　還需要指出的是，李學勤在評陳夢家所謂斷代錯誤的同時，還説："'午組'、'子組'等是晚殷的非王卜辭"[3]，他還提出"非王卜辭"多有"婦女卜辭"。這些提法的來源無疑是從陳夢家的話語中得到的啟示，如陳先生説："賓組似乎是王室正統的卜辭，自組卜人也常和時王並卜，所以也是王室的。而其內容稍異"（第 166 頁）；"子組所記的內容也與它組不同，子組卜人鼎和巡（或與婦巡是一人）很像是婦人，該組的字體也是纖細的。第十五次發掘出土的（《乙》8691—9052）字體近子、𠂤、午組的，內容多述婦人之事，可能是嬪妃所作。這些卜人不一定皆是卜官，

---

① 常玉芝：《説文武帝——兼略述商末祭祀制度的變化》，《古文字研究》第四輯，中華書局 1980 年版。

② 故宮博物院曾對"四祀𠂤其卣""二祀𠂤其卣"做過檢測，證明兩器銘文皆不偽。見《故宮博物院院刊》1998 年第 4 期，1999 年第 1 期中的有關文章。

③ 李學勤：《帝乙時代的非王卜辭》，《考古學報》1958 年第 1 期。在該文中，李學勤提出"午"是祭名，不是貞人，故將"午組"卜辭改稱為"𠂤"組卜辭；而且改"子組""𠂤"組卜辭不是文武丁卜辭，而是晚殷的帝乙卜辭了。

時王自卜, 大卜以外很可能有王室貴官之參與卜事的"(第 166—
167 頁)。因此, 李學勤提出的 "非王卜辭" "婦女卜辭", 無疑當
是從陳夢家這些話語中得到的啟示。

　　綜觀李學勤對陳夢家《綜述》斷代部分(第四章、第五章)
的批判, 可以看到, 字數雖然不多, 但對陳夢家的三大斷代成就
都給予了否定:一個是關於卜辭的斷代標準, 李學勤否定了陳先
生(包括董先生)的世系、卜人是斷代的首要標準, 認為 "以祖
先世系與卜人為斷代的第一標準, 是不恰當的"。他將董作賓放在
斷代標準裏第 10 位、第 11 位, 陳夢家放在由第一大標準為基礎
研究出的第二大標準裏的字體, 提高到了首要標準, 主張以字體
分類。二是對陳先生 "卜人組" 的斷代方法, 提出反對意見。陳
先生認為斷代標準中 "占卜者尤為重要", 李學勤則認為卜人
"並非通用的標準", "稱謂" 纔是斷代的主要標準。三是對陳先
生的某些斷代提出反對意見。特別是反對自組、子組、午組卜辭
是早期武丁卜辭的意見, 主張這些卜辭仍應是董作賓所説的文武
丁卜辭;對陳先生分出的廩辛、康丁卜辭, 李氏認為二者是同時
的, 不能區分開, 等等。總之, 透過李學勤對陳夢家《綜述》的
批判, 我們可以看到:一是他對卜辭材料不熟悉。二是對陳夢家
的諸多論述都沒有讀懂就妄加批判。三是對卜辭斷代的方法不知
如何掌握。四是靠引述片斷材料進行抽樣論證。

附　董作賓對《綜述》的評價

　　對陳夢家及其《綜述》做出評價的還有董作賓。1959 年, 董
先生在《最近十年之甲骨學》一文中[1], 兩次談到陳夢家《殷虛
卜辭綜述》這部 "大書"。第一次是介紹該書的印數、二十個章

---

　　[1]　董作賓:《最近十年之甲骨學》,《大陸雜誌》第 21 卷第 1 期。又見《甲骨學六
十年》, 藝文印書館 1965 年版。本文引錄於《中國現代學術經典·董作賓卷》, 河北教
育出版社 1996 年版。

節的標題，引述該書的“內容提要”。然後董先生説，該書“一口吞下了我們估計的十萬片甲骨，而且完全消化乾净了”。又説：“他發表了這一部六百七十四面的大書之後，剛到一年，一九五七年五月的《考古通訊》遭受到考古界的集體大清算，題目是斥右派分子陳夢家。開頭就罵道：‘……’”（引者按：因屬人身攻擊，故不錄），董先生抄了幾句罵陳夢家的話後就説：“鈔不下去了。”他説：“我和陳夢家相當熟識，他有他的智慧，天資很好，所以他幼年便作‘新詩’人。年長後，又作了‘考古家’、‘古文字學家’。罵他的人，也不免太過火了。他所謂研究方法，在我看是可以參考商討的，罵他的人説不定還不及他有專門學問的。”第二次是説董氏自己“曾把發現以來這六十年内分成四個階段：第一，是字句的考釋，第二，是篇章的通讀，第三，是分期的整理，第四，是分派的研究”。他説，最近十年，“大陸的陳夢家氏，他曾寫了《殷虚卜辭綜述》一大本書，雖然有些人攻擊他，但是平心論，他是在第一、二、三階段上下過大工夫。他承認了殷代曆法的一部分，他利用了斷代方法，祭祀典禮也瞭解一部分”。這裏，董先生是説，陳夢家對甲骨的研究，除了分派研究外，在“字句的考釋”“篇章的通讀”“分期的整理”上都是“下過大功夫”的，也即陳夢家在甲骨學的這幾個領域中都做出了巨大成就。這個評價是很高的。

　　李學勤對《綜述》（當然包括“斷代”部分）的批判意見，在很長一段時間内並沒有引起學界的重視。相反，從 1956 年《綜述》發表至今的六十餘年間，絕大多數甲骨學者仍是以陳夢家的斷代理論為圭臬，以董作賓的五期分法為框架，結合新的考古發現，詮釋和發展了某些甲骨斷代標準，進一步論證了某些卜辭的時代，在甲骨學和商代史研究中取得了巨大的成就。六十餘年來再未見到有超越《綜述》的綜合性甲骨著作。六十餘年的實踐證明，《綜述》一書縱然有這樣那樣的不足甚至錯誤，有需要改進和加強的地方，但瑕不掩瑜，《綜述》的諸多觀點至今仍然是顛撲不破的。它在甲骨學史上占有無可比擬的重要地位。迄今仍被海內外學界稱為是"經典之作""開創性的著作""曠世之作"。[1]

本章附錄一　董作賓：《甲骨文斷代研究例》[2]

這可以説是今後研究甲骨文字一個新的方案。

安陽殷虛出土的甲骨文字，拓印考釋，研究討論，已有三十年的歷史了。三十年的研究，在中國古史學、文字學上，確也有不少的貢獻；但是實在説起來，研究的方法，仍祇是混亂的，籠統的，東摭西拾，支離破碎，找不到正當的途徑；致使這真實而難能可貴的史料，降而為斷爛朝報，故紙堆中的廢物；這其間最大的毛病，就在不能精密的鑒別，把每一塊甲骨上所記的史實，還他個原有的時代。每一種學問，都要經了由粗疏而趨於精密的過程，甲骨文字的研究，當然也不能例外。即如這斷代研究的問題，也經過長時期的演進。

第一，是甲骨文字所包含的時期的延展。最早的收藏家劉鐵雲，他開始從"祖乙，祖辛，母庚，以天干為名"認為是殷人的遺物（《鐵雲藏龜自序》）；嗣後，經過羅叔言先生的考定，乃知殷虛甲骨文字所包含的時期為武乙、文丁、帝乙三世，謂殷虛建都，"徙於武乙，去於帝乙"（《殷虛書契考釋》自序）；王靜安先生又謂"盤庚以後，帝乙以前，皆宅殷虛"（《古史新證》第五章，殷）；是甲骨文字所包含的時期，由武乙而向上延展以至盤庚

---

① 何偉：《陳夢家的絕路與漢字的生路》，微信公衆號《文獻學與思想史》2015年4月26日。

② 本文錄於劉夢溪主編《中國現代學術經典·董作賓卷》，河北教育出版社1996年版。

之世。近年來因迭次的發掘，坑位的分佈及出土情形的觀察，隨時給予吾人以新的啟示，知殷虛非因水患而遷徙，實緣亡國而廢棄；器用文物的窖藏，宗廟宮室的基址，都還有蹤跡可尋；而許多晚期卜辭，亦決非僅止於帝乙之世；至此，而《竹書紀年》所稱"自盤庚徙殷，至紂之滅，二百七（?）十三年，更不徙都"之語，乃完全可以徵信。由羅氏說，甲骨文字所包含的時期，來自武乙，去於帝乙，中經文丁一世，多不過三四十年。而今茲所知，時期的延展，乃逾七倍。姑以今本《竹書紀年》為準，殷人年祀已有二百五十三年之久。三四十年間，文物制度，變易尚可云少，籠統研究，大體不至甚差。若二百餘年的一切史料複雜錯亂，混為一談，則研究結果，與事實相去真不可以道里計了。甲骨文字所包含的時期的前後延展，實為斷代研究的出發點，而斷代研究的需要亦應運而生。

　　第二，是斷代研究的標準逐漸成立。這在王靜安先生作《殷卜辭中所見先公先王考》時，已引出以稱謂定時代的端緒。王先生因父甲父庚父辛的稱謂而定為"武丁時所卜"；因兄己兄庚的稱謂，而定為"祖甲時所卜"（俱見原考"祖某，父某，兄某"條，《觀堂集林》第九）；可惜他不曾利用稱謂的不同，擴而充之，以定其他卜辭的時代。但他能把殷虛的時期，向前延展到盤庚之世，也正是憑藉著這些材料。卜辭中常見的卜下貞上的一字，以前都以為是貞卜的事項，自從大龜四版出世，乃成立了"貞人"之說（詳見拙著《大龜四版考釋》時代考，《安陽發掘報告》第三期第437—440 頁）。同時因肩胛骨臼刻辭的研究，又證明了許多貞人是武丁時代記事的史官（見拙著《帚矛說》，將刊入《安陽發掘報告》第四期）。於是我們知道貞人即史，從同時的史官，定同一的時代，在斷代研究上，添了一個最確實而有力的憑證。五次的發掘，因坑位及出土的甲骨文字的差別，於是更有從文法、詞句、書體、字形等方面區分時期的標準。在《大龜四版考釋》

文中，我曾舉出斷代研究的八事：一，坑層；二，同出器物；三，貞卜事類；四，所祀帝王；五，貞人；六，文體；七，用字；八，書法。現在斷代研究的標準，除了同出器物須待分頭研究之後纔可以拿來比較之外，就甲骨文字的本身說，擬定了下列的十個標準：

一，世系；二，稱謂；三，貞人；四，坑位；五，方國；

六，人物；七，事類；八，文法；九，字形；十，書體。

裏面一、二兩項，同於前擬的第四；三同於五；四同於一；五、六、七由三分化；八同於六；九同於七；十同於八。

斷代研究的旨趣與標準，已略如上述；而此時所謂斷代，也祇是初步工作。自盤庚以至帝辛，擬先分為五期：

第一期，武丁及其以前（盤庚、小辛、小乙）；

第二期，祖庚、祖甲；

第三期，廩辛、康丁；

第四期，武乙、文丁；

第五期，帝乙、帝辛。

斷代研究本應以每一帝王為一代，如稱兄甲（陽甲）、母己（祖丁配姙己），可定為盤庚至小乙時卜辭；稱父丁（武丁）、兄己（祖己），可定為祖庚時卜辭；稱父己（祖己）兄辛（廩辛），可定為康丁時卜辭之類。自然，不但各個帝王應有區分，就是每一帝王，仍有他時期早晚的不同，如武丁在位有五十九年之久，差不多相當於由祖庚以至康丁的四世，在五十九年間的史實，也當然有個先後；關於這些精密的分劃，皆有待於將來。現在，祇是粗略的分為五期，先樹立起來這五個時期的檔架，等待架上的各期的史檔填滿了之後，再做進一步的工作；那時，更可以從卜旬、甲子、曆法諸方面，去細分每一個帝王的時代了。

以下，便本著五個時期的劃分，就十種標準一一舉例論述之。

一　世系

斷代研究的第一步工作，即是定殷人的世系；世系定了，然後纔有分割時期的可言。在卜辭中，有很明白地刻在一塊甲骨上的殷人祖先的世次，一世一世的排比著。同時，又有許多先公、先王見於卜祀之典。現在就論述這兩項材料。

1. 甲，見於卜辭的殷人世次

據《史記·殷本紀》商先公、先王的世數，略如圖 2—1 所示。

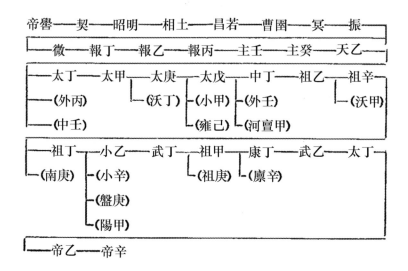

圖 2—1　商先公、先王世數表

此圖稍有變通，以載在祀典的世次為主，每世祇舉一人，不計繼統先後，即繼位在前者，亦附列於下，加括弧以別之。

現在以甲骨文字所列的世次，證《殷本紀》所列，可以説大體不誤；自微起，至武乙止，分為三段。

第一段　自微至主癸；第二段　自大乙至祖丁；第三段　自小乙至武乙。

第一段,自微至主癸。

從上甲微到主癸這一段的稱謂,王靜安先生以為乃"成湯有天下以後"的"追名",其說甚是。我疑心這是武丁時代重修祀典時所定,這是一種新觀察,有三事可證:

其一,載籍之證。《國語·魯語》云"殷人禘嚳而祖契,郊冥而宗湯",是泛稱奉祀先世而不及上甲微。又云"上甲微,能率契者也,商人報焉"。韋昭注"報,報德也,祭也"。《孔叢子·論書》篇引《書》曰"惟高宗報上甲微"。今本《竹書紀年》武丁"十二年,報祀上甲微"。由此看來,殷人報祀上甲,似是始于武丁了。

其二,名稱之證,成湯以下,至於祖丁的廟主,疑是武丁時代所釐定,將於下段述說。因此次的修訂祀典,並及於成湯以前的六世之廟。成湯以來,以日干為名(我以為當是死日,非生日,將別有說),已成慣例,至於成湯以前,先世忌日,似已不甚可考,武丁乃以十干之首尾名此六世。卜辭有:

(1) 乙卯卜貞:求年自上甲六示,牛,小示𤉲羊 2.2.0296。

<small>(此編號第一位2,表第二次發掘,第二位2,表字骨類,第三位以下為所列之號,以下皆同)。</small>

之文。所謂上甲六示,即此六世。殷人稱祖先曰示,"示"即《史記》之"主"。主壬、主癸,卜辭作示壬、示癸,報丁也作示丁(見《書契菁華》第九頁),上甲也作主甲(《山海經》郭璞注引《紀年》作主甲微),是上、報、主,皆可為示。又《史記》以丁居乙、丙之前,次序亦誤。觀於甲、乙、丙、丁、壬、癸的命名次第,並列十干首尾,可知如此命名,實有整齊劃一之意,不然無論此六世先公,生日死日,皆不能夠如此巧合。

其三,卜辭之證。王靜安先生在《戩壽堂所藏殷虛文字》拓本中,發現一片可以與《殷虛》《書契後編》相合的卜辭,文曰:

(2) 乙未酒𢀛品上甲十,報乙三,報丙三,報丁三,示壬三,示癸三,<small>缺</small>大丁十,大甲十,<small>下缺</small>《戩》1.10,《後·上》8.14

（《戩》，《戩壽堂殷虛文字》；《後》，《殷虛書契後編》；以下並同。）

以為⊞即上甲，刀、冂、匸即報乙、報丙、報丁，示壬、示癸即主壬、主癸；其説至不可易（但示癸之下應有"大乙十"一句，王氏説有遺誤）。我們在第三次發掘殷虛，得骨版一，亦有

（3）上甲、報乙、報丙、報丁 下缺 3.2.0121 背 四世。均可證六世的名謚。

由以上三項證之，可知卜辭中的六世與《史記》所載，僅主與示字有小異，與報丁之位次錯亂而已。考之載籍，證之十干命名的次第，謂此六世為武丁所訂定的名謚之説，似可成立。又《國語》稱"玄王勤商，十有四世"，玄王即契，謂自契至湯，十有四世而王天下。今自契計，至王亥（振）七世，加湯及此六世，恰足十四之數。吾友劉盼遂謂上甲六示，即"六世之廟"，其説甚是（説詳所著《甲骨中殷商廟制徵》，載《女師大學術季刊》一卷一期）。

圖 2—2　《戩》1.10 +《後·上》8.14

茲更列六世系統如下：

上甲—報乙—報丙—報丁—示壬—示癸

第二段，自大乙至祖丁。

大乙《殷本紀》作天乙，即成湯。自大乙至於祖丁為殷人世次的第二段，這一段，更可證武丁重修祀典時所訂定的神主名謚。我們整理第三次發掘所得的骨版時，發現了分散四處的一塊卜辭，合而讀之，可得殷人所謂"十示"的世次。這一篇卜辭是：

（4）上缺求雨自上甲、大乙、大丁、大甲、大庚、大戊、中丁、祖乙、祖辛、祖丁十示，率牡。（3.2.0074.77，63.120相合，參閱原版拓片。）

這是由這塊殘碎的版骨上第一行（由右而左）與第四行相湊而成的一篇卜辭，我們所求的祇在他排列的世次，由上甲大乙以至祖丁的"十示"。所謂十示，排列得何等整齊。殷人於祀典中的各種稱謂，都是很嚴格的，主祭者（當時的帝王）之兄稱兄，父稱父，母稱母，祖稱祖（詳下節"稱謂"）。這十示中的祖丁被稱為祖，至早也不能過於武丁之世。武丁稱小乙為父乙，陽甲、盤庚、小辛為父甲、父庚、父辛；（《後·上》25）稱祖丁為祖，祖辛為曾祖，祖乙為高祖。丁前六示，除了上甲之外，都冠以大字，重了一個名丁的，更冠以中字。這樣的劃一齊整，決非偶然的，也決非逐漸的，這是有意的排比與定名。殷人於祖先稱謂，是可以隨時更定的，如小乙，在卜辭中也稱父乙，也稱祖乙，也稱小祖乙，也稱后祖乙，更後纔定名小乙。祖宗稱謂可以隨時不同，所以我說武丁時重修祀典，整齊劃一，更定了許多神主的名謚，這是很可能的事。後人稱武丁之世"禮廢而復起"，這重修祀典，也算其中的一件事實罷。

更列由大乙至祖丁九世次第：

大乙—大丁—大甲—大庚—大戊—中丁—祖乙—祖辛—祖丁。

十示之外，有所謂"九示"者，

圖 2—3 《甲釋》87

（5）貞求于九示 《後·上》28.12

大概所指的是由大乙至祖丁的九世了。又有但舉三世而稱為
"三示"者，

（6）缺亥卜貞：三示御，大乙、大甲、祖乙五牢。《殷虛文字考釋》引
則祇及於太祖、太宗、中宗三世而已。

第三段，自小乙至武乙。

《殷虛書契後編》卷上第二十頁有卜辭云：

（7）甲辰卜貞，王賓：求祖乙、祖丁、祖甲、康祖丁、武乙
衣，亾尤。《後·上》20.5

圖 2—4 《後·上》20.5

王靜安先生説之云:

> 案武乙以前四世為小乙、武丁、祖甲、庚丁, 則祖乙即
> 小乙, 祖丁即武丁, 非河亶甲之子祖乙, 亦非祖辛之子祖丁
> 也。又此五世之中, 名丁者有二, 故於庚丁云康祖丁以別之,
> 否則亦但云"祖"而已。(《古史新證》第十五)

於友人孫伯恒先生處見一辭, 亦為龜版拓本, 云:

(8) 己丑卜, 大貞: 于五示告, 丁、祖乙、祖丁、羌甲、祖辛。

文左行, 此辭中大為祖甲時貞人。所謂"五示", 丁即父丁
(武丁), 祖乙即小乙, 惟於祖丁、祖辛之間列入羌甲, 次序稍異。
祖甲時嘗見父丁、祖乙之辭, 此版又連稱祖乙、祖丁, 可知小乙
直承祖丁, 與第二段世次恰相銜接了。

更將第三段世次列如下:

小乙—武丁—祖甲—康丁—武乙

殷人祀典到了第二期以後, 便多合祭。合祭多從上甲起始,
如"自上甲十示有三""自上甲至於武乙""自上甲至於多后"
"自上甲廿示"之類, 分述如次。

《後編》上第二十八頁有辭云:

(9) 乙未貞: 其求自上甲十示有三, 牛; 小示, 羊。

由第二段排比著的從上甲、大乙到祖丁的十示, 可知這十示
有三, 是加了三示。祖丁以後的三世是小乙、武丁、祖甲, 可知
此片至早也須在第三期 (廩辛、康丁之世)。但從字形考之, 自作
𢀖, 未作𢀖, 當是武乙時物。武乙稱祖己、祖庚、祖甲三人為祖,
觀於三人的名稱, 可知是武乙時所定, 亦可證此片當在武乙時代
(第四期) 了。

祀上甲至武乙或多后的卜辭, 皆屬於第五期 (帝乙、帝辛之
世), 如

（10）丁丑卜貞：王賓自上甲至于武乙，衣，亡尤。《後·上》20.6

（11）癸卯王卜貞：酒，翌日，自上甲至多后，衣，亡徙，自戾。在九月，惟王五_缺《後·上》20.7

兩辭皆有"衣"，衣為祭名，假借作殷，即大合祭之意。次片所謂"多后"即指上甲以下至於武乙的先公、先王。又有僅舉世數，不言至於某某者，如：

（12）癸卯卜酒，求，貞：乙巳，自上甲廿示，一牛；二示，羊△褒；三示毳牢；四示犬。《戩》1.9

原本拓印莫胡，王靜安先生釋如此。此版同載有"丙辰卜章戈"之文，戈作^ψ，章作^字，皆與村中出土骨版字體相同。村中出土有一辭"辛丑王祼章戈"（《寫本》309），文法書體並同，可定此為文丁以後之物。更以世數計之，

上甲、大乙至祖丁，十世。小乙至武乙，五世。

報乙至主癸，五世。

截至武乙為止，恰足二十世之數。又疑大示即大宗，小示即小宗。觀上列三段，每世僅一人入宗廟，嫡長相承，皆為大宗；二示，三示，四示，疑皆小宗。卜辭有可證上甲以下各示為大宗者，如

（13）_缺午貞：辛亥酒肜，自上甲，在大宗^字。容氏藏拓本

此辭可證"自上甲"以下各世，一世一人為大宗，反之，如辭（9）稱"自上甲十示有三"，而別稱"小示"，可知此"十示有三"為"大示"即"大宗"了。有徑稱為元示，大示者。在祖甲時稱"元示"，如

（14）辛巳卜大貞：出自上甲元示三牛，二示一牛。十三月。《前》3.22.6（《前》，《殷虛書契前編》之簡稱，以下並同。）

武丁時則稱"大示"，如

（15）甲申卜，賓貞：王^字大示。《前》3.22.3

（16）貞：御，王自上甲^字大示。十二月。《前》3.22.4

以由上三段的世次，可知自上甲至於武乙，殷人所稱為大示、元示、大宗者，蓋一世一人，共二十世，二十人，與《殷本紀》所載世數，甚為吻合了。

2. 乙，見於卜辭的殷先公先王

王靜安先生作《殷卜辭中所見先公先王考》及《續考》，（《觀堂集林》卷九）考定夋、季、王亥、王恒、上甲、大乙、唐、陽甲諸人，皆極精確，惟因所見卜辭尚少，猶有不能考定者。王先生在他所著的《古史新證》裏，說道：

> 有商一代三十帝，其未見於卜辭者，中壬、沃丁、雍己、河亶甲、沃甲、廩辛、帝乙、帝辛、八帝。而卜辭出於殷虛，乃盤庚至帝乙時所刻辭，其先王中自當無帝乙、帝辛之名；則不見卜辭者，二十八帝中僅六帝耳。

他所謂二十八帝中之六帝，今在卜辭中可以確定者三：為沃丁、沃甲、廩辛，尚在疑似之間者三：為中壬、雍己、河亶甲。是殷代帝王，除末二世之外，全都見於卜辭中了。殷之先公，今增一契，余仍王先生舊說。茲就新近所識，以前考定之殷代先公先王，作為世系圖，以《殷本紀》所載父子兄弟之次序為底本，加以增訂，所舉見於卜辭之名號，均詳於下列各例。關於殷人世系，新舊各說，這裏也算一個小小的結束了。

以下，就殷代先公先王世系圖所列見於卜辭的殷先公先王，各舉原辭為例，加以述說。

夋（即嚳）（17）貞于夋，宰。十月。《前》6.18.4

王靜安先生釋䄖為夋，謂即帝嚳。舉《史記·五帝本紀·索隱》引皇甫謐曰"帝嚳名夋"為證，說甚精確。

兒（即契）（18）貞于兒。貞勿貞于兒。《前》1.15.2

卜辭祭兒用貞，同於夋、土，王亥諸先祖，疑即是契，《漢書·古今人表》契作卨。《説文解字》："卨，蟲也。"段氏《注》云"殷玄王以為名"。按卨上所從之∀，與兕首之∀，形近易訛。又或因契、兕、卨，音同相假，《國語》稱殷人禘嚳郊冥，祖契宗湯。今卜辭中夌為嚳，季為冥，唐為湯，不應獨無契。且陽甲為羌甲，沃丁為虎丁，皆同音相假，則契之為兕，自屬可能。《簠室殷契徵文考釋》帝系一二兩則，王氏釋為卨者，仍是夌字（見原書第一頁），非卨。

土（19）叀于土，三小宰，卯一牛，沉十牛。《前》1.24.3

《史記·殷本紀》："契卒，子昭明立。昭明卒，子相土立。"土即相土。

季（即冥）（20）貞屮于季。《後·上》9.6

王靜安先生《考》云："季亦殷之先公，即冥是也。《楚辭天問》曰'該秉季德，厥父是臧'。又曰'恒秉季德'。則該與恒皆季之子，該即王亥，恒即王恒，皆見於卜辭，則卜辭之季，亦當是王亥之父冥矣。"其説甚是，今從之。

王亥（21）貞叀于王亥。《前》1.49.7

《史記·殷本紀》作振，《系本》作核。振即核之訛誤，卜辭作王亥。

王恒（22）貞勿屮于王恒。《後·下》7.7

説略見"季"條。疑恒為亥弟。據《國語》由契至湯十四世，（見甲，第一段引）恒如獨為一世，則世數不合，故恒亦當為季子。

上甲（即微）（23）乙亥卜，賓貞：作大御，自上甲 《後·下》7.12

報乙（24）乙丑卜，㠯貞：王賓報乙祭，不畫。《後·上》8.11

報丙（25）丙申卜，旅貞：王賓報丙彬，屮囚。《後·上》8.13

報丁（26）丁亥卜，貞：王賓報丁肜日，屮㠯。《後·上》8.15

示壬（主壬）（27）壬戌卜，㱿貞：屮于示壬。《後·上》1.3

示癸（主癸）（28）癸酉卜，貞：王賓示癸，彬，亡㠯。

《前》1.2.3

自上甲至示癸六示，有在一版中以次排比者，故皆確定無疑。又經羅、王兩家考證，已成定案，這裏不再述説了。

大乙（29）乙丑卜，貞：王賓大乙，濩，亾尤。《前》1.3.15

唐（即湯）（30）甲寅卜，殻貞：坐于唐，一牛，其坐下缺

《前》1.47.1

王靜安先生謂唐即成湯，舉《齊侯鎛鐘》"虩虩成唐"為證。《鐵雲藏龜》214頁一版有"唐、大丁、大甲"三世並列，唐居大丁前，亦可證王説不誤。

大丁（31）坐于大丁。《前》1.4.3

外丙（32）乙酉卜貞：王賓外丙，肜，亡尤。　《前》1.15.1

卜辭作"卜丙"，羅叔言先生以為即外丙。

南壬（疑即中壬）（33）丙寅卜貞：南壬缺延缺　《前》1.45.4

卜辭中不見中壬，疑南壬即是中壬。卜辭中帝王名稱，日干上一字，多與後世所傳者異，如示之與主，虎之與沃，羌之與陽，康之與庚，皆是。而其他先祖皆有祭，中壬不能獨無。《春秋經傳集解後序》引《紀年》"仲壬即位，居亳"。亳在殷南，稱曰南壬，或即以此。

大甲（34）坐于大甲。《前》1.4.3

大庚（35）辛丑卜貞：求于大庚，一牛。《戩》3.1

虎祖丁（即沃丁）（36）己丑卜，彭貞：其賓虎祖丁門，協，衣，御，肜。3.2.0701

卜辭中常見虎甲一名（原文見下虎甲條），疑虎、沃音近相通，即是沃甲，丁山先生亦有此説，因苦無他證，未敢必。今於第三次發掘所得骨版中，發現虎祖丁一辭，知即沃丁，而虎甲之為沃甲，也同時可以斷定了。

大戊（37）坐于大戊，三宰。《前》1.7.2

小甲（38）癸亥卜貞：王旬亡戾，在五月甲子，肜日小甲。

《前》1.7.1

中己（疑即雍己）（39）己酉卜，顯貞：其又中己。其馭釐。
《後・上》8.5

卜辭有中己，疑即雍己；中、雍音近可假。此片顯為第三期
貞人，在廩辛時，稱祖己為父己。考殷世系中，名己者祇有祖己、
雍己二人，父己既為祖己，則中己當是雍己了。殷先王多見於卜
辭，不宜獨無雍己，以此比附，並不為過。

中丁（40）癸丑卜貞：王賓中丁奭妣癸，肜日，亡尤。
《前》1.8.1

外壬（41）壬午卜貞：王賓外壬，翌日，亡尤。《前》1.9.1
外作卜，同外丙。

𠂤甲（疑即河亶甲）（42）癸丑卜在霍貞：王旬亡𡆥，甲寅肜
日𠂤甲。王簠室藏拓片

此辭見王簠室所藏拓本，北京大學研究所國學門有其影片。
又一版有兩辭，亦見於《殷契徵文・帝系類》。

（43）癸酉，王卜貞：旬亡𡆥。王乩曰大吉，在十月。甲戌，
祭羌甲，祼𠂤甲。《徵・帝》151 之二（《徵》，《殷契徵文》簡稱，
下並同。《徵文》為翻刻本，不偽，詳見拙作《帚矛說》文中。）

（44）癸未，王卜貞：旬亡𡆥。王乩曰大吉，在十月。甲申，
祭虎甲，祼羌甲，𣓀北甲。《徵・帝》151 之一

這兩辭所舉的次第是：

羌甲，𠂤甲，

虎甲，羌甲，北甲。

𠂤、北當是一字。我們知道，殷世系中名甲的有以下七位：

上甲，大甲，小甲，河亶甲，沃甲，陽甲，祖甲。

上甲，大甲，小甲，祖甲，卜辭皆同，祖甲又稱父甲，都可
以不論，其餘三人，陽甲，卜辭作羌甲；沃甲，卜辭作虎甲；祇
有河亶甲不見。殷世系中以三字名者，除河亶甲外無第二人，則

“河亶”二字似已有誤。疑秄甲即是河亶甲本名。觀上兩辭，二世三世皆相銜接，可知秄甲必在小甲之後，祖甲之前，秄甲為其間三個名甲者之一，非河亶甲莫屬。《太平御覽》引《竹書紀年》有開甲之名，以為即沃甲，似誤。開甲疑即秄甲，即河亶甲。開從兩又，從門，與秄形極近，開或即秄之誤字，又誤以為即沃甲，輾轉錯訛，真相更不可知了。姑存此説，以待他證。

祖乙（45）凷于祖乙。《前》1.9.5

祖辛（46）辛巳卜貞：王賓祖辛，翌，亾尤。《前》1.11.7

虎甲（即沃甲）（47）甲寅卜貞：虎甲，肜日，缺 《後·上》8.1

虎甲即沃甲，有虎祖丁即沃丁可證。虎字有加⊌形偏旁者凡七，有不加偏旁者凡四。茲就現在所見之卜辭中虎甲之合體字列舉如下：

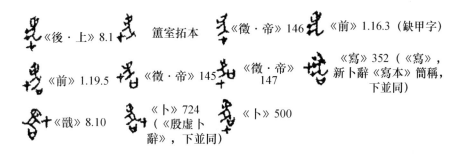

圖2—5　卜辭中所見虎甲合體字

據上列，虎甲之辭凡十一見，皆祖甲以後各王所卜祀者。虎字作高額、侈口、修尾、張牙、爪露之形，皆為虎之特徵。虎，為殷時國名，《殷虛書契前編》有“虎方”（卷六，第六十三頁）之辭，稱虎丁、虎甲，或因曾征伐虎方之故。如羌甲，名羌，亦必與羌人有特殊關係。至於武丁之武、文丁之文，殷人先王名謚，皆自有其意義。

祖丁（47）貞告疾于祖丁。《前》1.12.5

南庚（49）貞南庚㞢。《前》1.13.8

羌甲（即陽甲）（50）貞于羌甲告。《前》1.42.6

羅叔言先生以卜辭中𦍩即羊，羊甲即陽甲，謂"羊、陽古通。《漢書·古今人表》有樂陽，師古注即樂羊"。按字作𦍩，當為羌，羌在殷為西方民族之一。（説詳拙作《獲白麟解》，《安陽發掘報告》第二期，第 331—333 頁）羌為羊人合字，乃牧羊人之意，音當同於羊，非即羊字。

盤庚（51）庚寅卜貞：王賓盤庚，㚔，亡尤。《前》1.16.3

小辛（52）庚辰缺貞：翌缺巳其缺小辛，㚔，下缺 《前》1.16.6

小乙（53）乙丑卜貞：王賓小乙，㚔日，亡尤。《前》1.17.1

武丁（54）丙戌卜貞：武丁，丁，其牢下缺 《前》1.17.3

祖己（55）己巳卜貞：王賓祖己，祼，亡尤。《前》6.19.1

祖己乃武丁之子孝己，未立，不見於《世本》及《殷本紀》。稱祖己在武乙（第四期）以後。祖庚、祖甲（第二期）稱兄己，廩辛、康丁（第三期）稱父己。

祖庚（56）庚午卜貞：王賓祖庚，祼，亡尤。《前》1.19.1

祖甲（57）癸巳卜貞：祖甲，丁，其牢茲用。《前》1.19.6

兄辛（即廩辛）（58）兄辛歲，叀，御，各于日𠬝。3.2.0484（3，第三次發掘。下並同）

此版出大連坑，以字體證之，當為康丁時卜辭，所稱兄辛即廩辛。

康祖丁（即康丁）（59）丙辰卜貞：康祖丁，丁，其牢茲用。《前》1.21.1

羅氏《殷虛書契考釋》云："《史記》作庚丁、為康丁之訛。商人以日為名，無一人兼用兩日者。"今從其説。

武乙（60）甲子卜貞：武乙，丁，其牢茲用。《前》1.21.1

文武丁（即文丁）（61）丁酉卜貞：王賓文武丁伐十人，卯六牢，豈六卣，亡尤。《前》1.18.4

羅氏《考釋》云:"以康祖丁、武祖乙例之,知文武丁即文丁。"今從之。

以上殷人之世系及世數大略皆見於此。所祀先王、先公止於文丁,可知最後主祀者為帝乙、帝辛。《尚書·多士》稱"自湯至於帝乙,罔不明德恤祀"。觀於文丁以上各先祖祀典之隆重,可見一斑。《牧誓》稱商王受"昏棄厥肆祀弗答",實則帝辛時卜祀之辭也還不在少數。

世次、世系為斷代研究之基礎,世數既有定序,其他分期之標準便可得而言了。

二 稱謂

殷人祭祀,於近親屬的稱謂,一以致祭之時王為主,兄稱兄某,父稱父某,母稱母某,祖父、祖母以上,則稱祖某、妣某;輩次較遠則稱名謚;如此以主祭之王本身關係定稱謂,秩然有序,絲毫不紊。由各種稱謂定此卜辭應在某王時代,這是斷代研究的絕好標準。以下分三項論述之。

1. 祀典中祖、妣、父、母、兄的稱謂例

①祖的稱謂

高祖夋（62）癸巳貞:于高祖夋。王氏《殷先公先王續考》引羅氏拓本

高祖王亥（63）癸卯卜貞:从_缺高祖王亥,于更_缺 《後·上》21.13

高祖乙（64）甲戌其又于高祖乙。《後·上》3.7

此云高祖,皆泛稱遠祖。王靜安先生以高祖乙為大乙。按大乙之配為妣丙,先妣中名丙者僅此一人,卜辭亦稱為高妣丙,(《前》1.33.3) 與高祖乙相對,可為大乙之證。但同時祖乙之配妣己、妣庚,也稱高妣己、高妣庚,則高祖乙又可為祖乙的稱謂。此辭以字體論當在第三、四期,此期稱小乙為祖乙,故於祖

乙加高字以為區別，正如武丁時代為別於祖辛之配妣庚、祖丁之配妣己，而稱祖乙之配為高妣庚、高妣己。故此高祖乙究竟誰屬，尚待考定。

祖乙（65）乙巳卜，賓貞：三羌用于祖乙。《前》1.9.6

中宗祖乙（66）中宗祖乙，牛，告。《戩》3.4

此亦祖乙之稱，加"中宗"為名，所以別於小乙。觀此辭字形，當在武乙之世，時稱小乙為祖乙，或小祖乙、后祖乙，故於河亶甲子祖乙加"中宗"為別。王靜安先生據此證明《史記·殷本紀》稱大戊為中宗之誤。又明義士牧師所藏卜辭，有

（67）中宗祖乙，后下缺。

缺處當為"后祖乙"。此片亦第四期物，亦兩祖乙，皆加區別字。

祖辛（68）癸酉卜：出于祖辛，二牛。《前》1.23.3

祖丁（69）貞：告疾于祖丁。《前》1.12.5

小祖乙（70）癸巳卜，即貞：翌丁未，其又于小祖乙。《戩》5.10

后祖乙（71）乙卯卜，即貞：王賓后祖乙，父丁，歲亡尤。《戩》3.8

即，是祖甲時的貞人。父丁就是武丁。后祖乙、小祖乙，也就是小乙。祖甲時，稱小乙為祖乙，與河亶甲子祖乙不別，故加以"小"字、"后"（同後）字以為記識。王靜安先生以后祖乙為武乙，誤。

后祖丁（72）其告在后祖丁，王受又，2.2.0315

在第三、四期。廩辛、武乙之世，已稱武丁為祖，因與祖辛子祖丁同名，故稱武丁為后祖丁。此版出於村中，當是武乙時的卜辭。

祖戊（73）戊戌卜，旅貞：祖戊歲蚩羊。《前》1.23.2

旅是祖甲及廩辛時的貞人。此辭當在廩辛以後。祖戊乃是武

丁之兄戊、祖甲之父戊（俱見下文），於廩辛、康丁之世則稱之為祖。祖戊一名，不見於載籍。

祖己（74）己卯卜貞：王賓祖己，翌日，亡尤。《前》1.23.3

即武丁之子孝己，未立而死，與大丁同入祀典。稱祖，在武乙以後。此辭當在第五期帝乙、帝辛時。

祖庚（75）庚午卜貞：王賓祖庚，祼，亡尤。《前》1.19.1

祖甲（76）癸未卜泳貞；王旬亡戾。在正月。甲申，祭祖甲，𠱾虎甲。《前》1.19.5

康祖丁（77）丙辰卜貞：康祖丁，丁，其牢茲用。《前》1，21.1

武祖乙（78）甲申卜貞：缺武祖乙，丁，其牢茲缺。《後·上》4.15

康祖丁即康丁，武祖乙即武乙，稱祖皆在第五期。至此時，祖之名丁者三，名乙者三，故各加一字以為誌別。康祖丁亦省稱康丁（《後編》上，第四頁），武祖乙亦省稱武乙（見辭60）。

②姚的稱謂

姚乙（79）貞：于姚乙求年。《鐵》196.3（《鐵》，《鐵雲藏龜》簡稱，下並同。）

姚乙不見合祭於某先祖，當是殷代上世的先姚。傅孟真先生以為即契之母簡狄。乙，為後世玄鳥故事之所本，有文論述之。嘗見王簠室藏拓本，有一辭

（80）貞：于南方將姚乙六示。十月。

將當訓請，請姚乙六示於南方，可見姚乙之廟不在殷。又卜辭中于姚乙之祭，除"求年"一事外，又有求雨及袞祭：

（81）缺未卜，貞：求雨，匄于姚乙。十三月。4.0.0008（第一位4，即第四次發掘；第二位0，為字甲。下並同。）

（82）缺賓貞：袞于姚乙。4.0.0057

皆與王亥以上各先祖同。後世各姚，即無如此祀典。又王亥以上各先祖如季、土、兒、夋及姚乙之祀，多屬於武丁之世，武

丁之後，祀上甲以前的遠祖者，尚不甚多見。

妣己（83）戊辰卜，其于妣己叀小牢。2.2.0413

妣己是祖丁之配，為武丁之祖母。祖乙以上各先祖之配，亦皆曰妣。本章斷自祖乙之配，遠妣不具錄。

高妣己（84）庚子卜骰貞：王虫匚于高妣己，妣缺母缺《後·上》6.7

骰為武丁時貞人。武丁之祖母，祖丁配有妣己；高祖母，祖乙配亦有妣己。兩名不別，故於祖乙配稱高妣己。此辭所缺當為"妣己，母庚"，由庚日卜可證為母庚，蓋祭母庚而兼及祖乙、祖丁之配，母庚即小乙配妣庚。

妣庚（85）庚子卜，旅貞：王賓妣庚，歲，亾尤。在九月。《卜》69

小乙之配、祖丁之配，皆名妣庚。旅為祖甲貞人。

高妣庚（86）貞：勿虫于高妣己，高妣庚。《前》1.36.5

即祖乙之配妣己、妣庚。因祖丁、祖辛之配亦曰妣己，妣庚，故加"高"字以別之。為武丁時的卜辭。

妣癸（87）癸亥卜貞：王賓武丁奭妣癸，翌日，亾尤。《後·上》4.10

祖丁之配，亦有妣癸。

妣辛（88）叀妣辛祌，用。2.2（32）

武丁之配有妣辛。康丁之配，亦曰妣辛。

后妣辛（89）庚戌卜，尤貞：翌辛亥，其又后妣辛，鄉。本所藏拓片

殷人先妣名辛者有三：一大甲配，二武丁配，三康丁配。此片尤為廩辛、康丁時貞人。同版又有

（90）癸酉卜，尤貞：翌甲午，登于父甲，鄉。

一辭。此父甲，即武丁之子祖甲，可證此版確為第三期之物。時於武丁之配可以稱妣辛，與大甲配妣辛無別，故加后字以別之，與稱武丁為后祖丁同例。

姒戊（91）戊午卜貞：王賓祖甲，夾姒戊，祼，凵尤。《前》1.33.5

武丁配亦有姒戊。此辭當為第五期物。

③父的稱謂

父甲（92）貞：凵豕于父甲。《前》1.24.3

同版有🔸，為武丁時貞人。父甲即陽甲。又第三次掘獲一骨版，文曰：

（93）癸卯卜，尤貞：翌甲辰，其又丁于父甲，宰，鄉。3.2.0367

同版又有"后祖丁"之文。尤為第三期貞人，稱武丁為祖，亦可為證。此父甲當為武丁子祖甲，與上一辭稱陽甲之父甲非一人。

父庚（94）癸卯卜亘貞：凵于父甲犬。貞：凵于父庚犬。《前》1.26.6

亘為武丁時貞人。此父庚當為盤庚。同版有父甲為陽甲，亦可互證。此辭全由貞人及字體定之，不然，亦可誤認為第三期物。因在廩辛、康丁之世，祭祖甲、祖庚亦可稱父甲，父庚。如大連坑出土的一版：

（95）缺卜尤貞：翌缺登父庚，鄉。3.2.0676

因尤為第三期貞人，故可定此版所稱之父庚，為武丁子祖庚。

父辛（96）父甲一牡，父庚一牡，父辛一牡。《後·上》20.9

王靜安先生以為"此武丁時所卜，父甲、父庚、父辛即陽甲、盤庚、小辛，皆小乙之兄而武丁之諸父也"。王先生於十餘年前即注意由稱謂定卜辭時期之一事，可謂治學細心，故特於此表而出之。

父乙（97）貞：疾齒，御于父乙。《前》1.25.1

武丁於小乙，文丁於武乙，皆稱父乙。此武丁時卜辭。

父丁（98）丁卯卜，旅貞：王賓小丁，歲，眔父丁凵 (?) 伐，羌五。下缺，《卜》740

同版有祭姒庚、兄庚之文，旅又為祖甲貞人，均可證為祖甲時卜辭。父丁即武丁，小丁疑為武丁之兄丁。又村中出土一辭：

（99）祖甲夤，其至父丁。₂.₂.₀₃₂₄

辭稱祖甲為祖，在武乙之世；又稱父丁，則父丁當指康丁而言。此以坑位及字體為證，不然，如説祖甲、父丁為陽甲、武丁，而此辭也可以在祖庚、祖甲之世了。

父戊（100）戊寅卜，即貞：叀父戊歲，先酒。《後·上》5.11

武丁有兄曰兄戊，為祖甲之父，廩辛之祖。第①項有祖戊，即廩辛時祭兄戊之辭。此為祖甲時辭。即，祖甲貞人。

父己（101）己酉卜，丁巳酒祖丁，缺祖辛二牛，父己二牛。《前》3.23.4

此父己，即武丁子孝己，武乙時之祖己，祖庚、祖甲時之兄己，為廩辛、康丁之父。祖辛、祖丁，疑即小辛、武丁。

④母的稱謂

母己（102）貞：于母己御。《前》1.39.1

殷先姚名己者為祖乙及祖丁配。如於祖丁配稱母，必在小乙或盤庚、小辛之世。

此版又有（103）貞：于兄丁御。

之文。兄丁乃武丁之兄，詳下 5 項，則母己當為武丁之諸母，非祖丁配。姑記於此，以待他證。

母庚（104）貞：坐于母庚，二牛。《前》1.29.1

此母庚即小乙配姚庚，武丁時稱母庚。

母癸（105）貞；酒母癸。《戩》7.10

祖丁、武丁之配皆有姚癸。稱母，一在小乙時，一在祖庚時。

母辛（106）己酉卜，即貞：告于母辛宙農。十月。《前》5.48.1

即為祖甲時貞人。此母辛即武丁配姚辛。

母戊（107）其告子母戊。《後·上》6.13

武丁、祖甲配皆名姚戊。此稱母戊，疑是第三期卜辭。

母壬（108）缺卜旅缺其尉于缺其眔母壬。

旅為祖甲及廩辛時貞人。此辭母壬，疑是廩辛之母。

⑤兄的稱謂

兄丁（109）丙子卜將兄丁于父乙同。《後·上》7.5

稱父乙,為武丁及文丁之世所有之卜辭。前於母己條亦曾言及兄丁,疑兄丁為小乙之子,母己所出,故武丁於祀父乙、母己時,並祀及之。

兄戊（110）叀羊兄戊。《前》1.40.3

此武丁之兄,與祖甲時之父戊、康丁時之祖戊為一人。同版有祭祖丁之辭:

（111）丙子卜,王勿_缺祖丁。

稱祖丁為祖,最早須在武丁之世。

兄壬（112）甲申卜,即貞: 其又于兄壬,于母辛宗。《後·上》7.9

此條即為貞人,可定為祖甲時之卜辭。母辛,即武丁配妣辛,疑是祖甲生母,則兄壬亦祖甲之同母兄,為母辛子,故祀於母辛宗。宗,從示,從宀,當為藏置神主之室。《説文》:"宗,尊祖廟也。"卜辭於唐、中丁、祖乙、祖辛、祖丁、父己（即祖己）均稱宗,疑皆有專廟,當另文考證之。

兄己（113）己丑卜,行貞:王賓兄己歲,**𣂏**,亡尤。《前》1.40.5

行,為祖甲貞人。祖甲稱祖己為兄己。

兄庚（114）癸亥_缺貞: 兄庚歲,眔兄己眔_缺《後·上》7.7

此條並稱兄庚、兄己,確為祖甲時卜辭。兄庚即祖庚。

兄辛（115）兄辛歲,眔,御,各子日新。3.2.0484

盤庚以下諸王名辛者,惟小辛、廩辛、帝辛三人,而小辛、廩辛皆有弟嗣位。此版出土大連坑,多第三期卜辭,又由字體證之,當為康丁時物,兄辛即廩辛。

以上由祖、妣、父、母、兄各種稱謂,可以確定許多卜辭的時期。更以各期貞人互證,實為時期分割的最好標準。

2. 祖與妣的合祀

殷人祀典是在隨時改革的，雖然盤庚以後不過二百餘年，而祀典已有許多的不同。如肜日、𩵋日、翌日之祭，皆不常見於前四期，袞與沉、薶之典，獨第一期為多；所祀先祖，亦時有不同，自上甲至於多后的衣祭，第一期無之，而第一期所祀王亥以上各祖妣如妣乙、夒、兕、土等，後四期亦皆少見。諸如此類，將來斷代研究的結果定多創獲。這裏祇就以先妣配食先祖一事考之。

以妣配食，大概是始於第二期祖甲之世。祖與妣之間，必有"爽"字，羅氏釋赫，葉氏釋夾，皆以為即合祀配食之意。如曰"祖辛爽妣壬""羌甲爽妣庚"（見王簠室藏拓本。兩辭有行為貞人，故定為祖甲時）之類，實開祖妣合祀的先例。到了第五期帝乙之世，祖妣合祀之典大盛，於是我們乃能據以考知某祖的配為某妣。現在自示壬起至康丁止，就祖妣合祀之辭各舉一例。

示壬（116）庚辰卜貞：王賓示壬爽妣庚，翌日亾尤。《後·上》1.7

示癸（117）甲子卜貞：王賓示癸爽妣甲⁅缺⁆亾尤。《後·上》1.8

大乙（118）丙寅卜貞：王賓大乙爽妣丙，翌日，亾尤。《後·上》1.13

大丁（119）戊戌卜⁅缺⁆：王賓大丁爽妣戊祼，亾尤。《後·上》2.1

大甲（120）辛丑卜貞：王賓大甲爽妣辛肜日，亾尤。《前》1.5.8

大庚（121）壬寅卜貞：王賓大庚爽妣壬，𩵋，亾尤。《後·上》2.7

大戊（122）壬寅卜貞：王賓大戊爽妣壬，𩵋亾尤。《後·上》2.9

中丁（123）癸丑卜貞：王賓中丁爽妣癸，祼，亾尤。《後·

上》2. 11

　　祖乙（124）乙未卜貞：王賓祖乙夾妣己，彤日，凵尤。
《後·上》3. 3

　　　　（125）庚午卜貞：王賓祖乙夾妣庚，𠭯，凵尤。《後·
上》3. 1

　　祖辛（126）庚子卜貞：王賓祖辛夾妣庚，彤日，凵尤。
《後·上》3. 8

　　祖丁（127）己巳卜貞：王賓祖丁夾妣己，彤日，凵尤。
《後·上》3. 11

　　　　（128）癸酉卜貞：王賓祖丁夾妣癸，𠭯，凵尤。《後·
上》3. 14

　　小乙（129）庚午卜貞：王賓小乙夾妣庚，𠭯，凵尤。《後·
上》4. 6

　　武丁（130）辛巳卜貞：王賓武丁夾妣辛祼_缺 《後·上》4. 7

　　　　（131）戊子卜貞：王賓武丁夾妣戊，祼，凵尤。《後·
上》4. 8

　　　　（132）癸未卜貞：王賓武丁夾妣癸，祼，凵尤。《後·
上》4. 9

　　祖甲（133）戊午卜貞：王賓祖甲夾妣戊，祼，凵尤。《後·
上》4. 12

　　康丁（134）辛巳卜貞：王賓康丁夾妣辛，_缺凵_缺。《後·
上》4. 14

　　康丁以下，如武乙之配為妣戊，見於戊辰彝（《殷文存》上，
第十九頁），不應卜辭無之。又示壬以上，亦未必無合祀之先妣，
如晚期衣祭，多稱自上甲至於多后，或至子武乙，則上甲以來的
各先祖自為系統，若與先妣合祀，不能僅自示壬始，至康丁止，
或此時猶未發見而已。

　　更將合祀祖妣列為圖 2—6：

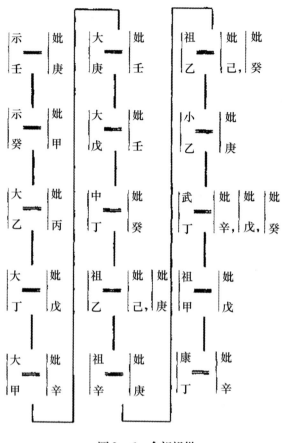

圖 2—6　合祀祖妣

3. 主祭者与被祭者稱謂圖（略）

由第二節可以知道某祖与某妣的關係，由第一節可以知道主祭的帝王与被祭的神示因種種關係而稱謂不同。主祭者自武丁始，至帝辛止，凡七世；被祭者自祖乙始，至文丁止，凡九世。因武丁以前三世，卜辭中尚不易區分，祖乙以上遠祖，稱謂又大略相同，故皆不列。

三　貞人

貞人説的成立，為斷代研究的主要動機，由許多貞人定每一卜辭的時代，更由所祀先祖等的稱謂，而定此許多貞人是屬於某帝王的時代，這樣，我們就可以指出某貞人是某王的史官。如果我們把同在一版上的貞人聯絡起來，他們就可以成為一個團體。不過這並不足以包括所有的貞人，因為在這些殘龜斷骨之中，見到他們互相聯絡的機會實在太少了，所以有許多貞人，遠不能用此方法去定他們的時代。又貞人的書名，到武乙時代（第四期）已完全沒有了，有時貞卜之人就是帝王的自身，憑貞人以定時期的方法，也至此而窮。所以以貞人為標準祇是一種，無貞人的卜辭，便須從字句、書體、文法、坑位等方面定其時期了。

以下就關於貞人的各項，分別論述。

1. 貞人即是史官

在《大龜四版考釋》一文中，曾確定了貞上一字是人名，叫他作"貞人"，如大龜四版之一，有貞人 beta與賓：

（135）丙寅卜，beta貞：翌丁卯出于丁。版1 辭15

（136）丁巳卜，賓貞：出于丁，一牛。六月。版1 辭14

這兩辭所卜之事，乃是beta同賓去貞問的，辭中記載的"出于丁"就是他們所貞之事，所以叫他們"貞人"。在肩胛骨臼的刻辭中，又發現了這問卜的貞人，也就是當時記事的史官。這可以説是一件極有趣味的發現。三千多年以後的我們，可以看見三千年前的史官所親手書寫的文字，並且可以指出這是某人某人的作品，而欣賞他們每個人的書體與作風，豈不是一大幸事！這發現在骨臼的刻辭上。

由刻辭的史官、字體、所在的骨版上的貞人等，均可證這種刻辭是在第一期武丁的時代。這是一時的風氣。武丁的史官們，想出了廢物利用之法，把骨版窠臼之處，拿來用作記事的簡冊。骨版的窠臼，本是圓形，中間少窪，因為平面放置骨板時要穩定的緣故，他們便鋸去了一半，留下一半，恰似那上下弦的月光。這半月形的骨臼，雖然微窪，卻甚光滑，所以當時史官就拿他作記載一樁事體之用，這事體便是"帚矛"。在每一個記載之下，很明白的簽著記事的史官的名字。例如：

（137）帚井示五矛。亘。（《龜》，即《龜甲獸骨文字》簡稱，

下並同）

（138）乙未，帚妹示矛。⚒。《戠》35.8

這兩辭均刻在肩胛骨臼的內面，很明白的表現這不是卜辭，因為第一他沒有卜、貞的字樣，第二他不能鑽灼，沒有兆璺。這是一種純粹的記事文字，記載的是頒發各處兵器"矛"的日子、件數和經手記事的人——史官。上兩辭的亘、⚒，便是簽名的史官。可以注意的，就是亘、⚒兩位也同時是武丁時代的貞人（詳下節）。關於骨臼刻辭的整理，別詳拙著的《帚矛說》，這裏祇舉出骨臼上記事的史官。

骨臼上記事的史官，有下列各人。

岳，岳丙，𢦏，小𢦏，𠚤，务，𣪊，亘，賓，㞢，𠙵，⚒，永，犬，𢆶，箙。

這十六位，可以確定他們是武丁時代（詳《帚矛說》）執筆記事的史官。可是十六位中卻有九位同時也作了武丁時的貞人，這九位是：

务，𣪊，亘，賓，㞢，𠙵，⚒，永，箙。

所以說貞人就是史官，在這裏是可以證明的了。他們既能在骨臼上記事、刻辭、簽名，那麼骨版或龜版上的卜辭有他們書名貞問的，也當然可以是他們所寫的了。

2. 貞人集團

我們現在既已知道了殷虛所包含的時代是始自盤庚，至於帝辛，那末依今本《竹書紀年》推算，也應有二百五十餘年。現在依年數比例，可以略知各帝王時期的長短與貞人的多寡。盤庚遷殷，經過了小辛、小乙，這三世不過二三十年。這時也許因為播遷伊始，百端待舉，貞卜之事尚少，卜辭也不易分析，姑且存而不論。武丁是中興的令主，據各種記載，都說他在位有五十九年之久，所以他這時的卜辭也最多，據我觀察，幾占全量三分之一；貞人也特別的多，可以成為一個集團。這是第一期。第二期，祖庚、祖甲，兄終弟及，繼位多在暮年，合計兩世，不過四十四年。
這一期的卜辭，數量不過占十之一二，貞人也多不見同版，失其
聯絡（自然是太破碎了之故），所以確知的貞人也較少。第三期，
廩辛、康丁之世，年祀更短，不過十餘年。但是卜辭發現於一坑
之內（大連坑，第三次所發掘），又找到些他們同版的關係，所以
也可以成為一個小小的團體。其餘有些貞人一時不能確定時代的，
祇有於字形、文法、事類、坑位各標準中一一求之了。第四、五
期為不錄貞人及王親卜貞的時期，皆詳於次。

（1）武丁時的貞人集團

現將武丁時的貞人見於同版者列為一表（表 2—1）。

表 2—1　　　　　　　　　　武丁時貞人見於同版者

同版貞人	所見書	备注
賓 㳄	大龜四版之一	
𡥨 㳄 㳄 𡥨 𡥨	大龜四版之四	
賓 亘	鐵 242 之 1	
賓 殼	鐵 151 之 1	
韋 㳄	鐵 241 之 1	
㳄 賓	鐵 127 之 2	
𡥨 亘	鐵 250 之 1	
𡥨 韋	鐵 255 之 2	
亘 𡥨	鐵 247 之 1	
永 𡥨 賓 殼	菁 7（菁《殷虛書契菁華》簡稱，下並同）	
韋 亘	4. 2. 0008	
永 𡥨	戩 14 之 5	
亘 殼	卜 2339A	
殼 㳄 賓	北大國學門藏片	以下為骨臼刻辭中之史官，與骨面貞人見於一版者
箙 韋	同上	
𡥨 賓	3. 2. 0751	

　　以上不過各舉一例，也並不曾搜輯完全，這是應該声明的。可是僅就這些貞人看起來，他們所占的時期已是很久，他們所經手的貞卜之辭已是很多了。更就表中所列，曾在同版的貞人，作為一圖如次，以見他們的關係。

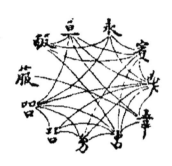

圖 2—7　同版貞人圖

　　貞人集團的關係確定了之後，從其中的任何一個貞人所貞卜的事項中找出他的時代，則其餘同時各人的時代也可以連帶著知道了。例如上列的貞人集團，何以知是武丁時代？那末我們就可以請出其中的任何兩位作證。

　　（139）乙卯卜，亘貞：今日往至于章，夕，酒，子央于父乙。《鐵》196.1

　　（140）庚辰卜，㞢貞：㞢母庚。《前》1.29.3

　　父乙、母庚，確是武丁時對於小乙、妣庚的稱謂。子央是武丁的一個兒子（見下人物節）。這兩個貞人亘和㞢也當然是武丁時的史官了。他兩個既是武丁時人，他們同時的人，也就不言可知了。

　　（2）第二期的貞人集團

　　第二期為祖庚、祖甲之世。他們的時代不易劃分，現在以祖甲為主，將可以推知為第二期的貞人列為下表（表 2—2）：

表2—2　　　　　　　　　　　　第二期貞人集團

貞人	所見書	辭中證據	备注
大	卜742	兄庚	兄庚即祖庚。父丁、母辛即武丁、妣辛。妣庚即武丁時之母庚，為祖甲之祖母，故此時稱妣
旅	卜740	妣庚、兄庚、小丁、父丁	
即	卜2360	妣庚、兄庚、父丁	
行	3.2.0819	父丁	
口	卜1211	父丁	
兄	北大國學門藏片	母辛	

此外，有卜"今夕凶田"的，疑多第二期的卜辭，將來據文法、事類、字形各方面還可以找出幾個第二期的貞人。

（3）第三期的貞人集團

第三期廩辛、康丁時的貞人，不但出土於一個坑內，並且也常有兩個貞人見於同版的，所以也可以集合起來。材料多是第三次發掘出土於大連坑的，未見著錄者為多。茲列表如下（表2—3）：

表2—3　　　　　　　　　　　　第三期貞人集團

同版貞人	編號	备注
口　狀	3.2.0287	皆第三次發掘出土者，出土地為大連坑及其附近
彭　狀	3.2.0501	
彭　尤	3.2.0706	
卯　狀	3.0.1703	
卯	3.0.0760	
彭　口	3.2.0517	
寧　尤	3.2.0706	
逆　口	拓本	本所購藏

這些貞人的關係，更繪為一圖如次。

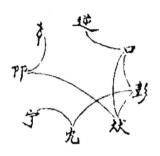

图2—8　第三期貞人關係圖

　　何以知這一些貞人都在廩辛、康丁的時代？我們仍然可以用老法子找一個貞人作證。如其中的尤，他所貞問之辭有

　　（141）丁未卜，尤貞：御于小乙夾妣庚，其窐鄉。

　　（142）癸巳卜，尤貞：翌甲午登于父甲鄉。

　　（143）壬子卜，尤貞：翌癸丑，其又妣癸，鄉。以上見 3.2.0731 版

　　（144）丙午卜，尤貞：翌丁未，其又，升，歲后祖丁。

　　（145）庚子卜，尤貞：翌辛丑，其又妣辛，鄉。以上見 3.2.0367

　　稱小乙之配為妣，必在祖甲之後。又稱武丁為后祖丁，為祖，必在廩辛、康丁之世。從此也可以説妣辛、妣癸即武丁之配，父甲即是祖甲了。若説父甲是陽甲，妣辛是大甲之配，妣癸是祖丁之配，尤是武丁時人，則武丁不應稱小乙，也無以解於后祖丁了。所以説尤是廩辛、康丁時的貞人。其餘如彭貞也有后祖丁之辭，寧貞也有父甲之文，而彭、寧皆與尤同時，則他們這一個集團中的貞人，都當在第三期是可以斷言的了。其中也有兩朝的元老，如旅，在祖甲時是常作貞人的，可是到了第三期貞人中仍然有他（如卜祀祖戊之辭）。口，也是並見於第二、第三兩期的貞人。

　　此外，不見於以上各表，而又不能確定時期的貞人，還有許多，如逐（《前》5.28.1），自（《前》8.14.1），專（《前》5.12.4），喜（《鐵》48.4），尹（《後·上》15.1），顯（《鐵》10.1），教（3.2.0549），易（《前》3.28）等，將來從各方面研

究，總可以找出他們的時代來。

3. 不錄貞人的時期

在前三期，也有許多卜辭是不錄貞人的（如大龜四版之三，即全版不錄貞人），到了第四期武乙、文丁之世，便整個的不錄貞人了。在小屯村裏所出的卜辭，就屬於此期，無貞人是他的特點。例如卜旬，在第一、二、三期，多用龜，既錄貞人，又記月份。大龜四版之四即一好例：

（146）癸巳卜，賓貞：旬亡囚。十一月。<small>大龜四.70</small>

（147）癸巳卜，㱿貞：旬亡囚。十三月。<small>大龜四.70</small>

又如尤是第三期貞人，我們是知道的，而他所記貞旬之辭，還是老的體例：

（148）癸丑卜，尤貞：旬亡囚。<small>3.2.6558</small>

（149）癸亥卜，尤貞：旬亡囚。<small>同上</small>

到了武乙之世，但稱貞，不書卜，不記貞人，不記月份，材料用骨，每版連用六次，約甲子一周，文例是這樣簡單的：

（150）癸卯貞：旬亡▢。<small>1.2.0147（1、2第一次發掘之字骨，下並同）</small>

（151）癸未貞：旬亡▢。<small>2.2.0362</small>

這是第一、二次發掘殷虛在村中得的骨版。

普通卜事，也都不錄貞人，例如：

（152）乙亥貞：又，升，伐自上甲ᕯ，至父丁，于乙酉。<small>2.2.0265</small>

有時並且不書貞字，祇書某日卜，便接著記事。

（153）乙未卜：今日不雨，在來。<small>1.0.0459</small>

有時也並記卜貞，但不錄貞人。

（154）己亥卜貞：王其田並，亡戈。<small>2.2.0382</small>

"亡戈"作戈，不作〰或ᕕᕕ，也是這時期的特點。總兩次村中所得卜辭，不錄貞人，幾乎無一個例外。

4. 王親卜貞的時期

殷人卜貞的方法，大概是太卜灼兆，太史問事、記辭，所以卜同貞是截然兩事。在第一期武丁的時候，已有王親臨貞的事實，如：

（155）辛未卜，王貞：今辛未大風，不隹囚。《前》8. 14. 1

（156）丁丑卜，王貞：命冉狱于盅，古朕事。三月。《前》8. 14. 2

（157）丁丑卜，王貞：余勿衣，占，余戠。_{同上為一版}

這三條的甲子字、王字皆為第一期書體，可證是武丁時卜辭。王貞就是王親臨貞，這有一個特徵，就是卜辭中的説話都是王的口氣，該用王字之處就改為"余"字、"朕"字。譬如"古王事"是卜辭中常見的成語，郭沫若《甲骨文字研究》中以為"古"即《詩》"王事靡盬"之盬。此釋最為得之。這裏王親貞了，便可以説是"古朕事"了。又辭中"余"字，亦王之自稱。如史官貞祭祀，多稱"王受又"；而王親貞時，便可以説"余受又"（《前》2. 5. 3 有"庚寅王卜在義貞，……余受又……"之辭）了。

第五期，王不但親貞，並且親卜。這大概都在帝乙、帝辛之世。有時王不親卜貞了，但也很少記貞人的。為王所親臨卜貞之事，以田、遊、征伐為多。各舉一例：

（158）壬午王卜貞：田戠往來亡𡆥，王乩曰吉。兹御獲鹿二。《前》2. 44. 5

（159）癸亥王卜，在旁貞：旬亡戻。王乩曰吉。《前》2. 3. 2

（160）（癸）巳王卜貞：旬亡戻。王乩_缺月，在齊次。惟王來_缺《前》2. 15. 5

不錄貞人者，如：

（161）癸卯卜在上𦥑貞：王旬亡戻。《前》2. 14. 3

錄貞人者，如：

（162）癸亥卜，黃貞：王旬亡戻。在九月，正人方，在雇，彝。《前》2. 6. 6

在第五期，仍以不錄貞人為原則，故無貞人者為多，王親卜貞者次之，錄貞人者為例外，不過百分之一二而已。

四　坑位

由出土的坑位，定甲骨文字的時期，祇有我們親手發掘的材料是可能的。在民國十七年（1928）秋季試掘殷虛時，我就感覺到三個區域中出土文字的不同。如第三區村中無"不⚏⚏"之文及"戋"字的特見（詳《新獲卜辭寫本後記》，安陽發掘報告第一冊，頁188—190），當時就疑心這些是一個時代特別的字句。以至第二、三、四、五次的發掘，都隨時給我們不少新的啟示，使我們注意到每坑文字的特色。不過這以前的觀點所以不同的，其間還有重大的原因：第一，是初次發掘，乃至二次、三次，根本上我們認定了這遺墟是經過大水湮沒的，當然，甲骨要隨水漂泊淤積，他的分佈及相互的關係，也是凌亂無序了。第二，我們起初認為殷虛時期僅止於武乙至帝乙的三世，時期甚短，沒有分割的必要。因此，前三次發掘及研究，都不甚注力到時期的分割上。自大龜四版出世，貞人說成立，分割時期乃得一有力的證明；又因四、五次發掘，集中一地，發現宗廟、宮室的基址，版築、陶復的遺跡，使我們完全打消了帝乙因水患而遷都的假說，而時期延展，亦上至盤庚，下訖帝辛之世。同時，這五次的發掘經驗又明白的告訴我們：

1. 甲骨文字在地下的情形，一部分是有意的儲藏，所以有許多是排列成層，有許多是聚積在一個地窖之內，他們的時期每每前後銜接。

2. 有些是當時就丟棄了的，隨時把甲骨改作別的器物，以致鋸去了文字的半邊。

3. 有些是當時卜用過了，如用廢紙，初學的人，便拿來練習書契。

4. 一部分被後來（或當在殷代亡國的時候）擾亂了，羼雜堆積於糞土垃圾之中。

由第五次發掘的結果，可以知道這殷墟的構成，實在包含一

幕亡國的慘劇。"毀其宗廟，遷其重器"，滅國的恒例，殷人未必
能幸而獲免。箕子朝周，過故都而有麥秀黍離的悲歌，也正為宮
室丘墟，舉目而生亡國之痛罷。這樣地決定了殷墟的成因，不由
於水災而由於毀廢，關係卻大極了。因為如此，那每一片甲骨文
字的所在，都有它的原因；那此版與彼版同出一地，都有他相互
的關係，這是增多了坑位和甲骨相關的重要。因為如此，甲骨文
字時期的包含乃延展至於帝辛，有二百五十餘年之久。經過如此
的長期，各坑出土的甲骨文字，時期上就不能毫無分別了。

　　以下便就出土甲骨文字的坑位，分為五區，逐一論述〔參閱
殷虛發掘五次出土甲骨文字坑位圖（略）〕。

　　1. 第一區

　　第一區包括小屯村北濱臨著洹河南岸附近的一塊地方，有朱
姓的十四畝地和何姓的七畝地的北半。這次區的分割，仍沿著第
一次發掘的三區老名，又加了第三次的大連坑附近張姓十八畝地，
為第四區，何姓七畝地南半為第五區。五區的分割，都有自然的
關聯。如第一區以十四畝地為中心，這十四畝地為發現甲骨文字
較早而又甚多的地方，地主朱老厚（坤）曾經大舉自己挖掘過
（詳見拙作《甲骨年表》），以後村人又再四翻掘，也就是我們第
一次發掘第九坑的所在。這一區的坑位計如表 2—4。

　　（1）第一區出土甲骨文字的坑位

表 2—4　　　　　　　　　　第一區出土甲骨文字的坑位

發掘次數	坑位名稱				
第一次	9	16	7	18	
第三次	村北縱五，癸　又東支				
	村北縱六，甲　村北縱六，乙				
第四次	E5	E8	E9	E21	E23

　　這一區出土的甲骨文字甚少，又非常的破碎，但是實際上卻是

非常重要。第五期帝乙、帝辛時的卜辭,這一區就是他們的大本營;同出的又有第一,二期的卜辭。羅叔言先生所收藏購求的大部分都是此區出土,所以羅氏編印的《殷虛書契》前後編,《菁華》,包含的卜辭也以一、二、五期為最多。第五期卜辭,僅見於四區少許,倘然不是這一些斷甲殘骨,真也找不到他們的老家了。

　　(2) 第一區包含的時期

　　這一區,祇是一、三、四次發掘過。三、四次所獲不多,亦未清理,今舉第一次发掘的四坑出土甲骨文字示例 (表2—5)。

表2—5　　　　　　　　第一次发掘的四坑出土甲骨文字示例

時期	標準	例證	見於寫本的號數
第一期 (武丁時)	貞人	賓	13　85
		㱿	106
	方國	𠬝	97
	文法	不𧿨	6　14　28　66　80　236
	字形	𤣥 (王)	17　92
		☽ (月)	51　96
		☽ (夕)	55
第二期 (祖庚、祖甲)	貞人	行	47
	稱謂	父丁	42
	字形	𤣥 (王)	10　47　86　113
第五期 (帝乙、帝辛)	世系	武丁	7　46
	文法	亡尤	31　35
		往來亡𡿧	37　41　52　87
	字形	𤉳 (庚)	30　36　43　59　64　74　89　98　100 105　108　114　121　123
		☉ (日)	53　78
		☽ (月)	11　30
		☽ (夕)	64　95　100

　　表 2—5 中材料，完全根據《寫本》中的一部分，第三、四次出土的卜辭，時期也都相同。這一區所見卜辭始自武丁、祖庚、祖甲，終於帝乙、帝辛之世。祇這首尾三期，中間三、四兩期的卜辭，都不在此區。由此可知，以前經土人挖掘售出，而見於著錄的第五期帝乙、帝辛時的卜辭，完全是這一區的產物。這些殘碎的片子的重要處在此。

　　2. 第二區

　　第二區在西，第四區在東，兩區是相連接的，出土物的時期也相差不遠，似乎可以不分。不過第二區為村人挖掘最早最多之處，第四區大連坑附近都沒有挖過，出土甲骨也有特點，所以分為兩區。這第二區是一、三、四次都曾發掘過的地方，坑位如次。

　　（1）第二區出土甲骨文字的坑位（見表 2—6）。

表 2—6　　　　　　　　　　　　第二區出土甲骨文字的坑位

發掘次數	坑位名稱
第一次	25　26　33
第三次	橫 13 戊　橫 13 己　橫 13 庚　橫 13 壬南支 橫 13 癸　橫 13.5 戊　橫 13.5 己　橫 13.5 丁 橫 13.5 庚　橫 14 丁西段　橫 14 戊　橫 14 辛 橫 14 壬，中段　橫 14 西坑
第四次	A3　A13　A14　A16　A22

　　這一區現在也僅據第一次發掘所得甲骨之見於《寫本》中者，因為第一次發掘的坑，皆是翻掘再四之處，這所謂熟坑，正是最早發現甲骨文字之地。據村中老人談起來，都說 "出土 '字骨都' 最早的是劉家二十畝地"。這一區正當二十畝地的中段，也正是村人最早挖掘之處。由我們第一次發掘所得的殘片上，很可以看出所包括的時代是由武丁至祖甲，就是一、二兩期。

（2）第二區所包含的兩個時期（見表2—7）。

表2—7　　　　　　　　　第二區所包含的兩個時期

時期	標準	例證	見於《寫本》的號數
第一期	貞人	殸	140　170　171
	文法	不𣢨	136　160　167
	字形	𠉸（王） 𝅘（月）	
第二期	貞人	出	129　158

　　罗氏收藏的甲骨文字,是出於第一區的,有一、二、五三個時期。劉氏所收藏的卻是第二區出土的甲骨文字,所包含祇有一、二兩個時期;這是我向《鐵雲藏龜》中找第五期卜辭而發現的。在《藏龜》以及《藏龜之餘》,《藏龜拾遺》一個系統裏,見不到一片第五期的卜辭,這很可以證明劉家此批材料是最早出土在第二區的。

　　這一區除了第一次發掘是熟坑之外,第三、第四次也曾發現過未被翻過的新坑,間有第五、第三期的卜辭。這是範圍大了,接近第四區的關係。其詳留待將來的研究報告。

　　3. 第三區

　　第三區沿用的第一次發掘的老名字,地方就是小屯村中及村前。這一區確有些特異之點,出土的卜辭和村北地各區（包括一、二、四、五各區）大有不同。村中甲骨文字的發現,最初是清宣統元年（1909）,較村北地晚十年左右。所以收藏早期挖得的甲骨文字,如劉羅兩家的著錄及明牧師的《殷虛卜辭》,都很少村中出土的卜辭。村中大舉挖掘在民國十二年（1923）以後,接連著十四（1925）、十五（1926）、十七年（1928）都有大批掘獲。出土的卜辭,大部分售歸明義士牧師。在友人處見到一些他的拓片,多與我們村中所得的卜辭、文法、書體、事類略同;小部分散入上海、開封估人之手，便不知下落了（詳見拙作《甲骨年表》）。
這一區的特色，除了少量的第三期（廩辛、康丁）卜辭之外，完
全屬於第四期武乙、文丁時的卜辭。分述於下。

（1）第三區出土甲骨文字的坑位（見表 2—8）。

表 2—8　　　　　　　　　第三區出土甲骨文字的坑位

發掘次數	坑位
第一次	24　27　28　30　31　35　36　37
第二次	101　102　103　104　105　106　109　110　114 117　118　120　130　131 斜 1　斜 1 支　斜 2 斜 2 支　斜 2 北支　斜 3　斜 3 東正　斜 4　西斜 西斜西支　西斜東支　連坑 1　連坑 2　連連 1 連連 2　小連溝　場南橫溝
第五次	F1　F2　F3　F4

第三區的坑位在第一次發掘時是比較稀疏的，因為那時祇不過
一種試探。第二次，我們本來的計劃是從橫開兩道長溝，橫溝就在
村的前面，接著第一次的 36 坑，橫貫東西的大道，向西挖起。在
36 坑西邊，數到 101 了，從 101 挖起，至 131 為止，這些坑裏也出
了些龜版同字骨。末後，依著上一季的經驗，在 37 及 27 兩坑之間，
張姓麥場內，西北東南斜著開了一道長溝，就是斜 1、2、3、4。隨
後許多溝都是靠著斜溝開的，民國十八年（1929）春季大部分工作
就祇有此地，多數的甲骨文字也就出此麥場中。第五次發掘，為的
重新證明第一次所掘的 36 坑是不是淤積，乃在 36 坑的附近開了
F1、2、3、4 四坑。所得甲骨文字雖然不多，而地下情形是堆積廢
棄而非淤積，都已足以證明。在千瘡百孔的地層損壞之餘，還找出
了殷人居處及儲藏的窖穴的遺址。這是第三區村中工作的大概。

（2）第三區卜辭中的稱謂與時代。

村中的卜辭，有些該早到第三期康丁之世，這很明顯有卜辭

中父己（2.2.0418）、父庚（2.2.0515）、父甲（2.2.0416）三種稱謂可證。稱祖己、祖庚、祖甲為父,這當然要在康丁之世。不過,大部分該是第四期武乙、文丁時代的。武乙時代的確證,是

（163）……其延祖己。_{2.2.0009}

一辭。又前所舉"祖甲夐其至父丁"（見辭99）一辭。祖名己、名甲而父名丁的,盤庚以下,祇武乙一世有之。這是村中卜辭為武乙時代之物的一個有力的證據。其次就是有父丁母辛稱謂的卜辭。本來,武丁之配有妣辛,康丁之配也名妣辛,稱父丁、母辛固然可以是武乙時卜辭,但同時也可以說是祖庚,祖甲時的卜辭。至此,單以稱謂定時期的方法,便窮於應付了。在貞人、文法、字形等方面固然也可以幫著解決,而最有力的標準卻是坑位。因為這父丁、母辛的卜辭出土村中（第三區）,我們就可以斷然說這是武乙時的卜辭。如:

（164）_缺大乙,大丁,大甲,祖乙,小乙,父丁_缺　2.2.0358

（165）己亥卜:告方于父丁。_{2.2.0480}

（166）丙子貞:丁丑,又父丁,伐三十羌,歲三牢,茲用。2.2.0202

（167）_缺,卜兄于父丁。《寫本》241

（168）_缺未卜又母辛,_缺十,犬十,茲用。《寫本》221

（169）丙戌貞:亡𡆥父辛。《寫本》293

據現在所見出土村中的卜辭,稱父丁的五,稱母辛的一,父辛的一。上列第一條先王的次序,是由大甲起,隔去大庚、大戊、中丁三世而至祖乙,又隔了祖辛、祖丁、兩世而至小乙,再隔了武丁、祖甲而至康丁（父丁）,這父丁是康丁,卜辭屬於武乙,是很可能的。如果說父丁是武丁,便可在祖甲之世了。但村中無第三期以上的卜辭,而祖甲時又必有貞人,今此版出土村中,亦可見非祖甲時物。故以下的父丁即康丁,母辛即康丁之配妣辛,而父辛亦即廩辛（如謂為小辛,則當是武丁卜辭,時代不能如此混雜）了。又村中有武乙時的卜辭,時期是同武乙相聯接的,如果

我們已經承認了武乙時的卜辭，則

（170）缺父乙羊，不。《寫本》31

一辭當是文丁時物，父乙即武乙了。不然，便祇有武丁稱小乙，帝辛稱帝乙可以如此，而時期則又相隔甚遠，前者為第一期，後者為第五期，皆應在村北地出土，不會跑進村子來的。

（3）各區出土甲骨文數量與貞人。

在村中，除了少數第三期卜辭之外，完全屬於第四期，這是從貞人一方面可以看出的。不錄貞人，是第四、五期的特點，而五期卜辭多出洹濱，四期則出村中。試把出土甲骨數量與貞人作個比較（以三次發掘的材料為例）。（見表 2—9）

表 2—9　　　　　　　　　　各區出土甲骨數量　　　　　　　　（單位：片）

三次四區的總計	第一區	第二、四區	第三區
第一次所得甲骨	264	257	253
第二次所得甲骨			670
第三次所得甲骨		2939	
總計	264	3196	923

由第一次第一區碎片中，見過四次貞人的名字；第二、四區合起來，見過二百九十九次貞人的名字；獨獨村中第一、二次發掘所得的九百二十三片，卻沒有一個貞人。再列為一表如下。（表 2—10）

表 2—10　　　　　各區出土甲骨片數及貞人出現次數

分區	甲骨片數	貞人所見次數	備注
第一區	264	4	據《寫本》
第二、四區	3196	299	
第三區	923	無	

由表2-10，可見不錄貞人，是一個時期的風氣了。不過村中尚有第三期卜辭，在廩辛、康丁之世，是記載貞人的，所以遲早也許會還有貞人出現。

（4）文丁時的大旱與"祭于洹泉"

村中卜辭，時代既可以確定，則"祭于洹泉"一辭，亦可為古史之證。《竹書紀年》文丁之世有此一條：

　　　　三年，洹水一日三絕。

這一條是古本所有的，見於《太平御覽》卷八十三所引。即此可證文丁時仍居殷都，襟帶洹水，所以有一日三絕的記載。洹水俗名安陽河，據老的小屯村居民言，無論如何大旱，這河水是不曾斷流過，能夠一天斷流三次，可見得旱災之甚。因為這次旱災，纔有卜辭中祭於洹水的載記。村中出土的骨版有云：

（171）戊子貞：其祭于洹水泉，大三牢，俎牢。2.2.0570

（172）戊子貞：其祭于洹水泉，三牢，俎宰。同上為一版

兩辭見於一版，稱祭于洹泉，必是祭祀山川求雨之典。"求雨"，是卜辭中常見的，《紀年》及《呂氏春秋·順民篇》都載著成湯時因大旱而"禱于桑林"的故事。此條當也是文丁因洹水絕流而向洹水的源頭去祭祭求雨的故事了。

4. 第四區

第四區出土甲骨文字的中心，要算張姓十八畝地中部的大連坑。這坑及其附近，很明顯地包含著三個時期的卜辭，就是第一、二、三期。第一、二期武丁及祖庚、祖甲時的卜辭較少，第三期廩辛、康丁時的卜辭為最多。第三期的卜辭，以前著錄的幾乎沒有，這一次卻找到他們的老窠了。

（1）第四區出土甲骨文字的坑位（見表2—11）。

表2—11　　　　　　　　　　第四區出土甲骨文字的坑位

發掘次數	坑位
第二次	村北縱1　　　　村北縱2
第三次	大連坑 ⎧從1癸　從2甲　從2乙　從2甲，乙西支　橫13.5乙 ⎨橫13.5丙　又北支1　北支2　北支3　橫13.25乙 ⎩大連東段　大連西段　大連南段 橫13乙　橫13丙　又北支　從1己　從1丙
第四次	B3　B4　B8　B10　B12　B16　B30　B31　B46

第四區除了大連坑所包各坑之外，出土甲骨文字都很少，所以這一區的材料，也以大連坑為主體。

（2）第四區包含的時期。

這一區的時期，可以貞人定之。貞人分配如表（見表2—12）：

表2—12　　　　　　　　　　　貞人分配表

時期	貞人及所見次數			
	人	次	人	次
第一期	賓	10	𢎥	6
	㱿	3	殼	8
第二期	出	1	大	10
	旅	1		
第三期	彭	56	尤	44
	口	26	卬	8
	𠧒	2	狀	92
	逆	1		
未定	史	2	教	
	喜	2	畎	13

由表 2—12，可以確定為一、二、三期的貞人總數如下：

第一期貞人，共見 27 次，第二期貞人，共見 12 次，第三期貞人，共見 229 次。

可見第三期卜辭之多，第一、二期占數較少了。

第三期也可以分開廩辛、康丁的時代，如稱兄辛的，可以是康丁的卜辭。前舉辭（115）有兄辛之文，為大連坑出。尚有一辭，

（173）于古日乃鬥兄辛，歲。3.2.0355

兄辛當即廩辛。本來，稱兄辛也可以是小乙時卜辭，小乙於小辛可如是稱。不過此區武丁時物即甚少，不能更有以前卜辭；又第三期卜辭多祀后祖丁（即武丁），父甲（即祖甲見 3.2.0367），父庚（即祖庚見 3.2.0676）之文，又有多數貞人皆可為證；更由字形、祀典觀察，亦非一、二期之物；故可決定此兄辛為廩辛而非小辛。

此區，除一、二、三期卜辭外，似尚有少量晚期卜辭，須待將來詳細研究。

5. 第五區

第五區範圍很小，實在說祇有一個圓井、一個圓坑，所以坑位也很簡單。

（1）第五區出土甲骨文字的坑位（見表 2—13）。

表 2—13　　　　　　　　　　第五區出土甲骨文字的坑位

發掘次數	坑名
第四次	E16（圓井）
第五次	E57　E59　E60（圓坑）

這一區坑位雖少，出土的卜辭卻很重要，因為多是早期之物，可以證明那許多同出的器物的時代。

（2）第五區的貞人（見表 2—14）。

表 2—14　　　　　　　　　　　第五區的貞人

坑位及貞人次數	圓井		圓坑	
第一期 （武丁時貞人）	𡆥	4	𡆥	6
	賓	2	賓	6
	㲋	1	㲋	4
	㞷	1	㞷	1
	永	1	永	1
	𣩊	1		
	韋	1		
	亘	1		
第二期 （祖庚、祖甲時）			旅	1
			尤	1

　　兩坑比較，可見時期的關係。E16 圓井中皆第一期貞人，而 E57、E59、E60 圓坑中也祇有兩個第二期貞人。本來旅是二期、三期皆見的貞人，尤是三期貞人，但亦可以早到第二期，與旅之兼作兩期貞人一樣。因為兩坑中早期卜辭甚多，所以我推想這尤同旅不但是第二期貞人，並且應該是二期前半祖庚時的貞人，這在圓井中祀典的稱謂上是可以看出的。

　　（3）圓井中卜辭的稱謂與時代。

　　E16 圓井中卜辭，由稱謂可以定時代的，如稱：

　　父乙（小乙），4. 0. 0111

　　母庚（妣庚），4. 0. 0144

　　都是武丁時的卜辭。稱：

　　祖甲（陽甲），4. 0. 0264

　　祖庚（盤庚），4. 0. 0. 0264

　　祖辛（小辛），4. 0047

祖乙（小乙?），4.0.0044

兄己（祖己），4.0.0026

在祖甲時，往往兄己，兄庚同祭。此祇祭兄己，可知是祖庚時的卜辭。祖甲以下四人，乃第二期祖庚、祖甲所可共有的稱謂，這完全靠坑位同貞人互證的，不然便可以說稱祖庚、祖甲為武乙時的卜辭，稱祖辛、祖乙也可以是文丁、帝乙時的卜辭。這樣，則此圓井中出土卜辭的時代，要包括第一、第四、第五各期了。而事實並不如此，從字形、貞人、書體上，都可以看出這些卜辭是早期的（第一、二期）。

（4）龜背甲上的灼兆與刻辭。

第一次發掘殷虛所得的龜版，我就注意到似乎有在背甲上貞卜的。第三次發掘，在第四區大連坑出土的卜辭、龜版中，可以確知是背甲的有九塊之多。第四、五次發掘，在第五區裏更確切證明了殷人早年是有過在龜背甲上灼兆刻辭的習慣。E57圓坑中出現了兩個大塊的龜背甲，乃是將背甲由中間鋸開，左右平分為兩半的，刮削雖不如腹甲光滑，實際上也還能用；鑿灼在內，兆璺卜辭在外，也和腹甲相同。卜辭裏面有貞人㕛和尢，可證為第一、二期之物。這也是第五區的一個特色。

（5）三個“五”的關係。

坑位分了“五區”，卜辭分了“五期”，發掘分了“五次”，乍看是五花八門，令人摸不著頭腦，其實這並不是有意的“天數五，地數五”般的湊熱鬧，這三“五”的分列，也都有他們的相當的意義同歷史。

從民國十七年（1928）舊分的三區，又加了四、五而成五區，這分區的理由前面已然說明過了。為研究的方便，分卜辭的時期為五，這是粗疏的、暫時的，將來必要更求精細，這也在開首說及。至於五次發掘，更是不可更易的事實了。現作一圖，附列於下，以清眉目，以見三五的關係。

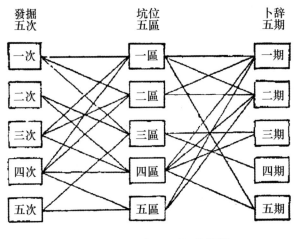

圖 2—9　三個 "五" 的關係

五　方國

　　殷代武功極盛的時代，要推武丁，所以在武丁的時代，所征伐的方國也特別的多，其次各時期與各國的關係也都有不同。例如盂方，在武乙時候還常常到那裏去田獵，村中出土多 "王田于盂" 的卜辭。到了殷之末葉，他卻叛變了，所以就命 "多侯與多伯征盂方"（3.2.0259）。羌方是早被征服了的民族，武丁時有 "師獲羌"（《後・上》30.4）的記載。祖甲以來，他們常供祭祀的樂舞，後來也不服從了，所以在廩辛、康丁時有 "于父甲求戋羌方"（3.2.1649）之辭，是禱於祖甲在天之靈，要他降災罰於羌方。武乙之世，羌方又來賓了，卜辭有 "王于宗門逆羌"（2.2.0562）的記載。人方在武乙、文丁時還是屬國，替他祈福，村中出土龜版有 "惟人方受又" 之辭，到帝辛時卻叛變了，有勞帝辛的親征（詳乙條）。苦（𡿪，從葉説釋苦）方、土方在武丁時為西北的強敵，祖庚、祖甲以後，彼此和好，再也不起戰爭了。從方國的關係上，也可以看出每一時期的特異之點。固然這種分類的研究，由方國以至當時的地理，此刻還不能精細去作，這裏祇舉出兩個例子，以見方國和分期研究關係的重要。一是武丁時代的幾個方國,二是帝辛的征人方。

1. 武丁時的幾個方國

武丁時西北有兩個強鄰,就是苦方和土方。伐苦方,算是那時的一件大事,所以貞卜的次數也甚多。苦方是常常侵略殷人土地的,《殷虛書契菁華》有一段較完整的記載:

(174) 癸巳卜,殻貞;旬亡囚,王固曰:"坐求,其坐來嬄,三至。"五日丁酉,允坐來嬄自西,沚戛告曰:"土方征于我東鄙,戈二邑。苦方亦牧我西鄙田。"《菁》2

沚戛,沚是國名,戛是人名。卜辭有但稱國名的,如

(175) 方其來于沚,貞:方允其來于沚。《前》7.29.1

有但稱人名的,如

(176) 丁亥卜永貞:王从戛。4.2.0002

稱沚戛曰戛,也同蒙侯虎稱侯虎一樣,省去了國名的。沚是殷的屬國,與苦方、土方為鄰,所以屢受這兩方的侵擾。有時殷王武丁冊命他去伐土方,如

(177) 乙卯卜,𡇫貞:沚戛稱冊,王从伐土方,受缺 《徵·征》36

土方大國,比苦方還要強盛,所以征土方要五千人,伐苦方卻衹用三千。

(178) 丁酉卜,殻貞:今春王登人五千,征土方,受坐又。三月。《後·上》31.6

(179) 庚子卜,賓貞:勿登人三千乎苦方,弗受坐又。《前》7.72.3

據《殷虛書契考釋(增訂本)》所輯卜辭,伐土方的衹有四次,伐苦方的卻有二十六次之多。這還是一部分的材料,可見土方、苦方與殷人的關係了。

沚國在殷之西,他東鄰土方,西鄰苦方。這次他是丁酉來的報告,陳述土、苦兩方侵略他的情形。但是不到半月(從丁酉到

己酉十三天）光景，晃國也來人報告了，報告苦方又侵略了他的土田。在同版上另一辭記載著：

（180）……，王固曰："虫求，其虫來娡，三至。"七日己酉，允之來娡自西晃友角告曰："苦方出，牧我示几田，十五人。"《菁》2

晃也是殷人西方的屬國，也與苦方為鄰，所以受到他的侵擾。

土方又省稱為方，《菁華》第六版有

（181）……，四日庚申，亦虫來娡自北，子晉告曰："昔甲辰，方征于虻，俘人十虫五人。五日戊申，方亦征，俘人十虫六人。"六月。在缺。《菁》5

這一辭是北方子晉來的報告。説"方征于虻"，可知虻在殷之北。而所謂方的，則正是土方，有下一辭可證。

（182）……王固曰："虫求，其虫來娡，三至。"九日辛卯，允虫來娡自北虻，妻姄告曰："土方牧我田，十人。"《菁》6

此言"自北""虻"，與上一辭之虻為一地，而稱牧我田者正是土方，可知上辭征虻之方，乃土方之省文了。妻姄、子晉於人物條皆別有説。此兩辭可知者即虻為殷北之屬地，又與土方為鄰，則土方亦在殷之北了。

在武丁時，東方的屬國有肅，與兒和井方為鄰；西方的屬國有戉，與羌和苦方為鄰。卜辭有：

（183）……東肅告曰："兒白（即郱伯）下缺。"《後·下》4.11

（184）丙申卜，𠙵貞：兒人下缺。《前》7.16.2

（185）……三日乙酉□虫來自東肅，乎𠮷告井方甹缺。《後·下》37.2

（186）甲午卜，亘貞：翌乙未翌日，王固曰："虫求，丙其虫來娡。"三日丙申允虫來娡，自東肅，告曰："兒下缺。"《前》7.40.2

"自東肅"猶言自東方的肅國。肅，疑即肅慎氏，為殷時東方的屬國。《國語·魯語》云：

昔武王克商，通道於九夷百蠻，使各以其方賄來貢，使
無忘職業。於是肅慎氏貢楛矢、石砮，其長尺有咫。先王欲
昭其令德之致遠也，以示後人使永監焉，故銘其括曰“肅慎
氏之貢矢”。

肅慎氏在殷為諸侯，殷滅之後，不得不納貢於周室，肅慎之
鄰有兒與井，兒即春秋時的郳國。《左氏襄六年傳》：

　　齊侯滅萊，遷萊於郳。

《正義》：“郳即小邾。”地當今山東鄒縣，在殷東方，卜辭稱
兒人，兒伯，可知為殷之諸侯。井方亦見於骨臼刻辭，帚矛有八
次之多（詳《帚矛說》），可徵與殷人關係的密切了。

戉是殷西的屬國，卜辭中多“命戉”及“戉來歸”的記載，
由第三次掘獲之骨版殘片，可知戉在西方。

（187）缺婏自西戉，下缺 3. 2. 0001

戉又常受苦方的侵淩，如

（188）己巳卜，殻貞：苦方弗允戋戉。《前》7. 8. 1

（189）苦允戋戉。《戬》15. 15

戉亦常同羌人打仗，俘獲羌人。

（190）貞：戉獲羌，《鐵》214. 1

（191）貞：戉不其獲羌。同上

（192）貞：戉其搏伐。《鐵》216. 3

綜以上各辭，可以略知武丁時，殷人東、西、北三面的幾個
屬國同鄰邦的位置，如圖 2—10：

除了以上所列，還有不能推知地方的各國，而時代皆在武丁
之世的，有

鬼方　　（193）乙酉卜，鬼方囚。五月。 4. 2. 0010

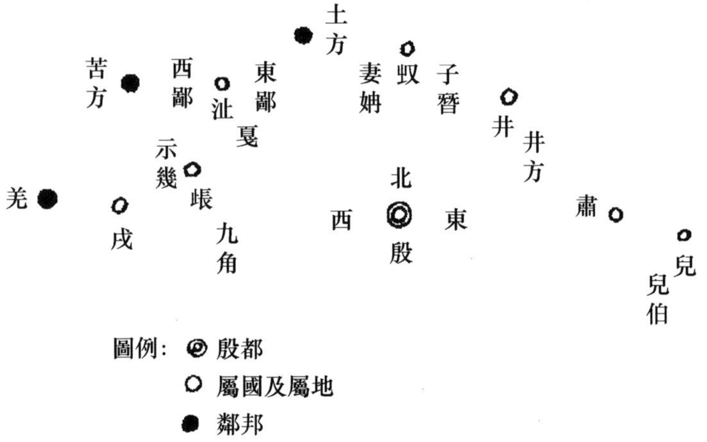

圖2—10　殷人東、西、北三面的屬國及鄰邦

見乘　（194）丙戌卜，㱿貞：今春王从見乘伐下召，受㞢又。《鐵》249.2

下召　見上辭。

蒙　（195）貞：今缺从蒙侯虎伐巴方，受㞢又。《前》4.44.6

巴方　見上辭。

中方　（196）貞：今春伐中方。《前》7.15.4

鬼方僅於吾人第四次發掘時一見，是否苦方的異名，尚待考證。其餘各國皆在何地，也待將來考證。以上為可以推知是武丁時代之方國；不可知者，暫從闕。

2. 帝辛時的“正人方”

殷代末葉有一件重要的戰史，被史家湮沒遺闕了，這件戰史就是征人方。我們既已認定了殷虛遺物的包含乃至帝辛之世，又殷虛之成因為堆積廢毀而非漂沒（均詳坑位節），於是纔發見帝辛時的征人方卜辭，乃與征人方相關的各種遺物。在第四次發掘E區的一個坑裏有記著“征人方”的卜辭，來自海濱的鯨魚胛骨，刻著祀“文武丁”的鹿頭和一個大象的下顎。這些有意義的堆積和各種遺物，使我們不能不承認它們有相互的密切的關係。

這裏就征人方的各種傳説、記載、卜辭、有關係的出土物，一一論述於次。

（1）"紂克東夷"的傳説。

春秋時代，有一種比較普遍的傳説，就是殷朝末年的東夷之叛和"紂克東夷"。《春秋·昭四年》《左氏傳》：

> 夏桀有仍之會，有緡叛之，商紂為黎之搜，東夷叛之。

《昭十一年傳》：

> 桀克有緡以喪其國；紂克東夷而殞其身。

以上，東夷背叛、紂克東夷的兩個傳説，一個是椒舉諫楚子的話，一個是叔向對韓宣子的話，而所舉都是紂與東夷的交涉，又同時用夏桀作陪。這故事是殷末的一件重大戰史，所以北至韓，南至楚，傳播得如此之遠。《呂氏春秋·古樂篇》也載有商人與東夷的故事：

> 商人服象，為虐於東夷。周公以師逐之，至於江南。

商人為虐東夷所服之象，有勞周公以師逐之，可見這殷人與東夷的戰爭在殷之末季。這些故事的素地，都包含著一種重要的史實，不過因為紂是亡國之君，所以就變成了"箭垛式"的罪人，"天下之惡皆歸焉"，所以各種傳説也隱隱中對他不表好意。可是我們不管他"叛之"也好，"殞其身"也好，"為虐"也好，我們可以由此得知殷代末年的這些事跡：

東夷曾在帝辛之世背叛了殷人。帝辛曾征伐東夷，並且攻克了他。征東夷時曾服象。

《春秋·宣十二年》《左氏傳》稱"紂之百克而卒無後"《宣

十五年傳》稱"恃才與眾，亡之道也；商紂由之，故滅"。這些都形容紂的暴虐。其實我們從所謂暴虐之中倒看出一些帝辛時代的武功之盛，"征人方"不過一種而已。

（2）銅器中"征人方"的記載。

人方即是夷方，即是東夷。《説文解字》："夷，東方之人也，從大，從弓。"段玉裁注云："大象人形，而夷篆從大，與夏不殊。夏者，中國之人也。從弓者，肅慎氏貢楛矢石砮之類也。"古文夷作ᒋ，從尸，尸亦人字。《周禮》注："夷之言尸也者，謂夷即尸之假借也。"金文中東夷、淮夷，夷皆作ᒋ。孫詒讓《古籀餘論》有論"史懋壺"云：

> 王且尸方甗云"王，𥁕ᒋ方"，𥁕當為且，即祖之借字，ᒋ當為尸，讀為夷。

又論"師酉敦"云：

> 鹵門ᒋ，能ᒋ，秦ᒋ，京ᒋ，畁弓ᒋ，五ᒋ字舊並釋為及。今諦審，似當為尸字，即夷之借字。後文宗周鐘南尸，東尸字ᒋ作與此正同。

ᒋ之為尸、為夷，於此可證，故夷方即是東夷。本所藏一銅器敦蓋有云：

> 虘東夷大反，伯懋父以殷八師征東夷。

夷正作ᒋ。《殷文存》所錄丁巳尊，般作父己甗，皆有"人方"的記載：

　　丁巳王省夔京,王錫小臣俞夔貝,惟王來征人方,惟王十祀有五。肜日。(《殷文存》上卷,第二十六頁)

　　王徂人方舞敉咸,王商作冊般貝,用作父己障,來冊。(《殷文存》上卷,第十頁)

　　從丁巳尊可知"征人方"在王之"十祀有五",當是帝辛的十五年;而這兩件銅器也可確知是殷末之物了。

　　(3)鹿頭刻辭與征人方。

　　第四次發掘殷虛在村北濱洹之地,發現了鹿頭的刻辭。這刻辭同坑出土的有刻著"王來征人方"的骨板,(4.2.0025文見下段)鹿頭可惜是殘缺了,文辭如此:

圖2—11　鹿頭刻辭

　　戊戌王蒿田缺文武丁,祔,缺王來征下缺

　　這刻辭的時期,有文武丁之祀,可以知道至早到帝乙之世,帝辛是更可能的。更從字形、書體來看,和卜辭中征人方正同,可見是同時之物,而末行正字下所缺的也當然可以是"人方"了。

　　現在把金文、卜辭、鹿頭刻辭中"王來征人方"字比較如下:

　　鹿頭刻辭的出土情形(略),是在一個鯨魚的肩胛骨的旁邊,中間又有巨象的下顎骨,而卜用的牛胛骨料也堆積在鯨魚骨的上面。看了這一幅鹿頭出土的寫真,可以知道他們相互間的關係,同時就可以這樣的解釋它們;這鯨魚的肩胛骨,無疑義的是得自海濱,不啻征人方所獲珍異的戰利品。這象的下顎骨,也許就是"服"以"為虐於東夷"的功象,因為它是服戰役而犧牲者,所以留作紀念。這並不算是附會;它們既然同在一坑,彼此就不能

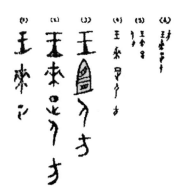

圖 2—12　"征人方"的記載

注：（1）鹿頭刻辭　　（2）丁己尊　　（3）般作父己甗　　（4）骨版上的卜辭，《前》
2.15.3　　（5）龜版上的卜辭，《前》2.16.6　　（6）與鹿頭刻辭同坑之骨版卜辭，4.2.0025

説是毫無關係了。

　　（4）"征人方"卜辭的排比。

　　這可以説是帝辛時"征人方"殘破的史乘之一頁。由許多卜
旬之辭，可以推知征人方的時間，前後在一年以上。以三塊有月
份的卜辭為主干，又以旬為單位，不使重復，依六旬之次而排比
起來，其餘的可以聯貫的卜旬之辭也穿插其間，成為下表。這自
然免不了錯誤與疏略，但是大體的輪廓已經有了，精密的研究與
補正，皆有待於將來。（見表 2—15）

（七月）*　　癸卯（197）癸卯卜，黄貞：王旬亡𤴶，缺來征人缺

4.2.0025　下同

　　（癸丑）　　（198）缺卜黄下缺

　　（癸亥）　　（此處應有一辭骨版，原殘缺）

（八月）癸酉　（199）癸酉缺貞：王旬缺𤴶，王缺征人方

　　　　癸未　（200）癸未卜，黄貞：王旬亡𤴶，王來征人方。

　　　　癸巳　（201）癸巳卜，黄貞：王旬亡𤴶，王來征人方。

---

　　* 干支不加括号是卜辭中有的月份（加括号的是推測月份）。

（九月）癸卯　（202）癸卯卜，黃_缺戾_缺人_{下缺，同上六辭共在一版}
　　　　（癸丑）

　　　　癸亥　（162）癸亥卜，黃貞；王旬亡戾，在九月，征人
　　　　　　　　方，在雇，彝。《前》2.6.6

（十月）（癸酉）　（203）_{上缺}黃_缺戾_缺征人_缺　_{同上在一版}
　　　　（癸未）

　　　　癸巳　（204）癸巳_缺渦楝_缺王旬_{下缺}　《前》2.16.6_{下同}

（十一月）（癸卯）

　　　　癸丑　（205）癸_缺攸_缺旬_缺征_{下缺}

　　　　癸亥　（206）_{上缺}攸_缺王旬_缺王來_缺人方。

十二月　癸酉　（207）癸酉卜，在攸，泳貞：王旬亡戾，王來征
　　　　　　　　人方。_{同上，四辭共一版。}

　　　　癸未　（208）_缺未王卜貞：旬_缺戾，在十月又二，_缺征人
　　　　　　　　方，在舊。《前》2.5.1

　　　　癸巳　（209）癸巳卜，黃貞：王旬亡戾，在十月又二，
　　　　　　　　征人方，在渦。_{明氏藏片，下同}

正月　　癸卯　（210）癸卯卜，黃貞，王旬亡戾，在正月，王來
　　　　　　　　征人方。于攸侯喜鄙，永。

　　　　（癸丑）　（211）_{上缺}在正月，王來征人方，在攸。_{同上，}
　　　　　　　　_{三辭共一版}

　　　　（癸亥）

二月　　癸酉　（212）癸酉卜，在攸，黃貞：王旬亡戾。《徵·地》9
　　　　（癸未）

　　　　癸巳　（213）癸巳卜貞：王旬亡戾，在二月，在齊楝，
　　　　　　　　惟王來征人方。《前》2.15.3

（三月）癸卯　（214）癸卯卜_缺旬_{下缺}　_{同上，二辭共一版}
　　　　（癸丑）

　　　　癸亥　（215）癸亥_缺貞：旬_缺王來_缺人_缺　《後·上》31.8

（四月）癸酉　（216）癸酉王卜貞：旬亡戾，王來征人方。_{同上}

癸未　（217）癸未王卜貞：旬亾戋，王來征人方。《龜》

1.1.10 與上一版可合，下同

癸巳　（218）癸巳，王卜貞：旬亾戋_缺征_{下缺}

（五月）癸卯　（219）癸卯，王卜_缺旬_{下缺}　同上，三辭為一版

（癸丑）

（癸亥）

（六月）（癸酉）

（癸未）

癸巳　（160）_缺巳，王卜貞：旬亾戋，王乩_缺月，在齊

𡉈，惟王來_{下缺}　《前》2.15.5

此表雖然所集的十塊卜辭不一定要在一年，但是這個排比也有一種線索可以聯貫下來，如七、八、九月的貞人是黄，十二月與正月同在一版，二月也見於卜辭，三月以後所列，皆是王親卜貞之類。

（5）征人方所至之地。

觀前節，征人方的時間，依旬計之，至少也有一年之久，即自第一年的七月至第二年的六月。至於征人方所到的地方，據前表所列，也有五處可考，更列一簡表如下（見表 2—16）：

表 2—16

月	日	所在地	月	日	所在地
（七月　八月）		？	正月	癸卯	攸
九月	癸亥	雇	（癸丑）		攸
（十月）	癸巳	滴	二月	癸酉	攸
（十一月）	癸丑	攸		癸巳	齊
	癸亥	攸	（三月）		（？）
（十二月）	癸酉	攸	（四月）		
	癸未	舊	（五月）		
	癸巳	滴	（六月）	癸巳	齊

表中所列各地，除舊之一地不可知外，其餘可以考知者皆在山東境內。如：

齊　周武王封太公望於齊，初都營邱，即今山東臨淄縣地。

雇　卜辭從鳥從戶，作𪃮。鳥佳同文，當作雇，疑即古雇國。《詩·商頌·長發》："韋顧既伐，昆吾夏桀。"朱右曾《詩地理徵》："《左傳》哀公二十七年：'公會齊侯邾子，盟于顧。'杜預云齊地，即此。"《國語·鄭語》："祝融後八姓，己姓昆吾，蘇，顧。"可知顧為古國，故地在今山東范縣東南五十里。

攸　王襄《簠室殷契徵文考釋·地望》十九，釋𠁁為古攸字，亦即條之省文，舉《漢書》何筱題字作匝，攸即條之省（説詳原考），疑攸即鳴條，其説甚是。《孟子》："舜生于諸馮，遷于負夏，卒于鳴條，東夷之人也。"是鳴條原屬東夷之地。焦循《正義》："書序云：'伊尹相湯伐桀，升自陑，當與桀戰於鳴條之野，作《湯誓》。夏師敗績，湯遂從之，遂伐三朡，俘厥寶玉，誼伯仲伯作典寶。'《後漢書·郡國志》：'濟陰郡定陶縣有三㰟亭。'三㰟即三朡，由鳴條遂伐三朡，則鳴條當亦不遠。"定陶在今山東濟寧道，鳴條或即在其左近。

鬲　卜辭從鬲從火從水作灅，𤆍當同鬲，疑即鬲水合文。鬲水當即鬲津，為古九河之一。《尚書·疏》："李巡曰，河水狹小，可鬲以為津也，在鬲縣。"鬲縣，古鬲國。《春秋》襄四年《左氏傳》"靡奔有鬲氏"即其地。後屬齊，為鬲邑，故城在今山東德縣北。

以上各地，皆在山東境內，殷之東方，可證為征人方必至之地。關於殷卜辭中地名，當以古籍中異名詳加參證，作系統的整理。如田遊之辭，言某日至某地，步於某地，踐於某地，入於某地，皆可由日期多少計行程遠近，以見兩地距離若何，並以今地證之，乃能真確。此僅就可以考見者舉以為例，姑備一説而已。

六　人物

殷虛卜辭所包含的時期，如果能詳密的分割，不但方國的關

係每代不同，就是各時期的人物如史官、諸侯、臣僚，也都有所
隸屬。這同分期研究是互為因果的。能分時期，則各代的人物自
然成一個團體；反之，由人物的相互關係，也可以證明他們時代。
“方國”同“人物”兩項，本是全部卜辭整理就緒之後纔可以專
門研究的問題，這裏一面把人物作為斷定時期的標準，一面也就
是專類分期研究的一種嘗試，所以材料的不完全，方法的不周密，
也在所不計了。

　　人物，各時都有不同，暫舉史官、諸侯、小臣三項，更以武
丁時的幾個特別的人物為例，以見一斑。

　　1. 各時期人物的不同

　　（1）史官。

　　在“貞人”章中，我們已經證明了貞人就是史官。這裏把各
期的史官，已知的分述於下：

　　第一期，武丁時的史官，共十二人。

　　殻　亘　永　賓　⼁　韋　⼁　⼁　务　⼁　箙　史

　　第二期，祖庚、祖甲時的史官，共七人。

　　大　旅　即　行　口　兄　出

　　第三期，廩辛、康丁時的史官，共九人。末三人是前一期老
的史官。

　　逆　⼁　卯　寧　狀　彭　尤　口　旅

　　第五期，帝乙、帝辛時的史官，共二人。

　　黃　泳（見辭 197、207）

　　五個時期中，第四期卜辭不錄貞人，所以也不見史官的名字。
五期甚少，一、二、三期較多，大致是如此。當時的史官，可以
考知的如韋同彭，都是當時的侯伯。今本《竹書紀年》武丁紀：
“四十三年，王師滅大彭。”“五十年，征豕韋，克之。”《國語·
鄭語》：“大彭豕韋，為商伯矣。”武丁時，曾滅了大彭，征服了
豕韋，所以在武丁之世，就有了韋為史官；廩辛之世，更有彭為

史官。可見在其國則為諸侯, 在王朝則為卿士, 有時也作貞卜記事的史官了。

（2）諸侯。

商代封建制度已同於周,《殷本紀》載湯時"諸侯畢服","伊尹攝行政當國以朝諸侯", 以後"殷道衰, 諸侯或不至"。盤庚時,"殷道復興, 諸侯來朝"。紂時"百姓怨望而諸侯有畔者"。《孟子》亦稱"武丁朝諸侯有天下"。殷時, 方國已甚多, 國各有君侯。見於卜辭者, 舉蒙侯虎、攸侯喜為例。

（220）戊戌卜, 㱿貞: 王曰:"侯虎, 往! 余不燕, 其合氏乃事, 歸。"

（221）戊戌卜、㱿貞: 王曰:"侯虎毋歸, 御。" 均見《菁》7

㱿為武丁史官, 知侯虎亦武丁時人。侯虎乃蒙（☒釋蒙, 從丁山説）國之君, 有時也稱蒙侯虎, 並舉其國名（見方國章辭 195）。

攸侯喜已見辭（210）, 乃帝辛時人, 帝辛征人方嘗至其國。有時亦省國名, 但稱侯喜。

（222）甲午王卜貞: ᴜ步从侯喜ᴜ右, 不苗戈, ᴜ在戻, 王乩曰 下缺 《前》4. 18. 1

此辭以文法及王親卜貞證之, 也當是帝辛時物。

以上兩例, 都是時代可以確定的。其餘如杞侯在武丁時作杞（《後·下》37. 5）, 到帝辛時便作𣆪侯。（《前》2. 2. 6）杞, 𣆪, 古今異字, 便易誤認為兩國。這些關係和其他諸侯的年代, 都留待將來研究, 此處不再討論了。

（3）小臣。

卜辭中嘗見"小臣"的記載, 下面書著小臣的名子。《殷虛書契考釋》下,《禮制》第七有小臣一條云:

　　《周禮·夏官》有"小臣掌王之小命, 詔相王之小法儀, 及王之燕出入, 及大祭祀, 小祭祀"。以其職掌觀之, 殆與卜

辭之小臣略同矣。(《殷虚書契考釋》增訂本下第63、64頁)

小臣對於大臣而言，伊尹為有莘氏媵臣，出身微賤，戰國時有以"割烹要湯"的傳說，所以也稱他為小臣。《楚辭·天問》："成湯東巡，有莘爰極，何乞彼小臣而吉妃是得？"王逸注："小臣謂伊尹也。"卜辭中小臣，有掌車馬者，有奉祭祀者，依時代分舉如下：(表2—17)

表2—17

時期	小臣名	所見之版	定時期的標準
武丁	小臣古	《菁》3	貞人殸
	小臣从	北大國學門藏	正面有貞人史
	小臣黍	《前》4.30.2	太朱等字形可證
	小臣中	《前》4.27.6 又《前》7.7.2	字可證
祖甲	小臣𫝀	3.2.0772	王角字形可證
廩辛、康丁	小臣囚，立	3.2.0545	貞人彭
		3.2.0712	同上版
	小臣取	3.2.0875	貞人宄
	小臣麇	3.6.6314	貞人𢽠
帝乙、帝辛	小臣𣊁	《前》4.27.2	王作王，在帝乙後，下同
	小臣吉	《前》4.27.3	
	小臣醜	《甌》2.25	
	小臣𩃥	《前》2.2.6	

2. 武丁時代的人物

(1) 武丁的師傅。

先說武丁的老師甘盤。《尚書·君奭》：

公曰："君奭！我聞在昔成湯既受命，時則有若伊尹，格
於皇天；在太甲，時則有若保衡；在太戊，時則有若伊陟、
臣扈，格於上帝，巫咸乂王家；在祖乙，時則有若巫賢；在
武丁，時則有若甘盤。率惟茲有陳，保乂有殷，故殷禮陟配
天，多歷年所。"

這是周公告召公的一段故事，所舉殷代賢臣六人，伊尹、巫
咸皆見於卜辭，伊尹或單稱曰伊，巫咸則作咸戊（詳王靜安《古
史新證》）。據分期整理的結果，武丁時代有"師盤"其人，我以
為也就是甘盤。《偽書·説命》云：

王曰："來，汝説！台小子舊學於甘盤，既乃遁於荒野，
入宅於河，自河徂亳，暨厥終罔顯。"

疏云："舊學於甘盤，謂為王子時也。"《史記·魯周公世家》
《集解》引鄭曰："為其父小乙將師役於外也。"又引馬曰："武丁
為太子時，其父小乙使行役，有所勞苦於外。"可知《説命》所
謂遁野、入河、徂亳，不無史實為之背景，而"學於甘盤"一事，
也有相當的真實了。《漢書·古今人表》於商代列有甘盤，在上中
欄，注"師古曰，武丁師也"。這也同《説命》所述為近。《説
命》稱"學於甘盤"，此稱"武丁師"，必有所本。卜辭中甘盤正
作師盤。稱師，如呂尚稱"師尚父"，以示尊崇賢臣之意。卜辭師
作𠂤，盤作般，與盤庚之作般同。據現在所見而可定為武丁時的卜
辭者，有以下各辭：

（223）貞：王命師盤。《卜》705

（224）貞；命師盤从缺東　《龜》1.28.3

（225）命師盤。《鐵》24.3

（226）庚午卜，韋貞：乎師盤出王于下缺　凡將齋藏片

（227）戊辰卜，賓貞：乎師盤祭大下缺　《後·上》11.7

（228）貞：乎師盤。《徵·人》64

（229）乎師盤取。《前》1.48.1

（230）壬戌卜，賓貞：師盤。《徵·人》65

（231）貞；今二月師盤至下缺　《徵·人》66

（232）貞：師盤氏缺勿于缺彙。《徵·人》67

（233）貞：師盤其出凵。北大國學門藏片

由命、乎、祭、至等事，可證師盤為生人；由王字、干支字、貞人韋、賓等，可證師盤為武丁時人；由稱謂如父、母、兄皆對時王而言，則師當為時王之師，可證師盤即武丁之師甘盤了。所謂"命師盤"，也見於今本《竹書紀年》，《紀年》載：

武丁　元年，命卿士甘盤。

乎即評，即評詔之意。卜辭兩見"乎師盤"，三見"命師盤"，可知師盤確曾立於武丁之朝，並且受他的詔命了。一個時期的人物，見於卜辭的本屬偶然之事，竟有甘盤其人，足為武丁時代信史添一新證，不可謂非契文研究的過程中一件小小的幸事了。

卜辭中不但有武丁時的甘盤，並且有武丁時的傅說。一朝的良師賢傅，在三千年下，重復會面於殘甲斷骨片上，不能不推丁丁山先生發見之功。他認識了卜辭中的𡩠為寢，舉了占夢之辭二十餘條（詳本所《集刊》一本二分《說冀》附錄二《釋夢》第245—247 頁）。又舉《殷虛書契菁華》第六頁𡩠，謂即夢父合文，疑即傅說。其說云：

寢父應作人名解，《尚書·序》言："高宗夢得傅說，使百工營求諸野，得諸傅岩，作《說命》三篇，"今偽《說命》

曰："王宅憂，亮陰三祀，夢帝賚予良弼，其代予言。"《殷本紀》亦謂："武丁夜夢得聖人，名曰説。以夢所見，視群臣百吏，皆非也。於是乃使百工營求之野。得説於傅險中，舉以為相，殷國大治。"艧父，豈猶伊尹之稱保衡，師保之稱保父，亦傅説之尊稱與？

丁山先生的見解極對，所惜的是證據薄弱。我在初以貞人定時代的時候，曾跑去告訴他，《菁華》中有夢父的卜辭，貞人殻和 𑜫，正是武丁時代的史官，是幫助他的夢父即是傅説説成立的一個絕好的證據。傅説疑即父説。傅，從尃，從甫，從父，與父本是一字。古者尊師如父，故名為傅。太公之稱尚父，即是一例。我們既知道父即是傅，就可以知道夢父即是夢傅了。傅説之來，由於一夢，所以呼為夢傅。是夢父之稱，在武丁時代，舍傅説別無他人了。殷人卜夢，確有其事。關於武丁夢得傅説的傳説甚多，如《國語·楚語》：

> 如是而又使以象夢求四方之賢聖，得傅説以來，升以為公而使朝夕規諫。叢刊本卷十七，十三頁

更合以偽《説命》，《史記·殷本紀》，《書·序》的記載，可知殷高宗艧得傅説的傳説，是如何的普遍了。至於尊之為父，名之曰夢，並非不可能者。《史記·齊太公世家》稱："西伯將出獵，卜之，曰'所獲非龍非彲，非虎非羆，所獲霸王之輔'。於是周西伯獵，果遇太公於渭之陽，與語大説，曰：'自吾先君太公曰'當有聖人適周，周以興'。子真是耶！吾太公望子久矣。'故號之曰太公望。"因為太公望之，就可號之曰太公望，那麼因艧而得的賢傅，號曰艧父，當然也算不得離奇了。

卜辭所見艧父凡三處，皆大字，長篇，載在《殷虛書契菁華》

中。分舉如下：

（234）癸酉卜，殻貞：旬亾囚，王二缺王固曰"俞！屮求屮嬶父"。五日丁丑，王嬪中丁，示降，在客𦥑。十月。《菁》1

（235）癸丑卜⺉貞：旬亾囚，王固曰"屮求屮嬶父"。甲寅，允屮來嬶，又告曰"屮往𢎥自𤉣，十人屮二"。《菁》3

（236）王固曰"屮求屮嬶父，其屮來嬶"。七日己丑，允屮來嬶自缺戈𠂤平缺方征于我示下缺　《菁》5

卜辭中有不易索解者如"屮求"（𤔔姑釋求，未確）一語，下多接"其屮來嬶"，《菁華》中各版略同，言"其有戌人來"之意。上列辭（234）有"王固曰俞"之語，如《尚書·堯典》"帝曰俞！往，欽哉！"俞乃命令臣下的發語辭，《史記》作然。此俞下即接稱嬶父，當是命嬶父之語。辭（235）"又告曰"當是嬶父來嬶所告，與他辭言某國某人來嬶報告，文例相同。辭（236）也是嬶父來嬶報告征伐之事。觀以上三辭，可以大略知道的：第一，是命嬶父從王去祭祀中丁，是十月的丁丑日，在客𦥑那地方。第二，是嬶父來嬶報告，有十二人從𤉣往𢎥的事。第三，是嬶父來嬶報告鄰國征伐的事。這與嬶父有關係的三辭，兩件是征伐（𢎥牧也屬於征伐），一件是祭祀。"國之大事，惟祀與戎"，所以都要謀之嬶父的。

（2）武丁的妻、子

①妻姅

從稱謂裏，可以知道一切稱呼皆對時王的自身而言，如上文的師、傅，第二章所舉祖、妣、父、母等的稱謂，皆可為證。由此可以推知所謂妻同子，當然也是時王的妻、子了。

武丁時代稱妻者有妻姅，已見於卜辭（182），這裏應該補充一下說明一個妻字。辭中的妻字作𪚔，各家多認為敏，葉玉森先生獨釋為妻。他在《說契》中妻字條云：

契文（妻）作🔸、🔸、🔸，從女首戴髮，從又或二又，蓋手
總女髮，即妻之初誼。總髮者，使成髻施笄也。

其説甚是。妻妌乃武丁之妻，或因為妌國之女故名曰妌。由
書體、字形及妌之見於骨臼刻辭，皆可確證為武丁時人。妻妌與
子嬕是母子，已見於辭（182）及（181），這裏再演述一遍：

（癸未）這一旬的第九天辛卯，從北方虫這地方來了戍
人，是妻妌派遣來的。報告説"土方牧我們的田，來的是十
個人"。《菁》6（辭182）

（丁巳）的第四天庚申，也有戍人來，是從北方來的，是
子嬕派遣的人。報告説："甲辰那一天，（土）方來征，到虫
這地方，虜去了十五個人。第五天戊申，（土）方又來了，這
一次虜去十六個人。"《菁》5（辭181）

由這兩辭我們可以知道虫是殷北的一個地方，是妻妌所在，
也是子嬕的防地，這裏常受到土方的侵淩。妌同嬕，她母子們是
在北方戍邊的。

在骨臼刻辭中，也記載著帚妌矛的事體，如

（237）缺帚妌缺矛。㬎。《龜》1.21.17

（238）甲子，帚妌示三矛，小㬎。國學門藏片

（239）甲子，帚妌示四矛。小㬎。中。《後・下》27.10

（240）丁卯，帚妌示二矛。岳。《徵．典》6.43

帚矛即是歸矛，乃是饋送兵器的記載；妌是同著子嬕在守邊
的，所以送兵器給她，三次共有九件之多。㬎、小㬎、中、岳都
是武丁時記事的史官，在帚矛的記載之後，簽著他們的名字。

武丁之妻，當然不止妌一個人。據後世的祀典，我們知道同
他合祭的嫡妻已有三人，是妣辛、妣戊、妣癸。

姎是否這三人中之一，便不可得知了。

②武丁的二十個兒子

如果我們斷定時代的標準不錯，就可以知道的，至少也有二十個是武丁的兒子。

（一）子漁（二）子央（三）子戠（四）子晵（五）子豐（六）子婞（七）子吉（八）子弓（九）子效（十）子春（十一）子弦（十二）子賓（十三）子詯（十四）子定（十五）子白（十六）子亦（十七）子姝（十八）子禹（十九）子雝（二十）子麇

子作𝕪，即辰巳之巳，在殷代亦確為子孫之子。如毓字所從之古為倒子形，即是一例。子為兒子，則稱子某者，對國君言，當然就是他的兒子了。子下一字，譯為今文，姑從一說，以便書寫，詳細考訂，待之將來。現在把武丁的二十個兒子一一列敘於次。

子漁

（241）貞：宙子漁登于大示。《後·上》28. 11

（242）貞：乎子漁屮于祖乙。《前》5. 44. 5

（243）貞：子漁屮于祖丁。《戩》4. 13

（244）缺貞：子漁屮𢆶于娥，酒。《鐵》264. 1

（245）貞；子漁屮𢆶于缺 《鐵》231. 1

（246）貞：子漁屮于父乙。《前》1. 25. 2

（247）貞：翌乙未，乎子漁屮于父乙，牢。《徵·帝》186

（248）壬申卜，賓貞：乎子漁屮于缺。《鐵》184. 1

（249）貞：翌乙未，乎子漁屮于父乙。《遺》2. 5

（250）乙巳酒，子漁其缺 《鐵》265. 3

（251）貞：御，子漁于父缺 《鐵》124. 3

（252）貞：御，子漁下缺 《前》7. 13. 3

（253）子漁屮𝕩：《鐵》242. 3

（254）子漁勿⊔_缺 《前》5. 45. 3

（255）貞，勿_缺子漁_缺 《徵·人》90

（256）子漁⊔从，《戩》43. 9《鐵》253. 2 同

（257）子漁⊔从，《前》5. 44. 3

（258）貞：子漁⊿其从。《後·上》27. 2

（259）貞：子漁罙隹_缺 《前》7. 9. 1

（260）丁亥卜貞：子漁其⊔疾。《前》5. 44. 2

（261）丁_缺貞：子漁⊿疾。《徵·人》89 與上一版相對稱可合，龜腹甲

（262）癸巳卜，殸貞：子漁疾，臣福告于父乙。北大國學門藏片

子漁，也許就是武丁的嫡長子，他的時代是從貞人殸、賓和祭祀父乙可以看得出來的。祭祀時要他參加，如"登于大示（大宗）"，⊔于祖乙、祖丁、父乙，酚于娥等；王出門的時候，也要他侍從。［辭 257 同版有"貞于翌庚申，出"之辭，可知"⊔（有）從"即從王出行］可見他是王所親近之人。在有一年的三月丁亥，他有疾了，為他穆卜，又在他病了的七日之後癸巳這一天，命他的家臣禱告於父乙，這很像後來的《金縢》故事：武王有疾，二公要為王穆卜，周公卻植璧秉珪，告於太王、王季、文王，並且祝告說"惟爾元孫某遘厲虐疾"云云。父乙乃武丁之父小乙，武丁之子子漁正是他的元孫了。這子漁有疾，臣福告於父乙，真也有些和《金縢》的故事相像了。子漁的事跡，在卜辭中可知者如此。

子央

（267）貞：今癸巳_缺子央_缺于姒_缺 《前》6. 19. 7

（268）乙卯卜，亘貞：今日王至于章，夕酒，子央于父乙。《鐵》196. 1

（269）貞：御子央于父乙 《鐵》272. 2

（270）貞：酒，_缺央御于父_缺貞勿酒，子央御 《徵·人》13

（271）貞：來乙巳酒，子央⧸缺⧹ 《徵·人》13

（272）貞：御子央于父（?）甲。《前》6.19.6

（273）丙申卜貞：翌丁酉用，子央歲于丁。《龜》1.20.3

（274）癸未卜，𡆥貞：子央觀，其𡉊⧸缺⧹ 《龜》1.20.4

（275）癸巳卜，㱿貞：旬亾囚，王固曰："乃茲亦𡉊求若冉。"甲午，王往逐𤉢，小臣古駕馬，𡆥馭王車，子央亦隨。《菁》1

孫詒讓《契文舉例》上第二十九頁云："𣏟當即央字。《説文》央部："央，中央也，從大在冂之內。大，人也。央𡿧同意，一曰久也。"金文虢季子白盤作𣏟，與此略同。子央當亦人名。"今從孫釋。子央的時代亦由貞人𡆥、㱿、𤉢及祀父乙，可定為武丁之世。他也是武丁的嫡子，所以也常奉祭祀，歲於丁，酒或御於父乙，有時也隨王出去狩獵。

子戠

（276）貞：御子戠于妣乙。《鐵》209.4

（277）丁巳卜，賓御，子戠于父乙。《鐵》254.2

（278）賓御子戠于兄丁。同上

（279）壬戌貞：乎子戠𡉊于𧵒，犬。《餘》4.1（《餘》，《鐵雲藏龜之餘》簡稱，下並同）

（280）乎子戠𡉊于𧵒，㞢犬𡉊羊。同上

《契文舉例》卷上二十九頁云："𣏟字從大從戈，字書無此字。考《説文》大部'戠，大也。從大，或聲，讀若《詩》"戠戠大猷"。'疑此從大，從或省聲，於字例亦得通也。子戠當亦人名。"今從孫釋。子戠時代之證，即使他為父乙、兄丁、妣乙之御，三人皆武丁時所祀，是子戠也是武丁的嫡子。

以上三人，皆曾為父乙之御，（辭 251，269，277）此為大可注意之一事。"御"之義，《詩·小雅》"飲御諸友"，《傳》"進也"。《箋》云"御，侍也"。卜辭云御、云𡉊，（𡉊多作有字解）猶言有事於某或進侍於某，疑皆為祭祀之尸。《禮器》稱"殷坐尸",是殷人祭祀有尸。《曲禮》"禮曰君子抱孫不抱子,此言孫可為王父尸,子不可以為父尸"。曾子問云"尸必以孫"。《祭統》云"夫祭之道,孫為王父尸"。從這些記載裏,可知殷人有尸,而尸之法是以孫為王父之尸。上面子漁、子央、子戠三人,皆是武丁之子、小乙之孫。小乙為其王父,是此三人皆可以作父乙之尸了。由此更可以推知云"出"、云"御",必有為尸之意,而三人者亦皆武丁之嫡子了。餘詳次節。

子曆

（181）四日庚申,亦出來媾自北,子曆告曰"昔甲辰,方征于蚁,俘人十出五人。五日戊申,方亦征,俘人十出六人,六月。在缺　《菁》36（重引）

（281）上缺出來媾,八日庚申缺告曰曆。《前》7.18.4

（282）丁亥卜,殸貞:曆言🔲于🔲。北大國學門藏片。（與262同版）

辭（181）已見方國章,曆字殘下半,作🔲。由（281）（282）兩辭作🔲又為同時人名,可知🔲下所缺為🔲,當與🔲為一字。子曆時代,由貞人殸、及大字書體可證為武丁時人,且為妻娠之子。

子豐

（283）癸丑卜,🔲貞:旬亡囚。三日乙卯,出媾,單丁人豐彡于錄缺丁巳🔲子豐彡缺鬼亦得疾,下缺　《菁》3

（284）壬寅帝豐示二矛。岳。《徵·典》40

（285）庚申帝豐示口矛。岳。《龜》2.21.16

（286）自🔲,己未帝🔲示一矛。夏。《前》6.28.5

（287）壬子帝🔲歸示一矛。夏。歷史博物館藏片

由辭（283）貞人🔲及下四例骨臼刻辭史官岳、夏,皆可證子豐為武丁時人。刻辭中加女旁者多與不加者同,如井與娠、豐與🔲皆是。

子娾

（288）缺娾三至。缺出來娾，⊗缺子娾下缺　《餘》2.1

（289）缺帚娾缺矛。雺。《卜》2349

雺為武丁史官，"來娾"武丁時事，皆可證子娾時代。

子吉

（290）丙申卜，亘貞：子吉不缺　《前》6.52.2

（291）癸亥卜，㱿貞：旬亾囚。王固缺其亦出來娾，五日丁卯，子吉⊗不井。《菁》4

吉作⊗，與⊗形近，姑釋為吉。子吉由貞人亘、㱿可斷為武丁時。

子⊗

（292）癸巳卜貞：命⊗⊗，子⊗歸。六月。《前》6.52.1

（293）癸卯卜，㱿貞：旬亾囚。王固曰"出求，其出來娾"。五日丁未，允出來娾，⊗御缺自⊗囚六人。《菁》2

子⊗時代，由貞人㱿可定。

以上自子瞽至子⊗五人，疑皆為武丁將師在外者。子瞽是不必説的，子豊、子娾、子吉、子⊗，都曾記載過關於他們"來娾"之事，可見他們都是戍役在外。豊和娾，又有"帚矛"的記載，更可證他們是掌著兵柄。辭（292）記子⊗歸，也可證他不在王朝。諸如此類，可知至少武丁的兒子，有此五人是將兵在外的。武丁是受過勞苦的人，在他幼年曾經久勞於外，為他的父親小乙將師役。（見上節）所以他也把自己兒子如法炮製，使他們戍守邊疆，去執干戈、衛社稷。

子效

（294）丁卯卜，⊗貞：命子效牢于缺　《鐵》22.4

（295）己丑卜，子效，㱿，在⊗虎獲。北大國學門藏片

（296）丙寅卜，子效不其羌。《鐵》59.1

（297）丁酉卜，子效毋其缺　《鐵》164.1

（298）丙寅卜，子效臣曰隹。《鐵》175.1

由🈂️為貞人，可證子效在武丁時。稱"命子效"，可知他也是在王朝供職的。

子春

（299）貞：子春不死。《後·下》29.7

子作🈂️，不作🈂️，皆第一期武丁時字體。死作🈂️，從丁山釋。

子㚟

（300）癸未卜，殼貞：旬亾田。王固曰"往，乃兹出求"。六日戊子，子㚟死。一月。《菁》1

㚟作🈂️，由貞人可證時代。

子實

（301）己卯蔞子實入俎，羌十。《菁》1

同版貞人殼，可證武丁時。

子誩

（302）丙戌卜，賓貞：子誩其🈂️田。《鐵》151.1

（303）貞：子誩出王🈂️　《徵·人》94

（304）翌乙酉，乎子誩酒，伐于父乙。《徵·帝》184

（305）乙酉卜，内貞：子誩戈基方。

《契文舉例》云："🈂️似從辡，從丙，然古無此字。竊疑當為誩之變體。《說文》誩部'誩，競言也。從二言。'龜文簡易，變兩口為🈂️，義亦得通。"今從其說。賓，貞人，可證子誩在武丁時。

子定

（306）翌癸亥，子定歸。《鐵》78.4

（307）隹辛🈂️乎🈂️定。《鐵》96.1

（308）貞：出來定，帚好，不隹母庚。《鐵》261.1

母庚即小乙配妣庚，為武丁母。此稱母庚，在武丁世。定作🈂️。《契文舉例》說之云："🈂️即古文正字，從宀，從正，當即定字。然從⿰即卪形與卯字同，此疑為邑之省，古都邑名多增邑形，或古有此字也。"今從其說，姑釋定。

子白

（309）缺亥卜，亘貞：⿰缺爵缺子白。《前》5.5.2

亘為貞人。可證子白在武丁之世。

子亦

（310）缺殻貞：雀⿰田，缺取射子亦。《前》5.41.8

殻為貞人，可證子亦在武丁世。

子妖

（311）貞：乎⿰涂子妖來。《前》6.26.5

同版有"貞王狩"，王作⿰，可證為武丁時。

子鬲

（312）丙寅卜，賓貞：子鬲辥缺　《後·下》8.1

子雔

（313）丁丑卜，賓貞：子雔其御，王于丁妻二妣，以食羊三，用羌十。北大國學門藏龜版

由賓為貞人，可證子鬲、子雔皆在武丁之世。

子麛

（314）癸丑卜，永貞：旬缺五日丁巳，子麛井。容希白先生藏拓本

永為貞人，可定為武丁時。

以上二十人，均稱子某，又在武丁世，可以推之他們都是武丁的兒子。但武丁的兒子當猶不止此數，當時之載在卜辭者不過其中的一部分。而卜辭中除了現在未發見的以外，尚有不能確定時期的二人：

子育　（315）貞子育缺　《後·下》27.9

子⿰　（316）壬子卜貞：翌庚，子⿰其見　《龜》1.4.11

這兩人因時代未能確定，姑附於此。

③祖己祖庚祖甲的故事及其比附

武丁的兒子,見於載籍的祇有三人,就是祖己（孝己）、祖庚、祖甲。現在分別敘述於下:

祖己　見於卜辭中的祖己,是祖庚、祖甲之兄,即《漢書·古今人表》所列之孝己（人表中祖己似別是一人,即高宗肜日之祖己,為商臣）。孝己,在祖庚、祖甲時,祭祀稱兄己;廩辛、康丁時,祭祀稱父己;稱祖己則在武乙以後。在故籍中,多稱孝己,實即一人。孝己的故事,流行春秋戰國之際,與虞舜、曾參、閔子騫並以孝行見稱於當世。

> 孝己愛其親,天下欲以為子。《戰國策·秦策》
> 孝己事親,一夜而五起,視衣厚薄、枕之高下也。《尸子》
> 今有人於此,孝如曾參、孝己,信如尾生高,廉如鮑焦、史鰌。《戰國策·燕策》
> 天非私曾、騫、孝己而外眾人也,然而曾、騫、孝己獨厚於孝之實而全於孝之名者,何也? 以綦於禮義故也。《荀子·性惡篇》

以上皆言孝己能孝其親。

> 人親莫不欲其子之孝,而孝未必愛;故孝己憂而曾參悲。《莊子·外物篇》郭注云:“孝己李云殷高宗之子。”
> 殷高宗有賢子孝己,母早死,高宗惑後妻之言,放之而死。《戰國策·秦策·高誘注》引《世紀》
> 殷高宗之子曰孝己,其母早死,高宗惑後妻言,放之而死。《竹書紀年·疏證》引《尸子》
> 高宗以後妻殺孝己。《家語·弟子解》
> 武丁二十五年,王子孝己卒於野。今本《竹書紀年》

以上言孝己不見愛於親而死。孝己的故事可知者如此。我們從祖甲的卜辭裏祀兄己、兄庚的次第，可知祖己是武丁的長子。祖庚時也祭父丁、兄己，可知他確是死在祖庚即位之前。以此比照上節的十八個兒子，可以説子漁最為近似，理由有三：

第一，嫡長子於奉祀大宗，又可以為王父之尸，所謂登於大示，出于父乙，御于父乙，當即以子漁為父乙之尸。孝己是嫡長子，子漁也是嫡長子，能奉祭祀，即所以為孝，這是他們相同之點。

第二，載記稱孝己早死，他是死在武丁之世的，所以雖是嫡長，卻沒有嗣位。卜辭中曾占"子漁出（有）疾"，又因疾而告於父乙，也許他從此就一病不起了。如果子漁死在武丁之世，就也是一個相同之點了。

第三，三個奉祀，作尸的嫡子，除了子央、子戠與祖庚、祖甲的名字相近之外，子漁就非祖己莫屬了。

祖庚與祖甲　關於祖庚、祖甲的故事，故籍載記裏並不很多。《周書・無逸》稱："其在祖甲，不義惟王，舊為小人；作其即位，爰知小人之依，能保惠於庶民，不敢侮鰥寡。肆祖甲之享國三十有三年。"

因祖甲的故事，連帶講到祖庚的，有馬融、鄭康成兩家之説：

> 祖甲有兄祖庚而祖甲賢，武丁欲立之，祖甲以王廢長立少，不義，逃亡民間，故曰不義惟王，久為小人也。（《尚書》古今文注引馬融説）
>
> 祖甲有兄祖庚賢，武丁欲廢兄立弟，祖甲以為不義，逃於人間，故云久為小人。（同上，引鄭康成説）

為解説"不義惟王，久為小人"兩句話，馬、鄭兩家乃傳述了祖庚的故事。但是因為一字的關係,兩家之說卻又大不相同。據馬說,則祖庚不如祖甲之賢,所以武丁要廢長立賢;據鄭說,則祖庚本賢,武丁卻因愛祖甲之故而要廢賢立愛。這裏還有一點線索可尋的是替他們推算一下年齡。

殷代帝王在位年數,各書所載不同,但武丁,祖甲卻還可以推算,因為他們的年數載在《無逸》,比較可信。武丁,《無逸》稱他“享國五十有九年”。熹平石經今文則作“肆高宗之享國百年”。《漢書·五行志》稱“高宗致百年之壽”。《論衡·氣壽篇》稱“高宗享國百年”。這裏祇有五十九與百年的兩說,我以為五十九年是指他在位的年數,百年是指他的享壽。如果這個說法不錯,那麼武丁就是四十二歲纔即位,在位共五十九年,壽至百數而死了,武丁為太子時,“久勞於外”,又曾“為其父小乙將師役”。若小乙在位是十年(依《今本竹書紀年》),那麼當小乙初立,武丁已是三十二歲,正年富力強之候,久勞於外,是很可以做得到的。祖甲必是武丁的“老生子”,他在武丁死後,哥哥祖庚又坐了十一年王位(據《紀年》),他自己接著又坐了三十三年纔死。現在假定他活了九十歲,除去四十四年,武丁死時,他已是四十六歲了。這就是,說武丁在五十五歲上纔生了他的(若假定祖甲活八十歲,是武丁六十五歲纔生他)。一個白髮斑駁、精神矍鑠的老皇帝,正當含飴弄孫之時,膝下又繞著聰慧的少子,一種偏愛的心理,自然難免了。依以上各說,更列為下文:

小乙元年　武丁為太子 32 歲

十年陟　武丁 41 歲

武丁即位元年　時 42 歲　孝己為太子

十四年　時 55 歲　祖甲生(?)

二十五年　時 66 歲　祖甲 12 歲(?)　孝己死

(《竹書紀年》:“二十五年王子孝己卒於野。”時祖己母死,祖庚母為后。)祖庚為太子

三十五年　時 76 歲　祖甲 22 歲（?）

（武丁欲廢兄立弟，當在此時前後，因祖甲已年長，能"逃之民間"了。）

五十九年陟　時 100 歲　祖庚嗣位　祖甲 46 歲（?）

祖庚元年　祖甲 47 歲

十一年陟　祖甲 57 歲（?）即位

（祖庚死時當在 60 歲以後。）

祖甲元年　時 58 歲（?）

三十五年陟　時 90 歲（?）

（祖甲死時，他的兒子廩辛、康丁至少都在四十歲以上，他們在位的年祀甚短（廩辛 4 年，康丁 7 年，據《竹書紀年》），就不為無因了。）

據上文，祖甲在諸兄弟中，年紀要算最少的，武丁要廢祖庚而立他，這事須在武丁的七十歲至八十歲之間。此時，祖己已死，祖庚為太子，祖甲也年長了，武丁因愛少子之故而欲行廢立，祖甲便逃之民間。有這一段史實，所以在周初有"不義惟王，舊為小人"的稱述。到了漢代，還留著"廢長立少""廢兄立弟"的兩種傳說。

祖庚名曜，祖甲名載，見於《太平御覽》（卷八十三）所引《竹書紀年》。上節前三個兒子，由他們奉侍祭祀，作父乙之尸，所以知道他們是嫡子，所以也很可能的就是祖己、祖庚，祖甲。祖己之名不見於載籍，如果子漁即是祖己，則子央、子戠也可以即是祖庚曜、祖甲載了。映，曜，音義極似；戠，載，形聲相近，在殷代也有通假的可能。殷人帝王名謚，與後世典籍多有不同。如大乙為天乙，康丁為庚丁，是為形訛；唐即是湯，卨即是契，虎丁、羌甲即沃丁、陽甲，是為音假。此例正多，不僅央之與曜、戠之與載了。

七　事類

由貞卜事類可以分時期的，無如祭祀。每一時代的祭法和所祭的祖先神祇,都有不同。如父、祖、母、妣的稱謂,如"六旬""四方"的祀典,將來都可逐一列舉,分期研究。其次如征伐(已略見方國章),如卜旬(將詳文法章),如帝矛的記載(別詳《帝矛説》),皆可為分期研究的標準。這裏祇舉關於遊、田的卜辭,以見一斑。

1.《無逸》篇中所見的殷人田遊

從一個開國元輔訓戒嗣王的口中,傳述著前代帝王可為法戒的重要事跡,這是何等真實而有價值的史料!這史料就是《尚書·無逸》。《無逸》一篇是周公告誡成王的話,主要的意思,是説作國君的不可祇圖自己逸豫耽樂,而忘了百姓們稼穡的艱難。換句話説,就是為了自己的遊玩、打獵而誤了人家的農業。所以在這一篇話的劈首就是:"嗚呼!君子所其無逸!"

鄭康成注:"君子處位為政,其無逸豫也。"周公所舉的殷代帝王不"逸"的有三人,並且都舉出事實來,大略如此:

第一,殷王中宗(大戊),嚴恭寅畏,天命自度,治民祇懼,不敢荒寧。第二,高宗(武丁),不敢荒寧,嘉靖殷邦,至於小大,無時或怨。第三,祖甲,知小人之依,能保惠於庶民,不敢侮鰥寡。

他又稱述到周家祖宗的不"逸",説"大王,王季,克自抑畏"。説文王"不敢盤于遊田"。他告誡成王的話,是"嗚呼!繼自今,嗣王則其無淫于觀、于逸、于遊、于田!"從這些,我們就很可以知道他所謂逸是什麼了。

逸,就是"淫于觀、于逸、于遊、于田"。

觀,是遊中之一事。逸,總括遊觀、田獵兩項而言,其實歸結起來,遊與田,便是逸了。他又舉出祖甲以後殷代好"逸"之君,以為鑒戒。

自時厥後,立王生則逸,生則逸,不知稼穡之艱難,不聞小人之勞,惟耽樂之從。自時厥後,亦罔或克壽,或十年,或七八年，或五六年，或四三年。

祖甲以後帝王年祀之短，此為一有力的證據。而他所謂"生則逸"的，卻不一定盡人皆然。祖甲以後有廩辛，康丁、武乙、文丁、帝乙、帝辛六王五世，以今本《竹書紀年》為準，則武乙 35 年，帝辛 53 年，這兩世年限要算最長，其餘的果然都甚短了。而周公所謂"生則逸"、好田遊的，也正以武乙、帝辛的時代為多，我們的證據就在下面。

2. 關於武乙、帝辛好田遊的記載

今本《竹書紀年》中，祖甲以後各王，關於田遊的記載是如此：

廩辛　（無）

康丁　（無）

武乙　三十五年，王畋於河渭，暴雷，震死。

文丁　（無）

帝乙　（無）

帝辛　四年。大蒐於黎。

十年。夏六月，王畋於西郊。

十七年。冬，王遊於淇。

二十年。冬，大蒐於渭。

四十三年。春，大閱。

《史記·殷本紀》也有武乙、帝辛的記載：

武乙　獵於河渭之間，暴雷，武乙震死。

帝辛　材力過人，手格猛獸。

益廣沙丘苑臺，多取野獸蜚鳥置其中。

史公因為帝辛是亡國之君，極力羅織他的罪狀，反把五十餘年間的重要史跡都遺棄了（如“克東夷”之類）。但是我們從“手格猛獸”“多取野獸蜚鳥”的記載中，也可以見到帝辛喜好田獵的一斑。

3. 卜辭中所記武乙的遊田

武乙時期的卜辭，僅出土於小屯村中，祀典中有“祖己”之辭，即其確證。村中出土最多在近數年，所以以前的著錄中是不多見的。村中的卜辭，除了第一、二、五次我們發掘所獲之外，河南博物院也挖到了一部分。土人所得的，大部分都賣給明義士牧師了。此處所列，僅是所能見到的材料。

（1）武乙時田遊卜辭的特徵

武乙時田遊卜辭，最易惹人注意的是凵从多作“凵戈”，卜田又慣作：“王其田”之語，卜遊則多稱“于某凵戈”。其次就是出土的地方，在村內的，纔有武乙時之物。現在依此標準，撮錄第一、二次掘獲的卜辭。

（2）見於《寫本》中的武乙田遊卜辭

在《新獲卜辭寫本》的後記裏，我曾舉出三區中各類卜辭分佈的情形。表中關於第三區田獵一項，為

第三區。第一系　146　216　218　220　233　240　257
　　　　第二系　301　304　324　325　365
　　　　第三系　272　279

這表現在須要修正的是：第二系 36 坑的龜版，除了 365 一條之外，都不是田獵之辭而誤入了。第一、三系，皆骨版，除了 272 一條是誤收，279 一條應入遊觀類之外，其餘七版，共有八辭，皆武乙時物。分舉於下：

（317）戊午卜貞：王其田缺　《寫本》（下同）233

（318）貞：王其田下缺　233

（319）王其缺戈　257

（320）缺戌卜貞：乙卯缺其田盂凵从。　215

（321）叀盂田省㞢戈　146

（322）壬王異_缺盂田弗_缺　216

（323）叀覤田，㞢戈　240

（324）田覤㞢戈。　220

以上卜田之辭八。關於卜遊之辭，見於《寫本》者有：

（325）于盂㞢戈。　279

（326）于盂㞢戈。　156

（327）于宮㞢戈。　279

（328）_缺宮㞢戈。　279

（3）第二次發掘，村中出土的田遊卜辭

第二次發掘殷虚，在小屯村中出土，可以斷為武乙時的卜田之辭，凡三十四：

（329）王其往田于阞。　2.2.0082

（330）王其往田。　2.2.0208

（331）王其往田，㞢_缺　2.2.0101

（332）戊辰，_缺王其往田，㞢戈。　2.2.0509

（333）壬戌，王往田㞢戈。　2.2.0228

（334）乙未卜在盂，犬_缺告_缺往田又_缺　2.2.0335

（335）戊子卜貞：王其田㞢戈。　2.2.0036

（336）壬寅卜貞：王其田㞢戈。　2.2.0331

（337）翌_缺王其田不_缺　2.2.0199

（338）王其田，从_缺　2.2.0387

（339）_缺卜貞：王其田㞢戈。　2.2.0344

（340）壬戌卜貞：王其田㞢巛。　2.2.0481

（341）戊午卜_缺王其田㞢_缺　2.2.0481

（342）王其田_缺翌日_缺　2.2.0112

（343）王其田，叀盂，㴔㞢_缺　2.2.0405

（344）王其田于宮，㴔日㞢戈，衍王。　2.2.0123

（345）王省田其每。　同上

（346）叀🗡田🖑日凵戈。　同上

（347）叀🗡田🖑日凵戈。　同上

（348）己亥卜貞：王其田並凵戈。　2.2.0382

（349）于壬王迺缺日凵戈　2.2.0306

（350）叀戲田凵戈。　2.2.0360

（351）于來辛王迺田虞凵戈。　2.2.0075

（352）王狄田，🖑日，不溝大風。　2.2.0179

（353）叀客田凵戈。　2.2.0222

（354）王叀牢田凵戈。　同上

（355）叀揪，🖑田凵戈。　同上

（356）叀盔田凵戈。　同上

（357）于辛田畢。　2.2.0244

（358）于壬田畢。　同上

（359）癸丑卜，王其田于🗡，叀乙畢。　同上

（360）于戊田畢。　同上

（361）于辛田畢。　同上

（362）缺田🖑缺大雨。　2.2.0300

卜遊之辭，凡十九：

（363）辛卯卜翌日壬王其迭于章，凵戈。　2.2.0578

（364）于椧凵戈。　同上

（365）于罷凵戈。　同上

（366）甲午卜翌日乙王其迭缺　2.2.0130

（367）于罷凵戈。　同上

（368）于椧凵戈。　同上

（369）庚午缺其迭缺　2.2.0579

（370）于罷凵戈。　同上

（371）翌日壬，王其迭于温，凵戈。　2.2.0556

（372）于桮凵戋。　同上

（373）壬午王其戈_缺向，凵戋。　2.2.0084

（374）于盂凵戋。　同上

（375）于宮凵戋。　同上

（376）于向凵戋。　同上

（377）于噩凵戋。　2.2.0374

（378）于盂凵戋。　同上

（379）于宮凵戋。　同上

（380）于噩凵戋。　2.2.0465

（381）于盂凵戋。　同上

（4）武乙田遊之地及貞卜次數

總上所列，武乙田遊之地及貞卜之次數，可以考見者，如下表。（表 2—18）

表 2—18　　　　　　　　武乙田遊之地及貞卜之次數

田之地	貞卜次數	遊之地	貞卜次數
盂	4	盂	5
噩	1	噩	5
宮	1	宮	4
麀	2	温	1
阤	1	向	2
𠂤	1	桮	3
虞	1	章	1
獣	1		
戠	1		
並	1		

續表

田之地	貞卜次數	遊之地	貞卜次數
牢	1		
楙	1		
盇	1		
客	1		

　　據這一部分材料,可以知道的武乙曾田遊之地,亦田亦遊者三,田而不遊者十一,遊而不田者四。地名如並、桵、噩、盂、宮、溫,多在黃河以北及其附近,其餘各地尚待考。

　　4. 卜辭中所記帝辛的遊田

　　殷虛時期,上自盤庚之遷。下至帝辛之亡,已成為不易之論。證據就在第五期的文字自成一個系統,這類文字因他們見於祀武祖乙、文武丁的卜辭,如干支字等,可定為帝乙以後之書體。這類晚期的文字,見下卜辭的特別之多,決不是帝乙半世(如果是帝乙遷了都)所能有的。若並帝辛計之,依今本《紀年》,帝辛在位五十三年,為武丁以後享國最久的一人,就可以有這許多卜辭了。反之,若無帝辛時物,而帝乙又曾徙都,則晚期的卜辭如彼之多,便無所歸屬了。而現在所舉晚期的卜田遊之辭,也正可為帝辛好田遊的一證。

　　(1) 帝辛時田遊卜辭之特徵

　　區別何者為帝辛時的田遊卜辭,有下之五個標準:

　　詞句　常見的特別的詞句為"往來亾𡿨""旬亾𡿨""在某貞""茲御""王步于某亾𡿨""王𡇷(乩)曰吉"等。

　　字形　干支字皆屬第五期形體,𡿨,𡿨的特見,月作𝄐,日作⊙,王作𝍠等。

　　書法　字小而工整謹飭,甲骨都然,無大字及散漫錯綜者。

貞人　除泳、黃兩人外，多為王親貞或王親卜貞，或不錄貞人者。

坑位　僅見於第一區朱姓十四畝地及何姓七畝地西北隅，為吾人第一，第四次所發掘。羅氏所得，即出自十四畝地者。

根據上列五個標準，就可以斷定帝辛時卜田遊之辭了。

（2）出土地的確定

在發掘的五區內，祇有第一區有帝辛時卜田之辭，雖然都是些殘碎之片，卻已明白地告訴我們了出土之地。見於第一次所得的殘片，舉四例如下：

（382）戊辰卜缺王田叀，缺往來亾缺　《寫本》（下同）　110

（383）缺王卜缺叀，往來亾𡙸，王乩曰缺　52

（384）缺貞王田缺弘吉，茲御缺　119

（385）缺卜貞：缺往來缺乩曰弘吉。缺狼四　37

這些都是第一次發掘，一區 9 坑所出，僅僅幾片殘碎不堪的卜辭，但是已經盡夠告訴我們，他們以前出土的大本營就在這朱家十四畝地了。

第四次發掘，又在朱家地南鄰何姓七畝地的西北隅（E5、E23、E21 共為一坑，參閱坑位圖），發現一塊骨版是記載著帝辛田獵之辭。

（386）辛丑，王卜貞：田叀，往來亾𡙸。王下缺　4.2.0020（下並同）

（387）壬寅，王卜貞：田椃，往來亾𡙸。

（388）乙巳，王卜貞：田叀，往來亾𡙸。王乩曰吉。

（389）丁未，王卜貞：田叀，往來亾𡙸。王乩曰吉。

（390）戊申，王卜貞：田椃，往來亾𡙸。王乩曰吉。

（391）辛亥，王卜貞：田叀，往來亾𡙸。王乩曰吉。

（392）壬子，王卜貞；田椃，往來亾𡙸。王乩曰吉。

看文法、字形、書體，都可證為第五期物。這一坑所出雖然

不多，卻是第一區一系，包括一、二、五三個時期之物，故劃入
第一區（參閱坑位圖）。由此可以確知帝辛時田遊卜辭的出土地。
而羅氏著錄的《殷虛書契》前後編及明義士牧師早年所得見於
《殷虛卜辭》的版片，流傳於日本而著錄於《龜甲獸骨文字》的
卜辭，多是此區出土之物。雖少許殘碎之片，可以定多許已著錄
之卜辭的出土地，也不能算不重要了。這裏，並不是專史式的整
理，祇就《殷虛書契考釋》及《殷契徵文》所收關於遊田卜辭，
提出帝辛一部分，以見一斑。

（3）《殷虛書契考釋》的著錄

據各種斷定時期標準，就增訂本《考釋》言步、言後、言
在各條中找出帝辛時"遊"的卜辭，就卜田漁田狩各條中找出
帝辛時"田"的卜辭。本書具在，不再列舉，僅舉條數，表
於下。

帝辛時卜遊之辭，計（表2—19）

表2—19	帝辛時卜遊之辭		
種類	由幾條至幾條	共若干條	原若干條
言步者	7 至 34	28	43
言後者	1 至 2　5 至 29	27	29
言在者	3 至 33　37 至 47	42	48
總計		97	120

言步的，是走到其地；言後的是去到某地一遊，當日便又
返來，所以卜辭必言"往來亾𡿧"；言在的，是在某地住下了。
這三種都歸入遊類。但是有時是為了田獵或征伐而後於某、步
某、在某的，那就不僅限於一遊了。《考釋》中記遊的共120
條，而帝辛時的卻有97之多，幾占全數的五分之四，這是很

可注意的。

帝辛時卜田之辭，見於《考釋》的各條，計：

25　27　30　32 至 100　120 至 153

《考釋》中卜田狩原共 185 條（誤為 186），而確知為帝辛時的有 106 條之多。《考釋》所舉，原有一、二、五三個時期之物（無三、四兩期），但帝辛時辭，已超過了武丁、祖庚、祖甲三世田獵之辭過半數以上，也實為可驚了。

（4）《殷契徵文》的著錄

見於《徵文》的，田遊原列在一起，其中關於帝辛田遊的卜辭，可以確知的略如下表。

①關於遊：（表 2—20）

表 2—20

種類	"遊田"原號	包含卜辭	原號	卜辭
	8	1	37	2
	39	1	41	4
	43	2	44	2
	45	9	46	3
遊	47	2	48	1
	49	3	50	1
	51	1	52	2
	53	4	54	2
	55	1	56	2

②關於田：（表 2—21）

表 2—21

種類	"遊田" 原號	包含卜辭	原號	卜辭
	70	1	71	2
	72	2	73	4
	74	1	75	1
	76	2	77	1
	78	2	79	1
	80	1	81	1
	82	1	83	1
	84	1	85	1
	86	2	87	2
	88	1	89	1
	90	2	91	1
田	92	2	93	1
	94	1	95	1
	96	1	97	2
	98	2	99	2
	100	1	101	1
	103	1	104	1
	105	1	106	4
	107	1	108	1
	109	1	110	1
	111	1	112	1
	113	1	114	3
	115	1	117	1

總上兩表,《徵文》中所收帝辛時 "遊田" 的卜辭, 與其他

時期（第一、二期）的遊田卜辭，共有的條數、辭數，再作比較表於下：（表 2—22）

表 2—22

種類	原有條數	原有辭數	帝辛條數	辭數
遊	69	105	18	42
田	66	83	46	65
共計	135	188	64	107

《徵文》所收遊田卜辭凡 188 則，帝辛時的卜辭 107 則，占全數的七分之四，其餘的少半，還包含著一、二兩個時期三世（武丁、祖庚、祖甲）之物。而這七分之三的數量中，還有些不是遊田而誤入的。"亘貞"並非往還，"出貞"也非出入，"命乘先歸"也非時王田遊之歸，如此之類多誤入於遊；"戈獲羌"乃戈人俘獲羌人，並不是田獵獲了羊，如此之類誤入於田。《考釋》中也有九條誤入田狩。總之，此種精密的分析、比較，皆待將來專門整理，此不過大略而已。

（5）兩書中田遊卜辭的統計。

從這一部分材料中，合計帝辛時田遊的卜辭，已足令人驚異，表如下：（表 2—23）

表 2—23

種類	所見	帝辛卜辭數	共數
遊	《殷墟書契考釋》	97	139
	《殷契徵文》	42	
田	《考釋》	106	171
	《徵文》	65	

帝辛時卜遊之辭至 139 次，卜田之辭至 171 次，這還祇是一

部分材料。據我所見,除了《鐵雲藏龜》和這一系的《藏龜之餘》《藏龜拾遺》《戩壽堂所藏殷虚文字》所收早年出土於第二區(劉姓二十畝地)的卜辭沒有晚期(第五期)之物以外,已著錄的如《殷虚卜辭》《龜甲獸骨文字》,未著錄的如北大研究所國學門、燕大國學研究所及私人所藏,皆有多量晚期之卜辭。這須要集中了材料,方談得到整個的研究。

(6)帝辛遊田之地。

這裏,總計一下帝辛遊田的地方。

①田遊之地相同者及卜的次數:(表2—24)

表2—24

遊之地	考釋	徵文	田之地	考釋	徵文
盂	1	3	盂		1
曹		2	曹	12	10
瞿	1		瞿	8	5
宮	2	1	宮	8	2
寁	1		寁	8	6
雍	2	7	雍	5	
召	1	2	召	14	7
畾	1		畾	5	2

②遊之地:(表2—25)

表2—25

遊之地	考釋	徵文	遊之地	考釋
攸	3	1	壴	1
尌		1	索	1
蟲		1	占	2

續表

遊之地	考釋	徵文	遊之地	考釋
𨺝	1		𪊽	1
𢊊	2		𦥑	1
杞	1		𣪊	1
𢆴	1		𡄹	1
𦎧	1		羌	1
𥷤	1		𤢾	1
洒	1		𡵨	1
逢	1		淮	1
樂	1		𢦏	1
𣧑	1		𤩒	1
白	1		潢	1
𢐴	1		向	1
𠛱	2		旁	1
義	1		麥	1
桑	1		雇	1
𠤰𡊍次	1		矛次	1
渦次	2		橐次	1
𤗏次	1		齊次	1
上𡊍	11			

③田之地：（表2—26）

表2—26

田之地	考釋	徵文	田之地	考釋
高	1	1	天	1
桵	9	2	牢	2
鷄	2	1	屈	2

續表

田之地	考釋	徵文	田之地	考釋
奚	1	1	率	3
章	6	3	衣	5
㚰	1	1	羔	1
盇	1	1	燮	1
瑂	1	1	干	1
嵯	2	1	溫麓	1
鸎		1	玟	1
章	3	2	稅	1
醤		1	射	1
夼		1	羊	1
長		1	戯	2

由上兩表,可知帝辛曾遊之地凡五十一,田之地三十六,內有亦田亦遊之地八。又帝辛田遊之地與武乙同者凡十:

孟,畾,宮,盇,牢,溫,向,桧,章,戯

武乙、帝辛兩時期田遊情形,於此可見一斑。至於所列之字,姑譯為今文,便於書寫,不必皆確。詳細考訂,尚待將來。

八 文法

卜辭為專門記載貞卜之辭,故敘述祇求明晰,文法極為單簡。然由文法的隨時變易上,也可為劃定時期的標準。茲分篇段、詞句兩項,約述於次。

1. 篇段

(1) 長篇卜辭之一例。

卜辭有在一版中文字甚多者,但同時分段亦甚多。如大龜四版之一,全版共277字,不為不多,但分段有28,每段自為一辭,辭之多者不過十四五字。又如《菁華》所錄第一版，共約126字，卻分為五段，一段之多者不過51字，我們在第三次發掘時，於大連坑得骨版一，字較多，文如下：

（393）丁卯，王卜貞：今囨╋九自，余其從多田于多白正盂方白炎。叀衣，翌日步，亾左。自上下☲示，余受右，不☲☲，□告于茲大邑商，亾☲在戉。王乩曰"弘吉"。在十月。遘大丁翌。3.2.0259

這是第五期帝乙、帝辛之世的卜辭，是由字形可以看出的。《前編》卷四37頁有一版文法略同，（羅氏收入《考釋》下，第44頁，計45字）皆是晚期之物。卜辭中長篇者僅此而已。武丁時卜旬而系錄本旬大事者，篇段較長，如《菁華》所載。餘二、三、四期，無長篇者。

（2）五期中貞旬文法的變易。

殷代自盤庚遷殷至紂之滅，二百餘年間有一種始終不斷、繼續貞卜之事，就是貞旬。於本旬之末日，貞問下旬的吉兇，這是始終不易之法。而每一時期貞旬之辭又各有不同，文法上亦多變化，為比較文法的絕好材料。茲分期舉例為證。

第一期　第一期貞旬，均列貞人名字，故時期易定。貞旬有繫月不繫月的兩種，如：

（394）癸亥卜，永貞：旬亡囚。2.3.0528

（395）癸丑卜，吉貞：旬亡囚。五月　大龜四版之4辭88

在第一期，有於貞旬之後，繫以一旬間大事者，見於《菁華》前六版所載。（其餘如《前編》卷七所載文法、書體相同者，皆是此類卜辭）如前人物章所舉辭（234），方國章所舉辭（174），一個是附記丁丑日祭中丁之事，一個是附記丁酉日氾國報告邊防之事，皆繫於貞旬之後。這是武丁時記載貞旬的一種習慣。

第二期　第二期貞旬文法極簡單，略如辭（394）（395），由貞人可以定他的時期。如：

（396）癸亥卜，出貞：旬亡田。1.221

（397）癸未卜，行貞：旬亡田。在八月。1.679

出、行皆祖甲時貞人，可知祖甲時貞旬之法，一仍第一期之舊，所異者貞人而已。

第三期　第三期貞旬文法，同一、二期，亦甚單簡。

（398）癸卯卜，彭貞：旬亡田。3.2.0290

（399）癸亥卜，狀貞：旬亡田。3.2.0360

同時也有省去貞人的，如卜辭（399）同版上有一辭，即省貞人。

（400）癸酉卜貞：旬亡田。3.2.0360

這已開第四期不錄貞人的先例了。

第四期　第四期貞旬更簡單，祇用六個字，不惟省去了貞人，並且又省去了卜字。這也是應有的現象。貞旬本是例行公事，日子久了自然會生厭，所以要減到最少的字數。

（401）癸卯貞：旬亡田。《寫本》223

（402）癸亥貞：旬亡田。《寫本》149

這實在也省無可省了，干支字記日的又不能減，貞是問事，旬是所問的事，亡田是吉語，皆不能減。這一期的卜辭無貞人，專靠著字形、坑位、同出的卜辭的時期而定的。

第五期　殷虛文字到了晚期，確有一種整頓振作的氣象。就形式來說，篇段的排列，比較的整齊而有規律了，文的書體，也細密而工楷了；就內容說，許多事項王必躬親為之，如貞旬一事，第四期如彼敷衍，到了第五期，不是王親卜親貞，也須冠以王字，可見事無巨細，王都能隨處留意；在外巡遊、征伐，也要注出年、月、所在地，同重要事體；有時也注出貞人。計第五期卜旬之辭，文法不同者，有下之七例。

（403）癸巳，王卜，在麥貞：旬亡戾。王占曰吉。《前》2.10.3

（404）癸卯，王卜貞：旬亡戌。王乩曰"大吉"。甲辰肜大甲。《後·上》19.4

（405）癸未卜貞：王旬亡戌。《卜》509

（406）癸卯卜貞：五旬亡戌。在二月。在上嚲。《前》2.14.2

（407）癸未卜，在上嚲貞：王旬亡戌。在缺月。王廿司。《前》2.14.4

（408）癸巳卜貞：王旬亡戌。在二月，在齊次，佳王來征人方。《前》2.15.3

（409）癸酉卜，在攸，泳貞：王旬亡戌。王來征人方。《前》2.16.6

第五期貞旬之辭，除了以字形判定之外，每辭必有王字，也是一個標準；不曰"王卜貞"，便曰"王旬亡戌"。又在貞旬之後繫以年、月、地名、事項，可見對於貞旬的重視，不似第四期的支吾了事。

更將五期貞旬文法列為一表，以見他們的公式。（表2—27）

表 2—27

期	辭例	癸□	王	卜	在□地	貞人	貞	王	旬亡囗戌	在□月	在□地	係事	係年
1	394	癸□		卜		□	貞		旬亡囗				
	395	癸□		卜		□	貞		旬亡囗	□月			
	234	癸□		卜		□	貞		旬亡囗	□月	在□□	嬪中丁	
	174	癸□		卜			貞		旬亡囗			來嬉	
2	396	癸□		卜		□	貞		旬亡囗				
	397	癸□		卜		□	貞		旬亡囗	在□月			
3	398	癸□		卜		□	貞		旬亡囗				
	400	癸□					貞		旬亡囗				
4	401	癸□					貞		旬亡囗				

續表

期	辭例	癸□	王	卜	在□地	貞人	貞	王	旬亡囚戾	在□月	在□地	係事	係年
	403	癸□	王	卜	在□		貞		旬亡戾			王乩曰吉	
	404	癸□	王	卜			貞		旬亡戾			肜大甲	
	405	癸□		卜			貞	王	旬亡戾				
5	406	癸□		卜			貞	王	旬亡戾	在□月	在□□		
	407	癸□		卜	在□□		貞	王	旬亡戾	在□月			王廿司
	408	癸□		卜			貞	王	旬亡戾	在□月	在□□	征人方	
	409	癸□		卜	在□	□	貞	王	旬亡戾			征人方	

按著以上各時期的公式,一望可以知貞旬之辭的時代。如果再不能區分時,則由旬字、干支字、貞人等細加判定,便可一覽無餘了。貞旬,雖是常見之辭,許多雷同,但他的重要卻不減於別的卜辭。如果我們能完全把出土的貞旬之辭萃集起來,無論如何殘碎,祇要有一個 “旬” 字,便可以認定他有這 “十天”,再從字形上分別時期,排列帝王,便可由此推得每一帝王在位之年數若干,這又何等重要!所惜者殘辭碎片散在各處,搜集不易,這種計畫,難於實現而已。

2. 詞句

卜辭中句法不同,用詞各別,在上節貞旬辭中,已可略見一二。茲再分句法、用詞兩類,各舉例證。

（1）句法。

以卜田狩為例,以見各時期句法之異。在第一期武丁之時,田亦稱狩,如:

（410）王往于田,亡𣲹。《前》3.20.4

（411）貞:王狩于乂。貞:王勿狩于乂,《前》1.44.7

（412）甲申卜:殼貞:王涉,狩。《前》4.1.1

在第二期祖甲時，則作：

（413）乙未卜，行貞：王其田，亡卅。在二月。在盟卜。《後·上》11.2

（414）壬子卜，行貞：王其田，亡卅。在二月。3.0.770

第三期廩辛、康丁時，亦作

（415）乙酉卜，尤貞：王其田，亡钐。《前》3.26.3

與第一、二期略同。亦有稱"往來亡钐"者：

（416）戊申卜，尤貞；王其田，往來亡钐。在缺 《前》4.14.3

又有比較複雜的記載：

（417）乙丑卜，狀貞：今日乙，王其田溢日，亡卅。不遘大雨，大吉，3.0.1816

第四期，武乙時則省去貞人，钐亦變為卅或戈了。第五期又多作"田某，往來亡卅"，戈又變作卅了（皆已詳事類章）從卜田和貞句的文法上，很可以看出殷人文風的一斑，大概第四期已有小的變動，第五期卻大變動了，而二、三兩期多是因襲著第一期之舊。

其次，如卜征伐之辭，語句亦因時不同，如武丁時的：

（418）庚申卜，殻貞：王勿征苦方，下上弗若，不我其受又。《前》5.22.2

所云"下上弗若""不我其受又"（即我其不受又）皆一時特用的語句。

又如"不跏躕""無來艱"兩語，亦衹用於一時。

不跏躕，為武丁時慣用之語，字作"不螽"。吾友余永梁先生曾申述胡小石先生説，謂即不蜘蛛，假為不跏躕。我曾誤釋螽為罞，又從孫詒讓釋螽為龜。近細審卜辭，仍覺胡氏之説為是，特訂正於此。按螽當為絲，絲蛛，即作絲之蛛。蜘蛛結網時，欲前不前，正可藉以喻人之跏躕，也同以獸之猶豫喻人之遲疑一樣。卜辭中，凡一事兩三卜時，必有極簡之語句，不跏躕即是一例。茲舉見於同版而相關之辭兩則，如下：

（419）　貞：勿乎伐苦方，弗其受又。不跏躘。4. 0. 0051

（420）　乙酉卜貞：今春勿从戞伐土方。不跏躘。3. 2. 0003

這兩則都是否定的貞辭，因為一卜再卜而未決，所以三卜時即決定了，説"不跏躘"。

亡來艱，也是一時慣用的語句。

（421）　丁未卜，即貞：今日亡來艱。《戩》26. 11

（422）　_缺寅卜，旅_缺今日亡來艱。3. 0. 1864

（423）　_缺大_缺日亡_缺艱。《前》5. 40. 6

（424）　_缺旅_缺來艱。《前》5. 41. 1

艱，卜辭作韇，《殷虚文字類編》第十三所收凡八字，除五、六兩字誤入外，餘六字，由殘辭觀之，皆當為"亡來艱"。更從即、大、旅為貞人證之，知此語用於祖甲之世，其餘各時期，便不見用他了。

（2）用詞。

用詞，這裏舉三個例子。

馭釐　在第三、四期有一種常見之詞，即是"馭釐"。這兩字每每獨見於一個卜兆之旁，用法略同于"上吉""弘吉""不跏躘"等，也有列入辭中的。字形也有幾種變化，舉例如下：

　3. 2. 0597　同版有口貞及祀父己之辭，當為第三期字。

　3. 2. 0534　此辭為尤貞，第三期字。

　《後·上》5. 12　同版有父己，可證為第三期。

　2. 2. 0211　出村中，約為第四期武乙時物。

　《前》2. 28. 3　由全辭字形，可證為第五期物。

前四例第一字為馭字，即御，從又牽馬。有加水滴作者，與牧之作同意。左從，即馬之省形，首、足、尾、鬣仍略具。䮓之馬旁作木（《類編》第十，三），驪之馬旁作（《類編》第十，二），均相似。從馬從又，正是馭字。《荀子·王霸篇》："王良造父者，善服馭者也。"注："馭與御同"《詩·小雅·六月》"飲御諸友"，《毛傳》御"進也"。馭亦改作延，見上列第五例。《儀禮》"祝延尸"，注"延，進也"。是御與延皆訓為進，音近義通。故以相假。釐，卜辭作 𤔲、𤔲，即釐之初文，後又加里為聲。釐從來，故釐與來可以通用。《詩》"貽我來麰"。《漢書·劉向傳》作"貽我釐麰"。是來、𤔲、𤔲、釐，聲本相同。可以互通。釐訓為福。《漢書·文帝紀》"祠官祝釐"，如淳注"福也"。"馭釐"，"延釐"，實即進福之意，與卜辭中常見之"受又"（詳下節）略同。近世有於門內大書"延釐"二字者，與"介福""戩穀"並用，此語意即"受祐"，但不詳所本，不意上下三千年，古今慣用之語有暗合如此者。

受又　"受又"一詞，在卜辭中慣用最久，可以說五期中每期皆有。又亦作 𠂇，為後世右、佑、祐之初文。《詩·周頌》"維天其右之"，《偽書·太甲》"皇天眷佑有商"，《易·大有》"自天祐之"，諸右字皆有受天神佑助之義。卜辭"受又"，即《詩·箋》所謂"神享其德而助之"了。茲分列五期，各舉一例。

第一期　不我其"受又"。《前》5.22.2　㱿為貞人，武丁時。

第二期　王"受又"3.0.1241　大為貞人，祖甲時。

第三期　王"受又"。《後·上》5.12　同版有父己。

第四期　王"受又"。2.2.0079　出小屯村中，為四期物。

第五期　余"受右"。《前》2.5.3　以字形定時期。

在第一至四期，皆作"又"，即以右手為佑助之意。晚期加小二字於下，作 𠂇，即右字了。後世加口，加人，加示，皆所以補足佑助之義。"受又"與"馭釐"皆吉祥語，有兩詞並用者。如：

（425）王受右，馭釐。3.0.1223

亡它　卜辭中用語，每以否定之詞定兇之反面為吉。如亡囚（或釋為咎）亡𣦷（姑釋戾）、亡尤、亡戈、亡𠂤、亡來艱、亡不若之類皆是。亡它一辭亦常見，胡小石先生《甲骨文例》云：

　　亡它，用與亡尤同。《說文》：上古草居患它，故相問無它乎?

其說甚是。卜辭中常於出行或祭祀時用之。田遊之用,同於"亡戈";祭祀之用,同於"亡尤"。此詞據現在所見的,已用於一、二、四、五,四個時期之中。

第一期　王步于章,"亡𢀴"。《前》2.23.3　𡭴為貞人,武丁時。

第二期　祭于中丁,"亡𢀴"。《後・上》2.10　行貞,祖甲時物。

第四期　𩿤"亡𢀴"。出村中,武乙,文丁時。

第五期　"亡𢀴"。《前》3.28.1　以字形定為五期物。

亡𢀴,除第三期尚未發見外,一、二、四、五期皆有,五期𢀴字增彳旁,這是一個異點。第一期武丁時,也有稱"𢀴"或"不𢀴"者。如,

(426)　丁酉卜𡆵貞:"𢀴。"王貞:"不𢀴。"《前》7.9.4

兩辭在一版,大意是說丁酉這天的卜事,命𡆵去貞,有"𢀴",王親貞便"不𢀴"了。

九　字形

殷虛文字經過了二百餘年的長期,許多字都有他由簡而繁的演變過程,這在分期整理完竣之後,自然可以找出一個系統來。現在祇就四項論述之:甲子表;習見字的演化;象形、假借變為形聲之例;月夕的互易。

1. 甲子表

甲子表,自然有些是為的檢查六十甲子之方便而作的,有如現世的月份牌子,但也有許多祇供習字之用,而所列甲子並不完全。這種表因為干支字排列在一起,很可以看出每一時期的甲子書法。他們自然成為一個結集,決不屢雜錯亂,如第五期的甲子表,便和第一期的迥然不同,由此我們可以確定了每一時期的甲

(下接第148頁)

表 2—28　干支字演化表

時期	甲	乙	丙	丁	戊	己	庚	辛	壬	癸	子	丑	寅	卯	辰	巳	午	未	申	酉	戌	亥
第一期 武丁																						
第二期 祖甲																						
第三期 廩辛 康丁																						
第四期 武乙																						
文丁																						

續表

時期	甲	乙	丙	丁	戊	己	庚	辛	壬	癸	子	丑	寅	卯	辰	巳	午	未	申	酉	戌	亥
第五期 帝乙 帝辛																						
附錄 金文																						
小篆																						

子字形，而拿他斷定時代。這在甲骨文字斷代研究上占著重要的地位。因為干支字是差不多每版必有的，如果能作一個精密的分畫，區別出各時期字形的特點，（自然要除了少數的前後同一並無變化的字）可以説是再好沒有的標準。同時，更就其他關係，如貞人、帝王、稱謂等找到可以確知時代的干支字，排比對照，更足以互證甲子表的時代。"干支字演化表"（表 2—28），即是依此法製作的。

從干支字演化表上，可以很顯明的看出：

祖甲時，一切多沿襲第一期之舊，惟辛酉二字筆劃加繁。

第三期，已字下一橫變為左右兩筆。

第四期武乙時，子字加繁；辰字下一直向內屈曲；未字筆劃繁變，由Ψ而Ψ；午字由虛而實。

文丁時銳意復古，庚、午、未、酉多還第一期之舊；但辛、子、辰、已仍沿已變之體。

第五期變化最多。戊、庚、癸、子、寅、辰、申、酉，皆成為一時特別書體；在甲子表及散片中，一望了然。

尤其可以注意的是，附錄的金文。金文，殷代為少，多在周初，所以干支等字，絕無早期（第一二期）之形。如庚、癸、子、辰、已、午、未、申、酉、戌，皆可比較而知。干支字隨時代而演化，由此可見一斑；至於精密研究，全盤整理，皆有待於將來了。

2. 習見字的演變

殷虛文字，在二百餘年之間，形體的演進變化，是很有可觀的，如果能依各種斷代標準，逐一加以整理，很可以找出文字變化的線索和系統來，這在文字學上，將有極大的貢獻。現在僅就可以依他斷定時代的字，舉出幾個作例。

（1）先後異字例。

卜辭中先後用字不同，最常見者為災字。如卜田之辭，在武丁、祖庚之世用〰，大龜四版第三片 46 條云：

（427）丁未貞：王往于田，亡〰。

祖甲之世，也把〰字直書作〣，如

（428）乙亥卜貞：王其𠂤舟于河，亡〣。《前》2. 26. 3

這字一直用到廩辛、康丁之世。

（429）乙酉卜，允貞：王其田亡〰。《前》3. 26. 3

到了武乙時代，田遊卜辭一律改用戈字。村中出土的卜辭多是如此。

（430）田𩇈亡戈。《寫本》220

（431）于宮亡戈。于盂亡戈。《寫本》279

同時也用一個從〣在聲的字，作〣。如

（432）缺戌卜貞：缺其曰盂，亡〣。《寫本》218

從此字又過渡到〣字。第五期帝乙、帝辛之世，便完全改用〣字了。如

（433）辛酉卜，王田，往來亡〣。《前》3. 26. 1

〰象橫流氾濫，為水災本字。戈從戈在聲，為兵災本字。〰字豎書，又加在聲乃變為〣，再省為〣。

這個系統是很顯明的。更表列如下：

武丁至康丁	武乙	帝乙以後
〰 ⟶	𠂤 ⟶	〣
〣 ⟶	〣 ⟶	𠂤

此外，如伊尹亦作寅尹。王靜安先生謂"古讀寅為伊"，其說甚是。今以時期證之，作寅尹多在武丁之世，至武乙時則書伊尹。例如：

（434）癸丑卜賓貞：㞢于寅尹。二月。《前》1. 51. 6

（435）丙寅貞：又，升，歲于伊尹，二牢。《後·上》22. 3

上一辭賓為貞人，可確知為武丁時物。下一辭以干支字體觀之，時期當在武乙前後。吾人村中發掘，亦常見伊尹之文，可知

在武乙時正作伊尹。是武丁時之"寅"，至武乙已改為"伊"了。

又如"馭釐"一語，為康丁至武乙時所慣用，至帝乙時則改作"延釐"。馭同御，御，延，皆有進納之意，馭釐，延釐，意皆受福，故可以通用（已詳文法章）。是第四期之"馭"，第五期又易為"延"了。

（2）附形以足義之例。

殷代文字變易，實由簡單趨於繁複。附形、附聲，皆不外文字孳乳公例。茲舉四字，以見一斑。

　　冓　冓字早期在武丁時作𝍅，象構木為棟樑之形，本義為木相結構。引申之為相遇，為遇，如"其冓雨"（《前》3.18.3 雨作⚏，武丁時）。至祖甲以後，乃加止為𝍆（《後・上》14.7）。因冓為動，加止形以示走而相冓。以後又加彳形為遘（《前》2.30.6），以示相冓必於行道。自此以後，冓皆作遘了。

　　賓　武丁時史官有名賓者，常為貞人，字作𬀩。帝乙之世，"王賓"（例多不舉）字作𬀪，皆常見。賓本賓客字，初作從人在室內，已有入幕為賓之意。後又加止，內向，更可顯見此室內之人，為方從外來之賓了。

　　雚　雚卜辭多假作觀看字。早期，在武丁時作萑（《前》4.39.4 "觀黍"，同版有"今春伐苦方"），借萑雀之萑為之。祖甲以後，加兩目形作雚（《後・下》6.6 "王其觀"，王作𤣩），以示舉目觀看之義。

　　羌　羌是西方民族之一，殷代常常征伐他，他也常常來享、來王，並且進獻樂舞，以供祭祀。字在武丁時作𦍍（《前》7.2.4），從羊從人，表示他們是牧羊的民族。後來便加上了繩索，作𦍑（《後・上》22.1），作𦍒（《寫本》198），以示羈縻之意了。

這四個字附形的關係，更表之如下：

$$\text{𦍍} \rightarrow \text{𦍑} \rightarrow \text{𦍒} = (\text{𦍍} + \text{人} + \text{彳})$$
$$(\text{𦍍} + \text{人})$$

$$\text{𣎴} \rightarrow \text{𣎴} \rightarrow \text{𣎴} = (\text{𣎴} + \text{丁})$$
$$(\text{𣎴} + \text{丁})$$
$$\text{𣎴} \rightarrow \text{𣎴} = (\text{𣎴} + \text{吅})$$
$$\text{𣎴} \rightarrow \text{𣎴} = (\text{𣎴} + \text{屮})$$

（3）增加筆劃之例。

文字演變在乎幾微，有時一筆一畫之細，偶然增加，便師弟相傳約定俗成，永遠不會復原了。這種現象，在殷虛文字中甚多，舉其、來、雨、王諸字為例。

其　其作 𣎴，本象木條編制的箕形，卜辭中最常見。自武丁至武乙前四期皆作是形（武丁時如《前》1.27.4，武乙時如《寫本》233）。至第五期，則於箕之口部加一橫畫作 𣎴（如《後・上》27.13 有康祖丁之文），此為帝乙、帝辛時其字的特徵。《金文編》所錄，除父己鼎以外，共四十二字，（作 𣎴 者在內）其上皆有一橫，同於殷代晚期字形。由此可見殷周之間文字因革的關係了。

來　來本為瑞麥之形，假作往來之來。武丁時皆作 𣎴（《菁華》1. 貞人殼），至武乙以後，則加橫畫於上作 𣎴（《寫本》348）。第五期時，"王來征人方"（《前》2.16.6），"往來亡 𣎴"（《前》2.34.1），便均作 𣎴 了。《金文編》所收如宗周鐘等來字，上皆有橫畫，無作 𣎴 者。

雨　雨字在武丁、祖甲之世皆作 𣎴（《後・上》32.9 武丁時，《前》3.19.2 祖甲時），上象雲，下象雨滴。武乙前後，已參差其雨滴作 𣎴，重雲作 𣎴（《前》4.42.6）。帝乙以後則作 𣎴，與小篆之 𣎴、金文之 𣎴（楚公鐘）皆相近了。

王　王字變化有三，因所見最多，頗可據為斷定時代標準。明義士牧師曾注意及此，嘗為我言 𣎴、𣎴、王三體時代之次。其說甚是，特記於此，以示不掠人美，𣎴 為武丁至祖庚時書體，祖甲以後加橫畫於上作 𣎴，此體直寫至武乙之世。文丁時，銳意復古，干支字多復第一期之舊，王字亦復作 𣎴，但書法卻有不同。武丁時 𣎴字凡四畫，文丁時卻為五畫，即分中二畫為三畫，形亦小異，一作𡉉，一作古玉。又文丁時辭，頗易與武丁時相混，如字體，如祀 "父乙"。但仍可以區別之點有三：第一，出土地完全在村中，與出土武丁卜辭之村北地相去里許。第二，此期絕無貞人。第三，字之書體如干支之類，雖有復古者，亦有仍沿襲變體，始終未改之字，自與武丁時有別。這裏應當有這樣一段故事，即自祖甲以來，至於康丁，文風漸漸凋敝（這是從第三期卜辭中可以看出的），文丁能夠起四代之衰運，於文字書體，力求復古，所以纘謚之曰 "文"。這是我們由村中發掘所得新的觀察，明氏卻未嘗知之。帝乙之後，玉字中畫相合為一，變而為王，以至於帝辛之世。中間除了文丁的復古，這王字的演化，確是由𡉉而玉、而王的。

（4）筆順訛誤之例。

由許多親筆簽名的史官，看出他們每個人的書法、作風、筆跡，這是何等有趣之事。在廩辛、康丁時，文風衰落，有些史官當他們初學書契之時，不能專心所業，反胡亂刻些圖畫，一個老虎，一個人象，肚子裏又畫一個小象，身子下又畫一隻鹿（見《安陽發掘報告》第三期 528 頁），這種滑稽有趣的當日逸事，令人直追懷到三千年以上。初學書的人，自不免要有錯誤，甚至於不知道 "筆順"，以訛傳訛，確也不少。現在舉兩字示例。

　　自　自字，武丁時的史官㱿寫作𦥑（《菁華》1），㱿寫作𦥑（《前》7. 15. 3），大概是先寫兩邊的〵〵，後寫一或二，再寫人。武乙時的史官抄的第一體，卻已把筆順弄錯了，他誤把中間人形與兩旁連接起來，先作𝆏，又將兩邊與橫畫相連作𝆏，於是寫成功了𝆏形（《後·上》5. 9. 同版有父丁），這在村中武乙時期曾見過五次以上。到了帝乙、帝辛時，卻改正過來，從第二體，但又扯直了兩旁而作𦥑形（《後·上》29. 7）了。

　　酉　酉是酒尊，本作𠭯（《前》3. 3. 1 甲子表），象侈口、圓底、細頸、頸下有平行線之形。有時寫作𠭯（見上節干支表，下同),這是武丁時的書法。到了祖甲,史官行有時寫作𦥑,加了一道平行線紋,有時又誤作𦥑形,使他的頸更細了,肩也寬了。第四期廩辛、康丁時作𦥑,有時把平行線紋加多作𦥑。帝辛時又作𦥑、𦥑,再也不會回到𦥑形了。干支字中,如未、申、辰、寅、子等字的變化,多半是由於筆順之誤,一檢干支表便知,這裏不再列舉了。

3. 象形變為形聲

殷墟文字中,形聲之字甚多,如從女之妃、妊、妹、姪、娀、姅、姘、媒、妣、嫟、奻、嫿等,從馬之驪、騽、䮈、㷿、驋、駩、騳、瑪等,從水之洹、洋、濼、淮、汜、潢、濤等,從木之槀、樹、杞等,從隹之雇、隹、雖等,從宀之寓、牢、寐等(均見《殷虛文字類編》)皆是。而由象形變為形聲的過程在殷文中最顯明的當為雞鳳兩字。茲分別述說於此,以見時代推進與文字演變的關係。

雞　《類編》第四第四頁,舉雞字五文,說之云:

卜辭中諸雞字皆象雞形,高冠修尾,一見可別於他禽。或從奚聲,然其他半仍是雞形,非鳥字也。《說文解字》雞從隹,《籒文》從鳥,均失之矣。

現在就把此五字按時期排列一下,便可知象形與形聲先後之次了。

(1) 𤭖　(2) 𤭖　(3) 𤭖　(4) 𤭖　(5) 𤭖

(1) 見《前》7.23.2 文曰"命雪眔雞",雞當為國名或人名。有貞人務,確為武丁時字。

(2) 見《前》4.43.2 文曰"雞𡆥",當為人名。𡆥為早期常見之字。

(3) 見《前》2.37.2 文曰"田雞亡𡿬",地名。以王、𡿬等字定為第五期之字。

（4）見《前》2.37.1 文曰"王田雞"，地名。以王、冊定為第五期。

（5）見《前》2.36.7 文同上。時期亦同上。

觀（1）（2）兩體，一望而知為雞之象形字。（3）（4）（5）雞形已少變，而皆加奚聲，為後世篆文雞、籀文雞之所本。時期則武丁時為象形字，至第五期帝乙、帝辛之世已演變為形聲之字了。

鳳　《類編》第四第九頁有鳳字，共錄二十八文，內計象形字 13、朋字 6、從冊者 6、從日者 3，說之云：

> 《說文解字》，鳳古文作𤣥、𤣥二形。卜辭從𤣥，與𤣥略同；從冊，與篆文同；惟從𡴍，或省作丫，與許書篆古二文不合耳。龍字從丫，鳳字所從亦與龍同。此於古必有說，今無由知之矣。

這裏所收，雈字有與鳳同版者，當非一字。三個雈字，均在待考之列。六個朋字，亦當為朋貝之義，與鳳無涉。茲但舉象形、形聲之假借為鳳者各三字，以見一斑。

（1）𤣥　（2）𤣥　（3）𤣥　（4）𤣥　（5）𤣥　（6）𤣥

（1）見《後·上》31.14. 文曰"今日鳳（風）"，亘為貞人，可證為武丁時字。

（2）見《菁華》5　文曰"大雷鳳（風）"。𡿩為貞人，武丁時。

（3）見《前》4.43.1　文曰"其出（有）大鳳（風）"。同版殷為貞人，武丁時。

（4）見《前》4.42.6　同辭"有大雨"，雨作𩁗，時期在武乙前後。

（5）見《後·上》14.7　文曰"不遘大鳳（風）"。王作王，翌作圤，當在武乙前後，第四期字。

(6) 見《前》2.30.6　文曰"不遘大鳳（風）"。其作圤，日作圖，王作圖，為第五期字。

這六個字的時期，前三字象鳳鳥之形，似是鳳之本字。這三字確皆為武丁時的書體。不但如此，同樣的《類編》所收其餘十個象形字也皆屬於早期之物。武乙以後至於帝辛，第四、五期的鳳字全都加了凡聲，而一旁卻仍是鳳鳥的形象，並且格外來得逼真，高冠（即圤、圤、圤等）如舊，修尾上又加了眼球形的彩斑。近人有謂鳳即孔雀者，看（5）（6）兩體，確也甚肖。這裏《類編》所收的從凡之字，共有六個，都可以斷定為晚期之字。無論象形或形聲，在卜辭中皆是假作風字用的。而第一期用象形字，第四、五期用形聲字，也是無可疑義的。

4. 月與夕的互易

斷代研究中最有趣味的發現是月夕兩字的互易。因為有這種關係，所以治契學的，永遠是弄不清月夕之分，我也曾隨聲附和著説過"卜辭中月夕同文"。我祇算認對了一半，是武丁至文丁時的月夕之分，卻還不曾發見月、夕之用在殷代是前後互易的（參看《安陽發掘報告》第三期第489—490頁）。其實，這可以分為前後兩期：

由武丁至文丁為前期，這一期中，以圖為月，以圖為夕。

由帝乙至帝辛為後期，這一期中，以圖為月，以圖為夕。

證據就在這裏了。

(436) 癸卯卜，"圤貞：旬亡囚，甲辰，大雷風，之圖（夕）雪。乙巳圤缺五人。五圖（月），在缺　《菁》3

圤為武丁史官，故可確知此版為武丁時物。

(437) 戊辰卜，行貞：今圖（夕）亡囚。在六圖（月）。《卜》10。

行為祖甲貞人，可知祖甲時月夕之用同於武丁時。

(438) 甲戌卜，在圤貞：圤邑今圖（夕）弗湮。在十圖（月）又

一。《前》2.13.2

由字形、文法，可定為第五期物。

（439）丁亥卜貞：王今◗（夕）亡尤。癸卯卜貞：旬亡尤。九◖（月）《卜》66

以王、尤等字證為第五期物。

由以上四例月夕二字同見於一版的關係，很可以看出他們的用法了。月作◗、夕作◖的時期，一直用至文丁之世，村中出土的龜版，見於《寫本》的 307，315，333，337，351，366 等皆是。至第五期帝乙、帝辛之世，卻反轉來，以◖為月、以◗為夕了。

由此我們可以推想月夕所以互易的原因。

古人造字，有他們一定的公例，不是亂雜無章的。我以為夕即是夜，夜即是月，本來祇是一字。這很可以拿同例的日字來作比證。最初造字時，因為白天是見日的時候，所以就名之曰"日"。同樣的黑夜是見月的時候（一個月內，夜間可以見月之時最多），所以就名之曰"月"。有日之時為日，有月之時為月。實在說月就是夜，夜就是夕，月、夕、夜原本一字。以後因為年月之月的關係，月的一圓一缺為一月的月，和黑夜的月容易相混，所以加一畫以為識別，於是有◗與◖之分。這時形雖可判，音仍相似，所以到了帝乙以後，又有人把他弄錯了，以至彼此互易。再後，纔有從月而加亦為聲的夜字，可以知道未加亦聲之前，月字已讀為夜了（亦、也，一音之轉）。

在金文中，月字多是有直畫的，無直畫者甚少。《金文編》所收月字 46 文，作◖者祇有一字，其餘都作◗了。所收合文七，月字皆作◗。所收夕字凡六，作◗者五，作◖亦一字而已。所收夜字有從夕者，亦有從月者。茲並舉例如下（皆見《金文編》第七，第四—七頁）：

合文	月	夜
◗（師　　簋）　◗（弔上匜）	◗（鄭虢仲簋）	⺊（師𩰚簋）
⺯（陳侯因　錞）	◗（不□簋）	⺯（弔咢父簋）

由此可知月、夕互用的關係，在金文中也是常見的了。金文中字多與商代末期文字相近，如上節所述，此亦一例。

殷人有卜夕之事，卜夕即是"卜夜"。春秋時代還有"卜夜"之說。《左傳》：

> 陳敬仲為齊工正，飲桓公酒，公樂，使繼以火。辭曰："臣卜其晝，未卜其夜，不敢！"

此云卜夜，當即殷人的卜夕。

十　書體

從各時期文字書法的不同上，可以看出殷代二百餘年間文風的盛衰。在早期武丁的時代，不但貞卜及所記的事項重要，而且當時史官書契的文字也都壯偉宏放，極有精神。第二、三期，兩世四王不過守成之主，史官的書契，也祇能拘拘謹謹，維持前人成規，無所進益；而末流所至，乃更趨於頹靡。第四期中，武乙終日遊田，書契文字亦形簡陋。文丁銳意復古，力振頹風，所惜的當時文字也祇是徒存皮毛，不見精彩。第五期帝乙、帝辛之世，貞卜事項，王必躬親，書契文字極為嚴密整飾，雖屆亡國末運，而文風丕變，製作一新，功業實不可掩沒。這裏，就殷人書契體式略舉數端，以見各時期特異之點，並及於書契的方法。茲分工具、款式、作風三項述之。

1. 工具

（1）書契之具

筆　筆即毛筆。殷代已有了毛筆的使用，這話似乎要使人驚異。不過這裏所謂毛筆，不必如現世所用的竹管兔毫，祇要是一支小獸的尾巴，或者一叢捆在一起的細毛，功用同於毛筆的，都可以叫他作毛筆。無疑的，仰韶期的陶片上小狗、小鳥或較精細的花紋，都須要用毛筆去圖繪。而在民國二十年（1931）冬季我們在距小屯三里以內的後岡所得的仰韶期用毛筆彩繪的陶器，也至少在四千五百年以上（詳見本刊梁思永先生的《小屯龍山與仰韶》一文所列的後岡期）。這些，是要證明在殷代以前已有了毛筆的使用。至於殷代使用毛筆，我們還有直接的證據，是在卜用的牛胛骨版上發見了寫而未刻的文字。在三塊骨版上，偶然發現了幾個殘缺的毛筆書寫的字，兩版是第三次發掘所得的，編號 3.2.0531 及 3.2.0961，出土於村北大連坑東畔；一版是第二次所得，編號 2.2.0506，出土於村中連連二（見摹寫本及照片）。前者屬於第一期，後者屬於第四期。這兩版，確是毛筆書寫之字，墨色因年久而又經過洗刷泥土之故，業已淡黃了，但是淡黃之色，卻又侵入骨裏，永久不退。由此我們可以看到毛筆書寫的筆鋒與姿勢。有這樣堅實的證據，殷代已用毛筆的話，便不算徒托空言了。

　　刀　在第三次發掘大連坑附近大龜四版出土之地，我們曾發現過一把小的銅刀，其似現世刻字者所用，這大概就是殷人契刻文字的工具。古人所謂書契，我以為是二，不是一。有但書而不契的，如竹帛之類；有先書後契的，如甲骨文字、銅器銘識、石刻之類。明白了書契本是二事，然後可以解釋甲骨文字中先刻直畫後刻橫畫之理。葉葓漁先生在他的《殷契鉤沉》中曾講到這種現象，他舉出三例，說這是卜辭中"全辭祇刻縱筆，省刻橫筆者"摹錄兩例如下：

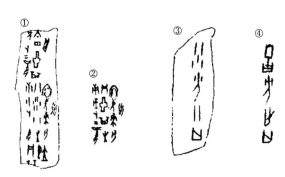

圖 2—13

①見於《戩壽堂所藏殷虛文字》第四十六頁之十四，王靜安先生釋乙條云"庚子卜□貞_缺今日亞其□往來亡_巛"。葉氏謂王誤釋戌為子。此辭刻全當如②。③葉釋"苦方出"，甚是。此辭刻全當如④。由此兩例，可見書與契是分工的。卜辭有僅用毛筆書寫而未刻的，又有全體僅刻直畫的，可見是先寫後刻。這種先直後橫的契刻方法，也同於三千年後今日的木版刻字。工匠們為著方便，都是先刻了橫畫，然後補刻直畫（這固然是相反的，其實為的便利則一）。卜辭既經寫過，就一手執版，一手捉刀，為的版是向著自己，所以就先刻縱筆及斜筆，刻完了，橫轉過來，再一一補足橫畫。如果不寫而刻，那末在每一個字的結構上，稍繁的便不容易刻，何況每一筆劃又須刻兩面刀鋒？一個字猶難先直後橫，何況全行？何況全版？如果刻的"下上若"一句，上下二字皆橫畫，便可不刻而專刻若字；而十一、十二、十三月，便皆須刻作十月了，事實上決不可能。又如《後編》下第一頁五版一個未刻成的甲子表，由左而右共有八行，都是先刻縱筆、斜筆，祇有首二行是填過橫筆的，其餘便皆缺了（祇有中間二月的"二"字卻特別刻出）。由此，可見書與契的關係。以上所舉，皆是早期文字。早期如此，以後更可知了。所以我們可以說殷虛甲骨文字都是先寫後刻的。

（2）塗飾的朱墨。

將已刻文字的甲與骨加以朱或墨的裝潢塗飾，這是武丁時代卜辭的一種特色。固然我們見的實物並不算多，但也各期皆有，而塗朱塗墨的甲骨文字，也僅祇見於武丁之世。像《書契菁華》式的大字，無論甲、骨，許多都塗過朱砂（塗墨的較少，字也細小一些）。我記得最清楚的一段有經驗的工人的談話：

村子裏也出大的骨版，但是字太稀疏，也小，永沒有見過像十四畝地（在第一區）出的那樣骨版，滿刻著紅鮮鮮的朱砂大字。

不錯，第一區的殘片裏，有塗朱砂的大字，而我們在第二、

四、五區所得武丁的卜辭，甲與骨也都有不少塗朱塗墨之版。這為什麼要裝潢朱墨？朱墨之塗，又有何別？這塗朱塗墨的都是何類卜辭？許多問題，祇有留待將來詳細研究後再作解答了。

從塗朱墨之版，塗得如此的均勻而又不出字外看起來，也可以為殷人應用毛筆的一證。

（3）甲與骨。

殷人貞卜文字的原料，始終是甲骨並用，但前後時期卻又微有不同。精密的比較、統計，一時尚難於作出。在約略的觀察中，覺到在五期中有下表所列的不同。（表 2—29）

表 2—29

第一期	武丁	龜腹甲、牛胛骨（以下簡稱甲、骨）並用。以牛胛骨骨臼刻辭記事，同時也用龜背甲貞卜刻辭
第二期	祖庚	甲、骨並用
	祖甲	同時用龜背甲
第三期	廩辛	骨多甲少
	康丁	
第四期	武乙	骨多甲少。同時用牛肋骨刻辭
	文丁	甲多骨少
第五期	帝乙	甲骨並用
	帝辛	

這是一部分材料的粗略觀察，當然須俟有了詳密的統計，纔能得更真實的結果。至於第一、二期的兼用龜背甲貞卜刻辭，第四期兼用牛肋骨刻辭，都是第五次發掘（二十年 1931 年冬）所得的新穎而真實明確的知識。

2. 款式

殷虛書契文字的款式，可以說前後是一致的。為了卜兆有左右向的關係，而貞卜的文字，也分了左行與右行。其實，所謂左右，仍以下行為原則。我在《大龜四版》的文例一項，曾再説明龜版刻辭的公例：

沿中縫而刻辭者向外，在右右行；在左左行。

沿首尾甲兩邊刻辭者向内，在右左行；在左右行。

龜版文例大致如此。在骨版上，也祇有左行右行的兩類。所謂左右行，仍是下行左行者，下行而第二行以下皆在左；右行者，下行而第二行以下皆在右。卜辭中行款不外此兩類，而殷人一般的記事文字，確又以下行而左為原則。殷虛出土的甲骨文字，除了卜辭之外，純粹記事者為肩胛骨臼刻辭及獸頭刻辭的兩種。骨臼刻辭，因為在卜用的肩胛骨之一端，於是沿卜辭的習慣而有下行而左、下行而右之別。至於獸頭刻辭，前後得到三個，雖然時期較晚（當在第五期），而文例卻是一致的，完全脱離了卜辭式左右對稱之習，而一律下行而左，與殷、周傳世的金文銘識相同。由此很可以推知殷人一般的行文款式，如典册之類，皆是下行而左的。卜辭之有下行而右的一種款式，乃是為的適於特殊情形而設，不能據此而概括殷代一切的文字，這是我們應該注意的。不過在卜辭中，由第一期以至第五期，文字體例，無論是甲或骨，大致相同。

3. 作風

我們確定了貞人即是史官，史官們又曾在骨臼刻辭上自己簽過名字，更由此可知卜辭中書名的貞人，也就是這一個卜辭的書契者。更由此我們可以看到許多史官的手筆以及他們各個人的作風。所惜的是第四、五期不記貞人了，書契卜辭者也就永遠不能知道他們的名字。但是這些不知名的作家，至少我們還可以鑒賞他們遺留下來的作品。談到作風，便應該摩挲原版，纔可以欣賞到書寫與契刻的藝術，不得已而看影片，其次拓本。摹寫之本祇能存其形態，已失去原作品的本來面目了。

以下，就五個時期中各舉一版為例，以見他們的特點。

（1）第一期的雄偉。

例①4.2.008 為第一期的卜辭。這一版韋的筆法，是可以代表本期書體雄健宏偉的一例；亘的書法也有他的特點，字畫雖細，卻甚精勁；記卜兆的數字，也可以看出亘、韋兩人書體的不同。左行之二、右行之一、三、四、上吉皆韋書；左行之兩一字、不踟躕字、皆亘書。亘、韋均為武丁時的史官，可確定此版為武丁時物。兩個史官的書體各別，於此顯然可見。又此版填有朱墨，凡韋書皆填朱砂，亘書皆填墨，骨版也黃潤光滑，與朱墨絢彩，殊為美觀。

第一期大字的代表作品，收輯最多者為《殷虛書契前編》卷七及《殷虛書契菁華》第一至八頁。如果你仔細地欣賞過一遍，你就可以相信殷高宗的幾位史官他們的筆力是如何的雄健，如何的宏偉！《鐵雲藏龜》多半是第一期卜辭，但是原版拓印不佳，再版描飾過甚，原來的精彩盡失。《殷契徵文》是翻刻本，更不足道了。

第一期也有不少的小字，大龜四版即是一例。其餘，就貞人找去，總可見當時書法的大致情形。如𢀛在《菁華》第五版寫過大的字，可是你如果要看他的小字寫得如何，一翻《前編》卷一、三頁四版，便可以一望而知。小字，普通大小的字，在這一期也佔有多數。

（2）第二期的謹飭。

武丁固然是殷代中興的英主，祖庚、祖甲也至少算得守成的賢君，所以在第二期甲骨文字的書體中，你總可以看到他們謹飭守法的態度。這是說比較的沒有第三期那樣的頹靡。例②1.20041 所舉行所書的一版，字體大小適中，行款均齊，可見謹飭的一斑。

二期文字的著錄，《殷虛書契》的前後編皆有，但都不多。《戩壽堂殷虛文字》中，二期文字較多，可以依據貞人去參看。明氏《殷虛卜辭》中二期卜辭不少，惜是摹寫，不能見原書的精神。

（3）第三期的頹靡。

第三期廩辛、康丁之世，可以說是殷代文風凋敝之秋。在這期，雖然還有不少的工整的書體，但是篇段的錯落參差，已不似前此的守規律，而極幼稚、柔弱、纖細、錯亂、訛誤的文字，又是數見不鮮的。例③3.2.0510 固然是選的不好的例子，可是這樣一個初學書契的人，卻也讓他正式參加 "卜夕" 之典而刻辭記事於卜骨。就以後也曾寫過較完好整齊的字，這一版卻是他學書未成時的作品。

三期卜辭，以前出土者甚少，我們第三次發掘，在大連坑得到有一大批。據我所見，私人收藏的也有，但多未著錄過。

（4）第四期的勁峭。

第四期的卜辭，不著書契者（貞人）的名字，無從分別這些作品的誰屬。不過在書體中有一種他期所沒有的特徵，是較纖細的筆劃中而帶有十分剛勁的風格，峭拔聳立，有如銅筋鐵骨。例④2.2.0202 僅有一點這時期的風尚，還不算代表的作品。可是像牢、卅、羌、又、父等字，已帶有不少的勁峭的風味了。四期也有圓潤（如《寫本》296）、工整（《寫本》221）的書體，但不能代表多量的作風。

這一期的特殊現象是文丁時文字復古的運動。文丁之所以諡之曰文的，恐怕也正為此事。就王字說，第一期作𡈼，第二期祖庚因之，祖甲以後便加一橫作王以至於武乙之世，文丁時卻復了古體，一律作𡈼了。干支字體也顯見多半復了古體（已詳上節），但仍不免有俗體羼雜其間而已。書體亦有勁峭之概，行款多參差錯落，沿三期之習。

四期甲骨，《前後編》收入也有幾版，《戩壽堂殷虛文字》中 29 頁 7 版、31 頁 1 版卜旬之辭皆是。出土地在村中，土人所得多歸明義士牧師。我們第二次村中發掘大部分是第四期之物。

（5）第五期的嚴整。

例⑤3.2.0259 一版見前文法章甲、子所引（例 393），為卜辭中最長的一篇記載，可惜殘缺了五六個字。由這一版可見第五期文字記載的比較繁縟，而行款的排列，字形的勻整，都是這一期的特點。這是我們一望可知的。無論他是祭祀、征伐、遊、田之辭，那結構比較齊整、嚴密，而又有方正的段，勻直的行，細小的字的甲或骨，不用問便是第五期之物。如果再仔細去看，那其間一定會有一貫三的"王"字。後期的干支字、特別的詞句之類，使你覺到判然別於其他的四期。這一期也有記載貞人的，但是極少，判定時期是在所祀的先王及書體上。

五期卜辭著錄的，如《前編》卷一、第一至三十頁多祭祀之辭，卷二多田、遊之辭，卷三、第二至十三頁多甲子表之類。《後編》及《龜甲獸骨文字》中也可以常常見到五期的卜辭。

就以上十項標準，如果能一一精密的加以研究，我相信必獲以下的結果：

①可以還他殷代每一帝王的真實而貴重的史料；

②可以編著每一帝王的傳紀；

③可以作各種專史的研究，如禮制、曆法、地理等；

④從各期史實中，可以看出殷代社會發展的程序；

⑤從各期文字上，可以看出殷代文化演進的階段；

⑥對於發掘工作，由每坑卜辭的時代，可以證明同出的一切遺物的時代；

⑦可以印證古代記載裏的真實材料；

⑧可以糾訂前此混合研究的各種謬誤。

本篇匆匆寫成，所舉一些粗疏的例證，作者自己也不認為是十分滿意，所以在末後要鄭重的聲明：這不是斷代研究成功後的一篇結論，這乃是斷代研究嘗試中的幾個例子。大體的輪廓是有了，一個研究甲骨文字的新方案，我已提供在這裏。希望治此學者，平心靜氣來批評這方案是否可用，是否完備。既然甲骨文字有斷代研究的需要，那我們先決問題就是如何斷代？以何者為斷代的標準？標準有了，方法定了，我們就可以把所有出土的材料統統薈萃起來，然後用這標準，這方法，去整理研究他，以完成殷代的一部信史。

二十一年三月卅一日抄寫完，於洹上村

本章附錄二　陳夢家：《殷虛卜辭綜述》第四章
"斷代　上"（附錄部分不錄）

一　斷代的分期及其標準

　　研究甲骨與銅器最基本與主要的工作，莫過於考定年代與分別時期。由此纔可以著手研究字體、詞彙與文例的演變，花紋、形製與鑄作的演變，以及其他一切。以銅器而論，其情形與甲骨稍有不同。銅器出土於不同的地域，占據了很長的時期，而除銘文以外還有花紋、形製和鑄作可作判別時的標準。不但如此，與銅器同時的文獻資料還有不少流傳於世者，足資互相印證、發明與校勘。就目前的資料而言，有卜辭的甲骨衹出土於安陽一地，其時期自般庚遷殷以迄殷亡，公元前 1300—前 1028 年。除了少數雕花骨以外，大多數的卜辭皆契刻於曾經人工削磨的龜甲與牛骨之上，罕有文鏤。殷代文獻，很少有流傳下來的，《尚書》中的《商書》諸篇很可能是春秋時宋國殷遺的擬作，並無法證明其為殷代作品。除了卜辭以外，殷代銘刻僅見於較少數的玉器、石器和陶器上，衹有若干晚殷銅器有較長的銘文，最長者亦不過 50 字。因此，與甲骨卜辭同時期的材料，實極有限。

　　1923 年出版的《觀堂集林》，王國維首先用卜辭中的稱謂定甲骨的年代，大約羅振玉也已有見於此。該書卷九 "祖某父某兄某" 條曾引《後編》四片甲骨而加以申述：

《後》上 25.9 有父甲父庚父辛，王氏曰 "此當為武丁時所卜，父甲、父庚、父辛即陽甲、盤庚、小辛，皆小乙之兄而武丁之諸父也。羅參事説"。

《後》上 7・7，7・9，19・14 有父丁兄庚兄己，王氏曰 "考商世諸帝中凡丁之子無己庚二人相繼在位者，惟武丁之子有孝己有祖庚有祖甲，則此三條乃祖甲時所卜"。

這種推斷是很正確的。準此，凡卜辭有康祖丁的稱謂者是屬於文武丁或帝乙、帝辛的卜辭，凡有武祖乙的稱謂者是屬於帝乙或帝辛的卜辭。

1928 年明義士將其未收於《殷虛卜辭》的甲骨一千餘版拓成墨本，名為《殷虛卜辭後編》（未印）。其未完成的叙言，曾將 1924 年冬小屯村中一坑所出三百餘片加以分類，企圖以稱謂與字體決定甲骨年代。此坑所出我定為康丁、武乙、文丁三王卜辭，而明氏誤認 "父丁" 為武丁（其實是武乙稱康丁），"父乙" 為小乙（其實是文丁稱武乙），因此他的斷代不免全錯了。

1929 年 10 月，中央研究院在安陽作第三次發掘，獲整龜四版，其中之一《甲》2122 記九月卜旬之辭，在 "甲子卜" 與 "貞" 之間有六個不同的字，董作賓氏認定他們是不同的 "貞人" 的名字。他又説："凡見於同一版上的貞人，他們差不多可以説是同時。" 以上見 1931 年 6 月董氏所作《大龜四版考釋》。1932 年 3 月又作《甲骨文斷代研究例》更加發揮，並定世系、稱謂、貞人、坑位、方國、人物、事類、文法、字形、書體為甲骨斷代的十標準。他分甲骨為五期：

第一期　般庚，小辛，小乙；武丁　二世四王
第二期　祖庚，祖甲　一世二王
第三期　廩辛，康丁　一世二王

第四期　武乙；文丁　二世二王
第五期　帝乙；帝辛　二世二王

1945 年董氏著《殷曆譜》更由曆法制度分為新舊兩派：

新派　祖甲，廩辛，康丁，帝乙，帝辛
舊派　武丁，祖庚，武乙，文丁

又由曆法分出第一期小辛、小乙的卜辭，第二期分別為祖甲和祖庚，第四、五兩期各含兩世的也分別為二。

當董氏發表《斷代例》之際，郭沫若氏正在日本寫定《卜辭通纂》。時在 1933 年 1 月。郭氏在"後記"中說該書付印後始獲董氏《斷代例》校稿，"此中旅、即、行三名與余所見同。……別有名尹者董氏未能考定，今據其例知亦祖庚、祖甲時人"。

董氏的貞人說，自然是一個很重大的發現。但是董氏後來用全力研究殷曆，對於貞人始終沒有作徹底的整理。

在研究銅器斷代的時候，我們常用一種交互證成的法則，即是從有可定年代的銘辭的某些器來決定這些器上花紋、形製的年代；從已知的某些花紋、形製的年代來比較同具這些花紋、形製的其它某些器，因而推定它們的年代。如此作時，我們必須先選取那些由銘辭而可決定年代的某些器，它們的銘辭及其相伴的花紋、形製乃決定任何其他器的標準。由此可以擴張為如下的處理：第一，凡屬於同一作器者或同一家族者可認為一組，此組包含了若干同時而不盡同花紋，形製的諸器；第二，凡屬於同墓或同坑出土的諸器，可分別其為一組或若干組。作此分析時，我們亦得注意出土地、鑄作、色澤以及其他足以輔助斷代的徵象。

上述的法則不能應用在甲骨斷代上，因為甲骨除了銘辭外很少有相伴的形製花紋。甲骨出土的坑位，在斷代上祇能作有限的指示，將論述於下。因此，甲骨斷代的主要標準祇有求之於銘辭。甲骨刻辭除了少數"記事刻辭"以外，大多數是占卜辭；而所占卜者之關於祭祀與求告於祖先者，為數甚多。從這些"卜辭"中可以有下述的資料：甲、祖先的世系，乙、占卜當時的人對其祖先的稱謂，丙、占卜者的名字。由甲可知各王之間的距離，就是位次、世次以及直系、旁系。由乙可知占卜當時的王對於其祖先的距離，就是他們之間的親屬關係。丙的年代依乙而定，因為占卜者與時王是同時的。此三者（世系、稱謂、占卜者）乃是甲骨斷代的首先條件，我們姑名之為第一標準。

　　三者之中，占卜者尤為重要。卜辭的占卜者不外乎時王與卜人。時王在卜辭祇署一"王"字，故無從定其為何王，祇有從其對祖先的稱謂而定。"卜人"即董氏所謂"貞人"，於卜辭署其私名。占卜者之所以重要，因為僅僅依靠稱謂斷代，其材料究屬有限。並且，單獨的稱謂不足以為斷代的標準，如"父乙"可以是武丁稱小乙，也可以是文丁稱武乙。占卜者是最好的斷代標準，因為：第一，同一卜人可以在不同卜辭中記載若干稱謂，如卜人行於某片稱"兄己兄庚"，於另片稱"父丁"，則行必須是祖甲時人；第二，在同一版甲骨上往往載有若干卜人，他們是同時的人，因此將同時卜人見於不同版的諸種稱謂彙聚起來，可以得到某一時代整個的稱謂系統。關於後者，必須先有一假定：即同一版甲骨上出現的卜人必定是同時代的，就是沒有一版甲骨刻著兩個世代的卜辭。這種假定是可成立的，因為事實上由同版卜人的各自在別版上的稱謂看來，凡屬同版卜人的各自稱謂是一致的。如卜人何與彭是同版卜人，何和彭在若干不同版的卜辭中都有"父甲父庚"的稱謂，都是廩辛時代卜人所以稱祖甲，祖庚者。在他們的卜辭中是不允許有"父乙"這稱謂的。

　　根據第一標準，我們可以有兩種標準片：一種是不具卜人名而可由稱謂決定年代者，屬於此者不很多；一種是具有可定年代

的卜人名字者，屬於此者為數甚多。從上述兩種標準片，我們便有足够數量的斷代材料來研究不同時代的

甲，字體，包括字形的構造和書法、風格等；

乙，詞彙，包括常用詞、術語、合文等；

丙，文例，包括行款、卜辭形式，文法等。

如此排列為表，可知某一時代字體、詞彙與文例的特徵，用此特徵可以判定不具卜人的卜辭的年代。我們姑名之為第二標準。

利用上述兩標準，可將所有的甲骨刻辭按其内容分别為不同的事類而加以研究。卜辭内容大别為六：

一．祭祀　對祖先與自然神祇的祭祀與求告等；

二．天象　風，雨，啓，水及天變等；

三．年成　年成與農業等；

四．征伐　對外戰争與邊鄙的侵犯等；

五．王事　王之田獵、遊止、疾、夢、生子等；

六．卜旬　來旬今夕的卜問。

此各類如以分期之法研究，即可綜合成某一時期的祀典、曆法、史實以及其他制度。各種制度的不同，也可作為判别時代的一種用處，姑名之為第三標準。

上述的三種標準，必須要依照先後次序逐步進行，必須要根據了材料做歸納的工作，必須要在嚴格的管制下尋求條例。

根據上述的標準，已出土於安陽小屯的殷代卜辭並少數的記事刻辭可以分為以下九期：

一．武丁卜辭　　　　　1　一世　早期

二．庚、甲卜辭	祖庚卜辭	2	二世	
	祖甲卜辭	3		
三．廪、康卜辭	廪辛卜辭	4	三世	
	康丁卜辭	5		中期
四．武、文卜辭	武乙卜辭	6	四世	
	文丁卜辭	7	五世	
五．乙、辛卜辭	帝乙卜辭	8	六世	晚期
	帝辛卜辭	9	七世	

　　但在實際分辨時，常有困難，所以我們一則提出早、中、晚三期大概的分期，同時也保留了董氏五期分法。在可以細分時，我們盡量的用九期分法；在不容易細分別時則用五期甚至於三期的分法。

　　胡厚宣從《甲骨六錄》以來所編印的甲骨摹本和拓本，是分期分類編排的，這種分法是很便於檢查的。他在分期當中有著實際的困難，所以採用了四期分法，如《南北》序例將時代暫分四期：

　　一．般庚、小辛、小乙、武丁時期
　　二．祖庚、祖甲時期
　　三．廪辛、康丁、武乙、文丁時期
　　四．帝乙、帝辛時期

　　他所編印的《寧滬》和《京津》采取同樣的分法。他所分的第三期包容了三世四王，究竟太長，而且我們在斷代的實踐上是可以分開的。因此，他將董氏的三、四兩期合併為一，是不妥當的。我們在本章之內將要討論廪辛和康丁卜辭的分別；至於武、文卜辭和廪、康卜辭的不同，也是容易看出的，其困難祇在武乙和文丁的分別而已。

安陽是殷庚所遷之都, 所以武丁以前的殷庚、小辛、小乙三王的卜辭的存在, 應是極可能的。但是王國維、董作賓所指出的武丁以前的卜辭都不能成立。胡厚宣在《甲骨六錄》中指出《清暉》1、《束》1、《曾》1 等片為武丁以前物; 在《京津》序要中說 "其中 1—2907 當屬於武丁時; 2908—3068 筆劃纖細, 3069—3114 筆劃扁寬, 3115—3160 筆劃挺勁, 疑皆當屬於武丁以前, 或為殷庚、小辛、小乙之物。其筆劃挺勁者或以為當屬於武乙、文丁時。凡此均未敢必, 尚待究明, 姑附於武丁之後"。這裏他也是衹根據了筆劃, 這和王氏的誤補殘辭和董氏的由月食而推定武丁以前卜辭, 都是沒有充分的證據的。

二　坑位對於甲骨斷代的限度

董作賓氏在《大龜四版考釋》中最先發表貞人斷代的學説, 同時並提到坑層為斷代方法之一。後來在《甲骨文斷代研究例》特立坑位一章, 加以發揮。從 1928 年到 1937 年, 中央研究院在安陽小屯一帶一共作了 15 次的科學發掘, 所獲甲骨約 2.5 万片, 都有坑位和層次的記錄。這批材料過了很久纔出版為《殷虚文字甲編》和《乙編》, 《乙編》先出上中兩輯, 下輯後出。《安陽發掘總報告》至今沒有出來, 董氏在《甲編》自序中説: "本來既列登記號, 就應該有詳細的坑位層次……恕我不能同時發表。" 在《乙編》卷首董氏也有一篇很長的自序, 幸而在末了附載了 "本編登記號與坑位對照表", 對於讀者是很有便利的。李濟氏跋《甲編》時曾列了 E16 坑的甲骨號數, 再有董氏在《新獲卜辭寫本》之後列了一張 "新獲甲骨統計表", 也是對照坑位與第一次發掘所得甲骨號數的。以上這些, 是我們現在僅僅可得的坑位資料。因為坑位對於甲骨斷代有相當重要的關係, 所以不得不暫就有限的資料加以研究。(參看本章末的附錄,《乙編》下輯重印後記。)

在《斷代例》中, 董氏以為某區某些坑衹出某幾期卜辭。他的分期共是五期：一．武丁，二．祖庚、祖甲，三．廩辛、康丁，四．武乙、文丁，五．帝乙、帝辛。他的五區一、二、三，四、五相當於第四次發掘時重訂的 E、A、F、B、E，我們把新定的區名放在相當的舊區名之後。下列是他對於第一至第五次發掘中五區甲骨的分期：

［區名］		［所在］	［卜辭期數］	［發掘次數］
一，E	村北	朱坤十四畝地	一，二，五	1，3，4
		何姓七畝地北半		
二，A	村北	劉姓二十畝地中段	一，二間	1，3，4
		在大連坑之西	有三，五	
三，F	村中	廟前	三、四	1，2，5
		村南		
四，B	村北	张姓十八畝地	一，二，三	2，3，4
		大連坑在中部		
五，E	村北	何姓七畝地南半	一，二	4，5

此所謂某區實包含了若干發掘坑，如第一區包含：

第 9，16，7，18 等坑　第一次發掘

村北縱五癸，又東支，縱六甲，乙等坑　第三次發掘

E5，8，9，21，23 等坑　第四次發掘

因此他在《甲編》自序中每區祇舉一坑為例：

第一區第 9 坑　　朱姓地　　一，二，五期卜辭

第二區第 26 坑　　劉姓地　　一，二，四期卜辭

第二區第 24 坑　　張姓地　　三，四期卜辭

除此以外，他在《甲編》自序中曾作了若干硬性的判斷，我

們在以下將要加以討論。在討論之先我們先要問什麼是坑位？坑位對於斷代有什麼作用？應用它斷代有什麼限度？

第一，所謂坑位應該和"區"分別，A、B，C、D、E等區是為發掘與記錄方便起見在地面上所作人為的分界，並非根據了地下遺物的構成年代而劃分的。必須是某些獨立的儲積甲骨的穴窖纔有可能定這個坑包含某個或某些朝代的卜辭；或者某一隣近地帶所發掘出來的甲骨，可能同屬於某一段時期的卜辭。第二，即使如上所述，那些坑穴必須是屬於有意的儲藏或堆積甲骨所用的，纔有作為斷代的可能；然而也有限度，一個祇包含武丁卜辭的坑穴最早是武丁時代的儲積，也一樣可能是武丁以後的儲積。第三，某坑若祇出武丁卜辭，則同坑出土的其他實物不一定是武丁時代的，可能是以後的；因此，不可以某坑的甲骨年代來拘束同坑的其他實物的年代，反之其他實物的花紋形製足以決定此坑堆積中的實物的最晚時期，而不是堆積的最晚時限。第四，坑以外我們自得注意層次。第五，我們説某坑出土的甲骨屬於某某期，必須根據了卜辭本身的斷代標準，如卜人、稱謂、字體，文例等；這些斷代標準必須嚴格而準確，纔能定出某坑甲骨的時期。

由上所述，坑位祇能供給我們以有限度的斷代啓示，而在應用它斷代時需要十分的謹慎。一個獨立的有意儲積的穴窖，就其實物本身的斷代可知此窖所包含實物的最早與最晚的期限，而實物的最晚期限乃是此窖停止堆積的最早期限。上述的穴窖所包含的甲骨至少有三種可能：（1）祇包含一個時期，如武丁卜辭；（2）包含連續幾期卜辭，如武丁、祖庚、祖甲卜辭；（3）包含自首至尾幾個時期的卜辭，如武丁、庚、甲、和乙、辛卜辭。關於（3），因為它包含了太長的時期，對於我們的斷代，沒有很大的幫助。關於（2），可消極的指示沒有更晚的卜辭。關於（1）在斷代上有用，譬如某一組不能決定年代的甲骨，若總是和具有武丁卜人的甲骨同出一坑，則此組甲骨很可能是武丁時代的。

三　村中出土的康、武、文卜辭

1928 年 10 月，中央研究院第一次在小屯村中及村北試掘，其初步報告見《安陽發掘報告》第一冊第 3—48 頁。其所獲甲骨寫本見同冊第 131—182 頁，又拓本見《甲編》1—447。此次試掘共分三區。

第二區即 A 區，在村北劉姓二十畝穀地中。此地據董氏説是村人最早發掘甲骨之地，大約劉鶚一系的甲骨全出於此地帶。26 坑（25 坑附）所出甲骨，就卜人審定，都是屬於武丁和祖庚、祖甲的，所謂一，二期卜辭。33 坑所出二片骨，也是武丁字體。

第一區，即 E 區，在村東北河濱朱姓三十畝穀地中。據董氏説羅振玉和明義士《殷虚卜辭》（初編）的甲骨全出於此地帶。9 坑（16—18 坑附）所出甲骨以一，二，五期為多，但亦有例外：

甲 30，63　好像是廩辛卜辭的字體。
甲 336　是子組卜辭的字體。

第三區即 F 區，在小屯村中廟西南及村南：

28，31 坑　張學獻住宅對面之菜園南部
24，27，30，35 坑　張學獻住宅東南及墻外
37 坑　麥田東與韓宅西之間的道上
36 坑　村南大道上（在韓宅南）

這個地區，顯然應該分別為二：一是村南的 36 坑，二是其他村中（以大道為南盡）的各坑。村中所出的都屬於康丁和武乙、文丁卜辭，村南 36 坑所出則有𠂤組的卜辭。這裏有兩個重要的問題：第一，村中所出是康、武、文（即三下，四期）的卜辭，第

三期廩辛和康丁的卜辭是怎樣區別、怎樣分佈的？第二，36 坑不屬於村中的一系，那麼自組卜辭的年代應該如何確定？在此先論廩辛、康丁卜辭的區分。

五個時期的卜辭，由字體文例及制度可大別為早中晚三類：早期是武丁、祖庚、祖甲和廩辛，中期是康丁、武乙和文丁，晚期是帝乙和帝辛。中期的康、武、文自成一系。因此所謂第三期正為早中兩期所平分，"三上"廩辛屬於早期，"三下"康丁屬於中期。它們之間的分別如下：

字體 廩辛沿襲祖甲謹嚴的作風（晚期亦然），但刻劃粗而不平勻，每一筆勢首尾尖而中部粗；康丁和武、文比之早晚兩期較為散逸，康丁卜辭刻劃纖細而勻，《上》7. 10，《佚》203，《粹》340，342，《甲》2489，2589 稱謂有"兄辛"各片，可為例證。武乙初期亦同，如《粹》372，《甲》413，830 稱謂有"父丁"各片，可為例證。武乙、文丁卜辭漸發展而為剛勁的直筆與銳利的轉折，字也刻得大起來。

卜人 廩辛和其他早期卜辭都有卜人，康、武、文沒有卜人（除武乙卜旬之辭有卜人⿰麻文數見），晚期也有一些卜人。

龜骨 早晚期占卜龜甲（腹甲與背甲）與牛胛骨並用，康、武、文多用牛骨，罕用龜甲。

前辭形式 所謂前辭者即卜辭開端如"甲子卜貞"，廩辛及其他早期卜辭以作"甲子卜某貞""甲子卜貞""甲子卜某"為常例，康丁卜辭常作"甲子卜"，武乙卜辭作"甲子卜"，"甲子貞"，到晚期又恢復早期形式。又廩辛、康丁附刻占辭"吉""大吉"於卜辭之旁，康丁尤為普遍。康丁卜辭往往省去"甲子卜"這前辭；亦有作"甲子卜貞"的，見清華大學藏骨。

稱謂 廩康卜辭都可以有父甲、父庚（稱其父祖甲、祖庚）的稱謂，但是屬於粗筆常有卜人的廩辛卜辭絕沒有兄辛（即康丁所以稱廩辛者）的稱謂，祇有屬於細筆的康丁卜辭纔有"兄辛"

的稱謂。

周祭與記月 康、武，文卜辭沒有記月名的；也極少有周祭；在此以前以後則皆有之。

根據上述的標準來看第一次村中發掘所得的卜骨，我們可以説村中祇出康、武、文的卜辭。1924 年冬季有一批甲骨出土於村中的，大半歸明義士，就其拓片，可知是屬於此時期的卜辭。孔德圖書館在抗戰期間由上海聽濤山房所購的（今著錄於《殷契撫佚續編》）以及清華大學購自胡厚宣的一批（今著錄於《寧滬》卷一）都説是出於村中，同於這一時期。但是我們不能因此即下斷語説一切康、武、文卜辭皆出於村中，村外絕對不出康、武、文卜辭。試以第二，三，五等次發掘所得而檢其屬於康、武、文的卜辭如下：

［發掘次］	［康丁卜辭］	［武文卜辭］
2	《甲》680	《甲》635，690，729，742，754，795，810，840（有父丁）
	《甲》801，803（有父甲）	
3	《甲》2489，2589（有兄辛）	《甲》2667
5	《甲》3578，3581—2，3586—88，3593	《甲》3642，3643，3649
	《甲》3592（有母己）	
	《甲》3652（有父甲）	

第二次發掘在村中廟西南和村南兩地；村中就在張學獻住宅東邊的麥場內，村南在 36 坑順了橫貫東西的大道向西挖。各坑位號數如下：

村中：斜 1—4，西斜，連 1—2，連連 1—2，小連溝，南橫溝

村南：100—106，109—110，114，117，118，120，130，131

第二次所獲牛骨部分（《甲》490—928）全是康、武，文卜

辭，大約祇出村中；祇有《甲》508屬於第二期的，但此次也在B
區的縱1—2坑也曾發掘，可能出於B區。第二次所獲龜甲
（《甲》448—489）凡屬於𠂤組卜辭的（《甲》450，454，488等）
或出於村南36坑之西大道邊；凡屬於二期（《甲》451，471）和
五期（《甲》477—481）的可能出於B區的縱1—2坑。據《斷代
例》說這一次在大道邊所出有龜版，則我們定𠂤組卜辭出此，大約
是可能的。

第五次發掘地點有二：

F1—4在36坑之東及東南

E 57，59，60

這一次所獲康、武、文卜辭和𠂤組的龜甲（《甲》3483）可能
出於36坑附近的F1—4，其他一、二、五期的龜甲可能出於E
區。如此，則村南也出康、武、文卜辭，也出𠂤組卜辭（36坑出𠂤
組卜辭是確定的）。

第三次在A、B、E三區發掘，都在村北，這一次發掘以B區
的大連坑為主，出了極多的廩辛卜辭，但是也出𠂤組（《甲》955）
和康、武、文的卜辭。可見康、武、文的卜辭也出在村北，不過
數量較少罷了。

與康丁同世的廩辛卜辭，還沒有出現於村中。它出土的地域，
分佈的情形如下：

　　　第一次　E區的9坑　　《甲》30，63

　　　第三次　B區大連坑　　出土最多，見《甲編》

　　　第四次　《甲》3224，3234　大約出於B或E區

　　　第五次　《甲》3636，3638　大約出於E區

　　　第九次　《甲》3865，3885　出於D區

　　　　　　　《甲》3913—3919　出於侯家莊 H. S. 20

　　第三次所掘大連坑，據董氏説是一個末經挖過的新坑，内容包含第一至第五期卜辭，時在 1929 年 10 月。同年河南博物院亦派人前往發掘，發生糾紛，以此有一部〔分〕大連坑甲骨流入北京廠肆為施密士所得，見錄於《佚存》（參看董氏《佚存》序）。第四次發掘 E16 坑出土不少甲骨，其號數見《甲編》李跋；餘下的出土於 A、B、E 三區，廩辛卜辭大約以出於 B 或 E 區的可能性最大。第五次發掘地在 F1—4 與 E57，59，60，上述 F1—4 出康、武、文卜辭，則此次廩辛卜辭可能出於 E 區諸坑。第九次所獲甲骨分出於 D 區及侯家莊，後者可看董氏《安陽侯家莊出土之甲骨文字》，載《田野考古報告》第一册。甲 3913—3919 是七塊完整的龜腹甲和一塊背甲，出於一個圓坑的底層，它們是同時代的有意儲積。

　　由上所述，廩辛卜辭在 B、D、E 和侯家莊等地都有出土。就現在已有材料而言，廩辛卜辭尚未在村中出現；康、武、文卜辭出在村中，但在村南村北也有一些出土的。

　　董氏在《甲編自序》中曾説：“在村中挖掘（指 1909 年村人所掘）以前是絕無第三期卜辭的，第四期卜辭也以村中出土者為最多。三期卜辭在我們發掘的第三次，有一批出在大連坑，第九次有一批在侯家莊，這是以後的事。所以以前著錄，除了《佚存》所收美國施密士的一部分，《粹編》所收善齋的一部分之外，别的書都是沒有的。……在 1909 年以前出土的，有第五期卜辭，無村中的三，四期卜辭，是朱姓地。1909 年以後所得的，如果有三，四期物，必是村中出土無疑。”董氏的叙述雖非完全錯誤，但是很不精確，兹分條論之。

　　第一，他説 1909 年以前出土的，絕沒有第三期（他指的廩辛、康丁）卜辭。查《庫方》和《七家》中普林斯頓大學所藏的是庫、方二氏於 1909 年以前得的，《金》是英國金璋氏得於 1908 年的，這是有記錄的而為董氏所承認的。此三書中卻有廩辛卜人

的卜辭:

卜人宁　　《庫》1207，1242，1840；《普》87

卜人口　　《庫》1405

卜人何　　《金》496，628

卜人晛　　《金》3，14，87；《普》81；《庫》1249，
　　　　　　1371，1771，1837

　　第二，他説除了《甲編》《粹編》和《佚存》以外，別的書都没有第三期卜辭，這話也是不對的。《前》《後》《續》《菁》《誠》《摭》《林》《珠》《明》《燕》《戬》《福》《清暉》《中大》《零》（後五者是劉鐵雲舊藏）都有廩辛卜人的卜辭，而且為數不少。這些書中的甲骨大部分出土於1929年以前，有不少出版於1929年以前。可證在1929年發掘大連坑以前早已有了不少廩辛卜辭出土了。廩辛卜辭也不限於出於大連坑或侯家莊。我們祇可以説1909年以前，很少出康丁卜辭罷了。

　　第三，他説村中出土的甲骨屬於三、四期，他又説"至於三區包括所有在小屯村中出土的甲骨文字，祇有三、四期而絶無一片是一、二、五期的。在本編（指《甲編》）中可以見到村中出土第三期廩辛、康丁時的卜辭"。我們在以上已辨明:村中不出廩辛卜人的卜辭，祇出細筆的康丁卜辭。因此，我們應修正此説，以為村中祇出康、武、文卜辭，還没有出過廩辛卜辭。

　　第四，他説1909年以後如果有三、四期卜辭必是村中出土無疑，但是我們在以上已舉例説明康、武、文卜辭也出現於第一至第五次發掘所獲於村北者。

　　凡上所辨，都是董氏在斷代和作斷語時的種種疏忽。下列作者所見康、武、文卜辭著録之書及拓本:

　　1.《甲編》　第一，二，三，五等次發掘所得

2.《粹編》 有一部分與下明氏同出，參《甲骨綴合編》334—336

3.《佚存》194—254 何遂舊藏，今歸北京圖書館

4.《摭續》 孔德圖書舘舊藏，今歸上海博物館

5.《鄴三》 一部分歸輔仁大學，今歸北京師範大學

6.《遺珠》621—701 日本堂野氏所藏，亦見《佚存》孫壯拓本

7.《後編》

8. 謝氏瓠廬甲骨拓本（一部分見《京津》）

9. 明義士《殷虛卜辭後編》拓本（見《明續》）

10. 清華大學所藏甲骨拓本

以上各書皆有一部分係康、武、文卜辭，其他各書亦間有之。

四 𠂤組卜辭

𠂤組的卜人，在第一，二，三，四，五，八，十三等次發掘中都有出土的。這一組的主要卜人有三：

𠂤 寫作⟨圖⟩

扶 寫作⟨圖⟩⟨圖⟩或⟨圖⟩（《甲》207）金文矩字所從

勺 寫作⟨圖⟩或⟨圖⟩（《前》4.1.2，《續》1.39.2）

這三個卜人的隸寫，是權宜的辦法，以下賓、子、午各組的卜人名也是如此。用一個近似的隸字替代。這三個卜人往往見於同版：

扶、𠂤、勺：《佚》9，扶、勺：《下》24.10，《無想》156，《鐵》54.2 𠂤、勺、王：《甲》3045

扶、王：《乙》409，《前》8.8.1 𠂤，王曰，扶曰：《佚》586

這一組的卜辭中的稱謂如下：

1. 妣己 《燕》284 扶卜 《甲》3045，《續》1.39.2 勺卜

2. 妣癸　《佚》919 扶卜

3. 父甲　《佚》791 自卜　《乙》146,B119;《乙》456,
YH006

4. 父乙　《佚》599 扶卜　《甲》3046＋3052,《明》2103
自卜
《甲》231,36 坑;《甲》3072,E16;《乙》189,
B119

5. 父戊　《乙》409,2907 扶卜　《甲》243,36 坑;《甲》
2123,E16

6. 父庚　《鐵》204.1 勺卜　《珠》530 自卜

7. 父辛　《甲》488,2941,《曾》3 勺卜　《甲》185,36 坑
《京都》10 扶卜

8. 父癸　《乙》108,B119（摹本見《殷曆譜》下 3.2）

9. 母丙　《甲》3047＋3048 自卜

10. 母丁　《乙》412,YH006（同版似有子庚）

11. 母庚　《柏》20 勺卜　《甲》2356 扶卜

12. 母壬　《甲》3045 勺卜

13. 兄甲　《金》415 自卜

14. 兄丁　《鐵》54.2 勺卜　《上》7.6 自卜　《甲》2356
扶卜
《甲》243,36 坑;《甲》3072,3154,16

15. 兄戊　《乙》409 扶卜　《甲》182,36 坑

16. 兄己　《甲》3322,E16

17. 子癸　《甲》454 扶卜

18. 子咸　《甲》280 扶卜　《甲》3047＋3048 自卜,

19. 子伐　《甲》3047＋3048 自卜

20. 子犀《甲》3013,《金》415 自卜

21. 子族　《甲》3047＋3048 自卜　《甲》273,36 坑;《乙》

341，YH006

22. 羍甲　《甲》2356 扶卜　《庫》488 自卜　《甲》244，
36 坑

23. 丁示　《乙》197 扶卜

24. 小王　《曾》3，何遂片勺卜

25. 咸戊　《甲》264 +《萃》425 扶卜

26. 侯替　《甲》3483 扶卜

以上根據了兩種材料：一是有自組卜人的卜辭，上所引書號
後作某卜者；二是出於某些坑的自組卜辭，上所引書號後注出
"E16" "YH006" "B119" "36" 坑皆是坑名。這些稱謂可分為
數類：

（1）同於賓組的。妣己，妣癸，父甲，父乙，父庚，父辛，
母丙，母丁，母庚，母壬，兄丁，兄戊，子癸，子伐，羍甲，丁
示，咸戊，伊尹。

（2）同於子組的。妣己，父甲，父乙，父戊，父庚，兄丁，
小王。

（3）同於午組的。妣己，妣癸，父戊，父辛，母丁，兄己。

（4）獨有的。父癸，兄甲，子屖，子族，子咸，侯替。

所謂賓、子、午各組，我們以下要分別討論。試此較自與賓
組，則知兩者相同之多。兩組所同的父甲，父庚、父辛、父乙實
即武丁所以稱其父輩陽甲、般庚、小辛、小乙者，所以兩組都是
武丁時代的卜辭。

武丁卜辭中，父癸僅此一見，兄甲又見於《前》1.38.7，
《掇一》60。《乙》3047 + 3048 子咸、子族、子伐與母丙同見於一
版，可知此三子是同時的。子伐見於賓組字體的卜辭（《乙》
2236）；子族又見於《鐵》14.2 祜所卜和《甲》2315 + 2374。侯
替亦見於《續》5.5.2。凡此都是武丁字體。《續》1.41.5 子屖
和母庚同版，母庚當是小乙的配偶。

自組卜辭的出土，可分為兩類，第一類是零碎出土於某些坑中而記載不詳者，下列甲至庚各項。第二類是一坑出大量的自組卜辭而坑位有記載者，下列子至辰各項。

　　　　第一類

甲．A 區 26 坑，第一次，《甲》110—178（龜）

　　出自組卜人扶（《甲》145）和少數的自組卜辭（《甲》168，169）；其他多是賓組卜辭和少數的祖庚卜辭（《甲》131，156 出卜）。這坑所出的牛骨（《甲》368—375，391）都是武丁時代的。

乙．第二次，《甲》448—489（龜）

　　出自組卜人扶（《甲》454）和勺（《甲》488）。此次所獲甲骨除了少數乙辛卜辭（《甲》477—481）外，其餘多是自組卜辭。此次在村北村南村中三地發掘，所得牛骨（《甲》490—928）很多康、武、文卜辭，大概出在村中。自組的龜甲，或者出於村南 36 坑以西沿大道的諸坑（101 坑數起）。又有卜人𠚣（《甲》450）是附屬於自組的。

丙．第三次在 A、B、E 三區發掘而以在大連坑所獲廩辛卜辭占多數，《甲》929—2238 龜，2239—2940 骨。此次所獲祇有一片龜甲（《甲》955）是扶所卜的。在卜骨中有一大批用自組的扶作範本的習契之作，如《甲》2303，2314，2324，2347，2356，2361，2378，2380，2385，2904，2907 等。這些都是刻在牛胛骨上的，而我們知道所有自組卜辭多是刻在龜甲上的。但是這些習作中的稱謂還保持扶當時的稱謂，如《甲》2907 大乙、父戊、咸戊，《甲》2356 母庚、㽦甲、兄丁，《甲》2431 子族等。此次所出《甲》2902，2426 和《佚》383 背，392 皆屬於一體而與自組同時，《甲》2902 有母壬、母庚、母癸，

《甲》2426 有妣母己,《佚》383 背有母癸、母甲。除母甲外,其他都見於賓組卜辭。

丁 . 第四次,除 E16 坑外,其他在 A、B、E 三區發掘所獲的有兩片是自所卜(《甲》3281,3304)。

戊 . 第五次在 E 和 F1—4 發掘,後者在村南 36 坑之東;此次所獲卜人自(《甲》3483)和其他自體卜辭(《甲》3371,3372,3576)或出於此。

己 . 第八次在 D 區發掘,出自組卜人扶(《甲》3763)。

庚 . YH036,第十三次,祇出了一片(《乙》474)扶所卜。

第二類

子 . F 區 36 坑,第一次,《甲》182—281(龜)

這一坑全是自組卜辭,全是甲,其卜人是

扶　《甲》196,207,210,234,248 + 254,249,264,281

衒　《甲》241　參《下》9.13,10.1 兄、出所卜

上述第一類乙、戊兩項所出,或在此坑左右。此坑不出賓組卜辭,由《下》9.13,10.1 知衒不能晚於祖庚。

丑 . E 區 16 坑,第四次,《甲》2941—3176,3322,3324—3328(龜)

這一坑是自組與賓組的混合,同坑所出牛骨(《甲》3329—3346,3361—3362)都是賓組的,可證自組祇用龜甲而賓組龜甲牛骨并用。這一組的卜人是

賓組　爭　《甲》2949,3338

　　　殼　《甲》2955,2956,3083,3138

　　　賓　《甲》2998,3337

　　　永　《甲》3333,3342

　　　內　《甲》3336,3343

　　　古　《甲》2982

　　　　　　　　韋　《甲》3339

　　　　　　　　品　《甲》3038

　　　　　　　　𡂡　《甲》3113　參《續》5.5.2

　　　　自組　𠂤　《甲》3013，3045，3046，3047

　　　　　　　　勺　《甲》2941，3012，3045

　　　　附屬　㫍　《甲》3003　參《鐵》14.2㫍卜又子族

　　　　　　　　衛　《甲》3049＋3089

　　　　　　　　勿　《甲》2014＋3020

寅.B區119坑，第十三次，乙1—237（龜）

　　這一坑是自組為主，亦有賓組和子組的卜人：

　　賓組　古　《乙》4　參《乙》236亦屬此組，有爻戊

　　自組　扶　《乙》96，98，120，145，160，192，197

　　　　　𠂤　《乙》1，41，42，46，110，122，126，128，183

　　　　　勺　《乙》179

　　　　　𠨞　《乙》87　參《坊間》4.155

　　子組　余　《乙》131，139

　　附屬　㫍　《乙》59，79＋234，159

　　　　　𡙡　《乙》38

　　　　　豕　《乙》33

　　　　　卣　《乙》124

卯.B區YH006，第十三次，《乙》299—467（龜）

　　這一坑和B119，YH044是相聯係的，都出背甲，乙12，
163，303，478四片分出三處而可綴合，見《殷曆譜·
日譜二》。這一坑所出卜人和B119相似：

　　賓組　　吏　《乙》460，461，465

　　自組　　扶　《乙》314，322，329，386，391，409，454，458

　　　　　　　𠂤《乙》407

　　子組　　余　《乙》373，393

　　附屬　　取　《乙》357　參《前》8.5.7

　　　　　　卤　《乙》192　參《下》16.16

　　　　　　車（?）《乙》324

　　　　　　丁《乙》443

　　　　　　萬（?）《乙》367

　　辰．B 區 YH044，第十三次，《乙》477—482（龜）

　　這一坑都是自組卜辭，沒有附卜人的。

　　以上兩類，其出土的集中地可歸併為五：一，村南 36 坑及其附近；二，E16 坑；三，B119 坑；四，A 區 26 坑；五，D 區。第三，四次在 A、B、E 發掘所得的，可以包括在以上五處之中。如此可知自組卜辭並不限定出於一地。B119 的自組卜辭，很多卜旬卜夕卜翌卜今日卜風雨天象的記載，如《乙》186 有"大風"，《乙》194 有"小風"，《乙》12，163，303，478 所綴合的背甲有"大食""小食""大采""小采""明""中日""昃"等記時的名目。根據以上所述附有自組卜人的卜辭以及一坑之中以自組占多數的卜辭，可以研究自組的字體、文例等。

　　E16 所出《甲》3013，3045 + 3047 各片，是自組卜辭而其字體實近於賓組卜辭。兩組的"不"字都是一個寫法，沒有上面的一平劃，和後來的寫法不同。但是，自組的寫法和賓組確乎有些差異的地方。自組的干支字有和賓組相同的，有接近晚期的，後者實為自組的新形式。茲舉"子""午""于"三字為例。

　　賓組式的子　《拾》2.3，《甲》3045 自卜。《甲》207 扶卜。《明》1775 勹卜。

　　新式的子　《乙》458，474，《下》5.14 扶卜。

　　賓組式的午　《燕》630，《金》415，《珠》530，《甲》3047 + 3048，《乙》46 自卜。《燕》284 扶卜。

　　新式的午　《下》42.9 自卜。《前》8.12.5，《續》5.14.5，《佚》439，《乙》386 扶卜。《明》1775 勹卜。

賓組式的于 《下》43.7,《萃》1172 扶卜。《乙》1,42,183,《珠》612 自卜。

新式的𡕢 《前》8.2.7 扶卜。《下》42.9自卜。

其他的例子如"辛"字或多一平劃,"丁"字或方或圓。至於"貞"字在武丁卜辭中至少有十種寫法:

武丁卜辭貞字異體

式一　賓組一律作此

式二　子組一律作此,兩直之下各有短橫

式三　《乙》1544

式四　自組　　《乙》113,135,156—B119 坑

　　　　　　　《乙》383,400,407,428—YH006 坑

　　　　　　　《乙》975,1062,1855,5296,5660—YH127 坑

　　　午組　　《乙》973,1780,5384,5405—YH127 坑

式五　午組　　《乙》1527,1536,3478,3869,4064,

　　　　　　　4549,4581,4692,5327—YH127 坑

式六　《乙》833,853,946,1002,1449,1508,

　　　1576,1607,4810—YH127 坑

式七　《乙》105,146,163—B119 坑

　　　《乙》303,388,403,405,414,453,466—YH006 坑

　　　《乙》481—YH044 坑

式八　《甲》202—36 坑　《乙》12—B119 坑　《乙》413—

　　　YH006 坑

式九　《乙》70,147—B119 坑　　《乙》362,356,443—

　　　YH006 坑

式十　《甲》2907 扶卜　《乙》125　《乙》139 余卜

若細加分別，尚不止此。其中式五至八象鼎形，乃貞字的最初形式。至於此字的演化過程，在此不能詳述。我們應指明者，是𠂤組貞字祇作方耳的（式四），一部分午組也作此式，另外有三個卜人亦作此式：

由—《河》665，《續》3.43.2，《劍》62　𫩏—《甲》3177
取—《前》8.5.7

前二者和賓組卜人聯繫，可證此種寫法存在於武丁時代。

其次，𠂤組的紀時法和賓組相似而有小異。兩組都稱"一月"而無祖甲卜辭的"正月"。兩組在某月之前通常不加"在"字，而祖甲卜辭常作"才幾月"；兩組亦偶然加"才"字，如《金》696 亘所卜有"才九月"，《乙》15 係 B119 坑所出𠂤組卜辭有"才六月"。賓組卜辭十一月和十二月合書，到廩辛卜辭作"十月又二"見《甲》2491，2622，2647 彭所卜；𠂤組卜辭有下列兩式：

合書的　《乙》42 𠂤卜"十一月"
直行分書的　《佚》108 𠂤卜，《鐵》54.2 扶卜，《乙》28，
　　　　　　"十一月"分書　《拾》5.8 勺卜，"十二月"
　　　　　　分書

賓組卜辭凡稱幾日者以所卜之日為第一日，𠂤組以所卜之次日為第一日計算，其例如下：

賓組　癸巳卜㱿貞……五日丁酉　《菁》1
　　　癸丑卜爭貞……三日乙卯　《菁》5
　　　甲午卜亘貞……三日丙申　《前》7.40.2
𠂤組　壬寅卜扶……四日丙午　《前》4.3.8；8.12.5
　　　辛卯卜扶……四日乙未　《下》35.2
　　　癸卯卜王……三日丙午　《前》5.39.2

𠂤組和賓組的最通常的前辭形式有二：（甲）甲子卜某貞，（乙）甲子卜某。𠂤組以（乙）式較多，賓組以（甲）式較多。

武丁卜辭中常於前辭之後用"曰"字之例，現在包括由的卜辭合併分類於下：

（甲）干支卜某，某固曰

丙子卜由……由固曰　《明》574

（乙）干支卜某曰　干支卜王曰

壬午卜由曰　《劍》62

口口卜扶曰　《乙》391

丁亥卜扶，余令曰　《坊間》5.23

丁巳卜王曰　《乙》365—YH006坑

辛丑卜王曰　《甲》460

（丙）干支卜某貞王曰　干支卜王貞某曰

辛巳卜𠨍貞王曰　《佚》108

乙亥卜𠨍貞王曰……扶曰　《佚》586

己巳卜王貞……由曰　《中大》10

丁亥卜王貞……扶曰　《清暉》126

（丁）干支卜曰

《甲》3104—E16坑

《乙》100，107，234—B119坑

《乙》410—YH006坑

《乙》545—YH127坑

（戊）干支卜曰貞

甲申卜曰貞　《乙》43—B119坑

（甲）（乙）是𠂤組所特有；（丙）亦見於賓組（《續》4.29.1，5.9.1）和祖庚卜辭（《河》519）；（丁）亦見於賓組（《乙》5411，《庫》1535）和祖庚卜辭（《金》122）；（戊）則是祖甲卜辭所常見者，如《河》586，703，709，739等。

𠂤組常用的祭法是"出"和"御"，又有"尞""彡""歲"等，都是賓組所常用的，但是賓組的祭法更多。𠂤組的"出"和

“又”是通用的：

　　屮子族　《甲》3047，《乙》341

　　又子族　《甲》273，《鐵》14.2

　　關於𠂤組的稱號，有幾點需加申述：

　　第一，𠂤組的配偶作。

　　大乙母妣丙　《甲》248＋254 扶卜

　　示壬母妣庚　《甲》460

　　母即配偶之義，與祖甲卜辭之作“祖某奭妣某”者不同。第二，《下》42.15 勺所卜上甲作𠂤多見於庚甲卜辭（如《萃》83，《佚》318，《河》258，《金》119 等），賓組則作田。第三，武丁稱陽甲為父甲，但賓組和𠂤組有時也稱他為𡘹甲，詳下第五節。第四，武丁卜辭稱成湯為成、唐，然亦稱大乙：𠂤組稱大乙者如《甲》187，223，248，253，266（以上出 36 坑）《下》42.15 勺卜，賓組稱大乙者如《前》1.3.4“乙巳卜爭貞告方出于且甲大乙”。董氏《乙編》序説武丁、祖庚稱唐，祖甲改稱大乙，以後各王稱大乙不稱唐。這個説法是與事實不合的。《甲》1556 和《續》1.7.5 都是廩辛卜辭而稱唐。董氏讀《前》1.3.4 一辭為“且乙大甲”是不對的，因為該辭“且甲”“大乙”都是兩字橫書而“且甲”與“大乙”之間留有很大的間隔。我們以為武丁時代通常稱唐，但到了晚期已有大乙之稱；祖甲時代的周祭通常稱大乙，但即在祖甲以後唐的稱謂並未全棄。

　　以上的叙述，可得到一個結論，即𠂤組卜辭屬於武丁的晚期。由於稱謂，可知𠂤組和賓組很多相同的，在下節中將要詳論賓組之所以必屬於武丁時代。由於字體，可知𠂤組一方面遵守賓組的舊法，一方面已產生了新形式。𠂤組的紀時法和賓組也是大同而小異。𠂤組某種卜辭形式，或同於賓組，或為𠂤組所特有，或下接祖甲卜辭，與字體的情形一樣，足以表示𠂤組當武丁之晚葉，開下代的新式。𠂤組祭法見於賓組，而“屮”“又”通用亦顯示交替之跡。至其稱號中, 或守武丁舊制, 或開新例如大乙、上甲諸例。凡此可見自組大部分和賓組發生重疊的關係, 小部與下一代重疊, 它正是武丁和祖庚卜辭的過渡。

由此可知, 即在同一朝代之內, 字體文例及一切制度並非一成不變的; 它們之逐漸向前變化也非朝代所可隔斷的。大體上的不變和小部分的創新, 關乎某一朝代常例與變例 (即例與例外) 之間的對立, 乃是發展當中的一個關鍵。這一朝代的變例或例外, 正是下一朝代新常例的先河。已經建立了新常例以後, 舊常例亦可例外的重現。例如武丁卜辭以稱唐為常例、大乙為變例, 祖甲卜辭建立稱大乙的新常例, 而廩辛卜辭中的唐乃是祖甲新常例建立以後的例外。

五　E16 坑與自組的時代

在討論 E16 坑以前, 我們先論所謂甲尾刻辭。此種刻辭多作"某人"等字, 刻在龜版正面右部甲尾上。今就坑位之可考者, 列其例如下:

E16　《甲》2974, 2980, 3000, 3006, 3049, 3054, 3070, 3073, 3074, 3113, 3163

F 區 36 坑　《甲》237, 280

A 區 26 坑　《甲》122

B119 坑　《乙》207

第二次發掘　《甲》449

第三次發掘　編號 3. 0. 0317,《甲編》未錄

這些占了現有甲尾刻辭總數之半, 而都是出於自組集中的坑中, 尤以 E16 坑所出的最多。自組是武丁卜辭, 那麼甲尾刻辭也是武丁時代所特有的。其中如《甲》3049,《庫》1931 和善齋所藏一片 (未著錄) 都作"勺入", 勺字是我們上述卜人"勺"第三種寫法 (《前》4. 1. 2,《續》1. 39. 2)。胡厚宣氏把這種刻辭列

入武丁五種記事刻辭之一是不錯的（參《商史論叢》初集第三冊）。

E16 坑出土的甲骨有不少是本來完整的，《甲編》付印前沒有好好綴合，今就我偶而綴合的列之如下（其他見《殷虛文字綴合》）：

《甲》3022 + 3070　3047 + 3048　3046 + 3052　3067 + 3071 2999 + 3034　3121 + 3128　3049 + 3089　3014 + 3020　2988 + 3129 3150 + 3145

其他可綴合的尚不止於此。這個坑和 B119，侯家莊的 H. S. 20 都出較完整的龜甲，都是一坑之中祇包含一個朝代的卜辭，都是未經擾亂的坑，都是有意的儲積。

董氏在《甲編・自序》中說：“第四次發掘的 E16 坑，這是一個圓井應該叫做竇的。井中祇有一，二期的卜辭，深至 10 米，下及水面，因為兩丈以下全是沙土，在第二期祖甲時，此竇塌陷，也就廢而不用了。”又說：“E16 坑可以證明是在祖甲以前。”李濟氏的跋，說他是看守此坑的人，根據了當時的記錄（載《安陽發掘報告》Ⅳ，第 564—567 頁）說：“我始終沒有看出，有何種現象或事實，可以算作這坑在祖甲或其他時代塌陷的證據。”又說：“我們並沒找著任何可以作解釋這坑早期塌陷的物證。”李氏在此短跋中還有許多關於斷代的意見，是正確的。

關於 E16 坑甲骨的時代，董氏是根據了他的《斷代例》舊作。該文曾論第四區（即 E 區）的兩次發掘，就是第四次 E16 坑（所謂圓井）的發掘和第五次 E57，59，60（所謂圓坑）的發掘。他據貞人定 E16 坑所出甲骨全是第一期的，所舉的是賓組卜人而沒有列𠂤組卜人。他說 E57，59，60 所出甲骨屬於一、二期，因為所出《甲》3522 的旅是第二期卜人，《甲》3553 的何是第三期（他說何可以早到二期）的卜人。又《甲》3322 有兄己，是出於 E16 坑的，照他的說法是祖甲時代的稱謂。因此之故，他定 E16

和 E57，59，60 出一、二期的卜辭。

E16 坑所出自組卜人和甲尾刻辭的時代，董氏在《乙編·自序》中也有論到。他根據了《殷曆譜》的研究，以為自組卜人屬於文武丁，又以為甲尾刻辭是第四期的。自組卜辭在村南大道旁（36 坑一帶）出土不少，他把村南和村中廟前混合為一區，認為祇出三、四期卜辭，因此定自組卜人為文武丁的。

在這裏我們可以發現董氏對於 E16 坑斷代的矛盾了。他一方面説 E16 坑塌陷於祖甲以前，坑中祇出一、二期卜辭，一方面又以 E16 所出自組卜辭與甲尾刻辭定為文武丁的。要是根據後説，那麼 E16 坑應該遲到文武丁時代；要是根據前説，自組卜辭和甲尾刻辭應該屬於一、二期了。

按照我們以上各節的結果，就不會產生這種矛盾與不一致。照我們的説法，村中與村南是要區別的，第三期廩辛和康丁卜辭是不同的；村中祇出康、武、文卜辭而康、武、文卜辭也出在村外，廩辛卜辭出於村外各處而不出在村中；自組卜辭不出於村中，出於村南和村北各處。自組卜辭按其內在所表示的時代性乃是屬於武丁的，所以像 E16 和 B119 等坑都是一坑之中自組卜辭與賓組卜辭並見。在這些坑中，可能有祖庚卜辭，沒有祖甲以及其後的卜辭。

按照我們的看法，字體文例如一切制度是逐漸向前演化的，不能機械武斷地用朝代來分割。因此董氏《殷曆譜》所標的新派舊派不但是不需要的，也是不正確的。他所謂舊派指武丁、祖庚，新派指祖甲以至帝辛，但把文武丁列入舊派而説文武丁復古。在《乙編·自序》中他列舉了文武丁卜辭復古的種種現象，足以證明他所謂文武丁卜辭（我們稱為自組的）不應該排在祖甲以後而實在就是武丁卜辭。如此自組在它本來的地位（武丁之晚葉），上承早期的武丁（賓組卜辭），下接祖庚卜辭，乃是極自然而合理的安排了。

自組以及以其同期非賓組卜辭和武文卜辭是容易錯認的。《殷曆譜》中所有稱為文武丁的都是武丁卜辭，祇有《交食譜·日食一》所舉"日月又食"兩片牛骨卻是眞正的武文卜辭。

六 賓組卜辭

1936 年春季第十三次的發掘，在 C 區 C113 的 Ml56 墓葬之下發現了一個末經擾亂滿儲龜甲的圓坑，就是 YH127。關於這個坑的情況，可看石璋如氏《殷虛最近之重要發現》（《考古》Ⅱ：41，又 62 頁 C 區現象圖；又《考古》：Ⅳ最末一頁插圖壹）。這個坑所出的龜甲一共編為 17088 號，完整和已經綴合的龜腹甲和修治過的背甲約在 500 個以上。《乙編》487—8530（拓本號）都是此坑所出，另外尚有 8 片牛骨見《乙編》8663—8673。這一大批龜甲，十分之九是賓組卜辭，十分之一是子組、午組和其他。我們根據這批材料，來研究賓、子、午三組和其他少數一群龜甲，並論其時代。

在下一章中我們把互見同版而可繫聯的一群武丁卜人稱之為賓組，其他一些少見的卜人而其字體文例事物同於賓組者附屬於賓組。可繫聯的賓組卜人如下：

賓 殼 爭 亘 韋 古 品 永 內 𡙸 共 掃 𡆥 充 春

共 15 人，少見而附屬於此組的二十多人。在賓組 15 個卜人之中，前 9 人的卜辭最多，YH127 坑的賓組卜人就是這 9 個人，另外有幾個少見的卜人，例如：

祉 《乙》3287 畕 《乙》6772，8167，8320

啚 《乙》1121，又見《下》17.16 離 《乙》8172

𠬝 《乙》3925，又見《珠》931

這一坑出土的龜甲可以綴合成整甲的很多，因此現在拓本中失群的，將來總可以慢慢拼回。在末綴合以前，我們以下所引的片子常失去同版卜人的名字，現在祇好暫就字體來決定。賓組的

字體是一望可知的，所以不至於大錯。下述賓組稱謂，以出於
YH127 者為主；凡不見於《乙編》者用他書所見材料；稱謂無助
於我們以下的討論者不錄；三代以上的稱謂為各朝所同者不錄。
以下是賓組的稱謂：

　　1. 祖戊　《別二》中村 7，《前》1.23.1

　　2. 祖庚　《乙》3476　同版有父甲、羌甲、咸戊、南庚等
　　此版"貞隹南庚"與"貞隹祖庚"並見，所以祖庚不是
南庚。

　　3. 妣甲　《乙》1984 殼卜（與妣己同版），3424 賓卜，4957
（與妣庚同版）；4419

　　4. 妣丙　《元嘉》50 "业于妣丙""业于妣庚"

　　5. 妣己　《乙》2216 殼卜；3297 殼卜；3317 賓卜（與妣庚同
版）

　　6. 妣庚　《乙》3329 殼卜，4256 古卜；6746，7144（與高妣
己同版）

　　7. 妣癸　《乙》4540 古卜，7442

　　8. 父甲　《乙》2680，2693，3476；2523（與父庚、父辛，
父乙同版）

　　9. 父乙　《乙》1714 古卜；1881，1983 殼卜；1885 賓卜；
1941，2036 爭卜

　　10. 父庚　《乙》721，1063，2700；2676（與父辛同版）；
2523（與父甲、父乙、父辛同版）

　　11. 父辛　《乙》918 內卜；2030，2589（與父庚同版）；
2040（與父乙同版）

　　12. 禹父壬　《乙》1900 + 2033
　　以上各父，甲、庚、辛、乙即武丁諸父陽甲、般庚、小辛、
小乙；父壬僅見。

　　13. 母丙　《乙》1670，7130；《前》1.28.3，1.28.4；《續》

1. 40. 7, 1. 40. 8

14. 母丁　《乙》1089；《前》1. 28. 5

15. 母戊　《乙》2343

16. 母己　《前》1. 39. 1（與母癸、兄丁同版），1. 28. 5，《續》1. 41. 3；《上》6. 15

17. 母庚　《乙》496 殼卜，3205 內卜；《甲》3382 殼卜

18. 母壬　《安》4. 1 賓卜

19. 母癸　《乙》4318，4836，7420；《前》1. 39. 1（與母己、兄丁同版）

以上母庚是小乙的法定配偶，見乙辛周祭卜辭。

20. 兄丁　《乙》5338 殼卜；1754，3251，3651，4684 + 6111，5797，7353，7371；《甲》3083

21. 兄戊　《乙》4626；《佚》62 殼卜

22. 子癸　《乙》2961；《庫》75；《明》339

《鄴初》39. 11　一片（今藏清華大學）是武丁時代非賓組卜辭，有父甲、父庚、父辛、父乙、兄丁、子癸，所以知武丁時代有子癸。

23. 子伐　《乙》2236 賓卜

24. 子𡥚　《乙》1201，4516，5582，5605，5616 殼卜；4737，5323，5403 爭卜；2108 內卜

以上二子，祇見於武丁卜辭。

25. 下乙　《乙》1983 + 1985（三辭），5234，5411 殼卜；5303（四辭）爭卜；2455，4119，4368，5983，6664，7197，7338，7434，8109，8328

26. 叙甲　《乙》2113（與父乙同版），7767（與父庚、父辛一辭）；《林》2. 15. 2

27. 巴甲　《乙》1076，1463，3235；《續》5. 25. 5 殼卜；《前》6. 19. 6；《拾》3. 7

28. 成　《乙》1904 殼卜；4761，5409 爭卜；2307，2471 +
2539，2631，3797，5303，6043，7016，7267，7520

29. 咸戊　《乙》753 爭卜，1984 殼卜；3476

30. 爻戊　《乙》753 爭卜（與咸戊同版），2105；《別二》_{中村7}
（與祖戊同版）

31. 盡戊　《乙》3853 賓卜；《前》1.44.7，1.45.1；《續》1.46.6

32. 乙　《甲》2905 "己巳卜古貞其莽年乙于上甲尞"
　　　　《庫》1553 "莽邛方于乙"《乙》7781 "乙保黍
年——乙毋保黍年"《續》3.4.2 "王其勿告于乙"

33. 丙　《粹》1227 "貞勿卲帚好于丙"

34. 丁　《乙》3797 "自成告至于丁"

35. 戊　《續》1.45.8 "貞业犬于戊"

36. 庚　《乙》965 "丙子卜亘貞业匚于庚百兕"《續》1.46.1
　　　　"业于庚"

37. 高妣己　《乙》2533 古卜；2640，3429，3430 殼卜；
5319，6746，7144，7572

以上凡屬於賓組的主要稱謂，已大略全備。甲骨斷代是以賓
組之確定為武丁卜辭為起點的，而武丁卜辭的斷代是以所稱諸父
甲、庚、辛、丁（乙）為上代的四王為基礎的。我們稱賓組為正
統派的王室卜辭，因它所祭的親屬稱謂多限於即王位的父祖母妣，
此在自、子、午等組則擴張至未即王位的諸父諸祖諸兄諸子。賓組
的字體是謹嚴方正不苟的，祖甲和乙辛卜辭是接受這個傳統的，
而自、子、午三組的字體是非正統派的。

七　子組卜辭

1949 年我初步整理自、子兩組卜辭，曾據兩組卜辭本身定其
為武丁卜辭。後來《乙編》出版，我們更得到這樣的現象：
（1）B119 和 YH006 兩坑是自組和子組的混合，且有少數的賓組；

（2） E16 是自組與賓組的混合，YHl27 是子組與賓組的混合；
（3） E16 和 B119 都有徝的卜辭，他是和自組同時代的卜人。既然
YH127 大多數都是賓組卜辭，摻合在這坑之中的子組午組和其他
少數卜辭是否也屬於武丁時代的？ 我們認為子組自組和賓組常常出
於一坑，而同坑中很少武丁以後（可能有祖庚）的卜辭，則子組
自組應該是武丁時代的， YH127 坑中的午組及其它少數卜辭也是
屬於這一時代的。

所謂子組包括下列相繫聯（即互見於同版）的卜人：

我、余、徝：《乙》4758　　子、余、我：《乙》4949，《下》
41. 9，《菁》11. 19

子、徝：《乙》4856，《下》42. 5　　我、徝：《乙》4814　　余、
徝：《下》42. 11

由此可知子、余、我、徝、徝是同時的，而後二者可能是一個
名字的兩種寫法，就是後來的巡字。《乙》4504 和《前》8. 3. 5
（即《粹》1242）同是子組字體，同卜一事曰 “帚徝又子”，可能
就是卜人徝。另外一個卜人韓雖不和子組繫聯，然而其字體文例內
容與子組是極一致的，必須屬於子組。

子組卜辭很多見於他書，但《前編》卷八和《後編》下 41—
43 頁最多。《乙編》子組出於 YH127 坑的最為豐富，列其拓號
於下：

子　《乙》1106， 4507， 4856， 4949， 6092

余　《乙》4758， 4949， 5236 + 5237； 3558

我　《乙》767， 788， 830， 941， 1313， 1319， 1424， 1525，
1767， 1805， 1837， 4577， 4758， 4814， 4949， 5514

史　《乙》830

徝　《乙》3350， 4758， 4814， 4856， 4911， 5123， 5236 +
5237， 5985

徝　《乙》1948， 3689， 4171， 4172， 4174， 4177， 4180

𩚏 《乙》616,617,757,796,831,856,999,1001,1004,1014,1105,1175,1176,1208,1317,1437,1457,1515,1537,1551,1555,1560,1600,1621,1624,1650,1763,1786,1787,1811,1843,8206

以上子組,其字體文例的特色如下:(1)貞字一例作平脚的,即式二;(2)常作小字;(3)"于"字亦作𠀒,"丁"字亦作圓圈,同於𠂤組;又"隹"字寫得很像鳥;(4)干支如子丑未午庚等亦有作晚期的,同於𠂤組;(5)卜辭內容習見"又史""某歸""至某(地)"等;(6)祭法常用"御"和"彫",偶亦用"又";又有"祊"見《乙》370,393,405。

子組的前辭形式共有四類:

(甲)甲子卜某貞

我 《乙》767,830,940,1424

余 《乙》3558(此片貞字與子組的不同)

子 《下》43.3

𢓊 《乙》3350,4758,4814,4856,4911,5985

𢓊 《前》8.14.3;《庫》648,703;《續》6.13.8

𩚏 《乙》757等(除了1537)

(乙)甲子卜某

我 《乙》788,1319

史 《乙》830

𢓊 《乙》5236+5337

𩚏 《乙》1537

(丙)甲子某卜貞

子 《乙》4507,4856,4949,6092

余 《乙》4949

(丁)甲子某卜

子 《庫》1259,1557,1988;《珠》421,899,1328;《前》

8. 2. 4，8. 5. 8，8. 6. 3，8. 13. 1；《上海》47

余　《乙》4758

𥅾　《乙》3689，4172，4177

（甲）（乙）兩式是賓、𠂤兩組所同，但賓組以（甲）式居多，子組同之；（丙）（丁）兩式是子組所獨有的。

子組的稱謂約如下述：

1. 祖戊　《乙》25 + 33 豕卜　豕似當附屬於此組

2. 司妣甲　《庫》645 𩵋卜

3. 妣丁　《乙》乙 1106，《庫》1988 子卜

4. 妣己　《乙》5236 + 5237 𥅾卜；《前》8. 13. 4，《庫》1988，《摭續》83 子卜；《前》8. 10. 2 余卜；《乙》1839

5. 妣庚　《明》1009，《庫》1988 子卜

6. 妣辛　《乙》405，422—YH006 坑

7. 妣壬　《前》8. 14. 3 𥅾卜

8. 父甲　《前》8. 5. 4　據字形

9. 父乙　《乙》105—B119 坑；《乙》405—YH006 坑

10. 父戊　《乙》393 余卜，《菁》11. 19 我卜

11. 父庚　《乙》370—YH006 坑

12. 中母己　《乙》4507 子卜（兩見）

13. 母癸　《乙》5236 余卜

14. 兄丁　《乙》1650 𩵋卜；5236 + 5237 𥅾卜（同版有妣己、小己）

15. 子丁　《庫》1988 子卜（同版有妣丁、妣庚）

16. 子𡧥　《前》8. 10. 1 子卜；《下》41. 9 我卜

17. 龍甲　《乙》4507 子卜（同版有中母己）

18. 龍母　《乙》4507 子卜；《乙》4911 𥅾卜

19. 電帚　《下》42. 7 余卜

20. 帚妊　《乙》1329；《前》8. 14. 3 𥅾卜

21. 帚妥　《乙》4856，《粹》1240 子卜
22. 帚鼓　《乙》1424 我卜
23. 小王　《庫》1259 子卜
24. 小己　《乙》5236 十 5237 𠂤卜
25. 司癸　《乙》4507 子卜，《乙》5985 𠂤卜
26. 伊尹　《前》8.1.2，《菁》11.18 子卜
27. 亞雀　《前》8.9.3，8.10.2 余卜；《前》8.13.2

以上的稱謂可分為數類：

（1）同於賓組的。祖戊，妣甲，妣庚，母己，母癸，子𡚦，伊尹。

（2）同於𠂤組的。父戊，小王。

（3）同於賓組𠂤組的。妣己，父甲，父乙，父庚，兄丁。

（4）同於午組的。祖戊，妣己，妣辛，妣壬，父戊，亞雀。

（5）同於子丁群的。妣丁，子丁。

（6）獨有的。龍甲，龍母，司癸，小己，諸帚。

由此可見，子組稱謂主要的同於賓、𠂤兩組，然而和午組子丁群所獨有的幾種稱謂也相同。龍甲和賓組的巴甲寫法有繁簡之異，很可能是一個字。

以上的稱謂中有一條最重要，見《綴合編》附圖十三：

己丑子卜貞子𡚦乎出敦　《前》8.10.1 與下片綴合
己丑子卜貞余又乎出敦　日本京都東方文化研究所

子𡚦是武丁時人，下列各片記他伐基方：《乙》2108，《前》5.13.1 內卜，《粹》1174 㭪卜，《佚》786 殼卜。下列各片記他祭父乙：《續》1.28.5，1.28.9。因此可證子是武丁卜人。上舉《前》8.10.1 共有兩辭，其另外一辭和《金》622 㫃所卜者相同，而《河》519 云“丙寅卜㫃貞卜㫃曰……王曰……”㫃是祖庚時代的卜人，則卜㫃也延到祖庚之世，此可證子𡚦和㫃似屬於武丁的晚世。

衛的卜辭凡四見：《粹》1566，《甲》3049＋3089 出 E 16 又有甲尾刻辭，《續》1.38.7（即《佚》907）有妣己又有"又龍甲"，《前》4.12.8 與上片同文而殘龍甲二字。由於坑位及甲尾刻辭，可知他和𠂤組相近；由於他祭龍甲及字體較細，可知他和子組相近。今附屬之於子組之後。

八　午組卜辭

這一組祇有兩個不繫聯的卜人：

午　《乙》2478，4521，7512

兄　《乙》5328　參《乙》1625

我們所以稱它們為午組者，一則它們字體自成一系，不與賓、𠂤、子三組相同；二則其稱謂也自成一系。所謂稱謂自成一系者，指若干特殊的稱謂互見於若干版。

這一組字體好用尖銳的斜筆，和武文書體的剛勁有所不同。干支和"于"字寫法接近賓組；賓、𠂤兩組"不"字沒有上面一橫，子組午組有此一橫，午組之例如《乙》1428，5321，5328，5405。《乙》1434，4719，4925 各片"辰"字寫法很特別；《乙》4521，5328"子"字中筆是斜的，和《乙》96，197 等𠂤組字體近似。午組的貞字很少出現，有兩種：一種同於𠂤組（式四），一種是它獨有的（式五）。午組的"牢"字寫作牢：《乙》1185，1609，3803，4603，4811，4857，5321，5328，5384，5394，5399，《前》4.16.4，8.8.4。午組的"六"字寫作∧，見《乙》982，5162，5328，5399，和賓組之或作∧者不同。

午組最常用的祭法是"屮歲"，偶爾亦作"又歲"（《乙》3748）；其次是"御""屮""帝""興""新""羽日"（《乙》5394）"奉生"（《乙》4678）。就祭法説，它們是武丁的，"羽日”在武丁已有, 見《乙》3274 殼卜和《乙》7766。

午組的稱謂約如下述:

1. 祖戊　《乙》597, 4521, 4603, 4678, 4745 + 4763, 5328 + 5455

2. 祖己　《乙》1434,《前》1.27.1,《沫》

3. 祖庚　《乙》982, 1428, 1444 (作庚且), 4521, 5321, 5327, 5405, 8406

4. 祖辛　《前》3.23.4

5. 祖壬　《乙》4678, 5327

6. 妣乙　《乙》973 + 1780, 1428, 1785, 4064, 4508, 5321, 5328 + 5455, 5384, 5394, 6687, 7261

7. 妣己　《乙》933 + 1780, 4678

8. 妣辛　《乙》933 + 1780, 2062, 4603, 4678, 5328, 5405, 5455

9. 妣壬　《乙》4678

10. 妣癸　《乙》933 + 1780, 1785, 2062, 4678, 4725, 5328

11. 父丙　《乙》3521 + 5825 “丁亥卜虫歲于父丙眔戊”

12. 父丁　《乙》766, 1704, 2061, 2254, 3483, 4521, 4603, 4719, 5399, 5405,《沫》

13. 父戊　《乙》982, 1428, 3478, 4521, 4603, 4925, 5156, 5162 + 5178 + 5596, 5321, 5328, 5394, 5399; 6690 (同版有石戊, 下乙, 天等)

14. 父己　《乙》4857, 5455;《前》3.23.4

15. 父辛　《乙》4725

16. 母丁　《乙》3478, 5394

17. 母戊　《乙》762, 1479

18. 兄己　《乙》4333, 4544; 1006 (《續》1.44.1 與此同文)

19. 子庚　《乙》1464, 4064, 4521, 4549, 4745 + 4763, 5156,

5327，5399

20. 下乙　《乙》4549（四辭），5113，5327（二辭），3521，6690

21. 內乙　《乙》1783，3478，3803，4544，4549，5328，5394，5455，5519，7512，8407；《善》20189

22. 內己　《乙》1434

23. 外戊　《乙》5162＋5178＋5596

24. 司戊　《乙》5327（司字省口）

25. 石甲　《乙》5327；《前》8.8.4

26. 子夢　《乙》5394

27. 乙　《乙》5328＋5483

28. 戊　《乙》3521＋5825

29. 庚　《乙》4925

30. 天　《乙》1538，4505，5384，6390，6690；《拾》5.14，《前》8.9.2

31. 武　《乙》4333

32. 美　《乙》5327

33. ✛　《乙》5328，5384

34. 帚石，石　《乙》4925，5405

35. 罢，娘　《乙》5405

36. 亞雀　《乙》3478

37. 京妣己　《乙》5462，《粹》398

以上稱謂可分為數類：

（1）同於賓組的　祖庚，妣己，妣癸，父辛，母丁，母戊，下乙，京妣己，庚，乙，戊

（2）同於𠂤組的　祖戊，妣己，妣癸，父戊，父辛，母丁，兄己

　　　(3) 同於子組的　　祖戊,妣己,妣辛,妣壬,父戊,
亞雀

　　　(4) 獨有的　　祖己,祖辛,祖壬,妣乙,父丙,父丁,
父己,子庚,內乙,內己,司戊,外戊,石甲,天,武,美,
子夢,帝石等

　　此組的稱謂約有半數與賓、𠂤、子三組相同,而其中下乙一稱
尤足證午組屬於武丁時代。午組稱下乙者凡九辭見於五版,都是
為胡氏《卜辭下乙說》所未錄的。《甲》3598有"將上乙"一
辭,似乎也屬於這組,上乙可能指的是大乙。這種稱謂實為某一
時期的一種特殊形式,偶然出現以後就廢而不用了。

　　以上所舉各例,大體上是以前所描寫的午組字體,但有些書
體稍稍粗一點,其所以歸入這一組乃因某些特殊稱謂之可繫聯。
此組多獨有的特殊稱謂,如上第 (4) 項祖戊至內乙都不止見於一
版,用此互相繫聯如表1:

表1

《乙》4521	祖戊	祖庚		父丁	父戊		子庚					
4745 + 4763	祖戊						子庚					
4549							子庚	內乙	下乙			
3521			父丙						下乙			戊
1428		祖庚			父戊			妣乙				

續表

	祖戊	祖庚	祖壬	父丙	父丁	父戊	父己	父辛	兄己	子庚	內乙	下乙	妣乙	妣己	妣辛	妣壬	妣癸	母丁	乙	戊	庚
4544									兄己		內乙										
4678	祖戊		祖壬											妣己	妣辛	妣壬	妣癸				
4925						父戊		父辛									妣癸				庚
5328 + 5455	祖戊					父戊	父己				內乙		妣乙		妣辛		妣癸		乙		
5394						父戊					內乙		妣乙					母丁			
1704					父丁								五妣								
5327		祖庚	祖壬							子庚		下乙									
3478						父戊					內乙							母丁			
繫聯	祖戊	祖庚	祖壬	父丙	父丁	父戊	父己	父辛	兄己	子庚	內乙	下乙	妣乙	妣己	妣辛	妣壬	妣癸	母丁	乙	戊	庚

除表 1 外，下列各少見稱謂亦與表 1 繫聯：

　　《乙》5162　外戊——父戊

　　　　　1434　內己——祖己

　　　　　5327　司戊，石甲，美——下乙，祖庚，子庚，
祖壬

　　　　　5394　子夢——內乙，父戊，母丁，妣乙

　　　　　5384　天——妣乙

　　　　　5328　✧——內乙，父戊，祖戊，妣乙，妣辛

4333　武——兄己

3478　亞雀——内乙，父戊，母丁，𠙶

5405　帚石，䍙，㝩——父丁，妣辛，祖庚

除此以外，祇有母戊沒有繫聯，但是《乙》1479有母戊的一片與《乙》973 + 1780字體極相近，後者有妣乙、妣癸、妣己、妣辛，似乎是一龜之折。

這一組的文例是很別緻的，下舉數例：

《乙》　982 帝御子，自祖庚至于父戊，𠬝。

《乙》　1704 戊申卜，𠦪生五妣于妣于父丁。

《乙》　5161 戊午卜，至妻，御□父戊□𠂇又叀。

《乙》　5328 甲午卜卂，御于妣，至妣辛。

甲午卜卂，御于内乙，至父戊。

《乙》　5399 戊子卜，至子，御父丁百豕。

所謂五妣就是妣乙、妣己、妣辛、妣壬、妣癸。《乙》3521有妣戊，因有其他問題，暫不列入。

九　結語

YH127的龜甲，除了上述大宗的賓組和較少的子組午組以外，還餘了幾小群不能聯繫的卜辭。

第一群字體柔弱的，貞字作式三，其稱謂如下：

《乙》1177 子丁　《乙》1325 妣丁　《乙》1318 妣癸

《乙》1539 父丁　《乙》1544 母癸

第二群字體小，像子組，貞字作式六，喜將親屬稱謂放在天

干之後，其例如下：

《乙》1174 + 1446　丁妣、己妣、庚妣、丁子

《乙》1508 子丁　《乙》1532 子丁、庚妣　《乙》5268 子丁、庚妣

《乙》4810 庚妣、祖乙、帚丁

《乙》1324 己妣（《前》8.4.6 亦同）

這兩群的丁字都寫作圓圈，和𠂤組子組相同，都有子丁、妣丁的稱謂為子組所特有的，所以我們可附屬此兩群於子組之後。《乙》5140 有妣丁，丁字是方的，附隸於此。

以上在論𠂤組與第十三次各坑所出甲骨中，已附述一些少見卜人，今歸併於此，並約略就字體暫定其附屬的組別於下：

附屬於賓組的　衍　《甲》241—36 坑

附屬於𠂤組的　徣　《甲》450—第二次

　　　　　　　　　《甲》3003—E16 坑

　　　　　　　勿　《甲》3014 + 3020—E16 坑

　　　　　　　　　《乙》59，79 + 234，159—B119 坑

　　　　　　　卣　《乙》124—B119 坑

　　　　　　　呎　《乙》87—B119 坑，《坊間》4・155

　　　　　　　奉　《乙》38—B119 坑

　　　　　　　丁　《乙》443—YH006 坑

　　　　　　　取　《乙》357—YH006 坑，《前》8・5・7

　　　　　　　界　見下章

　　　　　　　由　《續》1.1.1，3.43.2；《河》120，665；

　　　　　　　　　《佚》833，《前》1.44.5，《劍》62，

　　　　　　　　　《燕》141，《明》574，《戩》46.7

附屬於子組的　豕　《乙》33—B119 坑

車（?）《乙》324—YH006 坑

萬（?）《乙》367—YH006 坑

衛　　《甲》3049＋3089—E16 坑

除此外尚有一些卜人，此不詳論。

我們所論的四組，雖都是武丁時代的，然而也有早晚之不同，𠂤、子兩組大約較晚。除了有早晚葉之分外，賓組似乎是王室正統的卜辭；𠂤組卜人也常和時王並卜，所以也是王室的，而其内容稍異。午組所祭的人物很特別，子組所記的内容也與他組不同。子組卜人𫝊和巡（或與婦巡是一人）很像是婦人，該組的字體也是纖細的。第十五次發掘出土的（《乙》8691—9052）字體近子、𠂤、午組的，内容多述婦人之事，可能是嬪妃所作。這些卜人不一定皆是卜官，時王自卜，大卜以外很可能有王室貴官之參與卜事的。

上述各組與坑位的關係，已稍加説明，大致獨立的有意儲積的穴窖，其一窖所出的卜辭可能是同時代的，或連接下一代。各朝卜辭出土地的分佈，也可能有一些分別；這可能由於每一朝代集中住用的地方各有移動。較為顯明之例，就是小屯村中多出康、武、文卜辭。我們對於當日商王都邑各部門之如何分配，很難有明確的輪廓，故一切推測是不成熟的。

我們曾屢次涉及字體文例及其他制度作為斷代的一種輔助，凡此皆是初步的，此中情形複雜，變化多端，尚待作詳細的精深的研究，纔可以用來斷代。據《尚書·無逸》説高宗武丁“享國五十有九年”，此説若可信，則五十九年之久，其間字體文例制度的有所變異，乃是必然的事。因此，四組卜辭字體間的差異，同一稱謂的先後形式，或由於時有早晚，或由於卜者身分之不同，我們似不可執賓組卜辭為武丁惟一的卜辭。

坑位字體文例等用於斷代是有限度的，就是親屬稱謂也是有限度的。卜辭所稱祖妣可以是祖父母，也可以是三代以上的；商人多妻，稱母不止於生母，所謂父即諸父，兄即諸兄。祇有稱子而繫以私名者如子伐、子咸之例，纔是固定的指某個人。不但不同的朝代都可有父丁、父戊，就是同一個朝代所稱的妣戊可以是祖母戊也可以是高祖母戊；就是同一朝代所稱的祖母戊也不一定指哪一個名戊的祖母，因為可能有幾個祖母都名戊的。商人的習慣，把同輩的同類親屬依其死亡先後用十天干的順序為廟號，因此若某代有十四個諸父，則有二個父是同名（干支）的。傅易州出土三商戈（《三代》19.20—21）：其一戈有二大父日癸，一中父日癸，一父日癸；其二戈有二兄癸；其三戈有二祖日己，二祖日丁。由此知同輩兄弟有多於十二人者，而商人祭直系大宗，亦祭旁系小宗和王族及其配偶。

　　由於上述的緣故，或限於發掘報告之簡略，或由於卜辭本身所可用作斷代的標準頗有限度，因此我們以上所論祇是一些推測，還需要修正補充或更改的。我們會對董氏所作各點論定，加以討論批評與修正，實由於我們對他所作的硬性的判斷有不可以完全同意之處。董氏貞人説的倡明，斷代的擬議和用坑位斷代的嘗試，都是極有功於甲骨學的研究。但是，我們先要把一切已有材料作徹底盡量的搜集與分析，然後纔可歸納出一些條例，來作有限度的解釋。

　　錄者説明：陳夢家在本章之後列有五個附錄，因篇幅所限，我們沒有錄出。
　　五個附錄是：
　　附錄一　第一次發掘各坑甲骨
　　附錄二　《寫本》與《甲編》1—447 對較
　　附錄三　第十三次發掘所獲各坑甲骨
　　附錄四　十五次發掘所獲甲骨及其地區
　　附錄五　賓、㱿、子、午四組卜辭稱謂對照表

下　編

1977 年起對 "歷組" 卜辭時代的論辯

第三章

1977 年起"歷組"卜辭時代及
相關觀點的提出

　　1976 年，中國科學院考古研究所安陽工作隊在小屯村西北發掘出一座保存完整的中型墓 M5，即安陽小屯五號墓，因墓中出土的大量青銅器上有"婦好"銘文，故也稱作"婦好墓"①。1973年，中國科學院考古研究所安陽工作隊在小屯村南發掘，出土甲骨 7150 片②，後將全部刻辭甲骨 4612 片（號）收錄於 1980 年出版的《小屯南地甲骨》③ 一書中。從 1977 年開始，李學勤藉"婦好墓"的發掘和小屯南地甲骨的出土，提出第四期卜辭，即被他改稱作"歷組"卜辭的時代問題。他提出"歷組"卜辭不是傳統認為的武乙、文丁卜辭，而應是第一期武丁晚至第二期祖庚時期的卜辭，這就是"歷組"卜辭提前說。繼而為了擺脫"歷組"卜辭在出土地層上遇到的困境，他又提出了殷墟甲骨發展的"兩系說"。因為"兩系說"同樣違背了考古地層學的證據，為圓"兩系說"，他又重提"先用字體分類，再進行斷代"說。即"兩系說"和"先用字體分類，再進行斷代"說，都是為了使"歷組"

---

① 中國社會科學院考古研究所安陽工作隊：《安陽殷墟五號墓的發掘》，《考古學報》1977 年第 2 期。

② 中國科學院考古研究所安陽工作隊：《1973 年安陽小屯南地發掘簡報》，《考古》1975 年第 1 期。

③ 中國社會科學院考古研究所：《小屯南地甲骨》，中華書局 1980 年版。

卜辭能够提前而提出的。他的上述諸説引發了學術界在甲骨斷代問題上的大論戰，至今已延續了四十餘年。本章擬較詳細地介紹李學勤及其支持者的主要論述，並隨文對某些論述作簡要評議。

第一節　1977 年李學勤提出"歷組" 卜辭時代提前説

李學勤提出"歷組"卜辭提前説的主要代表作是兩篇文章：一篇是《論"婦好"墓的年代及有關問題》，一篇是《小屯南地甲骨與甲骨分期》。下面分别予以介紹與評議。

一　《論"婦好"墓的年代及有關問題》

1977 年中國社會科學院考古研究所安陽工作隊發表了《安陽殷墟五號墓的發掘》①，同年年末，李學勤發表了《論"婦好"墓的年代及有關問題》② 一文。該文的内容有三部分：

第一部分："青銅器的時代特點"。

李學勤説："婦好"墓出土的"一大群青銅器，除少數幾件鑄造時代有所差異，例如'亞弜'鼎時代顯然較早外，大體是屬於一個時期的。從形製考察，很多件具有殷墟早期的特徵……同時，在這個青銅器群中又有不少件飾有複層花紋，即有浮雕感，並封以地紋的所謂'三層花'。這種類型的紋飾，以往多認爲是商末纔出現的新作風，加以青銅器器種繁多，有一些前所未見的，更給人以時代很晚的印象"。

他舉例説明殷墟早期的青銅器有複層的花紋，能够説明"婦好"墓青銅器群複雜發展的面貌。他舉的例證有：

---

① 中國社會科學院考古研究所安陽工作隊：《安陽殷墟五號墓的發掘》，《考古學報》1977 年第 2 期。

② 李學勤：《論"婦好"墓的年代及有關問題》，《文物》1977 年第 11 期。

"小屯村北丙組基址之間，有殷墟早期墓M331。……這座墓出土了一對青銅方爵，平底，口下飾蕉葉紋，腹部為饕餮紋。同出還有一件方卣，細頸，腹四隅飾饕餮紋，有扉棱；蓋上飾立鳥形鈕，附鈕環，與'婦好'墓的一件卣相仿。這三件青銅器製作精巧，都是複層花紋。"還有"婦好"墓出土的青銅器封口袋足盉，在鄭州和盤龍城的商代中期青銅器中都出現過。殷墟侯家莊西北岡1001大墓出土過三件一組的青銅方盉，有扉棱，腹部四隅飾饕餮紋，也都是複層花紋。還有"H21窖穴所出鑄方彝用的泥模"，"所代表的青銅器也是複層花紋"。李學勤説，這些材料表明，"在武丁、祖庚、祖甲的殷墟早期，已經存在飾有華麗的複層花紋的青銅器"。他舉"婦好"墓出土的銅戈，"有直內的、曲內的，又有以鋬裝柲的，這個"幾種戈並存的現象，和小屯E16窖穴一致"。又説"婦好"墓銘文中"亞"字的寫法和1001大墓的"亞"字寫法相同，"也是其時代性的一個參考的標志"。

李學勤也並不否認："無論是1001大墓，還是其他殷墟早期的大墓，都沒有出土像'婦好'墓這樣多而精美的青銅器。"對這種現象他給出的理由是："這是由於大墓墓主的隨葬器物久已被盜一空的緣故"；説："這些大墓裏多有陪葬人或殉葬奴隸，因而墓中出土的青銅器有些並不是墓主的直接隨葬品。陪葬人隨葬器物的質地遠不如墓主的精美，這是易於理解的。"

他最後得出結論是："從青銅器總的特徵考察，'婦好'墓的年代大致可推定為武丁晚年至祖庚、祖甲的時期。"

對李學勤用"婦好"墓出土青銅器的形製花紋來論證該墓的年代屬早期，有幾位考古學家卻有不同意見。如鄒衡先生説："婦好"墓的青銅禮器"無論從其形製、花紋、銘文各方面來看，都是比較複雜的"，有數量較多的青銅器"約相當於殷墟文化第三期第4組"，也有少數"約相當於殷墟文化第二期第3組"和"約相當於殷墟文化第三期第5組"，"大致估計其絕對年代，最早的可到武丁時代（晚期），最晚的可到武乙、文丁時代。若僅以其銅禮器來定，則此墓下葬的年代不會早到武丁時代，但也不會晚於武乙、文丁時代”。① 1979 年，李伯謙發表《殷墟五號墓的年代問題》一文②，提出五號墓“除去一部分青銅器可早到武丁至祖甲時代，有相當數量的青銅器是晚於該時代的”，“五號墓決不能早到殷墟文化第二期”，“應屬殷墟文化第三期，即相當於廩辛、康丁、武乙、文丁之時”。因此，從青銅器的形製花紋看，學界對“婦好”墓的年代尚存在不同意見。

　　第二部分：“器物銘文分析”。

　　李學勤説：“‘婦好’墓不少青銅器鑄有銘文，一些玉石器也刻有文字，為推斷墓葬的性質和年代提供了可靠的依據。”他説：“‘婦好’墓銘文中的‘婦好’、‘后粵母’、‘后母辛’，實際上是指同一個人。”他逐一分析了這三種銘文。

　　關於“婦好”銘文。他説：“‘婦’是親屬稱謂，其本義是子婦，與‘姑’對稱”，他舉《三代》3.20.3（鼎）的“婦𩃬作文姑日癸尊彝”和《陝西》95（簋）的“陸婦作高姑尊彝”為證。我們認為，這兩條銘文並不能證明“婦𩃬”和“陸婦”是指“子婦”。他又説：“‘婦’字的引申義則是妻子（這和現代有些地方把妻子稱為媳婦是一樣的）”，説“她們所以稱婦，是對其夫之母而言”；“‘婦好’的‘好’是名，不是姓”。總之，李學勤認為“婦好”的“婦”是親屬稱謂，是指妻子、是對其夫之母而言的兒媳婦，“好”是一個人的名，“婦好”就是指一個名為“好”的（兒）媳婦。由此他“導出兩點推論：第一，‘婦好’既是冠以稱謂的名，它衹能是指具體的個人，而不能像許多商代一兩個字的銘文那樣理解為族氏。我國古代有以‘子某’為氏的，即所謂以王父之字為氏，沒有以‘婦某’為氏的。第二，‘婦好’是王的

　　① 　見《安陽殷墟五號墓座談紀要》，《考古》1977 年第 5 期。
　　② 　李伯謙：《殷墟五號墓的年代問題》，《考古》1979 年第 2 期。

妃偶的稱謂，所以銘有'婦好'的青銅器應該是她生前使用的器物，多數大約是她所使用的祭器。"

李學勤上述對"婦好"銘意義的說法，有幾位學者發表文章表示反對，其中尤以張政烺先生的《帚好略説》《〈帚好略説〉補記》① 兩文論證最為精辟。張先生利用古文獻、甲骨文證明"婦"是上古對女官的稱呼，"婦"是世官，"好"是氏名、族名或國名，"婦好"是指"好"氏族（或好國）的女世官。故"婦好"不是指一個人的名，在其他期卜辭中也可以有"婦好"（詳見第四章）。張先生的論證動搖了李學勤利用"婦好"一稱證明"歷組"卜辭是第一期武丁卜辭的根基。

李學勤對"后龏母"銘文的意義也有説明："'龏母'是婦好的字。'龏'讀為'巧'。'巧'和'好'古韵同部，意義相近……古人名好字巧母，是非常自然的。"又説："'后'是身分。商代文字每作反書，'后'字和'司'字很難分別，祇從文義可以辨出有的是'司'……有的是后……后，即王后，《禮記·曲禮》：'天子之妃曰后。'""婦好是武丁的妃，他被尊稱為后龏母，是合乎身份的。"

對李學勤將"司龏母""司母辛"的"司"釋作"后"，諸多學者表示反對。曹定雲、葛英會、常玉芝、杜迺松、張鵬、李維明等學者都有專門論述。②

對"后母辛"銘文。李學勤説："'后母辛'的'辛'是日名。我們曾指出，商代活著的人不稱日名，日名是死後選定的。"

---

① 　張政烺：《帚好略説》，《考古》1983 年第 6 期。《〈帚好略説〉補記》，《考古》1983 年第 8 期。

② 　曹定雲：《"司母戊鼎"不可改名為"后母戊鼎"》，《中國社會科學報》2012 年 2 月 27 日（A—07）。葛英會：《商代大鼎的"司"、"后"之爭》，《殷都學刊》2012 年第 1 期。常玉芝：《是"司母戊鼎"還是"后母戊鼎"——論卜辭中的"司""毓"》，《中原文化研究》2013 年第 1 期。杜迺松：《司母戊鼎銘文形音義研究》，《中國文物報》2016 年 8 月 12 日。張鵬：《青銅大師杜迺松深入考證古鼎之名——司母戊鼎名稱不容置疑》，《北京晚報》2016 年 11 月 1 日。李維明：《司母戊鼎還有多少待解之謎》，四川人民出版社 2017 年版。

他舉"卜骨《甲編》668 有'辛丑勰（獻）祀婦好'① 是以辛日祭祀婦好，所以婦好非常可能就是武丁之妃妣辛。青銅器銘之稱'后母辛'，是武丁的子輩對婦好的稱謂"。但他解釋《甲編》668（即《合集》32757，第四期卜辭）卜辭説"是以辛日祭祀婦好"，就與他上面説的"商代活著的人不稱日名，日名是死後選定的"相矛盾，因為該辭的受祭人寫的是"婦好"而不是日名，祭祀婦好是要用她的日名"辛"即廟號，而不是用"婦好"名。我們檢查了該版卜辭，發現李學勤的釋讀有誤，該辭應該釋作"己亥卜，辛丑勰婦好祀"。他的錯釋有二：一是"辛丑"後的字是"勰"不是"勰"，二是辭中"祀"字是在"婦好"二字的後面而不是在其前，故該辭是於己亥日卜問在後三天的辛丑日由婦好主持勰祀的祭祀，可以嗎？而不是卜問勰祀（祭）婦好（圖3—1）。由此可知李學勤用該辭的辛日證明婦好的日名為辛是不妥當的。

　　需要説明的是，李學勤將𤔔、𤔔釋為"后"是錯誤的，銘文"后母辛"應該釋作"司母辛"。他對釋"后"沒有作出詳細論證，祇是説："商代文字每作反書，'后'字和'司'字很難分别，祇從文義可以辨出有的是'司'……有的是后……后，即王后"，即他釋"司"為"后"是揣測的。對此，已有幾位學者撰文詳細論證了該字祇能釋作"司"不能釋作"后"②。殷墟甲骨卜辭中尚無"后"字，卜辭中的"后"意是用"毓"字來表示的。③ 另外，曹定雲先生對"后𪓌母"的釋讀也與李學勤有所不同。④

---

① 李學勤對此辭注説："此片是舊以為'第四期'的歷組卜辭。"言下之意是他定該辭為第一期卜辭。

② "后"應釋為"司"。見前頁注 2 所列各文。

③ 常玉芝：《是"司母戊鼎"還是"后母戊鼎"——論卜辭中的"司""毓"》，《中原文化研究》2013 年第 1 期。

④ 曹定雲：《殷墟婦好墓銘文研究》，文津出版社 1993 年版，第柒篇。

　　李學勤的"器物銘文分析"，得出的結論是：通過對"上述幾種銘文的分析，進一步説明'婦好'墓是武丁晚期的王室墓葬"。

　　第三部分："'婦好'墓與殷墟卜辭分期"。

　　在該部分開頭，李學勤説："在距離'婦好'墓不遠的地方，又發掘了時代相近的墓葬，所出銅器銘文'子漁'，也是武丁卜辭中常出現的人物。這些墓的發現，不僅為殷墟文化分期提供重要標尺，而且給殷墟卜辭分期久懸未決的問題投射了新的曙光。"他這是説，屬於武丁時代的"婦好墓"和"子漁墓"為解決"久懸未決"的殷墟卜辭分期問題"投射了新的曙光"。

　　説實話，在李學勤未發出此言之前，學者們並不知道在殷墟卜辭分期中還有"久懸未決"的問題。李學勤下面的話告訴我們什麼是"久懸未決的問題"，他説："1933 年董作賓先生提出的卜辭五期分法，早已陳舊了。他所謂第四期卜辭，長期以來成為考古學界爭論的中心。"原來他説的甲骨分期"久懸未決"的問題，是對董作賓五期分法的否定，特別是"所謂第四期卜辭，長期以來成為考古學界爭論的中心"。他的這個説法與事實是嚴重不符的。

　　我們知道，董作賓的第四期卜辭還包含有後來陳夢家卜人分組的自組、子組、午組卜辭，這幾組卜辭通過考古發掘提供的地層證據和學者們對卜辭內容的研究，學術界早在 1956 年陳夢家發表《殷虛卜辭綜述》後，就已基本達成了共識，即認為這幾組卜辭都是第一期武丁卜辭，糾正了董作賓將其分在第四期文武丁時的錯誤。而李學勤卻是："過去，我們由於看到其第四期中自組、子組、兇組（引者按：即午組）等卜辭有與歷組聯繫的證據，也把它們列為晚期的。從近年發表的各種材料看，自組等必須列於早期。"這是説他是在"近年"纔將這三組卜辭看作是早期的。他早先是從董作賓之説將這幾組卜辭看作是文武丁卜辭的，後來

又改成是帝乙時期的"非王卜辭"。① 現在，他認為"第四期中自
組、子組、允組等卜辭有與歷組聯繫的證據"，而原來屬於第四期
的自組、子組、午組卜辭已經前移到早期，那麼與之有聯繫的同
屬於第四期的"歷組"卜辭也"非移前不可"。如此，董作賓分期
期的第四期卜辭就被他抽空了。

　　接著，他述說將"歷組"卜辭前移的理由："原來，殷墟甲
骨不止是武丁時期的賓組卜辭有婦好這個人物，多出自小屯村中
南的一種卜骨也有婦好。這種卜骨字較大而細勁，祇有一個卜人
䠱（歷），我們稱之為歷組卜辭。按照舊的五期分法，歷組卜辭被
認為屬於武乙、文丁時的第四期。"而"新出土的各墓青銅器及玉
石器上的文字，其字體更接近於歷組卜辭。但是，如果把墓的時
代後移到武乙、文丁，又是和所出陶器、青銅器的早期特徵無法
相容的"。"這個矛盾應當怎樣解決呢？我們認為，症結在於傳統
的五期分法把歷組卜辭的時代斷錯了。"李學勤的這段話有三層意
思：第一，武丁時的賓組卜辭和第四期的武乙、文丁卜辭即"歷
組"卜辭都有"婦好"這個人物。第二，根據第四期卜辭有卜人
"歷"，將其改稱作"歷組"卜辭。第三，"新出土的各墓青銅器
及玉器上的文字，其字體更接近於歷組卜辭，但是，如果把墓的
時代後移到武乙、文丁，又是和所出陶器、青銅器的早期特徵無
法相容的"。這個矛盾的"症結在於傳統的五期分法把歷組卜辭的
時代斷錯了"。

　　這第三部分可說是對第一、二兩部分的引伸。前兩部分，第
一部分力證"婦好"墓出土的青銅器形製花紋屬於殷墟早期，第
二部分力主"婦好"祇是一個人的名。這第三部分則指出第四期
即"歷組"卜辭也有"婦好"，並且原來屬於第四期的"自組"
"子組""午組"卜辭業已提前，所以同屬於第四期的又有"婦

---

① 李學勤：《帝乙時代的非王卜辭》，《考古學報》1958 年第 1 期。

好"名的"歷組"卜辭也應該提前。由此他斷定董作賓的"五期分法把歷組卜辭的時代斷錯了",而"'婦好'墓的發現,進一步告訴我們,歷組卜辭的時代也非移前不可"。

接下來,李學勤從"字體的演變""卜辭的文例""人名""事項""稱謂"五個方面來"拆穿""歷組卜辭的謎團"。1948年,董作賓在將自組、子組、午組卜辭從第一期武丁時後移到第四期文武丁時曾説他"揭穿了文武丁時代卜辭的謎",現在李學勤是將"歷組"卜辭從第四期武乙、文丁時前移到第一期武丁至第二期祖庚時則説他"拆穿"了"歷組卜辭的謎團"(李學勤從的是明義士 1928 年提出的觀點)。看來,這第四期卜辭真是撲朔迷離,"謎團"多多。下面他從五個方面"拆穿""歷組卜辭的謎團":

(一)"從字體的演變考察"

李學勤説:"從字體的演變考察,歷組卜辭是早期的。"他祇舉出一個"王"字的寫法,説:"如'王'字,武丁時期卜辭作𠂤,到祖甲時期已加一橫作𤣩,歷組是作𠂤的。"又説:"其他許多常見字,像干支、'貞'字等等,歷組也都近於武丁時期。"這裏,我們祇要看他對"王"字的論述,就可發現他陷入自相矛盾、不能自圓其説的困境。如他在該文説"王"字"歷組"與武丁時的寫法相同都作𠂤形,但他在另一篇文章《殷墟甲骨兩系説與歷組卜辭》中,又舉出《屯南》2384 版卜辭,説"辭中的'王'字上有一橫",即"歷組"卜辭的"王"字是作𤣩形的,"這種寫法接近無名組卜辭,在個別歷組卜辭中也出現過,如《英藏》573"[1]。我們檢查了他舉的"個別歷組"卜辭《英藏》573,卻發現該片中根本就沒有"王"字,而且這是一版賓組卜辭,是卜問伐舌方的殘辭。我們倒是可以舉出《屯南》2366 的"王"字與《屯南》

---

① 李學勤:《殷墟甲骨兩系説與歷組卜辭》,收入《李學勤集》,黑龍江教育出版社 1989 年版。又收入《當代學者自選文庫·李學勤卷》,安徽教育出版社 1999 年版。

2384 的"王"字一樣，也是作"𐀆"形。那麼，按照李學勤的説法，𐀆形的"王"字在無名組卜辭、"歷組"卜辭中都存在，賓組中是沒有此形的"王"的。那麼，如何利用"𐀆"形的"王"字來證明"歷組"卜辭是屬於武丁時代的呢？對於利用"王"字斷代的不可行，劉一曼、曹定雲也曾有指出，他們説："再如'王'字的寫法，過去傳統看法分'新派'、'舊派'，'舊派'寫作'𐀇'，'新派'寫作'𐀆'。如今，在花園莊東地 H3 甲骨中，這兩個'王'字是並存的，《花東》420'王'作'𐀆'，480'王'作'𐀇'，無所謂誰早誰晚。因此，僅憑某些個別'字'的寫法變化，就去斷定卜辭的時代，是不可取的，也是非常危險的。"[①] 其實，就以"王"字進行斷代的不可行，陳夢家早就指出過，他説："何的卜辭中'王'字的寫法，有武丁式的，有祖甲式的，也有少數晚世帝乙、帝辛式的，我們不能單據'王'字的寫法以斷代，是很顯然的了。"（第 201 頁）這話簡直就是針對李學勤説的。又，李學勤利用字體進行斷代，為何不舉賓組和"歷組"卜辭中都經常出現的"不"字來做對比呢，這恐怕是因為這兩組卜辭的"不"字寫法明顯不同的緣故吧。賓組的"不"字上面沒有一平畫，而"歷組"的"不"字上面卻有一平劃，故"不"字是不能證明"歷組"與賓組時代相同的。總之，這種片面地選用某些字來作論據，就會出現顧此失彼，自相矛盾，不能自圓其説的境況。

　　這裏，我們再舉幾個在第一期賓組卜辭中常見的字形可以延續到第五期卜辭的例證，説明不能簡單地依靠字體進行斷代。如"癸"字，賓組等早期卜辭一般寫作"𝕏"形，但在第五期卜辭中此形仍很多見，如《合集》35828 上的"癸"字就作"𝕏"形，而《合集》35530 上早期的"𝕏"形與晚期的"𝕏𝕏"並見。劉一

---

① 劉一曼、曹定雲：《三論武乙、文丁卜辭》，《考古學報》2011 年第 4 期。

曼、曹定雲也曾指出:"1991 年花園莊東地 H3 所出卜辭中,'癸'字出頭者比比皆是。難道我們能將花東的甲骨看成是第五期的嗎?或者反過來將過去的第五期提到武丁或武丁以前嗎?"① 又如"酉"字,第五期《合集》36631 的"酉"字作"酉"形,此形在早期卜辭中多見。再如"月"字,第五期《合集》35400 有晚期的"𠂤"形與早期的"月"形並見。這些説明以字體特徵進行甲骨斷代是很片面的,也是很不準確的。

總之,用字體斷代還是應該遵循董作賓、陳夢家的意見。董先生説利用字形斷代是"在分期整理完竣之後"的事。陳先生強調字體、詞彙、文例等特徵,是從可定年代的標準片中總結出來的。即董、陳二位先生都告誡,字體不能作為斷代的首要標準。這纔是科學的、正確的斷代方法。

(二)"從卜辭的文例考察"

李學勤説:"從卜辭的文例考察,歷組卜辭也是早期的。"他説:"武丁時甲骨多有記錄甲骨貢納攻治的署辭,在祖庚時的出組卜辭上還有子遺的例子。歷組的卜骨不少刻有署辭。"他舉了《綴合》14、《拾掇》2,159、《摭續》63、《寧滬》1,640,説這四片甲骨上卜辭的"文例與武丁至祖庚甲骨相近"。又説:"武丁時甲骨在卜兆旁除記有一、二、三等兆序外,有的還有'二告'、'小告'、'不𫟃黽'之類兆辭。歷組也有'二告'、'弜台'(《寧滬》1,349)等兆辭。"

即使按照上面李學勤所説,我們也可以看出"歷組"的兆辭和武丁卜辭的兆辭是不完全相同的。前引陳夢家的話,祇有在通過世系、卜人、稱謂斷代標準確定了卜辭的時代後,纔能夠比較各期卜辭字體、辭例等的異同。況且,卜辭文例同字體一樣,也是有傳承的,因此,不能一看到有相同文例的卜辭,就強拉硬拽

---

① 劉一曼、曹定雲:《三論武乙、文丁卜辭》,《考古學報》2011 年第 4 期。

地將其歸屬為同期卜辭。

（三）從人名考察

李學勤説：“歷組卜辭出現的人名，許多與武丁、祖庚卜辭相同。”他舉“歷組”卜辭中的婦好、子漁、子畫、子哉、婦井、婦女，都見於武丁卜辭。又説：“歷組中的重要人物望乘、沚㦛，應該就是武丁賓組卜辭中的望乘、沚戜。”他還舉出阜、夫、并、由、自般（般）、犬征，説這些人名“是歷組與祖庚時期的出組共同的”，“這些人物大都也見於武丁甲骨”。

關於“歷組”卜辭與武丁、祖庚（包括祖甲）卜辭有相同人名的問題，有多位學者都曾撰文給予論述①，指出這是因為在上古時代存在有“異代同名”的社會現象（詳見第四章）。李學勤認為“歷組”卜辭屬於早期武丁卜辭的最基本的重要證據，就是説“歷組”的“婦好”與賓組的“婦好”是指一個人，所以“歷組”卜辭應是早期武丁卜辭。對此，張政烺先生曾給予批駁，他詳細論證了“婦好”的“婦”是指女官，是世官；“好”讀“子”，子是氏名、族名或國名，“婦好”是指子氏（族、國）的女官，世代相因。另外學者們還發現了三件不出於“婦好”墓，但鑄有“婦好”銘文的青銅器，這也有力地證明了“婦好”絕非都是指一個人，而是在某些王世都會存在的（詳見第四章）。

（四）從事項考察

李學勤説：“歷組卜辭有些與武丁時的賓組或祖庚時的出組卜辭所卜事項相同。”他舉了三個例子：

① 張政烺：《帚好略説》，《考古》1983 年第 6 期。《〈帚好略説〉補記》，《考古》1983 年第 8 期。兩文均收入《張政烺文集·甲骨金文與商周史研究》，中華書局 2012 年版。蕭楠：《論武乙、文丁卜辭》，《古文字研究》第三輯，中華書局 1980 年版。蕭楠：《再論武乙、文丁卜辭》，《古文字研究》第九輯，中華書局 1984 年版。羅琨、張永山：《論歷組卜辭的年代》，《古文字研究》第三輯，中華書局 1980 年版。林小安：《武乙、文丁卜辭補證》，《古文字研究》第十三輯，中華書局 1986 年版。林小安：《武丁晚期卜辭考證》，《中原文物》1990 年第 3 期。林小安：《再論“歷組卜辭”的年代》，《故宮博物院院刊》2001 年第 1 期。

例一：

　　　□□［卜］貞，翼□□令夫［以］子方［奠于］并，由王事？

《前編》7，1，4 賓組

　　辛丑貞，王令夫以子方奠于并？

《後編》下 34，3　歷組

　　辛酉貞，王令夫以子方奠于并？

《續存》上 1916　歷組

　　□亥貞，王令夫以子方奠于并？

《後編》下 36，3　歷組

　　上舉的"歷組"三例是同文卜辭。此四條辭的"夫"是"吳"的誤釋，均是卜問王命令吳以子方（之人）在并地舉行奠祭。人名"夫"（即"吳"）在他期卜辭中也有，故這幾條卜辭不能證明賓組與"歷組"同時。

例二：

　　戊午卜殼貞，雀追亘，有獲？

《乙編》5303　賓組

　　辛亥貞，雀執亘，受祐？

《續存》上 638　歷組

　　第二辭《續存》上 638 即《合集》20384，是自組卜辭，不是李氏標注的"歷組"卜辭。自組卜辭與賓組卜辭時代相同，故有相同的雀追抓亘的卜問。

例三：

貞，桒王生，宰于妣庚于妣丙？

《遺珠》30　出組

庚辰貞，其桒生于妣庚妣丙？在祖乙宗卜。

《粹編》306，《綴合》56　歷組

檢查第一辭《遺珠》30（即《合集》2400），是一期賓組卜辭，不是李氏標注的出組卜辭。查第二辭《粹編》306，（即《合集》23188），是出組卜辭，不是李氏標注的"歷組"卜辭，而且該版中並沒有"庚辰貞，其桒生于妣庚妣丙？在祖乙宗卜"的卜辭。因此，用這種錯誤的分期分組材料和根本不存在的卜辭，去論證"歷組"卜辭的時代提前，是不能成立的。

（五）從稱謂考察

李學勤説："歷組卜辭中的稱謂，明確表示了它的時代。"他説"歷組"卜辭的稱謂有兩套，一套是以"父乙"為中心，一套是以"父丁"為中心。

對以"父乙"為中心的卜辭的時代。他説："父乙與母庚同版（《南北》明 613），與兄丁、子龏同版（《佚存》194、《甲編》611）。子龏見於武丁卜辭（《續編》4，12，5、《乙編》4856），很明顯是武丁時稱謂。父乙指小乙，母庚為小乙之妃。"這裏，李學勤祇用幾條卜辭的親屬稱謂，寥寥數語就斷定"歷組"的"父乙"是武丁稱小乙，"母庚"是武丁稱小乙之配，從而得出"歷組"卜辭是武丁卜辭的結論。

對於"歷組"卜辭中的"父乙""母庚"稱謂是否指小乙及其配，劉一曼、曹定雲在《三論武乙、文丁卜辭》[①]一文中做了

———————
① 劉一曼、曹定雲：《三論武乙、文丁卜辭》，《考古學報》2011 年第 4 期。

否定的論證。他們説：“文丁卜辭中，其父輩稱謂祇見‘父乙’；母輩稱謂祇見‘母庚’。此與武丁卜辭中衆多的父輩和母輩稱謂相比，真有天壤之别。”他們舉出卜辭例證，證明在武丁卜辭和文丁卜辭中，此三稱在祭祀禮儀和用犧牲上都存在差别，證明“文丁卜辭中的‘父乙’、‘兄丁’、‘母庚’同武丁卜辭中的‘父乙’、‘兄丁’、‘母庚’是不相同的人，其時代自然也不相同”。這是從祭祀事類上區分出文丁卜辭和武丁卜辭中的“父乙”“兄丁”、“母庚”之所指不同。無疑是正確的。我們還從“父乙”稱謂在第一期賓組卜辭和第四期“歷組”卜辭中出現的次數相差懸殊，祭祀禮儀的輕重不同，進一步證明了這兩組卜辭中的“父乙”絶不可能是指一個人①（詳見第四章）。

對以“父丁”為中心的卜辭的時代。李學勤説：“另一套以父丁為中心，為數較多，父丁指誰，在下列卜辭中可以看得很清楚。”他舉兩版卜辭即《綴合》15、《南北》明 477 為證：

（1）……大乙、大丁、大甲、祖乙、小乙、父丁？

《綴合》15（《合集》32439）

（2）甲午貞：乙未酻，高祖亥……大乙羌五牛三，祖乙羌……小乙羌三牛二，父丁羌五牛三，亡𡿧？　兹〔用〕。

《南·明》② 477（《合集》32087）

他説：“這兩片‘父丁’排在小乙之後，顯然是武丁。如把‘父丁’理解為康丁，那麼在祀典中竟略去了稱為高宗的武丁及祖

---

① 常玉芝：《殷墟甲骨斷代標準評議》，中國社會科學出版社 2020 年版，第 100—102 頁。

② 李學勤對《戰後南北所見甲骨録》一書的簡稱作《南北》，下接甲骨藏單位簡稱，如該片李作“《南北》明”477。我們則改作現在通用的簡稱，作《南·明》477。

甲兩位名王，那就很難想像了。"我們認為這兩版卜辭不能證明
"小乙"後接的"父丁"是指武丁。詳見第四章。

除此之外，他還舉了下面兩條"歷組"祭祀母輩的卜辭：

> 癸亥貞，又（侑）于二母妸、豦甲母庚？兹用。
>
> 　　　　　　　　　　《京都》2297 （《合集》32753）
>
> ……母娍小辛母三小宰?
>
> 　　　　　　　　　　《粹編》8 + 267[①] （圖 3—2）

他説："武丁時有稱謂'母娍'（《乙編》3363），（圖 3—3）
《京都》2297 所祭'二母：妸、豦甲母庚'，就是母娍和陽甲（武
丁父輩）之妃庚，她們合稱'二母'，也顯然是武丁卜辭。"我們
檢查了《粹編》8 + 267 拼合版，發現兩片根本不是一個時期的卜
辭，《粹編》8 是《合集》28240，是第三期卜辭，《粹編》267
（應為 276）是《合集》32612，是第四期卜辭，兩條辭字體不類，
不能上下拼讀。查《粹編》8 上有兩殘辭，一是"……夔受禾"，
一是"……母三小宰"，《粹》276 也有兩殘辭，一是"□子貞：
柰……"，一是"……𣪠小辛"。李學勤採用該拼合版，將兩片的
第二辭連讀成"母娍小辛母三小宰"，第一個"母"字不存在，是
臆補的。再檢查《乙編》3363，是賓組卜辭，祇可見上部似有一
"羌"字，並未見有"母娍"二字，"母娍"二字是李學勤臆補
的。對此，嚴一萍先生也早指出李學勤對上述兩版卜辭有臆補

---

① 　據同事孫亞冰告知，該版是郭若愚拼合的，見《〈殷契粹編〉綴合例的勘誤及
補充》，《古文字》第 1—2 期，上海青年古文字學社 1980 年版。該拼合版其後被多家甲
骨著錄書所收。今查《粹編》8 為《合集》28240，是第三期卜辭，《粹編》276 為《合
集》32612，是第四期卜辭，二者不能拼合。又《當代學者自選文庫·李學勤卷》收錄
的《論"婦好"墓的年代及有關問題》一文中將《粹編》276 誤為 267，今改正。

"母"和"母娥"三字的問題①（見第四章）。總之，由於《粹編》8 + 276 不能綴合，李學勤又臆補"母"字，同時武丁卜辭《乙編》3363 上的"母娥"也是臆補的，所以這兩版卜辭都不能證明"歷組"與賓組的時代相同。

二　《小屯南地甲骨與甲骨分期》

1973 年，中國科學院考古研究所安陽工作隊在小屯村南發掘出一批甲骨，共七千多片②，1980 年，《小屯南地甲骨》上冊出版，收入甲骨 4612 片（號）③。1981 年，李學勤發表《小屯南地甲骨與甲骨分期》一文④，進一步就"歷組"卜辭的時代問題提出證據。該文内容有四個部分：

第一部分："甲骨斷代研究的回顧"。

在這部分的開頭，李學勤説："為了説明問題，讓我們簡單地回顧一下甲骨斷代研究的歷史。"他回顧了 1933 年董作賓的《甲骨文斷代研究例》一文，對董作賓的五期分法評論説："實踐證明，五期分法有其缺點，重要的一點是把甲骨本身的分組和王世的推定混在一起了。單純以王世來分期，實際是認為一個王世衹能有一種類型的卜辭。一旦發現同一王世有不同種類的卜辭時，便很難納入五期的框架。"他以董作賓對 YH127 坑甲骨的斷代為

①　嚴一萍在《歷組如此》文中就《粹》8 + 276 版卜辭説："衹見一個'娥'字，並不是'母娥'。'母'字是李君臆補的。"對《乙編》3363 版卜辭，他在美國曾請胡厚宣看過，他説："胡先生很仔細的端詳了好久，然後説：'我也看不出是什麼？'"後來嚴氏回到臺灣，請石璋如、張秉權"檢出原甲來仔細核對，張秉權兄再三的審視，也不見'母娥'的痕跡。還恐怕眼力不濟，又請年富力強的劉淵臨君仔細觀察，也是看不出什麼文字。"見嚴一萍《歷組如此》，《中國文字》新八期，藝文印書館 1983 年版；收入《萍廬文集》第二輯，藝文印書館 1989 年版。

②　中國科學院考古研究所安陽工作隊：《1973 年安陽小屯南地發掘簡報》，《考古》1975 年第 1 期。

③　中國社會科學院考古研究所：《小屯南地甲骨》上冊，中華書局 1980 年版。

④　李學勤：《小屯南地甲骨與甲骨分期》，《文物》1981 年第 5 期。

例說其"已使董作賓本人遇到這種難題"。他説："YH127坑和其他若干坑位蘊含著後來稱為自組、子組、兒組等卜辭，與武丁時期的賓組卜辭共存，而字體文例及卜人與賓組不同。董作賓在《乙編》序言中把它們排到文丁時期，特稱為'文武丁卜辭'。但是，這些卜辭有關人物、事項和所反映的制度風習，又是和賓組相接近的，因此他主張文丁'復古'，以為卜辭有新舊兩派，在分期之外又提出'分派'，引起甲骨學界长時期的爭論。"

李學勤的這段話含有幾個問題：一個是他說五期分法"單純以王世來分期，實際是認為一個王世秖能有一種類型的卜辭。一旦發現同一王世有不同種類的卜辭時，便很難納入五期的框架"，他以董作賓對自組、子組、兒組（午組）的斷代變化為例證説明此點。這段話讓人看到李學勤對董先生的指責没有道理：因為無論董先生在1933年的《甲骨文斷代研究例》中把自組、子組、兒組（午組）等卜辭放在第一期武丁時，還是在1945年的《殷曆譜》中，1948年的《乙編·序》中，將其改放在第四期的文武丁時，這都是在五期的框架之內運行的！怎麼就"很難納入五期的框架"了？又，無論自組、子組、兒組（午組）與賓組在第一期武丁時，還是與第四期卜辭（即李氏的"歷組"卜辭）在文武丁時，都表明了"同一王世有不同種類的卜辭"，怎麼就成了董先生"認為一個王世秖能有一種類型的卜辭"了？再者，李學勤説董先生在五期分法之外又提出了"分派"法，但董先生的"分派"法是指在風俗、制度上可將各王分成"舊派"和"新派"，"分派"研究法當然值得討論，但它不是新的甲骨斷代方法。從以上李學勤對董先生的指責可以看到，他根本就没有弄懂董先生的甲骨斷代情況和研究卜辭的思路，就妄加批判。

接著，李學勤回顧了學術界對自組、子組、兒組（午組）卜辭斷代研究的歷史和自己的認識過程。他說："最早糾正'文武丁卜辭'之説的，在國內是陳夢家1951年起發表的《甲骨斷代學》，以發掘坑位和卜辭繫聯等大量證據，論證自組等卜辭時屬武丁。"後 "日本學者貝塚茂樹、伊藤道治在 1953 年發表《甲骨文斷代研究的再檢討》，得到和陳氏大體相同的結論"。而李氏自己對自組、子組、𠂤組卜辭的認識過程是："1957 年，我們指出子組、𠂤組和另一些卜辭是非王卜辭，但由於發現自組等和董作賓列為第四期的卜辭有聯繫，把它們排到晚期。1960 年後，我們逐漸改正了這個錯誤意見。"繼而他說，自 1963 年姚孝遂刊佈了一片賓組與子組共存的胛骨；"1964 年，鄒衡同志進一步從考古的層位關係上推定這些卜辭相當武丁時期。至此，'文武丁卜辭'的爭論告一段落，目前在我們這裏，關於這一問題的認識可以說基本歸於一致了"。

但是，即便如此，李學勤仍然說："不過，甲骨卜辭的'復古'問題並沒有完全解決。事實上，《甲骨文斷代研究例》已經有第四期卜辭'復古'的觀點。董作賓稱為四期的卜辭，也就是我們現在叫做歷組的卜辭，從人名、事項到文字結構，也有著較早的特徵。這種現象，使我們考慮到歷組的年代是否可以移前的問題。通過反復研究，1977 年我們在一篇小文裏，談到'歷組卜辭其實是武丁晚年到祖庚時期的卜辭'（明義士 1928 年起草的《殷虛卜辭後編序》已有類似見解，序稿未曾發表，現錄附本文之末）。"對李學勤所說董作賓在 1933 年"《甲骨文斷代研究例》已經有第四期卜辭'復古'的觀點"一說，我們檢查了董文，見董先生在論述第九項斷代標準"字形"時，從四個方面論述了字形的演變，其中在"習見字的演變"中舉有"增加筆畫之例"，他舉了"其""來""雨""王"四個字，其中對"王"字的演變，他說："太為武丁至祖庚時書體，祖甲以後加橫畫於上作玉，此體直寫至武乙之世。文丁時，銳意復古，干支字多復第一期之舊，王字亦復作太，但書法卻有不同。……"董先生這裏說的"復古"，祇是對干支字和"王"字的字形变化而言的，並沒有涉及李學勤所説的人名、事項等内容 "復古"，也即没有主張第四期卜辭與武丁卜辭屬於一個時代，這是需要説清楚的。

第二部分："歷組年代的新證據"。

在該部分開頭，李學勤説因為 "一種卜辭也可能存在於不同的王世"，所以他不用董作賓的 "用王世來劃分甲骨卜辭"，陳夢家 "創用了自組、賓組等詞，這種辦法顯然比以王世劃分詳密適用得多"，故他採用陳夢家的分組法，將殷墟甲骨分成九組，"每組借用其中一個卜人名作為組名，有一組全無卜人就叫作無名組"。其九個組是：

表 3—1

今名	董	陳
賓組	一期	賓組、武丁卜辭
自組	四期、文武丁卜辭	自組，武丁晚期
子組		子組
午組		午組
出組	二期	出組，庚甲卜辭
歷組	四期	武文卜辭
無名組	三期	康丁卜辭
何組		何組，廩辛卜辭
黃組	五期	乙辛卜辭

由表 3—1 可以看到：

第一，李學勤沿襲了陳夢家的 "賓組" "自組" "子組" "午組"（李改稱為午組）、"出組" "何組" 六個組的組名，新增加了 "歷組" "無名組" "黃組" 三個組。增加的這三個 "組" 是陳夢家已分别論證過的武乙、文丁卜辭（"歷組"）、康丁卜辭（無名組）、帝乙、帝辛卜辭（黃組）。不過，李學勤在文中注釋説：

"陳氏分組主要指卜人繫聯，與我們的觀念有別。"① "別"在哪裏？李氏沒有說明。不過從他後來的著述得知，他是根據字體來劃分"組"的，因此他的"組"可以叫作"字體組"。這應該就是李學勤的"組"與陳先生的"卜人組"的"觀念"之別。因他的"字體組"也是用卜人名作組名的，所以極易與陳先生的"卜人組"混淆。不過，檢查李學勤各"字體組"所指的卜辭，就是陳夢家先生各"卜人組"所指的那些卜辭，二者並無本質區別。祇是李學勤把陳夢家沒有建立"組"的康丁卜辭，武乙、文丁卜辭，帝乙、帝辛卜辭，分別用"無名組""歷組""黃組"卜辭指稱而已。

第二，李學勤將董作賓的第四期卜辭，即陳夢家認定的武乙、文丁卜辭改名為"歷組"卜辭，將董作賓的第三期卜辭，陳夢家認定的康丁卜辭改名為"無名組"卜辭，並且將第三期何組卜辭、"無名組"卜辭放到了第四期"歷組"卜辭之後了，即將第三期廩辛、康丁卜辭與第四期武乙、文丁卜辭的時代顛倒了。

第三，陳夢家對康丁、武乙、文丁、帝乙、帝辛卜辭都沒有立組，因為康丁卜辭沒有卜人，武乙、文丁卜辭祇有一個卜人"歷"，不能成組，帝乙、帝辛卜辭雖有六個卜人，但這些卜人都沒有同版繫聯關係，所以也不立組。

接下來，李學勤又從"歷組"卜辭的稱謂上論證"歷組"卜辭的時代，他說："歷組卜辭的稱謂有兩套，分別以父乙、父丁為中心，父乙是武丁稱小乙，父丁是祖庚稱武丁。"（關於"父乙""父丁"稱謂，他在《論"婦好"墓的年代及有關問題》一文中已論述過）這裏再次論述"父丁"稱謂之所指，他列出下面六版卜辭給以證明：

① 李學勤：《小屯南地甲骨與甲骨分期》，《文物》1981 年第 5 期。

（1）……大乙、大丁、大甲、祖乙、小乙、父丁？

《綴合》15（《合集》32439）

（2）甲午貞：乙未酌，高祖亥……大乙羌五牛三，祖乙羌……小乙羌三牛二，父丁羌五牛三，亡𡇬？　兹〔用〕。

《南·明》① 477（《合集》32087）

這兩條卜辭，他已在《論"婦好"墓的年代及有關問題》一文中舉過，此處，他就該兩辭的記錄再說："這裏父丁排在小乙之後，自係武丁。如果説父丁是康丁，那麼這些祀典中就是把武丁和祖甲這兩位直系的名王略去了。無論從歷史還是從卜辭慣例來看，這都是不可能的。"這個理由與前文一樣，仍是屬於推測。

此外，他又舉出下面四版小屯南地新出土的"歷組"卜辭作論據：

（3）……用乙丑，在八月酌，大乙牛三，祖乙牛三，小乙牛三，父丁牛三②？

《屯南》③ 777

（4）庚午貞：王其𠦪，告自祖乙、毓祖乙（即小乙）、父丁？于大乙告④。

《屯南》2366

（5）自祖乙告，祖丁、小乙、父丁？

《屯南》4015

---

①　李學勤對《戰後南北所見甲骨錄》一書的簡稱作《南北》，下接甲骨藏單位簡稱，如該片李作"《南北》明"477。我們則改作現在通用的簡稱，作《南·明》477。

②　李的釋文在"乙丑"之前多加一"用"字，查《屯南》777 片無此"用"字。

③　對《小屯南地甲骨》一書的簡稱，李學勤作《南地》，本書一律改成通用的《屯南》。

④　查《屯南》2366 片，"于大乙告"是獨立的一辭，李學勤將其列在上一辭的"父丁"之後，看成一辭，錯。又，該辭在"王其"後面有"𠦪"字，李未釋出。

（6）□丑貞：王令𡧃尹，□取祖乙，魚伐，告于父丁、小乙、祖丁、羌甲、祖辛①?

《屯南》2342

檢查上述四版卜辭，可發現李氏對第（3）、（4）、（6）三版卜辭的釋讀都違背原刻：他在第（3）條辭的“乙丑”之前多加了個“用”字。將第（4）版的兩條辭錯讀成了一條辭，並且未釋出在“王其”之後有“♂”字。特別是對第（6）辭的釋讀錯誤更多，他將“王令𡧃尹”釋成“王祝伊尹”，將“□取祖乙，魚伐”釋成“取白魚伐”，即將“祖乙”釋成“白”。《屯南》作者已指出：“𡧃尹：𡧃字不識，當為國族名，𡧃尹為𡧃族之尹”，正確。“𡧃”字絕不是“伊”字，李學勤將其釋成一期卜辭中常見的“伊尹”，不確。

這六條“歷組”卜辭都是合祭卜辭，前五條合祭的最後兩位祖先都是“小乙、父丁”相接〔第（4）辭的“毓祖乙”即小乙②〕，最後一辭合祭祖先最前面的兩位是“父丁、小乙”相接。李學勤將這些卜辭中的小乙和父丁都看成是世次緊相連接的父子關係，言如果不把“父丁”看作是武丁就不符合“卜辭慣例”，就“很難想象”，而且是“不可能的”。對於李學勤提出的這些例證和言語，如沒有准確掌握各代商王的祭祀規則，不對“歷組”卜辭做全面、詳細地考察，是很容易接受，並做出錯誤的判斷。

其實，李學勤的“歷組”卜辭中的“父乙”是指小乙，“父丁”是指武丁並不是什麼新鮮觀點，早在 1928 年，明義士就曾説過第四期卜辭也即李氏所説的“歷組”卜辭中的“父乙”“父丁”

_____

① 對該辭，李學勤釋作“□丑貞：王祝伊尹，取白魚伐，告于父丁、小乙、祖丁、羌甲、祖辛?”錯。詳見下面的分析。

② “后（毓）祖乙”是小乙，前人已有論證。見郭沫若：《卜辭通纂》，第 40、41、42、43、44 片考釋，科學出版社 1982 年版。又見陳夢家《殷虛卜辭綜述》，中華書局 1988 年版，第 418 頁。

分别是指小乙和武丁，因此，李氏現在衹不過是對明義士的舊説重提而已。

　　首先，對明義士利用單獨的稱謂"父乙""父丁"進行斷代，陳夢家早就告誡："單獨的稱謂不足以爲斷代的標準，如'父乙'可以是武丁稱小乙，也可以是文丁稱武乙。"（第 137 頁）其次，李氏的上述言論反映出他不了解各代商王在祭祀祖先上是存在著制度和規則上的差異，否則他不會僅用幾條材料就推測下結論。對商代各王在祭祀祖先時存在著不同的制度和規則，董作賓、陳夢家先生已早有指出，董先生説："每一時代的祭法和所祭的祖先神祇都有不同。"① 陳先生在論述斷代的第三大標準時説："此各類如以分期之法研究，即可綜合成某一時期的祀典、曆法、史實以及其它制度。"（第 138 頁）

　　"歷組"卜辭祭祀祖先也是有其特徵和制度的。多年來，學者們已通過分析李學勤的上述例證，通過論述"歷組"合祭卜辭的特徵，通過列出其他"歷組"合祭卜辭的辭例，來論證"歷組"卜辭中的"父丁"絕不是指武丁，而是指康丁。（詳細論證見第四章）。

　　接著，李學勤又列出一版"歷組"卜辭例證，他説："南地 H57 還有一版胛骨，爲論證歷組的年代提供了最好的證據。我們説的這一版是《南地》2384。""這塊胛骨的左下方刻著一條歷組卜辭，共三行：庚辰貞，其陟用高祖、囝? 兹用。這十五個字大而挺勁，是有父丁的那種歷組卜辭的典型作風"，"在這條卜辭的上面，也就是胛骨的左邊部分，卻自下而上整齊地排列著七條出組卜辭，均作：庚辰卜王"。他的結論是："這一骨版是出組、歷組同時並存的例證。"他還分析説："屬於歷組的三行會不會是後來加刻的呢？這是不可能的，因爲這條卜辭上右方有與之相關的卜兆，附記有兆序'一'，整條卜辭格式齊備，字跡嚴飭，絕非習

---

① 董作賓：《甲骨文斷代研究例》，中央研究院歷史語言研究所集刊外編第一種《慶祝蔡元培先生六十五歲論文集》上册，1933 年。

刻。同樣的，屬於出組的各辭都有相應的卜兆，記著由'一'到'六'的兆序，也不能是習刻。字體分屬歷組、出組的八條卜辭的卜日都是庚辰，其為同一天占卜的正式卜辭，沒有疑義。"

對李學勤舉的這版所謂證明"歷組"與出組是同時代的"最好的證據"的《屯南》2384（圖 3—4），張永山發表《小屯南地一版卜骨時代辨析》① 一文，作了詳盡地、透徹地分析。他是通過分析該版"兩種字體卜辭的有關特點和卜骨的鑽鑿形態等方面"，對李學勤所説進行否定的。下面詳細介紹張文。

在關於該版兩種字體卜辭的特點方面，張文説："讀過這版卜辭，給人最深刻的印象是諸辭同為'庚辰'日占卜，自然會聯想到它們應是同一天的占卜活動。但是，經過仔細推敲，這個結論是不正確的。首先，兩種字體的卜辭各自獨立成一個系列，'卜王'之辭的兆序自下而上排列，雖然衹有一至四的序號（五以後的序號看不清），但字體和行款都是相同的，而且同類卜辭五至九個兆序的例子屢見不鮮（《合集》23873、24237，24063、24274、24352、23988 等），所以至少界劃以下的八條'卜王'刻辭應是為同一件事進行占卜的排列順序。與'卜王'一辭相對的下面那條祭祀卜辭的兆序也是一，明顯反映出兩者不是同時連續占卜的記錄。其次，正因為兆序各成一個系統，貞問的對象就無法斷定是有聯繫的。再者，兩種卜辭的行款完全相反，'卜王'是自右向左豎行排列，祭祀卜辭由左向右豎行契刻，檢查'卜王'與祭祀刻辭有同版關係的例證中，不管是同日，還是異日的占卜現象，行款的排列都是一致的（見《合集》23357 + 24005，23506，24063 等），均與《屯南》2384 不同。"張氏這是以兩種字體卜辭的兆序各成一個系統，證明"歷組"字體與出組字體的卜辭不是同時連續占卜的；再從兩種字體的行款走向完全相反，與出組中

---

① 張永山：《小屯南地一版卜骨時代辨析》，《考古與文物》1989 年第 1 期。

"卜王"辭與祭祀刻辭在同版時，不管是同日，還是異日的占卜，行款走向都是一致的，來證明該版"歷組"字體與出組字體的卜辭不是同時期的。令人信服。

另外，張文又引《小屯南地甲骨（下冊）》中的《小屯南地甲骨鑽鑿形態》[①] 一文提供的卜骨鑽鑿形態，證明該版"歷組"卜辭與出組卜辭不是同一時代的刻辭。他説："《鑽鑿形態》作者在分析 2384 的鑽鑿和卜辭的關係時説：'2384 背面之鑿，除中部兩個小鑿未有灼痕外，右行十個鑿均有灼痕，與此十個鑿對應的正面共有十段卜辭。但是，背面右行十個鑿施灼的情況是不一樣的：第一至第九個鑿（由上而下）之灼呈半圓形、橫寬 0.9 厘米；而第十個鑿之灼痕呈長圓形，橫寬 1.2 厘米。前者的灼痕同後者灼痕有區別：前者與"鑽"之范圍基本重合，後者明顯地超過了"鑽"的范圍。故第一至第九個鑿之灼與第十個鑿之灼，應是不同時候實行的。'本人（按：即張永山）有幸目驗這版卜骨的鑽鑿形態，確知如上所述，第十個灼痕與其他九個灼痕相較，顯得寬而淺，絕非同一灼物留下的痕跡。"

張文再從甲骨的攻治過程和占卜的關係上論證這十條卜辭的先後。他説："許多研究甲骨的學者在觀察實物的基礎上，總結出鑽鑿是攻治甲骨的最後程序（在此之前還有切、鋸、刮、磨等工序），即在龜甲和牛肩胛骨上鑽出或製凹穴，以便燒灼時容易呈現卜兆。"[②] "殷墟時期的甲骨攻治程序臻於完善，凡是占卜用的甲骨必有鑽鑿（或其中之一），但一版甲骨上的鑽鑿不一定全部施灼占卜，2384 中間兩個小鑿就是這種情況。鑽鑿和灼分別是'占卜的准'和'占卜行為'，當然記錄'占卜行為'的刻辭必在'行

①　見中國社會科學院考古研究所《小屯南地甲骨（下冊）》，中華書局 1984 年版。
②　董作賓：《商代龜卜之推測》，《安陽發掘報告》第一冊；陳夢家：《殷虛卜辭綜述·甲骨的整治與書刻》；劉淵臨：《卜骨的攻治技術演進過程之探討》，《歷史語言研究所集刊》第四十六本第一分。

為'實施以後纔刻上去，因而一版鑽鑿好的甲骨'可以在同一時候占卜一次或數次，也可以在不同時候占卜若干次。所以甲骨上鑿（或鑽）旁之灼，有的可能在不同時候分若干次燒灼的。'殷墟甲骨這種事例不少，往往一版甲骨斷續占卜很長時間，甚至跨月經年使用，如《合集》3399 從五月丙寅至八月甲子，使用了四個月之久；《合集》557，11546 都跨越兩個年度，前者從十一月癸酉至次年二月癸丑，後者從十月癸酉至來年五月癸亥。有的甲骨經過幾代仍在沿用，如《文錄》82 正面為'癸未卜，㞢，貞旬亡禍'。'㞢'是廩辛康丁時的史官，因此卜用時代是明確的。然而背面甲橋刻辭'婦井示□'的字體、文例皆武丁賓組特點，廩康時已無此類記事刻辭，且作為示者的婦井更是武丁時的重要人物（《合集》17485 至 17506），所以此版甲橋刻辭上的婦井與正面卜辭上的貞人㞢至少相隔二世王或三世王，即這塊甲骨是武丁時攻治好的，中經庚甲，到廩康時候仍可用來占卜。……一版甲骨不僅可能跨月經年卜用，少數由於某種原因被保留下來，後世之王重又起用也是不乏其例的，所以《屯南》2384 九條'卜王'刻辭與那條歷組卜辭完全可能是不同時代刻上去的。"

　　此外，張文説《屯南》2384 上"兩種卜辭占卜的時間相隔多久，祇能憑這一版的鑽鑿形態來斷定，大量材料表明與 2384 版兩種字體相應的鑽鑿形態是不同的，它可以作為判斷時代的依據"。"2384 的鑿屬於Ⅰ1、Ⅰ2 式'頭部有針尖狀突出的弧形鑿'，'總的看，這一行鑿製作規整，勻稱，弧平底'等特點，'均近武丁或祖庚時代的作風'。《合集》23977、24063 亦為'卜王'刻辭，拓本反面的鑿型平面圖是'腹部呈弧線形，頭尾有針尖狀突出'的Ⅰ型鑿。《合集》26611 反和 23241 反也都是這種鑿型，正面分別有貞人出、尹、旅占卜的刻辭，足見出組盛行Ⅰ型鑿。歷組的鑿型怎樣？《小屯南地甲骨的鑽鑿形態》公佈的材料很多，僅以有父丁稱謂的為例，其鑿型有：Ⅳ1 式（601，1059，2366），Ⅳ2 式

（1128）Ⅳ3 式（444，1089，1099、1104，1112，1116），Ⅳ4 式（753，4048）；有'歷貞'字樣的（457）為Ⅵ1 式鑿；有'王'之辭的卜旬刻辭（2439）是Ⅵ1 式鑿。有的歷組卜骨施兩種以上鑿型，如 441，1112，是Ⅳ3，Ⅳ1 式共版，1059 是Ⅳ1，Ⅳ3 式共版，2336 為Ⅳ1、Ⅳ2 式共版。看來歷組主要挖制Ⅳ型鑿，兼有Ⅵ型鑿，或兩型並施。Ⅳ型鑿的特點是：'腹部近直線或略帶弧度，頭尾平圓；也有少數呈規則的長方形'；而Ⅵ型鑿的'腹部呈不規則弧形，頭、尾尖或尖圓'，也有'頭尖，尾平圓，呈水滴狀'的。這兩種形態的鑿在賓組和出組都未見，但在晚期的甲骨中卻很流行，如接近五期黃組字體的卜辭 2323，2344 和 2346，2617 等分別是Ⅳ3 式和Ⅳ4 式鑿；無名組晚期卜骨同樣以Ⅳ型鑿為主，如 2710 是Ⅳ1 式鑿，592 是Ⅳ2 式鑿，2178，2307 是Ⅳ3 式鑿，另外還有'腹部呈弧線形，比較肥大，頭，尾尖圓或平圓'的Ⅴ型鑿，如 2172 為Ⅴ1 式鑿，2182 為Ⅴ2 式鑿，648，3564 為Ⅴ3 式鑿。無名組這兩種鑿型往往也有共版現象，如 2163 是Ⅳ2 式和Ⅴ2 式共版，4559 是Ⅳ3 式和Ⅴ2 式共版，等等。上述鑿型的無名組卜骨 2710，3564 有'妣辛、母戊'和'武乙'的稱位（引者按：'位'應為'謂'），應是文丁對其祖母、母親和父親的稱謂，可謂為標準的文丁卜辭之一。不同組別鑿型的比較，看出了歷組與賓組和出組的鑿型不同，差別甚大，而與無名組晚期（包括接近黃組）的卜骨鑿型相同或相近，這就從鑽鑿形態上揭示出歷組與晚期卜辭有較多的共性，反映出它們處於大體相同的製造時代。這樣的認識與歷組的父丁、父乙稱謂正相吻合，絕大部分應當屬於武乙、文丁時期的卜辭，極少數可能早到康丁時代（《合集》26975 有父庚稱謂）。因而，鑿型的發展序列啟示我們對 2384 那版'卜王'刻辭與歷組卜辭的共版關係，不可直觀地看作是兩種卜辭同時代的證據，還要考慮其他因素，諸如隱藏在卜辭後面經常出現的鑽鑿形態的時代特徵，纔能更好地說明我們解開蒙在 2384 共版現象上的疑團，校正後代利用前朝卜骨原有鑿型占卜而留下的刻辭所造成的時代錯覺。"總之，"目前見到的實物，歷組普遍流行Ⅳ型鑿，兼施Ⅵ型鑿，賓出組卻以Ⅰ型鑿為主，Ⅱ型鑿為輔"，這彰示了"歷組"卜辭與賓組、出組卜辭是屬於不同的時代的。

張又指出："根據近年小屯南地的科學發掘，在早期地層中出有賓組甲骨而無歷組，晚期地層中雖也混有賓組等早期甲骨，但大量的是歷組卜辭，第 2384 片出土於 H57，即晚期坑，除此片和一小塊早期龜甲殘片外，還有刻辭卜骨 194 片，均為康武文卜辭，所以兩種卜辭不可能是同時代的。"

張文總結説："我們從 2384 版不同書寫風格卜辭的本身特點、甲骨攻治程式和沿用時間、以及與兩種卜辭相應的鑽鑿形態等方面進行了分析，都得出一個共同的結論，即歷組和出組卜辭之間的差異性不是同時代不同貞人集團所致，而是不同時代演進的結果。因而歷組和出組共版現象純屬偶然，正像賓組和何組（《文錄》82）共版一樣，由於某種原因保留下來，武乙時纔利用它進行占卜，呈現出早期和晚期卜辭共處於一版的迷惑人現象。"張文的這些論證是十分令人信服的。張文利用確鑿的證據，徹底論證了李學勤所謂"最好的證據"的《屯南》2384 版卜辭，不但不能證明"歷組"與賓組、出組時代相同，反而恰恰證明了"歷組"卜辭必是晚於賓組、出組卜辭的。

除了《屯南》2384 版"卜王"辭的所謂證據外，李學勤還舉出了出組所謂"卜王"辭與"歷組""王步"卜辭有地點相同、"卜日銜接"的證據。他舉的"歷組"卜辭是：

丙申貞，王步丁酉自罤？

戊戌貞，王于己亥步〔自〕罤？

　　　　　　　　　　　　　　　　　　　《南地》2100

　　該版的兩辭有地名罘，李氏釋為罳。他説："按出組'卜王'辭，有壬辰（《文錄》666）、二月癸巳（《文錄》472）、二月甲午（《續存》下680）在自罳、在罳，恰與《南地》辭卜日銜接。這是歷組與出組'卜王'辭同時的又一例子。"① 即李學勤將屬於"歷組"有地名罳的《南地》2100，與屬於出組的《文錄》666、《文錄》472、《續存·下》680三版也有地名罳的卜辭的日期相連接，以證明"歷組"與出組是屬於同時的卜辭。我們認為這樣論證是不正確的，提出四點質疑，詳見第四章。

　　第三部分："什麼是武文時期的甲骨"。

　　在該部分一開頭李學勤就承認："既然歷組和自組等都不屬於武乙、文丁時期，原來認為第四期的卜辭便抽空了。"因此，"究竟什麼是這一時期的卜辭，是我們必須探討的課題"。他説"真正的武乙、文丁卜辭"應是在"何組、無名組與黃組之間的類型"。

　　他從無名組卜辭中找到的武乙、文丁卜辭有：

　　1. 董作賓在《甲骨文斷代研究例》中舉的有祖己的《甲編》495，有祖甲和父丁的《甲編》729是武乙卜辭。這兩片是屬於無名組卜辭。

　　2.《庫方》985 + 1106是武乙的。也屬無名組。

　　3.《南地》2281：□辰卜，翼日其酻，其祝自仲宗祖丁、祖甲［至］于父辛？

　　他説："所祭先王是武丁、祖甲到廩辛。又一次證明無名組的一部分下延到武乙時代。"

　　4. "此次小屯南地發掘，出現了一些字體接近於黃組的卜辭。細查《南地》2172、2323等版，可以看出文字演變的軌跡。這類卜辭也有早有晚，包含早的成分多的如《南地》2136，晚的成分多的如2405、2917。"他據《南地》3564："翼日于祖乙，其禣于

---

　　① 查《文錄》666即《合集》24249，《文錄》472即《合集》24252，《續存·下》680即《合集》26246。

武乙宗，王受有祐?"卜辭説："有兆辭'引吉'。此辭'王'、'其'等字酷似《南地》2917 等版，足以推定後者約爲文丁卜辭。"

5.《南北》輔 61 "……康祖丁宗。"他説"這一片也可能是文丁卜辭"。

6. "《南地》附錄的 1971 年小屯西地出土卜骨，現在從原大圖版觀察，字體也近於無名組，而稱謂以父乙爲中心。考慮到所出層位等方面，很可能亦屬文丁時期。"

以上是李學勤從無名組卜辭中找到的屬於武乙、文丁卜辭，共有約十二版。

他從黄組卜辭中找到的武乙、文丁卜辭有：

1.《續存》下 915 有關於戰争的刻辭："……小臣牆從伐，擒危羌……用羌于祖丁……"説"字體是黄組的，其'于'字寫法較早。這片刻辭所記征伐以及用危方羌祭祀之事，見於何組卜辭《甲編》1269，《甲編》1712、無名組卜辭《京津》4141。小臣牆這個人，也見於無名組的《萃編》1161。看來何組、無名組同黄組有一段相並存的時間。"這裏，李學勤是用"小臣牆"這個人名將何組、無名組、黄組聯繫在一起，但並没有指明哪組哪條卜辭屬於武乙或文丁。

2. 他舉黄組周祭卜辭和有關銅器銘文記録的"六祀"材料：

（1）《甲零》41 卜辭：六祀十二月甲申翼祖甲

（2）《薛氏》2.38：豐簋：六祀某月乙酉武乙彡日

《三代》13.53 邑罍：六祀四月癸巳彡日

《録遺》273 㸖卣：六祀六月乙亥翼日，（即六祀𝖽其卣）

與二祀、四祀𝖽其卣繫聯。

（3）《佚存》426、518 宰丰雕骨：六祀五月壬午彡日（文丁）

　　李學勤説:“六祀分屬於三個王世。第二組既然聯繫著有‘文
武帝乙’的四祀卯其卣,應在帝辛時期,是則一、三兩組應有一
組屬於文丁時期。”經研究,在上述三組六祀材料中,屬於文丁祀
譜的衹有第三組的“宰丰雕骨”刻辭。① 目前,最新的研究成果
表明,在文丁祀譜中,包括“宰丰雕骨”刻辭在内也就衹有九條
卜辭。②

　　李學勤由黄組中找出的所謂文丁卜辭,衹有一版帶“小臣牆”
人名的卜辭和六祀一版周祭刻辭。他説“小臣牆”在何組、無名
組中也有見,由此他得出結論説“何組、無名組同黄組有一段相
並存的時間”。這個結論令人無法接受,我們知道,何組是廩辛卜
辭,它上接的應是出組祖甲卜辭,下接的應是無名組康丁卜辭,
如果它是文丁卜辭,就要跨越康丁、武乙二王,據《太平御覽》
卷83記載,康丁在位31年,武乙在位34年,合計有65年,“小
臣牆”如果衹是指一個人,他即使從18歲履職,也不可能在65
年後的80多歲時仍在領兵打仗。所以有“小臣牆”的卜辭不能證
明何組卜辭和無名組卜辭中含有文丁卜辭。李學勤為找不出更多
的系統的武乙、文丁卜辭就在武乙、文丁的在位年數上找根據,
他引《尚書·無逸》説“祖甲以後的幾代商王都不長壽,‘或十
年,或七八年,或五六年,或三四年”,以此辯解“武乙、文丁在
位年數不會很久,他們那時的卜辭也許不會有很大數量”。但關於
武乙的在位年數,由李學勤領導的“夏商周斷代工程”得出的結
果是:武乙在位35年、文丁在位11年,二者共在位46年。而通
過復原文丁時的周祭祀譜,得知文丁在位是22年。③ 那麽,武乙
的35年加上文丁的22年,二王共在位是57年。不管是李學勤的

———————

　　① 嚴一萍:《文武丁祀譜》,《歷史語言研究所集刊》第46本2分,1975年。常玉
芝:《商代周祭制度(增訂本)》,綫裝書局2009年版,第363—364頁。
　　② 見常玉芝《商代周祭制度(增訂本)》,綫裝書局2009年版,第357—380頁。
　　③ 見常玉芝《商代周祭制度(增訂本)》,綫裝書局2009年版,第378—380頁。

46 年，還是新得的 57 年，在位年數都不是《無逸》所説的"或
十年，或七八年，或五六年，或三四年"，那麼武乙、文丁二王的
卜辭加起來怎麼會祇有李氏提出的不到 20 版？這個結果顯然應是
李學勤的斷代有誤。我們僅對《甲骨文合集》中第四期卜辭也即
"歷組"卜辭的片數計算，武乙、文丁的卜辭就有多達 3300 多版，
這纔能與武乙、文丁的在位年數相合，也即"歷組"卜辭纔是真
正的武乙、文丁卜辭。

第四部分："甲骨與小屯南地分期"。

在這部分，李學勤試圖證明他提出的"歷組"卜辭提前的觀
點符合小屯南地的地層關係。他説："《南地》據打破關係和陶器
序列，把中期又分為第一組和第二組，這無疑是正確的。現在我
們就用這種劃分，檢驗一下本文關於甲骨斷代的觀點。"

他説："層位屬於中期一組和中期二組的坑位，都出有較多的
歷組、無名組卜辭。""中期二組既然晚於中期一組，可能出有更
晚一些的甲骨卜辭。弄清楚這一點，對斷代很有意義。"接下來，
他論述《南地》中期二組出土的甲骨卜辭説："《南地》前言認為
中期二組特有的是我們稱為歷組的一部分，其中有父乙的稱謂，
屬文丁卜辭。"他説："歷組中以父乙為中心的卜辭有多種作風，
有些和有父丁的卜辭無法分開。"（這是承認以字體分類有難度）
他舉例："在《南地》書裏，505 卜骨有兄丁，與《拾掇》1.422、
《鄴中》3 下 46.1 繫聯，稱謂也是以父乙為中心的，其字體卻和
《南地》所論武乙卜辭近似。"這段話是説，"歷組"父乙類卜辭
有的字體與父丁類卜辭近似，不易區分，其言外之意是：同出於
中期二組的父乙類卜辭和父丁類卜辭的時代早晚不易區分，即既
可以把父丁類卜辭的時代如《屯南》作者説的那樣早於父乙類卜
辭，即父丁是指康丁，父乙是指武乙，但也可以把父丁類卜辭解
釋成是晚於父乙類卜辭的，即父丁是指武丁，父乙是指小乙，由
此，他得出結論説："我們對甲骨斷代的看法，和現有的考古資料

是互相符合的。"這種不用證據，用不確定的字體去解釋卜辭的時代，是經不起小屯南地甲骨出土地層的檢驗的，也即決定中期二組地層中出土的"歷組"父丁類和父乙類卜辭的孰早孰晚，是要靠小屯南地甲骨出土的地層關係來決定的。在小屯南地的早期坑層中，從未見到有所謂"歷組"卜辭與早期的賓組、𠂤組、子組、午組卜辭同坑而出的現象，"歷組"卜辭都是出在較晚期的坑層中（再晚的出黃組卜辭），所以出在較晚的中期二組中的父丁應是指康丁，父乙應是指武乙。再據"歷組"父丁類與父乙類卜辭出土的情況是：父丁類卜辭最先出在三期早段，父乙類卜辭最先出在三期晚段，這就證明了"歷組"父丁類卜辭是早於父乙類卜辭的[①]，也即父丁是武乙稱康丁，父乙是文丁稱武乙。因此，李學勤僅以父乙、父丁兩類卜辭字體不易區分為由，就斷言父乙類卜辭早於父丁類卜辭，即父乙是武丁稱小乙，父丁是祖庚稱武丁，這是沒有根據的臆測。總之，中期二組的層位關係不但沒有證明李學勤"歷組"卜辭屬於早期的觀點符合小屯南地的考古資料，反而是小屯南地的考古資料證明了"歷組"卜辭絕不是早期的武丁至祖庚時期的卜辭，而應是武乙、文丁卜辭。

在該文的最後，李學勤又説："如《南地》所述，小屯南地的地層有缺環，缺乏相當大司空村二期的部分。可以推想，如果有相當大司空村二期的坑位，有的可能祇出歷組卜辭而沒有無名組卜辭，因為照我們的意見，無名組是從歷組發展而來的。假設出現這樣的坑位，便可以進一步證實歷組的年代。我們期待著今後能有這種發現。"這裏，李學勤利用小屯南地沒有與大司空村二期對應的地層關係，"推想"，"如果"有相當大司空村二期的坑位，有的"可能"祇出歷組卜辭，不出無名組卜辭，"假設"出現這樣的坑位，就能證明"歷組"的年代屬早期。不過，可惜，

① 劉一曼、曹定雲：《三論武乙、文丁卜辭》附表，《考古學報》2011 年第 4 期。

這種"推想""如果""可能""假設"，衹是屬於主觀願望，不是客觀事實，因此，不能作為論據來證明其分期觀點正確。

關於小屯南地地層有缺環，發掘者在《小屯南地甲骨·前言》和《論武乙、文丁卜辭》（即《一論》）① 等文中都已做了説明，並且分析了所缺甲骨的時代。詳見第四章。

在該文的最後，李學勤附錄了明義士 1928 年起草的《殷虛卜辭後編續》，證明當年明義士已認定第四期的"父丁"稱謂是指武丁，"父乙"稱謂是指小乙。

第二節　1984 年李學勤提出殷墟甲骨　發展"兩系説"

李學勤於 1977 年、1981 年相繼藉殷墟"婦好墓"的發掘和小屯南地甲骨的出土，提出了"歷組"卜辭提前説②，陸續遭到了一些學者的反對③，特別是小屯南地甲骨發掘者提供的地層證據，證明了"歷組"卜辭從未在早期地層中與賓組、自組、子組、午組卜辭等共出過，"歷組"卜辭都是出在較晚期的坑層中。有鑒於此，李學勤為了擺脱"歷組"卜辭在出土地層上遇到的困境，就又提出殷墟甲骨的發展有兩系的説法，即所謂

① 中國社會科學院考古研究所:《小屯南地甲骨》，中華書局 1980 年版。蕭楠:《論武乙、文丁卜辭》，《古文字研究》第三輯，中華書局 1980 年版。

② 李學勤:《"婦好"墓的年代及有關問題》，《文物》1977 年第 11 期。《小屯南地甲骨與甲骨分期》，《文物》1981 年第 5 期。

③ 蕭楠:《論武乙、文丁卜辭》，《古文字研究》第三輯，中華書局 1980 年版。張永山、羅琨:《論歷組卜辭的年代》，《古文字研究》第三輯，中華書局 1980 年版。謝濟:《試論歷組卜辭的分期》，《甲骨探史錄》，生活·讀書·新知三聯書店 1982 年版。蕭楠:《小屯南地甲骨的鑽鑿形態》，《小屯南地甲骨》下冊第三分冊，中華書局 1983 年版。曹定雲:《論武乙、文丁祭祀卜辭》《考古》1983 年第 3 期。張政烺:《帚好略説》，《考古》1983 年第 6 期。張政烺:《〈帚好略説〉補記》，《考古》1983 年第 8 期。蕭楠:《再論武乙、文丁卜辭》，《古文字研究》第九輯，中華書局 1984 年版。陳煒湛:《"歷組卜辭"的討論與甲骨文斷代研究》，《出土文獻研究》，文物出版社 1985 年版。

“兩系説”。

　　他最早提出“兩系説”，是在 1984 年為王宇信的《西周甲骨探論》一書所作的“序”中，他説：“以發現地點而言，有的組類祇出於或主要出於小屯村北，有的組類祇出於或主要出於小屯村中和村南。在王卜辭中，祇有自組村北、村南都出，其他可分為村北、村南兩系。”①

　　到 1986 年，李學勤在中國古文字研究會第六屆年會上，提交了《殷墟甲骨分期的兩系説》一文的“摘要”，正式提出“兩系説”。1989 年他將此“摘要”擴寫成《殷墟甲骨兩系説與歷組卜辭》一文發表。② 1992 年他又復以《殷墟甲骨分期的兩系説》為題發文③，該文前 1 到 12 段與 1989 年發表的《殷墟甲骨兩系説與歷組卜辭》一文的前 1 到 12 段文字全同，該文提出了“兩系説”的構成，因此《殷墟甲骨分期的兩系説》比《殷墟甲骨兩系説與歷組卜辭》一文更具代表性。1996 年，李學勤與彭裕商合寫了《殷墟甲骨分期研究》一書，該書的宗旨是以字體分類來詮釋“兩系説”，並提出了不同於 1992 年的“兩系説”架構。2008 年李學勤撰文《帝辛征夷方卜辭的擴大》，又對 1996 年的“兩系説”架構做了改動。下面分別對上述三種著述做介紹，並做必要的評議。

一　《殷墟甲骨分期的兩系説》

　　李學勤在《殷墟甲骨分期的兩系説》和《殷墟甲骨兩系説與歷組卜辭》兩文的開頭（兩文前 1—12 段文字全同）即説：“歷組”卜辭問題的提出，“涉及殷墟甲骨分期研究的一些帶根本性質

---

① 李學勤：“序”，王宇信《西周甲骨探論》，中國社會科學出版社 1984 年版。
② 李學勤：《殷墟甲骨兩系説與歷組卜辭》，收入《李學勤集》，黑龍江教育出版社 1989 年版。又收入《當代學者自選文庫·李學勤卷》，安徽教育出版社 1999 年版。
③ 李學勤：《殷墟甲骨分期的兩系説》，《古文字研究》第十八輯，中華書局 1992 年版。

的觀點"。我們由他《論"婦好"墓的年代及有關問題》和《小
屯南地甲骨與甲骨分期》兩文得知，他所說的"根本性質的觀
點"就是不同於董作賓的五期分法和陳夢家的卜人分組法。在該
文中他再次強調"歷組"卜辭屬於武丁至祖庚時期的意見並不是
由他首先提出的，而是由明義士在1928年首先提出的。他說：
"現在提出歷組卜辭問題所蘊含的新觀點，可概括為我們以前講過
的一句話，就是'一個王世不僅有一種卜辭，一種卜辭也未必限
於一個王世'。"這句話原是他在1957年《評陳夢家〈殷虛卜辭
綜述〉》一文中說過的，他在批陳夢家的"卜人"分組法，主張
以字體分類時說："同一王世不見得衹有一類卜辭，同一類卜辭也
不見得屬於一個王世。"我們曾指出，這個所謂"新觀點"並不
是他發明的，早在董作賓論述第一期卜辭中含有賓組、自組、子
組、午組等不同類型的卜辭，以及後來將自組、子組、午組等卜
辭改放到第四期文武丁時，都已蘊含著這個觀點。其後陳夢家在
論證各組卜辭的時代時也都蘊含著一個王世並不是衹有一種類型
的卜辭，一種類型的卜辭也不是衹限於一個王世的觀點。因此，
李學勤所謂的"新觀點"是与董、陳二氏的論述多有相似之处。
李學勤還特別強調："一個王世不僅有一種卜辭，一種卜辭也未必
限於一個王世"是他提出"甲骨分期的兩系説的基礎"，即是説
他把"歷組"卜辭提前到武丁至祖庚之世，即第一期武丁可以包
含有賓組、"歷組"兩種類型的卜辭，第二期祖庚可以包含有出
組、"歷組"兩種類型的卜辭，即"歷組"卜辭可以跨在兩個王
世之間。這就是他的"兩系説"的基礎。

他強調説："將殷墟甲骨看成一系，按王世來分期，出現了
'復古'等現象，克服這類困難，必須徹底採取類型學的方法，並
充分運用考古發掘提供的坑位和層位的依據，其結果勢必放棄一
系説。"這是他認為在原有的甲骨分期中的第四期卜辭也即"歷
組"卜辭"復古"了，必須把"歷組"卜辭如同自組、子組、午

組卜辭一樣，提前到早期的武丁和祖庚時期纔能解決“復古”的
問題。但“歷組”卜辭出土的地層又表明它是晚於賓組、出組等
卜辭的出土的地層的，要擺脫這個困境，他就想出了一個辦法，
就是把“歷組”卜辭從傳統的發展鏈條中抽出（連帶把無名組卜
辭一起抽出，因為在考古發掘中，無名組卜辭出土的地層也是早
於“歷組”卜辭的），放到與賓組、出組不同的系列中，將它們
的時代平行對齊，這就是“兩系説”。“兩系説”既滿足了“歷
組”卜辭提前的設想，也符合“一個王世不僅有一種卜辭，一種
卜辭也未必限於一個王世”的説法。

　　他説“兩系説”是“充分運用考古發掘提供的坑位和層位的
依據”的，這個“依據”就是他利用董作賓的“坑位”説。他
説：“實際董作賓先生在《甲骨文斷代研究例》中已意識到兩系
的存在，指出小屯村北主要出他所分一、二、五期，村中（包括
村南）主要出他所分三、四期，不過他把兩者作為一系對待
了。”① 原來他的考古“坑位”和“層位”依據的是董作賓的
“區位”，但董先生還衹是給出坑位所在的地區，當時的考古學還
沒有“層位”一説，看來，李學勤始終沒有分清考古學的“坑
位”學和“層位”學是有區別的。

　　實際上，董作賓在寫《甲骨文斷代研究例》時，中央研究院
在殷墟衹進行了前五次發掘，董先生説當時劃分了五個發掘
“區”，“出土甲骨文字的坑位”也就“分為五區”，這就明示他的
“坑位”是指灰坑所在的發掘區的區位。《甲骨文斷代研究例》就
是根據這前五次發掘在五個區裏所獲得的材料寫成的。我們從
《甲骨文斷代研究例》“坑位”一節中董先生對各發掘區灰坑出土
的甲骨文的介紹，實在看不出有如李學勤所説“實際董作賓先生

---

① 李學勤：《殷墟甲骨兩系説與歷組卜辭》，收入《李學勤集》，黑龍江教育出版
社 1989 年版。《殷墟甲骨分期的兩系説》，《古文字研究》第十八輯，中華書局 1992
年版。

在《甲骨文斷代研究例》中已意識到兩系的存在，指出小屯村北主要出他所分一、二、五期，村中（包括村南）主要出他所分三、四期"①，李學勤的上述説話並非董先生之意。陳夢家曾就董先生對各發掘區出土的甲骨斷代做過糾正（見前文）。總之，由董作賓在《甲骨文斷代研究例》中記述的殷墟前五次發掘和由陳夢家所做的糾正來看，康丁、武乙、文丁卜辭即第三期第四期卜辭，也即無名組卜辭和"歷組"卜辭，在村中、村南、村北都是有出土的，根本不存在李學勤所説的"祇出於或主要出於小屯村中和村南"的情況，由此可知，所謂"村北系""村中、南系"純系李學勤為"歷組"卜辭提前説所做的臆造。

不僅如此，李學勤還説："陳夢家先生的《殷虛卜辭綜述》進一步強調了坑位的區別，對董説作出很多重要修改，祇是尚不能擺脱一系的觀點，他把自組、子組、'午組'等列入武丁晚期，便是一系説的表現之一。"那麼，陳夢家先生是如何"進一步強調了坑位的區別，對董説作出很多重要修改"的呢？查陳先生對董先生的"坑位"糾正的是："所謂坑位應該和'區'分別，A、B、C、D、E 等區是為發掘與記錄方便起見在地面上所作人為的分界，並非根據了地下遺物的構成年代而劃分的"，"坑以外我們自得注意層次"（第 140 頁）。在 20 世紀 30 年代，中國考古學尚不發達，董先生錯把灰坑所在的人為劃分的"區位"當作了"坑位"（他的本意應該是指灰坑所在的地面上的位置）。難道李學勤沒有看懂陳先生對董先生"坑位"做的"很多重要修改"嗎？為什麼還要把董先生的"坑位"即"區位"當作層位來製造什麼"兩系説"？尤其在今天，考古學的發展已經使坑位學、地層學的概念很明確了，李學勤還在以六十多年前董先生的所謂"坑

---

① 李學勤：《殷墟甲骨兩系説與歷組卜辭》，收入《李學勤集》，黑龍江教育出版社 1989 年版。《殷墟甲骨分期的兩系説》，《古文字研究》第十八輯，中華書局 1992 年版。

位"（"區位"）來製造"兩系説"，為"歷組"卜辭提前説製造根據。

關於"兩系"的構成（按：此段在上一段之前，因為李的文章結構不嚴謹，這裏給予調整）。他説："所謂兩系，是説殷墟甲骨的發展可劃為兩個系統，一個系統是由賓組發展到出組、何組、黄組，另一個系統是由自組發展到歷組、無名組。"他接著説："林澐、彭裕商兩同志對這個看法給予補正，根據他們的看法，自組可能是兩系的共同起源，黄組可能是兩系的共同歸宿，這無疑是極有啟發的。"我們對這個"兩系"路綫圖的分析，詳見第四章。

他接著説："近年小屯南地的發掘，再次證實了坑位區別的存在。通觀《小屯南地甲骨》全書……以董氏所分三、四期為主，具體説來，是有一定數量的自組及'午'組，大量的是歷組和無名組卜辭。換句話説，是兩系中第二系的卜辭。"這句話再次表明，李學勤至今還是把發掘區（小屯南地）當成了"考古發掘提供的坑位和層位依據"，即以區位進行甲骨斷代。

他説：小屯南地"真正的賓組卜辭，可舉出 H92 出土的《南地》2663 胛骨，有卜人則。此人和 H47 與 T54（3）出土的兩片合成的《南地》2113 胛骨卜人丩當為一人。值得注意的是，則在歷組屢次出現，可能與這一系有某種聯繫"。這是他如同認為有"婦好"名的"歷組"卜辭與賓組卜辭時代相同一樣，認為賓組的卜人則（丩）與有此名的"歷組"卜辭時代相同。都是把兩組卜辭的"人名"認定是一個人。此外，我們檢查了《南地》2663 胛骨，其上的卜人不應該釋"則"，而應釋"甸"（《屯南》作者也如此釋），李氏將甸與丩當成一個人，錯。即使甸在"歷組"卜辭出現，也是異代同名使然，即甸族之人應是世代在王室担任卜官的。

李學勤又再舉《屯南》2384 版卜辭，他説："出組卜辭在

《南地》衹見於 H57 所出 2384 胛骨,與歷組卜辭同版。"他以此版證明"歷組"卜辭與出組卜辭時代相同。我們在前文已引張永山文《小屯南地一版卜骨時代辨析》①,從分析該版上"兩種字體卜辭的有關特點和卜骨的鑽鑿形態等方面",證實了《屯南》2384 上的"歷組"卜辭和出組卜辭不是同時代之物,兩種字體見於同版胛骨純屬偶然。所以李學勤引《屯南》2384 證明"歷組"與出組時代相同是不能成立的。他又試圖用《屯南》2384 版卜辭證明村南很少出出組卜辭,但恰恰是該版卜辭證明了"兩系説"的不能成立。因為按他的設想,村南出"歷組"卜辭,村北出賓組、出組等卜辭,但今《屯南》2384 版胛骨上是村南的"歷組"卜辭與村北的出組卜辭刻在一塊胛骨上了,按他們的説法,村南、村北是兩個占卜機關,那麼,兩個占卜機關的卜辭怎麼會刻在同一塊胛骨上呢?看來,《屯南》2384 版卜辭不但不能證明"歷組"卜辭提前,而且否定了殷墟甲骨有"兩系"的存在。

接著,李學勤又説了一堆考古外行話,他説:"兩系甲骨的並存,還可以從層位及共出器物説明,如果甲骨衹有一系,那麼像村北之缺少歷組、無名組,地層上也該有很大的缺環,也就是説,小屯南地的中期在村北没有對應的存在。即使如此,也無法解釋村北出黄組甲骨的層位中為什麼没有歷組,無名組的遺留。這表明,衹承認一系而忽略坑位與系的差別,是與考古發掘實際矛盾的。"這些話暴露了李學勤的所謂"層位""坑位"仍然指的是甲骨的出土地點,而不是指考古發掘時甲骨出土的地層關係。關於村北也出"歷組"和無名組卜骨,陳夢家已早有論述,見《殷虚卜辭綜述》第四章第三節。2011 年,劉一曼、曹定雲也指出村北是出歷組卜辭的,他們結合小屯南地發掘甲骨的出土情況指出:"'兩系説'與小屯甲骨出土的實際情況不符,因為村南是出賓

---

① 張永山:《小屯南地一版卜骨時代辨析》,《考古與文物》1989 年第 1 期。

組、何組、黃組卜辭的。"他們還指出:"村南村北近在咫尺,在殷代是在同一宮殿區中,殷王朝沒有必要在同一時期設立兩個占卜機關。"[1] 我們再問,如果殷代有村南、村北兩個占卜機關,那麼,作為兩系共同起源的自組卜辭的占卜機關在哪裏?是在村北還是在村南?一組即自組總不會在村北、村南也設立兩個占卜機關吧?因此,所謂兩個占卜機關的説法,既不合情理,也是講不通的!總而言之,所謂"兩系",所謂"歷組"卜辭屬於"村中、南系",純粹是為了擺脱"歷組"卜辭衹出在較晚期的坑層中,不與賓組、出組同出在早期坑層中的困境,而憑空杜撰的。而且李學勤也始終未能舉出從"共出器物"上可以證明"兩系甲骨的共存"的證據。至於所謂村北出黃組卜辭的層位中有出無名組、"歷組"卜辭,董作賓早在《甲骨文斷代研究例》中就舉出了,李學勤未查董先生的文章,反而提出反問,這實屬不妥。

下面李學勤又説了一些似是而非的話。他説:"兩系甲骨各自表現出類型學的連續性,怎樣安排也難於並成一系;同時,處於同一時期的兩系甲骨,在書體、文例等方面又有著共同點,這種情形在許多時代都是存在的,不同的人所書文字,字的結構,用字習慣等等難免有所差别,可是同時代人又總有其一定的特點,商代卜人有其本身的集體,世代傳授,自然更能表現出各自的特徵。"他説"兩系甲骨各自表現出類型學的連續性",但沒有舉出例證,不知所云。同時他又説同一時期的兩系甲骨有共同點又有差别,此話無法反映出兩系甲骨有何不同。

接下來,李學勤例舉兩系並存的證據有:事項相通;歷組與賓組、出組卜辭有刻在一版上的實例(即前舉的《屯南》2384);人物共通(如婦好等)。關於這些所謂證據,反對提前論的學者們都已用充分的證據,給予了否定地論證。(詳見第四章)

---

[1]　劉一曼、曹定雲:《三論武乙、文丁卜辭》,《考古學報》2011 年第 4 期。

接下來，李學勤述説了兩系甲骨的不同，他説"最基本的一點是一系兼用龜骨，另一系專用胛骨"。這句話説得很隱晦，應該説一系是"胛骨與龜骨並用"纔更準確，因為在賓組、出組等組卜辭中用龜骨的數量還是很多的，而祇説"兼用龜骨"就極具有誤導性。他還説兩系所用骨料的不同"應該説是卜法的不同"，我們不同意這種觀點。我們認為龜骨、胛骨並用，或用龜多或用胛多，並不能證明是兩系卜法的不同，因為在一系中，由於時代不同，各代商王占卜時所用的骨料會受到各種因素的影響，用龜多或用胛多並不能證明有什麼兩系。

在該文的最後，李學勤説："關於甲骨分期的兩系説，還有很多問題需要證實和探討。比如歷組父乙類和父丁類的層位問題，包括兩類如何劃分，都值得深入探索。"他舉例説"歷組"父乙類和父丁類卜辭，單憑字體是不易區分開的。他承認："兩系説不過是針對現存的矛盾和綫索提出的假説。"所謂現存的矛盾就是"歷組"卜辭提前説與"歷組"出在較晚期地層的矛盾，所謂"綫索"就是董作賓的"區位"，他説提出的"兩系説"是"假説"，倒是符合實際。其實，早在2011年，劉一曼、曹定雲先生在《三論武乙、文丁卜辭》文中，就已公佈了"歷組父乙類和父丁類的層位問題"，見該文所列"1973年小屯南地中晚期灰坑出土刻辭甲骨統計表"，該表顯示"歷組"父丁類卜辭最早出在中期三段，父乙類卜辭最早出在中期四段"，即父丁類卜辭早於父乙類卜辭，因此"歷組"中的父丁祇能是指康丁，父乙祇能是指武乙。如果按提前説的意見父丁指武丁，父乙指小乙，那麼在地層關係上，父丁類卜辭應該晚於父乙類卜辭纔是。

總而言之，李學勤的所謂某組卜辭"祇出于""村北"或"村中、南"的情況是不存在的。他自己也承認，在所謂"兩系"中，各個組類的卜辭都有在另一系中出現的情況（見《小屯南地甲骨與甲骨分期》），這就自我否定了"有的組類祇出於""村北”，“有的組類祇出於”“村中、南”的説法。

　　以上説明，從殷墟甲骨的出土情況看，村北、村中、村南三者之間並無明顯的分界綫，何況村北、村中、村南近在咫尺。因此，所謂“兩系説”是為“歷組”卜辭能够提前所做的無根據的設想。

二　《殷墟甲骨分期研究》

　　1996 年，李學勤與彭裕商合作出版了《殷墟甲骨分期研究》①一書，李學勤説，這本書是對“兩系説的較全面的叙述”②，即該書是要用字體將兩系各自連接起來。在書中，李學勤對“兩系”的構成改變了 1992 年在《殷墟甲骨分期的兩系説》一文中的意見，採納了林澐、彭裕商的意見③，即“自組可能是兩系的共同起源，黃組可能是兩系的共同歸宿”④。他們説：“自組卜辭村南、村北均有出土，是兩系共同的起源，自賓間組祇出村北，自歷間組祇出村南，纔開始分兩系發展，往後賓組、出組、何組、黃組為村北系列，歷組、無名組、無名黃間類為村南系列，無名黃間類以後，村南系列又融合於村北系列之中，黃組成為兩系共同的歸宿。”⑤ 即“兩系”的組成是：

　　（村北）　　自組→自賓間組→賓組→出組→何組→黃組
　　（村南）　　└自歷間組→歷組→無名組→無名黃間類↑
　　這裏的“兩系”是集甲骨發現地點和字體演變共同設置的，

---

　　① 李學勤、彭裕商：《殷墟甲骨分期研究》，上海古籍出版社 1996 年版。

　　② 李學勤、彭裕商：《殷墟甲骨分期研究·後記》，上海古籍出版社 1996 年版。

　　③ 林澐：《小屯南地發掘與殷墟甲骨斷代》，《古文字研究》第九輯，中華書局 1984 年版。彭裕商：《也論歷組卜辭的時代》，《四川大學學報》1983 年第 1 期。

　　④ 李學勤：《殷墟甲骨兩系説與歷組卜辭》，收入《李學勤集》，黑龍江教育出版社 1989 年版。《殷墟甲骨分期的兩系説》，《古文字研究》第十八輯，中華書局 1992 年版。

　　⑤ 李學勤、彭裕商：《殷墟甲骨分期研究》，上海古籍出版社 1996 年版，第 305—306 頁。

即各系是靠字體進行連接的。關於這個"兩系"路綫圖用字體連接的情況，詳見第四章。

三　《帝辛征夷方卜辭的擴大》

2008 年，李學勤發表《帝辛征夷方卜辭的擴大》一文①，他說："帝辛即紂征夷方，一般認為有兩次，一次在九至十一祀，另一次在十五祀，這裏談的是九祀至十一祀那一次。"他說，過去各家排譜所列卜辭，都是黃組卜辭。王世屬於帝辛。"本文將根據一些新綴合或排入的卜辭，對已有的排譜試作補充修改，並對其意義進行討論。"

他將九祀至十一祀征夷方戰役分成兩部分：第一部分是夷方有大出侵犯的跡象，第二部分是征伐夷方。征伐夷方又分成兩個階段：第一階段是"十祀九月正式出征"到該祀十二月；第二個階段是從"十一祀正月"開始到戰役結束。他說在這兩個階段中，"除黃組卜辭外，均有無名組晚期卜辭，兩者有共同的時間、地點和人物。由此證明，無名組晚期卜辭下限到帝辛，村中、南系卜辭從'自歷間組'、歷組、無名組到無名組晚期，構成一貫的序列"。

他是通過證明"無名組晚期"卜辭（即原來的"無名黃間類"卜辭）中的征夷方與黃組帝辛九祀至十一祀時的征夷方是一次戰役，來證明"無名組晚期"卜辭就是帝辛卜辭。由此說明"村中、南系"並沒有像原來路綫圖所說的"無名黃間類以後，村南系列又融合於村北系列之中，黃組成為兩系共同的歸宿"，而是"村南系"自始至終是獨立發展的，並沒有融合於村北系的黃組中。

由此看來，他改稱"無名黃間類"卜辭為"無名組晚期"卜

---

① 李學勤：《帝辛征夷方卜辭的擴大》，《中國史研究》2008 年第 1 期。

辭，明顯地是為了切斷無名組卜辭與黃組卜辭之間的聯繫，使無名組卜辭與黃組卜辭脫離干系，也即使"村南系"與"村北系"脫離干系。他這樣做，證明了所謂"間類""間組"卜辭的劃分，是隨意的，並沒有什麼標準可言。這樣，他的"兩系"構成圖就變成了下面的樣子：

　　（村北系）　自組→自賓間組→賓組→出組→何組→黃組
（村中、南系）　└自歷間組→歷組→無名組→無名組晚期

　　經研究，該文所用"新綴合"等材料及所做的論述有不下十種錯誤（詳細論證見第四章）。因此，該文試圖通過證明"無名組晚期卜辭"的征夷方與黃組帝辛時的一次征夷方是一個戰役，由此證明"無名組晚期卜辭"的下限已到帝辛時期，是不能成立的，也即他修改後的"兩系"路綫圖仍然是不能成立的。

第三節　1996 年李學勤重提 "先用字體分類再進行斷代" 説

　　1996 年，李學勤與彭裕商合寫了《殷墟甲骨分期研究》一書[①]，他們在第一章"甲骨分期的理論方法"之第三節"甲骨分期研究新説"中説："理論方法是衡量一門學科發展狀況的標尺。甲骨分期的理論方法自陳夢家先生'三大標準'以來，又有了重大進展，標誌著該項工作取得了新的突破。"他們所説的有"重大進展""新的突破"的"甲骨分期的理論方法"是："1957 年，我們在《評陳夢家〈殷虛卜辭綜述〉》一文中指出：'卜辭的分類與斷代是兩個不同的步驟，我們應先根據字體、字形等特徵分卜辭為若干類，然後分別判定各類所屬時代。同一王世不見得祇有一類卜辭，同一類卜辭也不見得屬於一個王世。'"並説此"理論

---

　　①　李學勤、彭裕商：《殷墟甲骨分期研究》，上海古籍出版社 1996 年版。

方法""實際上是將考古學的類型學方法運用於甲骨分期研究，這樣就從理論方法上揭開了甲骨分期研究新的一頁"。他們説對甲骨"先（用字體）分類後斷代"是運用考古學的"類型學"方法，是"從理論方法上揭開了甲骨分期研究新的一頁"。這就是説，他們用"字體分類"的斷代"新方法"，代替了董作賓、陳夢家的以"世系、稱謂、卜人"為斷代首要標準的"舊方法"，以此"揭開了甲骨分期研究新的一頁"。他們這個所謂"新理論""新方法"是從"歷組"卜辭提前説、"兩系説"發展出來的。

　　首先，需要指出的是，正如他們自己所説，這個所謂新的"理論方法"並不"新"，因為早在 1957 年李學勤在批判陳夢家的"卜人組"斷代方法時，就提出了要先用字體分類後進行斷代，祇不過，四十餘年來，此"理論方法"並沒有引起學術界的注意，大家仍是以董作賓的"十項斷代標準"及五期分法為框架，以陳夢家的"三大標準"為準繩，來指導甲骨的分期斷代研究的。現在，李學勤在四十年後重提此"理論"，是因為他提出的"歷組"卜辭提前説、"兩系説"遭到了學者們的反對，使這兩説陷入了考古地層學的困境，於是就舊説重提，企圖以沒有固定統一標準，可以任人根據主觀意願進行分類的"字體"，來圓"兩系説"，從而挽救"歷組"卜辭提前説。這就是李學勤重提以"字體分類"的實際目的。但以"字體分類"的"新理論""新方法"是否正確，是否能够代替所謂"舊理論""舊方法"，是須要通過斷代的實踐來檢驗的。

　　其次，"先用字體分類再進行斷代"的方法，是將董作賓、陳夢家甲骨斷代標準中處在末端的"字體"，一下子提升到了第一標準，這就顛覆了董、陳的甲骨斷代學説。陳夢家在《殷虛卜辭綜述》第四章（上）開頭的第一句話就説："研究甲骨與銅器最基本與主要的工作，莫過於考定年代與分別時期。由此纔可以著手研究字體、詞彙與文例的演變，花紋、形製與鑄作的演變，以及其它一切。"所以李學勤說董作賓的五期分法"早已陳舊了"[①]，李、彭的"新理論方法"是"同原有的分期理論扞格不合"的[②]，這倒是附合事實的。

　　時隔四十年之後，李學勤為什麼又要重提原來並沒有引起注意的"先用字體分類再進行斷代"説，並將其拔到"新理論"的高度呢？這個問題最好還是用李學勤自己的話來回答，他在該書的"後記"中説："隨著殷墟考古的進展，甲骨材料的輯集，分期研究出現了一些新問題。其中最重要的，在四五十年代是文武丁卜辭問題，在七十年代以後則是歷組卜辭問題。由後者出發，逐漸形成了殷墟甲骨的兩系説，有關爭論迄今仍在進行之中。這本《殷墟甲骨分期研究》就是兩系説的較全面的叙述。"[③] 李學勤這段話交待了兩個問題：一個是他的"兩系説"是在"歷組"卜辭時代提前説之後提出的，也即"兩系説"是由"歷組"卜辭提前問題引出的；另一個是為了對"兩系説"進行"較全面的叙述"，就重提"先用字體分類再進行斷代"，即企圖用字體分類將"兩系"中的各組卜辭連接起來，使"兩系説"能够成立，由此也就使"歷組"卜辭提前説能够成立。由此可以得知，李學勤的斷代路綫圖是："歷組卜辭提前"説→"兩系説"→"先用字體分類再進行斷代"説。如果將上面的路綫圖倒著排，就是"先用字體分類再進行斷代"説→"兩系説"→"歷組卜辭提前"説。這是表明用"先用字體分類再進行斷代"説來圓"兩系説"，再用"兩系説"為"歷組"卜辭提前説解除在地層上遇到的困境。也即歸根到底，"兩系説"和"先用字體分類再進行斷代"説，都是為了使"歷組"卜辭能够提前而採取的措施。

　　李、彭二氏不但重提"先用字體分類再進行斷代"，而且還給

---

① 李學勤：《論"婦好"墓的年代及有關問題》，《文物》1977 年第 11 期。

② 李學勤："序"，黃天樹《殷墟王卜辭的分類與斷代》，文津出版社 1991 年版。

③ 李學勤、彭裕商：《殷墟甲骨分期研究·後記》，上海古籍出版社 1996 年版。

此説貼上了"考古類型學"的標籤。説"先用字體分類再進行斷代","實際上是將考古學的類型學方法運用於甲骨分期研究"中,"甲骨分期應充分使用考古學方法,先分類,再斷代"。① 對此"新的理論方法",他們從兩個方面做了具體論述:

一　殷墟甲骨斷代與殷墟考古

關於殷墟考古與殷墟甲骨斷代的關係。李學勤、彭裕商也承認不少甲骨是經過考古發掘出土的,因此,對甲骨的整理要用考古學的方法。他們説"先分類後斷代"就是運用的考古學的方法。但他們認為考古學對甲骨斷代有局限性,説"綜觀學術界在這方面所進行的工作,其成敗得失,往往與考古學有著密切的關係"。他們舉的成功的例子有兩個:一個是董作賓的十項甲骨斷代標準中,甲骨出土的"坑位"是重要的標準之一。董先生"所創立的'五期'分法之所以為學術界所接受,原因正在於他的研究是以考古發掘為基礎的"。另一個是陳夢家在《殷虛卜辭綜述》中,"較為詳細地探討了'坑位'在甲骨斷代研究中的作用,並根據當時所能獲得的考古發掘材料把自組、子組、午組等卜辭考定在武丁時代,在甲骨分期研究上作出了重要貢獻"。但他們轉而又説:"而另一方面,甲骨分期研究中出現的失誤,也往往與考古學有著直接的關係。"他們舉的是董作賓的例子,説"如董作賓先生將出於 E16、YH6、YH127 等早期灰坑的自組、子組等卜辭的時代定在文武丁時,從而產生了'文武丁時代卜辭的謎',本來他也認為 E16 的時代在早期,但後來為了遷就他的'文武丁復古'之説,就置坑位地層於不顧了。但從根本上來講,其失誤不能不説與當時殷墟考古的水平直接相關"。

從李、彭二氏對董作賓甲骨斷代得失的評論,可以看出,他

---

① 李學勤、彭裕商:《殷墟甲骨分期研究》,上海古籍出版社版 1996 年版,第 13 頁。

們並沒有弄清楚董先生的甲骨斷代情況，也沒有掌握考古"坑位"學的基本知識。首先，他們説"董先生的十項斷代標準中'坑位'是重要的標準之一"，這就是沒有弄清楚董先生所説的"坑位"的含義。實際上，董作賓在《甲骨文斷代研究例》中所説的"坑位"，恰恰不能作為斷代的重要標準。董先生在該文中已經明確指出："'坑位'是出土甲骨的地點"，"就出土甲骨文字的坑位，分為五區"。即董氏所説的"坑位"是指灰坑所在的發掘區的地點，即"區位"，區位是發掘時為記錄方便在地面上所做的人為的劃分，並不是指灰坑所在地層的縱向位置。李、彭二氏不明白考古學的"坑位"之所指，誤將董先生的"坑位"看成是重要的斷代標準，這就難怪他們在叙述"兩系説"時，説"兩系"的設想符合甲骨出土的"坑位"。他們又説："陳夢家在《殷虚卜辭綜述》中'較為詳細地探討了'坑位'在甲骨斷代研究中的作用"。此話説的甚不明確。實際情況是，陳夢家在《綜述》中專門列出一節（第四章第二節）討論董作賓的"坑位"標準，他對董氏的"坑位"概念提出批評，指出："所謂坑位應該和'區'分别"，"區是為發掘與記錄方便起見在地面上所作人為的分界，並非根據了地下遺物的構成年代而劃分的"。"坑以外我們自得注意層次。"（第 140 頁）儘管陳先生認為"坑位對於甲骨斷代有相當重要的關係"，但是對當年董先生提供的"坑位"，他還是摒除於他的斷代三大標準之外。李、彭二氏沒有弄清楚董、陳二位對"坑位"的不同解釋，就説陳先生"探討了'坑位'在甲骨斷代研究中的作用"。如果他們真正掌握了考古學的"坑位"學知識，就不會盲目地認為"董先生的十項斷代標準中'坑位'是重要的標準之一"了。

再者，董先生後來將自組、子組、午組等卜辭的時代錯劃到文武丁時，真如李、彭二氏所説是"與考古學有著直接的關係"嗎？實際情況是，1933 年董作賓在《甲骨文斷代研究例》中，是將這幾組卜辭劃歸到第一期武丁時代的，到 1945 年董先生在寫作《殷曆譜》研究新舊兩派的祀典時，發現這類卜辭中稱"唐"為"大乙"，他僅憑此一證據，就懷疑這些卜辭不應屬於舊派的武丁時。1948 年他在《殷虛文字乙編》"序"中説，經過十八年的研究，特別是對第十三次發掘 B 區的"幾乎完全是文武丁時的卜辭"的兩個坑，即 119 坑出土的 298 片、YH006 坑出土的 207 片卜辭，"還有散見別的坑中的共 13 版"甲骨的研究，認定上述幾組卜辭中的有貞人的卜辭都應當屬於文武丁時，於是他把原來劃到第一期武丁時的自組、子組、午組等卜辭整體地移到了第四期文武丁時。同時他又從文字、曆法、祀典、事類等方面論證"文武丁復古了"，即文武丁恢復了武丁時的舊制，並稱"揭穿了文武丁時代卜辭的謎"。由此可知，董先生改自組、子組、午組等卜辭為文武丁卜辭，是根據的卜辭的内容，並不是如李、彭二氏所説"本來他（按：指董作賓）也認為 E16 的時代在早期，但後來為了遷就他的'文武丁復古'之説，就置坑位地層於不顧了"，這反映出他們不了解董先生對 E16 坑甲骨的斷代情況。陳夢家曾就董先生對 E16 坑甲骨的斷代提出批評，他説 E16 坑所出甲骨是賓組與自組的混合，董作賓在定該坑甲骨的時代時，是"據貞人定 E16 坑所出甲骨全是第一期的"，但董氏"所舉的是賓組卜人而沒有列自組卜人。"（第 155 頁）董氏一方面説 E16 坑"祇出一、二期卜辭，一方面又以 E16 所出自組卜辭與甲尾刻辭定為文武丁的。要是根據後説，那末 E16 坑應該遲到文武丁時代；要是根據前説，自組卜辭和甲尾刻辭應該屬於一、二期了"（第 155 頁），因此董氏對 E16 坑甲骨的斷代是矛盾的。陳先生指出，董先生定自組卜辭為文武丁卜辭，除了根據自組稱"唐"為"大乙"外，還有一個就是根據出土地區，也即董先生所説的"坑位"。陳先生説："自組卜辭在村南大道旁（36 坑一帶）出土不少，他把村南和村中廟前混合為一區，認為祇出三、四期卜辭，因此定自組卜人為文武丁的。"（第 155 頁）由此可知，董先生對自組卜辭斷代，並不是考古學本身的錯，而恰恰是董先生違背了考古學的地層、坑位造成的，即他把出土地點當成了"坑位"，當然這與那時中國考古學的發展水平有關。但是在幾十年後的今天，考古學已如此發達了，李學勤等人提出"歷組"卜辭提前說和"兩系說"，所給出的考古地層學、坑位學證據，卻仍然是七十多年前董作賓的"坑位"，也即"區位"。這就表明他們始終沒有弄清楚何為考古學的"坑位"學，卻總在妄談考古學的"坑位"。

除此之外，李、彭二氏對考古地層學的作用還有一些錯誤論調。如他們說："考古學依據對甲骨分期的作用也有一定的局限，即有一個層次問題。""最有用的早期單位可以直接作為分期的一項主要標準，獨立解決問題。中期單位可以解決中期卜辭的時代問題，但對早期卜辭無能為力。至於晚期單位，就更差了，它對中期卜辭也無能為力。故中晚期單位一般來說均不能直接作為甲骨分期的主要標準而獨立解決問題，祇能作為參考資料。"按著他們的說法，考古發掘祇保留早期地層的遺物就可以了，對於中、晚期地層中出土的遺物，可以棄之不顧。在他們眼裏，考古的地層學對斷代的作用太小了。他們批評："有的學者對於中晚期地層過於強調，似乎其重要性可以超過甲骨的自身條件。我們不同意這樣的看法……"我們祇用 1973 年小屯南地中、晚期地層甲骨的出土情況就可以駁倒此說。

1973 年，小屯南地發掘者"將小屯南地殷代遺址分為早、中、晚三期"，"早期二段五個坑，出自組、午組或字體似賓組的卜辭。中期坑，除出少量早期卜辭外，大量出無名組與歷組卜辭。晚期坑除出早期、無名組、歷組卜辭外，還見有黃組卜辭"。"小屯南地中期有灰坑 32 個。其中，中期三段有 11 個，四段有 21 個。……無名組與歷組父丁類卜辭，除出於晚期坑層外，見於中期四段與三段的灰坑，而歷組父乙類卜辭除出晚期坑層外，則祇

出於中期四段，不見於中期三段坑。故我們認為，歷組父乙類晚
於父丁類及無名組卜辭是有考古學依據的。"① 即小屯南地中、晚
地層出土的甲骨確鑿地證明了歷組父乙類卜辭晚於父丁類及無名
組卜辭，也即證明了歷組父乙類卜辭是文丁卜辭，父丁類卜辭是
武乙卜辭。這樣的地層證據證明了"歷組"卜辭決不是武丁晚期
至祖庚時期的卜辭，如果"歷組"卜辭是第一期至第二期卜辭，
那麼，父乙類卜辭即武丁卜辭應該早於父丁類卜辭即祖庚卜辭纔
是。這樣的中、晚期地層證據，難道"不能直接作為甲骨分期的
主要標準而獨立解決問題"嗎？這樣的考古發掘中、晚期地層證
據，"超過"了某些人衹用"歷組"卜辭中單獨的親屬稱謂"父
丁""父乙"，就隨意地解釋"父丁"是指武丁、"父乙"是指小
乙的可信度。因為地層證據確鑿無疑地證明了"歷組"卜辭是武
乙、文丁卜辭，所以幾位主張"歷組"卜辭提前的學者，就想方
設法極力否定地層在甲骨斷代中的至關重要的作用，這也就不奇
怪了。

二　甲骨分期的各項標準

在該部分一開頭，李、彭二氏再次強調："甲骨的分期研究應
區別為分類與斷代兩個步驟，分類是依據類型學的方法對出土甲
骨進行的最基本的整理，在分類的基礎上，纔能對甲骨的時代進
行區分。""甲骨實際上是一種考古資料，因而適宜於用考古學的
方法來進行整理。""在對考古器物作分期研究的時候，必須先用
類型學的方法將其分為若干型式，然後再確定其時代。"他們認
為，"考古材料都具有兩種不同的屬性"。"第一種屬性可以告訴
我們某些物品是同時代的，即可展示這些器物在時代上的橫向關
係。根據這種屬性，就可以把若干物品聯繫起來，形成組或群。"

---

① 劉一曼、曹定雲：《三論武乙、文丁卜辭》，《考古學報》2011 年第 4 期。

"第二種屬性則可告訴我們這些物品的大致年代或相對早晚，即可展示其在時代上的縱向關係。""於此可見，第一種屬性實際上就是對出土物品進行分類的依據，凡是具有這種屬性的一切因素都是分類的標準。第二種屬性實際上就是判明出土物品時代的原始依據，凡是具有這種屬性的一切因素都是斷代的標準。……根據這些因素就可以知道某個型式器物的絕對或大致的年代。這兩種屬性的同時並存，決定了對任何出土物品的分期研究都必須區別為分類與斷代兩個步驟。這就是為什麼甲骨的分期研究必須區別為分類與斷代兩個步驟的理論依據。在這裏，分類是斷代的基礎，分類的精確與否直接關係到斷代的質量。祇有在精確分類的基礎上，纔有可能全面正確地總結各類卜辭的特殊現象以確定其時代。"李、彭二氏這麼多次的強調對甲骨的斷代是"先分類後斷代"，並且強調"先分類後斷代"是依據的考古學的"類型學"理論。那麼，考古學的"類型學"理論究竟是怎樣的呢？我們還是來看看考古學家是如何講述的。

考古學的"類型學"，又稱作"器物形態學""標型學""型式學"。著名考古學家蘇秉琦（與殷瑋璋合作）撰有《地層學與器物形態學》一文[①]，專門講述如何運用類型學，"按科學的規律和方法"對出土物進行分期斷代。蘇先生指出："運用器物形態學進行分期斷代，必須以地層疊壓關係或遺跡的打破關係為依據。"因為"考古工作者在發掘古遺址時，遇到的首要問題，就是要確切地區分不同時期的堆積層，辨明各層的遺跡遺物，準確地判定它們的時代"，"田野發掘中揭露的任何遺存，一般地說，都須借助於地層關係以確定其時代。如果失卻地層依據或層位關係混亂，就會使出土的遺存失去應有的科學價值"。這裏，蘇先生強調的是對出土物首先要根據地層關係明確其時代。考古學者劉一曼、曹

---

①　蘇秉琦、殷瑋璋：《地層學與器物形態學》，《文物》1982 年第 4 期。

定雲也有類似的叙述，他們説，運用"類型學"分期斷代的"前提是必須建立在地層學的基礎之上"①，"甲骨卜辭本身是地下遺物，是通過考古學方法發掘出來的，所以人們又必須運用考古地層學的方法，對出土甲骨進行整理"②。之所以如此，是因為"不同的時代，器物的外形有時會有相似與雷同之處，如果離開地層學，單純憑器物的外部形態進行分類，並斷定器物的時代，那就非常危險，甚至有誤入歧途的可能"。蘇先生也説："一般地説，當兩種文化遺存疊壓時，上層堆積中包含少量下層遺物是正常的。"

這就是説，在運用"類型學"對出土遺物進行分類時，必須要以遺物出土的地層關係為依據。而不是如李學勤、彭裕商所主張的，不管出土物的地層關係，即不管出土物的時代早晚，將其混在一起先進行分類。這樣，就會導致如蘇先生所説："一些學者在運用器物型態學時曾經出現過一些偏差。例如有的研究者片面强調兩種形製不同的實物在一起找著，必定有一種形製恰居另一種之前。這就難免把排比器物以確定時間早晚和器物形製變化序列的工作絕對化，甚至為做到這一點而加進主觀臆測的成分，使這種方法表現出神秘而煩瑣的傾向。"因此，衹有在縷清了出土遺物的時代先後後，纔能保證對器物的分類不加進主觀臆測的成分。

李學勤等持"歷組"卜辭提前説的學者，違背八十多年來殷墟考古發掘的地層關係，即"歷組"卜辭從未與賓組、自組、子組、午組、出組等卜辭在早期層坑中共出過，出無名組卜辭的坑層都是早於出"歷組"卜辭的坑層的。因此，他們違反地層關係的所謂字體分類，將毫無時代關聯的某些組卜辭主觀地用所謂字體强行地連接在一起，他們將出於晚期地層的"歷組"卜辭的字體與出於早期地層的自組卜辭的字體用所謂"自歷間組"連接起

---

① 劉一曼、曹定雲：《三論武乙、文丁卜辭》，《考古學報》2011 年第 4 期。
② 劉一曼、曹定雲：《三論武乙、文丁卜辭》，《考古學報》2011 年第 4 期。

來，將出土地層早於"歷組"卜辭的無名組卜辭用"歷無名間類"連接起來，把本來不相接的無名組卜辭與黃組卜辭用所謂"無名黃間類"連接起來，這種違反地層關係的所謂字體分類與連接，就不可避免地會加進主觀臆測的成分，將字體分類弄得"神秘而煩瑣"。

綜合上述，李、彭二氏用脫離地層關係的"先用字體分類再進行斷代"的錯誤理論，對所謂"兩系"中各組卜辭之間的字體連接，特別是對"村中、南系"的自組與"歷組"、"歷組"與無名組、無名組與黃組的連接，對"村北系"的何組與黃組的連接，都是沒有科學依據的主觀臆接。

總之，李學勤、彭裕商的"先用字體分類再斷代"，違背運用考古學的"類型學"進行斷代時，必須要遵守的前提和規則，因此是不科學的。

在"甲骨分期的各項標準"這一段中，李、彭二氏提出"甲骨卜辭各種因素的性質"共有五項：字體、卜人、稱謂系統、考古學依據、卜辭間的相互聯係。對字體，他們說："凡是字體相同的卜辭都大致是同時的。"這話不符合事物發展的客觀規律。因為"即在同一朝代之內，字體文例及一切制度並非一成不變的；它們之逐漸向前變化也非朝代所可隔斷的。大體上的不變和小部分的創新，關乎某一朝代常例與變例（即例與例外）之間的對立，乃是發展當中的一個關鍵。這一朝代的變例或例外，正是下一朝代新常例的先河。已經建立了新常例以後，舊常例亦可例外的重現。"[1] 蘇秉琦從考古學方面也有類似的敘述，如他說："一般地說，當兩種文化遺存疊壓時，上層堆積中包含少量下層遺物是正常的。"這表明，李、彭二氏所說"凡是字體相同的卜辭都大致是同時的"說法，是錯誤的。表明他們不懂得事物發展的客觀規律。

---

① 　陳夢家：《殷虛卜辭綜述》，中華書局 1988 年版，第 153 頁。

他們對分類與斷代的意見是："甲骨分期應充分使用考古學方法，先分類，再斷代。分類的標準有字體和卜人，其中字體分類的范圍較窄，卜人分類的范圍較寬。斷代的標準，我們同意林文（引者按：林澐）的稱謂系統和地層關係，衹是將後者改為考古學依據，另外再加上卜辭間的相互聯係，一共三項。"説這套方法是"目前情況下總結出來的一些行之有效的分期方法"。這裹，他們將分類的標準除了"字體"之外又加上了"卜人"。説他們當前的工作是："甲骨分期研究經過學術界數十年的努力，目前除歷組卜辭而外，大陸上的學者對各組卜辭大致相當的年代已有了基本一致的看法。在這種情況下，這項工作目前的主要任務是在原有的基礎上更進一步，即在同一類卜辭中劃分早晚。""為了達到這個目的，與此相適應，就決定了分類必然要比以前細緻，因而以前賴以劃分各組卜辭的卜人集團已不起什麼作用了，這裹的主要依據是分類尺度較窄的字體，在推定相對早晚方面，稱謂系統已退居次要地位，起決定作用的是考古學依據和各類卜辭之間的相互聯係。"這裹，他們又否定了"卜人"是分類的標準，否定了"稱謂"是斷代的標準。經過他們這樣前後矛盾的説辭後，我們也終於悟出他們寫作這本書的方法是：在"學者對各組卜辭大致相當的年代已有了基本一致的看法"的情況下，再在"同一類卜辭中劃分早晚"，即先用字體對各組卜辭進行細分類，再用"考古學依據和各類卜辭之間的相互聯係"進行再斷代。他們這樣做的目的很明顯，就是要通過"字體"和"各類卜辭之間的相互聯係"，將"兩系"中的各組卜辭連接起來，使"村中、南系"的"歷組"能够與第一期的自組用"自歷間組"連接起來，使"歷組"與無名組用"歷無名間組"連接起來，使無名組與黃組用"無名黃間類"連接起來，以達到使"歷組"卜辭提前（使無名組晚於"歷組"）的目的。但這樣做必定是違反了"歷組"卜辭和無名組卜辭出土的地層證據，他們的分類與斷代必定會加進主觀臆測的

成分。正如蘇秉琦先生所説：“一些學者在運用器物型態學時曾經
出現過一些偏差。例如有的研究者片面强調兩種形製不同的實物
在一起找著，必定有一種形製恰居另一種之前。這就難免把排比
器物以確定時間早晚和器物形製變化序列的工作絶對化，甚至為
做到這一點而加進主觀臆測的成分，使這種方法表現出神秘而煩
瑣的傾向。”總之，該書違反考古“類型學”理論，抛棄地層證
據，用字體分類將各組卜辭重新進行分類、斷代。我們認為其所
做毫無科學性，存在主觀推測，其不能成立是不言而喻的。他們
企圖以字體分類來證明“兩系説”的目的没有達到。我們在第四
章中將擇其所論做專門分析、批判。

第四節　介評支持李學勤觀點的兩家論述

　　1977 年李學勤發表《論“婦好”墓的年代及有關問題》一
文，提出“歷組”卜辭提前説後不久，在學界頗有些名氣的裘錫
圭、林澐二位先後撰文“改從李説”①。隨即在李、裘、林的一衆
學生中，也紛紛跟從師説，李説幾乎影響了整整一代年輕人。據
我們統計，到目前為止，發表支持李説的論著有二十餘種。其中
以彭裕商和林澐發表的最多。彭裕商的基本觀點，已在他與李學
勤合著的《殷墟甲骨分期研究》一書中體現出來，故對他的其他
著述不再作介評。本節主要介評裘錫圭和林澐的文章各一篇。裘
錫圭雖然衹有一篇較系統的文章發表，但因其在學界影響較大，
又是第一篇公開支持李學勤“歷組”卜辭提前的文章，故作介評。

---

① 　裘錫圭：《論“歷組卜辭”的時代》，《古文字研究》第六輯，中華書局 1981 年
版。林澐：《小屯南地發掘與殷墟甲骨斷代》，《古文字研究》第九輯，中華書局 1984 年
版。

一　裘錫圭《論"瓱組卜辭"的時代》

1973 年，中國科學院考古研究所安陽工作隊在安陽小屯南地發現刻辭甲骨 5335 片，發掘者説："此次出土甲骨的主體是傳統的武乙、文丁卜辭，而它們出土的層位屬於小屯南地中期和晚期……卜辭時代與卜辭出土層位是吻合的。"① 1976 年，殷墟小屯西北地發掘了著名的"婦好"墓，1977 年，李學勤發表了《論"婦好"墓的年代及有關問題》一文②，從出土青銅器的紋飾和銘文，論證該墓屬於武丁時期，並認為第一期武丁卜辭中的"婦好"和第四期武乙、文丁卜辭中的"婦好"是同一個人。並把第四期武乙、文丁卜辭改稱作"歷組"卜辭，提出"歷組"卜辭的時代應該提前到武丁晚期至祖庚時期。1981 年，裘錫圭發表《論"瓱組卜辭"的時代》一文③，這是學界第一篇公開發表支持李學勤"歷組"卜辭提前的文章。他的文章一發表，打破了自 1977 年以來三年多未見公開支持李學勤觀點的局面，在裘氏的帶領下，遂即在年輕人中，掀起了一股跟從李氏觀點的旋風。裘錫圭的文章到底説了些什麼，他的論述是否能夠成立？下面我們對其文做較詳細的介評。

裘錫圭的文章一開頭，對"歷組"卜辭做了介紹。他説："歷組卜辭的字形一般比較大，書法比較恣肆"，"字形結構有的與賓組相似"，舉"王"和"辛"字寫法，"有的則與晚期卜辭相似"，舉"未"和"酉"字的寫法。説"這種卜辭裏最常見的上一代稱謂是父丁，其次是父乙"。

他不同意蕭楠認為有"父丁"稱謂的與有"父乙"稱謂的卜

---

① 劉一曼、曹定雲：《三論武乙、文丁卜辭》，《考古學報》2011 年第 4 期。以下引劉一曼、曹定雲的話，如不注明出處，皆出自此文。

② 李學勤：《論"婦好"墓的年代及有關問題》，《文物》1977 年第 11 期。

③ 裘錫圭：《論"瓱組卜辭"的時代》，《古文字研究》第六輯，中華書局 1981 年版。

辭，從字體（包括文例）上是可以分開的。他認為"這兩類卜辭的字體仍然是很接近的"，"父乙類和父丁類卜辭的字形結構，大多數也完全相同或十分相似"，他舉了幾個"父丁"類卜辭與"父乙"類卜辭有相同字體的例子作説明，然後得出結論説："可見僅僅根據字體很難把這兩類卜辭完全區分開來。"我們認為從整體上看，蕭楠對"父丁類"和"父乙類"卜辭字體的分析，即有"父丁"稱謂的"一般説來字體較大，筆劃較粗，筆風剛勁有力"，有"父乙"稱謂的"字體較小，筆風圓潤而柔軟"；二者的字形結構也往往不同。是正確的。裘錫圭舉個別例子否定整體特徵，這是以偏概全。陳夢家先生説，字體、文例及一切制度的"變化非朝代所可隔斷的，這一朝代的變例或例外，正是下一朝代新常例的先河。已經建立了新常例以後，舊常例亦可例外的重現"[1]。至於他拿"歷組"卜辭的字體與其他各類卜辭的字體進行對照作論據，則已超出了"歷組"卜辭的討論范疇，是不能説明問題的。

對"歷組"卜辭字體特徵描述得最詳細、最貼切的是小屯南地甲骨的發掘者劉一曼、曹定雲等學者，他們通過多年來整理、觀察、研究小屯南地出土的武乙、文丁卜辭（下文為行文方便順李氏意見稱"歷組"卜辭），熟諳地掌握了"歷組"卜辭的字體特徵。多年來，他們已在《小屯南地甲骨·前言》（1980 年）、《論武乙、文丁卜辭》（1980 年）、《再論武乙、文丁卜辭》（1984 年）等文中，"對武乙、文丁卜辭的分類、字體、文例特徵等已做過較詳細的闡述"，2011 年他們又發表了《三論武乙、文丁卜辭》[2]，將這些特徵再次做了扼要叙述。他們的意見是：

"據字體，武乙、文丁卜辭可分為四類"：

第一類，字體纖細秀麗，筆畫較均匀，有的稍大，略窄長。

---

①　陳夢家：《殷虛卜辭綜述》，中華書局 1988 年版，第 153 頁。

②　劉一曼、曹定雲：《三論武乙、文丁卜辭》，《考古學報》2011 年第 4 期。

此類卜辭無貞人。是為"無名組"卜辭。父輩稱謂有兩個：父丁、父辛。"這些卜辭中某些干支字或常用字稍接近黃組字體，且在小屯南地，它們除出於晚期的坑層外，祇見於中期四段的灰坑中（如H50、H85），所以我們認為，這些卜辭的時代較典型的無名組卜辭略晚，應屬武乙、文丁時期。"

第二類，字體剛勁有力，筆畫轉折處棱角分明。但字形大小，筆畫粗細有差異。

第三類，字體風格與第二類較相似，多屬折筆字。但某些干支字或常用字的寫法，與第二類有區別。

第四類，字體較小，筆鋒圓潤。字的結構與第三類基本相似。

他們說："第二類至第四類卜辭，祇有一個卜人'歷'，為數不多，祇二十多片，學術界將之稱為'歷組'卜辭。第二類卜辭的父輩稱謂以'父丁'為主，故學者稱之為'歷組父丁類'。該類還偶見'父辛'（《綴新》588）。第三、四類卜辭父輩稱謂主要是'父乙'，故學者稱之為'歷組父乙類'。不過仔細想來，這種稱呼並不是很貼切，因為第二類字體的祭祀卜辭也發現少量的'父乙'，而在第三類卜辭中，發現個別的'父丁'。"我們認為，這樣的字體分類細緻、詳實，符合事物發展的客觀規律，它是建立在依親屬稱謂"父丁""父乙"斷代的基礎上的，可以使人明瞭各王字體的演變情況，從而可以幫助判斷那些沒有父輩稱謂的卜辭大致所屬王世。

裘錫圭說他這篇文章的目的，是順著李學勤文章（按：即《論"婦好"墓的年代及有關問題》）的思路作一些補充論證。

他首先肯定1928年明義士認"歷組"的"父丁"是武丁，"父乙"是小乙，是正確的。1977年李學勤重提明義士的觀點，認為"歷組"卜辭是"武丁晚年到祖庚時期的卜辭"，"他（引者按：指李氏）的意見是不容忽視的"。

接下來，他批判主張"歷組"卜辭是武乙、文丁卜辭的學者們的錯誤。説“有些學者的主要根據是卜辭的文例和字體”。舉例首批郭沫若，説郭老在《粹編·考釋》中的兩段話具有代表性。接著批董作賓，説：“在甲骨文斷代研究初期，普遍存在把同一時期卜辭的文例、字體看得過於單純的傾向。董作賓把一些文例、字體比較特殊的卜辭，幾乎都定為文丁卜辭，並以‘文武丁復古’這一從來沒有真正得到過證明的説法，來解釋這些卜辭裏與他心目中的常例不合的，文例、字體方面的一些現象。”這裏説的“特殊的卜辭”，指的就是後來被陳夢家命名的自組、子組、午組等卜辭。

董先生真的如裘錫圭所説是因為自組、子組、午組等卜辭的文例、字體比較特殊，不同於賓組的字體、文例，而將其定為文武丁卜辭的嗎？

對此，我們先來看一下董先生的甲骨斷代十項標準。1933 年，董作賓在《甲骨文斷代研究例》中，列出甲骨斷代的十項標準，他特別强調了運用十項標準進行斷代時的主次與規則。他説：“斷代的十個標準，主要的法寶不過是‘稱謂’同‘貞人’，其餘八項，除了‘世系’之外，都是由稱謂、貞人推演出来的。”[1] 在他的十項斷代標準中，第 1 項是“世系”，第 2 項是“稱謂”，第 3 項是“貞人”，第 8 項是“文法”，第 9 項是“字形”，第 10 項是“書體”，即十項標準中，最重要的是前三項的“世系”“稱謂”“貞人”，而“文法”“字形”“書體”列於最後三項。此三項，包括第 4 項“坑位”，第 5 項“方國”，第 6 項“人物”，第 7 項“事類”，“都是由稱謂、貞人推演出来的”。[2] 而對用字體斷代，董先生説：“殷虚文字經過了二百餘年的長期，許多字都有他由簡

---

① 董作賓：《殷虚文字乙編·序》上輯，中央研究院歷史語言研究所 1948 年版。

② 對董作賓的十項斷代標準，陳夢家在自己的三大標準中，剔除了“坑位”和“人物”兩項標準。見陳夢家《殷虚卜辭綜述》第四章“斷代上”，中華書局 1956 年版。

而繁的演變過程（引者按：此説失之偏頗），這在分期整理完竣之後，自然可以找出一個系統來。"這裏，董先生強調字體特徵是"在分期整理完竣之後"，纔能理出一個系統，即理出一個頭緒。他又説："'方國'、'事類'、'文法'、'字形'、'書體'都是根據有貞人的基本片子推演出來的，也可以説是間接的標準。因為如果有一片卜辭祇殘餘幾個干支字，或者沒有貞人的'卜夕'、'卜旬'片子，那就祇好在'字形'和'書體'或其他標準上找時代了"①。由此可見，董先生的用字體斷代，是在根據了用貞人等標準作出斷代後，在掌握了某些時代的字體特徵後，纔能利用字體去對那些沒有貞人的片子進行斷代。因此，董先生是不可能僅憑文例、字體就對自組、子組、午組等卜辭進行斷代的。

其次，再看一下董作賓是否如裘錫圭所説，是因為自組、子組、午組等卜辭的字體、文例特殊，而將其放在文丁時期的。1933年，董作賓在《甲骨文斷代研究例》中，是將後來稱作自組、子組、午組等卜辭放在第一期武丁時期的。到1945年，他在《殷曆譜》中研究新、舊兩派祀典時，發現這類卜辭中"由於稱唐為大乙，可以斷定絕對不是武丁"的，"祇有一個唐的名稱沒有復活，仍然叫大乙，這是一個堅強的、惟一的證據"，他憑此一證據，就懷疑這些卜辭不應該屬於舊派的武丁時。到1948年，他纔在《殷虚文字乙編》"序"中説，經過十八年的研究，特別是對第十三次發掘B區的"幾乎完全是文武丁時的卜辭"的兩個坑，即119坑出土的298片、YH006坑出土的207片卜辭，"還有散見別的坑中的共13版"甲骨的研究，認定這幾組卜辭都應當屬於文武丁時期，即把原來劃歸到第一期武丁時的這幾組卜辭整體地移到了第四期文武丁時。同時，他從文字、曆法、祀典、事類等方

---

① 董作賓：《甲骨學五十年》，藝文印書館1955年版。(此處轉引自《中國現代學術經典·董作賓卷》之《甲骨學六十年》，河北教育出版社1996年版。下同)

面論證是"文武丁復古了",即文武丁恢復了武丁時的舊制,自稱"揭穿了文武丁時代卜辭的謎"。由此可見,董先生改劃自組、子組、午組等卜辭給文丁,並不是單單依據這幾組卜辭的"文例、字體比較特殊",而是根據對稱謂、曆法、祀典、事類等多項分析得出的。儘管現在證明他的改劃是錯誤的,但他當時在 1945 年、1948 年的確不是僅憑文例、字體而改劃的。又,董先生在 1933 年將自組、子組、午組等卜辭劃歸到第一期武丁時,是承認武丁時是存在與賓組有不同文例、字體的卜辭的,他說:"不能不承認武丁時代有各種不同的書體、字形、文法、事類、方國與人物了。"① 後來他將這幾組卜辭改劃到第四期文丁時,同樣也是承認文丁時是存在有不同的文例、字體等卜辭的。這哪裏是如裘錫圭所說,是因為這幾組卜辭的字體、文例比較特殊而將其劃到文武丁時代的,也哪裏有"在甲骨文斷代研究初期,普遍存在把同一時期卜辭的文例、字體看得過於單純的傾向"的現象。裘錫圭批判董先生,不去查閱董先生的系列著作,僅憑想當然就給董先生羅織"罪名",這不是一個嚴肅的學者的態度。

批評完董作賓後,裘錫圭又把矛頭對準陳夢家。他說:"李學勤同志還指出,在村北所出的龜、骨並用的往往記卜人的第三期卜辭和主要出於村中的祇用骨的不記卜人的第三期卜辭裏,有一些二者同卜一事的例子。由此可知這兩種在文例、字體等方面都有相當明顯的不同的卜辭,至少有一部分是完全相同的。陳夢家把前者完全劃歸廩辛,後者完全劃歸康丁(《綜述》142—144 頁),顯然是有問題的。"他這是同意李學勤的廩辛卜辭與康丁卜辭不可分的意見。查陳先生的著作,知他是從字體、卜人、前辭形式、稱謂、祭祀、曆法、卜用材料等方面區分出廩辛、康丁卜辭的。而李學勤所舉的二者同卜一事的例子,如"雉王眾""二

---

① 董作賓:《殷虛文字乙編·序》上輯,中央研究院歷史語言研究所 1948 年版。

方白"①，在他組卜辭中也有見。研究問題的正確方法，應該像陳夢家先生那樣，從整體上把握，如果抓住一些個別的、似是而非的所謂相同的例子，就下斷語，必定會以偏概全，不能反映事情的原貌。

在批判了郭沫若、董作賓、陳夢家幾位學者後，裘錫圭說："有了上舉這些例子，主要根據文例、字體來確定歷組卜辭時代的作法，當然就不能再為我們所接受了。"而從上述我們所列的董作賓、陳夢家對卜辭的斷代情況看，他們根本不是如裘錫圭所說"主要根據文例、字體"來推斷卜辭的時代的。

接著，裘錫圭說："我們還可以具體看一下，歷組卜辭文例、字體上的一些特點，是否真像董作賓等人所想象的那樣，祇可能出現在晚期而決不可能出現在一、二期。"他舉了一些"歷組"卜辭和武丁卜辭有相同文例的例子，說明"歷組"可以提前到一、二期。其實，卜辭文例與字體一樣，在各期卜辭中都能找到或多或少的相同的例子，稍微對殷墟甲骨卜辭有研究的學者都會知道，卜辭的文例形式和記不記卜人名在各期卜辭中都是沒有嚴格的界綫的，都會在常例中有少數特例。再者，卜辭文例和字體一般對卜辭的斷代不會起關鍵作用，在董作賓、陳夢家的斷代標準中，字體、文例都是排在末位的。所以裘錫圭指責董作賓等人主要是根據文例、字體去確定"歷組"卜辭的時代是不符合事實的。相反，我們倒是看到，主張"先用字體分類"的李學勤等人，纔是主要以字體、文例去確定"歷組"卜辭的時代的。讀一下董作賓及其他反對"歷組"卜辭提前的學者的諸多著述，就可知道，他們主要是從世系、稱謂、卜人、人物、祭祀、曆法、征伐、方國、王世、字體、詞彙、文例、出土坑位等方面，即是從多角度、全方位地論證"歷組"卜辭的時代應是在武乙、文丁

---

① 見李學勤《評陳夢家〈殷虛卜辭綜述〉》，《考古學報》1957 年第 3 期。

之世的，哪裏是"主要根據文例、字體來確定歷組卜辭時代"的？裘錫圭這樣不去認真閱讀對方的著述，就主觀地下結論，實不可取。

接下來，裘錫圭説："歷組卜辭的筆法的確與主要出於村中的字形較小的三、四期卜辭比較相似，但是另一方面，跟某些武丁時期的卜辭也相當接近。""賓組卜辭偶爾也有筆法很近於歷組的，如《粹》1053【《合》5058】殼貞卜辭便是一例。同樣，歷組卜辭也有筆法與賓組很接近的例子。如《人文》2477【《合》16801】。"（引者按：此例不是"歷組"，是賓組），他説該版有"癸酉貞旬亡禍"，"從文例和'囚'字寫法看，應屬歷組……但是'癸酉貞旬'四字完全是賓組作風，'酉'字作 δ，字形結構也同於賓組。這些都透露出歷組和賓組的時代可能很相近的消息"。關於"歷組"卜辭的字形結構，裘錫圭説："屬於武丁時期的𠂤、午、子等組卜辭的字形，往往與賓組卜辭不同，而反與晚期卜辭相近。可見晚期卜辭中的有些字形，在早期並不是不存在，衹不過賓組卜辭不用它們就是了。"他舉了"酉"字，説𠂤組、子組"酉"字的寫法，"都跟歷組卜辭接近"；又舉了"未"字，説午組、𠂤組"未"字的寫法，"與歷組卜辭相同或相近"。由此他得出結論："所以我們決不能因為歷組卜辭的某些字形與賓組常見的字形不符而與晚期卜辭接近，就斷定它們是晚期卜辭。"

以上我們不厭其煩地引述了裘錫圭舉的一些關於"歷組"卜辭的字體也見於早期卜辭（主要是𠂤組、子組、午組卜辭）的例子，他用這幾個例子説明"歷組"卜辭可以提前。我們認為用"歷組"卜辭的個別字體同於𠂤組、子組或賓組的字體，來證明"歷組"卜辭屬於早期，這種斷代方法是不科學的。我們甚至可以舉出在第五期卜辭裏也屢見有與第一期卜辭相同的字體，如"癸"字，第五期卜辭的"癸"大多數作"✕✕"形，即四邊出頭，但也

屢屢見到有第一期的“✕”形，如《合集》35828、《合集》
35935 等片中就有作“✕”形的“癸”，而《合集》35530 中
“✕”形和“✕✕”形竟然同版。大多數人都以為“✕”形多出現在
第五期以前的卜辭中，但查卜辭可知，這種形體在第五期中不但
仍然存在，而且數量還不少。難道能僅憑此字就把第五期卜辭也
提前到第一期嗎？對“癸”字的這種現象，劉一曼、曹定雲先生
也有論述，他們説：“過去董作賓先生所總結出來的甲骨文第五期
的‘癸’，其形作‘✕✕’，筆畫都出頭。一般研究者都據此作為認
定第五期的依據。然而，1991 年花園莊東地 H3 所出卜辭中，
‘癸’字出頭者比比皆是。難道我們能將花束的甲骨看成是第五期
的嗎？或者反過來將過去的第五期提到武丁或武丁以前嗎？無論
哪種做法都是不妥的。”① 我們還可以再舉“月”字的寫法為例，
黃組卜辭《合集》35400 的“月”字有兩種寫法，一個作“𝄞”
形，一個作“𝄞”形，這後一個“𝄞”形是早期的形體，第一期武
丁卜辭裏的“月”字基本上都作此形。由“✕”形的“癸”和
“𝄞”形的“月”多出現在早期卜辭裏的形體，到晚期第五期卜辭
裏卻仍然存在，甚至於出現在同一版甲骨上，如果按著裘錫圭的
邏輯，這是“透露出”了黃組卜辭和賓組卜辭的“時代可能很相
近的消息”，也即第一期卜辭和第五期卜辭在時代上有關聯，那
麼，是將第五期卜辭也提前到第一期武丁時代嗎？這些證據足以
説明，糾結於不同時代的字形有個別相同的例子來進行斷代，其
方法是不科學的，它違反了事物發展的客觀規律。以李學勤的先
用字體斷代，必然會陷入無法斷代的境地。我們還是應該依照董
作賓、陳夢家先生的意見，先運用其他斷代標準對卜辭進行斷代
後，再把各組卜辭的字體發展情況理出一個系統來，即理出一個
頭緒來，然後再根據字體對那些沒有卜人和稱謂，沒有其他可資

---

① 劉一曼、曹定雲：《三論武乙、文丁卜辭》，《考古學報》2011 年第 4 期。

確定年代的卜辭進行斷代。

接下來，裘錫圭提出了考古發掘的"坑位""地層"問題。他首先對董作賓以"坑位"決定村中無第三期以前的卜辭，即"歷組"卜辭中的"父丁"不會是祖庚、祖甲稱武丁，而應是武乙卜辭，持否定態度。前面我們已經說過，董先生的"坑位"是指在發掘區裏人為劃分的"區位"，不是現在所説的地層上下關係的層位。裘錫圭不了解此點，故不作討論。

裘錫圭重點質疑的是 1973 年中國科學院考古研究所在安陽小屯南地進行考古發掘的"地層"證據。他提出三點質疑："首先，較晚的地層和灰坑裏可以出較早的遺物，因此卜辭跟它們所從出的地層、灰坑以及同坑器物的時代，並不一定都是一致的。其次，僅僅依靠考古發掘和器物排隊，往往祇能斷定不同地層、不同器物的時代先後，而不能把它們的時代跟歷史上記載的王世確切地聯繫起來。……第三，在全部歷組卜辭裏，出現父丁或父乙稱謂的卜辭祇占很小的比例，有父乙稱謂的尤其稀少。據蕭楠文，1973 年小屯南地發掘所得的有父乙稱謂的歷組卜辭祇有一片，大概蕭文主要是根據字體來區分這兩類卜辭的。前面已經說過，歷組父丁類和父乙類卜辭，從字體上並不全都是很容易區分的。……因此，蕭文對這兩類卜辭的區分能否做到完全合乎事實，也就是説'文丁卜辭''祇出於中期二組地層與灰坑，不出於中期一組地層與灰坑'的結論是否完全合乎事實，恐怕不能説是完全沒有考慮餘地的。總之，我們覺得就目前的情況來説，考古學上的證據似乎還不足以確定歷組卜辭的時代。"

關於第一點，"首先，較晚的地層和灰坑裏可以出較早的遺物，因此卜辭跟它們所從出的地層、灰坑以及同坑器物的時代，並不一定都是一致的"。這話沒錯。但這不能證明出在較晚地層和灰坑裏的"歷組"卜辭就是早期的遺物，因為判斷"歷組"卜辭的時代是要依據它出現在最早的地層來決定。實際上，在八十多年的殷墟考古發掘中，"歷組"卜辭從未在早期坑層中與賓、自、子、午組卜辭共出過，它衹在較晚期的坑層中與這些卜辭共出過，這就證明了出在較晚期坑層中的"歷組"卜辭不可能是早期遺物。關於第二點，考古發掘的地層關係，證明了出土物的時代早晚，那麼，出在較晚期坑層中的"歷組"卜辭的中的"父丁""父乙"無疑就不是指早期的武丁和小乙，而是指第四期的文丁和武乙。關於第三點，"歷組"父丁類卜辭和父乙類卜辭的字體特徵，是根據了有親屬稱謂的片子總結出來的，在這兩類卜辭中均有少量相同的字體互見，這符合文字發展的客觀規律，並不影響對這兩類卜辭字體特徵的整體判斷。如果按裘錫圭所説兩類卜辭字體不可分，那麼，主張"歷組"卜辭提前的學者，不是也以"父丁類""父乙類"稱呼這兩類卜辭嗎？這又該當作何解釋呢？更何況，地層關係已經證明了無論是"父丁類"或"父乙類"的"歷組"卜辭，都是出在較晚期的坑層中的，那麼，即使不用字體再細分，"父丁""父乙"稱謂就不會是指武丁和小乙，衹能是指康丁和武乙。最近，看到裘氏又有一説："有些相信舊説的學者，由於歷組卜辭屬於武丁祖庚時期的明確地層證據尚未出現，認為新説和傳統説法究竟孰是孰非還不能肯定。……我相信明確的地層證據遲早是會出現的。"[1] 此話不確！長達八十多年的殷墟考古發掘已經證明了"歷組"卜辭從未在早期坑層中與賓組、自組、子組、午組卜辭共出過，這就是證據！面對這樣長久的、確鑿的事實不想承認，卻想讓"歷組"卜辭出現在早期地層中，這衹能是一厢情願，是絕對不可能出現的。總之，裘錫圭對 1973 年小屯南地"歷組"卜辭出土地層的質疑，一是由於其未理解考古地層學的運用，二是其帶有主觀認定"歷組"卜辭屬於早期的成見。故其質疑不能成立。

---

[1]　裘錫圭：《在〈李學勤文集〉發佈會上的發言》，《出土文獻》2021 年第 2 期。

　　裘錫圭對“歷組”卜辭屬於武乙、文丁卜辭提出質疑後說，他要在“李文（引者按：即李學勤《論“婦好”墓的年代及有關問題》）的基礎上，申述一下把歷組卜辭定為武丁、祖庚卜辭的理由”。他說“李文從字體的演變、卜辭的文例、卜辭出現的人名、占卜的事項和親屬稱謂這五個方面，來論證歷組卜辭是武丁、祖庚卜辭。我們準備在後三個方面為李文作補充”。即他要從人名、事項、稱謂三個方面作補充。

　　第一方面，“先談歷組卜辭的親屬稱謂”。

　　他說：“不同時期甲骨卜辭中對祖、父、母、兄等人的帶日名的稱呼往往相同。因此孤立地以稱謂斷代是很危險的。但是，如果兩組卜辭的稱謂成套地相應，這兩組卜辭屬於同一時期的可能性就非常大了。”

　　他說：“歷組卜辭中提到的父、母、兄，數量都很少。曾與父乙同見於一版的母，祇有母庚”（自注：“母”似應釋“小母”）。他舉《明後》2524、2546 中有“母庚”稱謂（引者按：查《明後》2546 上並沒有“父乙”稱謂，看來裘氏也是根據字體斷定其為“歷組”卜辭的）。他又說：“曾與父乙同見的兄，祇有兄丁。”他舉《甲》611（即《合集》32730），同文的《懷》1564（即《合補》10470），《佚》194（即《合集》32775）（按：查此片不能作證據，因為其上缺關鍵字“兄”“父”），《粹》373（即《合集》32731），《後》上 7.5（即《合集》32732），《摭續》223（即《合集》32766）。他說：“武丁之父小乙在周祭中的法定配偶是妣庚。在武丁時期的賓組和𠂤組卜辭中，最常見最重要的父是父乙，母是母庚，兄是兄丁。情況與歷組父乙類卜辭完全相合。這很難說成偶然的巧合。”他又說：“根據商代晚期銅器“緯簋（《三代》6·52·2【《集成》8·4144】），武乙的法定配偶是‘妣戊’，而不是妣庚。”所以，“從親屬稱謂上看，把歷組父乙類卜辭定為武丁卜辭，要比定為文丁卜辭合理的多”。裘氏用這樣簡單的稱謂對比來證明"歷組"卜辭是武丁卜辭,與李學勤用簡單的幾條"小乙"下接"父丁"的合祭卜辭,猜測"父丁"是指武丁一樣,都不能真正地說明問題。

對"歷組"卜辭中文丁時期的親屬稱謂情況,劉一曼、曹定雲在《三論武乙、文丁卜辭》①中,做了全面、深度的剖析。他們說這裏"所指的'文丁卜辭'即歷組父乙類卜辭。文丁卜辭中,其父輩稱謂祇見'父乙';母輩稱謂祇見'母庚'。此與武丁卜辭中衆多的父輩和母輩稱謂相比,真有天壤之別"。他們說,文丁時期的"父乙"稱謂有三種組合:一是單獨的"父乙"稱謂,舉《屯南》751、《合集》32722、32723 為例。二是"兄丁、父乙"連稱,舉《粹》373、《甲》611 為例。三是稱"兄丁、父宗",舉《摭續》223(《合集》32766)為例。他們說:"'兄丁、父宗'即'兄丁、父乙宗'。廟主稱'宗',是文丁卜辭的特點之一。"關於文丁時期的"母庚"稱謂,舉《明後》2524 為例。說:"文丁卜辭中的母輩稱謂祇有'母庚'一個,此與武丁卜辭中存在著母庚、母丁、母壬、母癸等多母的情況又有極大的差別。"

劉、曹二位又說:"上述文丁卜辭中的'父乙'、'兄丁'、'母庚'同武丁卜辭中的'父乙'、'兄丁'、'母庚'有很大的區別:首先,此三稱在武丁卜辭中是同版關係,是分別祭祀的對象,而在文丁卜辭中,'父乙'、'兄丁'往往同辭,是'合祭'的對象。其次,武丁卜辭中,此三稱所受祭祀種類比較多,除御祭、出祭外,還有告祭、㞢祭、酌祭等,而文丁卜辭中,此三稱所受祭祀種類少得多,主要是又祭,其次是告祭、將祭;而母庚祇受又祭,兄丁祇受將祭。"又說:"此外,武丁卜辭中,此三稱所受犧牲比較多,以'宰'為主,其次是牛、羊、伐等;而文丁卜辭中,

---

①　劉一曼、曹定雲:《三論武乙、文丁卜辭》,《考古學報》2011 年第 4 期。

此三稱所受犧牲比較少，主要是牛，次為羊，沒有見到'宰'。"
他們總結説："以上情況表明，文丁卜辭中的'父乙'、'兄丁'、
'母庚'同武丁卜辭中的'父乙'、'兄丁'、'母庚'是不相同的
人，其時代自然也不相同。"這纔是論證問題的正確方法。

　　反之看看裘錫圭的論證方法，他採取的是簡單地祇列出"歷
組父乙類"卜辭與武丁卜辭有相同的"父乙""母庚""兄丁"稱
謂的方法，並沒有詳細探討此三稱在武丁卜辭和文丁卜辭中的組
合情況及其所受祭祀的不同的情況。雖然他也説"歷組卜辭中提
到的父、母、兄，數量都很少"，但還是"忽略"了武丁卜辭中
有諸多父輩、諸多母輩稱謂的情況，他對這些稱謂全然棄之不論。
這與李學勤祇選擇"歷組"合祭卜辭中"父丁"上接"小乙"的
辭例，而拋棄"父丁"上接其他先王的辭例一樣，都屬抽樣簡單
論證。抽樣論證是不進行全面搜集材料，祇片面地找尋符合自己
心目中觀點的材料作論據，這就犯了科學研究的大忌，這種方法
肯定不能反映事物的本來面貌。

　　裘錫圭列出的武丁和文丁卜辭唯一不同的證據就是武丁卜辭
中，小乙的配偶是"母庚"，即是名"庚"的配偶。而武乙的配
偶，商代晚期銅器"緯簋"銘文記録的是"妣戊"，即武乙的配
偶名"戊"。所以，他認為"把歷組父乙類卜辭定為武丁卜辭，
要比定為文丁卜辭合理得多"。其實，提出這種論點是因為沒有聯
繫到商代的配偶制度（也可叫作宗法制度）的緣故。在商代，商
王可以有多個配偶已是常識。那麼，武乙就祇能有一個稱"戊"
的配偶，而不能再有一個稱"庚"的配偶嗎？顯然不能。"緯簋"
銘文記録的武乙之配稱"妣戊"，應該是帝乙或帝辛對她的稱呼。
文丁卜辭中有稱武乙的另一個配偶"母庚"的，是文丁對其母的
稱呼，説明武乙名庚的配偶在文丁時就去世了，當時名"戊"的
配偶尚在人間，因此卜辭中不見對名"戊"的配偶的祭祀。又，

在第五期"祊祭"卜辭中，武乙還有一個稱"母癸"的配偶①，是文丁對其母的稱呼。這樣，武乙的配偶就是"歷組"卜辭中的"母庚"，"祊祭"卜辭中的"母癸"，再加上"緯簋"銘文的"妣戊"，是武乙至少有三個配偶。因此，不能祇根據"緯簋"銘文就認定武乙祇能有一個稱"戊"的配偶而不能再有一個稱"庚"的配偶。

此外，裘錫圭提到"歷組卜辭所祭之母，除母庚外還有母辛"（《甲》397【《合集》32754】、《懷》1566【《合補》10478】），他說此母辛是武丁的配偶。查這兩版卜辭的字體也是持提前說者認定的典型的"歷組父丁類"字體，不是祖庚卜辭的字體，歸不到第二期裏。"歷組父丁類"卜辭的"父丁"應該是武乙稱康丁，而康丁的配偶在周祭中是名辛的"妣辛"。這樣，如果按照裘錫圭的說法，就是將這兩版歸於武乙卜辭比歸於祖庚卜辭更合理。更何況，武丁的嫡妻中還有一位名"戊"的，但"歷組父丁類"卜辭中卻沒有一個"母戊"，這也是"歷組"不屬於早期的一個證據。

接下來，裘錫圭又再次肯定李學勤列出的"歷組"合祭卜辭中，"小乙"下接的"父丁"就是指武丁，而且說"這也是歷組卜辭的父丁應為武丁的有力證據"。關於李學勤列出的那幾版合祭卜辭不能證明"小乙"下接的就是"武丁"，詳細論證見本書第四章。此不贅述。

第二方面，"再談歷組卜辭裏的人名"。

裘錫圭說："歷組卜辭有大量與賓組卜辭和出組早期（大體相當於祖庚時期）卜辭相同的人名。"他列出了"既見於賓組、出組卜辭又見於歷組卜辭的人名表"，這些人名以"婦好"為首

---

① 常玉芝：《祊祭卜辭時代的再辨析》，《甲骨文與殷商史》第二輯，上海古籍出版社 1986 年版。又見《殷墟甲骨斷代標準評議》附錄二，中國社會科學出版社 2020 年版。

共有五十個人名（表略）。他説："主張歷組卜辭屬於武乙、文丁時代的甲骨學者，都用'異代同名'説來解釋上述現象。他們指出甲骨卜辭中的人名往往同時又是地名、國族名，這些人名實際上是族氏而不是私名，所以相隔很遠的兩個時期可以有不少同樣的人名。這種説法雖然就甲骨卜辭的一般情況來看，大體上符合事實，但是卻不能用來解釋賓組出組卜辭和歷組卜辭之間的同名現象。"理由是："歷組卜辭中所見的與賓組出組卜辭相同的人名，數量遠遠超過其他各個時期或其他各組卜辭，而且歷組卜辭中所見的這些人的情況，也與賓組出組卜辭中的同名者非常相似。"這裏，裘錫圭對商代"異代同名"的社會現象採取了雙重標準，即對其他組卜辭的相同人名他認可是"異代同名"，而獨對"歷組"卜辭與賓組出組卜辭的相同人名都看成是一個人，以此達到將"歷組"卜辭提前的目的。他對自己的這種觀點未給出充分的理由，祇是因為數量多，情況相似而加以否定。

反對"歷組"卜辭提前説的學者們，利用古文獻、甲骨、金文、考古墓葬等諸多材料已做了詳實的論證（詳見本書第四章），確鑿無疑地證明了商代普遍存在"異代同名"的社會現象。這就拔除了提前論者利用"歷組"卜辭與賓組卜辭都有"婦好"及其他相同"人"名，作為"歷組"卜辭提前説的根基。

第三方面，"談歷組卜辭的占卜事項"。

裘錫圭説："在歷組卜辭裏還可以找到很多與賓組或出組早期卜辭相同的占卜事項。"他共舉了 20 個所謂事項"相同"的例子，對比這些例子，還屬他在前面談第二個問題，即談相同人名問題時，所舉的關於"宐"的辭例最為詳細。故我們以分析他舉的"宐"的辭例為例，看看他是如何利用人名和事項來論證"歷組"卜辭屬於早期的。

他將"宐"的事項列成一個表，分"賓組出組"和"歷組"

欄目，分別列出 15 個辭例進行對比。下面逐一進行分析。

第 1 個辭例：

"賓組出組"欄目中，列的是："丁示畫卣。"

（《粹》1265 ［《合》14906］）

"歷組"欄目中，列的是："上下畫卣。"

（《甲》562 ［《合》34176］）

這兩組辭卜問的相同事項就是"畫卣"，即加害"卣"。但卜問的加害者卻不同，"賓組出組"卜問"丁示"是否加害"卣"，"歷組"卜問"上下"是否加害"卣"。"丁示"當指"丁"名祖先，"上下"則是指上下神祇，包括"上"指上帝和風、雷、雨等自然神，"下"當指地祇諸神和祖先神。這兩辭怎麼能歸於相同事類呢？"畫"字在卜辭中是表示災害的，在他期卜辭中也有不少卜問有無"畫"的（如第五期黃組卜辭《合集》37835、37836），難道能把有此卜問的卜辭都歸於一個時代嗎？

第 2 個辭例：

"賓組出組"欄目中，列的是："御卣于丁，于婦御卣。"

（《甲》2121 ［《合》9560］）

"歷組"欄目中，列的是："卣御于父丁。"

（《明後》2524 ［《合》32844］）

"御卣"

（《甲》562 ［《合》34176］）

這兩組辭卜問的相同事項應該是為卣舉行御祭，但祭祀的祖先卻不同。"賓組出組"時御祭的祖先單稱"丁"，單稱"丁"是早期卜辭的特徵，當是指武丁，此辭是祖庚卜辭。"歷組"卜問御祭

的是"父丁","父丁"在"歷組"卜辭中頗受重視,他往往與諸
祖先合祭,此"父丁"當是指康丁。而且"賓組出組"時,還御
祭"婦",這也是早期卜辭的特徵,在晚期的"歷組"卜辭中是
沒有的。因此,"歷組"不會是早期卜辭。

第 3 個辭例:

    "賓組出組"欄目中,列的是:"翌丁未酒害歲于丁尊屚
式。"   (《前》5‧4‧6 [《合》4059])
    "歷組"欄目中,列的是:"丁卯酒害尊餭又伐。"
                 (《安明》2350 [《合》32235])

    這兩組辭中出現的所謂相同事例衹是卜問害舉行祭祀。但卜問
的具體事項並不相同,"賓組出組"是卜問歲祭丁名祖先,並用尊
屚祭祀"式"(似是祖先名),而"歷組"衹是卜問舉行"尊餭又
伐"之祭,沒有被祭祀的對象,透露出與"賓組出組"不是同一
時代的卜辭。因此,這兩辭不能歸於相同事類。

第 4 個辭例:

    "賓組出組"欄目中,列的是:"害以衆伐舌方。"
  (《後‧上》16‧10 [《合》28]、《粹》1082 [《合》26])
    "歷組"欄目中,列的是:"害己衆自伐召方。"
  (《粹》1124 [《合》31976]、《人文》2523 [《合》31977])

    這兩組辭卜問的相同事項是害征伐。但卜問征伐的方國卻不
同,"賓組出組"是卜問伐"舌方","歷組"卜問的是伐"召方"
(並且兩類卜辭裏"以"與"己"字的寫法也不相同)。這正反映
出"歷組"與賓、出組不屬於一個時代。正如蕭楠、劉一曼、曹
定雲諸先生指出的:"武丁時期作戰的主要對象是舌方,武乙、文

丁時期作戰的主要對象是召方，兩者有顯著區別。"① 類似論證還有張永山、羅琨。② 林小安撰文指出，武丁時占卜伐舌方的卜人有 10 餘名，卜問之辭達 500 餘條，商王率領包括㠱的滿朝重臣出征，動用三千、五千兵力，持續的時間也長，如果"歷組"與賓組、出組同時，"歷組"卜人何以對這樣重大的戰役不進行卜問，答案很明確，"歷組"卜辭不屬於武丁、祖庚卜辭。③

　　除上述四例，裘先生所列的有關"㠱"辭例還有：

　　　　"賓組出組"卜問"㠱以羌"，"歷組"卜問"㠱已羌"。
　　　　"賓組出組"卜問"㠱以三百射"，"歷組"卜問"㠱以多射"。
　　　　"賓組出組"卜問"㠱亡災"，"歷組"卜問"㠱亡囗"。
　　　　"賓組出組"卜問"㠱往"，"歷組"卜問"㠱往"。
　　　　"賓組出組"卜問"令㠱田于京"，"歷組"卜問"令㠱田"。
　　　　"賓組出組"卜問"令㠱袞田于京"，"歷組"卜問"令㠱袞田于京"。（按："袞"字兩組寫法不同）
　　　　"賓組出組"卜問"㠱其喪眾"，"歷組"卜問"㠱唯其喪眾"。
　　　　"賓組出組"卜問"㠱不喪眾"，"歷組"卜問"㠱不喪眾"。
　　　　"賓組出組"卜問"令㠱"，"歷組"卜問"令㠱"。
　　　　"賓組出組"卜問"令㠱伐東土"，"歷組"卜問"令㠱伐

---

① 蕭楠：《再論武乙、文丁卜辭》，《古文字研究》第九輯，中華書局 1984 年版。劉一曼、曹定雲：《三論武乙、文丁卜辭》，《考古學報》2011 年第 4 期。
② 張永山、羅琨：《論歷組卜辭的年代》，《古文字研究》第三輯，中華書局 1980 年版。
③ 林小安：《武乙、文丁卜辭補正》，《古文字研究》第十三輯，中華書局 1986 年版。《再論"歷組卜辭"的年代》，《故宮博物院院刊》2000 年第 1 期。

于東"。

　　"賓組出組"卜問"🔲勿立事","歷組"卜問"弜立事叀
🔲"。

　　這些辭卜問的🔲以羌，以多射，亡災、亡🔲，🔲往，令🔲田于
京，喪衆，令🔲，令🔲伐于東，🔲勿立事等，除了人名都是🔲，並不
能顯示"歷組"卜辭屬於早期，因為這些卜問的事項在其他期卜
辭中也常出現。相反，我們由上述卜辭可以看到，🔲氏家族在商朝
世代為官，他們累世在朝廷中担任戰事、農業等重要職務，因此，
受到商王的關心，卜問其有無災禍等。
　　裘錫圭舉了上述🔲在兩組卜辭中的辭例後，説："我們不能相
信相隔幾朝的武丁、祖庚時期和武乙、文丁時期，在人事上竟會
存在這麼多如此相似的現象；不能相信商王朝各個重要的族在這
樣長的時間裏，竟能全部始終保持他們的地位而沒有任何比較顯
著的變化。"他這是不明瞭殷周時代存在有世官制的社會制度。學
者們已論證了甲骨文、金文中出現的大多數人名不是私名，而是
氏名、族名、地名、國名（見第四章），並且是世襲的。[1] 殷代的
很多氏族，世代供奉王職，有世代為武官，為農官、為主祭祀、
為貞卜世家，等等。蕭楠先生曾研究過武丁卜辭和武乙、文丁卜
辭的"🔲"，他說，"🔲""在一些關鍵事類上，兩類卜辭並不相
同"，"賓組之🔲，作戰的主要對象是舌方，其次是羌；而武、文
卜辭之🔲，作戰的主要對象是召方，其次是方"[2]。這反映因時代
不同，商朝的與國和敵國會有變化[3]，證明了兩組卜辭中的"🔲"
不是指一個人，而是指"🔲"氏族在不同時代的為官者。裘錫圭

---

　　[1]　張政烺:《帚好略説》,《考古》1983 年第 6 期。《〈帚好略説〉補記》,《考古》
1983 年第 8 期。
　　[2]　蕭楠:《再論武乙、文丁卜辭》,《古文字研究》第九輯, 中華書局 1984 年版。
　　[3]　關於武丁祖庚時期與武乙文丁時期商王朝敵國與與國的變化情況, 可看張永
山、羅琨的《論歷組卜辭的年代》,《古文字研究》第三輯, 中華書局 1980 年版。

論證問題不對各組卜辭做全面地研究、對比，不全面研究賓組出組與"歷組"中的𡧍的各項活動，衹是簡單地抽取辭例進行排比，而且有些排比的辭例還往往並不是相同的事類。這樣片面地簡單地、抽取材料論述問題，試圖證明"歷組"卜辭與賓、出組卜辭時代相同的目的沒有達到。至於辭中的地名"京"，方向詞"東"，則是世代不變的，在兩組卜辭中都出現不足為奇。

在他舉的 20 個所謂事項"相同"的例子中，有 4 例是重復的上舉的"𡧍"的辭例 [第（5）、（6）、（7）、（15）例]。其他，有些辭例兩類卜辭卜問的事項並不同或不全同，如：第（1）、（3）[有臆補字]、（4）[有臆補字]、（12）、（13）、（14）、（19）、（20）。在裘氏舉的例子中，有的過於簡單，如第（3）例，賓組辭例是"用望乘來羌"（另一辭臆補"乘來羌"），"歷組"辭例是"用望乘𠄷羌自𠃊"，臆補了祭祀對象上甲。特別是第（20）例，賓、出組舉了兩版甲骨中的十二條辭，卜問的內容是"王比望乘伐下危""王叀沚𢦔比伐巴方"，而"歷組"兩版甲骨的九條辭，沒有一條是卜問伐某方的，衹有"王叀望乘比""王叀戈比"之類，裘錫圭卻說賓組與"歷組"卜問的事項相同，不能接受。前已指出，不同王世的敵國是不相同的，"歷組"衹舉"王比某"，沒有伐某方國，不能說明所卜事項相同。"望乘""沚𢦔"（"歷組"衹稱"戈"）之名衹是指世代的武官。蕭楠先生說："賓組之'望乘'同武、文卜辭之'望乘'也是有區別的：賓組有關'望乘'的卜辭約 100 多條，其中絕大多數是征伐下危的卜辭，其次是虎方；武、文卜辭的'望乘'衹有十多條，衹有一條關於危方的卜辭。"[①] 蕭楠先生又說："沚𢦔，這是賓組卜辭常見的人名；另有沚戈，主要見於武乙、文丁卜辭"，"武丁卜辭中的沚𢦔同武、文卜辭中的沚戈雖然都是武將，但他們的主要事情並不

---

① 蕭楠：《再論武乙、文丁卜辭》，《古文字研究》第九輯，中華書局 1984 年版。

相同"，"武丁卜辭中的沚瞂主要參與對巴方、土方和舌方的戰爭，有關這方面的卜辭達 200 多條（出組未見沚瞂）；而武乙、文丁卜辭中的沚吙主要是參與對召方的戰爭"。① 其實，沚瞂與沚吙的"瞂"與"吙"的寫法不同，已透露出這是屬於兩個不同時代的人。綜上，裘錫圭不去深刻研究望乘、❏、沚瞂等在兩類卜辭中担當的具體職能，祇靠簡單的卜辭排比，是説明不了問題的。而且，裘氏在列舉辭例時，為了使兩類卜辭的内容相同，往往還臆補缺字；又説賓組出組和"歷組"的日期如何接近，祇差幾天云云，這樣推斷日期實在令人無法接受。我們知道，商人是以十天干和十二地支依次搭配，組成六十個干支日循環往復地記錄日期的，如果卜辭中没有年祀，甚至没有月名，我們就不能武斷地説它們是同年同月甚至同日發生的事，憑主觀臆斷日期相近來論證問題，是靠不住的。

這裏，我們還要提出質疑。裘錫圭説在賓組、"歷組"兩類卜辭中，"婦好"和"婦姘"是最受重視的，但為何不舉"婦好""婦姘"的辭例來證明"歷組"與賓組、出組時代相同呢？猜想恐怕是因為兩組卜辭的材料多寡和卜問的事項多不相同的緣故吧？據統計，"婦好"在賓組武丁卜辭中有 200 多條，在"歷組"卜辭中祇有幾條；"婦姘"在武丁卜辭中有 100 多條，在"歷組"中也是祇有很少的幾條。而且在事類上，兩組卜辭也很不相同，因此苦於没辦法進行比較。總之，裘錫圭的文章論證"歷組"卜辭屬於早期，不但在字體、文例上進行抽樣論證，而且在選取事類材料上也是抽樣論證的，甚至是不忠實於原刻的。這樣論證説明不了問題。

再者，如果按照裘錫圭列舉事項的方法來論證卜辭的時代，那麽，盛行於祖甲時代和帝乙、帝辛時代的周祭卜辭是事類相同

---

① 蕭楠：《再論武乙、文丁卜辭》，《古文字研究》第九輯，中華書局 1984 年版。

的，祀典和祭祀日期也往往是相同的，那麼，我們能根據這些相同就把祖甲和帝乙、帝辛説成是時代相同嗎？因此，要研究各組卜辭的時代，還是要按著董作賓、陳夢家先生主張的那樣，用斷代的各項標準對卜辭做全方位的深入研究，而決不能祇靠選取片斷材料，進行簡單的比對就下結論。

裘文討論完"歷組"卜辭的時代後，又論述了一些其他問題，對這些問題我們不再詳細介紹，祇對有關問題作簡單介評。

前面介紹裘錫圭批評蕭楠等學者以字體、文例區分"歷組""父丁類"和"父乙類"卜辭是不對的，但他在論述賓組卜辭、自組卜辭的早晚時，就是從字體、文例、還有人名進行論述的。他還自我檢討説："本文在劃分歷組的兩類卜辭和劃定自歷間組的范圍時，沒有以字體為唯一標準，這也是不妥當的。"這簡直是自相矛盾。

他還説："在武丁卜辭裏，賓組卜辭的時代一般要晚於自組卜辭"，"自組卜辭，至少是其中相當大的一部分要早於賓組卜辭。二者風格的不同可能在很大程度上是由時代因素決定的。對於歷組卜辭和賓組、出組卜辭之間的風格差異來説，時代因素基本上無關，很可能占卜機關的不同是造成這種差異的主要原因"。"歷組卜辭主要出在村中村南，賓組、出組卜辭主要出在村北。這説明歷組卜人和賓組出組卜人分屬於不同的占卜機關的可能性是非常大的。"

這裏，裘錫圭談了兩個問題：一個是説，自組與賓組風格不同是時代因素決定的，"歷組"與賓組、出組的風格不同與時代因素無關，是占卜機關不同造成的。對此，我們質疑的第一點是：既然自組卜辭是早於賓組卜辭的，那麼如何解釋所謂的"自歷間組"卜辭的形成？因為提前論者説"歷組"卜辭是武丁晚年至祖庚時期的卜辭，也即"歷組"卜辭的時代是與賓組晚期卜辭和出組早期卜辭時代相當的，今自組卜辭早於賓組卜辭，那麼，早於

賓組的自組卜辭是如何與相當於賓組晚期的"歷組"卜辭連接上
從而產生"自歷間組"卜辭的？可見，所謂"自歷間組"卜辭的
提出者也不能自圓其說。我們質疑的第二點是：説村南的"歷組"
卜人與村北的賓組、出組卜人是屬於兩個占卜機關的（也即殷代
自始至終都有兩個占卜機關），這裏，先不説小屯村南村中村北近
在咫尺，殷代各王是否有必要在村南村北近距離設置兩個占卜機
關？兩個占卜機關是如何運作的？是如何分配其職能的？我們祇
舉裘氏在本文前面列的兩版卜辭就可用來質疑，一版是《粹》
1053 即《合集》5058，裘説該版上的卜辭貞人是賓組的"殼"，
但字體屬"歷組"卜辭；另一版是《人文》2477 即《合集》
16801，裘説該版上的一條辭中既有"歷組"字體又有賓組字體。
我們質疑對上述這種現象該如何用兩個占卜機關來解釋？（按：如
果《粹》1053 即《合集》5058 確是"歷組"卜辭，那麼，按我
們的意見是異代同名又有了一個例子，即殼氏家族是貞人世家，
不但在武丁時期，就是到了武乙、文丁時期的"歷組"卜辭時代
仍供職於王室）。而更能説明問題的是被提前論者認為是"最好的
證據"[1] 的《屯南》2384，該版胛骨上部刻有九條出組"庚辰卜
王"辭，下部刻有一條殘留十三個字的"歷組"卜辭，如果按照
裘錫圭殷代有兩個占卜機關的設想，那麼，如何解釋村北村南兩
個占卜機關的卜辭刻到一版甲骨上了？可見，兩個占卜機關的提
出者，對此也不能自圓其説。

　　下面裘錫圭用大量篇幅談了"歷、自間組"（後改名為"自
歷間組"）卜辭，因為其所劃"歷、自間組"卜辭是脱離"歷組"
卜辭與自組卜辭的地層關係而做出的，他將出於晚期地層的"歷
組"卜辭與出於早期地層的自組卜辭用字體連接起來，違反了考
古類型學的運作程序，是不科學的，其分出的類必然會帶有主觀

---

① 李學勤語。見《小屯南地甲骨與甲骨分期》，《文物》1981 年第 5 期。

臆測的成分。故此處不做介紹。

二　林澐《小屯南地發掘與殷墟甲骨斷代》

1984 年，林澐發表了《小屯南地發掘與殷墟甲骨斷代》一文①，這是繼裘錫圭發表《論"歷組卜辭"的時代》② 後，又一篇較重要的支持李學勤"歷組"卜辭提前說的文章，下面做簡要介評。

該文一開頭即說："甲骨斷代研究實質上包括兩個方面：甲骨分類以及確定每類甲骨的存在年代。董作賓在三十年代初創立甲骨斷代學時，是把殷墟甲骨分為五大類，而將其分別定在武丁、祖庚祖甲、廪辛康丁、武乙文丁、帝乙、帝辛五個時期。"又說"董氏在《殷虛文字乙編序》中所說的'文武丁卜辭'是他在殷墟甲骨中分出的第六大類"。這段話反映出林澐甲骨斷代的兩個觀念：一個是主張先對甲骨進行分類，然後對每類進行斷代。這種"先分類後斷代"的觀念與李學勤相同，祇不過林澐在這裏沒有言明是用字體進行分類而已（由後文和他的其他文章可知，他就是極力主張用字體進行分類的）。第二個觀念是將董作賓的甲骨五期斷代法說成是分甲骨為五大類，再加上《乙編·序》的"文武丁卜辭"，是六大類。錯！因為董作賓把"文武丁卜辭"是放在第四期的，按林澐的說法仍應該是在"五大類"裏。他這種把甲骨分期與分類攪和在一起，一是反映出他的甲骨學基礎概念模糊，不能把甲骨分類與甲骨斷代兩個概念區分開來，將甲骨斷代與甲骨分類兩個概念混淆起來，將董作賓按王世將甲骨分為五期說成是分為五大類。二是反映出他根本就沒有弄懂董作賓的甲骨斷代

---

① 林澐：《小屯南地發掘與殷墟甲骨斷代》，《古文字研究》第九輯，中華書局 1984 年版。

② 裘錫圭：《論"歷組卜辭"的時代》，《古文字研究》第六輯，中華書局 1981 年版。

法。董先生是根據甲骨斷代的十項標準對甲骨進行斷代研究的，他斷代研究的結果是把甲骨按王世劃分為五期，如果硬説他有什麼分類的話，那就是以"貞人"的共版關係為分類標準，然後利用"稱謂"進行斷代。正如董先生所説："斷代的十個標準，主要的法寶不過是'稱謂'同'貞人'，其餘八項，除了'世系'之外，都是由稱謂、貞人推演出來的。"①

接下來，林澐主要談了三個問題。

第一個問題是："自組和賓組的時代孰早?"

林澐的觀點是自組卜辭的時代早於賓組卜辭。他説證明考古遺物的相對早晚關係，不衹有層位學一種方法，"型式學的研究方法同樣有很大的意義"。他所説的"型式學"，就是考古學的"類型學"，應用到甲骨就是按字體特徵分類。他的方法是："我之論證自組早於賓組，首先是以發現自組和賓組之間的無法否定的'過渡'現象為出發基點的。"他説，到目前為止，人們尚未找到自組卜人與賓組卜人共版的確切實例。他是從字體上，即採用"型式學"的方法去找這兩組卜辭的過渡現象。有幾種現象："（一）自組小字字體的成段刻辭和賓組字體的成段刻辭，見於同一版上。"他舉了四個例子：《燕》141、《甲》3045、《鐵》54·2、《甲》3483，説在這些例子中自組小字類與賓組卜辭同版。"（二）有些卜人所卜之辭，既有作自組小字字體，又有作賓組字體，或介於兩者之間。"他舉了五個卜人的卜辭：㲋、𢀒（衒）、𣏾、殼、𩩲。他説："由以上現象的啓發。在舊稱'第一期卜辭'的賓組卜辭中，可發現其中有一部分實際上也是處於自組字體和賓組字體的過渡狀態的。"他總結這部分甲骨的字體有三個特點。（略）他將這種"過渡"性字體稱作"自賓間組"。上述特徵的卜辭命名為"自賓間組"。他推測，"自組大字—自組小字—賓組在

_____

① 董作賓：《殷虛文字乙編·序》上輯，中央研究院歷史語言研究所1948年版。

字體上的逐步過渡關係"。接著，林澐"把考察範圍再擴大到字體以外的特徵"，即"鑽鑿形式""卜辭行款""前辭形式""兆側刻辭""'某人'之記事刻辭""王親卜"，來證明有"過渡性"卜辭，即有"自賓間組"卜辭。他説明："在以上排比分析中，我特意排除了稱謂、人名、事項等可作多方面解釋的現象，僅取與占卜內容無關的方面作為型式學的研究對象。可以看出，從多方面的平行演變現象存在，把自組大字—自組小字—自賓間組—典型賓組排成依次相銜的一個序列，是合理的。"

　　林澐説，承認了自組與賓組有上述演變序列，那麼何端為早呢？林澐首先批判了陳夢家論證自組晚於賓組的四個理由，他把陳夢家以自組卜辭有祖甲時稱唐為"大乙"的稱謂，祀典有"屮""又"並用的情況，説明自組處在武丁晚期（至祖庚時期），説成是"與型式學所要求的全面排比，是風馬牛不相及"。試問，稱謂和祀典不是字體、鑽鑿，何以用型式學排隊？他又説："賓組卜辭在向晚期發展的方向上，已經有'賓組晚期'這一亞組與出組卜辭緊密銜接，實在不容再有自組介於其中。因此，唯一合理的結論是把自組置於賓組之前，在總體上構成自組→賓組→出組這樣一個連續漸變的序列。"這是提不出自組卜辭早於賓組卜辭的確鑿證據，僅以主觀意願所進行的排序，這種排序就是使武丁晚期不能同時存在有賓組卜辭和自組卜辭兩類，這反映出林澐認為一個時期祇能有一種類型的卜辭，不能容有兩種以上類型卜辭的觀念。

　　林澐拋棄卜人、稱謂、事類等斷代硬標準，選擇所謂型式學的字體分類，是否能得到學界的認可呢？這裏，僅舉與其觀點相同，即同樣認為"歷組"卜辭應該提前的學者的字體分類，就可見二者的分歧。1996年，李學勤、彭裕商合作撰寫的《殷墟甲骨分期研究》[①] 一書，也有對自組的字體分類。在該書第95頁，作

---

① 李學勤、彭裕商：《殷墟甲骨分期研究》，上海古籍出版社1996年版。（該書應起名《殷墟甲骨斷代研究》更貼切，因為書中沒有討論分期問題）

者説："林澐先生曾在《小屯南地發掘與殷墟甲骨斷代》一文中舉了若干例子用以説明𠂤組到賓組的過渡，文中所舉卜辭，現在看來大都可以劃入𠂤組小字二類。"他們分析如下：

例 1，《燕》141（《合集》20149）。正面（引者按：應是反面）的叶卜之辭可以劃入小字二 B 類，反面（引者按：應是正面）字體近於𠂤賓間組。

例 2，《甲》3045（《合集》19890）。中央部分𠂤、勹所卜之辭……都具有小字二 A 類的特徵。上方辛酉所卜兩辭，林文指爲賓組卜辭，但仔細分析，卻不屬賓組。……劃入𠂤組小字二類爲妥。

例 3，《鐵》54·2（《合集》20007）。林文認爲該片上方幾個大字屬賓組字體……我們將其視爲𠂤組小字一、二類之間相互聯係的例子。

例 4，《甲》3483（《合集》20066）。該卜甲中部有扶所卜的一段卜辭，字體近小字一類。上方和下方有殘辭……字體較大。林文指爲賓組字體。……這片卜辭也應解釋爲小字一類與小字二類之間的聯係。

作者總結説："由上可見，與𠂤組小字一類或二 A 類同版的都不是𠂤賓間組卜辭或賓組卜辭。"這個結論就把林澐舉的四個𠂤賓間組卜辭的例證都給否定掉了。可見，在主張用字體分類的學者中，對分類的結果都難以達成共識。

對𠂤組與賓組卜辭時代孰早的問題，做過系統論證的，前有陳夢家，繼有蕭楠（劉一曼、曹定雲等），後有李學勤與彭裕商。1956 年，陳夢家通過對𠂤組、賓組兩組卜辭的稱謂、字體、紀時法、卜辭形式、祭法等五個方面的比較研究，證明𠂤組卜辭是武丁晚期至祖庚時期的卜辭。[①] 1976 年，蕭楠發表《安陽小屯南地

---

① 陳夢家：《殷虛卜辭綜述》，科學出版社 1956 年版，第 145—155 頁。

發現的"𠂤組卜甲"——兼論"𠂤組卜辭"的時代及其相關問題》一文①，以 1973 年在小屯南地發現的𠂤組卜甲的"出土的坑位和卜辭本身的特徵為依據，並結合有關材料"，論證了𠂤組卜辭的時代在武丁晚期。1996 年，李學勤、彭裕商在他們合著的《殷墟甲骨分期研究》一書中，將𠂤組卜辭分為大字類、小字類等（在各類中再分出若干小類）。對大字類，他們主要根據字體和人物"推測"其"大致應為武丁早期之物，其下限至多能晚到武丁中期偏早"，對小字類，他們"推測""其上限可到武丁早期"，"下限至多到武丁中期"，② 即兩類卜辭的時代基本一致。

　　林澐定𠂤組卜辭早於賓組卜辭，即在武丁早期，李學勤、彭裕商定𠂤組卜辭在武丁早期至中期偏早，而他們定"歷組"卜辭是在武丁晚期至祖庚時期，那麼，早期的𠂤組卜辭是如何與晚期的"歷組"卜辭連繫上的？也即所謂的"𠂤歷間組"卜辭是如何產生的？這明顯地反映出他們用字體連接𠂤組和"歷組"，做出所謂"𠂤歷間組"卜辭，是帶有主觀臆測的成分。

　　第二個問題是："真正的文丁卜辭為何？"

　　在該部分一開頭，林澐就說："在分析卜辭的層位時，首先應對卜辭分類有統一的見解。"這是拋開客觀的地層關係，先主觀地對卜辭進行字體分類。他說："裘錫圭在分類上把蕭楠的文丁卜辭第一、二類字體合稱'歷𠂤間組'，並認為 T53 Ⓐ Ⓐ（引者按：應為 4A，不是 AA）所出的屯南 4514～4515、4516 兩片也可以附入此組。則蕭楠所定的文丁卜辭，就可以說是也見於小屯南地早期地層了。"論證問題竟先憑自己的主觀意願對字體進行分類，然後用分類的字體（他們之間的分類還歧見不少）來使客觀存在的地

　　① 蕭楠：《安陽小屯南地發現的"𠂤組卜甲"——兼論"𠂤組卜辭"的時代及其相關問題》，《考古》1976 年第 4 期。

　　② 李學勤、彭裕商：《殷墟甲骨分期研究》，上海古籍出版社 1996 年版，第 83、91 頁。

層關係也能為自己的觀點服務了。這種反科學的方法絕對不能令人接受。《屯南》作者已指出，上述諸片屬於自組卜辭，出土的 T53④A屬於小屯南地早期地層，自組卜辭出在早期地層應是武丁卜辭。① 裘錫圭用自己的字體分類，將其劃為"歷自間組"卜辭，試圖以此證明文丁卜辭出在早期地層，這種先分類後斷代的方法居然還可以用來改變卜辭的出土地層，真是聞所未聞，無奇不有了。因此所謂"歷自間組"卜辭毫無科學依據，自組卜辭出在早期地層，"歷組"卜辭出在中期地層，二者時代相距較遠，根本不可能連成什麼"間組"卜辭。前已引述考古學家蘇秉琦的告誡，即在運用"類型學"即林澐所説的"型式學"對卜辭進行字體分類時，必須要以卜辭的出土地層為依據，而不是相反，即不管卜辭出土的地層，先對卜辭的字體按著自己的意願進行所謂分類。

下面林澐用了較長篇幅討論在"自歷間組"卜辭的劃分上，他與裘錫圭（包括李學勤）的不同意見。對包括上述裘錫圭所舉的 T53④A所出的屯南 4514～4515、4516 版卜辭，林澐認為這些卜辭不是裘錫圭所説的"自歷間組"卜辭，而仍應是蕭楠所認定的自組卜辭。而李學勤、彭裕商對林澐在該文"舉了若干例子用以説明自組到賓組的過渡，文中所舉卜辭，現在看來大都可以劃入自組小字二類"②。這就是説，林澐認為處在自組到賓組過渡的"自賓間組"卜辭，李學勤、彭裕商則認為仍應是自組卜辭。由此可以看到，即使在主張以字體分類的學者中，僅對自組卜辭的分類上，就存在不同意見，對所謂"自歷間組""自賓間組"卜辭的劃分，歧見頻現。所謂"自歷間組"卜辭違背自組卜辭與"歷組"卜辭出土的地層關係，想將出在遥遠地層的兩類卜辭用所謂

---

① 中國社會科學院考古研究所：《小屯南地甲骨》下冊第一分冊，中華書局 1983 年版，第 4516 片釋文。

② 李學勤、彭裕商：《殷墟甲骨分期研究》，上海古籍出版社 1996 年版，第 95 頁。

"自歷間組"卜辭連接起來，其困難重重、歧見頻現，是不可避免的。

接下來，林澐討論了蕭楠對文丁卜辭所分的第三種、第四種類型。他不同意裘錫圭的"歷組父丁類和父乙類雖然在字體上各有一些特點，但是在很多方面都有其共同點"。"僅僅根據字體很難把這兩類卜辭區分開來。"[1] 他説："這個意見我認為是不對的。我認為歷組卜辭完全可以'僅僅根據字體'而分為兩個亞組，但不應從稱謂考慮而分成什麼'父丁類'、'父乙類'。"他提出根據字體分成"歷組一類""歷組二類"[2]。即他否認稱謂可以用來作分類標準。

接下來，林澐質疑蕭楠"所堅持的地層根據"。他説："如説某類甲骨不出於早期堆積就一定是晚的，就很不保險。在這次發掘中，連典型賓組卜辭都不出於早期和中期一組堆積，卻出於中期二組（H47 的屯南 2113）及晚期（H57 的屯南 2390）堆積中，如果根據這種現象來論證典型賓組卜辭中的父乙也是指武乙而將其定為文丁卜辭，難道是可信的嗎？"學考古的人都知道，一種遺物的時代當以它出土的最早地層為根據，也知道在晚期地層中會出現少量的早期遺物。具體在甲骨的出土上，從 1928 年對殷墟進行考古發掘以來，大量的考古證據證明賓組卜辭最早是出土於早期的坑層中的，它是武丁時期的卜辭（可延續到祖庚時期），蕭楠先生包括其他考古人怎麼會根據 1973 年小屯南地發掘中，賓組有出於晚期坑層中，就認定賓組的"父乙"是指武乙呢？這樣不顧其他考古發掘證據，衹拿 1973 年小屯南地賓組出在晚期坑層的正常現象來提出反問，很懷疑提出者的考古學知識或用意。

---

① 裘錫圭：《論"歷組卜辭"的時代》，《古文字研究》第六輯，中華書局 1981 年版。

② 林澐的分類次序是按他認定"歷組"是武丁、祖庚卜辭定的，如按我們認定"歷組"是武乙、文丁卜辭來定，"一類""二類"的次序應該顛倒過來。

　　林澐提出的另一個地層質疑是："由於這次小屯南地發掘所獲的'自歷間組'和'歷組一類'卜辭，都是和其他類別的卜辭混出於中期二組及更晚的堆積之中，就很難説它們一定不是從更早的地層中被翻移到晚期地層和灰坑中的再生堆積。所以單就這次發掘中'自歷間組'和'歷組一類'祇見於中期二組以上的堆積就認為其'父乙'稱謂不可能是武丁之稱小乙而一定是文丁之稱武乙，是缺乏説服力的。"提出這種問題是無中生有。這次小屯南地發掘有完整的早、中、晚三期地層堆積，"早期與中期各分二段。該次發掘，在五十九個灰坑中都發現了刻辭甲骨。早期一段坑 H115，出一片時代比武丁略早的卜辭。早期二段五個坑，出自組、午組或字體似賓組的卜辭。中期坑，除出少量早期卜辭外，大量出無名組與歷組卜辭。晚期坑除出早期、無名組、歷組卜辭外，還見有黃組卜辭"。在大量出無名組、"歷組"卜辭的中期坑中，"小屯南地中期有灰坑 32 個，其中，中期三段有 11 個，四段有 21 個。中期四段坑出的陶器型式較三段略晚，並且有的中期四段坑打破中期三段坑，如……無名組與歷組父丁類卜辭，除出於晚期坑層外，見於中期四段與三段的灰坑，而歷組父乙類卜辭除出晚期坑層外，則祇出於中期四段，不見於中期三段坑。故我們認為，歷組父乙類晚於父丁類及無名組卜辭是有考古學依據的"①。林澐提出的猜想，即"歷組父乙類"（即"歷組一類"）卜辭是"從更早的地層中被翻移到晚期地層和灰坑中的再生堆積"。果真如此，則有兩點疑問：一是為何在早期的 6 個灰坑，中期三段的 11 個灰坑，即總共在 17 個灰坑中，都不見有一片"歷組父乙類"卜辭呢？如果"歷組父乙類"卜辭是林澐所説的武丁稱小乙的早期卜辭，那麼，它們應該起碼在早期和中期三段的 17 個灰坑中多多少少該有點遺漏吧？它們總不會全部都掉到中期四

---

①　劉一曼、曹定雲：《三論武乙、文丁卜辭》，《考古學報》2011 年第 4 期。

段的灰坑裏吧？二是中期四段有 21 個灰坑，晚期五段也有 21 個灰坑，難道"歷組父乙類"卜辭都像特意約好了一樣，全部都掉到中期四段的 9 個灰坑，晚期五段的 12 個灰坑①，計總共 21 個灰坑中嗎？林澐的這個猜想不妥。

接下來，林文"從型式學考察"，即從字體分類上考察卜辭的發展序列。他的意見是："從字體上看，自組→自歷間組→歷組一類→歷組二類→無名組→無名組晚期→黃組是一個逐步過渡的聯續序列"。肯定了這個發展序列後，他又用"與卜辭占卜内容無關"的"純型式學的方法"，從"鑽鑿形式""卜骨骨臼整治""記事刻辭"方面分析，來進一步證明這個發展序列。這種用字體等串聯起來的發展序列，違背了八十多年來考古發掘的坑層證據，因此，我們不予接受。離開地層依據所做的所謂類型學分類，即用字體等做的分類，是不科學的，不客觀的。故這裏不做詳細置評。

接下來，林澐談"究竟什麼是真正的文丁卜辭"。他認為"'無名組晚期卜辭'纔是文丁卜辭"。他找出的文丁卜辭有：《屯南》3564"武乙宗"，《輔仁》61"康祖丁宗"（與李學勤同），《屯南》2182"庚"字與《輔仁》61"康"字部分寫法相同，故是文丁的。他說："整個無名組存在的年代，歷祖甲、廩辛、康丁、武乙、文丁五王，其中所見父丁，當既有祖甲之稱武丁，又有武乙之稱康丁。"他自知所找文丁卜辭衹有少數幾版，又跨五王，不好解釋，他就說："據周初之《無逸》記載，商代祖甲以下諸王在位年數都較短，無名組卜辭共歷五王是不足為怪的。"李學勤在找真正的武乙、文丁卜辭時，也碍於材料太少，也引用《無逸》祖甲以後各王在位年數都很短的記載。但由李學勤主持的"夏商周斷代工程"，整合的商後期各王的在位年數是：祖庚、祖

①　見劉一曼、曹定雲《三論武乙、文丁卜辭》附表"1973 年小屯南地中晚期灰坑出土刻辭甲骨統計表"，《考古學報》2011 年第 4 期。

甲、廩辛、康丁共 44 年，武乙 35 年，文丁 11 年①，如將前四王平均分配，每王各得在位 11 年，則祖甲、廩辛、康丁共 33 年 + 武乙 35 年 + 文丁 11 年，共是 79 年，在近 80 年的時間裏纔有無名組這麼點卜辭，實在說不過去，引《無逸》也無法自圓其說。其實，找不到武乙、文丁卜辭，是因為他們把屬於武乙、文丁的"歷組"卜辭提前給了武丁祖庚造成的。如果將"歷組"卜辭提前到武丁、祖庚時期，武丁祖庚的卜辭數量就相當可觀了。試以《甲骨文合集》所收計算，則是從第 1 冊—第 7 冊，加上第 8 冊的一部分，加上第 10 冊的一部分、第 11 冊，即《合集》總共有九冊所收甲骨基本上都是屬於武丁祖庚時期了，最後衹剩下第 12 冊屬於帝乙、帝辛卜辭（包括一點文丁的）。[第 13 冊是摹本，各期都有（但仍是以第一期卜辭為多），可暫不計在內。] 單從這種簡單的數量統計，就可以看出將"歷組"卜辭提前到武丁、祖庚時期是多麼不合理了。如果再加上把小屯南地出土的"歷組"卜辭也劃給武丁和祖庚，那麼，武丁、祖庚的卜辭數量就十分驚人了！可以說，迄今殷墟出土的甲骨，百分之九十以上都是武丁晚期至祖庚兩王的甲骨了，商代後期共有九王即位，剩下的那點百分之十的甲骨要給七個王分配，是不合常理的。

提前論者把第四期"歷組"卜辭提前到第一期晚至第二期早，造成了第四期武乙、文丁卜辭被掏空，所以他們想方設法要去尋找"真正的武乙、文丁卜辭"。李學勤說："武乙、文丁時甲骨應當是介於廩辛、康丁與帝乙時期之間，也就是何組、無名組與黃組之間的類型。真正的武乙、文丁時卜辭，衹能求之於此"②。他找出的是：《甲》495、729、《庫方》985 + 1106、《屯南》2281，說它們是屬於無名組的武乙卜辭（林澐說《屯南》2281 是文丁卜

———————————

　　① 夏商周斷代工程專家組：《夏商周斷代工程 1996—2000 年階段成果報告（簡本)》，世界圖書出版公司 2000 年版。

　　② 李學勤：《小屯南地甲骨與甲骨分期》，《文物》1981 年第 5 期。

辭)。《屯南》2172、2323、2136、2405、2917 等是屬於無名組,
但"晚於上面提到的武乙時期的無名組甲骨"。《南地》3564 有
"武乙宗"、《南北》輔 61 有"康祖丁宗",則是文丁時卜辭(林
澐也有提出此兩版)。又説:"《南地》附錄的 1971 年小屯西地出
土卜骨,現在從原大圖版觀察,字體也近於無名組,而稱謂以父
乙為中心。考慮到所出層位等方面,很可能亦屬文丁時期。"還有
黃組的《續存》下 915 表明"何組、無名組同黃組有一段相並存
的時間"。再有黃組周祭中有少數幾版應屬文丁時期。李學勤所舉
上述武乙、文丁卜辭數量實在太少,他也引《尚書・無逸》説
"祖甲以後的幾代商王都不長壽"來辯解,但這又與他主持的
"夏商周斷代工程"中所列的各王在位年數不相符合。2008 年,
李學勤發表《帝辛征夷方卜辭的擴大》一文,將無名組卜辭的時
代從何組一直延長到黃組的帝辛時期,這樣無名組卜辭就跨越了
廩辛、康丁、武乙、文丁、帝乙、帝辛六王[1],按"夏商周斷代
工程"整合的商後期各王的在位年數是:祖庚、祖甲、廩辛、康
丁共 44 年(如平均每王 11 年,則廩辛、康丁共是 22 年),武乙
35 年,文丁 11 年,帝乙 26 年,帝辛 30 年[2],那麼,由廩辛到帝
辛共是 124 年,那麼少的無名組卜辭能夠跨越一百二十多年,令
人難以置信。前文引林澐説"整個無名組存在的年代,歷祖甲、
廩辛、康丁、武乙、文丁五王"。因此,李學勤、林澐二氏所定的
無名組卜辭的時代不相同,他們為了從無名組卜辭中尋找"真正
的武乙、文丁卜辭",一位使無名組卜辭的時代跨越五個王世近
80 年,一位使無名組卜辭的時代跨越六個王世超過 100 多年的時
間,他們的斷代都使無名組卜辭的數量與諸王的在位年數嚴重不

---

① 常玉芝在《殷墟甲骨斷代標準評議》(中國社會科學出版社 2020 年版,第
206—207 頁)書中説李學勤對無名組卜辭的時代是從康丁算起到帝辛五王,實際應該是
從廩辛算起到帝辛六王,今改正。

② 夏商周斷代工程專家組:《夏商周斷代工程 1996—2000 年階段成果報告(簡
本)》,世界圖書出版公司 2000 年版。

符，所以，絕對是不能令人信服的。其實，造成他們對無名組卜辭斷代的不同和不能自圓其說的窘境，就是因為他們把"歷組"卜辭的時代從第四期提前到了第一期晚至第二期早，掏空了武乙、文丁卜辭，而尋找"真正的武乙、文丁卜辭"，又陷入了困難的、不能確定的、不合情理的狀態。

林文談的第三個問題是："甲骨斷代研究的方法問題。"

在該問題的開頭，林澐說，根據以上討論，殷墟全部王室卜辭的分類和時代可以歸納為：

自歷間組→歷組一類→歷組二類→無名組→無名組晚期→黃組

自組大字→自組小字→自賓間組→典型賓組→賓組晚期→出組→何組

這實際上就是用字體分出的"兩系説"的路綫圖。上面是"村中、南系"，下面是"村北系"。此路綫圖與李學勤最初的路綫圖大致相同，但與李學勤 2008 年改動後的路綫圖在結尾部分則不同。2008 年後，李學勤認為"無名組晚期"卜辭的時代是從何組（廩辛）延續到黃組（帝辛），但最後並沒有融合於黃組，而是"村中、南系"自始至終都是與"村北系"並行發展的。（關於"兩系説"的不能成立見本書第四章）。對林澐這個路綫圖中，將無名組卜辭排在"歷組"卜辭之後，曹定雲、劉一曼撰有《四論武乙、文丁卜辭——無名組與歷組卜辭早晚關係》[①] 一文進行批駁，他們從"無名組與歷組卜辭的類型""無名組與歷組卜辭的稱謂與時代""無名組與歷組卜辭的早晚關係""論'小乙—三祖—父丁'中的'三祖'""無名組與歷組卜辭所出地層""地層

---

① 曹定雲、劉一曼：《四論武乙、文丁卜辭——無名組與歷組卜辭早晚關係》，《考古學報》2019 年第 2 期。見本書附錄。

學與類型學的關係"等，全方位詳細地論證了無名組卜辭的時代必是在"歷組"卜辭之前而不是之後。林澐説："王室卜辭之分化為兩系，如説是出現了兩個獨立的占卜機構，在卜辭内容中還找不出積極的證據，我覺得目前還是解釋為王室占卜集團中因師承關係而形成的不同流派為妥。"這是不同意裘錫圭的兩個占卜機關説。用字體聯接出的"師承説"，照樣是"在卜辭内容中還找不出積極的證據"，它解釋不了甲骨卜辭的斷代問題，依然祇是憑個人主觀意愿作出的假設。

　　林澐説，董作賓的十項斷代標準，"實際上祇有稱謂和卜人這'兩大法寶'。陳夢家則把世系、稱謂、占卜者定為甲骨斷代的第一標準。他們所説的'斷代標準'，都是把甲骨分類和確定某類甲骨的年代范圍這兩件事情混為一談的"。他的這個説法就是李學勤1957 年在《評陳夢家〈殷虚卜辭綜述〉》中所説的："卜辭的分類與斷代是兩個不同的步驟，我們應先根據字體、字形等特徵分卜辭為若干類，然後分別判定各類所屬時代。"林澐的意見還是停留在 1957 年時李學勤的主張，即對全部甲骨都先用字體進行分類，再進行斷代。但李學勤、彭裕商在 1996 年的主張已有所改變，他們説：在"大陸上的學者對各組卜辭大致相當的年代已有了基本一致的看法。在這種情況下，這項工作目前的主要任務是在原有的基礎上更進一步，即在同一類卜辭中劃分早晚"①。

　　我們還發現，林澐在叙述斷代方法時，没有弄懂董作賓、陳夢家的斷代理念，而且他的説法存在自相矛盾的現象。如他説："董作賓發現的'貞人'（卜人），是對署卜人名卜辭的一個最有效的分類標準。但它本身並不具有確定年代的直接意義。"這裏，他把"卜人"視作分類標準，認為卜人"不具有確定年代的直接意義"，他難道不懂得董作賓（包括陳夢家）在建立卜人集團後，

---

① 李學勤、彭裕商：《殷墟甲骨分期研究》，上海古籍出版社 1996 年版，第 21—22 頁。

再運用其他斷代標準如稱謂等，對卜辭進行斷代的嗎？再説，林
澐們用字體分類，字體也"不具有確定年代的直接意義"呀！又
如他承認小屯南地自組卜辭出土的地層證據，説："這次小屯南地
發掘中有幾片自組卜辭出於殷墟早期地層後，纔能使自組屬武丁
之説成爲定論。可見，每類甲骨的出土層位，是稱謂系統之外的
另一個確定年代的原始根據。"但他祇承認出了"幾片自組卜辭"
的早期地層證據，卻對出了"大量無名組'歷組'卜辭"的中期
地層證據不與承認，也不承認自 1928 年以來，"歷組"卜辭從來
未在早期地層出土過的證據，這是自相矛盾的。

　　林澐對甲骨的分類標準和斷代標準的認識是模糊不清的。如
他把董作賓的十項斷代標準都當成了分類的標準。他説："董作賓
原先所舉的十個斷代標準中，坑位、方國、人物都根本不應當作
分類標準。'事類'和'文法'也多半不能作爲分類標準。……
至於根據卜辭内容來分類，祇是徒然造成種種混亂而已。"他説卜
辭的分類與斷代是兩個不同的步驟，但實際上，他卻是將"分類
標準"與"斷代標準"兩個概念混爲一談了。

　　林澐説字體"從型式學觀點來看無疑是分類的最好標準"。李
學勤、彭裕商將"先用字體分類再進行斷代"的方法，標明是用
考古學的"類型學"方法對甲骨進行分期研究，並聲稱這是甲骨
斷代研究的新理論。[1] 李學勤説："由歷組卜辭的爭論，逐漸引導
到分期理論的重新檢討。"

　　考古學的"類型學"，又稱作"型式學""標型學""器物
形態學"，李學勤、林澐等人稱他們的字體分類是運用的考古學
的類型學、型式學的方法，那麽，就必須要遵守運用這種方法的
規則。因爲"甲骨卜辭本身是地下遺物，是通過考古學方法發
掘出來的，所以人們又必須運用考古地層學的方法，對出土甲骨

---

[1]　李學勤、彭裕商：《殷墟甲骨分期研究》，上海古籍出版社 1996 年版，第 13 頁。

進行整理"。"地層學是基礎，是根本，地層學決定著類型學。"運用類型學的"前提是必須建立在地層學的基礎之上"。之所以如此，是因為"類型學本身有其局限性，不同的時代，事物的外形有時會有相似與雷同之處。如果離開地層學，單純憑器物的外部形態進行分類，並斷定器物的時代，那就非常危險，甚至有誤入歧途的可能"[1]。考古學家蘇秉琦告誡："運用器物形態學進行分期斷代，必須以地層疊壓關係或遺跡的打破關係為依據。"[2]因此，李學勤、林澐等人拋棄甲骨出土的地層關係對字體進行的所謂分類，必定會"加進主觀臆測的成分，使這種方法表現出神秘而煩瑣的傾向"[3]。因此，他們的分類與斷代是不足信的，是立不住脚的。他們想以"字體"分類作為甲骨斷代的"新理論"，來代替董作賓、陳夢家的系統甲骨斷代學說，因為其方法是反科學的，祇會給甲骨斷代造成錯誤和混亂，所以必定是不會被採信的。

　　補充：在 2022 年 12 月 18 日召開的"《甲骨文摹本大系》新書發佈會暨學術論壇"會上，林澐在發言中說北大碳 - 14 測年數據是"歷組"卜辭的年代應該提前，"歷一類"早於"歷二類"。查林澐所說的北大測年，是指郭子虞等人在國外雜誌上發表的文章：《中國商後期甲骨的 14C 測年》（2021 年發表於 *Radiocarbon* 第 63 卷第 1 期）。關於甲骨的碳 - 14 測年，查新近出版的由夏商周斷代工程專家組編著的《夏商周斷代工程報告》（科學出版社 2022 年版）中，附錄四"甲骨測年數據表"，提供的"歷組"卜辭數量不算少，但有不少標本不是"偏老"，就是"樣品含碳量太少"，有不少數據不能用。因此，"夏商周斷代工程"首席科學家、專門負責碳 -14 測年的中國社會科學院考古研究所的"仇士

---

① 劉一曼、曹定雲：《三論武乙、文丁卜辭》，《考古學報》2011 年第 4 期。
② 蘇秉琦、殷瑋璋：《地層學與器物形態學》，《文物》1982 年第 4 期。
③ 蘇秉琦、殷瑋璋：《地層學與器物形態學》，《文物》1982 年第 4 期。

華先生曾經幾次提到，北大的加速質譜儀測年不能解決甲骨文的
分期問題，但他們（指郭之虞等人）不聽仇先生的話"（據劉一
曼先生 2022 年 12 月 18 日告知）。"仇士華先生確實曾經多次對我
說過：甲骨測年解決不了甲骨文分期的問題。這個問題應由甲骨
文學者討論。"（據劉一曼先生 2023 年 1 月 28 日告知）因此，
碳－14 測年並沒有解決"歷組"卜辭的時代問題。

　　劉一曼先生在"夏商周斷代工程"中任"殷墟甲骨分期與年
代測定"專題組組長，課題組共四個人（劉一曼、曹定雲、郭振
祿、黃天樹），專門負責對測年甲骨進行採樣，這個工作斷斷續續
做了 10 年。劉一曼、曹定雲在 2021 年發表文章《參加夏商周斷
代工程工作的回憶》（《黃河黃土黃種人》2021 年 5 月下旬刊，總
第 550 期），談到碳－14 測年有誤差，難以解決甲骨文各期各組，
尤其是二、三、四期的年代問題。他們說："以前，甲骨學者對殷
墟甲骨分期，祇注重確定各期（或各組）相對年代之早晚，雖有
一些學者對各期之絕對年代做過推斷，但對此問題未達成共識。
這次通過測年，得出從武丁至帝辛甲骨的日曆年代范圍為公元前
1260—前 1040 年，時間跨度 200 多年，因其與殷墟遺址常規的
碳－14 測年所得的年代基本一致，所以應當是可信的。"他們
又說：

　　　　但以上的測年結果，與本專題的原定目標"排列出武丁
　　至帝辛甲骨的年代序列"還有一定的距離。究其原因，大概
　　有如下三點：

　　　　（其一），從武丁至帝辛（殷墟甲骨的第 1～5 期）的年
　　代分佈是不均勻的。一般認為武丁在位 59 年，帝乙、帝辛二
　　王共 50 餘年，祖庚至文丁六王近 100 年（據《夏商周斷代工
　　程 1996—2000 年階段成果報告（簡本）》公佈的年代是 90
　　年）。同時，各期、各卜辭組的時代與王世並不完全對應，而

目前測得的甲骨樣品碳－14年齡誤差大多是30~45年。所以要準確地測出各期（尤其是甲骨的第2.3.4期）、各組甲骨的具體年代難度太大，甚至是不可能的。

（其二），在所測的有字卜骨的樣品中，有18片年代偏老（占所測的95片有字卜骨樣品的19%），比例較大。郭之虞、原思訓等在分析偏老的原因時説："有相當比例的甲骨受到了不同程度加固劑、保護劑的污染，這種污染可導致所測得的甲骨年代產生不同程度偏老。"他們還認為，"若干甲骨數據偏老可能還有其他原因。"（見郭之虞、原思訓等：《夏商周斷代工程殷墟甲骨年代的測定與校正》）

我們分析了這些偏老的卜骨，發現一些質地較好、較大塊的牛肩胛骨，偏老的情況較為常見。如SA00038（《屯南》726）、SA98224（《屯南》附錄5）、SA98244（《屯南》751）就是較典型的例子。與此同時，我們還注意到一些非卜骨樣品的數據，如SA99040（婦好墓出土的骨笄）、SA98167（西區M1713出土的羊肩胛骨，同墓還出土了帝辛七年的銅禮器），這兩個樣品的測年數據，與其相應所屬墓葬的時代接近，並不偏老。這一現象發人深思。從中可以推測，殷代的占卜機構，在收集（或徵集）到甲骨之後，對那些片大、質優的肩胛骨較珍愛，沒有立即用於占卜。我們有這種想法，還因為在殷墟考古發掘中，見到一些灰坑或文化層中出土有經過加工（或初步加工）且無鑽鑿灼痕跡的牛肩胛骨，説明殷人在採集到甲骨之後，會保存一段時間，再行使用，這可能是導致一些測年卜骨年代偏老的一個重要原因。也就是説，卜骨的年代往往要比其上文字的年代早。過去，不少學者對這一問題往往缺乏正確的認識：時代上相近是相對的，而出現差異則是絕對的。當然，"差異"的程度也因卜骨的具體情況而會有所區別。

（其三），甲骨採樣工作因受多種因素製約，沒達到預期的效果。現在第 2.4.5 期有字卜骨的樣品相對較少，而在構建系列樣品校正模型時又要排除偏老、偏年輕或時代不太準確的樣品，這就使得各期、各組樣品數量的不平衡性加劇。如納入上文提到的第一個系列樣品校正模型的有字卜骨樣品計 55 個，第 1 期 26 個，第 2 期 8 個，第 3 期 16 個，第 4 期 2 個，第 5 期 3 個，頗有‘頭重腳輕’之感。第 5 期帝乙、帝辛的年代有 50 多年，這三個有字卜骨樣品，能否真正代表該期的年代？各期樣品數量差異大，不均衡，對系列樣品的校正會帶來不利影響。

郭子虞等人在《中國商後期甲骨的 14C 測年》中，僅僅利用"歷組一類"的 3 個樣品，就得出"歷組一類"早於"歷組二類"的結論。樣品之少所得數據必定缺乏科學性，絕不可能真正代表"歷組一類"的年代。林澐根據自己的需要不提"夏商周斷代工程"的甲骨測年情況，祇單取郭子虞等人的意見，是我們不能贊同的。

本章附錄　主張"歷組"卜辭提前的論著目

1977 年以前認為第四期卜辭（即歷組卜辭）應是武丁至祖庚卜辭的論著

明義士：《殷虛卜辭後編·序》，1928 年。見許進雄《〈殷虛卜辭後編〉編者的話》，藝文印書館 1972 年版。

1977 年以後主張歷組卜辭提前的論著目

1. 李學勤：《論"婦好"墓的年代及有關問題》，《文物》1977 年第 11 期。

2. 李學勤:《小屯南地甲骨與甲骨分期》,《文物》1981 年第 5 期。

3. 裘錫圭:《論 "瑟組卜辭" 的時代》,《古文字研究》第六輯, 中華書局 1981 版。

4. 李先登:《關於小屯南地甲骨分期的一點意見》,《中原文物》1982 年第 2 期。

5. 彭裕商:《也論歷組卜辭的時代》,《四川大學學報》1983 年第 1 期。

6. 林澐:《小屯南地發掘與殷墟甲骨斷代》,《古文字研究》第九輯, 中華書局 1984 年版。

7. 李學勤:"序", 王宇信《西周甲骨探論》, 中國社會科學出版社 1984 年版。

8. 林澐:《無名組卜辭中父丁稱謂的研究》,《古文字研究》第十三輯, 中華書局 1986 年版。

9. 李學勤:《論小屯南地出土的一版特殊胛骨》,《上海博物館集刊》1987 年第 4 期。

10. 李學勤:《殷墟甲骨兩系說與歷組卜辭》("附記"), 收入《李學勤集》, 黑龍江教育出版社 1989 年版。

11. 林澐:《甲骨斷代商榷》,《出土文獻研究續集》, 文物出版社 1989 年版。

12. 李學勤、彭裕商:《殷墟甲骨分期新論》,《中原文物》1990 年第 3 期。

13. 李學勤、彭裕商:《殷墟地層與甲骨分期》,《文博》1990 年第 6 期。

14. 李學勤:"序", 黃天樹《殷墟王卜辭的分類與斷代》, 文津出版社 1991 年版。

15. 黃天樹:《殷墟王卜辭的分類與斷代》(繁體本), 文津出版社 1991 年版。又, 科學出版社(簡體本)2007 年版。

16. 李學勤：《殷墟甲骨分期的兩系説》，《古文字研究》第十八輯，中華書局 1992 年版。

17. 彭裕商：《殷墟甲骨斷代》，中國社會科學出版社 1994 年版。

18. 李學勤：《甲骨文中的同版異組現象》，《夏商文明研究》，中州古籍出版社 1995 年版。

19. 李學勤、彭裕商：《殷墟甲骨分期研究》，上海古籍出版社 1996 年版。

20. 李學勤：《我和殷墟甲骨分期》，《學林春秋》三編上冊，朝華出版社 1999 年版。

21. 彭裕商：《歷組卜辭補論》，《古文字研究》第二十一輯，中華書局 2001 年版。

22. 林宏明：《小屯南地甲骨研究》，臺北，政治大學學位論文，2003 年。

23. 林宏明：《從一條新綴的卜辭看歷組卜辭時代》，《古文字研究》第二十五輯，中華書局 2004 年版。

24. 李學勤：《一版新綴卜辭與商王世系》，《文物》2005 年第 2 期。

25. 趙鵬：《殷墟甲骨文人名與斷代的初步研究》，綫裝書局 2007 年版。

26. 徐明波、彭裕商：《殷墟黃組卜辭斷代研究》，《中國史研究》2007 年第 2 期。

27. 李學勤：《帝辛征夷方卜辭的擴大》，《中國史研究》2008 年第 1 期。

28. 劉義峰：《論甲骨文分類和斷代的主要標準——兼論歷組卜辭的時代》，《紀念王懿榮發現甲骨文 110 周年國際學術研討會論文集》，社會科學文獻出版社 2009 年版。

29. 林澐：《評〈三論武乙、文丁卜辭〉》，《出土材料與新視野》，第四屆國際漢學會議論文集，“中研院”2013 年版。

30. 劉風華:《殷墟村南系列甲骨卜辭整理與研究》,上海古籍出版社 2014 年版。

31. 劉義峰:《無名組卜辭的整理與研究》,金盾出版社 2014 年版。

32. 林澐"序",周忠兵:《卡内基博物館所藏甲骨研究》,上海人民出版社 2015 年版。

33. 林澐、劉金山:《〈甲骨文斷代研究例〉在斷代中仍可發揮作用》,《古文字與古代史》第四輯,"中研院"歷史語言研究所 2015 年版。

34. 馬智忠:《歷無名間類卜辭再研究》,《出土文獻與古文字研究》第七輯,上海古籍出版社 2018 年版。

35. 冉苒、李發:《歷組卜辭時代問題補議》,《殷都學刊》2019 年第 2 期。

36. 林澐:《評〈四論武乙、文丁卜辭〉》,《出土文獻》2020 年第 1 期。

37. 周忠兵:《歷組、賓組同卜一事新例》,《漢字漢語研究》2019 年第 4 期。

第 四 章

1980 年起反對"歷組"卜辭
提前的論述

　　"歷組"卜辭的名稱是李學勤於 1977 年提出的①，所謂"歷組"卜辭是指董作賓 1933 年甲骨分期的第四期卜辭，即武乙、文丁卜辭。李氏認為董氏把第四期卜辭即"歷組"卜辭的時代定為武乙、文丁卜辭是錯誤的，這部分卜辭應該提前到第一期晚至第二期早，即是屬於武丁晚期至祖庚時期的卜辭。他認為"傳統的五期分法把歷組卜辭的時代斷錯了"，"五期分法早已陳舊了"。他將第四期卜辭中"字較大而細勁"的那部分卜辭，因"有一個卜人秎（歷）"，標新立異地將其改稱為"歷組"卜辭，並自稱"拆穿"了"歷組卜辭的謎團"。

　　1976 年，中國科學院考古研究所安陽工作隊在殷墟發掘了"婦好"墓。1977 年，李學勤發表了《論"婦好"墓的年代及有關問題》一文，提出"歷組"卜辭提前說。1973 年，中國科學院考古研究所安陽工作隊在小屯村南發掘，出土甲骨 7150 片，後將全部刻辭甲骨 4612 片收錄於 1980 年出版的《小屯南地甲骨》一書中。1981 年，李學勤發表了《小屯南地甲骨與甲骨分期》一文，就"歷組"卜辭提前說再提證據。總之，"婦好墓"發掘的

---

　　① 李學勤：《論"婦好"墓的年代及有關問題》，《文物》1977 年第 11 期。

第二年 1977 年，小屯南地甲骨發表的第二年 1981 年，李學勤都是馬上跟進，藉這兩次發掘提出第四期武乙、文丁卜辭，即"歷組"卜辭，是第一期武丁晚至第二期祖庚時期卜辭的新說。

李學勤的"歷組"卜辭提前說甫一提出，就遭到了甲骨學者、歷史學者、考古學者的堅決反對，即時（截至 1985 年前）就有多篇反駁文章發表，如：中國社會科學院考古研究所編輯的《小屯南地甲骨》的"前言"①，蕭楠的《論武乙、文丁卜辭》②，張永山、羅琨的《論歷組卜辭的年代》③，謝濟的《試論歷組卜辭的分期》④，蕭楠的《小屯南地甲骨的鑽鑿形態》⑤《再論武乙、文丁卜辭》⑥，曹定雲的《論武乙、文丁祭祀卜辭》⑦，陳煒湛的《"歷組卜辭"的討論與甲骨文斷代研究》⑧ 等。

最近，還有學者說："不管怎樣，'歷組卜辭提前說'以及'兩系說'都開創了甲骨文斷代的新時期，這實際上也是甲骨文史料的重新'洗牌'，'兩系說'在文字考證、語法研究、歷史研究等方面，正在發揮著重要作用。"⑨ 因此，再次詳盡論述李學勤的"歷組"卜辭提前說、"兩系說"等的錯誤是很有必要的。

---

① 中國社會科學院考古研究所：《小屯南地甲骨·前言》，中華書局 1980 年版。

② 蕭楠：《論武乙、文丁卜辭》，《古文字研究》第三輯，中華書局 1980 年版。

③ 張永山、羅琨：《論歷組卜辭的年代》，《古文字研究》第三輯，中華書局 1980 年版。

④ 謝濟：《試論歷組卜辭的分期》，《甲骨探史錄》，生活·讀書·新知三聯書店 1982 年版。

⑤ 蕭楠：《小屯南地甲骨的鑽鑿形態》，《小屯南地甲骨》下冊第三分冊，中華書局 1983 年版。

⑥ 蕭楠：《再論武乙、文丁卜辭》，《古文字研究》第九輯，中華書局 1984 年版。

⑦ 曹定雲：《論武乙、文丁祭祀卜辭》，《考古》1983 年第 3 期。

⑧ 陳煒湛：《"歷組卜辭"的討論與甲骨文斷代研究》，《出土文獻研究》，文物出版社 1985 年版。

⑨ 見孫亞冰《氣象萬千：甲骨文商史研究 120 年》，《出土文獻綜合研究集刊》第十二輯，巴蜀書社 2020 年版。

第一節　稱"歷組"標新立異，
名稱不科學

　　首先，需要指出，李學勤在文中引稱的"自組""子組""𠂤組"（午組）卜辭的名稱，無疑是採納的陳夢家對這幾組卜辭的稱呼（李氏衹是標新立異，將"午組"用另一個卜人名"𠂤"代替，改稱作"𠂤組"）。他給"歷組"卜辭的命名是根據該組"衹有一個卜人歷（歷）"，也顯然是採納的陳夢家分"卜人組"的方法。這些在客觀上等於承認了他在 1957 年對陳先生分"卜人組"方法的批評是錯誤的。[①]　不過，李學勤對"歷組"卜辭的命名又是違背陳夢家分"卜人組"的原則的。陳先生分"卜人組"是將有繫聯關係的卜人連綴成"組"，而李氏的"歷組"卜辭卻衹有一個卜人"歷"，一個卜人顯然是不能組成"組"的。因此，"歷組卜辭"的名稱甫一提出，即遭到學术界的質疑。

　　1985 年，陳煒湛在《"歷組卜辭"的討論與甲骨文斷代研究》一文[②]中説："嚴格説起來，'歷組卜辭'這一名稱是不够科學的。在甲骨斷代研究中，所謂某組卜辭是有特定含義的，實際上是指根據貞人同版關係歸納出來的同時期的貞人集團，不過以某貞人之名命名罷了，如陳夢家《殷虛卜辭綜述》所定的賓組、出組、何組等等便是。即便午組人數最少，也有二人（𠂤、午）。目前所謂的'歷組卜辭'，卻衹有一個貞人歷，與其他貞人毫無同版關係。一人如何稱'組'？"這個意見是非常正確的。陳夢家建立"卜人組"的原則是，有繫聯關係的若干卜人纔能成"組"，他對

---

　　①　但在 1996 年，李氏又明確説他的"組"是以字體分的組。見李學勤、彭裕商《殷墟甲骨分期研究》，第一章第三節，上海古籍出版社 1996 年版。

　　②　陳煒湛：《"歷組卜辭"的討論與甲骨文斷代研究》，《出土文獻研究》，文物出版社 1985 年版。

祇有一個卜人"歷"的卜辭就沒有立"組"，而是稱作武乙、文丁卜辭。不僅如此，陳先生還對雖有若干個卜人，但因卜人之間沒有繫聯關係的第五期卜辭，也沒有建立"卜人組"，而是稱作帝乙、帝辛卜辭。由此可知，李學勤對祇有一個卜人"歷"的卜辭稱"組"，顯然是不科學的。

其次，對所謂"歷組"卜辭，不僅有個命名問題，還有一個是它所包含的范圍問題。據陳煒湛當年統計，十萬片甲骨中，有"歷貞或與歷有關的卜辭，迄今共見二十三片。[1] 現再加上近年出土的小屯南地甲骨中有卜人"歷"的四片（據劉一曼先生於 2016 年 3 月 24 日告知："小屯南地出貞人歷的卜辭（有）4 片，1 片出在晚期地層，2 片出在中期二組地層，1 片出在隋唐墓道中。該墓打破了一個出甲骨的晚期灰坑。"（一曼先生在 2021 年 11 月 13 日又告，此四片的著錄號是：《屯南》457，905，1224，3438）即到目前為止，有貞人"歷"的卜辭總共也就祇有二十七片。但由後來李學勤等人的著述可以看到，他們所説的"歷組"卜辭，不僅不限於這二十幾片有卜人"歷"的卜骨，而且也不限於李氏所説的"字較大而細勁"的那些卜辭，而是包括了除去"自組""子組""午組"外，董作賓分期中剩下的所有第四期卜辭，這與其"歷組"卜辭的命稱是不相符的。

陳煒湛在《"歷組卜辭"的討論與甲骨文斷代研究》一文中，將所謂"歷組卜辭"的來龍去脈分析得頭頭是道。十七年之後，陳氏到臺北"中研院"史語所講演，仍以"歷組卜辭"為題，這份學術講演提綱收入其論著集《三鑒齋雜著集》中[2]，題目是《關於歷組卜辭論争的回顧與思考》（2002 年 6 月在臺灣史語所學

---

[1]　陳煒湛：《"歷組卜辭"的討論與甲骨文斷代研究》，《出土文獻研究》，文物出版社 1985 年版。

[2]　陳煒湛：《關於歷組卜辭論争的回顧與思考》，《三鑒齋雜著集》，中西書局 2016 年版。

術演講提綱)。

此前的 1987 年,陳煒湛在《甲骨文簡論》中説:"含有貞人歷的卜辭,實際上就是武乙文丁卜辭。""關於'歷組卜辭'的時代,目前意見分歧很大,正在爭鳴之中。其實,在十萬餘片甲骨中,真正稱'歷貞'或'貞歷'的卜辭很少,就我所見,僅得二十三片,其中卜辭較完整的如:《甲編》544,《後編》下 11·5(《京津》4710),《寧滬》1·446,《金璋》396,《京津》4387、4709,《屯南》457、905、974,《戩》40·3(《續編》2·7·7)、《續存》下 832,《懷特》1621、1622,也祇有十餘片。這些卜辭内容比較簡單,以貞旬為主。而且,與其他貞人毫無共版關係,談不上有什麽'組'。所謂'歷組卜辭'的説法本身能否成立,也值得商榷。"

2003 年,陳煒湛發表《甲骨文論集》,他説李學勤等人"根據字體風格這一並不可靠的標準把一些與'歷'未必有關亦未必同時的沒有貞人的卜辭强拉到'歷'的旗幟下,充當'歷組卜辭',這種做法的科學性就很值得懷疑。由於是根據字體風格來確定'歷組卜辭'的範圍的,這範圍便因人而異,大小不同,有些明顯不屬此'組'的卜辭也就混雜其間了。於是有些同志又創造出一些祇有自己纔能確知其義的新名詞,如'歷自間組'、'自歷間組'、'歷組一類'、'歷組二類'等等,令讀者眼花繚亂,頗有玄之又玄、極深莫測之感"[①]。煒湛先生素以語言犀利著稱,此文可謂一針見血!

第二節 "婦好"名含義及"異代同名"制

一 "婦好"名含義

前文第三章第一節介紹了 1977 年李學勤藉"婦好"墓的發

[①] 陳煒湛:《甲骨文論集》,上海古籍出版社 2003 年版,第 84 頁。

掘，提出該墓屬於武丁時期，認為該墓出土青銅器上的"婦好"銘的"婦"是親屬稱謂，是指妻子、是對其夫之母而言的兒媳婦，"好"是一個人的名，"婦好"是指一個名為"好"的（兒）媳婦。並由此引出第一期卜辭和第四期卜辭的"婦好"是指一個人，因此第四期卜辭即"歷組"卜辭應該提前到第一期晚至第二期早。

關於"婦好"墓的年代及"婦好"一稱的所指，中國社會科學院考古研究所和中國歷史博物館在當年即 1977 年曾聯合組織召開了一次座談會。[①] 會上幾位專家的發言如下：

甲骨學家胡厚宣說："在甲骨文裏，婦好是殷代早期最常見的一個婦名，她是殷王武丁的配偶，是武丁時相當重要的一個人物，她主持過殷王室的重要祀典，又曾率領一萬三千人去伐羌。在大量的武丁時關於婦好的卜辭之外，間或有少量的幾條像是武乙文丁時的字體。但是從武丁到文丁，為期約在百年以上，婦好如果是一個人，她怎麼能夠活到那麼大的歲數呢？可能在甲骨斷代方面還有問題，這個問題，就在國內外甲骨學界，也還正在爭論之中。"

考古學家鄒衡認為：這批銅禮器似可分為三組：第一組，約相當於"殷墟文化第二期第 3 組"，第二組，約相當於"殷墟文化第三期第 4 組"，第三組，或相當於"殷墟文化第三期第 5 組"。若用過去殷墟銅器分期的標準來衡量，則可大致估計其絕對年代，最早的可到武丁時代（晚期），最晚的可到武乙、文丁時代。若僅以其銅禮器來定，則此墓下葬的年代不會早到武丁時代，但也不會晚于武乙、文丁時代。"甲骨文第一期（武丁）和第四期（武乙，大字）均見所謂'婦好'；在金文中也有此類銅器，《婦好卣》（《錄遺》256）即其例。因為小屯五號墓未被盜掘，該卣決非出自此墓。可見所謂'婦好'至少也不是一人。總之，此墓的

---

① 文見《安陽殷墟五號墓座談紀要》，《考古》1977 年第 4 期。

發現，對於研究婦（?）、子（?）、女（?）族的興衰史是很重要的資料。"

考古學家高明亦稱：考訂"婦好"墓的年代，是一件比較複雜的工作。僅從青銅器觀察，具有較晚的作風。但銘文"婦好"在第一期卜辭多見，她是生活在武丁時代的人物。銘文"司母辛"，或謂"姤辛"，它是婦好的廟號，即武丁的配偶"妣辛"。看來偏晚的器型與銘文內容發生了矛盾。因而有同志提出四期卜辭也有"婦好"，商王配偶稱妣辛的也不祇此一人，康丁配偶也稱"妣辛"。所以有同志推測該墓當屬廩辛、康丁以後。這一意見不是沒有道理，應當引起重視。有些問題需要慎重考慮。解決該墓的年代問題，首先應當弄清楚此一婦好究竟應屬哪位商王時代的人物，我們所謂第一、四期卜辭中都有"婦好"，這是根據過去董作賓把卜辭分為五期的説法。關於卜辭分期，其中也存在問題，尤其是第四期卜辭問題最多，它同第一期卜辭有許多共同的作風和相同的人名，"婦好"僅是其中一例。如時代與該墓相當的第 18 號墓，在出土銅器中有銘作"子漁"者，漁字用兩條水四條魚寫成，正同第一期卜辭（《前編》6.50.7，《京津》1516）中的寫法相同。而"子漁"一名，在第一、四期中也皆有記載，又可説明第一、四期卜辭重名者不少。如何唯獨在第四期卜辭中出現同第一期有若干重名而其他期沒有？這是沒有解決的問題，同時也反映出第四期卜辭時代是不很清楚的，還需要認真的研究。我想與其先用已有的尺度去衡量新出土的資料，不如先用新出土的資料來檢驗已有的尺度是否完全準確為好。

李學勤的發言內容就是他在同年發表的《論"婦好"墓的年代及有關問題》一文中的觀點。他認為"婦好墓"出土的青銅器的花紋是屬於早期武丁晚年至祖庚、祖甲時期的；"婦好"是一個人的名，是妻子、兒媳婦，第一期卜辭中的"婦好"與第四期卜辭中的"婦好"是指一個人，因此，第四期卜辭應該提前到第一期晚至第二期早；並舉了一些"歷組"卜辭與武丁、祖庚卜辭有相同人名的例證。（見前文第三章第一節）"婦好"和相同人名是李氏"歷組"卜辭提前論的重要證據。

值得注意的還有裘錫圭的發言，裘氏認為甲骨卜辭裏所見的人名，絕大多數就是這個人的族氏；"婦好"的"好"是一個族的氏姓而不是私名；"婦好"墓是晚期武乙時代的，"婦好"是康丁的配偶。這與他後來"改從李説"後的意見大相徑庭。

查殷墟甲骨卜辭中，不止賓組、出組與"歷組"有相同的人名，賓組與其他組，出組與其他組，"歷組"與其他組，以及其他組之間也都存在有相同人名的現象。對此種現象該如何解釋？如果按照李學勤的説法，各組卜辭中出現的相同人名都是指同一個人，那麽，殷墟甲骨卜辭該如何斷代？當年陳夢家就將董作賓十項斷代標準中的第六項"人物"，剔出他的三大斷代標準之外，不作為單獨的標準列出，就是因為各代之間同名者衆，也即指出商代有"異代同名"的社會現象。如果單用人名斷代，必定會造成斷代的混亂與錯誤。

在李學勤提出"歷組"與賓組的"婦好"是指同一個人，"歷組"與賓組、出組有相同的人名，以此作為"歷組"卜辭提前的證據後，就有多位學者對之進行了否定的論證①，其中以張政烺先生對"婦好"一稱，尤其是對"婦"字含義的考證，精辟、透徹。

1983 年，張政烺先生連續發表《帚好略説》《〈帚好略説〉補

---

① 張政烺：《帚好略説》，《考古》1983 年第 6 期。《〈帚好略説〉補記》，《考古》1983 年第 8 期。兩文均收入《張政烺文集·甲骨金文與商周史研究》，中華書局 2012 年版。蕭楠：《論武乙、文丁卜辭》，《古文字研究》第三輯，中華書局 1980 年版。蕭楠：《再論武乙、文丁卜辭》，《古文字研究》第九輯，中華書局 1984 年版。張永山、羅琨：《論歷組卜辭的年代》，《古文字研究》第三輯，中華書局 1980 年版。林小安：《武乙、文丁卜辭補證》，《古文字研究》第十三輯，中華書局 1986 年版。林小安：《武丁晚期卜辭考證》，《中原文物》1990 年第 3 期。林小安：《再論"歷組卜辭"的年代》，《故宮博物院院刊》2001 年第 1 期。

記》兩文。在《帚好略説》文中，張先生開篇就説，在殷墟五號墓出土的銅器上有"帚好"銘文，在殷墟甲骨卜辭中有關"帚好"的卜辭估計有一二百條，絕大部分屬於第一期武丁時期，一小部分屬於第四期武乙、文丁時期。"兩者中隔祖庚、祖甲、廩辛、康丁兩代四王，約數十年至一百年。這種情況怎麼解釋，帚好究竟是一人還是二人，銅器銘文的帚好屬於哪個王"。

張先生首先論證"婦好"之"好"的意義。他説："甲骨文帚即婦字，郭沫若、唐蘭已作出很好的説明。"[1] "帚好之好從女，子聲，不讀好惡之好"。他以卜辭中衆多的"婦某"為例，説："卜辭中婦 X 之稱有數十個，其字多有女旁，本來極普通的字也加女旁，如帚井寫成帚妌，帚良寫成帚娘，其例不可勝舉"。他舉卜辭《續存》407、《合集》2833 上的"御帚子"，證明"帚子即帚好，故知好當讀子"。

接著張先生明確指出："帚好是女人的稱呼，卜辭一期、四期分別出現，不是一個人。"這是因為當時有"異代同名"的社會現象。他聯係各期卜辭中出現的相同人名給以證明。如：吴、雀、𡐦、𢆶、𠂤、立、望乘、𦣞般、犬延、帚好、帚井、子𡀈、子妻、子豪、子漁、子效，這些人物在第一期、第四期都存在，其中子𡀈在第一、第二期，子妻在第一、第二、第四期都存在。"其他人物異代同名的還多。"他指出："有的學者想把一期、四期的帚好説成一個人，看來不難（四期材料內容簡單），但是要把卜辭中所有的異代同名的人物都併成一個人，似不可能。"他舉"犬延"族、𡐦族、"箙旋"族為例："犬延"，一期卜辭《卜》53 有"令犬延田于京"，《京人》281 有"令犬延族衷田于虞"；二期卜辭《錄》152 有"犬延"（辭殘）；四期卜辭《續存》1852 有"令犬

<hr/>

① 郭沫若：《骨臼刻辭之一考察》，見《古代銘刻彙考續編》，日本東京文求堂書石印本，1934 年。唐蘭：《殷虛文字記》，北京大學講義石印本，1934 年；中華書局影印本，1981 年。

征田京"。"據此可見犬征是族名,自一期至四期連續存在,不僅世禄而且世官"。"阜",一期卜辭《卜》417、四期卜辭《佚》250都有"阜袞田于京","阜的情況和犬征一樣,也是族名,也是世官"。"箙旋"("也可稱作官氏"),在四期(《屯南》917)、一期(《後·上》28·4、《佚》543)卜辭中都存在。他還指出"卜辭所載的各期卜人名,也有不少異代同名的實例",如:"永"在一期(《菁華》7)、五期(《前》1·19·5)都存在;"戠"在一期(《錄》82)、三期(《林》1·30·14)都存在;"口"在一期(《卜》692)、二期(《錄》726)、三期(《甲》3398)都存在;"大"在一期自組(《合集》19875)、一期(《珠》1055)、二期(《珠》395)、三期(《甲》1647)都存在;"黄"在二期(《林》1·5·13)、五期(《甲》3355)都存在。"根據這些材料可以說永、戠、口、大、黄等都是龜卜世家,子孫繼續擔任占卜工作,為殷王室服務。"我們再為張先生補卜人"亻",該卜人在一期(《屯南》4177)"午組"卜辭①、五期(《合集》38945、41709)都存在。上面,張先生利用甲骨卜辭證明,殷商時期確有"異代同名"的社會現象。張先生説,如果對異代同名者進一步考查,就可知"它們有族衆、有物産,實皆'國氏土地之號',世代綿長,有的還保留到西周銅器銘文中"。他舉"古代學者對這種現象的解釋,如《史記·五帝本紀》:'黄帝者,少典之子',《索隱》曰:'少典者,諸侯國號,非人名也'……《秦本紀》云:……'大業娶少典氏而生柏翳'。明少典是國號,非人名也"。張先生説"其所謂國號我們以為是氏族"。總之,張先生論證了卜辭和銅器銘文中的"帚好"即"帚子","好"當讀"子";"子"是國號、氏名、族名。因此,"婦好"不是李先生所

---

① 過去學界認為"午組"卜辭的貞人祇有"午""亻"兩個人,1973年小屯南地甲骨出土的《屯南》4177午組卜辭有卜人"亻",由"蕭楠"發現。見蕭楠《略論"午組卜辭"》,《考古》1979年第6期。

説是一個人的名，即第一期、第四期的"婦好"不是同一個人。

　　對於"婦"字的含義。張先生首先論證了古代的世官之制。他説："世官之制史不絕書，《國語・周語》：'昔我先王世后稷以服事虞夏。'《史記・太史公自序》：'重、黎氏世序天地。……司馬氏世典周史。'《周禮》中以氏為官者很多，像馮相氏、伊耆氏等約四十個。《世本・氏姓篇》：'彭祖氏，大彭支孫以號為氏，在商為守藏史，在周為柱下史，年八百歲。'這裏八百歲是取其成數，有的書上寫著'至殷末七百六十七歲'，則不僅族名承襲，其壽數也是累計的。"這些古書記載證明族名是世襲的。張先生説"卜辭中常見大方，是當時的重要方國之一，杨樹達《積微居甲文説》謂即大彭氏，彭祖氏或其支裔，世為商周史官"。"通過這些現象知道殷代存在許多氏族，世代供奉王職，女官當亦如此，有了這點認識，以下説帚好就比較容易了。"

　　張先生舉一期卜辭："丙午貞：多帚亡疾。丙午貞：多臣亡疾。"（《乙》8816）他説該辭"以多帚與多臣對貞，説明帚和臣是同類事物，在殷王心目中地位相等"。他又舉三期卜辭："叀多母酬。叀辟（嬖）臣酬"（《綴合》101），説："母是古代成年女子的美稱，嬖臣即近臣，以多母與嬖臣對貞，和上舉卜辭相似，兩相比照，知道殷王周圍有些擔任職務的婦女。""多帚和多臣相似……在統治者的支持下既辦公事，也任私役"，即"帚（婦）"是指女官。張先生對"多帚"與"多母"的精闢論證，橫掃了過去絕大多數人簡單地將武丁時的"多帚"都一律看作是武丁的配偶，將"多母"一律看作是武丁的母輩祖先的錯誤認識。張先生又進一步論述了殷王多帚的來源："推測其中有些便是被征服者或者歸順者世代貢納的。"説："殷周的世婦，文獻有記載，《禮記・曲禮下》：'天子有后，有夫人，有世婦，有嬪，有妻，有妾。天子建天官，先六大，曰大宰、大宗、大史、大祝、大士、大卜，典司六典。'鄭玄《注》：'此蓋殷時制也。'孔穎達《疏》：'此一節總論立男官女官之事……記者之言不可一依周禮，或可雜夏殷而言之。'"又引《孟子·梁惠王下》："所謂故國者，非謂有喬木之謂也，有世臣之謂也"，"趙歧《注》世臣是'累世修德之臣'，這和《孟子》講世祿、世官是一致的。世婦之義與世臣同，當是累世常有之婦"。證明殷代有累世之婦，即有世婦，有女官。對世婦女官的職責，張先生引《周禮·天官·冢宰》："世婦掌祭祀、賓客、喪紀之事，帥女宮而濯摡，為齍盛"，又引《春官·宗伯》："世婦，掌女宮之宿戒，及祭祀，比其具。"他說"兩處職掌基本相同，可見世婦是女官，住在宮中，管祭祀、賓客及喪禮等"。他指出，諸世婦的地位有所不同，而且前後還會有變化："《天官·冢宰》的世婦無員數，不說組織情況，廁於九嬪、女御之間，已經列入天子的眷屬了。推測周代的世婦先是官員，在宮中工作遂變成天子嬪御。""《周禮·春官·宗伯》敘官，在世婦之後是：'內宗，凡內女之有爵者。外宗，凡外女之有爵者。'內女是王同姓之女，外女是異姓之女，世婦的來源也不外乎此，大約都是由一定的宗族產生的。"商族因"'契為子姓'，則殷之帚好也可能是內女。世婦接近王，如果年歲容貌或某些條件不相當，也不會被寵愛變成嬪御，所以《周禮》分成兩官"。"帚對殷王不是固定的夫妻名義，其發生男女關係者纔是事實上的夫妻。"

論證了"帚（婦）"是女官，對比"婦好"一稱，張先生說，卜辭中關於婦好的記載有一二百條，"其中有很多條是關於祭祀的，這和《周禮》的世婦相合"。卜辭中還有"關於帚好生子的，占卜特別詳細，分娩日期，是男是女，是否順利，貞問不休。有關於帚好生病的，也極為關切，連牙痛小病也不放鬆。從這些細膩的小節看，帚好、武丁是夫妻，她不可能是兒媳，更不可能是一般的君臣關係"。他指出，諸婦在宮中的地位是不一樣的，他舉一期卜辭："貞：乎帚好見多帚于䅶。"（《合集》2658）說："大約帚好本來就在多帚之中，後被武丁賞識遂躍居多帚上，她有很

大的兵權，這一點與《周禮》世婦不合，應當是得到武丁特殊寵
幸的結果，同時有多帚不是每個帚都如此，前後兩個帚好也不是
每個帚好都如此。""帚好是世婦，每王都會有過，而不衹武丁時
期的一個帚好。"張先生的這個論斷是正確的，我們還可以舉出三
件鑄有"婦好"銘的青銅器做進一步地證明：一件是鄒衡先生曾
提到過的："甲骨文第一期（武丁）和第四期（武乙，大字）均
見所謂'婦好'；在金文中也有此類銅器，《婦好卣》（《錄遺》
256）即其例。因為小屯五號墓未被盜掘，該卣決非出自此墓。可
見所謂'婦好'至少也不是一人。總之，此墓的發現，對於研究
婦（？）、子（？）、女（？）族的興衰史是很重要的資料。"① 即鄒
先生也認為商代有"異代同名"的社會現象，"婦好"之"好"
是族名。此器《錄遺》256 稱作"婦好正壺"，傳是日本東京程琦
氏舊藏，現著錄於《集成》9509・1・2（圖 4—1、圖 4—2）。第
二件是"婦好瓿"，是美國巴拉德氏所藏，現著錄於《集成》
6867（圖 4—3）。第三件是"婦好簋"，現藏於山東省博物館（圖
4—4），著錄於鍾柏生、陳昭容、黃銘崇、袁國華編《新收殷周
青銅器銘文暨器影彙編（一）》第 1503 號器。② 正如鄒衡先生所
說，小屯五號墓未曾被盜掘過，因此這三件有"婦好"銘的青銅
器絕非出自五號墓，它們有力地證明了殷代的"婦好"絕非衹有
一個人，而是在某些王世都會有的。

總之，張政烺先生利用卜辭和古籍材料證明了殷代有"異代
同名"的社會現象。"帚（婦）好"之"帚"指女官；"好"即
"子"，是氏名、族名或國名。"婦好"就是指子氏、或子族、或
子國累世相承的世婦，也即世官。卜辭中的"婦好"絕對不是指
一個人。張先生的論證非常令人信服。證明了李學勤所說"婦"

---

① 見《安陽殷墟五號墓座談紀要》，《考古》1977 年第 5 期。
② 鍾柏生、陳昭容、黃銘崇、袁國華編：《新收殷周青銅器銘文暨器影彙編
（一）》，藝文印書館 2006 年版。

是親屬稱謂，指妻子，是對其夫之母而言的兒媳婦；"好"是名，"婦好"衹是指一個人的名，是沒有根據的臆説，不可信。張先生對"婦好"一稱的精辟論證，動搖了李學勤"歷組"卜辭提前論的根基。

張先生在文末還就五號墓的年代提出了自己的意見，他説："殷墟五號墓有帚好銘文的銅器從形製花紋看有早有晚，銘文的字體也很不一致，這種演變不一定是一代人的時間所能形成的。那麽，這些帚好銅器的主人是否都是武丁時期的一個帚好呢？如果同意帚好是累世相承的世婦，也許問題就好回答了。"即李學勤説五號墓的銘文字體接近於"歷組"字體與事實不符。我們認為，關於五號墓的年代，當由該墓出土的青銅器及其他出土物的形製、特點、銘文及某些相關證據來確定。五號墓的年代與"婦好"稱謂的意義是兩個不同性質的問題，二者不能混為一談。

二　"異代同名"上古使然

關於卜辭中的異代同名問題，前引陳煒湛的《"歷組卜辭"的討論與甲骨文斷代研究》① 一文，以一則典故輕鬆帶出此一嚴肅的學術論爭：

在太原參加中國古文字研究會第四屆年會後，我陪同香港中文大學中國文化研究所的饒宗頤先生遊大同，在華嚴寺見展出秘笈有清雍正版金光明經，其序文為"慈覺大師饒宗頤"所作，不禁相視大笑，歎為巧合。饒先生亦喜極，且謂《宋史·藝文志》著錄釋宗頤《勸孝文》一篇。饒先生乃於翌晨得詩一首以紀此事，詩曰："失喜同名得二僧，秋風代馬事晨征，華嚴寺畔掛瓢去，前生應是寫經生。"幽默風趣已

---

① 陳煒湛：《"歷組卜辭"的討論與甲骨文斷代研究》，《出土文獻研究》，文物出版社 1985 年版。

極。同是"宗頤"，一為《宋史·藝文志》著錄之《勸孝文》的作者，一為清雍正時金光明經序文作者慈覺大師，還有一位則是古文字學界朋友都熟悉的饒宗頤教授，《殷代貞卜人物通考》的作者。倘若後人不明其間區別，將此三人混為一談，把饒先生視為宋釋或清僧，豈不謬誤之極？以今例古，則商代武丁時有婦好、望乘，並不排斥武乙文丁時亦有一個婦好、望乘也。

　　陳文接著説："把本來屬於武乙、文丁時代的卜辭算作歷組卜辭，移到武丁、祖庚時代，又把本來屬於康丁或帝乙、帝辛時代的卜辭移花接木地充作'真正的'武乙、文丁卜辭，這兩種説法都是難以令人信服的，都是值得商榷的。"

　　1980 年，蕭楠發表《論武乙、文丁卜辭》一文①。舉例證明"異代同名"的現象在卜辭中普遍存在。查在他們的"卜辭異代同名舉例表"中，列舉了⿱⿰⿱⿰、征、妥、般、𠙹、口六個人的異代同名情況："⿱⿰⿱⿰"在武丁（《甲》2956）、康丁（《摭續》1）、武乙（《屯南》935）、文丁（《屯南》340）卜辭中都存在。"征"在武丁（《續存》2·24·4、《甲》3510）、祖庚（《文》152）、康丁（《屯南》728）、武乙（《屯南》539）卜辭中都存在。"妥"在武丁（《乙》6273、《屯南》4514）、康丁（《粹》1275）卜辭中都存在。"般"在武丁（《續存》2·442、《佚》193）、祖庚（《續》6·21·10）、康丁（《鄴》3·44·4）、武乙（《後·下》24·1）、文丁（《屯南》340）卜辭中都存在。"𠙹"在武丁（《前》5·17·7、《鄴·二》下 38·7）、康丁（《掇》2·167）、武乙（《甲》3621、《粹》81）、帝乙、帝辛（《前》2·2·1）卜辭中都存在。"口"在武丁（《明》692）、廩辛（《粹》1444）、

_____

① 蕭楠：《論武乙、文丁卜辭》，《古文字研究》第三輯，中華書局 1980 年版。

康丁（《南·明》760、《佚》81）卜辭中都存在。作者説：卜辭中的"異代同名，説明此名不是私名；人名與地名一致，説明此人名可能是氏"。關於氏，他們引《左傳·隱公八年》有"胙之土而命之氏"的説法，"孔疏則認為：'諸侯之氏，則國名是也'。也就是説，諸侯之氏與其所封國之國名是一致的。即以國為氏"。又指出："鄭樵在《通志》中列舉了 32 種命氏的形式，其中包括'以國為氏'和'以邑為氏'兩種。即諸侯是'以國為氏'，大夫是'以邑為氏'，與孔穎達的説法基本一致。"作者指出："在卜辭中不少的方邦、侯國、地名與人名一致，説明商代也存在'以國為氏'、'以邑為氏'的情況。那麼，這些與方名、地名一致的人名，就不是私名，而是氏。"因此，"可以肯定卜辭中的異代同名實際上就是同氏。既是同氏，這些同名者祇能表明他們是出自同一個族氏，而不一定是同一個人"。下附蕭楠列的兩個表：

表4—1　　　　　　　　　　卜辭異代同名舉例表

時代＼人名	武丁	祖庚	祖甲	廩辛	康丁	武乙	文丁	乙、辛
𢀖	𢀖《甲》2956				犬𢀖《摭續》1	𢀖《屯南》935	亞𢀖《屯南》340	
征	犬征《續存》2·24·4 戌征《甲》3510	犬征《文》152			戌征《屯南》728	犬征《屯南》539		
妥	子妥《乙》6273《屯南》4514				小臣妥《粹》1275			

續表

時代＼人名	武丁	祖庚	祖甲	廩辛	康丁	武乙	文丁	乙、辛
般	般《續存》2・442 自般《佚》163	般《續》6・21・10			亞般《鄴》3・44・4	自般《後下》24・1	自般《屯南》340	
𢀛	𢀛《前》5・17・7 射𢀛《鄴二・下》38・7				𢀛《掇》2・167	𢀛《甲》3621 射𢀛《粹》𢀛81		𢀛《前》2・2・1
口	貞人口《明》692			貞人口《粹》1444	小臣口《南明》760 犬口《佚》81			

　　"要解決卜辭中普遍存在的這種現象，還必須聯繫到卜辭中另外一種普遍存在的現象，即人名、地名（或國名）一致的現象。下面也列表舉例說明。"

表 4—2　　　　　　　　卜辭異代人、地（或國）名同名舉例表

名稱/類別	人名	地名	方（國）名
戉	戉 犬戉 戍戉	戉受年《屯南》715 省戉《屯南》2578	

續表

名稱/類別	人名	地名	方（國）名
沚	沚畞 沚哦	在沚 《文》557 來于沚 《前》7·29·1	沚方 《屯南》4090
𡧿	𡧿 犬𡧿 亞𡧿	自𡧿 《甲》2123	
⑭	⑭		⑭方 《屯南》869
申	申 射申	申受年 《乙》6519 使人于申 《存》1·796	
∫	∫	在∫ 《遺》417 ∫不其受年 《丙》373	
𣏟	𣏟	𣏟受年《丙》332	

　　"上述兩種現象是密切相關的。異代同名，説明此名不是私名；人名與地名一致，説明此人名可能是氏。"

　　1984 年，蕭楠發表了《再論武乙、文丁卜辭》一文[①]。再言"卜辭中出現的絕大多數人名都不是私名而是'氏'，因為這些人名往往同時又是國名、地名、族名。這是古代以國為氏，以地為

---

① 蕭楠：《再論武乙、文丁卜辭》，《古文字研究》第九輯，中華書局 1984 年版。

氏的反映"。他們舉例説明了國名、地名、族名同時又是人名。舉國名為人名者："卜辭中不少的諸侯國名，如：🔲侯（《丙》298）、🔲侯（《存》下 463）、🔲侯（《明後》1683）、攸侯（《林》2·3·18）、犬侯（《續》5·2·2）、🔲侯（《乙》2000）、兴侯（《庫》1670）等，在卜辭中均可作為'人名'。又如🔲方（《屯南》869）、凵伯（《庫》1551）、🔲任（《天》87）等，也都可以作為'人名'。這些'人名'，實質上都是'氏'，是以國為氏的反映。"舉地名為人名者："卜辭中不少的地名同時又是人名，如𢀛、征、菁、羽、壴等等。這些人名亦是'氏'，是古代以地為氏的反映（此中有的亦可能是國名）。"舉人名為族名者："卜辭中有些人名，在另外的卜辭中可以確知為族名者，如黄（《誠》356 '貞：🔲亞以王族眔黄🔲?'）、疒（《續》6·14·6 '貞：乎王族眔疒?'）。黄、疒與'王族'並列，可知黄、疒是'族名'。"作者舉的上述例證説明，有商一代的國名、地名、族名同時又是人名，論證了商代有"異代同名"的社會現象。作者又進一步指明："卜辭中的婦名也不是私名，而是國名或族名。例如帚妌、帚周、帚鼠、帚妍等等，就是這些國家之女子嫁到殷王室為妻者。至於婦好，則是子國（或子姓）之女嫁給殷王室為妻者。"作者總結説："由於卜辭中的人名基本上都是'氏'，故在不同時期的卜辭裏會出現'相同'的人名。這是'異代同名'問題的由來，也是問題的實質。"

　　2011 年，劉一曼、曹定雲發表《三論武乙、文丁卜辭》一文[1]。再次論述了商代"異代同名"的問題，強調"甲骨文中出現的絶大多數人名不是私名，而是氏名，因為這些人名往往又是國名、地名、族名，這是古代以國為氏、以邑（封地）為氏的反映"。他們過去論述此問題，主要依據甲骨卜辭資料，"現在考慮

---

　　① 劉一曼、曹定雲：《三論武乙、文丁卜辭》，《考古學報》2011 年第 4 期。

到甲骨文中的不少人名，在商代後期（甚至西周早期）的銅器銘文中作為族名出現"，故再"從商代銅器銘文的族名這一角度"，對此問題做補充論證。因為"商代銅器銘文的族名相當多"，故作者"祇選取十幾個既見於銅器又見於甲骨文的較重要的名號"進行分析。

作者製作了《商代銅器銘文中常見族名表》，表中列有十四個族名，列出這些族名在殷墟文化分期中的期別、在卜辭中出現的組別。十四個族名是：戈（自組、午組、賓組）、𠦪（自組、賓組、歷組）、𠂤（賓組、出組、無名組、歷組、黃組）、𤅯（賓組、何組、無名組、歷組）、史（賓組、花東子卜辭）、夨（出組、歷組）、何（自組、賓組、花東子卜辭、出組、何組、歷組）、宁（花東子卜辭、無名組、何組）、犬（自組、賓組、何組、無名組、歷組、黃組）、中（賓組、出組、無名組）、光（自組、午組、賓組）、并（自組、賓組、出組、歷組）、犾（賓組、花東子卜辭）、屰（賓組、花東子卜辭、歷組）。作者説，以上"所舉的十四個族名，其中十三個均見於殷墟文化第二、三、四期的銅器上，祇有'中'銘，見於三、四期，但由於在賓組卜辭（武丁中晚期）有其名號，故我們認為，將來在殷墟二期的墓葬中可能會有此銘出土"。作者還選取經考古發掘出土的𤅯與犾銘銅器，考察器主𤅯與犾在不同時期的情況。他們説："𤅯銘銅器，見於郭家莊東南 95M26 與 06M5 二座墓葬，前者時代為二期晚段，後者為三期早段。"經對這兩個墓的隨葬品的研究，知"95M26 的墓主是位權力較大的指揮官，而 06M5 墓主則屬於中下級武官"。"犾銘銅器出於殷墟西區族墓地第八墓區的 M271 與 M1125"，前者時代屬殷墟三期，後者時代屬殷墟四期，兩墓的墓主為小貴族，低級武官。作者説："以上的例子表明，這兩組具有同一名號的墓主，生前均出自同一族氏。這反映出殷代的職官具有世襲性，即一些強宗大族的族長或重要人物世代為官。"他們舉的這些考古實例，證明張政烺先生論證商代有世官制，族名也是世官，是完全正確的。作者説："殷代銅器銘文中屢見異代同名現象，給我們以啟示，即甲骨文中的'同名'，也應當如此解釋，特別是一些時代相隔較遠的卜辭組如賓組、出組與歷組，賓組與無名組，賓組、出組、何組與黃組中的同名者，應是出於同一個氏族中不同時代的人。"此說非常正確。作者又重引在《再論武乙、文丁卜辭》文中的一段話，來説明為何一期、四期（賓組與"歷組"）"同名"現象較其他各期多："這與卜辭内容有一定的聯係：一、四期卜辭内容多、涉及面廣，故'人名'也多，'同名'現象自然就多；而二期以祭祀（特別是周祭）、卜旬、卜王為主，三期以田獵卜辭為主，五期以祭祀、田獵、卜旬為主，另有一些征人方的材料，涉及的'人名'相對少一些，故同名現象相對也少一些。"這個分析非常有道理。作者又進一步指出："我們不能以同名現象在各期（或各組）出現多寡的不同而對異代同名產生懷疑或否定。因為，如同表三（按：'商代銅器銘文中常見族名表'）所示，一些重要的族氏，從武丁（甚至更早）直至帝乙、帝辛時期，一直活躍在商王朝的政治舞臺上，這昭示出在殷代各個時期，異代同名的確是一個非常普遍的現象。"總之，蕭楠、劉一曼、曹定雲等人列舉出大量甲骨卜辭和銅器銘文，論證殷代有"異代同名"的社會現象。商人以氏為名、以國為名、以地為名、以族為名。證據確鑿。

1980年，張永山、羅琨發表《論歷組卜辭的年代》一文①，對商代有"異代同名"的現象也做了論述。他們指出："在甲骨文中相同名號的出現不是個別現象。"首先，"僅就所見貞人為例：如庚甲的大、行、喜、洋、昊；廪康時的何、宁、𠨘、彭；武文時的歷；乙辛時的黃、泳等，他們的名號都見於武丁卜辭，祇不過絕大多數在武丁時不是貞人而已"。其次，在"不同時期的卜辭

---

① 張永山、羅琨：《論歷組卜辭的年代》，《古文字研究》第三輯，中華書局1980年版。

中，不僅有了名號相同，身份相近的人，還有與這些人名相同的地名"。作者列出了在"歷組"卜辭和武丁卜辭中，人名與地名相同的辭例表：

表4—3　　"歷組"卜辭和武丁卜辭人名與地名相同的辭例表

"歷組"卜辭	武丁卜辭
犬征以羌用于大甲　《續存》下七五五	犬征來羌用于囗甲　《合集》二四〇
令犬征田享　《續存》上一八五三	令犬征族望田于虞　《京人》二八一
方來即事于犬征　《京》四三九七	
阜以眾自伐旨方受佑　《粹》一一二四	勿令阜氏眾伐舌　《粹》一〇八二
王令阜田　《安明》二七七一（原書誤為二六七一）	［令］阜望田于京　《契》四一七
今日步阜　《安明》二三四六	其自阜屮來艱　《佚》三八九
令朵省啇　《粹》九一五	令朵省才南啇　《前》五·六·二
王叀朵令回我　《粹》一二九七	令朵田我于屮臽　《簠人》五五
	狽往于朵　《合集》八一一一
射自以羌　《甲》五五五	用射自氏羌自上甲　《契》二三五
	使人于自　《戬》二六·九
望乘以羌　《摭續》三四	用望乘來羌　《契》五九六
王叀望乘從　《鄴三下》三八·一	叀王從望乘　《珠》一八五
	雀其伐望　《南誠》三二

　　作者說："這裏，在于、自、步、伐等詞後面的犬征、阜、朵、自、望是地名，而作為以羌（氏羌）、望田（或田）、省啇等行為主語的是人名，他們在不同時代的卜辭中有大體相同的事類，說明他們世代對商王朝承擔同樣的義務。"如關於"阜"："歷組"中的"王令阜田"（《安明》2771，原書誤為2671）的阜是人名，而同屬"歷組"的"今日步阜"（《安明》2346）的阜就是地名；武丁卜辭的"勿令阜氏眾伐舌"（《粹》1082）的阜是人名，而"其自阜屮來艱"（《佚》389）的阜是地名。又如武丁卜辭的"用

射𡗗氏羌自上甲"（《契》235）的𡗗是人名，而同屬武丁卜辭的
"使人于𡗗"（《戬》26・9）的𡗗就是地名。作者又列舉卜辭中有
的人名也是族名，如"犬征亡𡆸"（《粹》934），這個犬征應是指
具體的個人；而武丁卜辭的"令犬征族望田于虞"（《京人》281）
的犬征，則是指族名。作者最後指出："卜辭中的一些人名既然是
族名，就不能把同一名號都看成是一個人，而把人名作為重要的
分期標準，勢必會導致卜辭分期的混亂。"這是十分正確的意見。
陳夢家當年就沒有將董作賓的十項斷代標準中的第六項"人物"，
單列為斷代標準，實屬高見。

　　1986 年，林小安發表了《武乙、文丁卜辭補證》一文①，其
中有"異代同名補證"一節，作者從殷周金文方面對"異代同
名"現象做了進一步地補證。他說："殷周青銅彝器銘文中，有不
少與殷墟卜辭相同的名號，如：殼、弜、喜、子韋、㲋、各、戉、
戈、𡩋、𠂤、畢、籄、𡨦、子弓、𡗗、𡧊、中、𧧄、子畫、受等
（按：這裏省略名號出處）。以上這些名號均見於武丁卜辭。這些
名號大多署在全篇銘辭之末，有的彝器則僅見此類署名，不見其
它銘辭。"作者詳細論證說："這些名號不是私名而是族名、氏
名。"如對武丁、祖庚和歷組卜辭中都有的𠂤名號，作者列出 15
件青銅器銘文（按：著錄號略）中也有𠂤名號，指出"其中除
《錄遺》547、《三代》12・38・3、《三代》11・32・7 為單銘外，
其餘全都與'𠂤'字同署於銘末"。作者指出上述諸器（按：著
錄號略）中有"父乙""父丙""父丁"稱謂，"這些父名各異的
銘'𠂤'諸器顯非一人所作之器，'𠂤'也絕非私名"。同時"上
列諸器'𠂤'字的不同寫法，也正體現了不同時期不同人的不同
風格"。作者又詳舉了銅器銘文中的雀、𡗗、戉、籄、中等名號，
得出結論說："殷遺彝銘告訴我們，大多數殷代銅器衹記族氏名，

---

　　①　林小安：《武乙、文丁卜辭補證》，《古文字研究》第十三輯，中華書局 1986
年版。

不記私名。在武丁卜辭和'歷組卜辭'中最常見的雀、𦥑、𨽵、
戉、箙、中等，在殷遺彝銘中，確鑿無疑是作族氏之名出現的。"
總之，殷代不同時期的青銅器銘中，出現的諸多與卜辭相同的名
號，證明殷代確有"異代同名"的社會現象。

上面簡要介紹張政烺、蕭楠、劉一曼、曹定雲、張永山、羅
琨、林小安諸先生利用甲骨卜辭、殷周金文、先秦古文獻，詳細
論證了殷代有"異代同名"的社會現象。匯集他們列出的殷代各
個時期的同"名"者（很有可能統計不全）有：𦥑、雀、𡼪、𨽵、
竝、望乘、自般、犬𧗲、子𠶷、子𡗝、子豪、子漁、子效、箙旋、
永、龏、口、大、黃、妥、戈、糞、旟、史、夨、何、宁、犬、
中、光、并、狀、羊、行、喜、洋、卬、彭、歷、泳、殼、弜、
亯、子韋、各、戈、𩏑、甲、箙、囧、𤔔、中、亼、受，共達 54 個
之多，這還不包括帚好、帚妌等。他們詳細論證了商人有以氏為
名、以國為名，以地為名、以族為名的社會風俗，確鑿無疑地證
明了殷代有"異代同名"的社會現象。這就拔除了李學勤等人利
用"歷組"卜辭與賓組卜辭都有"婦好"及其他相同"人"名，
來證明"歷組"卜辭屬於早期的根基。

這裏有必要再提一下裘錫圭對"異代同名"現象的看法。
1977 年裘先生說："甲骨卜辭裏所見的人名，絕大多數就是這個
人的族氏，例如周族的人就叫'周'，父、子、孫都叫'周'。因
此，在相隔一二百年甚至更久的卜辭裏，可以看到很多相同的人
名。這個問題張政烺先生在《中國古代的十進制氏族組織》已經
講得很清楚了（見《歷史教學》二卷三、四、六期）。婦的名字
也同樣是族氏，例如周族的婦就稱婦周（《乙》8854、《鄴初下》
46·15 等）。祇是婦名常常加上'女'旁，如井族的婦井在卜辭
裏就常常寫作婦妌。卜辭的婦好，丁山認為是與商王同姓的子姓
女子（《甲骨文所見氏族及其制度》第 56 頁）李學勤同志認為是
保族女子（《文史哲》1957 年 11 期第 34 頁。"保"古作"仔"，

改“人”為“女”，即成“好”字）。我傾向李説。不管怎樣，婦好的‘好’總應該是一個族的氏姓而不是私名。衹要是這個族嫁給殷王的婦都可稱婦好。因此，不但第一期有婦好，其他期也可以有婦好。”① 但到 1981 年，裘先生在《論“歷組卜辭”的時代》一文中，對商代“異代同名”現象卻有了新的解釋。他在該文中列出李學勤已提出過的和他自己新補充的，“既見於賓組、出組卜辭又見於歷組卜辭的人名”，總共有五十個之多（按：對他提出的人名，無暇一一核對）。他説：“主張歷組卜辭屬於武乙、文丁時代的甲骨學者，都用‘異代同名’説來解釋上述現象。他們指出甲骨卜辭中的人名往往同時又是地名、國族名，這些人名實際上是族氏而不是私名，所以相隔很遠的兩個時期可以有不少同樣的人名。這種説法雖然就甲骨卜辭的一般情況來看，大體上符合事實，但是卻不能用來解釋賓組出組卜辭和歷組卜辭之間的同名現象。”這就改變了他 1977 年所説人名是族氏，“在相隔一二百年甚至更久的卜辭裏，可以看到很多相同的人名”的説法。他的理由是：“歷組卜辭中所見的與賓組出組卜辭相同的人名，數量遠遠超過其他各個時期或其他各組卜辭；而且歷組卜辭中所見的這些人的情況，也與賓組出組卜辭中的同名者非常相似。”即他的理由有二：一是“歷組”卜辭中所見的與賓組出組卜辭相同的人名數量較多；二是“歷組卜辭中所見的這些人的情況，也與賓組出組卜辭中的同名者非常相似”。這就表明，他對“異代同名”問題採取了雙重標準，即異代同名不適用於賓組、出組、“歷組”卜辭。由此可以看出，為了使“歷組”卜辭的時代能夠提前，李學勤改變了“婦好”之“好”是指“保”族女子的説法，變為是指一個人的名；裘錫圭改變了“不管怎樣，婦好的‘好’總應該是一個族的氏姓而不是私名。衹要是這個族嫁給殷王的婦都可稱婦好。

① 見《安陽殷墟五號墓座談紀要》，《考古》1977 年第 5 期。

因此，不但第一期有婦好，其他期也可以有婦好"的説法。不過，綜觀裘先生提出的上述兩個"理由"，並沒有動搖商代有"異代同名"社會現象的實質。對他的兩個"理由"，蕭楠在《再論武乙、文丁卜辭》一文中①，已給出了很好的解答。對第一個"理由"，蕭楠説："卜辭中的'異代同名'，各期都有。不過，一、四期之間的'同名'現象比其他各期'同名'現象要多一些，此中的原因自可討論。我們覺得，這與卜辭內容有一定的聯繫：一、四期卜辭內容多、涉及面廣，故'人名'也多，'同名'現象自然就多；而二期以祭祀（特別是周祭）、卜旬、卜王為主，三期以田獵卜辭為主，五期以祭祀、田獵、卜旬辭為主，另有一些征人方的材料，涉及的'人名'相對少一些，故'同名'現象相對也少一些。"關於第二個"理由"，裘先生舉出婦好、婦姘、沚戜、望乘、𠨞、屰、師般、射𤔲（有的也見於出組），説他們都是"歷組"卜辭與賓組卜辭中出現的相同人名，説："賓組出組卜辭和歷組卜辭裏所見的、與這些同名者有關的事項，也往往是相類或相同的。"對此，蕭楠予以辯駁説："一、四期'同名'現象雖多，但這些'相同'的人名仍然是可以區別的。"他們舉例論證婦好與婦姘，沚戜、沚哎、臯、望乘的情況給予説明。關於婦好與婦姘。他們説：武丁卜辭和武乙、文丁卜辭中的婦好、婦姘，情況是不相同的。如婦好："武丁卜辭中，有關婦好的卜辭近 200 條，其主要內容有征伐羌方、土方、巴方和夷的戰爭，並在戰爭中統帥諸如沚戜等人，她徵集過軍隊，主持過祭祀，還有一些是武丁為她生育、疾病而占卜的卜辭。從這些情況看，武丁卜辭中的帚好是地位十分顯赫、權力非同一般、受到特殊寵幸的人物。"而"武乙、文丁卜辭中的帚好則不同：卜辭數量少（祇有幾條），內容簡單，多是卜帚好有無囝。此時之帚好沒有擔任什麼要職，地

_____

① 蕭楠：《再論武乙、文丁卜辭》，《古文字研究》第九輯，中華書局 1984 年版。

位亦不高。可見，此帚好與武丁卜辭中的帚好不是同一個人。"
"帚妌的情況同帚好相類，武丁卜辭中有關帚妌的材料達 100 多
條。此時之帚妌曾參與過對龍方的戰爭，也曾主持過祭祀，也有
不少關於她生育的卜辭，其地位僅次於婦好。而武、文卜辭中的
帚妌（帚井），其卜辭材料少，雖然也有關於征伐的内容，但其地
位遠不能與武丁時的帚妌相比。故此兩類卜辭中的'帚妌'亦非
同一個人。"關於沚䵼、沚㦷，蕭楠説："沚䵼，這是賓組卜辭常
見的人名；另有沚㦷，主要見於武乙、文丁卜辭。""沚䵼、沚㦷、
沚戈都不是私名，而可能是同一氏族下三個不同的分支家族。"
"武丁卜辭中的沚䵼同武、文卜辭中的沚㦷雖然都是武將，但他們
的主要事情並不相同"，"武丁卜辭中的沚䵼主要參與對巴方、土
方和舌方的戰爭，有關這方面的卜辭達 200 多條（出組未見沚
䵼）；而武乙、文丁卜辭中的沚㦷主要是參與對召方的戰爭。在有
關主要的戰事上，兩類卜辭是不同的。可見，沚䵼、沚㦷不是同
一個人"。我們認為，沚䵼與沚㦷的"䵼"與"㦷"的寫法不同，
已反映出這是屬於兩個不同時代的人。關於臿（圅），蕭楠説，武
丁卜辭和武乙、文丁卜辭中的臿有點"相似"之處，但"在一些
關鍵事類上，兩類卜辭並不相同"。如"賓組之臿，作戰的主要對
象是舌方，其次是羌；而武、文卜辭之臿，作戰的主要對象是召
方，其次是方"。關於望乘，蕭楠説："賓組之'望乘'同武、文
卜辭之'望乘'也是有區別的：賓組有關'望乘'的卜辭約 100
多條，其中絶大多數是征伐下危的卜辭，其次是虎方；武、文卜
辭的'望乘'祇有十多條，祇有一條關於危方的卜辭。"蕭楠總
結説："上述所列一、四期同名例證向人們表明：這些相同的人名
實質上都是不同的人。因此，這些'相同'的人名，不能成為賓
組卜辭同歷組卜辭同時代的根據。"蕭楠的論證也證明了裘錫圭所
説"歷組卜辭中所見的這些人的情況，也與賓組出組卜辭中的同
名者非常相似"一説，是不能成立的。

第三節 "歷組" 卜辭之稱謂

一 單獨的稱謂不可作斷代標準

"稱謂",對於甲骨斷代有著重要的意義。在董作賓的斷代十項標準中,"稱謂" 排在第二項;在陳夢家的斷代三大標準中,"稱謂" 排在第一大標準中。李學勤在《論 "婦好墓" 的年代及有關問題》《小屯南地甲骨與甲骨分期》 兩文中,論證 "歷組" 卜辭的時代應該提前,亦是利用稱謂作為重要的斷代依據的。

李氏在《論 "婦好墓" 的年代及有關問題》 一文中,舉出的兩條稱 "母" 的 "歷組" 卜辭的證據不能成立 (見第三章第一節)。他在《論 "婦好墓" 的年代及有關問題》 和《小屯南地甲骨與甲骨分期》 兩文中,列出的有稱謂的六條卜辭證據 (李列出的是八條,但有兩條各自重復,故實為六條)。這六條卜辭是:

(1) ······大乙、大丁、大甲、祖乙、小乙、父丁。

《綴合》15 (《合集》32439) (圖 4—5)

(2) 甲午貞:乙未酚,高祖亥······大乙羌五牛三,祖乙羌······小乙羌三牛二,父丁羌五牛三,亡蚩。 絲〔用〕。

《南·明》① 477② (圖 4—6)

(3) ······乙丑,在八月酚,大乙牛三,祖乙牛三,小乙牛三,父丁牛三③。 《屯南》④ 777 (圖 4—7)

---

① 李學勤對《戰後南北所見甲骨錄》 一書的簡稱作《南北》,下接甲骨藏單位簡稱,如該片李作 "《南北》明" 477。我們則改用通用簡稱,作《南·明》477。

② 《合集》32087。

③ 李氏釋文在 "乙丑" 之前加一 "用" 字,查《屯南》777 片無此字。

④ 對《小屯南地甲骨》 一書的簡稱,李學勤作《南地》,本書一律改成通用的《屯南》。

（4）庚午貞：王其🔲告自祖乙、后（毓）祖乙、父丁。

　于大乙告①。　　　　　　　　《屯南》2366（圖 4—8）

（5）自祖乙告祖丁、小乙、父丁。

　　　　　　　　　　　　　　《屯南》4015（圖 4—9）

（6）🔲丑貞：王令🔲尹🔲取祖乙，鱼伐，告于父丁、小

乙、祖丁、羌甲、祖辛。②　　　《屯南》2342（圖 4—10）

　　這六條都是"歷組"合祭卜辭，卜問同時祭祀多位祖先。前五條是按祖先世系由遠世到近世排列的，可説是順祀；最後一條是按祖先世系由近世到遠世排列的，可説是逆祀。李學勤先在《論"婦好"墓的年代及有關問題》文中，舉出第（1）、（2）兩條，説："這兩片'父丁'排在小乙之後，顯然是武丁。如把'父丁'理解為康丁，那麼在祀典中竟略去了稱為高宗的武丁及祖甲兩位名王，那就很難想像了。"後在《小屯南地甲骨與甲骨分期》文中，又舉出第（3）、（4）、（5）、（6）四條。他説上述六條"歷組"卜辭中，接在"小乙"〔第（4）條稱"后祖乙"〕之後的"父丁"是指"武丁"，以此來證明"歷組"卜辭屬於祖庚時期。這裏，首先必須指出，在上述六條"歷組"卜辭中，李氏對第（3）、（4）、（6）三版卜辭的釋讀都違背原刻：他在第（3）條的"乙丑"之前多加了個"用"字；將第（4）版的兩辭合讀成一條辭；特別是對第（6）辭的釋讀錯誤更多，他將"王令🔲尹"讀成"王祝伊尹"，將"🔲取祖乙，鱼伐"釋成"取白鱼伐"，即將"祖乙"讀成"白"。《屯南》作者指出："🔲尹：🔲字不識，當為國族名，🔲尹為🔲族之尹"，正確。"🔲"字絕不是

───────────

　　① 查《屯南》2366 片，"于大乙告"是獨立的一辭，李氏將其列在上一辭的"父丁"之後，看成一辭，錯。

　　② 對該辭，李氏釋作"🔲丑貞：王祝伊尹，取白鱼伐，告于父丁、小乙、祖丁、羌甲、祖辛"。

"伊"字，李氏將其"誤"釋成"伊尹"，不確。

　　在討論上述六條有商王世系、稱謂的卜辭之前，有必要重提一下陳夢家曾告誡的，單獨利用稱謂斷代是有局限性的。前文曾引陳說："1928 年明義士將其未收於《殷虛卜辭》的甲骨一千餘版拓成墨本，名為《殷虛卜辭後編》（未印）。其未完成的叙言，曾將 1924 年冬小屯村中一坑所出三百餘片加以分類，企圖以稱謂與字體決定甲骨年代。此坑所出我定為康丁、武乙、文丁三王卜辭，而明氏誤認'父丁'為武丁（其實是武乙稱康丁），'父乙'為小乙（其實是文丁稱武乙），因此他的斷代不免全錯了。"[1] 陳先生這裏指的明義士的這部分卜辭，就是李學勤現在所説的"歷組"卜辭。李氏對"歷組"卜辭的斷代與明義士一樣，也是根據單獨的稱謂，即認為這些卜辭中的"父丁"是祖庚稱武丁，"父乙"是武丁稱小乙，以此證明"歷組"卜辭的時代應該在武丁至祖庚時期。陳夢家在強調卜人在斷代中的重要性時，曾進一步告誡："占卜者之所以重要，因為僅僅依靠稱謂斷代，其材料究屬有限。並且，單獨的稱謂不足以為斷代的標準，如'父乙'可以是武丁稱小乙，也可以是文丁稱武乙。"（第 137 頁）李氏定的"歷組"卜辭祇有一個卜人"歷"，缺乏同一個卜人在卜辭中有若干個親屬稱謂的記録，如象出組卜人行，在同一版中有兄己、兄庚、父丁三個親屬稱謂（《後·上》19·14），則"行"必定是祖甲時人，該版卜辭必定是祖甲卜辭。而在李氏所列的上述六條"歷組"卜辭中，都是祇有一個單獨的"父丁"親屬稱謂，因此，這個單獨的親屬稱謂就不足以為斷代的標準。這種有單獨的"父丁"、還有"父乙"親屬稱謂的卜辭，董作賓、陳夢家通過各種論證，認定"父丁"是武乙稱康丁，"父乙"是文丁稱武乙，與明義士的認定不同。現在李學勤重拾明義士的意見，提出"歷組"卜辭的

----

[1]　陳夢家：《殷虛卜辭綜述》，科學出版社 1956 年版，第 135—136 頁。

時代問題，實際上是舊説重提。

　　單憑上述六條有“父丁”稱謂的“歷組”卜辭，真的就能够確鑿無疑地證明它們是早期的祖庚卜辭嗎？我們認為未必。這六條“歷組”卜辭都是合祭卜辭，前五條合祭的最後兩位祖先都是“小乙、父丁”相接〔第（4）辭的“后（毓）祖乙”即小乙①〕，最後一辭合祭祖先最前面的兩位是“父丁、小乙”相接。李學勤將這些卜辭中的小乙和父丁都看成是世次緊相連接的父子關係，言如果不把“父丁”看作武丁就不符合“卜辭慣例”，就“很難想象”，而且是“不可能的”。李氏的這些説法表明，他不明瞭各代商王在祭祀祖先時是存在著制度上的差異的。董作賓早已指出：“每一時代的祭法和所祭的祖先神祇都有不同。”② 就以盛行於祖甲、帝乙、帝辛時期的“周祭”為例，雖然各王周祭男性祖先都是始自上甲，無論直系、旁系甚至未及即位的大丁、祖己都被祭祀，周祭女性祖先都是祇祭直系先公先王的配偶，始自示壬之配，但是在終止何王、何姙上各王卻有不同。如祖甲時，周祭最後一位先王是祖庚，是祭到兄輩，祭祀先姙到小乙之配姙庚，是祭到祖輩，對母輩武丁之配不予祭祀。帝乙時，周祭先王到曾祖父康丁，對祖輩武乙，父輩文丁都不予祭祀，對康丁之兄廪辛也不予祭祀；對先姙是祭到康丁之配姙辛，也是祭到曾祖輩；對祖父武乙、父輩文丁的配偶都不予祭祀③。帝辛時，周祭先王是到上四輩的高祖康丁，對曾祖父武乙、祖父文丁、父輩帝乙都不予祭祀，對康丁之兄廪辛也不予祭祀；对先姙也是祭到四輩高祖康丁之配

---

　　① “后（毓）祖乙”是小乙，前人已有論證。見郭沫若《卜辭通纂》，第 40、41、42、43、44 片考釋，科學出版社 1982 年版。又見陳夢家《殷虛卜辭綜述》，科學出版社 1956 年版，第 418 頁。

　　② 董作賓：《甲骨文斷代研究例》，中央研究院歷史語言研究所集刊外編第一種《慶祝蔡元培先生六十五歲論文集》上册，1933 年。

　　③ 武乙之配見於卜辭和銅器銘文。見常玉芝《祊祭卜辭時代的再辨析》，《甲骨文與殷商史》第二輯，上海古籍出版社 1986 年版。又見常玉芝《商代周祭制度》增訂本，附錄二，綫裝書局 2009 年版。文丁、帝乙之配卜辭、銘文中均未見。

妣辛，對曾祖父武乙、祖父文丁、父輩帝乙之配都不予祭祀。這
些説明，即使是以相同的祀典（周祭）祭祀祖先，各代商王的祭
祀規則也是不相同的。

　　那麼，"歷組"卜辭時代祭祀祖先有什麼特徵和規則呢？檢查
《甲骨文合集》中的第四期卜辭也即"歷組"卜辭，可知其祭祀
祖先有三個特點：最大的特點是盛行合祭，合祭的辭例形式有兩
種：一種是直接列出參與合祭的各位祖先的廟號；另一種是祇列
出打頭的祖先的廟號，其他則以"多少示"來表示，其中尤以
"自（有時省'自'字）上甲多少示"占多數。第二個特點是單
獨祭祀某位祖先的次數不多，尤其是對旁系先王祭祀的次數更少
（羌甲除外）。第三個特點是祭祀祖先一般都是直呼其廟號，加親
屬稱謂的很少，主要是加"父"這個親屬稱謂。

　　李學勤列舉的上述六條辭都是"歷組"合祭卜辭。其中第
（1）辭《綴合》15（即《合集》32439），是殷墟第二次發掘時在
村中（第三區）出土的一塊刻於牛胛骨上的卜辭[①]。董作賓曾對
該辭作過解讀，他説：該辭"先王的次序，是由大甲起，隔去大
庚、大戊、中丁三世而至祖乙，又隔了祖辛、祖丁兩世而至小丁
（引者按：'小丁'是'小乙'之誤），再隔了武丁、祖甲而至康
丁（父丁），這父丁是康丁，卜辭屬於武乙"。即董先生説此辭的
"父丁"是指康丁，卜辭為武乙時的。董先生所説被祭先王不全，
因為在"大甲"之前還有大乙、大丁兩王被祭祀，即該辭是卜問
對大乙、大丁、大甲、祖乙、小乙、父丁六位直系祖先的祭祀
（在"大乙"之前還有殘掉的字）。大乙、大丁、大甲是直系相連
的父子關係；在大甲之後被祭祀的是祖乙，正如董先生所説，中

---

　　① 殷墟第二次發掘的坑位區是三區、四區。三區在小屯村中，出土甲骨屬於三
期、四期，即康丁、武乙、文丁卜辭。四區在小屯村北，出土甲骨屬於一期、二期、三
期、五期，以第三期廩辛、康丁卜辭為最多。見董作賓《甲骨文斷代研究例》，中央研
究院歷史語言研究所集刊外編第一種《慶祝蔡元培先生六十五歲論文集》上冊，
1933 年。

間尚有大庚、大戊、中丁三位直系先王未被祭祀；在祖乙之後被祭祀的是小乙，中間尚有祖辛、祖丁二位直系先王未被祭祀。這種情況説明在“歷組”卜辭的時代，合祭祖先是有選擇的，不但對旁系先王不予合祭，就是對直系先王也是進行選祭的。在這種情況下，李學勤根據什麼就確定在小乙之後的“父丁”，一定就是與小乙直系相連的小乙之子武丁呢？再者，由後文論及的李氏提出殷墟甲骨發展的“兩系説”，他從董作賓以出土地點定卜辭時代，那麼該版出土於村中的“歷組”卜辭，應該從董先生之説是第四期武乙卜辭繞對，而他卻認“父丁”是武丁，該版是祖庚卜辭，這就與他的“兩系説”相矛盾了。正如董作賓對該版卜辭的分析：“如果説父丁是武丁，便可在祖甲之世了。但村中無第三期以上的卜辭，而祖甲時又必有貞人，今此版出土村中，亦可見非祖甲的物。故以下的父丁即康丁”（按：將董氏的“祖甲”換成“祖庚”也可），即該版是武乙卜辭。第（2）辭《南·明》477（即《合集》32087），該辭多處有殘字，抛開殘掉的王名不算，僅就中間沒有殘字的大乙和祖乙兩王來看，中間略去不被祭祀的直系先王就更多了，計有大丁、大甲、大庚、大戊、中丁五位直系先王；與第（1）辭一樣，該辭在祖乙與小乙之間略去了祖辛、祖丁二位直系先王未予祭祀。這也證明了該辭後面的小乙與父丁不一定就是父子相連的直系關係。第（3）辭《屯南》777，前有殘字，合祭的祖先依次是大乙、祖乙、小乙、父丁，與第（2）辭一樣，在大乙與祖乙之間也是略去了大丁、大甲、大庚、大戊、中丁五位直系先王未祭；又與第（1）辭一樣，在祖乙與小乙之間略去了祖辛、祖丁二位直系先王未予祭祀。同樣，該辭也可證明後面的小乙與父丁不一定就是父子相連的直系關係。再者，該辭是於乙丑日卜問的，祭祀的先王除父丁外，都是乙名王，説明是注重對乙名王的祭祀，附带祭祀父王父丁。第（4）辭《屯南》

2366，是卜問祭祀祖乙、后（毓）祖乙、父丁的①，該辭問"告
自祖乙"，是說告祭自祖乙開始，接下來祭的是"后（毓）祖乙"
即小乙，兩王之間的祖辛、祖丁未予祭祀，這與第（1）、（2）、
（3）辭是一樣的。同樣，該辭也可證明後面的小乙與父丁不一定
就是父子相連的直系關係。第（5）辭《屯南》4015，祭祀的先
王也是"自祖乙告"，下接的祖先依次是祖丁、小乙、父丁，在祖
乙與祖丁之間的祖辛未被祭祀。由此看來，我們上面推測第（4）
辭的"告自祖乙"不包括祖辛、祖丁是正確的。同樣，該辭也可
證明後面的小乙與父丁不一定就是父子相連的直系關係。第（6）
辭《屯南》2342，是被李學勤多次列為"更能說明問題"的一個
例證，他將該辭的先王逆祀排序父丁、小乙、祖丁、羌甲、祖辛，
與出組卜辭"己丑卜，大貞：于五示告：丁、祖乙、祖丁、羌甲、
祖辛"（《粹編》250）相比較，確證"歷組"的"父丁"就是指
的武丁。並說出組的"祖乙和丁，就是《南地》2342〔引者按：
即第（6）辭〕的小乙和父丁"，還說："有卜人大的出組卜辭是
祖庚、祖甲時期的，丁即父丁顯然是武丁。若以《南地》一辭父
丁理解為康丁，則與《粹編》250 的時代相背，況且祭羌甲（旁
系先王沃甲）而不祭武丁，更是不合情理的事。"可惜，這也祇是
推測。前面已用同是"歷組"的五條卜辭證明"小乙"之後的
"父丁"不一定就是指武丁，因此第（6）辭《屯南》2342 中小
乙之前的父丁也不能肯定就是指武丁。因此出組《粹編》250 卜
辭也就不足為據。以上，由李學勤所舉的六條卜辭看，在"歷組"
卜辭的時代，商王祭祀自己的祖先時，所祭先王的世次並不都是
前後緊密相接的，而是在兩王之間大都存在著不被祭祀的直系先
王，這就是選祭。選祭是選擇那些在商人歷史發展中有過重大貢
獻的直系祖先進行祭祀，同時也將與自己關係最為密切的父王與

---

①　李學勤將《屯南》2366 片的"于大乙告"列在"父丁"之後，讀成一辭，錯。

這些重要祖先進行合祭。在上述李學勤舉的六條“歷組”合祭卜辭中，出現次數最多的是大乙、祖乙、小乙、父丁，這説明，“歷組”卜辭的時王最尊崇的先王是大乙、祖乙、小乙三位乙名王和父丁。由於大乙與祖乙相距六世，祖乙與小乙相距三世，即三王都不是世系緊相連接的直系祖先，所以小乙與父丁是否為世系緊相連接的父子關係就是個需要探討的問題。

　　劉一曼、曹定雲在《三論武乙、文丁卜辭》① 中，舉出兩版“歷組”卜辭證明在小乙之後父丁之前還有“三祖”。

　　　第一版：
　　　甲辰貞：歲于小乙②。
　　　弜又。
　　　二牢。二
　　　三牢。二
　　　弜至于三祖。二
　　　　　　　　　　《合集》32617（《綴合》336）（圖 4—11）

　　作者説：“在該片祭祀中，‘三祖’明顯排在‘小乙’之後。”

　　　第二版：
　　　弜至三祖。
　　　丙子貞：父丁彡。
　　　不遘雨。　《合集》32690（《明後》B2526）（圖 4—12）

　　作者説：“在此片祭祀中，‘父丁’明顯排在‘三祖’之後。”
　　作者説：“以‘三祖’作為接合部（連結點），將兩版卜辭的

---

① 劉一曼、曹定雲：《三論武乙、文丁卜辭》，《考古學報》2011 年第 4 期。
② 查原片“歲”字之前無殘字，可不必劃“□”。

內容繫聯如下：

> 甲辰貞：歲于小乙。
> 弜又。
> 二牢。二
> 三牢。二
> 弜至于三祖。二
> 弜至三祖。
> 丙子貞：父丁彡。
> 不遘雨。"

　　作者説："上述兩版卜辭繫聯之後，大家可以看到，在小乙至父丁之間的祭祀過程中，明顯存在著'三祖'；致祭'三祖'的時間是在'小乙'之後，但卻在'父丁'之前。此中的致祭次序是小乙→三祖→父丁，這是小乙與父丁之間存有'三祖'先王的確證。歷組提前論學者所徵引的小乙、父丁卜辭，中間確實是略去了'三祖'。該祭祀過程清楚地證明，此中的'父丁'就是康丁。"我們認為這兩版卜辭確實證明了在李學勤上舉的六版"歷組"合祭卜辭中，在小乙與父丁之間至少有"三祖"未被祭祀，這與我們分析上述六版"歷組"卜辭在小乙之前都有未被祭祀的祖先是一致的。這就是説，上述六版"歷組"卜辭所祭先王的世次，除了第（1）版的大乙、大丁、大甲，第（5）、（6）版的祖丁、小乙外，其他先王的世次都不是緊密相連的，都是有間隔數位先王的選祭。對於《三論》所舉卜辭中的"三祖"是誰，陳夢家早就有所指出，他説："三祖當是武乙稱祖己、祖庚、祖甲。"①

---

① 　陳夢家：《殷虛卜辭綜述》，科學出版社 1956 年版，第 494 頁。

屈万里也如此認為。① 因此，上述有"三祖"的"歷組"卜辭是武乙卜辭，"三祖"是武乙對其祖父祖己、祖庚、祖甲的稱呼。《三論》作者為了加强武乙卜辭中"三祖"之所指，還舉出在康丁卜辭中有"三父"之稱與之對應，即《京人》1817 的"凡于☑三父又"，作者説："上述康丁卜辭中的'三父'當指父己、父庚、父甲，亦即孝己、祖庚、祖甲。此'三父'之稱與武乙卜辭中的'三祖'之稱完全吻合，證明歷組父丁類卜辭中的'父丁'確實是康丁。"總之，由"三祖"在卜辭中的祀序是前接小乙，後接"父丁"，證明在小乙之後的"父丁"絕對不是指武丁，而是指康丁。這也就證實了"歷組"卜辭在合祭某些祖先時，不但在小乙之前略去一些直系祖先不予祭祀，而且在小乙之後也會略去祖己、祖庚、祖甲三位祖先不予祭祀，此三王在商人歷史的發展中沒有什麼重要貢獻，特別是祖己未即位而亡，祖庚在位時間很短②，不選他們參加合祭是情理之中的事。上述"三祖""三父"的卜辭例證勝過了李學勤提出的六條所謂證據。李氏用單獨的親屬稱謂"父丁"，來想當然地臆測其是指武丁，是經不起推敲的。③

二　稱謂證明"歷組"不能提前

"歷組"卜辭不是武丁至祖庚時期的卜辭，我們還可舉出下面十二版有世系、稱謂的卜辭給予證明：

（1）〔大〕丁〔牛〕，大甲〔牛〕，祖乙〔牛〕，父丁

---

① 屈万里：《殷虚文字甲編考釋》，第 627 片，"中研院"歷史語言研究所 1961 年版。

② "夏商周斷代工程"專家組：《夏商周斷代工程 1996—2000 年階段成果報告（簡本）》，祖庚平均在位 11 年，世界圖書出版公司 1996 年版，第 60 頁。

③ 關於李學勤用單獨的稱謂和兩版有女性稱謂的卜辭來論證"歷組"卜辭提前，嚴一萍先生也早有批駁，見本章第三節。

〔牛〕，即□上甲。　　　　　　　《合集》32467（圖 4—13）

（2）癸巳貞：其……〔大〕丁，大甲，祖乙，父丁……

　　　　　　　　　　　　　　　《合集》32469（圖 4—14）

（3）甲戌貞：乙亥告其奠殴舟，自上甲〔牛一〕、大乙牛一、大丁牛一、大甲牛一、祖乙牛一、父丁〔牛一〕。

　　　　　《合集》32389 + 32482 + 32440①（圖 4—15）

（4）車夕畐𤔲，酒告于祖乙、父丁。

　　　　　　　　　　　　　　　《合集》32578（圖 4—16）

這四條卜辭也屬李學勤所說的"歷組"卜辭，均是合祭多位祖先的合祭卜辭。其中第（1）（2）（3）辭的"大丁、大甲、祖乙"的祭祀順序與李氏所舉的第（1）版"歷組"卜辭相同。這四辭在"祖乙"之後被祭的不是李氏所舉六條辭中第（1）（2）（3）（4）辭的"小乙"，而是"父丁"，即在"祖乙"與"父丁"之間都沒有"小乙"被祭。這也可證明李氏所舉卜辭中的"父丁"與前王"小乙"不是緊相連接的父子關係。再看下面兩版"歷組"卜辭：

（5）乙未〔卜〕：又升于大甲、父丁。

　　　　　　　　　　　　　　　《合集》32483（圖 4—17）

（6）癸卯貞：車𤔲先于大甲、父丁。　　《合集》32485

這兩條辭都是在"大甲"之後接的"父丁"，比第（1）（2）（3）（4）四辭在"父丁"之前又都少了"祖乙"未予祭祀，這也說明了"父丁"與前王小乙不一定就是父子緊相連接的父子關係。

———————

① 本片由劉源與周忠兵合綴。見劉源《歷組卜辭新綴兩組》，《故宮博物院院刊》2008 年第 4 期。

　　總之，以上六版卜辭證明，"歷組"卜辭時的時王（武乙）特別尊崇自己的父王"父丁"（即康丁），他在祭祀商人歷史上重要的先祖時，往往要將自己的父王"父丁"與他們合祭，而排在"父丁"之前的先王都不是與父丁緊相連接的父子關係。所以這些"歷組"合祭卜辭也可以證明，李學勤將自己舉的例證中的小乙之後的"父丁"，看成是與小乙世系緊相連接的父子關係，祇能是猜測而已。

　　再看下面六版"歷組"卜辭：

　　（7）辛亥卜：其又歲于三祖辛。

《合集》32658（圖 4—18）

　　（8）弜□于祖乙以祖辛、祖甲。

《合集》32577（圖 4—19）

　　（9）弜巳。
　　　　其菜于上甲其祝。
　　　　弜祝。
　　　　祝在父丁宓。
　　　　至于祖甲。　　　　《合集》32654（圖 4—20）

　　（10）祖甲燎其至父丁。　《合集》32655（圖 4—21）

　　（11）甲辰卜：升伐祖甲歲二牢。用。

《合集》32198（圖 4—22）

　　（12）□辰卜：翊日其酒其祝自中宗祖丁、祖甲……于父辛。　　　　　　　　《屯南》2281（圖 4—23）

　　第（7）辭於辛亥日卜問又歲祭"三祖辛"，按商王世系，以"辛"為廟號的依次是祖辛、小辛、廪辛，帝辛，則"三祖辛"當指廪辛無疑，"歷組"卜辭祭祀"三祖辛"，絕不可能是武丁、祖庚卜辭，當是文丁卜辭無疑。第（8）辭卜問祭祀祖乙、祖辛、祖甲，祭祀祖甲的，當不會是武丁、祖庚，而應是祖甲的後人，則該"歷組"卜辭的時代必在祖甲之後，康丁應稱"父甲"，則此辭應是武乙、文丁卜辭。如果説此"祖甲"是指陽甲也不可能，一是祖乙、祖辛為直系先王，"歷組"卜辭參與直系先王選祭的旁系先王祇有"羌甲"一人〔可見李氏例證的第（6）辭，即《屯南》2342〕。二是"歷組"卜辭時期祭祀先王除父輩外一般都不加親屬稱謂，都是直呼其廟號，因此"祖甲"不會是指"陽甲"。三是我們據《合集》材料統計，"歷組"卜辭記錄旁系先王"陽甲"的祇有兩次〔《合集》32611 和《合集》32753（此辭是卜"陽甲母庚"，見前文《京都》2297）〕。因此，該辭的"祖甲"必是武丁之子直系先王祖甲。第（9）版上有五條辭，第二、三辭卜問是否祝祭上甲，第四辭卜問祝祭在父丁的廟室裏舉行可以吧（"宓"為"親廟"①），最後一辭説"至于祖甲"，即由上甲一直祭到祖甲。整版卜辭是卜問在父丁的廟室裏舉行從上甲到祖甲的祝祭的。"歷組"卜辭多有自上甲起始祭祀多位直系祖先的，還有不少卜問祭祀"自上甲多少示"的②，這是"歷組"卜辭的特色。該版卜問祭祀上甲到祖甲，則此"歷組"卜辭必不是武丁、祖庚卜辭。第（10）版卜問燎祭祖甲至於父丁，則該"歷組"卜辭也不是武丁、祖庚卜辭。第（11）辭卜問"升伐祖甲歲二牢"，祭祖甲表明此"歷組"卜辭不是武丁、祖庚卜辭。第（12）辭卜問祝祭自中宗祖丁、祖甲至於父辛，"祖甲"是武丁之子，則該辭不會是武丁、祖庚卜辭；"父辛"是武乙之父廪辛，則該辭為武乙卜辭。總之，第（7）版卜問祭祀"三祖辛"，第（8）、（9）、（10）、

---

① "灵"字，陳夢家釋"升"，言"疑當為禰，即親廟"，"是祭祀所在的建築物"（陳夢家：《殷虛卜辭綜述》，科學出版社 1956 年版，第 470 頁）于省吾釋"宓"，謂"宓是宓，謂神官"，是"祀神之室"（《雙劍誃殷契駢枝三編·釋宓》，1943 年。）今採于先生説釋宓，採陳先生説指親廟。
② 我們統計《合集》第四期卜辭，其中帶有上甲的卜問有 158 次，比祖乙的 125 次，父丁的 105 次都多，是次數最多的。

(11)、(12) 五版卜問祭祀祖甲，都確鑿無疑地證明了"歷組"卜辭不是武丁、祖庚卜辭，而是武乙、文丁卜辭。

除"三祖"、"父丁"稱謂外，《三論》作者還舉出"歷組"父丁類卜辭中有"父辛"一稱，如《綴新》①588，辭為："☒又歲父辛〔八〕牢，易日。茲〔用〕。"作者説："該片中的'父辛'當是武乙稱其父廩辛，卜辭内容與卜辭時代完全吻合。這一稱謂也是出組卜辭所不見的。歷組父丁類卜辭中既有'父丁'稱謂，又有'父辛'稱謂，那麼，這類卜辭祇能是武乙卜辭，是武乙稱其父廩辛與康丁，沒有別的選擇。這是該類卜辭中'父丁'為康丁的有力佐證。"其説完全正確。

此外，《三論》作者還通過分析武乙卜辭中集合廟主大示的"十示又三"（《後・上》28・8、《屯南》827、《屯南》4331），小示的"十示又四"（《屯南》601、《南明》655），證明"武乙卜辭中，無論是'大示'的'十示又三'，還是'小示'的'十示又四'，其所祭先王數與武乙時代的世系完全吻合，故此中的'父丁'確實是康丁"。《三論》作者還分析了文丁卜辭中的"父乙""兄丁""母庚"與武丁卜辭中的此三稱"是不相同的人，其時代自然也不相同"。又指出文丁卜辭中集合廟主"伊、廿示又三"（《京》4101、《佚》211）"與文丁卜辭的時代亦相吻合。"

"歷組"卜辭中還有"父乙""母庚"的稱謂，提前論者認為這兩個稱謂分別是武丁稱小乙和小乙之配。《三論》作者則指出，文丁卜辭即"歷組父乙類"卜辭中，"其父輩稱謂祇見'父乙'；母輩稱謂祇見'母庚'。此與武丁卜辭中衆多的父輩和母輩稱謂相比，真有天壤之別"。作者舉《粹》373 的"將兄丁于父乙"、《甲》611 的"將兄丁凡父乙"的"兄丁、父乙"連稱，舉武丁卜辭中存在著母庚、母丁、母壬、母癸等多母的情況，指出"父

<hr>

①　嚴一萍：《甲骨綴合新編》，藝文印書館 1975 年版。

乙""兄丁""母庚"三稱雖然在武丁和文丁卜辭中都存在，但是，"首先，此三稱在武丁卜辭中是同版關係，是分別祭祀的對象，而在文丁卜辭中，'父乙'、'兄丁'往往同辭，是'合祭'的對象。其次，武丁卜辭中，此三稱所受祭祀種類比較多，除㞢祭、出祭外，還有告祭、㘡祭、酚祭等，而文丁卜辭中，此三稱所受祭祀種類少得多，主要是又祭，其次是告祭、將祭；而母庚衹受又祭，兄丁衹受將祭"。"此外，武丁卜辭中，此三稱所受犧牲比較多，以宰為主，其次是牛、羊、伐等；而文丁卜辭中，此三稱所受犧牲比較少，主要是牛，次為羊，沒有見到'宰'。"由此作者得出結論："以上情況表明，文丁卜辭中的'父乙'、'兄丁'、'母庚'同武丁卜辭中的'父乙'、'兄丁'、'母庚'是不相同的人，其時代自然也不相同。"這是從祭祀事類上區分出文丁和武丁卜辭中的"父乙""兄丁""母庚"之所指不同。無疑是正確的。

關於第一期賓組卜辭和第四期"歷組"卜辭中的"父乙"稱謂，是否都是指武丁之父小乙，還可由此稱謂在這兩組卜辭中出現的次數和祭祀禮儀的輕重得到解答。查《合集》等書中的第一期賓組卜辭，有"父乙"稱謂的約達 330 多條，而第四期"歷組"卜辭衹有 20 餘條。兩組卜辭中"父乙"稱謂出現的次數相差如此懸殊，該作何解釋？其實這個問題不難回答。查古書中記載武丁、文丁的在位年數便可找到答案。《尚書·無逸》、今本《竹書紀年》、《太平御覽》卷八十三、《皇極經世》四書均記載武丁在位 59 年。文丁的在位年數，《無逸》沒有記錄，今本《竹書紀年》是 13 年，《太平御覽》卷八十三和《皇極經世》都是 3 年，說法不一，但古本《竹書紀年》有"文丁十一年，周伐翳徙戎"的記載，說明文丁在位至少 11 年。現據復原的周祭祀譜，知文丁在位年數是 22 年[1]。武丁在位 59 年，文丁在位 22 年，二者相差

---

① 見常玉芝《商代周祭制度》（增訂本），綫裝書局 2009 年版，第五章第六節。

近四十年，自然武丁卜問祭祀“父乙”即小乙的次數要多，文丁卜問祭祀“父乙”即武乙的次數要少。這就説明“歷組”卜辭的“父乙”與武丁卜辭的“父乙”不可能是指同一個人。再看第一期賓組卜辭和第四期“歷組”卜辭祭祀“父乙”時在禮儀上的差別。武丁時卜問祭祀“父乙”的祀典非常隆重，卜問的事類也較多樣。如《合集》886：“貞：钔于父乙，𢦔三牛、𠕋三十伐、三十宰”，是卜問要用三頭牛、砍殺三十個人，三十隻經過特殊飼養的羊御祭父乙[①]。又如《合集》271 正：“己卯卜，𣪊貞：钔帚好于父乙，𢦔羊、㞢豕、𠕋十宰”，這是卜問用羊、豕和經過特殊飼養的十隻羊祭祀父乙，以禦除婦好的災禍。再如《合集》130 正：“貞：翌乙未乎子漁㞢于父乙宰”，這是命令子漁用經過特殊飼養的羊祭祀父乙。但是在第四期卜辭中，祭祀父乙的祀典就要簡單的多了，如《合集》32226：“己酉卜，子又伐父乙。”《屯南》751：“壬午卜：𢆶又伐父乙。”衹問伐祭父乙，不記用何犧牲，也不記犧牲的數目。《合集》34240：“乙未卜，又升歲于父乙三牛。”衹用三頭牛祭祀父乙。而且上述三條辭的侑祭不同於第一期卜辭寫作“㞢”，而是作“又”，這也表明第一期和“歷組”卜辭不屬於同一個時代。由上述第一期和第四期“歷組”卜辭祭祀父乙的不同，可以看到兩期的父乙絕對不是指同一個人。

再看第二期出組卜辭和第四期“歷組”卜辭中的“父丁”稱謂是否都是指祖庚（祖甲）之父武丁。這也可由此稱謂在這兩期卜辭中出現的次數和祭祀禮儀的輕重得到解答。查《合集》等書中第二期出組卜辭，加上周祭“父丁”的祖甲卜辭，共有“父丁”稱謂 165 條，第四期“歷組”卜辭（包括《屯南》）約有 218 條，兩組卜辭中“父丁”稱謂出現的次數相差不太懸殊。究其原因，可由祖庚、祖甲和武乙的在位年數得到啟示。查古書中

①　姚孝遂：《牢、宰考辨》，《古文字研究》第九輯，中華書局 1984 年版。

祖庚的在位年數,今本《竹書紀年》是 11 年,《太平御覽》卷八十三和《皇極經世》都記錄是 7 年,今採 11 年説。祖甲的在位年數,《尚書·無逸》、今本《竹書紀年》、《皇極經世》都是 33 年,《太平御覽》卷八十三記錄是 16 年,今採 33 年説。即祖庚、祖甲合計在位 44 年。關於武乙的在位年數,古本、今本《竹書紀年》都記錄是 35 年,《太平御覽》卷八十三是 34 年,《皇極經世》是 4 年,顯然不可靠,今採 35 年説。即祖庚、祖甲在位年數 44 年,祇比武乙在位年數 35 年多 9 年,所以第二期出組與第四期"歷組"卜辭的"父丁"稱謂出現的頻率相差不多,"歷組"中"父丁"與前輩祖先合祭的次數多一些。雖然因"父丁"稱謂在第二期出組卜辭與第四期"歷組"卜辭中出現的頻率相差不太多,不能直接反映兩組卜辭中的"父丁"是否指同一個王。但由第二期出組卜辭與第四期"歷組"卜辭在祭祀"父丁"的禮儀上的差別,可以明顯地看出兩組卜辭中的"父丁"絕不是指同一個人。第二期出組卜辭祭祀父丁,除了祖甲將其列入例行的周祭外,其他祭祀父丁的禮儀,具有代表性的辭例有:《合集》22549 的"伐羌三十卯五宰",《合集》22550 "伐羌十又八"、《合集》22555 "五宰羌十"、《合集》22560 "伐羌五",這是卜問用羌人進行祭祀,數量有三十羌、十八羌、十羌,五羌,有兩辭還加用"五宰"。另有"歲五宰"(《合集》23197)、"歲三宰"(《合集》23191)、"歲二宰"(《合集》22701),用羊牲數量都不多。還有"歲十牛"(《合集》23190)、"歲三牛"(《合集》23187)、"歲二牛"(《合集》23188),用牛牲辭例和數量都不多。其餘的多是籠統地卜問"歲宰""歲"等的,一般都不記牲名和數目。出組卜問"父丁"與其他先王合祭的辭例很少。但在第四期武乙時,"父丁"與其他祖先合祭的次數較多,合祭的祖先一般都是在商人的歷史上做出過重大貢獻的先公、先王(見前文),這表明武乙對"父丁"格外地尊崇。這一點也體現在武乙對父丁的祭祀禮儀特別的隆重，如《屯南》1111 卜問用"羌百"，即殺一百個羌人祭祀父丁，這在出組卜辭中是沒有的。其他《合集》32053 伐"三十羌"，《合集》32054"伐三十羌、歲三牢"，《合集》32055 伐"羌三十、卯五牢"，一次砍殺三十個羌人的次數都比出組多。《合集》32070、32071 伐"十羌"，《合集》32076"卯三牢、羌十"。上述辭例表明"歷組"殺羌人祭祀時配祭的犧牲多是用大牲畜"牢"，即經過特殊飼養的牛。而在出組中多是用小牲畜"宰"。武乙時也有少數用"宰"的，但是數量卻很大，如《合集》32675 衉于父丁"百小宰""五十小宰"，這在出組中是見不到的。此外，武乙時還選用其他犧牲祭祀"父丁"，數量也都很大，如《合集》32698"又于父丁犬百、羊百、卯十牛"，即用一百條犬，一百隻羊，再剖殺十頭牛進行祭祀。又如《合集》32674 的"燎于父丁百犬、百豕、卯百牛"，即用一百條犬，一百頭豬，再剖殺一百頭牛進行祭祀，加起來就是三百個犧牲，數量多麼巨大。《合集》32844 衉祭父丁也是用"百牛"。這種用上百數百犧牲祭祀"父丁"，在出組中也是沒有的。另外，《合集》32665、32666、32667 有"歲五牢"等，也是多用大牲畜牛進行祭祀。由以上第二期出組卜辭與第四期"歷組"卜辭對"父丁"的祭祀禮儀，可以看到，"歷組"武乙對父丁格外尊崇，不但將父丁多與前世重要祖先進行合祭，而且祀典特別隆重。表現在用人牲、犬、羊、牛、豬等多種犧牲同時進行祭祀，並且每種犧牲都達到一百的數量，甚至各種犧牲加起來達到三百的數量（《合集》32674），這是在第二期出組祭祀父丁的卜辭中見不到的。此外，"歷組"武乙祭祀父丁多用大牲畜牛，出組多用小牲畜羊。"歷組"即使用小牲畜羊（宰），數量卻很大，如"百小宰""五十小宰"等，這也是出組時所沒有的。由上述出組與"歷組"卜辭對"父丁"祭祀禮儀的巨大差異，可以明顯地看到，這兩組卜辭中的"父丁"絕不是指同一個人。也可以明瞭"歷組"卜辭為什麼要屢屢將"父丁"與諸祖先合祭。由此就可以得出結論："歷組"絕不是與早期祖庚卜辭同時期的卜辭。

這裏還需要提及的是，堅持"歷組"卜辭屬於早期的學者裘錫圭，根據商末銅器"緯簋"銘文記錄武乙的配偶是"妣戊"，來反對"歷組"的"母庚"是武乙的配偶①。其實，他的這個觀點並不新鮮，早在 1948 年，董作賓在《殷虛文字乙編・序》中叙述他早年將自組卜辭錯誤地列在第一期時就說過："父乙固然可以說是武乙，可是在《戊辰彝》（引者按：緯簋）中又明明白白是武乙夾妣戊，文武丁的母親，應該是母戊，不該是母庚。"我們認為提出這種論點是沒有聯繫到商代的配偶制度（也可叫作宗法制度）。在商代，商王可以有多個配偶已是常識，那麼，武乙就祇能有一個稱"戊"的配偶嗎，不能再有一個稱"庚"的配偶嗎？顯然不能。"緯簋"銘文記錄的武乙之配稱"妣戊"，應該是帝乙或帝辛對她的稱呼；文丁卜辭中還有稱武乙的另一個配偶"母庚"的，是文丁對其母的稱呼，説明武乙名庚的配偶在文丁時就去世了，當時名"戊"的配偶尚在人間，因此卜辭中不見對名"戊"的配偶的祭祀。又，1986 年，常玉芝曾對第五期的"祊祭"卜辭進行過研究，發現武乙還有一個稱"母癸"的配偶②，是文丁對其母的稱呼。這樣，武乙的配偶就是"祊祭"卜辭中的"母癸"，"歷組"卜辭中的"母庚"，再加上"緯簋"銘文的"妣戊"，則武乙就至少有三個配偶了。古本、今本《竹書紀年》都記載武乙在位 35 年，《太平御覽》卷八十三記載在位 34 年，這也可說明武乙的高壽使他會有多個配偶。商代的王有多個配偶在甲骨文中早已得到證明，如中丁、祖乙、祖丁都有兩個配偶，武丁有三個配

---

① 裘錫圭：《論"歷組卜辭"的時代》，《古文字研究》第六輯，中華書局 1981 年版。

② 常玉芝：《祊祭卜辭時代的再辨析》，《甲骨文與殷商史》第二輯，上海古籍出版社 1986 年版。又見《殷墟甲骨斷代標準評議》附錄二，中國社會科學出版社 2020 年版。

偶，她們都是商王的嫡妻，是死了一個再立一個①。因此，不能祇
根據"緯簋"銘文就固守地認定武乙祇能有一個稱"戊"的配偶
而不能再有一個稱"庚"的配偶。

　　總之，以上"歷組"卜辭中的稱謂和世系都證明了"歷組"
卜辭確實是武乙、文丁卜辭。

　　這裏附記嚴一萍在 1983 年對李學勤利用稱謂論證"歷組"卜
辭提前説的批判。

　　先是在臺北後居北美的嚴一萍讀了王宇信在《建國以來甲骨
文研究》一書②中叙述的李學勤對"歷組"卜辭的時代的意見後，
於 1983 年發表了《"歷組"如此》一文③。該文對李學勤"歷組"
卜辭提前説的所謂證據進行了詳細的分析批判。

　　對於李氏説"歷組"卜辭的文字、文例、人物、事類、稱謂
五個方面具有早期特徵的説辭，嚴先生説："祇要稍具甲骨常識的
人，一定可以分辨清楚孰為一期，孰為四期？祇有在'第五'④
中李君引用了八⑤條卜辭證明'歷組'屬於武丁時，這一點不是
一般人所可解決的，我現在就把它澄清一下。"嚴先生的澄清
如下：

　　　一、《南明》六一三是胡厚宣氏的摹本，拓本已經發表於
　《殷虛卜辭後編》，如圖二五二四。

　　　確實是"父乙與母庚共版"，但這個"母"作"𣥂"，準
　小甲作"𡥀"之例，應讀作"小母"合文，這母庚便應讀作

　　① 　由武丁的三個配偶妣辛、妣癸、妣戊在周祭中的祭祀次序可知，其祭祀次序是
以其死亡的先後次序進行安排的。見常玉芝《商代周祭制度》（增訂本），綫裝書局
2009 年版，第 84 頁。
　　② 　王宇信：《建國以來甲骨文研究》，中國社會科學出版社 1981 年版。
　　③ 　嚴一萍：《"歷組"如此》：《中國文字》新八期，藝文印書館 1983 年版。收入
《萍廬文集》第二輯，藝文印書館 1989 年版。
　　④ 　引者按：即稱謂。
　　⑤ 　引者按：應是七。

“小母庚”，“小母庚”並不等於“母庚”，這是有分别的。

二、《佚存》一九四是何敘甫的舊藏，這一片也收錄於《卜辭通纂》的别錄《何氏藏甲骨》第七片與《甲編》六一一，確實是兄丁子戠同版。但看屈萬里的《甲編考釋》，寫著：

611

肆

這是説明這一版屬第四期。《考釋》説：

(1) 癸□貞：□五□？

(2) 癸巳卜：𢦏兄丁，凡父乙？

就本片字體觀之，其為第四期卜辭無疑。而本辭有兄丁及父乙之稱，則似武丁時之語；故或疑此辭應屬第一期。按：《萃編》373片，字體與本片相似，其辭云：

丙子貞：𢦏兄丁于▨？

丁卯▨於▨用▨父乙？

亦兄丁與父乙同見一版。《萃》釋云：“此兄丁，父乙同見於一片，以字跡而言，父乙蓋文丁之稱其父武乙；兄丁不知為誰，或者文丁之兄早世，其號亦為丁也。”今按：《萃編》此説可信，茲從之。𢦏，説見46片。凡，於此亦祭名；其詳未聞。

(3) 癸巳卜：弜𢦏□？

□，似是先祖或神祇之名；而不識為何字。

(4) □午□戈□戠□犬？

戈字於此，未詳何義。戠字，前已數見。

他引郭氏的話以證明此片應是四期文武丁時，這是對的。看《萃編》三七三片，確是同時之物。李學勤比屈萬里如何，我們不能説，但比郭氏一定不及，那是可以斷言的，這就要問：是郭氏對？還是李君對？這也不難想像的。

三、《續編》的四、一二、五據胡氏右尾甲刻辭例，定為武丁時。因此一期有"子戠"。《乙編》的四八五六，已經綴合為《丙編》的六一二號，全版的風格是文武丁時代的，稱"子戠"實際與一期的"子戠"不同，卜辭云：

壬辰子卜貞：帚🔲子曰戠？

看卜辭的語氣是在問："為帚🔲的兒子取名曰'戠'，可好？'"這與別的卜辭逕稱為"子戠"不一樣。我們研究卜辭，切忌祇顧相同的稱謂而忽略別的斷代標準，把所謂"歷組"卜辭，硬説是武丁時，就犯了這個毛病。

四、《綴》一五是《殷虚文字綴合》的十五片，原是小屯《甲編》的七五四加七七六所綴合。已收錄於《甲編考釋》的附錄三九，和《甲骨綴合新編》的九三號，有一條卜辭説：

🔲大乙大丁大甲且乙小乙父丁🔲

另一片為《南明》四七七號，摹本拓本已發表在《殷虛文字後編》二四五九號。卜辭説：

甲午貞乙未酒高且亥🔲🔲大乙羌五牛三且乙羌🔲小乙羌三牛二父丁羌五牛三亡尤

兩條卜辭的書體都是武乙時的，而羌字作"🔲"更為武乙時的特徵。李君偏説："父丁排在小乙之後，顯然是武丁。"又説："如把父丁理解為康丁，那麽在祀典中竟略去了稱為高宗的武丁及祖甲兩位名王，那就很難想像了。"祭祀中略去先王的例子很多，不特這兩條卜辭中的"武丁祖庚祖甲廩辛"四王，即以這兩條卜辭而論，一條以"且乙"接"大甲"，"小乙"接"且乙"，一條更以"且乙"接"大乙"，略去更多。因為這是於乙未日祭"乙"的先王，加上遠祖王亥，生父康丁，中間不雜廁其他的王是很合理的。我們知道"大戊"亦為殷世顯赫的名王，而廟號稱為"中宗"，然而一樣的也被略去了。所以這"父丁"不是"武丁"，而是武乙稱康丁為父丁。如果是武丁，那這兩版甲骨應是祖庚祖甲時物，有這個可能麼？真是"很難想像"呢？

五、《京人》二二九七是《京都大學人文科學研究所藏甲骨文字》的編號，貝塚茂樹氏的釋文作：

1. 癸亥貞又于三每每戊陽甲母庚兹用

2. ☑宗。

李學勤稱作"二母"的，貝塚氏卻説是"三每"。" 世 "也釋作"母戊"。不作" 巩 "，貝塚氏根據原物，釋文當較可信的。

六、"《萃》八加二七六"是《殷契萃編》的第八片加第二七六片綴合。

第八片的釋文作：

"……于夒受禾。

……母三小窜。"

第二七六片的釋文作：

"口子貞：萃……

…… 世 小辛……"

均無考釋。合之則成為：

口子貞萃于夒受禾

☑ 世 小辛母三小窜。

這第二條卜辭祇見一個" 世 "字，並不是"母 世 "。"母"字是李君意補的。這兩片都是四期武乙時卜辭。

七、是小屯《乙編》的三三六三號，腹甲的背面。是武丁時卜辭：

殘存的文字，祇能認出一個" ？ "字，下面像有刻劃，但不能分辨為何字。而李君則認為是武丁時的"母 巩 "。五月下旬，胡厚宣先生來加州柏克萊加大訪問，有六周的停留。他是我三十多年前的老友，曾數度枉顧話舊。有一次，我把這《乙編》三三六三號的腹甲請他看一下。胡先生很仔細的端詳了好久，然後說："我也看不出是什麼？"六月初我回到臺灣，就請石璋如、張秉權兩兄檢出原甲來仔細核對，張秉權兄再三的審視，也不見"𡙁"的痕跡。還恐怕眼力不濟，又請年富力強的劉淵臨君仔細觀察，也是看不出什麼文字。石璋如先生覺得不好交差，就請劉君寫一個字條給我作證明。

在列舉卜辭例證並逐一批駁後，嚴氏這樣寫道：

> 檢視李君所舉三片甲骨的結果，一片是"𡙁"，二片是"𡚬"，三片沒有字。作"𡙁"作"𡚬"都是從女，而李君隸定作"𡙁"，如果還原寫作甲骨文，右邊的"丮"應是"𠂤"字，與"𡚬"字一男一女，完全是兩個字。難道李君連這根本不同的兩個甲骨字都不能分辨嗎？想來都是看錯了。研究甲骨，必需忠實，用隨便猜測的結果作證據來創立新說，是經不起考驗的。……所以我誠懇的希望甲骨研究者，必需附錄甲骨原片，摹一次或多看一遍，一定可以減少錯誤的結論的！

第四節　地層學證據確鑿，提前說不能成立

除了稱謂、世系可確鑿地證明"歷組"卜辭是武乙、文丁卜辭之外，另一個具有不容置疑的是"歷組"卜辭出土的坑位和層位證據。殷墟甲骨同商代陶器、銅器、玉器、骨器等一樣，是一種文化遺物，是從地下出土的。殷墟自 1928 年開始科學發掘以來，有相當數量的甲骨是通過科學發掘所得，這些甲骨每片都有它出土的坑位或層位記錄（1928 年至 1937 年的層位和坑位記錄有問題，詳見下文），這就為探討甲骨的時代提供了科學的依據。

　　李學勤在論述"歷組"卜辭的時代和殷墟甲骨發展的"兩系説"時，多次説到他是"充分運用考古發掘提供坑位和層位的依據"①。但是，檢查他所運用的甲骨出土坑位和層位，實際上還是董作賓在殷墟發掘時，在人為劃定的發掘區裏的平面位置，也即是發掘的"區位"。陳夢家早已指出這種區位在甲骨斷代上缺乏科學性（見前文）。現在，考古學的"層位學"或"地層學"比 20 世紀二三十年代有了長足的發展，今天考古學所説的坑位、層位，是指在發掘古遺物時，"地層堆積的層位上下、堆積時代的相對遲早關繫"，這種縱的層位、坑位關繫纔能"確切地區分不同時期的堆積層，辨明各層的遺跡遺物，準確地判定它們的時代"②。中國（社會）科學院考古研究所安陽工作隊在 1973 年的小屯南地發掘中，在 1986 年、1989 年、2002 年、2004 年的小屯村中、村南發掘中，忠實地運用了這種科學的坑層關繫來研究甲骨出土的時代。自 1977 年李學勤提出所謂"歷組"卜辭的時代問題後，考古研究所安陽工作隊的劉一曼、曹定雲諸先生陸續發表了多篇論文，從各個方面論證了"歷組"卜辭的時代。其中在運用層位、坑位的論據上，有他們親自參加的 1973 年安陽小屯南地甲骨發掘的材料，有 1986—2004 年安陽小屯村中、村南的坑層材料，他們又查閲了 1928—1937 年殷墟發掘的甲骨出土的層位情況。總之，他們運用了八十多年來殷墟甲骨出土的層位和坑位證據，詳細地論證了所謂"歷組"卜辭絶不是武丁至祖庚時期的卜辭，而應是武乙、文丁卜辭。

一　1973 年小屯南地發掘的地層證據

1973 年，中國科學院考古研究所安陽工作隊在小屯南地進行

---

① 李學勤：《殷墟甲骨兩系説與歷組卜辭》，收入《李學勤集》，黑龍江省教育出版社 1989 年版。

② 蘇秉琦、殷瑋璋：《地層學與器物形態學》，《文物》1982 年第 4 期。

了大規模的考古發掘，發現甲骨刻辭 5335 片。1975 年 10 月，考古研究所成立了甲骨整理小組，其中文字整理、甲骨綴合等工作由劉一曼、温明榮、曹定雲、郭振禄四人承擔。他們四人先後於 1962 年、1963 年、1964 年畢業於北京大學歷史系考古學專業，接受過科學、系統、深厚、扎實的考古學訓練。甲骨整理小組成立不久，考古所夏鼐所長就對他們説："你們是搞考古的，應當用考古學的方法整理這批甲骨。"他們在工作中，始終遵循夏所長的指示："在研究甲骨文分期時，特別重視刻辭甲骨出土的地層、坑位與共存陶器的關繫，並與刻辭内容緊密結合；研究甲骨文内容時，注意聯繫殷墟遺跡、遺物的出土情況，探討商代社會的某些問題；研究甲骨的鑽鑿形態時，還親自進行模擬試驗。"① 因此，他們的甲骨學研究，走的是一條不同於前人的具有考古特色的路子，開啟了甲骨學研究的新途徑。幾十年下來，他們在甲骨學、商代史研究領域中取得了豐碩的成果。特別是在甲骨的分期斷代研究上，不但繼承、發展了董作賓、陳夢家的甲骨斷代學説，而且首次運用科學的層位、坑位學來判斷甲骨的時代早、晚，將甲骨斷代學研究推向了一個新的高度。

　　1975 年，小屯南地甲骨整理小組發表了《1973 年安陽小屯南地發掘簡報》②，《簡報》的"結語"説："由於這批資料的整理工作正在進行，有許多問題還未深入探討，因此，祇能提出一些初步的看法。"該《簡報》在介紹發現甲骨的情況時説："這次發現的卜甲、卜骨大多數都有可靠的地層關係，而且常常和陶器共存，這就為殷墟文化的分期提供了可靠的依據。如 T53（4A）層中'自組卜辭'和殷代早期陶器共出，在 H103、H23、H24、H50、H57 等坑中第三、四期（康丁、武乙、文丁時代）卜辭和

① 蕭楠：《甲骨學論文集·前言》，中華書局 2010 年版。
② 中國科學院考古研究所：《1973 年安陽小屯南地發掘簡報》，《考古》1975 年第 1 期。

殷代中期陶器共出，在 H17、H48、H83、H86 等坑中第五期或字體近於五期的卜辭和晚期陶器共出，這種共存的關係證明陶器分期與卜骨、卜甲的時代是一致的。"還指出："我們這裏所説的小屯南地殷代早期大致相當於'大司空村 I 期'，時代約相當於武丁前後"，"小屯南地中期相當於'大司空村 II 期'的前半葉，絕對年代為康丁、武乙、文丁時代"，"小屯南地晚期相當於'大司空村 II 期'的後半葉，絕對年代為帝乙、帝辛時代"。又説："還應當指出的是：從小屯南地早期到小屯南地中期之間，從陶器形製發展變化和卜骨、卜甲的時代上觀察，時間並不是緊密連接的，中間尚存在缺環；小屯南地中期的一些窖穴在層位上有疊壓或打破關係，某些陶器特徵也存在著差異，但是否有劃分時代的意義，有待於進一步探討。"

1980 年 10 月《小屯南地甲骨》上冊出版[1]，該書收有甲骨拓片 4612 張。作者在"前言"中詳述了本次發掘"地層堆積與甲骨分期"情況："這次發現的卜甲、卜骨出土時都有明確的地層關係，而且與陶器共存，這就為甲骨的分期斷代，同時也為殷墟文化的分期提供了依據。"《前言》詳盡地介紹了"甲骨出土的地層與同出陶器的對應關係"，指出"無論從陶器型式的發展變化上觀察，還是從甲骨分期上觀察，小屯南地早期與中期之間都有缺環，時間上並不是緊密相接的。在這次發掘中，有個別灰坑出有近似大司空村二期的陶片，但數量很少，且不出刻辭甲骨。所以，關於大司空村二期與甲骨分期的對應關係，還有待於今後的發掘來充實。"

1980 年 11 月，"小屯南地"甲骨整理小組以"蕭楠"筆名發表了《論武乙、文丁卜辭》（以下簡稱《一論》）[2]，對《屯南·前言》的有關內容做了闡述，其"目的是通過地層關係及卜辭內

---

① 中國社會科學院考古研究所編：《小屯南地甲骨》，中華書局 1980 年版。

② 蕭楠：《論武乙、文丁卜辭》，《古文字研究》第三輯，中華書局 1980 年版。

容的分析，確定武乙、文丁卜辭，闡述武乙、文丁卜辭的特點及其區別"。該文在"1973 年小屯南地地層關係舉例"節中，列舉了"T55 地層關係（以東剖面為例）"、"T53 中一組灰坑與地層打破關係"。他們說："根據安陽殷墟考古資料的分析，小屯南地早期與大司空村一期相當，小屯南地中期與大司空村三期相當，小屯南地晚期與大司空村四期前半葉相當。""小屯南地早、中、晚三期地層及灰坑所出卜辭"情況是："早期地層與灰坑出卜辭不多。T53（4A）出自組卜甲；H110 未出有字甲骨；H102 出午組卜甲一片……T55（6A）出賓組卜甲一片。"賓組卜辭出於早期地層，"說明了早期地層的時代在武丁前後。自組卜辭、午組卜辭在地層關係上與賓組共存，說明它們的時代是接近的，即都在武丁前後。""晚期地層及灰坑所出卜辭除與早期、中期所出相同外，還出少量乙辛時代之卜辭。"作者著重分析了中期地層及灰坑所出的卜辭，指出"中期地層及灰坑本身又有不少打破關係"，他們將時代較早的稱為"中期一組"，時代較晚的稱為"中期二組"。"中期一組與中期二組所出卜辭時代複雜"，為了便於分析，他們根據字體將其分為三類，每類都舉有辭例。第一類："此類卜辭的共同特點是筆劃纖細、字體秀麗而工整。主要稱謂有父甲、父庚、父己、兄辛。"第二類："此類卜辭一般說來字體較大、筆劃較粗、筆風剛勁有力。主要稱謂有父丁等。"第三類："此類卜辭與第二類相比，字體較小，筆風圓潤而柔軟。主要稱謂有父乙等。此次所見，僅《屯南》751 一片有父乙稱謂。"作者總結說："根據地層關係分析：中期地層、灰坑及所出三類卜辭的時代，總的說來，要晚於早期地層、灰坑及所出卜辭，即晚於武丁時代；同時又早於晚期地層、灰坑及所出卜辭的時代，即早於乙辛時代。"其結論是："小屯南地中期地層與灰坑的時代，總的來說，約在康、武、文時代。""就中期地層與灰坑所出的三類卜辭本身的地層關係看：第一類、第二類卜辭既出於中期一組地層與灰坑，也出於中期二組地層與灰坑；第三類卜辭則祇出於中期二組地層與灰坑，不出於中期一組地層與灰坑。中期二組地層與灰坑的時間要晚於中期一組地層與灰坑的時間，即第三類卜辭的時間要晚於第一類、第二類卜辭的時間。"作者分析中期二組三類卜辭的時代是："第一類，其主要稱謂有父甲、父庚、父己、兄辛。這與文獻記載康丁之諸父祖庚、祖甲、孝己及廩辛是一致的。因此，這類卜辭當屬康丁卜辭。第二類，有父丁稱謂，偶爾也看到有父辛稱謂。字體風格與第一類又有區別，結合地層關係，此類卜辭當屬武乙卜辭無疑。其父輩稱謂也正與文獻記載武乙諸父有康丁、廩辛相符。第三類，根據地層關係晚於第一類、第二類，即晚於康丁卜辭與武乙卜辭。從卜辭內容看，有父乙稱謂，與文丁父武乙之稱相符合。因此，當為文丁卜辭。"

　　將 1975 年發表的《1973 年安陽小屯南地發掘簡報》（以下簡稱《簡報》），與 1980 年先後發表的《小屯南地甲骨·前言》《論武乙、文丁卜辭》（《一論》）兩文所說的小屯南地地層分期與大司空村地層分期的對應關係，可以看出二者稍有變動：對小屯南地早期相當於大司空村一期，二者一致。對小屯南地中期，《簡報》說相當於大司空村二期前半葉，《小屯南地甲骨·前言》和《一論》說相當於大司空村三期。對小屯南地晚期，《簡報》說相當於大司空村二期後半葉，《小屯南地甲骨·前言》和《一論》說相當於大司空村四期前半葉。前後對應雖然稍有變異（當以後發表的《小屯南地甲骨·前言》和《一論》為準），但對小屯南地早期相當於武丁時代，中期相當於康丁、武乙、文丁時代，晚期相當於帝乙、帝辛時代，則是一致的。

　　1981 年，李學勤發表《小屯南地甲骨與甲骨分期》一文，說他利用小屯南地甲骨發掘的地層關係，證明了將"歷組"卜辭提前是有根據的。他在文中贊同《屯南》作者的"早期地層所出是武丁時期的自組、𠂤組甲骨"的論證。又說："《南地》據打破關係和陶器序列，把中期又分為第一組和第二組，這無疑是正確的。”那麼，他是怎樣利用小屯南地的地層來證明他的甲骨斷代觀點的呢？李説：“層位屬於中期一組和中期二組的坑位，都出有較多的歷組、無名組卜辭”（注意：他改“歷組”在“無名組”之前），“這些坑位的時代，應以内涵甲骨最晚者為其上限。中期二組既然晚於中期一組，可能出有更晚一些的甲骨卜辭”。“《南地》前言認為中期二組特有的是我們稱為歷組的一部分，其中有父乙的稱謂，屬文丁卜辭。”又説中期二組各坑最晚的甲骨還有接近於黃組的。李學勤的這些説法都沒錯，但他由此得出的結論説：“所以，我們對甲骨斷代的看法，和現有的考古資料是互相符合的。”這就令人不解了：既然承認了早期地層中沒有出“歷組”卜辭；又承認了中期二組出無名組卜辭和“歷組”卜辭，並且中期二組所出最晚的卜辭不衹有“父乙”稱謂的文丁卜辭，還有接近於黃組的卜辭，也即小屯南地的地層和坑位證明了“歷組”父乙類卜辭與黃組卜辭接近。那麼，是如何得出結論説證明了“歷組”卜辭屬於早期呢？李學勤在該文的最後部分説：“如《南地》所述，小屯南地的地層有缺環，缺乏相當大司空村二期的部分。可以推想，如果有相當大司空村二期的坑位，有的可能衹出歷組卜辭而沒有無名組卜辭，因為照我們的意見，無名組是從歷組發展而來的。假設出現這樣的坑位，便可以進一步證實歷組的年代。我們期待著今後能有這種發現。”原來如此！李學勤是鑽了小屯南地沒有與大司空村二期對應的地層關係的空子，“推想”，“如果”有相當大司空村二期的坑位，有的“可能”衹出“歷組”卜辭，不出無名組卜辭，“假設”出現這樣的坑位，就能證明“歷組”的年代屬早期。不過，這種“推想”“如果”“可能”“假設”，衹是屬於主觀臆想，不是客觀事實，因此，不能作為論據來證明其分期觀點正確。實際上，李的上述言論，已在客觀上承認了小屯南地的地層和坑位證明“歷組”卜辭屬於早期的觀點是不能成立的。

　　關於小屯南地地層有缺環，發掘者在上述三文中都已做了説明，並且分析了所缺甲骨的時代。如在《一論》中，作者説："根據安陽殷墟考古資料的分析，小屯南地早期與大司空村一期相當；小屯南地中期與大司空村三期相當；小屯南地晚期與大司空村四期前半葉相當。"又説："根據前面所述的小屯南地地層分期與大司空村地層分期的對應關係，小屯南地早期地層、灰坑與中期地層、灰坑之間在時代上不是緊密銜接的，而是有間隔的。再結合卜辭出土情況看，此次沒有發現庚、甲卜辭與廩辛卜辭。這樣，地層上既存在缺環，卜辭上又存在缺環，二者應該是一致的。至於這個缺環，還待今後考古發掘加以充實。"這是非常有道理的。前面已言，小屯南地早期相當於大司空村一期，出武丁時期的自組、午組、賓組卜辭；小屯南地中期相當於大司空村三期，出康丁、武乙、文丁時期的無名組、"歷組"卜辭。那麼，在小屯南地早期與小屯南地中期之間，也即在大司空村一期與大司空村三期之間所缺的大司空村二期，如有卜辭理所當然地應該是在武丁卜辭與康丁卜辭之間的卜辭，即應是祖庚、祖甲時的出組卜辭和廩辛時的何組卜辭纔對。但李學勤為了使"歷組"卜辭提前，卻違背了自己也承認的出組祖庚、祖甲卜辭是接在武丁卜辭之後，廩辛、康丁卜辭之前的觀點，硬説"如果有相當大司空村二期的坑位，有的可能祇出歷組卜辭而沒有無名組卜辭"。這種顛倒卜辭發展順序的想法，祇能是李氏憑自己的主觀愿望所作的"推想""假設"而已。

　　1984 年，"小屯南地"甲骨整理組仍以"蕭楠"為筆名發表了《再論武乙、文丁卜辭》（以下簡稱《再論》），該文從稱謂、人名、事類、坑位和地層關係四個方面，又進一步論證了"歷組"卜辭是武乙、文丁卜辭。該文在"坑位和地層關係"一節中指出："在考古發掘中，地層、坑位是判斷遺物時代早晚的依據。早期地層和灰坑衹出早期遺物，不能出晚期遺物；晚期的地層和灰坑除出晚期遺物外，還可能出部分早期遺物。"作者說，過去他們"曾概略地論述過 1973 年小屯南地甲骨的坑位和地層關係，將小屯南地的地層、灰坑分為早、中、晚三期；早期衹出武丁時代的卜辭；中期除出部分武丁卜辭外，大量地出康、武、文卜辭；晚期除見以上幾種卜辭外，還出帝乙、帝辛時代的卜辭。""我們還根據灰坑打破關係和陶器型式的變化，把中期灰坑分成一組與二組，其中，中期一組的時代應早於中期二組。這一劃分是我們判斷小屯南地所出甲骨時代先後的地層根據，尤其是區分康、武、文卜辭時代先後的根據。"作者為了進一步討論武乙、文丁卜辭的時代，在該文中再選用了小屯南地六組有打破和疊壓關係的中晚期坑位來做進一步論證。這六組坑位是：H57→H58→H99，H75→H92，H58→H84，H47→H55，H42→H39→H37，H24→H36。對此六組，他們按照相對早晚順序對甲骨進行分類整理，然後觀察其變化（列表說明）。得出的結論是：（1）"第五期的乙、辛卜辭均出於小屯南地晚期"。（2）4b 類卜辭即中期第三類卜辭，即有"父乙"稱謂的文丁卜辭，"除見於晚期坑外，還見於中期二組的坑"，"但是，它們不見於中期一組的坑"。而 3b、4a 類卜辭（3b，即中期第一類卜辭，即有"父甲""父庚""父己"稱謂的康丁卜辭；4a，即中期第二類卜辭，即有"父丁""父辛"稱謂的武乙卜辭），"除出在晚期和中期二組坑外，還出於中期一組灰坑中"，"這說明 4b 類卜辭的時代比 3b、4a 兩類晚，但比 5 期要早"。即文丁卜辭（4b 類）的時代比康丁卜辭（3b 類）、武乙卜辭（4a 類）時代晚，但比第五期時代早。"這三類卜辭前後的順序是 3b—4a—4b，即康丁—武乙—文丁卜辭。若將 4a 視為祖庚卜辭，4b 視為武丁晚期卜辭，那它們之間的次序應當是 4b—4a—3b。這種看法與考古發掘中的地層、坑位情況是矛盾的。"這就進一步從地層、坑位關係上證明了"歷組"卜辭確實是武乙、文丁卜辭，而不可能是武丁晚期至祖庚時期的卜辭。

作者以前曾論述過 1973 年小屯南地出土甲骨的坑位和地層關係，證明了康丁—武乙—文丁卜辭的時代前後順序。在該文中作者又進一步選用了小屯南地六組有打破和疊壓關係的中、晚期坑位，再一次證明了康丁—武乙—文丁卜辭的時代前後順序。

二　1949 年前甲骨出土的地層證據

《再論》作者説："為了慎重，我們還檢查了解放前殷墟出甲骨的地層關係。此工作是從兩方面進行的：（一）分析甲骨出土的層位情況；（二）分析甲骨坑中各類卜辭的共存關係。"

（一）甲骨出土的層位情況

作者指出："解放前殷墟發掘中甲骨出土的層位關係，至今沒有發表出完整的資料，幸石璋如在《乙編·殷墟建築遺存》一書中，在介紹小屯村北甲、乙、丙三組基址時，將有關的甲骨坑位作了介紹。""在甲、乙、丙三組基址中，除甲組由於時代較早，其下未疊壓卜骨坑外，乙、丙二組基址下都疊壓著卜骨坑。"作者詳細介紹了乙、丙兩組基址下甲骨坑的疊壓情況（此處祇作簡略介紹）。

乙基一，下壓兩個甲骨坑，卜辭為《甲》3347，屬自組。

乙基三，下壓坑號 B46，卜辭為《甲》3306，屬出組。

乙基五，下壓五個甲骨坑（其中 H83 資料未發）：

B170，卜辭為《甲》3357，屬自組。

B30，卜辭為《甲》3303、3304、3305，屬自組。

H38，卜辭為《乙》475、476，字體近出組。

H76，卜辭為《乙》438，屬賓組。

乙基六，下壓 H5，卜辭為《乙》298、8649、8650，屬自組。

乙基八，下壓 H36，卜辭為《乙》474，8683—8687、8657—8660，屬自組。

乙基十一，下壓兩個甲骨坑：

H228，卜辭為《乙》8689，屬武丁時代。

H244，卜辭為《乙》9057，屬武丁時代。

乙基十三，下壓 H371，卜辭為《乙》9026—9032，屬自組。

丙基十，下壓 H427，卜辭為《乙》9096—9098，屬自組。

丙基十三，下壓兩個甲骨坑：

H423，卜辭為《乙》9095，屬自組。

H359，卜辭為《乙》9090、9092，屬自組。

丙基十五，下壓 H364，卜辭為《乙》9093、9091，屬自組。

丙基十七，下壓兩個甲骨坑：

H344，卜辭為《乙》8997—9022、9066—9097，屬自組。

H393，卜辭為《乙》9033、9034，9033 為自組，9034 似為廩辛卜辭。

作者介紹乙組基址後説："上述乙組基址，其時代都比較接近，大概都是庚、甲至廩、康時期的建築。"又説，"至於丙組基址，其時代的判斷就較困難些"。丙基十，"其時代上限不能早於殷墟文化第三期"。"丙十三、丙十五、丙十七三個基址，因其上缺乏打破和疊壓的坑位資料，對其下限的判斷缺乏直接根據。根據建築遺跡之分群和下面的疊壓關係來看，大約與丙基十的年代相去不遠。"

作者通過以上乙、丙基址甲骨出土的層位情況，分析説："在上述乙、丙基址中，對於武乙、文丁卜辭（即所謂"歷組"卜辭）的斷代有決定意義的是乙組基址。因上述乙組基址大致都是庚、甲至廩、康時期的建築，而下壓的均是賓組、自組、出組等卜辭。假如'歷組'卜辭是武丁晚期至祖庚時代的卜辭，那為什麼在這些基址下一片'歷組'卜辭也不出現呢？村南、村北近在咫尺，又同是王室的卜辭，為什麼'歷組'不會進入村北呢？況且，村北是出'歷組'卜辭的，經正式發掘的大連坑（如《甲》2667）、E52（如《甲》3649）、YH258（如《乙》9064）、YH354（如《乙》9089）等都出'歷組'卜辭。事實證明：村北是出'歷組'卜辭的，祇不過沒有出在這些基址下罷了。這正説明：'歷組'卜辭要晚於這些基址的時代。"

總之，乙、丙兩組基址下疊壓卜骨坑的情況，特別是"歷組"卜辭不出於屬祖庚、祖甲時代或略早的乙組基址下面，確鑿地證明了所謂"歷組"卜辭絕不是武丁至祖庚時期的卜辭。

（二）甲骨坑中各類卜辭的共存關係

除了分析乙、丙兩組基址下疊壓甲骨坑的情況外，作者還分析了小屯村其餘甲骨坑的情況，即分析這些坑的共同關係①。他們將這些坑歸納為五個類型，並列表説明（表略）。五類情況分別是：

第一類："是以賓組、自組為主體的共存關係，另外還包括了子組和午組。實際上，此類就是武丁時代四種卜辭的共存關係。"

第二類："是以出組卜辭為其下限的共存關係。在這一類中，有賓組、自組、子組卜辭，這是早期卜辭進入晚期地層的正常現象。"

第三類："是以何組卜辭為其下限的共存關係。在這一類坑中，還有賓組、自組、出組卜辭。"

---

① 作者注明：這些坑的"地層疊壓情況，因很多缺乏完備資料，不好論斷"。

第四類："是以文丁卜辭（歷組父乙類）為其下限的共存關係。在這一類中，主體是康、武、文卜辭，另外還有𠂤組。"

第五類："是以乙辛卜辭為其下限的共存關係，賓組、出組、何組、康丁卜辭都出現於這一組合中。由於科學發掘的第五期卜辭坑位不多，故此類反映的共存關係可能不够全面。"

作者總結上述甲骨坑中各類卜辭的共存關係，說："當我們清楚各類坑位的時代以後，就看到這樣一個事實：在第一、二、三類（即廩康以前）的甲骨坑中，沒有發現'歷組'卜辭同賓組、𠂤組、出組、何組卜辭共存。祇是在第四類的坑位中，纔有𠂤組同'歷組'卜辭共存。然而，該類坑位的時代是晚的，𠂤組同'歷組'發生共存，是早期卜辭進入晚期地層所發生的正常現象，如同賓組卜辭進入晚期地層和乙辛卜辭發生共存（如第五類中的 E5、E9）是一樣的。"這也是"歷組"不屬於早期的證據之一。

作者最後說："總結解放以前殷墟發掘中的甲骨坑位關係和卜辭共存情況，可以歸結為一句話：在廩康以前的地層和坑位中，沒有發現'歷組'卜辭。這一情況同 73 年小屯南地發掘的情況是一致的。如果'歷組'卜辭是武丁晚期至祖庚時代的卜辭，那為什麼在廩康以前的地層中找不到它們呢？這一情況，不能不引起人們的深思。因此，我們認為，從截至目前為止的地層情況看，沒有證據證明'歷組'卜辭是武丁晚期至祖庚時代的卜辭；相反，它應該是武乙、文丁時代的卜辭。因為，地層情況恰恰是為後者作了證明的。"

以上，作者分析了 1949 年前甲骨出土的層位情況，以及各甲骨坑中各類卜辭的共存關係，進一步證明了康丁—武乙—文丁卜辭的時代前後順序。再次確鑿地證明了所謂"歷組"卜辭應是武乙、文丁卜辭，絕不是武丁晚期至祖庚時期的卜辭。

三　1986—2004 年小屯村中、村南甲骨出土的地層證據
考古研究所安陽發掘隊 1986 年、1989 年、2002 年、2004 年

在小屯村中、村南進行了幾次發掘，2011 年，劉一曼、曹定雲在《三論武乙、文丁卜辭》①（以下簡稱《三論》）中説，這幾次發掘"共發現刻辭甲骨 514 片"，"其中屬午組、𠂤組、一期卜辭約 90 多片，無名組卜辭 140 多片，歷組卜辭 160 多片，黃組刻辭 1 片"。這些刻辭甲骨，"除一百六十多片出於隋唐以後的地層外，其餘均出於殷代的灰坑或地層"。

《三論》作者在該文中列有一個表，即"表一：《村中南》所出無名組、歷組號碼統計表"（表見書後附錄之該文），該表對各年的發掘分五個項目做了介紹，即"甲骨出土年代""灰坑或層位號""甲骨著錄號""甲骨類別""時代"。在 1986 年的欄目中，"灰坑或層位號"有三個單位，出土甲骨全為無名組卜辭，其時代為殷墟文化三期晚或四期初。在 1989 年的欄目中，"灰坑或層位號"有八個單位，出土甲骨的時代是：出無名組的 T4（4）為殷墟文化第三期。出無名組、"歷組"（父丁、父乙類）的 T8（3），出𠂤組、無名組、歷組父丁類的 T8（3A），均為第三期或三期晚。其他出無名組、歷組父丁類的 H7、T6（3B），出歷組父丁類 T6（3C），出無名組、歷組（父丁、父乙類）的 T6（3D），出無名組的 T7（3A），都屬第四期早段。則 1989 年的發掘證明，"歷組"最早是與𠂤組、無名組出在殷墟文化第三期或三期晚段。在 2002 年的欄目中，"灰坑或層位號"有 13 個單位，出土甲骨的時代是：出午組、𠂤組、一期卜辭的 H4 屬殷墟文化第一期。出𠂤組、一期卜辭的 H6 下屬第二期早段。出午組、賓組、一期、歷組（父丁、父乙類）的 H57，出無名組、𠂤組、一期、歷組（父丁、父乙類）的 H6 上，出歷組父乙類刻辭的 F1，都屬於第三期。出午組、𠂤組、一期、歷組（父丁、父乙類）的 H9 屬於第四期。出午組、一期、無名組、歷組（父丁、父乙類）、黃組的 H55 屬於第四期。

① 劉一曼、曹定雲：《三論武乙、文丁卜辭》，《考古學報》2011 年第 4 期。

其他出午組、無名組的 H23，出無名組的 H24，出𠂤組、無名組、歷組父丁類的 H47，出午組的 H54，出歷組父丁類的 G1，出午組、無名組的 T4A（3），都屬於第四期。則 2002 年的發掘證明，出在殷墟文化第一期、第二期早段的午組、𠂤組、一期卜辭，早於出在殷墟文化第三期的"歷組"卜辭，而"歷組"卜辭又早於出在殷墟文化第四期的黃組卜辭。因為"歷組"卜辭沒有與午組、𠂤組、一期卜辭同時出現在殷墟文化第一期或第二期早段，所以"歷組"卜辭不可能與午組、𠂤組、一期卜辭同時代，即"歷組"不是早期卜辭。在 2004 年的欄目中，"灰坑或層位號" 祇有一個單位 T5（10），出土甲骨兩片，均是無名組的習刻。

作者總結 1986 年、1989 年、2002 年、2004 年的小屯村中、村南的發掘説："從表一可知，午組、𠂤組和一期卜辭出於早期灰坑（殷墟文化一期及二期早段）H4 與 H6 下，黃組刻辭（《村中南》438）出於殷墟文化第四期的灰坑 H55 中，而無名組、歷組（父丁與父乙類）出於殷墟文化第三期（或三期晚）、四期或四期早段的灰坑及文化層中。"

上述甲骨出土情況説明，在 1986 年、2004 年的發掘中沒有"歷組"卜辭出土。在 1989 年、2002 年的發掘中，"歷組"父丁類、父乙類卜辭是與𠂤組、午組、賓組、一期、無名組同出在一個坑層中。林澐認為這些新發掘"沒有再提供歷組二類出土層位早於歷組一類的新證據"，所以，1973 年小屯南地發掘中"歷組二類有五版見於中期一組，而歷組一類不見於中期一組，實不過是一個偶然現象，並沒有什麼層位學意義"。這種"推理"不但沒有説服力，而且令人匪夷所思。這就等於説，某一遺址的坑層已證明了某些類卜辭的早、晚關係，但因後來在另一遺址中沒有新的坑層證據證明那些類卜辭的早、晚關係，所以前一個遺址的坑層證據就不能説明問題了，也即"沒有什麼層位學意義"了。這種以不見新證據就去否定已有證據的做法，讓人覺得就是對不符合自己觀點的證據隨意否定，這不是科學的尊重事實的態度。在 1973 年的小屯南地發掘中，"發現出歷組父乙類卜辭（即文丁卜辭）的灰坑打破出歷組父丁類卜辭（即武乙卜辭）的灰坑，也就是説，出歷組父乙類卜辭的灰坑，比出歷組父丁類卜辭的灰坑時代稍晚"①。這一地層關係至為重要，它不但無可辯駁地證明了"歷組"父乙類卜辭晚於"歷組"父丁類卜辭，而且證明"歷組"卜辭不可能是武丁至祖庚時期的卜辭。因為如果"歷組"卜辭屬於早期的武丁至祖庚時期，那麼，"歷組"父乙類卜辭就應該早於父丁類卜辭，因為按照提前論者的説法，"歷組"的"父乙"是武丁稱其父小乙，"父丁"是祖庚稱其父武丁，因此，"父乙"類就應該早於"父丁"類纔對（這一點為大多數學者忽略了）。但實際情況是，小屯南地發掘的層位、坑位關係證明了"歷組"父乙類是晚於"歷組"父丁類（及無名組卜辭）的，這就證明了"歷組"卜辭的"父乙"應是文丁稱其父武乙，"父丁"應是武乙稱其父康丁，從而否定了提前論者的"父丁"是指武丁，"父乙"是指小乙的錯誤説法，確鑿地證明了"歷組"卜辭提前論是不能成立的。這應當就是林澐之所以要極力否定小屯南地發掘的"歷組"父乙類層位、坑位晚於"歷組"父丁類層位、坑位證據的目的。

總之，小屯南地發掘的層位、坑位證據確鑿無疑地證明了"歷組"卜辭祇能是武乙、文丁卜辭，"父丁"是武乙對康丁的稱呼，"父乙"是文丁對武乙的稱呼。考古發掘中"歷組"卜辭所出的地層關係是推斷其時代的主要依據，正如小屯南地甲骨發掘者所説："'歷組卜辭'祇出於殷墟文化第三、四期的地層和灰坑裏，從未出現於殷墟文化一、二期的坑、層中"，"從甲骨坑中卜辭的共存關係來看，迄今尚未發現歷組卜辭與自、子、午、賓、

① 中國社會科學院考古研究所編著：《殷墟的發現與研究》，科學出版社 1994 年版，第 171 頁。

祖庚、祖甲卜辭共存於較早的坑、層中，但卻常常見到它們與康丁卜辭同坑而出，而且分佈區域也與康丁卜辭基本相同，即都集中於村中、村南"。① "歷組"卜辭不與賓、𠂤、午、子等組卜辭在早期地層或灰坑中同時出現，這就是"歷組"卜辭應為晚期而不屬於早期的考古學證據。科學的層位、坑位證據擺在那兒，無論承認與否都改變不了的鐵的事實。

考古所安陽工作隊 1973 年對殷墟小屯南地甲骨的發掘，1986 年、1989 年、2002 年、2004 年對小屯村中、村南甲骨的發掘，是繼 1928—1937 年之後最重大的考古新發現。在這幾次發掘中，他們運用迄今最科學的考古地層學、坑位學方法，依據地層的疊壓關係，遺跡的打破關係準確地判定各種遺跡、遺物的時代，科學地、詳實地記錄了每片甲骨出土的層位、坑位關係，屢清了殷墟各組甲骨的發展脈絡。他們把科學的層位學、坑位學方法運用到甲骨斷代研究中，將甲骨斷代研究推向了一個新的高度，對甲骨斷代研究做出了具有里程碑式意義的貢獻。

四　《三論》再談武乙、文丁卜辭的地層證據

2011 年，劉一曼、曹定雲發表了《三論武乙、文丁卜辭》（下簡稱《三論》）②，從三個方面再對"武乙、文丁卜辭的坑位和地層關係"做了論述，這裏再做重點介評。

（一）關於 1928—1937 年殷墟甲骨出土情況

關於 1928—1937 年殷墟出土的武乙、文丁卜辭（即所謂"歷組"卜辭），作者曾在《再論》一文中作了詳細論述（見前文）。在《三論》中作者又指出："1928—1937 年考古發掘所獲的武乙、文丁卜辭大多是第一至五次殷墟發掘，在村中、村南出土的。早

---

① 中國社會科學院考古研究所編著：《殷墟的發現與研究》，科學出版社 1994 年版，第 171 頁。

② 劉一曼、曹定雲：《三論武乙、文丁卜辭》，《考古學報》2011 年第 4 期。

年的殷墟發掘所説的坑，是指發掘單位（如大小不一的探溝、探方），與我們現在説的甲骨埋藏的灰坑、窖穴有所不同。"此説正確。其實，陳夢家早在1956年就指出：中央研究院發掘殷墟所説的"坑位"，指的是灰坑在人為劃分的發掘區裏的位置，而不是指灰坑所在的地層的層次。① 作者又指出："早年的發掘，記錄出土文物（包括甲骨），不是按它所在的文化層次，而是按其深度來登記的，這是不太科學的。因為文化層有高低起伏，在殷墟發掘中，同一個探方内，晚期層（或坑）有時比早期層更深，故埋藏較深的遺物不一定比較淺的遺物時代早。"確實如此。這種情況的發生是由於當年考古學的層位學尚不發達的緣故。如1936年，石璋如主持殷墟第十三次發掘，在記錄 YH127 坑的坑位和甲骨出土的情形時説："窖的田野號數叫做 H127，它的附近地層頗為複雜。最上層是墓葬群，單就它本身有關係的遺跡説，最上層是 M156；其次是 H117，一個大而淺的灰土坑；又其次 H121 灰土坑。當 H117 到底之後，纔發現它的上口，它曾破壞了 H127 坑東邊的一部分，那麼 H127 在這一帶是資格最老的遺跡了。"這説明石璋如已意識到最下層的 YH127 是時代最早的灰坑了。②

　　作者説，他們在1984年發表的《再論》③ 文中，對1928—1937年殷墟甲骨的出土情況，已從兩個方面做過詳細分析，即"一、分析甲骨出土的層位關係；二、分析甲骨出土的共存關係。其結果歸結為一句話：'在廩康以前的地層和坑位中，沒有發現'歷組'卜辭"（見前文）。

　　（二）關於1973年小屯南地甲骨出土情況

　　作者在《屯南·前言》《一論》《再論》中已對1973年小屯

① 　陳夢家：《殷虛卜辭綜述》，科學出版社1956年版，第140頁。
② 　見《乙編·序》）。但董作賓在作甲骨斷代時，仍是以灰坑所在的人為設定的平面發掘區為標準的，並沒有注意到灰坑所在的地層關係。
③ 　蕭楠：《再論武乙、文丁卜辭》，《古文字研究》第九輯，中華書局1984年版。

南地甲骨出土情況做過介紹，“本文（引者按：即《三論》）結合
《1973 年小屯南地發掘報告》的資料，再做簡要叙述”。

作者説：“1973 年我們曾將小屯南地殷代遺址分為早、中、
晚三期，早期與中期各分二段。該次發掘，在五十九個灰坑中都
發現了刻辭甲骨。早期一段坑 H115，出一片時代比武丁略早的卜
辭。早期二段五個坑，出自組、午組或字體似賓組的卜辭。中期
坑，除出少量早期卜辭外，大量出無名組與歷組卜辭。晚期坑除
出早期、無名組、歷組卜辭外，還見有黄組卜辭。”

“本文主要叙述出無名組、歷組卜辭的中期坑”，説：“小屯
南地中期有灰坑 32 個（附表），其中，中期三段有 11 個，四段有
21 個。中期四段坑出的陶器型式較三段略晚。並且有的中期四段
坑打破中期三段坑，如 H39 → H37、H85 → H99、H47 → H55、
H24→H36。無名組與歷組父丁類卜辭，除出於晚期坑層外，見于
中期四段與三段的灰坑，而歷組父乙類卜辭除出晚期坑層外，則
衹出於中期四段，不見於中期三段坑。故我們認為，歷組父乙類
晚於父丁類及無名組卜辭是有考古學依據的。”

（三）1986—2004 年小屯村中、村南的發掘

“1986、1989、2002、2004 年考古研究所安陽發掘隊在小屯村
中、村南進行了幾次發掘，共發現刻辭甲骨 514 片。大多數甲骨
文可以分期，其中屬午組、自組、一期卜辭約 90 多片，無名組卜
辭 140 多片，歷組卜辭 160 多片，黄組刻辭 1 片。”

“村中、村南刻辭甲骨，除一百六十多片出於隋唐以後的地層
外，其餘均出於殷代的灰坑或地層。”《三論》作者將殷代坑層甲
骨出土的情況列表（表一）表示，説：“從表一可知，午組、自
組和一期卜辭出於早期灰坑（殷墟文化一期及二期早段）H4 與
H6 下，黄組刻辭（《村中南》[①] 438）出於殷墟文化第四期的灰坑

---

① 　中國社會科學院考古研究所：《殷墟小屯村中村南甲骨》（簡稱《村中南》），
雲南人民出版社 2012 年版。

H55 中，而無名組、歷組（父丁與父乙類）出於殷墟文化第三期
（或三期晚）、四期或四期早段的灰坑及文化層中。"（見前文）

　　作者説"《村中南》刻辭甲骨，以無名組、歷組卜辭占多數，
其中五片有父輩稱謂的卜骨"：父辛（《村中南》277，屬無名
組），父丁（《村中南》202、203、12、46，皆屬"歷組"父丁
類）。"在 1989 年小屯村中的發掘中，還出了一片與《粹編》597
同文的歷組父乙類卜辭（《村中南》212）。"

　　"總之，1986—2004 年小屯村中、村南的發掘，歷組卜辭的
出土情況與 1973 年屯南發掘基本相似，即歷組卜辭祇出於殷墟文
化三、四期的坑層中。稍有不同的是村中南的三期灰坑與地層，
從出土陶片考察，屬三期偏晚階段，較小屯南地中期三段略早。"
這就是説，1986—2004 年的村中、村南的發掘也證明了"歷組"
卜辭屬於武乙、文丁時期。

　　作者最後總結説："殷墟田野發掘從 1928 年開始，到現在已
經 83 年。檢查歷次甲骨出土的情況是：1973 年小屯南地的發掘，
歷組卜辭出在小屯南地中期、晚期地層；解放以前的殷墟發掘，
甲骨出土的情況也是‘在廩康以前的地層和坑位中，沒有發現歷
組卜辭’；1986—2004 年小屯村中、村南的發掘，歷組卜辭還是
出在中期及其以後的地層和灰坑中。歷次發掘都沒有在早期地層
中發現過歷組卜辭，這是最基本、最重要的事實。"準此，則八十
多年的殷墟甲骨出土的地層和坑位都無可質疑地證明：所謂"歷
組"卜辭確是武乙、文丁時期的卜辭，絕不是武丁晚年至祖庚時
期的卜辭。

　　對於上述八十多年來"歷組"卜辭出土的地層和坑位鐵證，
我們必須給予尊重和承認，因為這是客觀存在的科學事實。但是
林澐卻在《三論》發表後的第二年即 2012 年，在給周忠兵的《卡

內基博物館所藏甲骨研究》一書作的“序”中①，對蕭楠、劉一曼、曹定雲論述的殷墟出土甲骨的地層和坑位證據提出質疑，並且提出了“新”的甲骨斷代方法。綜觀他的論述，是認為考古學的“地層學”對甲骨斷代是靠不住的，祇有運用考古學的“類型學”把各類卜辭的字體“從形態順序漸變的視角排成合乎邏輯的序列”，纔能正確地對甲骨進行斷代。他說：“在類型學上建立起比較可靠的各類卜辭的演變序列，祇要肯定師組（當為‘自組’——引者按）卜辭出於殷墟一期的地層，或是黃組卜辭明確出於殷墟四期的地層，便可以確定這個序列哪一頭早，哪一頭晚。無須每類卜辭都還要一一確知其最早的出土層位來作斷代證據，而可以從每類卜辭所見的祭祀對象來確定其存在年代。”這個提法基本上否定了考古學的層位學、坑位學在甲骨（也包括其他出土物）斷代中的作用。林澐為什麼要極力否定甲骨出土的層位、坑位在斷代中的作用？為什麼要極力主張用沒有統一的分類標準，僅憑個人主觀觀察，且具有不確定性的字體進行斷代？這無疑是因為八十多年來的殷墟考古發掘地層和坑位資料，確證了所謂“歷組”卜辭絕不是早期的武丁至祖庚時期的卜辭。林澐為了否定地層學在斷代中的重要作用，在“序”中還提到了考古學大家蘇秉琦“當年研究鬥雞臺東區墓葬時，也是沒有層位關係為依據的”。查蘇先生的論著即知林氏的說法不確。蘇先生是最強調地層學在判斷出土物時代中的重要作用的，是最強調運用考古“類型學”進行斷代時必須要以地層學為依據的。他（與殷瑋璋）曾撰文《地層學與器物形態學》② 一文做專門論述。在該文中蘇先生說：“近代考古學正是運用了地層學和器物形態學（引者按：即類型學）這兩種方法，纔把埋在地下的無字‘地書’打開，並把它

---

① 林澐：“序”，周忠兵：《卡內基博物館所藏甲骨研究》，上海人民出版社 2015 年版。

② 蘇秉琦、殷瑋璋：《地層學與器物形態學》，《文物》1982 年第 4 期。

分出'篇目'和'章節'來。""如果説地層學是考古發掘工作最
基本的一個環節，這決非過分。田野發掘中揭露的任何遺存，一
般地説，都須借助於地層關係以確定其時代。如果失卻地層依據
或層位關係混亂，就會使出土的遺存失去應有的科學價值。"這就
點明了地層學在判斷出土遺物時代中的關鍵作用。對於墓葬的斷
代，蘇先生説："器物形態學是比較研究時常用的一種方法。它運
用的范圍並不局限於對器物形態作比較研究。諸如居址、墓葬或
其它遺跡的形製，都可以進行排比研究，從中尋找各種物質文化
成分在歷史進程中變化的綫索。"這是説，區別墓葬的年代也可用
"器物形態學"即"類型學"的方法。但他又特別強調："運用器
物形態學進行分期斷代，必須以地層疊壓關係或遺跡的打破關係
為依據。"蘇先生説："由於注意到一層堆積所跨越的實際年代可
能相當長，於是在同一地層中依據遺跡（如灰坑、墓葬）的打破
關係進一步區分時間的早晚。甚至沒有打破關係的墓群，也能從
墓葬排列的規律中找出先後的關係。"這裏是説，對墓葬的斷代也
是要依據墓葬等遺跡的打破關係也即是依據層位學來區分早晚的。
在運用層位學、類型學掌握了各代墓葬的排列規律後，就可以對
"沒有打破關係的墓群，也能從墓葬排列的規律中找出先後的關
係"了。可見蘇先生當年研究鬥雞臺東區墓葬時，並不是沒有層
位關係為依據的。林澐否定層位學對甲骨斷代的作用，言"衹要
肯定師組（當為'𠂤組'——引者按）卜辭出於殷墟一期的地
層，或是黃組卜辭明確出於殷墟四期的地層，便可以確定這個序
列哪一頭早，哪一頭晚。無須每類卜辭都還要一一確知其最早的
出土層位來作斷代證據，而可以從每類卜辭所見的祭祀對象來確
定其存在年代"。這種脫離了層位學衹利用祭祀對象來斷代的説法
是絕對行不通的，如對"歷組"卜辭中祭祀的對象"父丁"的所
指，就有武丁、康丁兩説，對"父乙"的所指，就有小乙、武乙
兩説。前已提及，董作賓、陳夢家早已指出，不能利用單獨的親

屬稱謂"父丁""父乙"進行斷代。但主張"歷組"卜辭提前的
學者就是利用這兩個祭祀對象作根據的，但是如果利用"歷組"
卜辭從不在早期地層出土的證據，就確鑿無疑地證明了"歷組"
卜辭提前説絕對不能成立。不衹林澐，李學勤、裘錫圭也曾對
"歷組"卜辭出土的層位提出過懷疑。① 看來，"歷組"卜辭的出
土層位，提供了"歷組"卜辭時代的科學證據，使"歷組"卜辭
提前説站不住腳了，由此導致了主張"歷組"卜辭提前論者極力
反對層位學在斷代中的作用。

　　下面，再次分析一下林澐對"歷組"卜辭出土的層位、坑位
的質疑，看其是否能够成立。

　　（四）林澐對"歷組"卜辭出土層位、坑位的質疑

　　林澐質疑的甲骨出土地層和坑位證據，一個是 1973 年小屯南
地的甲骨發掘；一個是 1986 年、1989 年、2002 年、2004 年小屯
村中、村南的甲骨發掘。

　　對 1973 年小屯南地甲骨發掘的質疑。林澐説：1975 年公佈的
小屯南地發掘報告（簡報），"所謂中期一組的單位"衹有 11 個
灰坑（引者按：即 H8、H16、H36、H37、H55、H72、H91、
H92、H95、H99、H109），"可是所出甲骨仍總共衹有 47 片"
（按：林統計不確，應為 53 片），"其中可確認為歷組二類的衹
有出自 H36 的《屯南》2077、《屯南》2078、《屯南》2079 三
版，出自 H8 的《屯南》570—571（正反面），出自 H109 的
《屯南》2772，共五版"（按：林統計不確，H8 還有《屯南》
569，共 6 版）②。他説："在小屯南地中期一組層位中連歷組二類

　　① 李學勤：《小屯南地甲骨與甲骨分期》，《文物》1981 年第 5 期。裘錫圭：《論
"歷組卜辭"的時代》，《古文字研究》第六輯，中華書局 1981 年版；收入《裘錫圭學術
文集·甲骨文卷》，復旦大學出版社 2012 年版。
　　② 根據劉一曼、曹定雲在《三論武乙、文丁卜辭》（刊《考古學報》2011 年第 4
期）文中列的"1973 年小屯南地中晚期灰坑出土刻辭甲骨統計表"知："中期三段"
（即中期一組）11 個灰坑所出甲骨共為 53 片；H8 還有《屯南》569。共 6 版刻辭。

也一共衹出這樣少的幾版，哪裏能够有力證明歷組一類和歷組二類的早晚關係呢？"對此，我們認為，證明"歷組一類"與"歷組二類"的早晚關係，不在於中期一組地層出土的"歷組二類"甲骨數量的多少，而在於它與出"歷組一類"卜辭的地層關係，以及與該兩類甲骨同出的其他類型的甲骨情況。林澐不舉"歷組一類"卜辭的出土層位，不舉與兩類卜辭共出的其他類型卜辭的情況，就斷言地層不能證明"歷組"兩類卜辭的早晚，是站不住腳的。

在《三論》中，作者説，1973 年他們"曾將小屯南地殷代遺址分為早、中、晚三期，早期與中期各分兩段。該次發掘，在五十九個灰坑中都發現了刻辭甲骨"。其出土甲骨的情況是："早期一段坑 H115，出一片時代比武丁略早的卜辭。早期二段五個坑，出自組、午組或字體似賓組的卜辭。"注意：在早期坑層中不見有"歷組"卜辭出土。"中期坑，除出少量早期卜辭外，大量出無名組與歷組卜辭。""晚期坑除出早期、無名組、歷組卜辭外，還見有黃組卜辭。"作者再次叙述了出無名組、"歷組"卜辭的中期坑。他們説："小屯南地中期有灰坑 32 個。其中，中期三段有 11 個，四段有 21 個。中期四段坑出的陶器型式較三段略晚。並且有的中期四段坑打破中期三段坑，如 H39 → H37、H85 → H99、H47→H55、H24→H36。"由其文後所附的"1973 年小屯南地中晚期灰坑出土刻辭甲骨統計表"（表見書後附錄之該文）可看到，在中期三段的 11 個灰坑中：H8 出"歷組"父丁類；H16 出習刻；H36 出無名組、"歷組"父丁類；H37、H55 出無名組；H72 出一期、無名組；H91 出自組；H92 出賓組、習刻；H95 出午組、無名組；H99 出自組、一期、無名組；H109 出"歷組"父丁類。總之，在中期三段（即中期一組）的 11 個坑中，"歷組"父丁類是與自組、午組、賓組、一期、無名組卜辭同出的，但不見有"歷組"父乙類卜辭出土。在中期四段的 21 個灰坑中：H23、H24、

H39、H103 出無名組、"歷組"（父丁、父乙類）；H31、H38、H98 出無名組、"歷組"父丁類；H47 出午組、賓組、無名組、"歷組"（父丁、父乙類）；H50、H85 出午組、無名組、"歷組"（父丁、父乙類）；H59、H74、H79、H93 出無名組；H61 出自組、午組、無名組、"歷組"父乙類；H75 出無名組、"歷組"父乙類；H80 出無名組、"歷組"父丁類；H84 出一期、無名組、"歷組"父丁類；H87 出"歷組"父丁類；H32 出一版卜辭，所屬不明；H78 是習刻。總之，在中期四段（即中期二組）的 21 個灰坑中，"歷組"父乙類是與自組、午組、賓組、一期、無名組、"歷組"父丁類同出的。因為中期三段坑中出"歷組"父丁類卜辭，不見有"歷組"父乙類卜辭出土；中期四段坑中"歷組"父丁、父乙類卜辭同出，這説明"歷組"父乙類晚於"歷組"父丁類。如果"歷組"卜辭屬於武丁晚年至祖庚時期的卜辭，"父丁"當指祖庚稱武丁，"父乙"當指武丁稱小乙，那麼，"歷組"父乙類卜辭當早於"歷組"父丁類卜辭纔對，但上述小屯南地甲骨出土的地層關係卻證明，"歷組"父乙類卜辭是晚於"歷組"父丁類卜辭的，因此，"歷組"卜辭決不是武丁至祖庚時期的卜辭，而應是武乙、文丁卜辭。正如《三論》作者所總結的："無名組與歷組父丁類卜辭，除出於晚期坑層外，見於中期四段與三段的灰坑，而歷組父乙類卜辭除出晚期坑層外，則祇出於中期四段，不見於中期三段坑"，由此可證明，"歷組父乙類晚於父丁類及無名組卜辭是有考古學依據的"。由上述小屯南地中期三段（即中期一組）坑出土的"歷組二類"即父丁類卜辭，中期四段（即中期二組）坑出土的"歷組一類"即父乙類卜辭的層位關係，有力地證明了歷組二類與歷組一類卜辭的早晚關係。因此，林澐的質疑不能成立。

對 1986 年、1989 年、2002 年、2004 年小屯村中、村南甲骨發掘的質疑。林澐説："《三論武乙、文丁卜辭》中公佈了 1986

年、1989 年、2002 年、2004 年在小屯村中和村南進行甲骨發掘的結果，歷組一類和歷組二類同出於屬殷墟文化第三期或第三期晚段（相當於小屯南地所分中期或中期二組）的各個單位，並沒有再提供歷組二類出土層位早於歷組一類的新證據。可見 1973 年發掘中歷組二類有五版見於中期一組，而歷組一類不見於中期一組，實不過是一個偶然現象，並沒有什麼層位學意義。"這段話是用 1986 年、1989 年、2002 年、2004 年村中、村南的發掘"沒有再提供歷組二類出土層位早於歷組一類的新證據"，來否定 1973 年在小屯村南發掘中歷組二類（父丁類）早於歷組一類（父乙類）的地層證據。首先，這種以一處層位未出現新證據，來否定另一處層位已出現的證據的做法，是不合乎邏輯的。其次，我們知道，在考古地層學中，有一個很普遍、很正常的現象，就是在晚期的地層或灰坑中往往會有早期的遺物出現，也即不同時代的遺物會出現在同一個層位或灰坑中，因此，"歷組一類"與"歷組二類"同出於一個層位或一個灰坑是正常的現象。而區分同一個坑層中遺物的早晚，是要根據各類遺物所特有的時代特徵，以及它們在其他遺址中的坑層關係。怎麼能夠因為在一處遺址的同一個坑層中（中期二組）同時出現了"歷組一類"與"歷組二類"，就否定了在另一處遺址中已證明了的"歷組二類"早於"歷組一類"的坑層關係呢？

第五節 "事類"證明"歷組"
不能提前

主張"歷組"卜辭的時代應該提前的學者，羅列了一些"歷組"卜辭與武丁、祖庚卜辭相同的占卜事項作證據。而主張"歷組"卜辭為武乙、文丁卜辭的學者，則舉出更詳細、更系統的事類予以反證。前者可以裘錫圭的《論“歷組卜辭”的時代》① 為代表。後者可以張永山、羅琨的《論歷組卜辭的年代》,劉一曼、曹定雲的《三論武乙、文丁卜辭》,林小安的《武乙、文丁卜辭補正》《再論“歷組卜辭”的年代》為代表②。

裘錫圭的文中列舉了賓組（可能含出組）與“歷組”相同的 20 個事例,主要涉及兩組卜辭中相同的人名從事相同的事項,有的日期也相同（我們對他釋讀的一些卜辭有存疑）。這些人名在前文中多已舉出過,如:屰、㠱、望乘、𠭯、師般、泜蔑等。可以斷言,裘氏的這些例證不具有說服力。因為關於相同的人名,前文已引張政烺和其他學者對商代“異代同名”現象的論述。關於相同的職務,張政烺先生已指出古代存在“世官制”,即一個族氏的幾代人往往在各世商王朝中從事相同的工作,舉例如卜人:永在一期、五期,㠱在一期、三期,口在一期、二期、三期,大在𠂤組、一期、二期、三期,黄在二期、五期,都供職於王室作卜官。“根據這些材料可以說永、㠱、口、大、黄等都是龜卜世家,子孫繼續擔任占卜工作,為殷王室服務。”③ 蕭楠也指出商代的職務有世襲的現象,一個族氏世代往往在王室從事相同的工作,如農業、牧業、武職等。④ 至於有的日期干支相同,這很容易解釋,因為商代是實行六十干支紀日法,一個干支日六十天一輪回,故在不記年祀、月名的情況下,很難說同一個干支日就是指的同一天。

主張“歷組”卜辭為武乙、文丁卜辭的學者,舉出了在祖先祭祀,方國、戰爭,卜王辭等方面的事例,詳細論證了“歷組”

---

① 裘錫圭:《論“歷組卜辭”的時代》,《古文字研究》第六輯,中華書局 1981 年版。

② 張永山、羅琨:《論歷組卜辭的年代》,《古文字研究》第三輯,中華書局 1980 年版;劉一曼、曹定雲:《三論武乙、文丁卜辭》,《考古學報》2011 年第 4 期;林小安:《武乙、文丁卜辭補正》,《古文字研究》第十三輯,中華書局 1986 年版;林小安:《再論“歷組卜辭”的年代》,《故宮博物院院刊》2001 年第 1 期。

③ 張政烺:《帚好略說》,《考古》1983 年第 6 期。

④ 蕭楠:《再論武乙、文丁卜辭》,《古文字研究》第九輯,中華書局 1984 年版。

卜辭與武丁、祖庚卜辭在這些事類上的差異，以證明"歷組"卜辭絕不是武丁至祖庚時期的卜辭。下面舉幾種事類做對比：

一　祖先的祭祀

1980 年，張永山、羅琨合撰《論歷組卜辭的年代》一文①，通過分析武丁卜辭和"歷組"卜辭對遠世祖先和父輩先王祭祀的不同，證明"歷組"卜辭不可能早到武丁時期。

張、羅二位指出：武丁時對遠世祖先祭祀時使用大量的人牲，如"降凸千牛千人"（《丙》124 正，即《合集》1027 正）（圖 4—24），"用三百羌于丁"（《契》245，《合集》293）（圖 4—25），"［大丁］、大甲、祖乙百岜、百羌、卯三百［牢］"（《後·上》28·3，《合集》301）（圖 4—26）。他們指出，武丁時"貞問是否一次用三百人以上作人牲的卜辭近三十條，其中對祖乙以前的祖先祭祀最為隆重，用牲也多。相對的講祭父輩用牲則稍少一些，一般一次用一——三人，十人以上較少；一次用三十人，三十牢祭父乙的僅見一例（《佚》889）"。而在祖庚、祖甲以後對遠世祖先的祭祀是："用人牲逐漸減少，武乙文丁時的卜辭一次用二百人的一例（《摭續》62），一百人的二例（《粹》190，《甲》878），用五十人的也不多（《珠》611＋629）。但對父輩的祭祀卻隆重起來，歷組卜辭中對父丁的祭祀不僅一次用百犬、百豕、百牛（《京》4065，《合集》32674）（圖 4—27），而且數見一次伐三十羌（《甲》635，795，《安明》2329，《合集》32055）（圖 4—28），十羌（《寧》1.209，《京》4069 等）作為人牲。""對父輩祭祀的隆重，不僅表現在用牲的數量上，而且還表現為祈求事類的增多。武丁時關於陽甲、盤庚、小辛、小乙的占卜雖多，但除一些例行的祀典外，最多的是貞問死去的父王是否為㞢為祟，

---

① 張永山、羅琨：《論歷組卜辭的年代》，《古文字研究》第三輯，中華書局 1980 年版。

再就是為了王的疾病，或諸婦諸子向父乙舉行卸祭。而歷組卜辭
向父丁告祭的内容卻增多了”，其告求的内容有告“桑禾”（《京
人》2366，《續存・下》747）、告“出田”（《粹》933）、告“旨
方來”（《京人》2520，《甲》810）、“告画其步”（《寧》1・
347）、告“轉众”（《後・下》38.9，《粹》369）、告“日有哉”
（《粹》55）。他們在分析了“歷組”與武丁對父輩祭祀的不同後
得出結論説：“歷組卜辭對父輩的祭祀超過了前代，這種現象與商
王王位的承繼由‘兄終弟及’和‘父子相傳’兩種形式，向‘父
死子繼’一種形式的轉變相一致。《史記・殷本紀》和卜辭所反
映的商代世系基本相合，武乙以後再無兄終弟及的記載，所以武
乙對父丁的祭祀特別隆重，正是這種歷史轉變合乎邏輯的體現。
它也雄辯的證明歷組的父丁不是武丁，而是康丁。因此，歷組卜
辭應是武乙文丁時的遺物。”他們的分析非常正確。武乙對父輩康
丁的祭祀隆重，與我們在前文列舉的在“歷組”合祭卜辭中，武
乙在合祭商人歷史上重要的祖先時，往往都要將“父丁”康丁列
在其中與之一起祭祀，正表明了對父輩先王康丁的重視，二者是
一致的。張、羅二先生的論證雄辯地證明了在“歷組”合祭卜辭
中的“父丁”是指康丁而不是指武丁，即“歷組”卜辭衹能是武
乙、文丁卜辭。

二　方國與戰事

主張“歷組”卜辭是武乙、文丁卜辭的學者，通過分析“歷
組”卜辭與賓組卜辭中的方國情況，以及這兩組卜辭中的戰事，
來論證“歷組”卜辭的時代。劉一曼、曹定雲、張永山、羅琨、
林小安等都曾對這方面的事類做過詳細論證。

1980 年，張永山、羅琨在《論歷組卜辭的年代》一文中指
出：“商王朝和周圍方國的關係，有的是聯盟，有的是敵國，它們
都有自己的興衰歷史，隨著時間的推移，過去的與國可能成為敵

國，敵國又可能轉變為與國。"他們論證了"歷組"卜辭時期與武丁時期與某些方國關係的變化情況，來證明"歷組"卜辭的時代不可能與武丁同時。

（1）舌方（即召方①）。1956 年，陳夢家在《殷虛卜辭綜述》中說："武乙時伐（引者按：此處多一"伐"字）征伐召方的規模很大：（1）王自或王侯征伐；（2）出動王族與三族；（3）出動㠯眾。"② 張、羅二位說："歷組卜辭反映的商王朝用兵主要是針對西方的舌"，有"令三族追舌方"，"令王族追舌方"（《南·明》616），"王令㠯眾㠯伐舌"（《摭續》144），"王征舌方"（《寧》1·425，1·427 等），"䧟舌方"（《寧》1·426）等，數量占這一組關於戰爭卜辭的三分之二左右，可見歷組卜辭的時代，商王朝的主要敵國是舌方"。作者指出武丁卜辭中也有關於舌的占卜，如："貞：舌屮王事"、"丙午卜，賓，貞：舌弗其屮王事"（《簠·人》98＋101，《簠·人》99＋102 同文），"壬戌卜，爭，貞：舌伐□，戈"（《丙》41），"西史舌亡囚。屮"、"西史舌其屮囚"、"舌亡囚"、"舌其屮囚"，（以上均為《丙》5）。作者說："這裏的舌是舌方的首領在商王朝任職為西史，由商王指揮對其他方國進行征伐。卜辭中反復貞問舌'屮囚'、'亡囚'，表示商王對他的重視。""'屮王事'指的是為商王效勞，其内容則包括征伐和農業生產等方面。由此得知上述幾條卜辭說明舌與商王朝是聯盟的關係，其首領人物在商王朝供事，並參加商王指揮的對其他地區的征伐。而歷組卜辭大量對舌的戰爭，標誌著舌方已經強大起來，成為商王朝的主要威脅。"這是說舌方在武丁時期與商王朝是聯盟關係，到了"歷組"卜辭時則變成了商王朝的敵國。因此，通過舌方在武丁時和在"歷組"卜辭時與商王朝的不同關係，反映出"歷組"卜辭決不會與武丁賓組卜辭屬於同一時期。

---

① 陳夢家：《殷虛卜辭綜述》，科學出版社 1956 年版，第 287 頁。
② 陳夢家：《殷虛卜辭綜述》，科學出版社 1956 年版，第 287 頁。

　　2011 年，劉一曼、曹定雲在《三論武乙、文丁卜辭》一文中，利用新發現的兩片"歷組"征伐召方的卜辭做了補充論證。這兩片"歷組"卜辭是 1986—2004 年在小屯村中南出土的：

　　　　己酉□：召〔方〕☒？ 三
　　　　己酉卜：其登人☒〔召〕☒？ 三
　　　　弜登人？
　　　　丙辰貞：于□告☒永？　　　　　　　　　　　《村中南》228
　　　　辛丑〔卜〕：三千□令☒？
　　　　辛丑卜：王正（征）刀方？
　　　　□□卜：□□令□召□〔受〕又？　　　　　《村中南》66

　　作者説："刀方，即召方①。登，即征召之意②。在已發現的伐召方的六十多條卜辭中，未見'登人'或'登人'之數目。上述兩片卜辭，既有'登人'，又見'三千'，雖然《村中南》66第一辭'三千'之後缺字，但從同版的二、三辭可推知，該辭是卜問是否命令三千人伐召方。可見武乙、文丁時期，征伐召方動用的兵員較多，戰爭規模也較大，召方確是這一時期殷王朝最主要的敵國。"

　　（2）危方。張永山、羅琨在《論歷組卜辭的年代》一文中，又舉了危方和商王朝的關係為例。他們説："歷組有'危方以牛其昇，于來甲申'（《安明》2412），貞問是否以危方貢納的牛進行昇祭，這表明危方此時是商的與國。但在武丁時關於對危方戰爭的占卜有近百條之多，如《丙》12—21 就是一套五版'王從望乘伐下危'、'王勿從望乘伐下危'的大龜腹甲，這些反復貞問商王是否親自率領大將望乘伐下危的卜辭，透露出武丁時對危方戰爭

---

① 陳夢家：《殷虛卜辭綜述》，科學出版社 1956 年版，第 287 頁。
② 于省吾主編：《甲骨文詁林》，中華書局 1996 年版，第 953—955 頁。

的重要性。"即作者通過證明危方在武丁時是商王朝的敵國，到"歷組"卜辭時則是商王朝的與國，證明"歷組"卜辭的時代決不會與武丁同時。

張、羅二位還指出"歷組"和賓組的戰争卜辭，説明在這兩個時期商王朝的征伐對象不同："方組除危方外，還有舌方、土方、羌方、夷方、巴方、曇方等不見或少見於歷組。其中方組對舌方戰争的卜辭最多……如果説歷組是武丁晚期至祖庚時的卜辭，應反映對舌方的戰争，然而歷組有關戰争的卜辭卻不見舌方的踪影。"

對舌方戰事考察最為詳密的是林小安。1986 年、2001 年，林小安先後發表了《武乙、文丁卜辭補正》《再論"歷組卜辭"的年代》兩文①，都有涉及伐舌方之事。作者從多角度詳細考察分析了武丁、祖庚時期"伐舌方"的卜辭，認為"伐舌方之役是具有特殊意義的事項，可以作為分期斷代的很好的標準"。他以伐舌方卜辭對比論證"歷組"卜辭的時代，證據堅強有力。他是從以下幾個方面進行論證的：

一是"伐舌方"卜辭中出現的卜人衆多。計有："方（《南·南》1·62）、殼（《續》3·10·2）、亘（《京》1229）、呂（《續》3·3·1）、旅（《存》1·545）、韋（《金》531）、争（《續》3·10·1）、永（《漢城大學藏骨》）、古（《存》1·570）、出（《文錄》637）等。"其中屬於賓組的有 9 人之多，屬於出組的有卜人"出"，這些卜人都是學界公認的屬於武丁、祖庚時期的卜人。而"歷組"卜辭的卜人"歷"，卻從未貞卜過伐舌方，因此，"歷"不是武丁晚年至祖庚時期的卜人。

二是貞問"伐舌方"的卜辭數量很多，據林小安統計約有 500 多條。他説："貞卜次數如此之多，説明'伐舌方'事關重

---

① 林小安：《武乙、文丁卜辭補正》，《古文字研究》第十三輯，中華書局 1986 年版；《再論"歷組卜辭"的年代》，《故宫博物院院刊》2001 年第 1 期。

大"。大量記錄"伐舌方"的卜辭是賓組卜辭，賓組屬武丁中、後期，再加上有少量的出組卜辭卜問伐舌方，因此，伐舌方戰事發生在武丁晚年至祖庚時期。而在"為數逾萬的'歷組卜辭'中卻沒有一片一辭卜問過伐舌方之事，也沒有一例同伐舌方同版"，這說明"歷組"卜辭絕不是武丁晚年至祖庚時期的卜辭。

三是"商王對'伐舌方'戰事非常重視，他不但親自出征，而且带領滿朝重臣和諸方國的軍隊一齊前往"。據林小安統計，參與過討伐舌方的大臣和諸侯眾多，計有：阜、朵、自般、沚貮、戈、申、子🔲、甫、🔲等；"'伐舌方'的戰爭規模很大，卜辭卜問一次要出動的兵力達到三千人、五千人之多"；伐舌方牽涉到的方國、地區都較多；"'伐舌方'戰事進行的時間很長，從一月到十三月各月均有卜問（當然這些不應祇是一年之內的月份），是從武丁之世一直延續到其子祖庚之世"。

林小安指出，"伐舌方"的重要戰事延續時間較長，規模較大，它發生的時間是在武丁晚年至祖庚時期，恰與主張歷組卜辭應提前到武丁晚年與祖庚時期的時間吻合。但在逾萬片歷組卜辭中，卻未見到一條卜問與伐舌方之事有關的卜辭，歷組對這種持續時間長、規模大的戰事不聞不問實屬反常。對這種現象祇能有一種解釋，即歷組卜辭根本不會是提前論者所説是武丁晚年至祖庚時期的卜辭。伐舌方之戰在賓組晚期卜辭和出組早期卜辭中是場很重大的戰役，但在歷組卜辭中卻毫無反映，因此，歷組卜辭絕不可能提前到武丁晚年和祖庚時期。林先生所論證據確鑿，所得結論非常令人信服。

林小安還指出，"伐舌方如此，武丁晚期著名的伐土方等戰事也同樣如是。宂組、出組卜辭中的征伐對象與'歷組卜辭'中的征伐對象完全不同，正是它們互不同時的有力證據。"

蕭楠在《再論武乙、文丁卜辭》一文中,[1] 更是列出一"武丁、庚甲時期同武乙、文丁時期方國關係比較表",更可使人一目瞭然。列表如下:

表 4—3　　　　武丁、庚甲時期同武乙、文丁時期方國關係比較表

時代/卜辭例證/方國名/順序號		武丁		庚甲		武乙		文丁	
		關係	卜辭例證	關係	卜辭例證	關係	卜辭例證	關係	卜辭例證
1	土方	敵	《菁》二、《菁》六			敵	《屯南》994、1015	敵	《屯南》2564
2	羌方	敵	《前》6.60.6《續》3.43.1	敵	《遺珠》349《明》83	敵	《屯南》2907		
3	方	敵	《菁》五、《前》5.28.6	敵	《南誠》77《河》573	敵	《屯南》234、776	敵	《屯南》313
4	𠂤方	敵	《甲》279《粹》1187			敵	人方《屯南》2038、4530		
5	舌方	敵	《續》1.10.3《菁》三	敵	《河》637				
6	亘方	敵	《京》2981《乙》4693						
7	龍方	敵	《乙》3797						
8	𢀛方	敵	《乙》3787《粹》1230						
9	屰方	敵	《乙》6692						

---

① 刊《古文字研究》第九輯,中華書局 1984 年版。

續表

時代/卜辭例證/方國名/順序號		武丁		庚甲		武乙		文丁	
		關係	卜辭例證	關係	卜辭例證	關係	卜辭例證	關係	卜辭例證
10	𢀜方	敵	《存》1. 627						
11	𢼸方	敵	《存》2. 300 《前》6. 28. 8						
12	𡊬方	敵	《乙》4701						
13	𤔲方	敵	《叕》19						
14	祭方	敵	《南誠》30 《乙》5317						
15	𨡔方	敵	《京》1230						
16	𢀖方	敵	《合》151 《後·上》18.3			與	《綴》334 《京》4386		
17	𠂤方	敵	《河》631 《庫》1596			與	《通》XⅡ. 1 《屯南》918		
18	馬方	敵	《乙》5408				《屯南》7 （參考）		
19	大方	敵	《合》87 《南·坊》3.61				《屯南》1209		
20	井方	與	《後·上》18.5 《後·下》37.2			敵	《粹》1163		
21	召方	與	《續》2.24.5			敵	《寧》1. 424 《屯南》38	敵	《屯南》81、2634、4103
22	𡥀方	與	《後·下》28.2 《續》4.29.1						
23	𠂤方	與	《乙》1054 《續》3.26.3						

續表

時代/卜辭例證/方國名/順序號		武丁		庚甲		武乙		文丁	
		關係	卜辭例證	關係	卜辭例證	關係	卜辭例證	關係	卜辭例證
24	钘方	與	《後·下》41.16						
25	興方	與	《丙》42《合》151						
26	𢀛方		《存》1.627						
27	𢀛方		《乙》6684						
28	冎方		《乙》2170《合》218						
29	𦍋方		《乙》7767						
30	刀方					敵	《粹》1188《安明》2719	敵	《佚》187
31	𩰍方					敵	《粹》1535《屯南》491		
32	北方					敵	《存》2.755《屯南》1066		
33	𠂔方						《屯南》2260		
34	𠣘方						《屯南》869		

　　這裏統計了 34 個方國，其中武丁時代 29 個，庚甲時代 3 個，武乙時代 15 個，文丁時代 4 個。"庚甲時代的方國關係基本上是武丁時代方國關係的繼續，文丁時代的方國關係基本上是武乙時代方國關係的繼續。""總結以上可以看出：賓、出組卜辭同武乙、文丁卜辭在方國關係上存在很多差別：方國關係對象的多少有別；作戰的主要對象有別；同一方國前後敵友關係變化有別，有的甚至由方國而成為殷王朝的版圖等，所有這些，反映殷王朝的不同

時期，在方國關係上的變化和發展。”由此可知，“歷組”卜辭絕不可能與賓組、出組卜辭時代相同。

三　所謂“卜王”辭

1981 年，李學勤在《小屯南地甲骨與甲骨分期》文中舉出幾版所謂“卜王”辭，證明“歷組”卜辭與出組卜辭時代相同。

李氏舉《南地》2100 版卜辭，該版上有兩條帶有地名𡆥的“歷組”卜辭：

丙申貞：王步，丁酉自𡆥。
戊戌貞：王于己亥步［自］𡆥①

《屯南》2100（圖 4—29）

李學勤將這兩條“歷組”卜辭與屬於出組的《文錄》666、《文錄》472、《續存·下》680 三版卜辭的日期進行連接，以證明“歷組”卜辭應該提前。查這三版出組卜辭分別是：

壬辰卜，在𡇆𡆥。

《文錄》666（《合集》24249）（圖 4—30）
癸巳卜，行貞：王賓奈，亡尤。在𡇆𡆥。

《文錄》472（《合集》24252）（圖 4—31）
□　□卜……𡆥。
甲午卜，行貞：今夕亡𡆥。在二月。

《續存·下》680（《合集》26246）（圖 4—32）

李學勤説：“按出組‘卜王’辭，有壬辰（《文錄》666）、二

---

① 李釋𡆥為賈。

月癸巳（《文錄》472）、二月甲午（《續存》下 680）在自癸、在
癸，恰與《南地》辭卜日銜接。這是歷組與出組'卜王'辭同時
的又一例子。"① 對李氏此説，我們有四點疑問：第一，上述三版
出組卜辭都不是通常所説的"卜王"辭。因為到目前為止，甲骨
學界約定俗成的，也為李氏所認可的②，即認為主要出現在出組中
的"卜王"辭的文例是祇有前辭的"干支卜王"，即如李氏證明
"歷組"卜辭應提前的"有力證據"的《屯南》2384 中的九條
"庚辰卜王"，纔能够稱作"卜王"辭。而上述李學勤列舉的屬於
"歷組"的兩條辭和屬於出組的四條辭，無一例是"干支卜王"
文例的，因此説它們是"卜王"辭不正確。第二，各辭卜問的内
容都不相同：《文錄》666 記録的祇是壬辰日"在自癸"卜問。
《文錄》472 是在"自癸"地由貞人行在癸巳日卜問商王在該地舉
行燎祭是否順利，是祭祀卜辭。《續存·下》680 上有兩條辭，上
一辭字殘，祇存兩字，一個是"卜"，一個是辭末的"癸"，"癸"
應是地名；下一辭是貞人行於甲午日卜問"今夕亡 𡆥"，是"卜
夕"辭，辭末記有"二月"。而屬於"歷組"的《屯南》2100 上
的兩條辭都是卜問商王自癸地出行的。即出組和"歷組"的六條
辭在内容上都不相同。第三，出組、"歷組"共六條辭中僅《續
存·下》680 的第二辭有月名"二月"，其他五條辭都沒有月名，
李學勤為了將各辭的日期相連接，將其他五條辭的干支日也都歸
在"二月"、即將《文錄》666 的壬辰日、《文錄》472 的癸巳日，
《續存·下》680 的甲午日和《南地》2100 的丙申日、戊戌日相
連接，這些都是沒有根據的臆連。第四，李學勤連接出組和"歷
組"四版卜辭日期的唯一根據就是地名"癸"，但僅依靠地名來連

① 《文錄》666 即《合集》24249，《文錄》472 即《合集》24252，《續存·下》
680 即《合集》26246。

② 見李學勤《小屯南地甲骨與甲骨分期》，《文物》1981 年第 5 期；《殷墟甲骨兩
系説與歷組卜辭》，載《李學勤集》，黑龍江教育出版社 1989 年版。

接日期是不严謹的，因為地名並不具有時代性，一个地名可以延續許多世代。

　　總之，李學勤僅憑上述出組、"歷組"卜辭中都有地名"𡃵"，就不顧卜辭内容的不同，把它們的干支日串連在一起，説"歷組"和出組的"卜日銜接"，以此來證明兩組卜辭的時代相同，我們認為是不能成立的。再説，商人以六十个干支循環往復記日，因此在卜辭沒有記月名，所卜事項又不相同的情況下，連接干支日並不具有可信性。所以，李學勤以上述卜辭作為"歷組"卜辭與出組卜辭時代相同的事類是不能成立的。

　　綜上所述，對"歷組"卜辭時代問題的爭論，持"歷組"卜辭為武乙、文丁卜辭的學者，給出了充分而詳實的論據：一是論證了"婦好"不是一個人的名，此論動摇了"歷組"卜辭提前論的根基；論證了商代有"異代同名"的社會現象，很好地解釋了"歷組"與賓組、出組和其他組卜辭有衆多同名現象的原因。二是對"歷組"卜辭提前論者舉出的"歷組"卜辭中的"父丁"稱謂是指武丁的論據，論證其衹是臆測而已；並舉出諸多含有稱謂的"歷組"卜辭，證明"歷組"卜辭確應是武乙、文丁卜辭。三是舉出在八十多年的殷墟考古發掘中，"歷組"卜辭的出土層位和坑位證據，證明"歷組"卜辭從未在早期地層中出現過，其出土層位和坑位都是晚於賓組、出組卜辭的出土層位和坑位的，從而確鑿無疑地證明了"歷組"卜辭絕不是早期的武丁、祖庚卜辭，而應是晚期的武乙、文丁卜辭。四是論證了"歷組"卜辭與賓組卜辭在一些事類上的不同：如對祭祀祖先的制度不同，對與諸方國的戰爭不同，對與諸與國的關係的不同等，證明了"歷組"卜辭與賓組、出組卜辭絕不可能屬於同一個時代；又對提前論者提出的"歷組"卜辭與出組的"卜王辭"有連接的所謂證據，提出諸多理由給予否定。總之，通過以上幾個事類的論證，坐實了"歷組"卜辭絕不可能是武丁、祖庚卜辭，其必定是武乙、文丁卜辭。

"歷組"卜辭提前說不能成立。

第六節 "兩系説"違背地層學

一 "兩系説"之提出

李學勤於 1977 年、1981 年相繼藉殷墟"婦好墓"的發掘和小屯南地甲骨的出土,提出了"歷組"卜辭提前論①,遭到了一些學者的反對。李為了進一步強調"歷組"卜辭屬於武丁至祖庚時期,在 1986 年中國古文字研究會第六屆年會上,提交了《殷墟甲骨分期的兩系説》一文的"摘要"②,後於 1989 年將該"摘要"擴寫成《殷墟甲骨兩系説與歷組卜辭》一文發表③。1992 年又發表了《殷墟甲骨分期的兩系説》④,該文前 1 至 12 段與 1989 年發表的《殷墟甲骨兩系説與歷組卜辭》一文的前 1 至 12 段文字全同。至此,他在"歷組"卜辭提前論的基礎上,又提出了所謂殷墟甲骨分期的"兩系説"。

李學勤在上述兩文中説,"現在提出歷組卜辭問題所藴含的新觀點",就是 1957 年他在《評陳夢家〈殷虛卜辭綜述〉》中説過的那句話,即"同一王世不見得祇有一類卜辭,同一類卜辭也不見得屬於一個王世"。這就是説,他提出"歷組"卜辭屬於武丁至祖庚時期,是符合一個王世即武丁或祖庚不祇有賓組或出組一種類型卜辭,"歷組"這類卜辭也可屬於武丁、祖庚兩個王世。他説這句話也是他提出"甲骨分期兩系説的基礎"。這裏,李學勤

---

① 李學勤:《"婦好"墓的年代及有關問題》,《文物》1977 年第 11 期。《小屯南地甲骨與甲骨分期》,《文物》1981 年第 5 期。

② 該文刊於《古文字研究》第 18 輯,中華書局 1992 年版。

③ 李學勤:《殷墟甲骨兩系説與歷組卜辭》,收入《李學勤集》,黑龍江教育出版社 1989 年版;又收入《當代學者自選文庫·李學勤卷》,安徽教育出版社 1999 年版。

④ 李學勤:《殷墟甲骨分期的兩系説》,《古文字研究》第 18 輯,中華書局 1992 年版。

"忘記"了，武丁時期並不是衹有賓組一種類型的卜辭，學者們早已證明了自組、子組、午組卜辭也屬於武丁時期（不過，李氏將子組、午組卜辭劃歸為"非王卜辭"了）。

對於提出"兩系説"的緣由，李學勤説，因為"歷組"卜辭是武丁至祖庚時期的卜辭，如果把"歷組"卜辭看成是武乙、文丁卜辭，將殷墟甲骨看成一系，就出現了"復古"的現象，而要克服這類"復古"的困難，就必須要將殷墟甲骨看成兩系。這句話明白告訴我們，他之所以要提出"兩系説"，就是要給"歷組"卜辭提前論找依據。但由前面引述的學者們的論證，已證明"歷組"卜辭並不是武丁至祖庚時期的卜辭，而是武乙、文丁卜辭，這在實際上，已經使李氏的"兩系説"失去了"基礎"。不過，我們在這裏還是要説一下"兩系説"的形成過程，並評論其是否能够成立。

討論"兩系説"之前，先要強調兩個問題。

第一個問題是，李學勤提出的"同一王世不見得衹有一類卜辭，同一類卜辭也不見得屬於一個王世"的"新觀點"，並不是李氏的"新"發現。前文已指出，早在李學勤之前，陳夢家、董作賓就已經先後證明了在卜辭斷代上存在著上述現象。陳夢家1950年代初論證了自組、子組、午組卜辭與賓組卜辭都屬於武丁時期，就已經證明了同一個王世並不是衹有一種類型的卜辭。[①] 陳先生論證自組卜辭屬於武丁晚期至祖庚時期（《綜述》第153頁）；論證賓組卜辭的時代時，指出卜人"㕓"的卜辭屬於武丁晚期並延伸到祖庚時期（《綜述》第182頁）；卜人"中"的卜辭"屬於祖庚時代而上及武丁晚期"等，都證明了一種類型的卜辭並不僅限於一個王世。董作賓在1933年發表的《甲骨文斷代研究例》中，就已指出一種類型的卜辭並不限於一個王世，

---

① 陳夢家：《殷虛卜辭綜述》，科學出版社1956年版，第四章。

他説："旅是二期、三期皆見的貞人，兎（引者按：即何）是三期貞人，但亦可以早到第二期，與旅之兼作兩期貞人一樣。"董作賓在 1955 年出版的《甲骨學五十年》中①，指出第一期卜辭（即賓組卜辭）不僅限於武丁時期，它還包含有祖庚卜辭。這些事實證明，同一種類型的卜辭並不衹限於一個王世。而李學勤提出此觀點已是在 1957 年《評陳夢家〈殷虚卜辭綜述〉》一文中。所以我們有理由認為，一個王世不是衹有一種類型卜辭，一種類型的卜辭也不衹屬於一個王世的最早的發現者，應該是董作賓和陳夢家先生。

　　第二個是關於"復古"的問題。我們知道，所謂"復古"，是當年董作賓將自組、子組、午組卜辭劃歸到文武丁之世時，看到這幾組卜辭在紀日法、月名、祀典等方面都有與武丁相同的現象，故提出"文武丁復古"一説。這個説法經國内外學者多年的研究，特別是經過陳夢家分"卜人組"的研究，以及近年小屯南地甲骨出土的層位、坑位證據，證明這幾組卜辭是屬於早期的武丁時期，糾正了董作賓的"文武丁復古説"。現在李學勤重提"復古"問題，仍然是在董氏分期的第四期卜辭中做文章。他認為董氏第四期卜辭中，除去自組、子組、午組卜辭外，剩餘的那部分卜辭，也即被他稱作"歷組"的卜辭，也有早期武丁、祖庚卜辭的特點，因此，也應該如同自組、子組、午組卜辭那樣，提前到武丁至祖庚時期，否則就無法解決第四期卜辭的"復古"問題。也就是説，如果從董作賓、陳夢家之説，將"歷組"卜辭仍看成是武乙、文丁卜辭，就是"復古"的問題還"沒有完全解決"，衹有將"歷組"卜辭也前移到武丁、祖庚時期，也即把董氏分期中的所有第四期卜辭全部移到武丁至祖庚時期，"復古"的問題纔算完全解決了。②

---

① 董作賓：《甲骨學五十年》，臺北，大陸雜誌社 1955 年版。
② 李學勤：《小屯南地甲骨與甲骨分期》，《文物》1981 年第 5 期。

關於第四期卜辭，前有董作賓、明義士、陳夢家研究過，現又被李學勤提起。董作賓、陳夢家與明義士爭論的是今稱之為"歷組"卜辭的歸屬問題；陳夢家與董作賓爭論的是自組、子組、午組卜辭的歸屬問題；今李學勤與明義士一樣，與董作賓、陳夢家爭論的仍然是"歷組"卜辭的歸屬問題。

總之，李學勤為了擺脫"歷組"卜辭在地層上遇到的困境，為了使"歷組"卜辭能够提前，為了解決"歷組"卜辭的所謂"復古"問題，就需要建立殷墟甲骨發展的"兩系説"。關於建立"兩系"的方法，李説："必須徹底採取類型學的方法，並充分運用考古發掘提供坑位和層位的依據。"[1] 李的所謂"類型學"方法，就是對字體進行分類，而所謂字體分類，就是在前輩學者利用稱謂、世系、貞人等多種斷代標準已對甲骨進行分期、分組斷代後，再對各組卜辭的字體做進一步地細分類，然後再對細分類的卜辭進行斷代。[2] 當然，如果採用這種"先用字體分類，再進行斷代"的方法，能够做到使每一片甲骨都能歸屬到某個王世，是再好不過的結果，這也是甲骨學家們追求的終極目標。但是檢查李學勤及其追隨者們"先分類，後斷代"的情況，卻發現此方法違背了分類的根基，謬誤較多（此點後文再分析）。

二　"兩系説"之構建及演變

追蹤李學勤"兩系説"的構建及演變過程，可以有助於了解他提出"兩系説"的目的。

李學勤最早提出"兩系"的概念，是在 1984 年為王宇信的

---

[1] 李學勤：《殷墟甲骨兩系説與歷組卜辭》，收入《李學勤集》，黑龍江教育出版社 1989 年版；又收入《當代學者自選文庫·李學勤卷》，安徽教育出版社 1999 年版。

[2] 李學勤的"先分類後斷代"的范圍前後有所變化：1957 年他主張對全部甲骨進行字體分類，再進行斷代（見《評陳夢家〈殷虛卜辭綜述〉》）；20 世紀 80—90 年代後，他主張在各"卜人組"内再以字體進行分類，然後再斷代。見李學勤、彭裕商《殷墟甲骨分期研究》，上海古籍出版社 1996 年版，第 21—22 頁。

《西周甲骨探論》一書所作的"序"中，他說："以發現地點而言，有的組類祇出於或主要出於小屯村北，有的組類祇出於或主要出於小屯村中和村南。在王卜辭中，祇有𠂤組村北、村南都出，其他可分為村北、村南兩系。"① 這就明確指明，"兩系説"是根據甲骨出土地點來建立的。

到 1989 年，李學勤在《殷墟甲骨兩系説與歷組卜辭》，1992年在《殷墟甲骨分期的兩系説》兩文中②，始列出兩系的組成序列。他説："所謂兩系，是説殷墟甲骨的發展可劃為兩個系統。一個系統是由賓組發展到出組、何組、黄組，另一個系統是由𠂤組發展到歷組、無名組。"

一系：賓組——出組——何組——黄組

一系：𠂤組——歷組——無名組

對這個"兩系"路綫圖，需要注意兩點：一是"歷組"被列在了"無名組"之前。二是𠂤組祇接在一系（村南系）的"歷組"之前，在另一系（村北系）的賓組之前沒有列進𠂤組，這就與他説的"𠂤組村北、村南都出"不符。這也無疑是説，𠂤組祇與"歷組"卜辭有關聯，與賓組卜辭沒有關聯。同時，這個"兩系"路綫圖，首尾不交接，各自平行發展。另外，"兩系"中不包括他所劃分的九個"字體組"中的子組、午組（李稱𠂤組），因為他認為這兩組是"非王卜辭"。

對上述"兩系"路綫圖，林澐、彭裕商有不同意見③。1989年，李學勤引述了林澐、彭裕商的意見，説："根據他們（引者按：指林、彭）的看法，𠂤組可能是兩系的共同起源，黄組可能

---

① 李學勤："序"，王宇信《西周甲骨探論》，中国社會科學出版社 1984 年版。

② 李學勤：《殷墟甲骨分期的兩系説》，《古文字研究》第十八輯，中華書局 1992年版。該文前 12 段與 1989 年發表的《殷墟甲骨兩系説與歷組卜辭》一文的前 12 段文字全同。

③ 林澐：《小屯南地發掘與殷墟甲骨斷代》，《古文字研究》第九輯，中華書局 1984 年版。彭裕商：《也論歷組卜辭的時代》，《四川大學學報》1983 年第 1 期。

是兩系的共同歸宿。這無疑是極有啟發的。"① 到了 1996 年，李在與彭裕商合著的《殷墟甲骨分期研究》② 一書中，就採納了林澐、彭裕商的意見，説："自組卜辭村南、村北均有出土，是兩系共同的起源，自賓間組祇出村北，自歷間組祇出村南，纔開始分兩系發展，往後賓組、出組、何組、黃組為村北系列，歷組、無名組、無名黃間類為村南系列，無名黃間類以後，村南系列又融合於村北系列之中，黃組成為兩系共同的歸宿。"③ 即這時"兩系"的組成是：

　　（村北）　自組→自賓間組→賓組→出組→何組 → 黃組
　　（村南）　└→自歷間組→歷組→無名組→無名黃間類↑

　　這裏的"兩系"是集甲骨發現地點和字體演變共同設置的，即各系是靠字體進行連接的。與 1984 年的"兩系"路綫圖比較，有了如下的變化：一是將自組列為南、北兩系的共同起源；二是為了使自組與村北系的賓組連繫，提出了"自賓間組"，為了使自組與村南系的"歷組"連繫，又提出了"自歷間組"；三是為了使村南系的無名組與村北系的黃組連接，提出了"無名黃間類"（注意是"類"不是"組"，"類"與"組"如何分別？作者沒説）。如此安排之後，南、北兩系的首、尾就都相連接了。這樣的安排，總使人懷疑其是否與實際情況相符，因為畢竟自組與賓組、自組與"歷組"，在字體風格上相差太遠。如此安排又使人感覺以字體分類可以隨意所為，可以任意分"間組"、分"間類"。同時，"組"與"類"之間，"間組"與"間類"之間，劃定的標準是什麼？讀者不明就理，無法掌握。這種祇有提出者自己纔清楚的分組、分類法，如何推廣用於斷代？我們至今沒有見到提出

---

① 李學勤：《殷墟甲骨兩系説與歷組卜辭》，收入《李學勤集》，黑龍江教育出版社 1989 年版。又收入《當代學者自選文庫‧李學勤卷》，安徽教育出版社 1999 年版。
② 李學勤、彭裕商：《殷墟甲骨分期研究》，上海古籍出版社 1996 年版。
③ 李學勤、彭裕商：《殷墟甲骨分期研究》，上海古籍出版社 1996 年版，第 305—306 頁。

者對分"間組""間類"的標準給出明確的解答。我們還覺得，所謂"自賓間組""自歷間組""無名黃間類"，就等於是承認自組與賓組之間，自組與"歷組"之間，無名組與黃組之間，在字體風格和字體特徵上是存在著明顯差異的，提出者祇有弄出所謂"間組""間類"，纔能夠起到將兩組卜辭連接起來的緩冲作用。這確實令人不解，提出者居然能夠把自組卜辭的字體同時與賓組卜辭和"歷組"卜辭的字體都連在一起，這就更使人感覺到其主觀臆測的成分太多。由下文就可以看到，他們所謂的"間組""間類"，都是可以隨意變動的。

2008 年，李學勤發表了《帝辛征夷方卜辭的擴大》一文，該文對"村南系"的組合做了較大改動。一是把"村南系"改為"村中、南系"，即把在村中發現的甲骨也歸到"村南系"中；二是把"村南系"的"無名黃間類"卜辭改稱作"無名組晚期"卜辭（由此看來，所謂"間類"卜辭是可有可無的）；三是由於沒有"無名黃間類"了，所以改"村南系"的"無名組晚期"卜辭不與"村北系"的黃組卜辭連接了，而是"村南系"自始至終是與"村北系"並列發展的。這個改動不可謂不大。

李學勤在該文中是通過證明"無名組晚期"卜辭（即原來的"無名黃間類"卜辭）中的征夷方與黃組帝辛時的征夷方是一次戰役，來證明"無名組晚期"卜辭就是帝辛卜辭。由此説明"村中、南系"並沒有像原來路綫圖所説的"無名黃間類以後，村南系列又融合於村北系列之中，黃組成為兩系共同的歸宿"，而是"村南系"自始至終是獨立發展的，並沒有融合於村北系的黃組中。由此看來，李改稱"無名黃間類"卜辭為"無名組晚期"卜辭，明顯是為了切斷無名組卜辭與黃組卜辭之間的聯繫，使無名組卜辭與黃組卜辭脱離干系，也即使"村南系"與"村北系"脱離干系。李這樣做，證明了所謂"間類""間組"卜辭的劃分，並沒有什麼標準可言。這樣，他的"兩系"路綫圖就變成了如下的樣子：

（村北系）　自組→自賓間組→賓組→出組→何組→黃組

（村中、南系）└─→自歷間組→歷組→無名組→無名組晚期

　　這個路綫圖，一是將原來的"村南系"改爲"村中、南系"，他說："村中、南系卜辭從'自歷間組'、歷組、無名組到無名組晚期，構成一貫的序列"①。二是將原來的"無名黃間類"卜辭"包含的年代大致從武乙到文丁"，在改稱作"無名組晚期"卜辭後，其包含的年代就延續到了帝辛時期。② 三是"村中、南系"最後不再與"村北系"匯合統歸到黃組了，而是自始至終是與"村北系"平行發展的。這個"兩系"路綫圖祇採納了林澐、彭裕商的"自組可能是兩系的共同起源"一説，屏除了他們的"黃組可能是兩系的共同歸宿"的意見。③ 屏除無名組晚期卜辭與黃組卜辭最後融合，其本意當是要徹底否定殷墟甲骨最終是歸於一系的。這也就是説，自盤庚遷殷後，或者説至少是從武丁開始，祖庚、祖甲、廪辛、康丁、武乙、文丁、帝乙、帝辛九位商王，都是有"村北"，"村中、南"兩個占卜機關在運作（村中、南的機關是設在村中還是設在村南？）。在這種情況下，各世商王是怎樣安排各占卜機關的占卜事項的呢？何況我們從各組卜辭的各個方面都可以看到，所謂同一時期的各組卜辭，村北和村中、南所卜怎麼有那麼多不相同呢？它們真的是一個時代的嗎？這些都是頗令人費解的。

　　以上是李學勤構建的"兩系説"及其演變過程。李氏之所以

─────────────

　　①　李學勤：《帝辛征夷方卜辭的擴大》，《中國史研究》2008 年第 1 期。

　　②　李學勤、彭裕商：《殷墟甲骨分期研究》，上海古籍出版社 1996 年版，第 305 頁。李在《帝辛征夷方卜辭的擴大》一文中對宋鎮豪、劉源在《甲骨學殷商史研究》（福建人民出版社 2006 年版）書中主張"無名組晚期"卜辭屬武乙、文丁的意見提出了異議。

　　③　李學勤 2008 年對"兩系説"中"村中、南系"的卜辭名稱和發展路綫的改動，似乎並沒有引起林澐的注意，這反映在他 2013 年發表的《評〈三論武乙、文丁卜辭〉》一文中，該文發表在《出土材料與新視野》，臺北"中研院"2013 年版。

要提出殷墟甲骨發展的"兩系説"，按他的説法，是因為"歷組"卜辭是武丁至祖庚時期的卜辭，如果把"歷組"卜辭看成是武乙、文丁卜辭，將殷墟甲骨看成一系，就出現了"復古"的現象，而要克服這類"復古"的困難，就必須要將殷墟甲骨看成兩系。這句話明白地告訴我們，李提出"兩系説"的緣由，就是要給"歷組"卜辭提前論找依據。也就是説，"歷組"卜辭提前論，遇到了甲骨出土地層的困境，沒辦法解釋"歷組"出土在晚期地層的現象，於是乎就在甲骨出土的地區上找出路，遂提出有南、北兩系發展的説辭。那麼，殷墟甲骨真的如李學勤所説是有村中南、村北兩系嗎？也就是"兩系説"能够成立嗎？

三　"兩系説"不能圓"歷組"提前説

分析"兩系説"能否成立，需要解決六個問題：一是自組卜辭是否為"兩系"的共同起源。二是何組與黃組卜辭的字體是否密接。三是關於"自歷間組"卜辭。四是無名組、"歷組"、自組卜辭的出土情況。五是無名組卜辭與"歷組"卜辭時代的先後。六是"無名組晚期卜辭"是否已延伸至帝辛時期。下面依次分析這六個問題。

（一）自組卜辭是否為"兩系"的共同起源

為了弄清楚自組卜辭是否為"兩系"的"共同起源"，就需要弄清楚自組卜辭的時代。關於自組卜辭的時代，主要有四種意見：一種是董作賓的武乙、文丁説（見前文），此説現已基本上被學界拋棄。第二種意見是貝塚茂樹、伊藤道治的武丁時期説[①]。第三種意見是陳夢家、蕭楠的武丁晚期（至祖庚）時期説[②]。第四

[①]　貝塚茂樹、伊藤道治：《甲骨文斷代研究法之再檢討》，《東方學報》第23冊，1953年。

[②]　陳夢家：《殷虛卜辭綜述》，科學出版社1956年版，第145—155頁。蕭楠：《安陽小屯南地發現的"自組卜甲"——兼論"自組卜辭"的時代及其相關問題》，《考古》1976年第4期。

種意見是李學勤、彭裕商的武丁早期至中期（偏早）説。後三種意見的基本認識都認為屬於武丁時期，分歧在於是屬武丁早期中期還是晚期（並延伸到祖庚時期）。

陳夢家對自組、賓組兩組卜辭的稱謂、字體、紀時法、卜辭形式、祭法等五個方面做了比較研究（見前文），他説："自組卜辭按其內在所表示的時代性乃是屬於武丁的，所以像 E16 和 B119 等坑都是一坑之中自組卜辭與賓組卜辭並見。在這些坑中，可能有祖庚卜辭，沒有祖甲以及其後的卜辭。"（《綜述》第 155 頁）自組卜辭是"屬於武丁的晚期"的，"自組在它本來的地位（武丁之晚葉），上承早期的武丁（賓組卜辭），下接祖庚卜辭"（《綜述》第 155 頁）。"自組大部分和賓組發生重疊的關繫，小部與下一代重疊，它正是武丁和祖庚卜辭的過渡。"（《綜述》第 153 頁）即陳夢家證明了自組卜辭是晚於賓組卜辭的，是武丁晚期至祖庚時期的卜辭。[①] 這就從卜辭內容和坑位上證明了自組卜辭上接的是賓組卜辭，而不是賓組卜辭上接的自組卜辭；也證明了自組卜辭下接的不是"歷組"卜辭而是出組的祖庚卜辭。

陳夢家又指出董作賓定自組為文武丁卜辭，除了有自組稱"唐"為"大乙"一個證據外，還有一個就是根據出土區位，也即董氏以所謂"坑位"來定其時代。陳説："自組卜辭在村南大道旁（36 坑一帶）出土不少，他（按：指董氏）把村南和村中廟前混合為一區，認為祇出三、四期卜辭，因此定自組卜人為文武丁的。"（《綜述》第 155 頁）這就指明了董作賓以甲骨出土地區，將村南、村中合為一區，認為村中、南祇出三、四期卜辭，所以纏錯劃自組卜辭為文武丁卜辭的，這就指明了利用卜辭出土地區推斷卜辭的時代是錯誤的。如今李學勤造出所謂"兩系"，正是重蹈了董氏的覆轍，將村中、村南合為一區，看成一系，但奇怪的

---

①　陳夢家：《殷虛卜辭綜述》，科學出版社 1956 年版，第 145—155 頁。

是李氏沒有把出在村南的"歷組"卜辭定在第四期，而是定在了第一期晚至第二期①。

1976 年，蕭楠發表了《安陽小屯南地發現的"自組卜甲"——兼論"自組卜辭"的時代及其相關問題》一文②，該文以 1973 年在小屯南地發現的自組卜甲的"出土的坑位和卜辭本身的特徵為依據，並結合有關材料"，來論證自組卜辭的時代。作者分析了這次出自組卜甲的 T53（4A）層的坑位關係，説："T53（4A），其上為 T53（3B）和 T53（4）疊壓，被 H91 和 H110 打破，其下則疊壓著 H111 和 H112；而 H110 又被 H102 打破。""從地層和共存的陶片來看，其中 H91、T53（3B）、T53（4）屬小屯南地中期（相當於康丁、武乙、文丁時代），H111 和 H112 屬小屯南地早期（相當於武丁時期）。而 T53（4A）所出鬲、簋、罐等陶片形製基本上和小屯南地早期器形相似。H110 打破 T53（4A），但又被 H102 所打破，表明 H102 要比 H110、T53（4A）的時代晚些。H110 所出陶片甚少且碎，難以為據；但 H102 出土了大量陶片和不少可復原的陶器，則彌補了 H110 的不足。僅從 H102 所出鬲、簋、盆、罐等陶器的形製看，其時代要早於小屯南地中期又稍晚於小屯南地早期。從而為 T53（4A）的相對時代及其下限提供了有力佐證。"

同時，作者"再從過去安陽小屯出'自組卜辭'而地層關係比較清楚的 E16、YH006、B119 等坑看，'自組卜辭'除了與'子組卜辭'或少數性質未定的卜辭同出外，大量的與武丁時期的'賓組卜辭'同坑而出。例如 E16 坑，除了在該坑的上部發現兩片二期卜辭（實為一片，因《甲》2942、2943 可綴合），坑底發

---

① 李氏在 20 世紀 60 年代前是將自組卜辭，還有子組、午組卜辭定在帝乙時代的，見《小屯南地甲骨與甲骨分期》，《文物》1981 年第 5 期。《帝乙時代的非王卜辭》，《考古學報》1958 年第 2 期。

② 蕭楠：《安陽小屯南地發現的"自組卜甲"——兼論"自組卜辭"的時代及其相關問題》，《考古》1976 年第 4 期。

現少量'子組卜辭'外，從坑的下層至上層，'𠂤組卜辭'均與'賓組卜辭'同出，而且從坑中出的陶器和銅兵器等形製看，是屬殷墟文化早期，即武丁時代。""又如 YH127 灰坑中共出 17096 片甲骨，絕大多數是'賓組卜辭'，還有少量'子組'、'午組'、'𠂤組卜辭'。該坑地層時代較早。從坑中甲骨堆中伴出的一片陶簋口沿觀察，似屬小屯南地早期（即大司空村 I 期）。""再如墓331 中所出一片卜骨（見《乙》9099），上面的刻辭似'𠂤組卜辭'的字體。該墓所出成組青銅器，如鼎、斝、觚、卣的形製、花紋特徵，都屬殷墟文化早期（即大司空村 I 期，亦即武丁時代）。"作者總結說："從上述的地層、坑位關係的分析可以看出：'𠂤組卜辭'的時代絕不可能是在第三期以後（即廩辛、康丁時代）和在武丁以前，而是屬於武丁時代。"

作者進一步論證"'𠂤組卜辭'的稱謂和武丁'賓組卜辭'有許多相同"；𠂤組卜辭的人物不少與賓組卜辭相同；𠂤組卜辭的字體"與'賓組卜辭'有密切關係"，有"𠂤、賓兩組字體同見於一版"；𠂤組卜甲的鑽、鑿、灼"特徵亦與武丁時代'賓組卜甲'的鑽、鑿形狀較相近"。因此，"從上面卜辭本身的分析中可以看出：'𠂤組卜辭'在稱謂、人物、字體和鑽、鑿形式等諸方面，都與'賓組卜辭'有許多相同之處，有著密切的聯繫。這說明'𠂤'、'賓'兩組卜辭在時代上是相近的。這與從 T53（4A）所處的地層關係的分析中所得出的結論是一致的。因此，我們認為'𠂤組卜辭'的時代應屬武丁時期"。隨後作者又指出："但另一方面，𠂤組卜辭又和第二期祖庚、祖甲卜辭有一定的關係。例如：在 T53（4A）：146 和 T53（4A）：147 兩版卜甲中，都見用'又'字作為祭名（即侑祭），在其他的'𠂤組卜辭'中，侑祭出、又兩字都是通用的。'又'祭，在'賓組卜辭'中僅是特例，可是在第二期祖甲卜辭中則是常見的形式；'𠂤組卜辭'在字體上既有許多地方與'賓組'相似，但又出現了二期以後的新形式。

還有在《庫》1248 中見到'自組'卜人扶與卜人中同版等。卜人中是屬第一期（即武丁時代）和第二期前半葉（即祖庚、祖甲時代的前半葉）的人，亦説明'自組卜辭'的時代是具有承上（武丁）啟下（祖庚）的作用。這與地層 T53（4A）① 下仍疊壓小屯南地早期的灰坑（H111、H112）的情況亦相符合。從這些迹象來看，'自組卜辭'的時代似屬武丁晚期。"我們認為應該是已延續到第二期祖庚時期。

　　總之，根據陳夢家、蕭楠等人對自組卜辭的研究，特別是根據蕭楠提供的 1973 年在小屯南地發現的自組卜辭出土的地層、坑位關係，確鑿無疑地證明了自組卜辭的時代是在武丁晚期，其下限已到祖庚時期。而且與自組卜辭同坑而出的是賓組、子組、午組卜辭，從不見自組卜辭與"歷組"卜辭在早期坑層中同坑而出的現象。因此，從自組不早於賓組，也與"歷組"無涉的情況看，它根本不是什麼"兩系"的共同起源。"兩系説"者為了自己構想的"完美"路綫圖，而設自組卜辭為"兩系"的共同起源，是經不起自組卜辭出土的層位、坑位和卜辭本身特徵的檢驗的，因此是不能成立的。

　　李學勤、彭裕商為了構建"兩系説"，為了使"歷組"卜辭與第一期卜辭能挂上鈎，就提出自組卜辭是"兩系"的共同起源這一觀點。為此就必須要使自組卜辭的時代處在武丁早期，即在賓組卜辭之前，這樣纔能使自組卜辭下接所謂"村北系"的賓組卜辭和"村中、南系"的"歷組"卜辭，從而使"歷組"卜辭提前論變得有根據。1996 年，在他們合著的《殷墟甲骨分期研究》一書中，他們將自組卜辭依字體分成大字類和小字類（各類中又再分出若干小類，見後文）。這裏我們不打算對他們的繁複"論證"進行分析，祇看他們得出的結論。對"大字類"，他們主要

---

　　① 收入蕭楠《甲骨學論文集》中的該文，此處作"T43（4A）"，疑是"T53（4A）"之誤。

根據字體和人物"推測"其"大致應為武丁早期之物，其下限至多能晚到武丁中期偏早"，對"小字類"，他們"推測""其上限可到武丁早期"，"下限至多到武丁中期"，即兩類卜辭的時代基本一致，祇差下限一個是到"中期偏早"（大字類），一個是到"中期"（小字類）。但這樣規定後，自組卜辭可能和賓組卜辭能够連繫上，但是和"歷組"卜辭的連繫就成問題了，因為他們認定"歷組"卜辭是武丁晚期至祖庚早期的卜辭，現在自組卜辭最晚祇到武丁中期，它怎麼能和處在武丁晚期的"歷組"卜辭連繫上呢？更何況他們把有人提出的用來連繫自組和"歷組"的所謂"自歷間組"卜辭，劃歸到了"附屬於自組"，即是自組卜辭。[①]因此，他們想用自組卜辭與"歷組"卜辭挂上鈎的目的沒有達到。這裏需要提及的是，他們說"附屬於大字類的卜辭與大字類同卜同版，關係密切，二者必有一段重合時間，其上限應在武丁早期。但另一方面，這類卜辭提到的人物有弓、雀……弓、雀則是自組小字類和早期賓組常見的重要人物……這透露出本類卜辭比上述大字類要晚一些。"但晚到什麼時候，是晚到小字類還是與早期賓組卜辭同時？作者沒有言明，難言之隱可見，即要避開自組卜辭有晚到賓組的可能。何止是"大字類"與"大字類附屬""同卜同版"，作者給出的時代不相同，他們對舉出的大字類與小字類有同版的七例，即《合集》19871、19921、19965、20046、20088、20233、20345，在斷代時，他們也是對這些同版不同字類的卜辭給予不同的斷代，認為小字類的上限晚於大字類。這裏有個疑問，他們這樣的細分類細斷代為什麼不用在被他們認為是"為論證歷組的年代提供了最好的證據"的《屯南》2384 版卜辭上[②]，他們說《屯南》2384 版胛骨上是出組卜辭與"歷組"卜辭同版，對這種字體明顯不同類的卜辭，他們卻說是同屬於一個時代的，即用

---

①　李學勤、彭裕商：《殷墟甲骨分期研究》，上海古籍出版社 1996 年版，第 77 頁。

②　李學勤：《小屯南地甲骨與甲骨分期》，《文物》1981 年第 5 期。

它證明"歷組"卜辭與出組卜辭是同時的。可見他們的分類與斷代是採取雙重標準的。

（二）何組與黃組卜辭的字體是否密接

"兩系説"者將無名組卜辭、"歷組"卜辭從傳統的卜辭發展序列中抽出，放到自創的所謂"村中、南系"，將賓組、出組、何組、黃組放在所謂"村北系"。由於抽出了無名組、"歷組"卜辭，就使"村北系"的何組卜辭直接與黃組卜辭連接了。這個連接能否成立呢？

對此，劉一曼、曹定雲從字體的演變上給予否定。① 他們説："兩系中上下銜接的各組卜辭應當是年代相承襲，字體一脈相承，中間沒有缺環，但是何組與黃組卜辭的聯繫不是緊密的，兩者之間有一定的空隙。這點，'兩系説'的學者已經注意到了。但他們指出，何組與黃組之間還有一批過渡的卜辭，《安陽侯家莊出土的甲骨文字》中的第9—42片就屬於此種卜辭，它的字體較何組三類帶有更多的晚期特徵。這批過渡性的甲骨卜辭在殷墟是存在的，袛是尚未在小屯出土而已。"② 劉、曹二位對此説予以反駁，他們説："這種推測根據不足。蔣玉斌博士研究了侯家莊第9—42片甲骨，他認為那是另一種子卜辭（即非王卜辭），不屬於王卜辭之列。蔣的看法是有道理的。王卜辭與子卜辭是性質不同的卜辭，不應當將侯家莊的'子卜辭'拿來填補小屯'兩系説'中王卜辭的空白。"我們認為，如果侯家莊出土的甲骨文字屬子組，其時代應該是在武丁時期，與屬晚後的何組卜辭無涉。還有就是未見李、彭二氏對何組卜辭屬於廪辛時代有疑問，那麼，如果何組卜辭與黃組卜辭能夠連接，何組卜辭就經歷了廪辛、康丁、武乙、文丁、帝乙五王，即使按《夏商周斷代工程1996—2000年階段成果報

---

① 劉一曼、曹定雲：《三論武乙、文丁卜辭》，《考古學報》2011年第4期。

② 劉一曼、曹定雲：《三論武乙、文丁卜辭》，《考古學報》2011年第4期。見李學勤、彭裕商《殷墟甲骨分期研究》，上海古籍出版社1996年版，第306頁。

告》，廩辛、康丁各平均在位 11 年，武乙 35 年，文丁 11 年，加起來也有 68 年之久，比武丁的 59 年還長，卜辭數量與在位年數不成比例，不可信。

（三）關於"自歷間組"卜辭

"兩系説"者為了使"歷組"卜辭能够與第一期卜辭挂鈎，不但説自組村南、村北都出，是兩系的共同起源，而且為了使自組卜辭與村南的"歷組"卜辭能够連接起來，就用了"自歷間組"（或"歷自間組"）卜辭。但由前述出大量自組卜辭有明確坑位記載的可知，一坑中，要麽整坑都是自組卜辭（36 坑、YH044 坑），要麽是自組與賓組卜辭的混合（E16 坑），要麽是自組與賓組、子組、午組卜辭的混合（119 坑、YH006、YH127①），從不見有自組和"歷組"卜辭在早期坑層中混合出土的情況。這就無疑表明了自組與賓組、子組、午組卜辭的時代相近，而不見自組與"歷組"卜辭在早期灰坑中同出，就無疑表明了自組與"歷組"卜辭的時代相距較遠。

"兩系説"者卻不顧自組卜辭與"歷組"卜辭的出土坑位情況，提出有所謂"自歷間組"卜辭，欲用"自歷間組"卜辭將時代相隔較遠的"歷組"卜辭與自組卜辭連接起來。如李學勤在《殷墟甲骨兩系説與歷組卜辭》②一文中，舉出下面兩版卜辭：

（1）《甲編》2904，李氏説該版胛骨是"自組卜辭，右下隅刻干支表一行，屬自組的一種特殊字體，有學者稱之為'歷自間組'或'自歷間組'"（按：此片即《合集》20354）。

（2）《庫方》972，胛骨，李説該版是"'自歷間組'卜辭，左下隅刻干支表一列，系歷組字體"（按：此片即《合集》40866）。

---

① 董作賓將自組等組卜辭定為文武丁卜辭，但他對 YH127 坑中自組與賓組同坑而出不能做出解釋（見《乙編·序》）。

② 李學勤：《殷墟甲骨兩系説與歷組卜辭》，收入《李學勤集》，黑龍江教育出版社 1989 年版。

李氏舉出這兩版卜辭是要證明"自歷間組"卜辭與"歷組"卜辭同版,從而證明"歷組"和自組在字體上是有密接的。我們檢查了第(1)辭《甲編》2904,與自組卜辭同版的一行干支表,不是"屬自組的一種特殊字體",其字體實際上與自組卜辭並無多大差別。"兩系説"者説其是"自歷間組",實在是根據自己的需要所做的強分。第(2)例《庫方》972 左下的一列干支表,實是習刻,不足為據。

由上述兩例卜辭可以看到,李學勤對刻在同一版甲骨上,字體差別本不大的卜辭,為了需要,就借口是"特殊字體",將其強分出所謂"自歷間組",這是令人難以接受的。正如李氏自己在該文中所説,卜辭中"字體不同的刻辭共存於一版甲骨,並不多見,而且大多是細微的差別,仍可列於同組。不同組的兩種字體並存,非常罕見"①。這確實是實話。那麼,從這種"非常罕見"的,衹有"細微的差別"的,"仍可列於同組"的卜辭中要強分出另一個"間組",其分組標準是什麼?要對這種可分可不分的字體再分出什麼"間組",就衹能是憑個人的意願了。而且,由於"不同組的兩種字體並存"的甲骨"非常罕見",那麼分出的所謂"間組"卜辭能有幾版呢?如果自組和"歷組"真的是時代相接的,那麼,這兩組卜辭不但要在字體上相近的有很多版,而且要如同陳夢家、蕭楠對自組與賓組卜辭的時代做的研究那樣,要對自組與"歷組"卜辭在內容上,即在稱謂,紀時法,卜辭形式,祭法,鑽、鑿、灼等方面進行全方位的比較研究,纔能够得出自組與"歷組"如同自組與賓組那樣有許多共同之處,如此纔能够證明自組與"歷組"的時代相接,而不能僅憑個人的主觀推測找出幾版所謂字體同版的"間組"卜辭(何況所舉兩版上都是干支表),就能證明得了的。更何況考古發掘的坑位已經確證了自組與"歷

① 李學勤:《殷墟甲骨兩系説與歷組卜辭》,收入《李學勤集》,黑龍江教育出版社 1989 年版。

組"卜辭從未在早期灰坑中共同出現過，已經確證了它們的時代相距久遠。①

總之，自組卜辭沒有與"歷組"卜辭在早期灰坑中同坑而出的情況，考古發掘的坑位、層位證據證明這兩組卜辭的時代相距久遠。因此，提出所謂"自歷間組"卜辭來連接自組卜辭與"歷組"卜辭，是沒有坑位、層位證據作根基的。而所謂的"自歷間組"卜辭是提出者將自組卜辭與"歷組"卜辭的字體生拉硬拽地扯到一起，這是絕對不能令人信服的。由此證明，自組卜辭與所謂"村中、南系"的"歷組"卜辭在時代上是絕不可能相接的。

（四）無名組、"歷組"、自組卜辭的出土情況

"兩系說"者在"村中、南系"（或簡稱"村南系"）安排的卜辭發展順序是：歷組→無名組→無名組晚期，如不包括前面的自組卜辭，這個序列實際上就祇有"歷組"與無名組兩組卜辭。該序列將原屬於第四期的"歷組"卜辭與原屬於第三期的無名組卜辭次序顛倒，並使"歷組"卜辭提前至第一期晚段至第二期早段，與"村北系"的賓組晚期卜辭和出組早期卜辭時代相同。該序列還從第三期無名組卜辭中再分出個"無名組晚期"卜辭，稱這部分卜辭的時代與黃組帝辛卜辭時代相同，這樣，無名組卜辭的時代就從康丁一直延續到帝辛，跨康丁、武乙、文丁、帝乙、帝辛五個王世，如此，無名組卜辭就與"村北系"的何組、黃組卜辭的時代相同了。這個序列的結果就是"村北系"、"村中、南系"都沒有第四期卜辭了，也即如李學勤自己所說："既然歷組和自組等都不屬於武乙、文丁時期，原來認為第四期的卜辭便抽空了。"② 抽空第四期卜辭，李氏就要尋找"真正的武乙、文丁卜辭"，他說第四期卜辭應該"是何組、無名組與黃組之間的類型"。

---

① 據夏商周斷代工程專家組《夏商周斷代工程1996—2000年階段成果報告（簡本）》（世界圖書出版公司2000年版），武丁至文丁相距149年。

② 李學勤：《小屯南地甲骨與甲骨分期》，《文物》1981年第5期。

他舉出"真正的"武乙卜辭有《甲》495、《甲》729①、《庫》985＋1106、《南地》2281、2172、2323、2136、2405、2917；"真正的"文丁卜辭有《南地》3564、《南北》輔 61，"《南地》附錄的 1971 年小屯西地出土卜骨"（按：共 10 版）、《續存》下 915，及黃組周祭中有一組應屬於文丁時期（按：袛有 9 版②）。我們即使都接受上述李學勤所説的真正的武乙、文丁卜辭，其數量也是袛有 30 多版，實在是太少了！

　　依據李學勤領導撰寫的《夏商周斷代工程 1996—2000 年階段成果報告》（簡本）③ 中的"夏商周年表"，祖庚、祖甲、廩辛、康丁四王共在位 44 年；武乙在位 35 年，文丁在位 11 年，武乙、文丁加起來共在位 46 年，他們的在位年數超過了祖庚、祖甲、廩辛、康丁四王的在位年數。因此，武乙、文丁的卜辭數量理應與前四王的卜辭數量不相上下。前四王的卜辭含有出組、何組、無名組三個組，其卜辭數量僅以收入《甲骨文合集》的做粗略計算，也有 9400 多片；如果再加上"歷組"劃歸到祖庚的部分，不算小屯南地新出土的幾仟片，僅以《合集》收入的計算，也有 3370 多片。這樣，四個王在位 44 年加起來的卜辭數量就有近 13000 片。這與李學勤上面指定的在位 46 年的"真正的"武乙、文丁卜辭僅僅袛有 30 多片的數量比較起來④，相差是何等的懸殊！卜辭數量的巨大差異，也折射出李氏將"歷組"卜辭前移必有問題。

　　李學勤説，他建立"兩系説"的方法，一個是靠考古學的"類型學"，也即字體分類。另一個是靠考古發掘的坑位和層位關

---

① 李説：董作賓在《甲骨文斷代研究例》中已指出《甲》495 和《甲》729 是武乙卜辭。

② 據我們復原的周祭祀譜，屬於文丁的周祭卜辭袛有 9 版。見常玉芝《商代周祭制度》（增訂本），綫裝書局 2009 年版。

③ 據夏商周斷代工程專家組《夏商周斷代工程 1996—2000 年階段成果報告（簡本）》，世界圖書出版公司 2000 年版。

④ 即使加上我們論證的"祊祭"卜辭中的文丁卜辭也僅有不到 20 版。

係。關於字體分類的問題，放在後文再做討論。現在先看他所説的"考古發掘提供的坑位和層位依據"。

前已論述，"坑位"和"層位"在考古學中占有重要的地位，它們對判斷出土物所屬的時代起著非常關鍵的作用。但是對"坑位"的理解和如何利用坑位斷代，在中國考古學史上卻是有個認識和發展過程的。

1928 年，中央研究院開始對殷墟進行科學考古發掘，這裏所説的"科學發掘"是相對於過去小屯村民的自掘而説的。根據現在的考古學發展狀況可以看到，當時的發掘還算不上很科學，因為當時還沒有掌握科學的地層學、坑位學知識。1933 年董作賓發表《甲骨文斷代研究例》，首次系統地提出甲骨斷代的十項標準，其中有一項是"坑位"（第 6 項）。但董先生所説的"坑位"，和我們今天所説的"坑位"是不相同的。今天我們所説的"坑位"，是指灰坑所在地層的縱向位次，而董先生所説的"坑位"，卻是指灰坑在地表平面上的位置，也即是説是在人為劃分的發掘"區"的區位。對於董先生"由出土的坑位，定甲骨文字的時期"的斷代方法，早在 1956 年，陳夢家就一針見血地指出："所謂坑位應該和'區'分別，A、B、C、D、E 等區是為發掘與記錄方便起見在地面上所作人為的分界，並非根據了地下遺物的構成年代而劃分的。"他還特別告誡"坑以外我們自得注意層次"。他還説："我們説某坑出土的甲骨屬於某某期，必須根據了卜辭本身的斷代標準，如卜人、稱謂、字體、文例等等，這些斷代標準必須嚴格而準確，纔能定出某坑甲骨的時期。"[1] 這就明確地指明了董先生將灰坑所在的"區位"當作"坑位"來對甲骨進行斷代是不科學的。

查李學勤所説，他劃分"兩系"依據的"坑位"是："以發

---

① 陳夢家：《殷虛卜辭綜述》，科學出版社 1956 年版，第四章"斷代上"，第二節"坑位對於甲骨斷代的限度"。

現地點而言，有的組類衹出於或主要出於小屯村北，有的組類衹
出於或主要出於小屯村中和村南。在王卜辭中，衹有自組村北、
村南都出，其他可分為村北、村南兩系。"① 又説："實際董作賓
先生在《甲骨文斷代研究例》中已意識到兩系的存在，指出小屯
村北主要出他所分一、二、五期，村中（包括村南）主要出他所
分三、四期。"② 由此可見，李學勤劃分兩系所依據的"坑位"，
實際上就是因襲的董作賓的人為劃分的"區位"。而且李氏自始至
終也没有提過他分"兩系"的"層位"依據。看來，他並不懂得
"坑位"與"層位"的區别，而是將兩者混為一談了。

下面，我們就看一下董作賓在《甲骨文斷代研究例》中記録
的甲骨出土情況，是否如李學勤所説村北衹出一、二、五期卜辭，
村中（包括村南）衹出三、四期卜辭（按：董作賓的斷代有錯
誤，見後文陳夢家的指正）。

1933年，董作賓發表《甲骨文斷代研究例》時，中央研究院
在殷墟還衹進行了前五次發掘，當時劃分了五個發掘"區"，"出
土甲骨文字的坑位"也就"分為五區"（這明示了他的"坑位"
就是指灰坑所在的區位）。《甲骨文斷代研究例》就是根據這五次
發掘在五個區裏所獲的材料寫成的。董先生在《斷代例》的"坑
位"一節中，對各區灰坑的情況做了介紹：

第一區（E區）　村北。該區出土"甲骨文字甚少"。主要
出第五期帝乙、帝辛卜辭，又有第一、二期武丁、祖庚、祖甲卜
辭。（陳夢家指出有例外，如"甲30，63好象是廪辛卜辭的字體。
甲336是子組卜辭字體"（《綜述》第141頁）。

第二區（A區）　村北。主要出第一、二期卜辭，即武丁至

①　李學勤："序"，王宇信：《西周甲骨探論》，中國社會科學出版社1984年版。
②　李學勤：《殷墟甲骨兩系説與歷組卜辭》，收入《李學勤集》，黑龍江教育出版
社1989年版。《殷墟甲骨分期的兩系説》，《古文字研究》第十八輯，中華書局1992
年版。

祖甲卜辭。"間有第五、第三期卜辭。"〔引者按：董氏在 1948 年的《甲編·自序》中説，該區 26 坑有貞人汰（自組）同坑而出，所以該區出的是武丁、祖庚、祖甲和文武丁時物。但 1933 年時，董先生將 26 坑所出的自組卜辭還認定是武丁卜辭的。〕

第三區（F 區）　村中、村前（村南）①。

村中出少量第三期廩辛、康丁卜辭②，大部分是第四期武乙、文丁卜辭。

村前（村南）36 坑③，出自組卜辭。（按：村南 36 坑所出自組卜辭屬第一期）

第四區（B 區）　村北（大連坑）。出武丁至帝辛卜辭，即出第一期至第五期卜辭（見《甲編·自序》）。其中"第一、二期武丁及祖庚、祖甲時的卜辭較少，第三期廩辛、康丁時的卜辭為最多。""第三期也可以分開廩辛、康丁的時代，如稱兄辛的，可以是康丁的卜辭。"④

第五區（D 區）　村北。出第一、二期卜辭。

以上前五次發掘劃分的五個發掘區的位置是：四個區，即一、二、四、五區在村北，一個區，即三區在村中或村南。董先生對一、二、三、四區出土的甲骨數量進行了統計：一區 264 片，二區、四區共 3196 片，即村北共出 3460 片；三區即村中、南出 923 片。即村北所出甲骨比村中、村南加起來還要多出 2437 片。董氏對各區所出甲骨作的斷代是：村北四個區出一、二、三、四、五期卜辭，即出武丁、祖庚、祖甲、廩辛、康丁、武乙、文丁、帝

---

① 董作賓稱"村前"，陳夢家稱"村南"。（見陳夢家《殷虛卜辭綜述》，科學出版社 1956 年版，第 141 頁）

② 陳夢家 1956 年區分出廩辛、康丁卜辭後，指該區"村中所出的都屬於康丁和武乙、文丁卜辭"（陳夢家：《殷虛卜辭綜述》，第 142 頁），即沒有廩辛卜辭。修正了董作賓的説法。（陳夢家：《殷虛卜辭綜述》，第 141 頁）

③ 陳夢家説："36 坑不屬於村中的一系。"（陳夢家：《殷虛卜辭綜述》，第 142 頁）

④ 陳夢家説："第三次所掘大連坑，據董氏説是一個未經挖過的新坑，内容包含第一至第五期卜辭，時在 1929 年 10 月。"（陳夢家：《殷虛卜辭綜述》，第 144 頁）

乙、帝辛卜辭,其中第四區"第一、二期武丁及祖庚、祖甲時的卜辭較少,第三期廪辛、康丁時的卜辭為最多",並且"第三期也可以分開廪辛、康丁的時代"。村中第三區主要出第四期武乙、文丁卜辭,又出少量第三期廪辛、康丁卜辭。村南 36 坑全出自組第一期卜辭(1933 年董先生是認為自組屬於第一期的)。以上説明,村北也是出第三期康丁卜辭(無名組卜辭)、第四期武乙、文丁卜辭("歷組"卜辭)的。村中也出有第三期廪辛、康丁卜辭,並且出的還是"少量的",而村北所出廪辛、康丁卜辭"為最多"。村南則祇出第一期卜辭(自組)。董氏上述對前五次發掘所獲甲骨的報道和研究是不够全面的,如對第三區村南 36 坑所出甲骨就沒有作細緻的報道,他還説第四區"除一、二、三期卜辭之外,似尚有少量晚期卜辭,須待將來詳細研究"。即便如此,我們也實在看不出如李學勤所説:"實際董作賓先生在《甲骨文斷代研究例》中已意識到兩系的存在,指出小屯村北主要出他所分一、二、五期,村中(包括村南)主要出他所分三、四期。"① 實際是,董先生在《斷代例》中根本沒有"指出小屯村北主要出他所分一、二、五期,村中(包括村南)主要出他所分三、四期",董先生也根本沒有"已意識到兩系的存在"。因此,李學勤的上述説法祇能是憑個人的主觀臆斷强加給董先生的。如果説董先生已意識到在人為劃分的發掘區裏,各區所出甲骨的時代存有差異,倒是符合實際的。

對董先生就各發掘區出土的甲骨的斷代,陳夢家曾做過糾正。他在《綜述》第四章"斷代上"特列一節(第三節)《村中出土的康、武、文卜辭》,從字體、卜人、龜骨、前辭形式、稱謂、周祭、紀月等幾個方面比較廪辛、康丁、武乙、文丁卜辭的差異

---

① 李學勤:《殷墟甲骨兩系説與歷組卜辭》,收入《李學勤集》,黑龍江教育出版社 1989 年版。《殷墟甲骨分期的兩系説》,《古文字研究》第十八輯,中華書局 1992 年版。

（見前文），以此為標準檢查"第一次村中發掘所得的卜骨，我們可以説村中祇出康、武、文的卜辭。……但是我們不能因此即下斷語説一切康、武、文卜辭皆出於村中，村外絕對不出康、武、文卜辭"（第 142—143 頁）。陳先生"以第二，三，五等次發掘所得而檢其屬於康、武、文的卜辭"來證明，他説第二次發掘在村中和村南兩地①，村中出康、武、文卜辭，但也有屬於第二期的《甲》508。村南 36 坑西出自組卜辭。"第三次在 A、B、E 三區發掘，都在村北，這一次發掘以 B 區的大連坑為主，出了極多的廩辛卜辭，但是也出自組（《甲》955）和康、武、文的卜辭。可見康、武、文的卜辭也出在村北，不過數量較少罷了。"②（第 143 頁）"第三次所掘大連坑，據董氏説是一個未經挖過的新坑，内容包含第一至第五期卜辭"（第 144 頁）。第五次發掘在村南 36 坑之東③出康、武、文卜辭，也出自組卜辭。總之，"康、武、文卜辭也出現於第一至第五次發掘所獲於村北者"（第 145 頁），"康、武、文卜辭出在村中，但在村南村北也有一些出土的"（第 144 頁）。以上證明村北也出康丁、武乙、文丁卜辭即第三期（無名組）、第四期（"歷組"）卜辭。再者，1928 年 10 月，殷墟第一次發掘共分了三個區，其中第三區 F 區，在小屯村中廟西南及村南。在該區共發掘了 8 個坑，其中村中 7 個坑，村南祇有一個 36 坑。董作賓説村中出"少量的第三期（廩辛、康丁）卜辭之外，完全屬於第四期武乙、文丁時的卜辭"。村南的 36 坑祇出後來命名的自組卜辭。陳夢家就此説："這個地區，顯然應該分別為二：一是村南的 36 坑，一是其他村中（以大道為南盡）的各坑。"（第 141 頁）這就明確指出，村南的 36 坑不屬於村中一系，即把"村中""村南"連成一系是不對的。

---

① 董作賓在《甲編·自序》中列的表中，第二次發掘在小屯村中和村北。
② A 區即第二區，B 區即第四區，E 區即第一區。
③ 董作賓在《甲編·自序》中列的表中，第五次發掘在小屯村中和村北。

　　由上述董作賓在《甲骨文斷代研究例》中記述的殷墟前五次發掘，以及陳夢家所做的糾正來看，康丁、武乙、文丁卜辭即第三期、第四期卜辭，也即無名組卜辭、"歷組"卜辭，在村中、村南、村北都是有出土的，根本不存在李學勤所説"衹出於或主要出於小屯村中和村南"的情況。這説明所謂"村北系"，"村中、南系"是根本不存在的。正如畢生在殷墟從事考古發掘工作的劉一曼、曹定雲所説："村南村北近在咫尺，在殷代是在同一宮殿區中，殷王朝沒有必要在同一時期設立兩個占卜機關。"① 因此，所謂"兩系"，所謂"歷組"卜辭即第四期卜辭屬於"村中、南系"，純粹是為了擺脫"歷組"卜辭的層位困境，而憑空杜撰的。

　　關於 1928 年至 1937 年殷墟出土甲骨文的斷代情況，除了1933 年董作賓的《甲骨文斷代研究例》（介紹第一至第五次發掘情況）外，還有在 1948 年出版的《殷虛文字甲編》和《殷虛文字乙編》②。

　　先看《殷虛文字甲編》。《甲編》發表的是第一至第九次發掘所獲甲骨文字，董作賓作有《甲編·自序》。陳夢家就董氏在《甲編·自序》中對甲骨出土情況的介紹做了一些糾正。他説："董氏在《甲編·自序》中曾説：'在村中挖掘（指 1909 年村人所掘）以前是絕無第三期卜辭的，第四期卜辭也以村中出土者為最多。……在 1909 年以前出土的，有第五期卜辭，無村中的三，四期卜辭，是朱姓地。1909 年以後所得的，如果有三、四期物，必是村中出土無疑'。董氏的叙述雖非完全錯誤，但是很不精確，兹分條論之。1. 他説 1909 年以前出土的，絕沒有第三期（他指的是廩辛、康丁）卜辭。查《庫方》和《七家》中普林斯頓大學

---

　　① 劉一曼、曹定雲：《三論武乙、文丁卜辭》，《考古學報》2011 年第 4 期。
　　② 《殷虛文字甲編》，1948 年 4 月出版。《殷虛文字乙編》上輯，1948 年 10 月出版；中輯，1949 年 3 月出版；下輯，1953 年 12 月出版。"中研院"歷史語言研究所出版。

所藏的是庫、方二氏於 1909 年以前得的,《金》是英國金璋氏得於 1908 年的, 這是有記錄的而為董氏所承認的。此三書中卻有廩辛卜人的卜辭: 卜人宁:《庫》1207, 1242, 1840;《普》① 87。卜人口:《庫》1405。卜人何:《金》496, 628。卜人暊:《金》3, 14, 87;《普》81;《庫》1249, 1371, 1771, 1837。2. 他説除了《甲編》、《粹編》和《佚存》以外, 別的書都沒有第三期卜辭, 這話也是不對的。《前》、《後》、《續》、《菁》、《誠》、《摭》、《林》、《珠》、《明》、《燕》、《戩》、《福》、《清暉》、《中大》、《零》(後五者是劉鐵雲舊藏) 都有廩辛卜人的卜辭, 而且為數不少。這些書中的甲骨大部分出土於 1929 年以前, 有不少出版於 1929 年以前。可證在 1929 年發掘大連坑以前早已有了不少廩辛卜辭出土了。廩辛卜辭也不限於出於大連坑或侯家莊。我們祇可以説 1909 年以前, 很少出康丁卜辭罷了。3. 他説村中出土的甲骨屬於三、四期, 他又説'至於三區包括所有在小屯村中出土的甲骨文字, 祇有三、四期而絕無一片是一、二、五期的。在本編 (指《甲編》) 中可以見到村中出土第三期廩辛、康丁時的卜辭'。……4. 他説 1909 年以後如果有三、四期卜辭必是村中出土無疑, 但是我們在以上已舉例説明康、武、文卜辭也出現於第一至第五次發掘所獲於村北者。凡上所辨, 都是董氏在斷代和作斷語時的種種疏忽。"(第 144—145 頁) 以上陳夢家分四條論證了董氏在《甲編·自序》中對甲骨斷代的錯誤以及不精確之處。第 1 條證明在 1909 年以前, 在村中也是有出第三期廩辛卜辭即何組卜辭的。故李學勤説第三期廩辛卜辭祇出在村北不出在村中, 是不正確的。第 2 條證明在 1929 年發掘村北大連坑以前, 早已有了不少廩辛卜辭出土了, 即廩辛卜辭不限於祇出在村北大連坑或侯家莊。第 3 條説《甲編》證明村中也出第三期廩辛、康丁卜辭。第

---

① 《普》為《美國普林斯頓大學所藏》。

4 條證明康丁、武乙、文丁卜辭也出於第一至第五次發掘所獲於村北者。總之，陳先生所列上述證據證明，村中也出第三期廩辛卜辭，即何組卜辭；村北也出康丁、武乙、文丁卜辭，即無名組卜辭和"歷組"卜辭。這些都證明了村中、村北所出甲骨組類是相同的。因此，再一次證明了所謂"兩系"的說法是沒有根據的。（注意：這裏沒有說"村南"）

　　再看《殷虛文字乙編》。《乙編》分上、中、下三輯①，上輯有董作賓寫的"序"，言《乙編》收錄的是殷墟第十三、十四、十五次發掘所獲的甲骨文字②。這三次發掘均由石璋如主持，都"集中在村北的 BC 兩區"。即《乙編》收錄的甲骨都是在村北出土的。

　　董作賓在《乙編·序》中說："後三次所得甲骨文字，第十三次占最大多數，十三次又以 YH127 一坑出土的龜甲占最大多數。"YH127 坑在 C 區，出土甲骨 17096 版，其中骨版僅 8 塊，其他全是龜版。石璋如根據該坑的埋藏情況，推測"甲骨可能是異地而藏，而這一坑則是專埋龜版"。由此就提示我們，利用甲骨出土地區（即董先生所說的"坑位"），也即李學勤所說的"村南、村中""村北"進行斷代，是極靠不住的。因為殷人對使用過的報廢甲骨可以"異地而藏"；而且小屯村南、村北又"近在咫尺"，地點如此相近，村南、村中、村北能夠分得那麼清楚嗎？由此我們還可以推測，殷人很可能在處理前代甲骨時，對廢棄甲骨的空白處再加利用，於是就出現了如《屯南》2384 骨版那樣的情況，即在二期卜骨上出現了四期"歷組"卜辭的現象。如果"歷組"卜辭屬於早期卜辭，那麼"歷組"卜辭與一、二期卜辭同版

　　① 《殷虛文字乙編》上輯，1948 年 10 月出版；中輯，1949 年 3 月出版；下輯，1953 年 12 月出版。"中研院"歷史語言研究所出版。
　　② 《殷虛文字甲編》收錄的是第一次至第九次發掘所獲甲骨文字。《殷虛文字乙編》收錄的是第十三次至第十五次發掘所獲甲骨文字。第十次至第十二次發掘沒有得到甲骨文字。見董作賓《殷虛文字乙編·序》。

的現象應該多見纔是，但實際情況並非如此。由石璋如記述的他所目睹的 YH127 坑甲骨的埋藏情況，還可以得到另一個啟示。石先生説：YH127 "窖内的堆積可分為三層，上層為灰土，下層綠灰土，中間一層是堆積灰土與龜甲"，"在字甲未放入之前便有相當時間的堆積，就是下層的綠灰土和少數的陶片、獸骨"①，"此坑乃是複穴中的一個寶窖，開鑿的時期很早，初存穀物，後來廢而不用了，就用它埋藏龜版"②。這就啟示我們，殷人埋藏甲骨有時是隨意性地選擇舊有的使用過的廢坑。由此可知，現在所説的某組卜辭多見于小屯或村北，或村中，或村南，實際上對斷代並没有什麽特殊意義。因此，所謂殷墟甲骨發展的"兩系説"，是經不起推敲的。我們推斷甲骨的時代，應該根據埋藏甲骨的灰坑的地層、灰坑的疊壓打破關係，也即灰坑在地層中的縱的位次，而不是灰坑在人為劃分的地面上的區位，再結合甲骨本身的内容利用各項斷代標準進行斷代。

董作賓在《乙編·序》中還説："在《乙編》中，有兩個坑，幾乎完全是文武丁時的卜辭，一是 B119 坑，共出了 298 版③，祇有一版是武丁卜辭。一是 YH006 坑，也在 B 區，共出了 207 版，龜甲中祇有六版是武丁時物。除了以上兩坑以外，還有散見別的坑中的共 13 版。有了這一大批文武丁時的卜辭得到坑位的證明，除了極少數第一期武丁時卜辭外，可以説是清一色的文武丁時之物了。"董先生這裏説的"文武丁時之物"，是指自組、子組、午組卜辭。他説："十八年前，我寫《甲骨文斷代研究例》的時候曾把武乙、文武丁列為第四期，那時以小屯村中出土的甲骨為標準。""其實，村中出土的，以前著録的，都有文武丁時代之

---

① 見董作賓《殷虚文字乙編·序》，"中研院"歷史語言研究所 1948 年版。
② 董作賓：《《殷虚文字甲編·自序》，"中研院"歷史語言研究所 1948 年版。
③ 董先生在《乙編·序》中，對於 B119 坑出土的甲骨片數目，前説是 296 片，後又説是 298 片，前後差了 2 片。

物，都被我們大部分送給武丁了。"這裏他糾正了寫《斷代例》時犯的"錯誤"，即沒有將在村中出土的自組、子組、午組卜辭按發掘區位作斷代標準，將它們定為武乙、文武丁第四期卜辭，而是劃到了第一期。其實，他的這個觀點早在 1945 年寫《殷曆譜》時就提出了，當時他稱發現了殷代卜辭有新、舊兩派的不同，自組卜辭應該屬於舊派的文武丁時。説自組卜辭與武丁卜辭有某些相同之處，是因為文武丁復古了。第十三次發掘的兩個坑，即 B119 坑、YH006 坑，都在村北的 B 區，不在村中。董先生改村北的這兩個坑的甲骨之時代，由第一期改劃為第四期，説明他也不全是以區位為斷代標準的。又，第三次發掘在村北的大連坑也出了自組卜辭（《甲》955）。第一次發掘在村南的 36 坑出的全是自組卜辭，共約有 100 版。總之，以上考古發掘證明，自組卜辭在村中、村北、村南都有出土，以村北出土最多，村南次之。

陳夢家曾對自組卜辭的出土情況做過詳細分析。他説："自組卜辭的出土，可分為兩類。第一類是零碎出土於某些坑中而記載不詳者……第二類是一坑出大量的自組卜辭而坑位有記載者。"（第 147 頁）這裏我們看一下有坑位記載者的出土情況：

F 區（第三區）36 坑，在村南，第一次發掘。《甲》182—281，共 100 版。這一坑全是自組卜辭。

E 區（第一區）16 坑，在村北，第四次發掘，《甲》2941—3176，3322，3324—3328，共 142 版。該坑是自組與賓組的混合。

B 區（第四區）119 坑，在村北，第十三次發掘，《乙》1—237，共 237 版。該坑以自組為主，亦有賓組和子組。

B 區（第四區）YH006，在村北，第十三次發掘，《乙》299—467，共 169 版。該坑是自組與賓組、子組等的混合。

B 區（第四區）YH044，在村北，第十三次發掘，《乙》477—482（龜），共 6 版。這一坑都是自組卜辭。

　　陳先生總結自組卜辭出土的集中地可歸併為五個：村南 36 坑及其附近；村北 E16 坑；村北 B119 坑；村北 A 區 26 坑；D 區。（第 150 頁）以上五個區中，祇有 F 區的 36 坑在村南，其他四個出土地都在村北。陳先生指出："自組卜辭在村南大道旁（36 坑一帶）出土不少，他（引者按：指董氏）把村南和村中廟前混合為一區，認為祇出三、四期卜辭，因此定自組卜人為文武丁的。"（第 155 頁）這裏，陳先生明確指出，董先生將村南與村中合為一區，定自組卜辭為第四期文武丁卜辭是錯誤的，也即董先生以發掘區定甲骨時代是錯誤的。現在，李學勤等人步董先生之後塵，以甲骨出土地點定卜辭的時代，分出"村北""村中、南"系，其斷代方法至少落後科學的考古學斷代方法近七十年（假如從 1950 年算起）。又，在以上五個區中，合計村北出土自組卜辭 554 版（含少量子組、午組卜辭），村南出土 100 版，再加上近年小屯南地出土的 8 版，共是 108 版。兩相比較，自組卜辭在村北出的要比在村南出的多得多，照李先生劃分兩系的標準是："以發現地點而言，有的組類祇出於或主要出於小屯村北，有的組類祇出於或主要出於小屯村中和村南"，那麼，主要出於小屯村北的自組卜辭應該劃歸到村北系纔對，但李學勤卻說"祇有自組村北、村南都出"，"其他可分為村北、村南兩系"。[①] 首先，前文已證明，至今我們也沒有見到"有的組類祇出於""村北"或"村中、村南"的現象。其次，既然同一種類型的卜辭村南、村北都有出土，祇是所出數量多少有所不同，那麼，為什麼李學勤等人祇將自組卜辭列為村南村北都出，而對董作賓、陳夢家早已指出的村北也出有數量不少的康丁卜辭（無名組卜辭）和"歷組"卜辭（武乙、文丁卜辭），李學勤卻不顧事實將它們祇分在"村中、南系"？由此可見，李是不顧事實，採取雙重標準，根據自己的需要來安排

---

　　① 李學勤"序"，王宇信《西周甲骨探論》，中國社會科學出版社 1984 年版。

各組卜辭的所屬系別的。

2011 年，劉一曼、曹定雲也指出："村北也出歷組卜辭，如甲二基址 E52 的《甲》3649、大連坑的《甲》2667、2859，丙一基址 H354 的《乙》9089、C 區 YH258 的《乙》9064 等片都屬於歷組卜辭。"他們結合近年小屯南地發掘甲骨的情況指出："'兩系説'與小屯甲骨出土的實際情況不符，因為村南是出賓組、何組、黃組卜辭的，如《屯南》2113、2663、910 與《村中南》①384、454、455 等為賓組卜辭，《屯南》2384 上有出組卜辭（與歷組同版），《屯南》4327、4447 為何組卜辭，《屯南》648、2157（第 2 辭）、2263、2405、2489、3564、3793、4363、4474、4475、4476 及《村中南》438 為黃組卜辭。"②

總而言之，李學勤的所謂某組卜辭"衹出于""村北"或"村中、南"的情況是不存在的。就連李氏自己也不得不承認，在所謂"兩系"中，各個組類的卜辭都有在另一系中出現的情況（見《小屯南地甲骨与甲骨分期》），這就否定了他自己所説的"有的組類衹出于""村北"或"村中、南"的説法。以上説明，從殷墟甲骨的出土情況看，村北、村中、村南三者之間並無明顯的分界綫，何況村北、村中、村南近在咫尺。因此，所謂"兩系"純屬無根據的臆造。

（五）無名組卜辭與"歷組"卜辭時代的先後

在"兩系説"者製定的"村中、南系"路綫圖中，將無名組卜辭即第三期卜辭，排在"歷組"卜辭即第四期卜辭之後，製定者對這種安排沒有給出應有的證明。當然其原因也不難猜測，因為他們要將"歷組"卜辭的時代提前到第一期武丁晚期至第二期祖庚早期階段，就必然要將屬於第三期的無名組卜辭排在"歷組"

---

① 《村中南》即中國社會科學院考古研究所編著的《殷墟小屯村中村南甲骨》的簡稱，雲南人民出版社 2012 年版。

② 劉一曼、曹定雲：《三論武乙、文丁卜辭》，《考古學報》2011 年第 4 期。

卜辭之後。

那麼，將無名組卜辭排在"歷組"卜辭之後能够成立嗎？2011 年，劉一曼、曹定雲根據這兩種卜辭的出土地層關係，給出了否定的答案。他們説："'兩系説'將歷組卜辭放到了無名組卜辭的前面，是同田野考古中的地層關係相違背的。在 1973 年小屯南地的發掘中，無名組卜辭雖與歷組父丁類卜辭同出在中期一組，但歷組父乙類卜辭祇出在中期二組；且有多組中期二組坑打破中期一組坑。這説明，無名組卜辭的產生早於歷組卜辭，這是建立在確切地層關係上的結論。"① 地層證據確鑿，不容質疑。"兩系説"者顛倒無名組卜辭即第三期卜辭與"歷組"卜辭即第四期卜辭的發展順序不能成立。

總之，儘管李學勤説，他提出"兩系説"的根據是甲骨出土的"坑位"和"層位"關係，但實際上，他的"坑位"就是董作賓提出的灰坑所在人為發掘"區"裏的平面位置；並且他根本就沒有提到利用"層位"關係，看來他是把"層位""坑位"混為一談了。我們從他反駁蕭楠的地層根據來看（見前文），他根本就沒有真正懂得"層位"學在甲骨斷代中的作用。上述劉一曼、曹定雲利用殷墟考古發掘的地層關係，對"兩系説"中無名組與"歷組"卜辭時代的錯誤的反駁，纔是真正利用考古的"層位"學來證明甲骨時代的。總之，層位學證明"兩系説"是與考古發掘的坑位和地層關係相違背的。

（六）"無名組晚期卜辭"是否已延伸至帝辛時期

2008 年，李學勤對之前設立的"兩系"路綫圖的結尾部分做了修改。李在《帝辛征夷方卜辭的擴大》一文中②，將原"村中、

---

① 劉一曼、曹定雲：《三論武乙、文丁卜辭》，《考古學報》2011 年第 4 期。
② 李學勤：《帝辛征夷方卜辭的擴大》，《中國史研究》2008 年第 1 期。"夷方"也稱"人方"。

南系"的"無名黃間類"卜辭改稱作"無名組晚期"卜辭①。利用小屯南地出土的無名組晚期征夷方卜辭,證明無名組晚期征夷方卜辭是與黃組征夷方卜辭有聯繫的,以此證明無名組晚期卜辭的下限已到帝辛(紂)時期。進而説明無名組晚期卜辭與"村北系"的黃組卜辭是並列發展的,即"村中、南系"最後並沒有合併到"村北系"。

李學勤在《帝辛征夷方卜辭的擴大》一文中説,帝辛有兩次征伐夷方的戰役,一次是在九至十一祀(即帝辛九年至十一年),一次是在十五祀(即帝辛十五年)。他在該文中論述的是九至十一祀的那次征夷方。李將該次征夷方戰役分成兩部分:第一部分是夷方有大出侵犯的跡象,第二部分是征伐夷方。征伐夷方又分成兩個階段:第一階段是"十祀九月正式出征"到該祀十二月;第二個階段是從"十一祀正月"開始到戰役結束。他説在這兩個階段中,"除黃組卜辭外,均有無名組晚期卜辭,兩者有共同的時間、地點和人物。由此證明,無名組晚期卜辭下限到帝辛,村中、南系卜辭從'𠂤歷間組'、歷組、無名組到無名組晚期,構成一貫的序列"。下面對他的論據逐一進行分析(為了方便讀者了解李文的內容,我們將其分成幾個部分,並加注小標題)。

第一部分:"夷方不大出"

---

① 林澐早在 1984 年發表的《小屯南地發掘與殷墟甲骨斷代》(《古文字研究》第九輯,中華書局 1984 年版)一文中,已將《屯南》660、648 等卜辭稱作"無名組晚期"卜辭了。李則認為小屯南地出土的無名組卜辭都屬於無名組晚期,這類卜辭在李學勤與彭裕商合著的《殷墟甲骨分期研究》中曾被稱作"無名黃間類",黃天樹在《殷墟王卜辭的分類與斷代》中也稱作"無名黃間類",他們都將這類卜辭的時代定在武乙、文丁之世。見李學勤、彭裕商《殷墟甲骨分期研究》,上海古籍出版社 1996 年版,第 305 頁。黃天樹《殷墟王卜辭的分類與斷代》,科學出版社 2007 年版,第 269 頁。但李在《帝辛征夷方卜辭的擴大》一文中説:"近年有學者稱之為'無名黃間類卜辭',主張其時代下限為文丁",他在注解中指明"有學者"是指宋鎮豪、劉源在合著的《甲骨學殷商史研究》一書中所做的分類和斷代(福建人民出版社 2006 年版,第 203—207 頁)。但未提他自己和彭裕商早在宋鎮豪、劉源之前(1996 年)就已持此種觀點。

（1）黃組卜辭：《合集》37852 +《合集》36824。此為李學勤新拼合。

《合集》37852 辭為：

〔乙〕亥王〔卜〕，〔貞〕：自今春至□翌夷方不大出。王占曰：吉。在二月，遘祖乙彡，隹九祀。（圖 4—33）

這是帝辛九年二月乙亥日卜問夷方在今春至"□翌"不會"大出"侵犯吧，並記錄二月乙亥日適逢（"遘"之意為"逢"、為"遇"）是以彡祀（周祭五種祀典之一）祭祀祖乙的日子。李學勤説該版與《合集》36824 是一骨之折，説因《合集》36824"原著錄為《殷虚書契前編》5·30·1，拓本被剪去四邊，因而不能和《合集》37852 直接拼連，但從文例看是沒有問題的"。

《合集》36824 有三辭，分別為：

其大出。吉。
醜其遘至于攸，若。王占曰：大吉。
其循于之，若。（圖 4—34）

我們認為《合集》37852 與《合集》36824 不能綴合。理由是該兩版不僅不能密接，而且兩版字體不類。《合集》37852 的上端斷骨處有殘字劃，《合集》36824 雖然被"剪去四邊"，但在上下斷骨處都留有空地，都沒有殘字劃，李學勤僅憑《合集》36824 上的"其大出。吉"，就説它"從文例看"可與《合集》37852 綴合，這是不能成立的。推測李氏所以硬要將這兩版拼合，是因為他需要利用《合集》36824 上的人名"醜"（我們認為應是族氏名）和地名"攸"。

（2）黃組卜辭：《合集》37854 +《合集》37857。此為李學勤新拼合。他説此兩版"相聯處有損，不能直接拼連"。

《合集》37854 為骨刻辭，共有三條辭，自下而上的辭序是：

> 其……又……尤……
> 弗弋。
> 其隹今九祀，正弋。王凸曰：弘吉。（圖 4—35）

《合集》37857 也為骨刻辭，共有兩辭：

> 弗弋。
> 〔王〕凸曰：吉。不啙弋……逝丁……〔于〕十祀。（圖
> 4—36）

　　李學勤對這兩版卜辭都是自上往下讀，這就違反了一般骨刻辭的刻寫規律，即應該是自下往上讀。他並將《合集》37857 的下辭讀成"其〔于〕十祀又□逝正（征），受有〔祐〕，不啙弋。〔王〕凸曰：吉"。即該辭本應是由左向右讀，但李氏卻由右向左讀。很顯然，他是根據《合集》37854 第三辭的"其隹今九祀"即年祀在前，而將該版《合集》37857 卜辭也由右向左讀了，這樣就可以使《合集》37857 第二辭的"十祀"也放在辭前了，就與《合集》37854 一致了。李學勤將這兩版並不能"拼連"的卜辭合讀後説："這很可能是帝辛在預料夷方出犯後，計劃主動征伐。並設想在當年出兵，或延至十一祀動武，卻沒有想到後來的形勢使出征發生在其間的十祀九月。"我們認為，這個"拼合版"的兩版中都沒有"夷方"字樣，李學勤僅憑其上的年祀"九祀""十祀"和"弋"字就認定是征伐夷方，不能令人信服；更重要的是，至今為止，我們還從未見過在同一版甲骨上刻有兩個年祀的例子，故此拼合版的拼合沒有根據。僅憑以上兩點，此拼合版

就不能成立。

總之，李學勤所舉的卜問"夷方大出"的兩版黄組卜辭拼合版都不能成立。

第二部分：夷方大舉侵犯

（3）黄組卜辭：《合集》36182+《輯佚》690[①]（圖4—37）

丁巳王卜，貞：畬巫九咎，禺夷方率伐東國，東典東侯𢦏夷方，妥余一〔人〕，〔余〕其从多侯，亡左，自上下于𠭯示，余受又。王乩曰：大吉。……彡。王彝。在……宗。

該拼合版由商王在丁巳日親自卜問因夷方侵犯而"率伐東國"，商王率領多侯去伐夷方會得到上下神祇的保佑吧？王視兆後説"大吉"。辭中的"𢦏"字在卜辭中有多種用法，吴其昌指其中一種用法是"略等於'伐'，故'𢦏''伐'在卜辭中又屢屢對舉，如云：'三宰，𢦏。伐卅。'（《前》8·12·6）……亦有更進而直以'𢦏'字通假以為'伐'字之用者，如直云'𢦏𢀛〔方〕……'（《前》7·25·3）即'伐𢀛方'也。直云：'𢦏土方'（《林》1·6·15）即'伐土方'也。直云：'𢦏正（征）衛'（《後》2·40·2），即'征伐衛'也。'𢦏'、'伐'同義，至可通假互用……由是可知：𢦏牲，即伐牲也"[②]。由卜辭知，帝辛時曾發動過兩次征伐夷方的戰爭：一次始於十祀（祀即年）八月（不是李學勤説的九祀，也不是他説的三月，也不是他後來説的九月——見後文），終於十一祀五月，這次征伐連來带去至少用了十個月的時間。[③] 另一次是在十四祀十四月（年終置兩閏月。不是李學勤説的十五祀）至十五祀十一月，這次征伐連來带去至少用了十二個月也即一年

① 段振美、焦智勤、黨相魁、黨寧：《殷墟甲骨輯佚》，文物出版社2008年版。
② 吴其昌：《殷虚書契解詁（七續）》，武漢大學出版社2008年版，第360頁。
③ 見常玉芝《商代周祭制度》（增訂本），綫裝書局2009年版，第304—318頁。

的時間①。李學勤這裏討論的是第一次即十祀征伐夷方的戰爭。他說該拼合版，"根據周祭祀譜和缺字位置，此辭第四行末應補以'在三月'三字，但依周祭祀譜，九祀、十祀三月丁巳均值肜季，目前尚無法選定是哪一年"。他之所以補該拼合版月份為"三月"，是為了要使此拼合版與第（1）例《合集》37852 的"二月祖乙彡"連接上（都是彡祀），但這就與他自己的説法相矛盾了。因為他説帝辛出征是在"十祀九月"，而第（1）例《合集》37852 卜問九祀二月夷方是否"大出"。再説，即使補第（3）例的月份為"三月"，但該辭説夷方已出動"伐東國"了，商王也去"𡇥夷方"了，這與李學勤説的"九月"始伐夷方又不符了。其實，從卜辭文例看，該拼合版卜辭不應是此次征夷方的記錄，因為十祀、十一祀征伐夷方一事多是附記在卜旬卜辭後面的，如："癸丑王卜，貞：旬亡𡆥？在十月又一。王征夷方。在亳。"（《英藏》2524）這是記錄征伐夷方在亳地。"癸卯卜，黃貞：王旬亡𡆥？在正月。王來征夷方。在攸侯喜鄙永。"（《合集》36484）這是記錄征伐夷方歸來時在攸地。而十四、十五祀征伐夷方至今未見有卜辭記錄，祇見在四條銅器銘文中有記載，如"小子𫘝簋"銘文曰："癸巳，𫑛賞小子𫘝貝十朋，在上𪚔，隹𫑛令伐夷方，𫘝賓貝，用作文父丁障彝。在十四月②。"（《集成》4138）是記錄𫑛命令小子𫘝征伐夷方，"𫑛"當是族長。又如"小臣艅犀尊"銘文："丁巳，王省□𣲰，王賜小臣艅□貝。隹王來征夷方。隹王十祀又五，彡日。"（《集成》5990）這是記錄十五祀丁巳日商王征伐夷方歸來。其日期"丁巳"、祀典"彡"祀都與該拼合版（《合集》36182 +《輯佚》690）相同。再如"戍鈴方彝"銘文："己酉，戍鈴障宜于召（略）。在九月，隹王十祀𢍜日五。隹來東。"（《集成》9894），銘文記錄十五祀九月己酉日"隹來東"，即從東

① 見常玉芝《商代周祭制度》（增訂本），綫裝書局 2009 年版，第 322—326 頁。
② "十四月"是失閏再補閏，即連閏的證據。

方歸來①。"隹來東"之"東"是指東夷，即夷方。由上述銅器銘文記錄的日期"丁巳"，祀典"彡"祀，以及"東"的簡稱來看，焦智勤的上述拼合版應該是屬於帝辛十五祀征伐夷方的記錄，非李學勤所説為帝辛九祀或十祀的記錄。

（4）黄組卜辭:《輯佚》689

該辭殘字較多，並缺刻橫劃。李學勤謂其與第（3）版中的《輯佚》690 同文，並做了補釋。我們對李的釋文有少許不同，今重釋如下:

己未卜，貞: 禽〔巫九备，禺夷方率伐東〕國，典東侯
凹〔夷方〕……〔王占曰〕: 吉。伐夷方，亡〔徙自猷〕。

總之，十祀、十一祀那次伐夷方一般稱作"征夷方""隹征夷方""王征夷方"，伐夷方歸來一般稱作"王來征夷方""王來夷方""隹來征夷方""隹王來征夷方"②。十四祀、十五祀那次伐夷方稱作"凹夷方""伐夷方"，伐夷方歸來稱作"隹王來征夷方""隹來東"。除了排譜以外，這些用詞的不同也可作為區分兩次伐夷方的參考。

第三部分: 帝辛出征伐夷方

（5）黄組卜辭:《合集》36482，共有兩辭:

甲午王卜，貞: 乍余彰朕禾，西余步从侯喜征夷方，上下敡示，余受又 = ? 不啠戈凹? 告于大邑商，亡徙在猷。王占曰: 吉。在九月，遘上甲宫，隹十祀。

甲午王卜，貞: 其于西宗奏示。王占曰: 弘吉。（圖4—38）

---

① 見常玉芝《商代周祭制度》（增訂本），綫裝書局 2009 年版，第 323—324 頁。
② 辭例見常玉芝《商代周祭制度》（增訂本），綫裝書局 2009 年版，第 310—318 頁。

對第一辭，我們與李學勤釋文有不同，特別是他釋"☒"為"肩"，並將所謂"肩"字與"告于大邑商"連讀，讀成"不咠戈，肩告于大邑商"，這樣讀使辭意頗費解。"亡徣在吷"和"不咠戈☒"是黃組卜辭的兩個成語，多用在記有年祀的卜辭中，這兩個成語的意思，當是問有無災禍之意。該辭在帝辛十年九月甲午日卜問商王率領侯喜征伐夷方，上下神祇是會保佑我商王的吧？不會有災禍吧？"告于大邑商"後再問不會有禍害吧？商王視卜兆後説吉利，並在辭後附記九月甲午日適逢是以周祭五祀典之一的彡祀祭祀上甲的日子。李學勤説該辭表明"到十祀九月甲午，帝辛真的動員出征"夷方，這樣解釋不確。因為《合集》36489 表明帝辛在十祀八月已經開拔去征伐夷方了。[①]

總之，李學勤所舉的五版黃組卜辭，第（1）（2）版不能綴合，第（3）（4）版非十祀征人方材料，故均不能成立。

關於帝辛征夷方的過程，李學勤以自己所排黃組征夷方譜為準，將戰事分成兩個階段。

第一階段："於甲午之後九十五天，帝辛到達攸國，也就是征夷方的前綫。"這裏，李氏是以第（5）版（《合集》36482）的十祀九月甲午日起算的。該階段的行程是：

十二月　癸酉
己卯　在雔，王其申。
辛巳　在雔。
壬午　在雔，卜王今夕不歷。
十二月　癸未　在雔，步于㳅。
甲申　在㳅。
乙酉　在㳅，步于淮（濰）。

---

① 　見常玉芝《商代周祭制度》（增訂本），綫裝書局 2009 年版，第 310 頁。

丙戌　在淮（濰），步于□。

庚寅　在濰𢀀𰀀（次），王𤰞林方。

他說"這是進入戰事的第一階段"①。又說："以前我們總是奇怪，征夷方卜辭雖多，具體涉及戰況的卻甚少。現在悟到，這種卜辭不是缺少，而是不屬於黃組卜辭，乃是《小屯南地甲骨》中的無名組卜辭。"他舉下面幾版小屯南地出土的無名組卜辭與黃組卜辭進行併連：

第一組

（1）《屯南》2064：

王族其𣃘夷方邑𥝩，右、左其𥯤。

弜𥯤。其兩𧴪𥝩，于之若。

……右旅……雉眾。（圖4—39）

（2）《屯南》2350：

……王其以眾合右旅〔眔左〕旅，𤰞于隹戋。在𥝩。吉。

（李學勤將"𤰞于隹戋。在𥝩"釋成"𤰞于𥝩，戋。吉。在𥝩"。）（圖4—40）

（3）《屯南》2328：

壬□卜：王其弗戋……戌。叀今日壬。

叀癸𧗱。

翌日，王其令右旅眔左旅，𤰞見方戋，不雉眾。

其雉。

李學勤說："這些辭非常適合嵌排在十二月己卯、癸未之間。《屯南》2328 的'壬'字下應補為'午'，因為該辭多有殘泐，但'丙戌'可見，這是商軍預計大規模進攻的日子，參看《英國

---

① 李學勤：《殷代地理簡論》，收入《李學勤早期文集》，河北教育出版社 2008 年版，第 203 頁。李學勤 1959 年排的譜與 1956 年陳夢家排的譜完全相同，見陳夢家《殷虛卜辭綜述》，科學出版社 1956 年版，第 302 頁。

所藏甲骨集》2526黄組卜辭，係胛骨左邊，自上向下讀：

丙戌伐夷方于箕。‘吉’。

首。‘吉’。

兑。‘引吉’。（圖4—41）

箕、首、兑都是地名。”

上述第（1）（2）（3）三版無名組卜辭是否如李學勤所説“非常適合嵌排在十二月己卯、癸未之間”呢？檢查這三版卜辭可知，其上都沒有月名，衹有第（3）版有個日期“今日壬”。第（1）版即《屯南》2064的“𦎫”即敦，伐意。“𪚮”，地名。“𡉚”，“象兩手拿一工具往下撞擊，義殆與撞、擊等字相當”①，即《屯南》2064的三條辭是卜問商王率領族衆去攻伐夷方的𪚮邑，用右旅、左旅去攻擊是否會順利，是否會喪衆。這裏的“𪚮”是夷方的邑。第（2）版即《屯南》2350沒有“夷方”，有地名“𪚮”“右旅”等，辭意也當是商王率領右旅、左旅去進攻𪚮地，與第（1）版同。第（3）版即《屯南》2328有右旅、左旅，無地名“𪚮”，無“夷方”，有“見方”。該版第一、二辭分別卜問商王是在今天壬日去伐某地，還是延長在（第二天）癸日去好呢，第三、四辭分别卜問在翌日即第二天癸日商王命令右旅及左旅去伐“見方”不會有災禍，不會喪衆吧。這也提示了第一辭殘掉的某地是“見方”。總之，該版卜辭卜問的是伐見方，不是伐夷方，李學勤錯釋“見”為“夷”。該版第一辭有兩個日期：一個是卜日“壬某”，“壬”字下的字殘泐不見；另一個是命辭裏的日期“某戌”，“戌”字前的字殘掉。李學勤補卜日為“壬午”，補命辭日期為“丙戌”，還説“‘丙戌’可見”，但“屯南”甲骨的發掘、整理者都沒有見到的“丙”字，難道李氏僅憑拓本就比整理者看得還清楚？李學勤説補“丙戌”是參考黄組的《英藏》

① 《屯南》2064釋文。

2526，他釋《英藏》2526 第一辭為："丙戌伐夷方于箅。吉。" 我
們檢查該辭，卻是："丙戌：戌（伐?）及方于箅。吉"（《英藏》
作者釋文也是如此），是卜問伐及方的，"及" 字拓本清晰無疑，
李卻將 "及方" 釋成 "夷方"。總之，李學勤將無名組《屯南》
2328 的伐 "見方" 和黃組《英藏》2526 的伐 "及方" 都錯釋成
"伐夷方"，因此，他根據黃組《英藏》2526 的 "丙戌" 補無名
組《屯南》2328 為 "丙戌"，以此日期作根據嵌接無名組與黃組，
就無法成立了。李氏將第（1）版《屯南》2064 與第（2）版
《屯南》2350（無 "夷方"）聯繫，靠的是地名舊。第（1）版説
"雩（伐）夷方邑舊"，表明舊在無名組時是商王進攻的夷方之地，
但黃組卜辭表明舊已是商王國的領土了，《屯南》作者舉出黃組卜
辭《前》2·5·1（即《合集》36486）版卜辭為證："〔癸〕未
王卜，貞：旬〔亡〕禍。在十月又二。〔王〕征夷方。在舊。"
（圖4—42）因此，李學勤靠地名 "舊" 將無名組卜辭嵌接到黃組
卜辭中，是不能成立的。

　　第二組

　　李學勤説："帝辛在經過瀄之後，又轉歷一係列地方，到十一
祀正月壬寅，繞回攸國屬境。其下一段黃組卜辭排譜是這樣的：

　　　壬寅　今日步于永。

　　　正月癸卯　在攸侯喜鄙永。

　　　癸丑　在攸。

　　　乙巳（卯）[①] 在溫，今日步于攸。

　　　正月癸亥　在攸。

　　　乙丑　在攸，今日迭从攸東。

　　　二月癸酉　在攸。"[②]

　　李説："現在有不少無名組、黃組的卜辭，可以排進這些天裏

---

① 查李學勤《殷代地理簡論》知是 "乙卯"，李在此誤為 "乙巳"。

② 李學勤：《殷代地理簡論》，科學出版社 1959 年版，第 39 頁。

面，構成戰事的第二階段。"這裏且不説李的"一係列地方"是指何地，其所用材料和所排之譜是否合理，祇看他將無名組卜辭插入上述黄組征夷方譜中是否正確。他所舉辭例如：

（1）《屯南》2320，無名組卜辭。查該版共有 10 條辭，李選釋的一條是：

> 甲辰卜，在彔牧征啓，右……邑□……引吉。在澅。（實應釋為"甲辰卜，在彔，牧征啓又……邑……在澅。弘吉"。）（圖 4—43）

他説該辭"卜於正月癸卯後的一天，可知攸國的永和在今淄博西北的澅距離不遠。辭中卜問的是在彔牧征担任前鋒進攻之事。'……邑□'疑如《屯南》2064 的'夷方邑舊'，也是夷方的城邑"。此説很值得懷疑。首先，該辭中没有夷方，没有年祀，没有月名，何以知是十祀正月征夷方？僅憑日期"甲辰"就説它是黄組帝辛十祀"正月癸卯後的一天"，不能令人信服。其次，李對"彔牧征"之意語焉不詳。"牧"是官名，"征"是族名，"牧征"是官名加族名；"彔""澅"均為地名，一條辭中有兩個地名為何祇説澅地不説彔地與攸國的距離。第三，言"邑□"疑如《屯南》2064 的"夷方邑舊"，屬臆測。李又説緊接"甲辰"一辭（即《屯南》2320）的，是《懷特》[①] 1903 黄組卜辭：

> （2）乙巳卜在……牧征，弗……
> 弗及。
> 利，有禽（擒）。
> 利。（圖 4—44）

---

① 李學勤將《懷特氏等收藏甲骨文集》錯寫成《懷特氏等所藏甲骨文集》。

李説該辭日期“乙巳”可排在《屯南》2320的“甲辰”日之後，又説該辭有“在屮牧徃”，與《屯南》2320相同，即“仍係在屮牧徃進攻一事”。查該辭無“屮”字，無“夷方”，祇憑日期連屬沒有説服力。李學勤再舉“新綴合的黄組卜辭《合集》36492 +《合集》36969 +《懷特》1901”①，認為可接在黄組《懷特》1903之後。他的釋文是：

（3）丙午卜在攸貞王其呼在屮牧徃執胃夷方**鼀**，焚〔伯〕**檘**，弗悔。在正月，惟來征〔夷〕方。

弜執。

辛亥卜，在攸貞，大左族有擒。

不擒。（圖4—45）

李學勤説：“《合集》36492 +《合集》36969與《懷特》1901乍看似難接連，是由於《合集》36492上端左角有缺損的緣故。”我們檢查該拼合版，拼合者是以《合集》36492為主，下部拼接《合集》36969，上部拼接《懷特》1901。《合集》36492上有日期“丙午”“在攸”“夷方”“在正月”“隹來征”等字，但辭的下部殘缺，而《合集》36969有“屮牧”“檘”“方”等字，

---

① 李學勤未提綴合者，疑當是其本人綴合的。我們懷疑這三塊卜骨不是一骨之折，理由有二：一是三版胛骨互相都不能密接：《合集》36492最下邊的磋口處尚可見有三個字的殘劃，而接在下邊的《合集》36969的上邊緣磋口處卻未見有任何殘字劃，兩片對接沒有根據；《懷特》1901接在《合集》36492的上部，骨磋也不能對接，卜辭内容也沒有關聯。二是三版卜辭的字體風格都不相類：特別是接在《合集》36492下部的《合集》36969，查這兩版的《合集》拓本，發現二者字體有較大差異，《合集》36492字體無論筆劃多少，大小都較一致，刻寫規整秀氣，而《合集》36969殘存的4個字筆劃都較粗，刻寫風格與《合集》36492明顯不同，字體較恣肆，字體大小比《合集》36492要大，這樣不同風格的字體不可能出現在同一條卜辭上，故我們在錄李氏釋文時，對《合集》36969的字和李補的字用〔〕號圈住。不過為了討論的必要，也祇好暫按李釋文。又不知為何，李學勤文中附的此拼合版的圖版，這兩版卜辭的字體粗細居然看起來一致了！

將其拼接在《合集》36492 的下部，就有"在 𢀛牧𠂤"了。在《合集》36492 的上部拼上《懷特》1901，就有日期"辛亥""在攸""有擒""不擒"了。如此，該拼合版的日期"丙午"與上舉的《懷特》1903 的日期"乙巳"就相接了，兩版都有"有擒"了。該拼合版和《懷特》1903 都屬黃組卜辭，無名組卜辭《屯南》2320 上有日期"甲辰"，就與《懷特》1903 的日期"乙巳"連接了，再與拼合版的日期"丙午"連接，這樣就構成了甲辰—乙巳—丙午的時間鏈。再加上三版中都有"在 𢀛牧𠂤"，故而李氏得出無名組卜辭可插在黃組卜辭中的結論。不過，即使經過如此拼合和連屬，還是不能令人信服，主要有以下三點：第一，在日期上，商代實行六十干支周而復始地紀日，因此在卜辭中沒有記錄月名的情況下，僅僅憑干支將日期串連起來是非常靠不住的。第二，關於"𢀛""牧""𠂤"能否作為論據的問題。前已説明，"𢀛"為地名，"牧"為官名，"𠂤"為族名。地名、官名、族名都可跨代延續，張政烺先生曾考證卜辭中的"犬𠂤""𡥄"等都是族名，也可能是族長的稱呼①，商代有不少家族世代服務於王室，如"𡥄"氏家族在殷商時期就長盛不衰，幾乎在各期卜辭中都可見到該族的身影，他們在朝廷中從事農業，祭祀、征伐等工作。因此，以地名、官名、族名做時代依據就有不確定性。第三，是對李學勤引無名組卜辭《屯南》2320 的疑問。查《屯南》2320上共有十條辭：

> 甲辰卜：在 𢀛，牧𠂤微又……邑……在濐。弘吉。
> 弜每。吉。
> 癸酉卜：戌伐，右牧𡥄啟夷方，戌又戈。弘吉。
> 〔右戌又〕戈。弘吉。

---

① 張政烺：《卜辭"裒田"及其相關諸問題》，《考古學報》1973 年第 1 期。

中戌又𢦏。

左戌又𢦏。吉。

亡𢦏。

右戌不雉衆。

中戌不雉衆。吉。

左戌不雉衆。吉。（見圖 4—43）

　　十條辭中，記有日期的有兩條：一條是第一辭於"甲辰"日卜問（李引此條），一條是第三辭於"癸酉"日卜問。"甲辰"日卜問的一條是殘辭，上有"在𢆶，牧𢼳"等字，具體内容不好定奪。第二辭是"弜每。吉"。第三辭於"癸酉"日卜問，辭意完整，問"戌伐，右牧𢧢𢻻夷方。戌又𢦏。弘吉"。是卜問戌征伐夷方是否有災禍的。其餘七條辭是卜問右戌、中戌、左戌"又𢦏""亡𢦏""不雉衆"的，這些卜問顯然是就第三辭的占卜再進行反復卜問的。這裏就有個疑問，即李學勤是論證無名組征夷方一事的，但他在徵引本版卜辭時，卻避不徵引有征夷方的第三辭即癸酉日卜問的一辭，而是徵引没有征夷方，並且是殘辭，辭意不明的甲辰日一辭。原因何在？明眼人一看即知，他是為了使屬於無名組的《屯南》2320 的日期"甲辰"能與屬黃組的《懷特》1903 的日期"乙巳"接連，又再使"乙巳"與"新綴合的黃組卜辭《合集》36492 +《合集》36969 +《懷特》1901"上的日期"丙午"接連，並且這兩版黃組卜辭分別有"牧𢼳"和"𢆶牧𢼳"等字，也與《屯南》2320 一致。如果徵引有征伐夷方的癸酉日一辭，日期就不能與上述兩版黃組卜辭的接連，並且該辭也没有"𢆶牧𢼳"等字。總之，李學勤試圖以日期、地名、族名將無名組與黃組連接起來，證明無名組征夷方與黃組征夷方屬於一次戰役，即證明無名組晚期卜辭的時代已延長到了黃組晚期的帝辛時期了。我們認為上述連屬不能成立，理由有三點：一是所引《屯南》

2320 和《懷特》1903 兩辭都不是征夷方的卜問，故不能用來論證
征夷方歷程。二是日期的連接不具備可信性。因為商代施行干支
紀日法，以六十干支周而復始地紀日，因此，在沒有月名（也甚
或沒有年祀）的情況下，單憑干支連屬的日期就不具備可信性。
三是不能用地名、官名、族名作根據，前已説明它們可延用多代
不變，故不具備準確的時代性。

其實，我們用《屯南》2320 中癸酉日卜問征伐夷方的一辭，
與黃組拼合版即第（3）版征夷方的一辭做對比，就可證明無名
組的伐夷方與黃組的伐夷方不是一次戰役。《屯南》2320 中癸酉日
卜問的辭是："癸酉卜：戍伐，右牧𢦔㪔夷方，戍又戋。弘吉。"
"戍"，陳夢家指是官名[1]，"牧"也是官名，"戍""牧"官名並
舉。"𢦔"在幾期卜辭中均有出現，故它不是人名而是族名。
"啓"，是稟告之意。"戋"即災，多用於戰事卜辭中。則該辭是
於癸酉日卜問右牧𢦔（向商王）稟告夷方來犯，商王命令戍去討
伐（"戍伐"前置），問戍不會有災禍吧，驗辭説大吉。接著第
四、五、六、七、八、九、十辭再分別卜問"右戍""中戍""左
戍"不會有災禍吧，不會喪失族"衆"吧。這些辭表明戍是帶兵
作戰的武官，其部隊有右、中、左之分，與其他卜辭中的右、中、
左三師義同。"衆"是部隊成員，在該辭中應是指由𢦔族的衆組成
的右、中、左部隊，由戍官指揮。而黃組拼合版即第（3）版卜問
征夷方的卜辭是："丙午卜，在攸貞，王其呼，〔在兮，牧〕征執
胄夷方黿，焚〔伯〕栿，弗悔。在正月，惟來征〔夷方〕。弜執。"
是商王征伐夷方歸來時於正月丙午日在攸地卜問，問王命令在兮
地的"牧征"去抓夷方的黿，焚燒其首領伯栿，不會有悔暗即不
幸吧？驗辭説不要去抓了。由此看來，無名組《屯南》2320 的癸
酉日戍和右牧𢦔伐夷方與黃組拼合版的丙午日牧征伐夷方的不是

---

① 陳夢家：《殷虛卜辭綜述》，科學出版社 1956 年版，第 516 頁。

一個族，故這是兩次戰役。總之，李學勤所舉的第二組例證不能成立。

第三組

李學勤說："辛亥這一天在攸，其後王曾到溫，乙卯再回至攸，停留在那裏"，"《屯南》2301 無名組卜辭，正好適合插在帝辛在攸的正月癸亥、乙丑之間"。我們檢查《屯南》2301 共有七條辭：

> 甲子卜：叩以王族宆方，在岳，亡災。
> 又□。吉。
> □𢀛。吉。
> 方來降。吉。
> 不降。吉。
> 方不往自岳。大吉。
> 其往。①

該版七條辭都沒有夷方、沒有月名、沒有地名攸，李學勤僅憑第一辭的日期"甲子"就斷言它可以"插在帝辛在攸的正月癸亥、乙丑之間"，能否成立已不言自明。不過我們還是想就他的釋文做些評論。他將第一辭解釋成："甲子卜，叩以王族守方在辛山，亡災。"又說："細味各辭，知道夷方軍隊這時已經潰敗奔走，故帝辛命王族主力於辛山扼守，並卜問夷方是否經該地逃走或來降。"這個釋讀有幾個問題，一是本片的七條辭中都沒有"夷方"，有三辭有"方"字，李將其認作"夷方"，解釋成"問夷方是否經該地逃走或來降"，這都是沒有根據的臆測。二是卜辭中的"方"多指方國名，如《合集》6719—6733 等辭（武丁時）、《合

---

① 李學勤釋文多有誤，今從《小屯南地甲骨》釋文。見中國社會科學院考古研究所編《小屯南地甲骨》，下冊第一分冊，第 2301 片釋文，中華書局 1983 年版。

集》33046—33052（圖 4—46）（武乙、文丁時）等辭的"方"都是指方國名。三是將"宄"字解作守，不確。《屯南》作者根據該字在卜辭中的位置，説它"在此為動詞，其義殆與辜、伐等相近"①，正確。四是"峇"，為地名，李將其拆成兩個字，讀成"辛山"，把本是卜問王族在峇地伐"方"，解釋成是"帝辛命王族主力於辛山扼守"，純屬想象。鑒於以上理由，無名組卜辭《屯南》2301 不能作為伐夷方的證據。

第四組

李學勤説："對夷方的作戰此後尚有尾聲。甲子後八天壬申，有《合集》35345 黃組卜辭"，"以及《屯南》2320 無名組卜辭剩餘的部分"，即是説黃組卜辭《合集》35345 和無名組卜辭《屯南》2320 是同時的。《合集》35345 卜辭是：

> 弗戈。吉。
> 不雉衆。王占曰：弘吉。
> 其雉衆。吉。
> 壬申卜，在攸貞：右牧㠯告啟，王其呼戌从，宄伐，弗悔。利。（圖 4—47）

這是牛胛骨刻辭，李讀前三辭是由下往上讀的，但他卻將最上面的一辭（最後一辭）即壬申日卜問的一辭最先讀。《屯南》2320 剩餘部分前已錄出，即第三至第十辭：

> 癸酉卜：戌伐，右牧㠯攷夷方，戌又戈。弘吉。
> 〔右戌又〕戈。弘吉。
> 中戌又戈。

---

① 見中國社會科學院考古研究所編《小屯南地甲骨》，下冊第一分冊，第 2301 片釋文，中華書局 1983 年版。

　　左戌又戈。吉。

　　亡戈。

　　右戌不雉衆。

　　中戌不雉衆。吉。

　　左戌不雉衆。吉。（見圖 4—43）

　　《合集》35345 沒有"夷方"，沒有月名。有壬申日在攸地卜
問右牧🔲禀告商王𡧛方來犯，王命令武官戌跟從率領軍隊去討伐，
不會有害吧，驗辭説吉利。這裏，李學勤是將《屯南》2320 的
"癸酉"日接在《合集》35345 的"壬申"日之後，以日期連接
無名組和黃組卜辭。但兩版卜辭雖然都是由"右牧🔲"告啟，由
戌官擔任征伐，但《合集》35345 是伐𡧛，《屯南》2320 是伐夷
方，二者不是一回事。因此，不能將這兩版卜辭連屬證明無名組
晚期卜辭與黃組卜辭同時。又，這兩版卜辭也證明了🔲族在商代
世代為官。

　　接下來李學勤説："據過去排譜，二月癸酉帝辛在攸，四天後
在攸卜步於戠，就踏上歸途了。"這是根據他自己的排譜，伐夷方
歸程始於"二月"。但卜辭證明伐夷方歸來的時間不是在二月，而
是在"正月"（一月）。有黃組卜辭《合集》36484 為證：

　　癸巳卜，黃貞：王旬亡𤈇? 在十月又二，隹征夷方。
在瀙。

　　癸卯卜，黃貞：王旬亡𤈇? 在正月。王來征夷方，在攸
侯喜鄙永。

　　〔癸丑卜〕，〔黃貞〕：〔王旬亡〕𤈇? 在正月，王來夷方。
在攸。（圖 4—48）

　　該版有三條相連的"卜旬"辭，辭末附記征夷方的行程。第

一辭於十二月癸巳日卜問，辭末記商王帝辛在征伐夷方中，地點在濰地。第二辭於下一旬癸卯日卜問，癸卯日已屬下一年的正月即一月了，這時商王帝辛已是在"來征夷方"，即在征伐夷方歸來的途中了，地點在攸國首領侯喜的"永"地。第三辭於下一旬正月癸丑日（日期殘）卜問，辭末記錄商王帝辛在征伐夷方歸來的途中，地點仍是在攸國。除此之外，還有一個證據，即前舉的李的拼合版《合集》36492＋36969＋《懷特》1901，《合集》36492上記錄的也是"在正月，隹來征夷方"，日期是在癸卯日後的第三天丙午日，地點也是在攸，與《合集》36484日期、地點相連。因此，李學勤說二月帝辛纔"踏上歸途"是錯誤的，也即他的"過去排譜"是不正確的。

綜合上述，李學勤的《帝辛征夷方卜辭的擴大》一文，有很多問題值得商確。如：第一，所拼三版黃組卜辭均不能成立；第二，所舉兩版黃組卜辭不是十祀而是十五祀征夷方的材料；第三，將帝辛十祀八月始征夷方錯說成是"十祀九月"；第四，按自己排的黃組譜，靠地名、日期、人名等不確定的所謂根據，將五版無名組卜辭穿鑿附會地嵌入黃組；第五，隨意地臆補、修改、誤加卜辭的日期、地名、人名（包括官名、族名）；第六，將沒有夷方，沒有年祀，沒有月名，沒有地名的無名組卜辭與黃組卜辭接連；第七，將無名組伐"見方"與黃組伐"𢦏方"都當成"伐夷方"進行接連；第八，將無名組的伐夷方與黃組的伐宵方進行接連；第九，將無名組的夷方之邑與黃組時已變為商領土的該邑混為一談；第十，根據自己的排譜，將帝辛伐夷方歸程始於正月（一月）錯定為"二月"……凡此種種，都說明《帝辛征夷方卜辭的擴大》一文，試圖通過證明"無名組晚期"卜辭的征夷方與黃組帝辛的征夷方是一回事，由此證明無名組晚期卜辭的下限已到帝辛時期，是不能成立的。李學勤為了證明所謂的"兩系說"，沒有根據地將無名組卜辭與黃組卜辭進行錯誤地拼接，把本發生在兩個王世康丁、帝辛的兩次戰役合併成帝辛一個王世的一次戰役，其結果是將無名組晚期的一場重要的伐夷方戰役給抹殺掉了，也即將康丁時的一段史實給否定了。

李學勤為了證明所謂的"兩系説"，力圖將"無名組晚期"卜辭的時代延長到帝辛時期，但他沒有想到，這樣一來，就使無名組卜辭跨越了康丁、武乙、文丁、帝乙、帝辛五王，按著李主持的"夏商周斷代工程"的推斷，商後期幾王的在位年數是：祖庚、祖甲、廪辛、康丁四王共 44 年，武乙 35 年，文丁 11 年，帝乙 26 年，帝辛 30 年。[①] 即使將康丁的在位年數定為 11 年，再考慮到帝辛是在其即位的第 10 年征伐的夷方，11 年征伐夷方歸來，那麼，由康丁到帝辛十一祀也是有 94 年，如此，無名組卜辭就延續了五王，至少近百年的時間，這是不可能的。原因之一是無名組卜辭的數量遠遠少於武丁時期的賓組、自組等組卜辭，武丁在位 59 年，而數量這樣少的無名組卜辭卻延續了五個王世近百年的時間，單憑這樣簡單的數字統計，就可以知道這是令人難以置信的。這樣的結果恐怕是李學勤未曾考慮到的。其實，揭穿李延長無名組卜辭時代的真正用意，恐怕是因為作為原在第三期無名組卜辭之後的第四期"歷組"卜辭，被他抽出移到了第一期晚至第二期早，這樣，第四期卜辭就被抽空了。因此，李學勤試圖用延長無名組卜辭時代的做法，使其跨越第三期、第四期，直到第五期的帝辛時期，以彌補被抽空的第四期卜辭。祇是，這樣的安排，不但其所舉例證不能成立，而且也不符合常理。

以上論證證明：第一，自組卜辭的時代不早於賓組卜辭，所以自組卜辭不是"兩系"的共同起源。第二，"村北系"的何組卜辭與黃組卜辭字體不能密接。第三，所謂"自歷間組"卜辭不存在。第四，自組卜辭在村北出土的數量比在村中、南出土的數

---

① 夏商周斷代工程專家組：《夏商周斷代工程 1996—2000 年階段成果報告（簡本)》，世界圖書出版公司 2000 年版。

量多得多，按"兩系説"者的分配原則本應劃到"村北系"，而不應是跨在兩系之首；無名組卜辭、"歷組"卜辭在村北、村中、村南都有出土，將其袛列在"村中、南系"，與事實不符。第五，無名組卜辭與"歷組"卜辭的出土地層證明，無名組卜辭的時代早於"歷組"卜辭，而不是相反。第六，"無名組晚期"卜辭並沒有延伸至帝辛時期。這些證據都證明了所謂的"兩系説"，一是違背了考古發掘中各組卜辭出土的層位和坑位關繫，二是違背了各組卜辭所反映的内在特徵。所以，所謂"兩系"，是根本無法成立的。《三論》作者曾一針見血地指出："提出'兩系説'的學者，大概是難以解釋歷組卜辭與賓組、出組之間的差異，以及歷組與他組之間的地層關係，因而將之從何組、黃組的鏈條中抽出，並放在無名組之前，以擺脱歷組卜辭在地層上遇到的困境。"此説至確。

　　如果按李學勤的"兩系説"，從武丁到帝辛的各王都應設有南、北兩個占卜機關，小屯村北、村中、村南近在咫尺，殷墟甲骨卜辭的發展脈絡，經過八十多年，幾代學者的考古發掘和對卜辭本身的研究，已證明其確不可移的發展軌跡是：賓組（包括自組、子組、午組）→出組→何組→無名組→"歷組"→黃組，是一系一脈相承發展起來的。

　　附帶説一下，李學勤分所謂"兩系"的根據是："有的組類袛出於"小屯村北，"有的組類袛出於"小屯村南（這與事實不符，見前文）。他又説：在他所分的村南一系中，也出有村北一系的賓組、出組、何組、黃組卜辭，而"村北也出過幾片歷組無名組卜辭"（前已證明不是"幾片"），但他以"為數極少，且系小片"（前已證明"極少"不確）為由，説這些現象"不影響問題的實質"①。於是，為了"歷組"卜辭能够提前，他就違背事實，

---

　　①　李學勤：《殷墟甲骨兩系説與歷組卜辭》，收入《李學勤集》，黑龍江教育出版社1989年版。

建立起什麼"兩系説"。反觀之，李學勤自己就有不少利用幾片例證，甚至衹利用一版卜辭就下結論的現象，如最著名的是以《屯南》2384 一版就斷定"歷組"卜辭的時代必須屬於早期。還有，前文例舉他對何組與黃組卜辭之間，在字體上沒有緊密聯繫的過渡卜辭的事實，竟説衹是因為"尚未在小屯出土而已"。可見，他是採取雙重標準來建立所謂"兩系説"的。

總而言之，李學勤的"兩系説"不能成立。"兩系説"不能圓他的"歷組"卜辭提前説。

第七節　"先用字體分類再進行斷代"
行不通

一　分類（分組）方法的提出

1977 年，李學勤在《論"婦好"墓的年代及有關問題》一文中，提出"歷組"卜辭的名稱及斷代問題，他描述"歷組"卜辭的字體是"字較大而細勁"①。1981 年，他在《小屯南地甲骨與甲骨分期》一文中，把殷墟甲骨劃分為九個組：賓組、自組、子組、兀組、出組、歷組、無名組、何組、黃組（注意：此時自組尚排在賓組之後；但"歷組"已在無名組之前）②。這些組名中，賓組、自組、子組、兀組（即午組）、出組、何組，是借用的陳夢家"卜人組"的組名，"無名組""歷組""黃組"，則分別是董作賓、陳夢家已考定的康丁卜辭，武乙、文丁卜辭，帝乙、帝辛卜辭。1990 年，他在《殷墟甲骨分期新論》一文中，強調他的上述分組是"按照文字的字體，包括字的結構特點與書寫風格，劃分為若干組類"的（注意：這裏又加上了"類"）③。1996 年，他在

① 李學勤：《論"婦好"墓的年代及有關問題》，《文物》1977 年第 11 期。
② 李學勤：《小屯南地甲骨與甲骨分期》，《文物》1981 年第 5 期。
③ 李學勤：《殷墟甲骨分期新論》，《中原文物》1990 年第 3 期。

與彭裕商合著的《殷墟甲骨分期研究》一書中，又增加了"非王無名組"，成十個組。他們説："這十組都是甲骨組，不是卜人組，衹是在命名上大多數的組借用了卜人集團中一個卜人的名字，如賓組、自組等。"這就是説，他們的組是按著字體分類分出的"字體組"。但檢查他們各"字體組"的卜辭，實際上與陳夢家的各"卜人組"的卜辭基本一致，他們衹是將康丁卜辭改稱作"無名組"卜辭，將武乙、文丁卜辭改稱作"歷組"卜辭，將帝乙、帝辛卜辭改稱作"黄組"卜辭而已。再檢查他們所立的組，可發現有的"組"的"字體結構"和"書寫風格"並不都是一致的。如對"歷組"卜辭，他們説："所以稱為歷組，意即歷所卜的一組甲骨"[1]。但我們知道，至今有卜人"歷"的甲骨，即"字較大而細勁"者，不過衹有二十幾版而已。而他們所説的"歷組"卜辭，卻是包括了被陳夢家剔除的董作賓分期的第四期卜辭裏的自組、子組、午組後，剩餘的那部分甲骨。而剩餘的這部分甲骨的字體並不都是"字較大而細勁"的，於是他們又分出"歷組父丁類""歷組父乙類"，這樣的區分又是以"稱謂"而不是以字體分類了。後來，他們又改稱作"歷組一類""歷組二類"，再在"歷組一類""歷組二類"中分出什麼 A、B、C 等小類。所以，他們説分組是按"字體特徵和風格"進行的，也是不確切的。

　　這裏需要提及的是，李學勤的"先用字體分類，再進行斷代"的説辭，並不是在近期提出"歷組"卜辭的時代問題之後纔提出的。而是早在 1957 年，他在《評陳夢家〈殷虚卜辭綜述〉》一文中，就已提出了。他批評陳夢家分"卜人組"的斷代方法，主張用字體分類，他説："卜辭的分類與斷代是兩個不同的步驟，我們應先根據字體、字形等特徵分卜辭為若干類，然後分別判定各類所屬時代。"他的這個分類斷代法在其後的近四十年間，並沒有引

---

　　①　李學勤、彭裕商：《殷墟甲骨分期研究》，上海古籍出版社 1996 年版，第 27 頁。

起學界的注意，學界仍是以陳夢家的"卜人組"和董作賓的五期斷代法爲準繩，對卜辭進行斷代研究的。那麼，爲什麼在時隔四十年之後他又重提此説呢？這個問題最好還是用李學勤自己的話來回答吧。1996 年，他在與彭裕商合寫的《殷墟甲骨分期研究》一書的"後記"中説："隨著殷墟考古的進展，甲骨材料的輯集，分期研究出現了一些新問題。其中最重要的，在四五十年代是文武丁卜辭問題，在七十年代以後則是歷組卜辭問題。由後者出發，逐漸形成了殷墟甲骨的兩系説，有關爭論迄今仍在進行之中。這本《殷墟甲骨分期研究》就是兩系説的較全面的叙述。"① 這裏，李學勤交待了兩個問題：一個是"兩系説"是在"歷組"卜辭時代提前説之後提出的，也即"兩系説"是由"歷組"卜辭時代問題引出的；另一個是提出"兩系説"後，爲了對"兩系説"進行"較全面的叙述"，再重提"先用字體分類，再進行斷代"。由此，我們得知李的斷代路綫圖是："歷組"卜辭提前説→"兩系説"→"先用字體分類，再進行斷代"説；如果把上述路綫圖的箭頭倒著指，就是"歷組"卜辭提前説 ← "兩系説" ← "先用字體分類，再進行斷代"説，它表示"兩系説"是爲"歷組"卜辭提前説服務的，"先用字體分類，再進行斷代"説又是爲"兩系説"服務的。也即歸根到底，"兩系説"和"先用字體分類，再進行斷代"説都是爲"歷組"卜辭的時代能够提前服務的。曾有學者一針見血地指出，"兩系説"是爲了"擺脱歷組卜辭在地層上遇到的困境"而設置的②。

時隔四十年之後，李學勤不但重提"先用字體分類，再進行斷代"説，而且還給字體分類貼上了考古學的標籤，他們（包括彭裕商）説"先用字體分類，再進行斷代"，"實際上是將考古學的類型學方法運用於甲骨分期研究"中，"在對考古器物作分期研

---

① 李學勤、彭裕商：《殷墟甲骨分期研究·後記》，上海古籍出版社 1996 年版。
② 劉一曼、曹定雲：《三論武乙、文丁卜辭》，《考古學報》2011 年第 4 期。

究的時候，必須先用類型學的方法將其分為若干型式，然後再確定其時代"，"甲骨分期應充分使用考古學方法，先分類，再斷代"。① 他們口口聲聲説要運用考古學的"類型學"方法對甲骨進行分期斷代，但他們根本不懂得運用"類型學"對考古發掘遺物進行分期斷代前最起碼的要求，就是必須要明確出土物的地層關係。考古學的"類型學"，過去又稱作"器物形態學""標型學""型式學"，著名考古學家蘇秉琦早就指出："運用器物形態學進行分期斷代，必須以地層疊壓關係或遺跡的打破關係為依據"②。因為"一般地説，當兩種文化遺存疊壓時，上層堆積中包含少量下層遺物是正常的"，因而，祇有在屢清了出土遺物的時代先後後，纔能保證對器物的分類與斷代不加進主觀臆測的成分。前文已多次利用八十多年的考古發掘地層關係證明，"歷組"卜辭從未與賓組、自組、子組、午組、出組卜辭在早期地層和灰坑中共同出現過，也證明了無名組卜辭的出土坑層都是早於"歷組"卜辭的出土坑層的。因此，違反地層關係的所謂字體分類，將毫無時代關連的某些組卜辭主觀地用所謂字體將其生拉硬拽地連接在一起，難免有主觀臆斷的成分。

　　李學勤提出"先用字體分類，再進行斷代"的方法，將董作賓、陳夢家甲骨斷代標準中處在末端地位的"字體"，一下子提升到了斷代的第一標準，顛覆了董作賓、陳夢家的甲骨斷代學説。因此，李學勤説董作賓的五期分法"早已陳舊了"③，他的斷代方法是"同原有的分期理論扞格不合"的④，這確實是實話。李學勤、彭裕商説他們的字體分類的新方法"揭開了甲骨分期研究新的一頁"，"甲骨分期的理論方法自陳夢家先生'三大標準'以

---

① 李學勤、彭裕商：《殷墟甲骨分期研究》，上海古籍出版社 1996 年版，第 13 頁。
② 蘇秉琦、殷瑋璋：《地層學與器物形態學》，《文物》1982 年第 4 期。
③ 李學勤：《論"婦好"墓的年代及有關問題》，《文物》1977 年第 11 期。
④ 李學勤："序"，黄天樹《殷墟王卜辭的分類與斷代》，文津出版社 1991 年版。

來，又有了重大進展，標志著該項工作取得了新的突破"，是"一套新的具有指導意義而行之有效的方法"。① 事實是否如此，還需要經過實踐來檢驗。下面分別介紹、分析他們及其追隨者運用"類型學"進行字體分類及斷代的情況。

二　各家分類、分組與斷代情況

目前見到的對殷墟全部甲骨做過系統分類、分組及斷代研究的有兩家：一是李學勤、彭裕商合著的於 1996 年出版的《殷墟甲骨分期研究》一書②，一是黄天樹於 1991 年出版的《殷墟王卜辭的分類與斷代》一書③。如果按著兩書出版時間的早晚順序，黄天樹的書出版在前，但黄氏寫作此書時，李氏的"兩系説"尚未系統提出，故黄氏的分類、分組沒有按照"兩系説"的框架操作（按：但在二十多年後的 2013 年，黄在其主編的《甲骨拼合三集》附錄中④，列有按"兩系説"框架設定的"殷代卜辭分類分組表"，此表對 1991 年的表有改動）。因此，最早按"兩系説"進行分組、分類斷代研究的是李學勤和彭裕商（注意：黄氏是"分類分組"，李、彭二氏是"分組分類"）。此外，還有 2007 年發表的徐明波、彭裕商合撰的《殷墟黄組卜辭斷代研究》一文，專門對黄組卜辭進行分類斷代⑤。下面對李學勤、彭裕商的分類與斷代情況，做較詳細地介紹與評議。

（一）李學勤、彭裕商的分組、分類與斷代

1996 年 12 月，李學勤、彭裕商發表了合著《殷墟甲骨分期

① 李學勤、彭裕商：《殷墟甲骨分期研究》，上海古籍出版社 1996 年版，第 13、14 頁。

② 李學勤、彭裕商：《殷墟甲骨分期研究》，上海古籍出版社 1996 年版。

③ 黄天樹：《殷墟王卜辭的分類與斷代》（繁體字版），文津出版社 1991 年版。科學出版社（簡體字版）2007 年版。

④ 黄天樹：《甲骨拼合三集·附錄三》，學苑出版社 2013 年版。

⑤ 對徐明波、彭裕商黄組卜辭的分類與斷代的評議，見常玉芝《殷墟甲骨斷代標準評議》，中國社會科學出版社 2020 年版，第 240—289 頁。

研究》，説該書的宗旨是對"兩系説"進行"較全面的叙述"①。
作者在第一章第三節"甲骨分期研究新説"中，對李學勤 1957 年
在《評陳夢家〈殷虚卜辭綜述〉》一文中提出的斷代方法："卜辭
的分類與斷代是兩個不同的步驟，我們應先根據字體、字形等特
徵分卜辭為若干類，然後分別判定各類所屬時代"，自我評價説：
"這實際上是將考古學的類型學方法運用於甲骨分期研究，這樣就
從理論方法上揭開了甲骨分期研究新的一頁"，是"從'十項斷
代標準'開始，經過數十年，又逐漸總結出一套新的具有指導意
義而行之有效的方法"，是"自陳夢家先生'三大標準'以來，
又有了重大進展，標志著該項工作取得了新的突破"。這是自認李
學勤的斷代方法超過了董作賓、陳夢家的斷代方法。

　　李學勤為什麽要在距 1957 年已有四十年之久的 1996 年，重
提並自誇數十年來一直不被學界注意的"先分類，後斷代"的方
法？其目的，用他自己話來説，就是要對"兩系説"進行"較全
面的叙述"。所謂"兩系説"，前文已指出，是李學勤採用董作賓
在《甲骨文斷代研究例》中，對殷墟前五次發掘甲骨出土的"區
位"記錄，以及對卜辭的斷代（董氏用區位斷代不科學，對卜辭
斷代有錯誤，陳夢家已指出。見前文），臆造出來的殷墟甲骨發展
有兩個系統，簡稱"兩系説"。他製造的"兩系"，將"歷組"卜
辭、無名組卜辭，從殷墟甲骨發展的傳統序列中抽出，認為這兩
組卜辭衹出於或主要出於村中、村南，其他各組衹出於或主要出
於村北，遂製造出"村北""村中、南"兩系。他分兩系的緣由
和目的是為了"擺脱歷組卜辭在地層上遇到（的）困境"②，使
"歷組"卜辭提前論具有合理性。

　　李學勤製造"兩系説"、叙述"兩系説"（實際是用字體周全

　　①　李學勤言。見李學勤、彭裕商《殷墟甲骨分期研究・後記》，上海古籍出版社
1996 年版。
　　②　劉一曼、曹定雲：《三論武乙、文丁卜辭》，《考古學報》2011 年第 4 期。

"兩系説"），都抬出了"考古學"這面大旗。自稱製造"兩系説"是根據考古學的"層位學"和"坑位學"，叙述"兩系説"是根據考古學的"類型學"。關於他製造"兩系説"所依據的"層位學"和"坑位學"，經過一輩子從事殷墟考古發掘的學者們，用八十多年殷墟考古發掘的鐵的事實證明，"兩系説"恰恰是違背了殷墟甲骨出土的層位和坑位記錄，所謂殷墟甲骨分"兩系"發展是與殷墟考古發掘的事實不符的（見前文）。而他叙述"兩系説"依據的所謂"類型學"，是違背殷墟甲骨出土的地層關係，而主觀臆造的。

李、彭二氏在《殷墟甲骨分期研究》中説，他們分組、分類的做法是："目前除歷組卜辭而外，大陸上的學者對各組卜辭大致相當的年代已有了基本一致的看法。"因此，他們的"主要任務是在原有的基礎上更進一步，即在同一類卜辭中劃分早晚"。這"就決定了分類必然要比以前細緻，因而以前賴以劃分各組卜辭的卜人集團已不起什麼作用了，這裏的主要依據是分類尺度較窄的字體。在推定相對早晚方面，稱謂系統已退居次要地位，起決定作用的是考古學依據和各類卜辭之間的相互聯繫"。這段話有兩層意思：一是説當前學者們對除"歷組"卜辭外，對其他各組卜辭的年代看法基本一致（這句話不完整，因為學界對他們將無名組卜辭置於"歷組"卜辭之後，並將其時代延長到帝辛時期是不同意的）。他們的新工作就是在大家基本一致看法的基礎上，對同一類卜辭再按字體進行細分類，劃分出早晚。這就表明，他們基本上是承認了董作賓分期的基本框架和陳夢家分"卜人組"的斷代成果的（當然"歷組"卜辭及無名組卜辭除外）。從表面上看，他們的新工作似乎遵循了李學勤1957年提出的"先用字體分類再進行斷代"的方法，但一細究即可知，他們的分類範圍前後是不相同的。1957年，李學勤是在《評陳夢家〈殷虛卜辭綜述〉》中，針對陳先生分"卜人組"的斷代方法，提出要先用字體分類，而不是用卜人分組，即是否定陳先生分"卜人組"的斷代方法的。也即李當年提出的用字體分類，是針對整個殷墟甲骨卜辭而說的，而不是如現在所說，是在各個已定的組內再進行分類。現在，在時過近四十年之後，他們將先分類後斷代的方法衹限定在各組卜辭內進行，也算是與時俱進了。不過，他們在各組卜辭內進行分類斷代，目的則是為了周全"兩系説"。也即是為了要用字體將"村中、南系"的"歷組"卜辭與自組卜辭，"歷組"卜辭與無名組卜辭，無名組卜辭與黃組卜辭連接起來，以證明"歷組"卜辭提前論、無名組卜辭時代晚於"歷組"卜辭是能够成立的，也即是為了證明"兩系説"是能够成立的。上面那段話的第二層意思是，他們的分類"主要依據是分類尺度較窄的字體"，"在推定相對早晚方面，稱謂系統已退居次要地位"，"起決定作用的是考古學依據和各類卜辭之間的相互聯繫"。所謂考古學依據就是"坑位"①；所謂"各類卜辭之間的相互聯繫"，就是用字體將各類（組）卜辭連接起來。前文在分析"兩系説"時已指出他們的所謂"坑位"，實際上是指灰坑所在發掘區裏人為劃分的區位，是缺乏科學性的。下面的事實又證明，他們的"類型學"即對字體分組、分類，又是違背"類型學"必須要以地層學為基礎的規則的。

　　李、彭二氏説："殷墟甲骨卜辭從性質上來看，可以分為王卜辭和非王卜辭"。而"在王卜辭中，根據出土地點的不同，又有村北系列和村中、南系列的分別。據目前的研究成果，自組為兩系共同的起源，賓組、出組、何組、黃組為村北系列；歷組、無名組、無名黃間類為村中、南系列"。前文已經引述考古發掘的事實，證明以甲骨出土地點也即所謂"坑位"來分殷墟甲骨卜辭為兩系，是不能成立的。於是，李學勤在有關"兩系説"的"争論

---

　　① 李學勤、彭裕商：《殷墟甲骨分期研究》，第一章第三節，上海古籍出版社 1996年版。

迄今仍在進行之中"時①，重新撿起了"先分類後斷代"的所謂考古學的"類型學"方法，試圖從字體上將各組（類）卜辭連接起來，以證明"兩系説"的正確。下面是他們的分組、分類與斷代情況：

　　一、自組：

　　（一）大字類：時代"上限應在武丁早期，下限不晚於武丁中期偏早階段"。

　　1. 大字類

　　2. 大字類附屬

　　（二）小字類：時代"上限可到武丁早期""下限至多到武丁中期"。

　　1. 小字一類

　　2. 小字二類

　　3. 其它小字類及小字類附屬（"自歷間組"）

　　二、賓組：

　　（一）自賓間組：時代"不會晚於武丁中期"。

　　（二）賓組一類：時代"大致屬武丁中期，下限可延及武丁晚期"。

　　1. 賓組一 A 類

　　2. 賓組一 B 類

　　（三）賓組二類："年代大致屬武丁晚期，下限可延及祖庚之世"。

　　三、出組：

　　（一）出組一類："主要屬祖庚，上限可到武丁之末"。

　　（二）出組二類：

---

　　① 李學勤、彭裕商：《殷墟甲骨分期研究・後記》，上海古籍出版社 1996 年版。下文所引李、彭二氏之説，如不注明，皆出自此書。

1. 出組二 A 類："時代應在祖甲前期"。

2. 出組二 B 類："時代應大致處在祖甲後期"。

四、何組：

1. 何組一類："上限到武丁晚期，下限及於祖甲，大致是祖庚祖甲時之遺物"。

2. 何組二類："時代大致屬廩康之世"。

3. 何組三類：

（1）何組三 A 類："大致屬廩康之世"，"下限已延及武乙早年"。

（2）何組三 B 類："上限當在廩辛之世"，"下限當在武乙中期以前"。

五、黃組："本組卜辭有數仟片，但其書体風格和字形結構彼此間並無多大差別，本書就不再作進一步的類別劃分了。"其時代"上限在文丁，下限到帝辛"。

六、歷組：

（一）歷組一類（歷組父乙類）

1. 歷組一 A 類："本類祇有父乙稱謂，年代不會晚至祖庚"，"大致屬武丁中期偏晚"

2. 歷組一 B 類："稱謂主要是父乙，但也有個別父丁（《合集》32680），其下限當已延及祖庚"，"上限應到武丁中期偏晚或中晚期之際，下限延至祖庚之初"。

（二）歷組二類（歷組父丁類）："稱謂以父丁為主，個別有父乙"。

1. 歷組二 A 類："重要稱謂有父乙和父丁，但不同版，應為武丁到祖庚時期的稱謂"，"本類的年代應在武丁末到祖庚初"。

2. 歷組二 B 類："主要稱謂是父丁，大致是祖庚時期的遺物。其中《合集》32723 有'父乙'"。作者又將本類分成甲、乙、丙三群。"本類大致屬祖庚時，上限可到武丁之末"。

　　3. 歷組二 C 類："本類重要稱謂祇有父丁，可知不會早到武丁之時"，"本類大致屬祖庚後期，其中第二種字形組合有一部分卜辭可能已延及祖甲之世"。

　　七、無名組：

　　（一）歷無名間組："字體介於歷組與無名組之間"（注意：是"歷無名間組"，不是類。又將歷組排在無名組前面），"大致是祖甲時期的遺物"，"附屬於歷無名間組的歷無名間組晚期卜辭，稱謂系統以父甲、父己、父庚為主，另外，《合集》27364 字體近本類，有'兄辛'，然僅此一見，故我們推測本類卜辭大致屬廩辛時代，其上限可及祖甲之末，下限延及康丁之初。"

　　（二）無名組一類："本類卜辭中 A、B、C 三小類都有'兄辛'稱謂，故其中大部分都應為康丁時物。"

　　1. 無名組一 A 類："大致屬康丁前期"

　　2. 無名組一 B 類："稱謂以父甲、父己、父庚、兄辛、母己、母戊為多見，其大部分應為康丁時物，但值得注意的是，其中有少數卜辭已開始出現'父丁'稱謂，如《合集》32223、32717、32715、32720 等，這些卜辭又可在本類中劃出一個小群……可暫稱 B 類晚期"，"這些卜辭的父丁應為武乙稱康丁"。

　　3. 無名組一 C 類："稱謂以祖丁、父甲、父己為主（《合集》27348、27371、27453 等，多數也是康丁卜辭）"，"其中有'引吉'的一些卜辭已晚至武乙中期"。

　　（三）無名組二類："本類卜辭的稱謂系統以祖丁、父甲、父己、父庚、母戊、兄辛為主，其大部分應屬康丁之世"，本類卜辭中有些有"父丁"稱謂，"主要是武乙早期之物"；"有占辭引吉的卜辭應大致屬武乙中期，其上限或可到武乙早期偏晚或早中期之交","本類卜辭多數為康丁時遺物,有一小部分已延及武乙,其下限不晚於武乙中期"。

（四）無名組三類："基本上都是武乙時的遺物,大致處於武乙中晚期"。

（五）無名黃間類卜辭:可據字體再分為兩類①。"包含的年代大致從武乙到文丁。"

以上李學勤、彭裕商對"殷墟王卜辭"以字體進行的分組、分類,共分七個大組,前五個大組屬"村北系",後兩個大組屬"村中、南系"。七個大組下面再分 17 個大類（其中有兩個屬於"類"的卻稱作"組",即"自賓間組""歷無名間組"）,大類下面再分 19 個小類。他們給出的殷墟甲骨"兩系"路綫圖是:

（村北系）自組——→自賓間組——→賓組——→出組——→何組——→黃組

（村南系）　└→ 自歷間組→歷組→歷無名間組→無名組→無名黃間類↑②

不難看出,上面李、彭二氏的所謂大"字體組、類",其所指的範圍,實際上就是陳夢家的"卜人組"範圍,他們祇不過是換了個"名稱"而已,即以"字體組"代替"卜人組"稱之,以示有別於陳先生的斷代成果。

如果按著 1981 年李學勤在《小屯南地甲骨與甲骨分期》一文中對殷墟卜辭所做的分組,是九個大組,即賓組、自組（注意:當時賓組尚在自組之前）、子組、𠂤組（即午組）、出組、歷組、無名組（歷組是在無名組之前）、何組、黃組。現在,他們將子組、𠂤組列入所謂"非王卜辭"加以剔除,還剩下七個大組。七個大組之間又增加了三個"間組",即"自賓間組""自歷間組"

---

① 李學勤在 2008 年發表的《帝辛征夷方卜辭的擴大》一文中（《中國史研究》2008 年第 1 期）,已將"無名黃間類"卜辭改稱作"無名組晚期"卜辭,對其時代也改為延伸至帝辛時期（見前文）。

② 作者在此路綫圖中,"自歷間組"附屬於自組。"無名組"之前沒有標出"歷無名間組",見該書第 305 頁。

（不單獨列組名，是將其放在自組"其他小字類及小字類附屬"中）、"歷無名間組"；還增加了一個"間類"，即"無名黃間類"。我們注意到，這些"間組""間類"的設置有兩種情況：一個是因將自組定為"兩系"的共同起源，時代最早，所以需要將自組與"村北系"的賓組，"村中、南系"的"歷組"都能連接上，於是就在"村北系"設立了"自賓間組"，在"村中、南系"設立了"自歷間組"。二是"間組""間類"多設立在"村中、南系"中，這無疑是根據需要而設置的。因為在"村中、南系"中，"歷組"卜辭被提前到了武丁時期，所以就必須要設立"自歷間組"將"歷組"與第一期卜辭挂上鉤；又因為將"歷組"提前到無名組之前（原來"歷組"是在無名組之後），所以要將這兩組卜辭的尾首連接上，就必須要設立"歷無名間組"；再因為無名組與黃組之間沒有了"歷組"，要想將無名組與黃組連接上，就必須要設立"無名黃間類"（注意：是"類"不是"組"）①。這種"間組""間類"中的"組"和"類"的區別標準是什麼？何以稱"間組"？何以稱"間類"？作者始終沒有做出說明，讀者也就始終沒有明白。

　　其實，如果再仔細審查他們的分類，可發現不止有上述明確列出標題的 19 個小類，從他們的行文可得知，還有一些小小類是沒被列入標題中的。如作者在敘述自組"大字類"卜辭時說："值得注意的是，在這一組卜辭中，本類字體與另外一種字體共存"，這"另外一種字體"被稱作"大字類附屬"，就沒有單列標題。又如在敘述"無名組一 B 類"卜辭時說："但值得注意的是，其中有少數卜辭已開始出現'父丁'稱謂，如《合集》32223、32717、32715、32720 等，這些卜辭又可在本類中劃出一個小群"，

---

① 到 2008 年，李學勤發表文章《帝辛征夷方卜辭的擴大》（《中國史研究》2008 年第 1 期），將"無名黃間類"改稱作"無名組晚期卜辭"，將其時代延長到帝辛時期，並且不再使其與"村北系"的黃組卜辭交匯了，而是與黃組平行發展。

即他們衹要覺得字體稍有差異，哪怕衹有幾片卜辭也要設立個小群。再如在叙述無名組中的“歷無名間組”卜辭時説：“附屬於歷無名間組的歷無名間組晚期卜辭”等，都沒有單列標題。所以難怪這種繁瑣的分組分類使有些學者在統計他們的分組分類數目時，會得出不相同的結論。

查看他們的“兩系”路綫圖，列入“村中、南系”的衹有“歷組”和無名組兩個大組，外加一個南、北兩系都通用的自組。我們在上一節已經從“自組卜辭”是否為兩系的共同起源；“村北系”的何組與黃組卜辭字體是否密接；“村中、南系”的所謂“自歷間組”卜辭不能成立；無名組、“歷組”卜辭的出土情況；無名組與“歷組”卜辭時代的先後；“無名組晚期”卜辭是否已延伸至帝辛時期。即總共從六個方面，對“兩系説”做了否定的論證。在“兩系説”遭到學界質疑後，李、彭二氏又發表《殷墟甲骨分期研究》一書，試圖從對卜辭字體進行細分類，即他們所説的運用考古學的“類型學”方法，再對“兩系説”做“較全面的叙述”，以達到證明“兩系説”是正確的目的。

考古學的“類型學”，又稱作“標型學”“型式學”“器物形態學”。既然作者説他們的字體分類是運用考古學的“類型學”方法，那麼，就有必要弄清楚運用“類型學”方法對出土遺物進行分類斷代的規則。考古學家蘇秉琦説：“運用器物形態學進行分期斷代，必須以地層疊壓關係或遺跡的打破關係為依據。”① 這就是説，在運用類型學對出土遺物進行分類斷代時，必須要以遺物出土的地層關係為依據。之所以如此，是因為類型學本身具有局限性：“不同的時代，器物的外形有時會有相似與雷同之處。如果離開地層學，單純憑器物的外部形態進行分類，並斷定器物的時

---

① 蘇秉琦、殷瑋璋：《地層學與器物形態學》，《文物》1982 年第 4 期。劉一曼、曹定雲説運用類型學的“前提是必須建立在地層學的基礎之上”（劉一曼、曹定雲：《三論武乙、文丁卜辭》，《考古學報》2011 年第 4 期）。

代，那就非常危險，甚至有誤入歧途的可能。""甲骨卜辭本身是地下遺物，是通過考古學方法發掘出來的，所以人們又必須運用考古地層學的方法，對出土甲骨進行整理。"① 對比上述原則，我們可以看到，李學勤列在"兩系説"中"村中、南系"的各組卜辭，是與考古學的地層學相違背的。前文已多次指出，考古發掘中，從未見到"歷組"卜辭與𠂤組、子組、午組、賓組卜辭在早期地層中同出過，所以"兩系説"者將"歷組"卜辭提前到第一期，並自創"𠂤歷間組"一説，試圖將"歷組"卜辭與𠂤組卜辭連接起來，是違背𠂤組與"歷組"卜辭的地層關係的，因此是不能成立的。又，"在 1973 年小屯南地的發掘中，無名組卜辭雖與歷組父丁類卜辭同出在中期一組，但歷組父乙類卜辭祇出在中期二組；且有多組中期二組坑打破中期一組坑。這説明，無名組卜辭的產生早於歷組卜辭，這是建立在確切地層關係上的結論"②。由此，我們可以看到，所謂"村中、南系"將"歷組"卜辭排在早於無名組卜辭之前，並提出"歷無名間組"卜辭一説，試圖按"歷組"→無名組的順序連接這兩組卜辭，也是違背無名組與"歷組"卜辭的地層關係的，因此也是不能成立的。至於連接無名組與黃組卜辭的所謂"無名黃間類"卜辭，已於 2008 年被李學勤自己用"無名組晚期卜辭"代替並否定掉了，前文我們也已分析了所謂"無名組晚期"卜辭已延續到黃組帝辛時期是不能成立的，此不贅述。由以上所説，可以看到，"兩系説"者安排在"村中、南系"的"歷組"卜辭、無名組卜辭，是違背考古發掘的地層關係的，因此，所謂"村中、南系"是不存在的，"兩系説"是不能成立的。由此可知，李學勤、彭裕商運用所謂考古"類型學"對無名組卜辭、"歷組"卜辭等所做的分類是沒有地層學依據的，他們所做的分類與斷代，"加進主觀臆測的成分，使這種方法表現

---

① 劉一曼、曹定雲：《三論武乙、文丁卜辭》，《考古學報》2011 年第 4 期。
② 劉一曼、曹定雲：《三論武乙、文丁卜辭》，《考古學報》2011 年第 4 期。

出神祕而煩瑣的傾向"①。

對於李、彭二氏在《殷墟甲骨分期研究》中對各組卜辭的繁瑣字體分類，我們認為沒有必要去花大量的時間，一一去查對他們對各組卜辭的細分類是否正確，一是因為他們沒給出固定的分類標準，二是沒有實質意義。這裏，僅簡略地介評一下他們對所謂"兩系"的開頭②自組卜辭的分類與斷代，以此窺探他們的分類與斷代情況。

關於自組卜辭的分類：他們對自組卜辭是按字體大小進行分類的，分成"大字類"和"小字類"，在兩大類中又各分出若干小類。

在"大字類"中，除了"大字類"，又分出一個"大字類附屬"。作者說這兩類卜辭在下面幾版中共存：《合集》19773、19946、19945、20576、19957（正、反），他們說這幾版中屬於"大字類"的祇有《合集》19945、19946 甲戌扶卜一辭、19946、20576 反面刻辭，"其餘全是另一種字體的卜辭。這些卜辭如果以字體特徵進行聯繫，可以劃出一個小類……將其作為大字類的附屬"。我們檢查了上述各版卜辭，發現各辭字體風格區別並不大，特別是《合集》19773 和 19957 正、反，更是看不出有什麼必要要分成另一類。查《合集》19946 版卜骨，正面有十二條卜辭，作者祇將其中"甲戌扶卜一辭"分在大字類，其他十一辭皆分在"大字類附屬"，反面的一辭也分在大字類。再查《合集》20576，正面有二十四條辭，反面有兩條辭，作者祇將反面的兩條辭分在"大字類"，正面的二十四條辭則分在"大字類附屬"。這種將刻在同一版甲骨上的卜辭分在不同的類中，在李、彭的分類中很

---

① 蘇秉琦、殷瑋璋：《地層學與器物形態學》，《文物》1982 年第 4 期。

② 李學勤在十二年後即 2008 年對"兩系"中的尾部做了變動。他認為"兩系"的"村中、南系"，最後並沒有融合到"村北系"的黃組中，而是以"無名組晚期卜辭"的形式與黃組卜辭平行發展的。見《帝辛征夷方卜辭的擴大》，《中國史研究》2008 年第 1 期。

普遍。

在"小字類"中，作者分出"小字一類""小字二類""其它小字類及小字類附屬"（"𠂤歷間組"）。作者説"小字一類""多出村北，村南較少出土"，卜人有扶。所舉卜辭有《合集》20098、20960、20967、21021、21022，我們檢查這幾版卜辭，發現《合集》20098、20967 上有的辭的字與大字類比較並不小。作者説"小字二類""衹出村北，村中、南未見"，所舉卜辭有《合集》20036、20057、20075、20706。我們檢查這幾版卜辭，發現 20036 中同一條辭中字的大小並不一樣，《合集》20057、20075、20706 三版卜辭的字體風格與 20036 的字體風格並不一致，為何要分在一類中？對"其它小字類及小字類附屬"，作者舉 1973 年小屯南地出土的六塊甲骨：《屯南》4511、4512、4513 + 4518、4514—4515、4516、4517（有卜人扶），説這幾版卜辭聯繫著裘錫圭説的"歷、𠂤間組"卜辭，林澐説的"𠂤歷間組"卜辭。[①] 對於裘、林所説的"𠂤歷間組"卜辭，李、彭二氏認為"應附屬於𠂤組，是𠂤組與歷組之間的連鎖"，即他們將裘、林二氏稱作"𠂤歷間組"的卜辭，改稱為"𠂤組（小字類）附屬"。所舉卜辭有《合集》34120、20038、34991、22404。我們檢查這幾版卜辭，發現《合集》34120、20038、34991 三版卜辭的字體並不一致。

對於𠂤組"大字類"卜辭的時代。作者説，"大字類"的稱謂有父乙、母庚、陽甲、盤庚，故一般説是武丁時物。但認為"大字類"屬於武丁早期，根據是舉出兩個人物（不煩造字）衹見本類，而其中一人雖然也見於小字類和賓組，但並非常見。作者又説"附屬於大字類的卜辭與大字類同卜同版"，舉出幾個既見於"大字類"又見於"大字類附屬"的人物，説其中的"弜、雀

① 裘錫圭：《論"歷組卜辭"的時代》，《古文字研究》第六輯，中華書局 1981 年版。林澐：《小屯南地發掘與殷墟甲骨斷代》，《古文字研究》第九輯，中華書局 1984 年版。

則是自組小字類和早期賓組常見的重要人物",所以"大字類附屬"要比"大字類"晚。我們認為以某個人物出現在某個小類卜辭的多寡來判定卜辭的時代,實屬牽強。因為這些人物同屬於武丁朝,他們在各小類中出現的多寡並不足以證明某個小類的時代就一定比另一個小類的時代要早,即弜、雀出現的多寡並不能證明"大字類"的時代一定就比"大字類附屬""小字類",甚至比賓組時代要早。又比如作者説時代較早的"大字類"卜辭中有卜人"扶",但查被他們劃到"小字類附屬"的《屯南》4517 也有卜人扶,即卜人"扶"是貫穿於整個自組卜辭中的,因此,卜人扶並不能證明"大字類"比"小字類"早。他們還舉出"大字類"與"小字類"有七例同版的:《合集》19871、19921、19965、20046、20088、20233、20345,作者憑此同版就"推測""大字類"的"下限已聯繫到小字類",即證明"大字類"早於"小字類",我們認為兩類卜辭同版,也並不能證明孰早孰晚。總之,作者舉出的"證據"不足以證明"大字類"的時代早於"大字類附屬",早於"小字類"和"小字類附屬",即不足以證明"大字類"屬於武丁早期。作者説"附屬於大字類"卜辭的時代"上限應在武丁早期,下限不晚於武丁中期偏早",純系臆測。對於自組"小字類"卜辭的時代,作者説:"小字類卜辭的稱謂仍以父乙、母庚為主,為武丁時的稱呼。"作者憑上述所列"小字類"與"大字類"的七例同版,推測"小字類""上限可到武丁早期","下限至多到武丁中期","沒有晚到武丁晚期",也是沒有根據的臆測。

對於自組"小字類"中的"小字類附屬",也即所謂"自歷間組"卜辭的時代,作者先是舉出《合集》34120、20038、34991、22404 四版卜辭,我們已指出,其中 34120、20038、34991 三版卜辭的字體並不一致(見上文)。後又舉出《合集》33077、33074、20383、23093、33080、33081 六版卜辭,我們再檢查這六版卜辭,發現 33077、20383 字都不小,不應分在"小字類"；而《合集》23093 則是出組祭陽甲亡尤的卜辭，我們根據作者提供的釋文，查到著錄號應是 20393，不是 23093。作者説這些"自歷間組"卜辭重要的稱謂有"父乙"，是武丁稱小乙。但我們檢查上述十版"自歷間組"卜辭，卻沒有一版上有"父乙"稱謂。作者將這些"自組小字類附屬"的"自歷間組"卜辭，定位"是自組與歷組之間的連鎖"，他們提供的主要根據，一是"這類卜辭可與《屯南》4514、4516 相聯繫，後者均出殷墟一期地層T53（4A），年代大致相當於武丁中期"。這樣的斷語不符合事實。小屯南地的發掘者早已從坑位，稱謂，人物，字體，鑽、鑿、灼等方面論證了這些卜辭屬武丁晚期，他們還特別指出："'自組'卜人扶與卜人中同版，卜人中是屬第一期（即武丁時代）和第二期前半葉（即祖庚、祖甲時代的前半葉）的人，亦説明'自組卜辭'的時代是具有承上（武丁）啟下（祖庚）的作用。這與地層T43（4A）下仍疊壓小屯南地早期的灰坑（H111、H112）的情況亦相符合。從這些跡象來看，'自組卜辭'的時代似屬武丁晚期。"因此，李、彭二氏"推測""自組小字類附屬"屬武丁中期不確。二是説"在占卜内容上又與某些較早的賓組卜辭（賓組一A 類）有聯繫"，如作者舉賓組與"自歷間組"、"歷組"都有與方國獮（應是猷）的戰爭卜辭，而且參戰者除王外主要都是卣和沚。但檢查作者所列的"歷組一類"的方國是𢀛（《合集》33083、33084、33082）不是獮（猷），把𢀛説成獮（猷），説是同一個字的不同寫法，令人不能接受。而作者列出的自組與"歷組"參戰的人物如沚等相同，不能説是同一個時代的，前文已詳論了商代有異代同名的社會現象。作者還從卜問干支日相近來尋找根據，前文也已指出，在沒有月名，僅憑六十個干支日連接卜辭是不能令人信服的。作者給出"小字類附屬"也即"自歷間組"卜辭的時代與"歷組一類"時代相同，推測在武丁中期，也與自己主張的"歷組"卜辭屬武丁晚期至祖庚早期不符。

　　綜觀作者對𠂤組卜辭的分類與斷代，將𠂤組卜辭分成兩個大類，下面再分成五個小類，甚至對同版卜辭也要分成不同的類，並且力圖證明同版不同類的卜辭也有時代早晚，這就有違於自羅振玉、王國維始，經董作賓、陳夢家至現在，甲骨學界的共識是在絕大多數情況下，同版卜辭的時代是相同的（祇有極個別特例）。陳夢家曾談到："同一版甲骨上出現的卜人必定是同時代的，就是沒有一版甲骨刻著兩個世代的卜辭。這種假定是可成立的，因為事實上由同版卜人的各自在別版上的稱謂看來，凡屬同版卜人的各自稱謂是一致的。"① 這是説利用稱謂已證明了同版卜辭是屬於同一個世代的。李、彭的字體分類完全靠自斷，沒有特定的標準，他人無從掌握。他們自詡運用考古"類型學"方法對卜辭進行分類斷代，但未能避免考古學家蘇秉琦早已指出的弊病："一些學者在運用器物型態學時曾經出現過一些偏差。例如有的研究者片面強調兩種形製不同的實物在一起找著，必定有一種形製恰居另一種之前。這就難免把排比器物以確定時間早晚和器物形製變化序列的工作絕對化，甚至為做到這一點而加進主觀臆測的成分，使這種方法表現出神秘而煩瑣的傾向。"② 今李學勤、彭裕商就是運用繁瑣的分類，加進主觀臆測，力圖得出𠂤組與"歷組"卜辭也能夠連接，是"兩系"的共同起源，以證明"歷組"卜辭屬於早期這一結論。該書隨處可見"可能""推測""大致"等不確定的字樣，如説"大字類卜辭""大致應為武丁早期"，"𠂤歷間組""歷組一類"卜辭"大致屬於武丁中期"，"推測其上限可到武丁中期偏早"，就多有臆測的成分。而特別有趣的是，李、彭二氏這種將同版卜辭分在不同的類中，再判定各類屬於不同的時代的做法，在原則上恰恰是違反了李學勤自己提出的"同一個王世不見得祇有一類卜辭"的説法，而是力圖證明同一個王世祇能

---

① 陳夢家：《殷虛卜辭綜述》，科學出版社1956年版，第137頁。
② 蘇秉琦、殷瑋璋：《地層學與器物形態學》，《文物》1982年第4期。

有一個類別的卜辭。

　　檢查他們對自組卜辭進行細分類，再對各類進行的斷代，還可發現有兩個現象：一個是有的説法前後不一致，甚至矛盾。二是因作者多採用以卜辭内容斷代，這樣往往會使各類卜辭交互糾結在一起，無法精確分清各類的時代。

　　關於第一種現象。如作者將自組卜辭分成"大字類"和"小字類"，指出這兩類卜辭中都有"父乙""母庚"稱謂，分別是武丁對其父小乙和其配偶的稱呼，即都是武丁卜辭。但是，作者再分別對"大字類""小字類"及其各"附屬類"進行斷代時，就出現了不少狀況。如前面説"大字類"的人物有十二個（因造字繁難，不錄），後面卻説"大字類"祇見其中的四個，"其餘的或見於自組小字，或見於賓組"，這是前後説法不一致。再比如作者説"大字類附屬卜辭"中的人物，"或見於大字類，或為本類特有而外，弜、雀則是自組小字類和早期賓組常見的重要人物……"，"在占卜内容上，本類卜辭與自組小字類和自賓間組有相似之處"。這就是説，"大字類附屬""大字類""小字類""自賓間組"，早期"賓組"之間在人物和内容上是連貫的，也即據卜辭内容是無法精確區分出各類的時代的，這與作者極力要區分這些小類的時代是相矛盾的。再比如説"附屬於大字類的卜辭與大字類同卜同版"，"大字類附屬"卜辭提到的人物弜、雀、多冐，也見於"大字類"，弜、雀"是自組小字類和早期賓組常見的重要人物，多冐也見於自組小字類（《合集》20450），這透露出本類卜辭比上述大字類要晚一些"。這就令人不解了：既然"附屬於大字類的卜辭與大字類同卜同版"，兩類都見有上述人物，祇因這些人物也見於小字類和早期賓組卜辭，就説"大字類附屬"晚於"大字類"，這不但與先前得出的"大字類"與"大字類附屬"時代相同的説法矛盾，而且在邏輯上也是講不通的，這就表明作者在斷代問題上存在著臆測現象。再比如對自組"小字類"的斷代，作者將"小字類"再細分成"小字一類""小字二類""其它小字類及小字類附屬"三個小類。對 1973 年小屯南地出土的六塊自組卜辭因其"字體較小,筆劃柔弱"(其中《屯南》4517 有卜人扶),"與上述兩類小字卜辭均有不同",而將其單分在"小字類附屬"中①。認為"這些卜辭雖不多,但重要的是它卻聯繫著其它幾類卜辭,後者也出在村中、南,具體説來,主要有自歷間組卜辭"。對所謂"自歷間組"卜辭(裘錫圭稱作"歷自間組",林澐稱作"自歷間組"②),李、彭二氏認為"實際上應附屬於自組,是自組與歷組之間的連鎖",應該稱作自組"小字類附屬"。由此看來,李、彭認為小屯南地出土的六塊卜甲上的自組"小字類附屬"卜辭等同於"自歷間組"卜辭。作者在論述"小字類"的時代時,再舉前面所列的"大字類"與"小字類"同版的七版卜辭,説"小字類"卜辭的時代"上限可到武丁早期","下限至多到武丁中期",至多到"武丁中期偏早階段"。對"大字類"的時代,作者説"上限應在武丁早期,下限不晚於武丁中期偏早階段",因此,"大字類"與"小字類"的時代相同。這就與作者的另一個説法,即説"大字類"的"下限已聯繫到小字類"相矛盾。另外,對出土於小屯南地的六塊"小字類附屬"(也稱"自歷間組")卜辭的時代,作者説"上限可到武丁中期偏早","大致是武丁中期"。這就出現了一個問題:由於"小字類附屬"等同於"自歷間組","是自組與歷組之間的連鎖",而"歷組"卜辭的時代被認定在武丁晚年至祖庚時期,那麼,"小字類附屬"的時代即使不是在"武丁中期偏早",是在"武丁中期",它也連接不到處於武丁晚期的"歷組"卜辭。再説,在考古發掘中,自組

---

① "小字類附屬"衹有小屯南地出土的六版卜甲。

② 裘錫圭:《論"歷組卜辭"的時代》,《古文字研究》第六輯,中華書局 1981 年版。林澐:《小屯南地發掘與殷墟甲骨斷代》,《古文字研究》第九輯,中華書局 1984 年版。

卜辭是與早期的賓組、子組、午組卜辭同坑而出的，不見有與
“歷組”卜辭在早期坑層中同坑而出的現象，怎麼會有所謂起
“自組與歷組之間的連鎖”作用的“自歷間組”卜辭呢？因此，
所謂“自歷間組”卜辭，是某些人根據自己臆斷的字體“演變”，
臆造出來的。這種僅憑個人臆斷對字體進行的所謂細分類，必然
會導致在斷代問題上出現顧此失彼，前後矛盾，不能自圓其說的
混亂現象。其實，既然作者認定自組卜辭的“大字類”和“小字
類”，兩大類中都有“父乙”“母庚”稱謂，都分別是武丁對其父
小乙和其配偶的稱呼，也即都是武丁卜辭，這兩個稱謂已經說明
了自組卜辭的時代。實在沒有必要再分出什麼“大字類”、“大字
類附屬”“小字類”，在“小字類”中再分出什麼“小字一類”
“小字二類”“其他小字類及小字類附屬（“自歷間組”）。他們這
樣不厭其煩地對自組卜辭進行細分類，其目的無非就是要在自組
中找出一種能與“歷組”卜辭的字體連接上的小類，即所謂“自
歷間組”（注意是稱“組”不稱“類”）卜辭，但這樣臆測出來的
字體類，一遇到斷代，就出現了顧此失彼，不能自圓其說的矛盾
現象。

　　這裏還需要指出的是，李、彭二氏將殷墟卜辭的發展分成
“村北系”，“村中、南系”兩系，根據是以某組卜辭“祇出於或
主要出於”村北或村中、南來劃分的。但他們一是始終指不出哪
個組的卜辭“祇出於”村北或村中、南，因為這種情況根本不存
在；其次，從他們對自組卜辭的劃分來看，並沒有遵循以“主要
出於”某地來劃分的原則，他們說自組卜辭的出土情況是：“本組
卜辭在小屯村北和村南（包括村中）均有出土，但以村北所出較
多”，其中“小字一類”“多出村北，村南較少出土”，“小字二
類”“祇出村北，村中、南未見”。如果按著他們劃分兩系的原
則，多出於村北的自組卜辭應該劃分到“村北系”纔對，但他們
為了使“村中、南系”的“歷組”卜辭能與屬第一期的自組卜辭

連接上，就籠統地說𠂤組卜辭在村北，村中、南都有出土，是"兩系"的共同起源，並製造出所謂"𠂤歷間組"卜辭，用來連接𠂤組與"歷組"，以使"歷組"卜辭提前論能够成立，這是第一步。第二步，因為他們將"歷組"卜辭的時代定在武丁晚期至祖庚早期，所以就必須要將早已被陳夢家等學者證明的𠂤組卜辭的時代是在武丁晚期至祖庚早期，改定為是在武丁早期和中期偏早，這樣纔能使𠂤組卜辭連接上處在武丁晚期至祖庚早期的"歷組"卜辭。但由前文的分析可以看出，他們對𠂤組卜辭的斷代不能成立，因此其目的沒有達到。

除了"𠂤歷間組"卜辭，作者還製造出"歷無名間組"卜辭、"無名黃間類"卜辭，這些"間組""間類"卜辭是用來連接"村中、南系"的各組卜辭的。

總之，他們在兩系的頭部，以"𠂤歷間組"連接"村中、南系"的"歷組"；在尾部，以"無名黃間類"連接"村北系"的黃組，使"村中、南系"的無名組與"村北系"的黃組匯合在一起。即"兩系"起源於𠂤組，終結於黃組，最後，"村中、南系"又匯合於"村北系"，兩系又歸於一系發展。這種對"兩系"的設置可謂完美而"獨具匠心"。

由於上述"兩系"的安排太過完美，已被人質疑是主觀人為擬定。李學勤於1980年對"兩系"的尾部做了改動：他將"無名黃間類"卜辭改稱作"無名組晚期卜辭"，使"村中、南系"的無名組卜辭與"村北系"的黃組卜辭脫離干系，力圖證明兩系自始至終都是獨自發展的，最後"村中、南系"並沒有融合於"村北系"中。在1996年，李學勤、彭裕商說"無名黃間類"卜辭可據字體再分為兩類："一類沒有可供判定時代的重要稱謂"，"其上限當在武乙之世"；"二類卜辭字體與黃組非常接近，重要稱謂有武乙（《屯南》3564），這樣的稱呼祇能出現於文丁以後，但是否已晚到乙辛之世呢？我們認為可能性不大"；"武乙在位年數長達三十五年以上，其後的文丁，據古本《竹書紀年》至少也有十一年，而本類卜辭數量不多，故其包含的年代不大可能從武乙一直延續到帝乙帝辛"；"黄組中的武乙應是文丁稱其父，武祖乙纔是帝乙帝辛時的稱呼。本類既早於黄組，而黄組中已有文丁卜辭，則本類的武乙理應與黄組一樣，是文丁時的稱呼"；"本類卜辭包含的年代大致從武乙到文丁……其中一類卜辭大體上是武乙晚期之物，其上限可及武乙中晚期之交"。① 但到 1980 年，李學勤改"無名黄間類"為"無名組晚期卜辭"之後，對其時代來了個不同於前説的大翻轉，即對同一類卜辭的名稱改變之後，對其時代也完全推翻了 1996 年的觀點，認為原來的"無名黄間類"，也即改名後的"無名組晚期卜辭"的時代，已從武乙、文丁延長到了帝辛時期②。前文已分析指出，説無名組晚期卜辭已延續到了帝辛時期，其論據是不能成立的。

　　説實話，我們閲讀李學勤、彭裕商及下面要談到的黄天樹對各類卜辭的細分類、細斷代，很費腦力。他們有些字的分類無"標準"可言，祇憑個人觀察來決定；斷代多有模棱兩可的推測，有的説法還前後矛盾。總之，他們的分類斷代煩雜且讓人難以理出頭緒。特別是對同版卜辭按字體的再分類，再對各類進行的斷代，作者既説同版各類卜辭有聯繫，又説它們的時代不同，也即同一版中不同字體的卜辭時代不相同。這就引發了我們對他們的"歷組"卜辭斷代的質疑，如被他們認定是"歷組"卜辭時代提前的鐵證《屯南》2384，該版上出組卜辭字體與"歷組"卜辭字體同版，他們就説這是"歷組"卜辭與出組卜辭時代相同的鐵證，但對其他如上述所舉的某些同版卜辭，因字體不相類又説是時代不相同。這種自相矛盾的做法祇能説明作者是根據自己的需要來定卜辭時代的，在斷代中採取雙重標準。

---

① 李學勤、彭裕商：《殷墟甲骨分期研究》，上海古籍出版社 1996 年版。
② 李學勤：《帝辛征夷方卜辭的擴大》，《中國史研究》2008 年第 1 期。

（二）黄天樹的分類、分組情况

最早系統貫徹李學勤"先分類，後斷代"方法的是黄天樹。1991 年，黄氏發表博士論文《殷墟王卜辭的分類與斷代》（導師為裘錫圭）①。他的分類、分組情况如下：

一、𠂤組

1. 𠂤組肥筆類

2. 𠂤組小字類

二、𡆥類卜辭

三、賓組

1. 典賓類

2. 賓組𠂤類

3. 賓組一類

四、賓出類

1. 賓組賓出類（賓組三類）

2. 出組賓出類（出組一類）

五、𠂤賓間類

1. 𠂤賓間 A 類

2. 𠂤賓間 B 類

六、歷類

1. 歷一類

2. 歷二類

3. 歷草體類

七、𠂤歷間類

1. 𠂤歷間 A 類

① 黄天樹：《殷墟王卜辭的分類與斷代》（繁體字版），文津出版社 1991 年版；又：（簡體字版）科學出版社 2007 年版。本書引文均據 2007 年版。"王卜辭"的提法是李學勤提出有"非王卜辭"後產生的。

2. 自歷間 B 類

八、何組

1. 事何類

2. 何組一類

3. 何組二類

九、歷無名間類

十、無名類

1. 無名類

2. 無名類的左支卜與右支卜

十一、無名黃間類

十二、黃類

　　由上可看出，黃氏的分類、分組與李、彭二氏多有不同。李、彭二氏是在七個大組下面分 17 個大類，大類下面再分 19 個小類。黃氏是在 12 個大類（組）下面再分 19 個大類①，未再分小類。在對組、類的分配與稱呼上，李、彭二氏是先分"組"，"組"下面再分類。黃氏則是"組"與"類"混合並用：在大組中，對自組、賓組、何組稱"組"，沒有單列"出組"（但有"賓出類"，行文中又多次言"出組"），對"歷組"稱"歷類"、無名組稱"無名類"、黃組稱"黃類"，此外還有"ϒ類""賓出類""自賓間類""自歷間類""無名黃間類"。他沒有説明稱"組"的根據是什麽，稱"類"的根據又是什麽。在具體的細分組細分類上，黃氏與李、彭二氏更是多有不同，因太繁瑣，這裏不作排比，讀者可自行對照。在"兩系"的分配上，黃氏沒有如同李、彭二氏那樣，將自己的組類按"兩系"進行排列。究其原因，可能是因

---

① 黃天樹説他是分 20 個類。見《殷墟王卜辭的分類與斷代》，科學出版社 2007年版，第一章"緒論"。

為黃氏書於 1991 年出版①，李學勤系統提出"兩系説"是在 1992
年②，具體描繪出"兩系"路綫圖是在 1996 年③，因此，黃氏書
出版在"兩系説"系統提出之前，自然没有分成兩系。不過，黃
氏在 2013 年，在其主編的《甲骨拼合三集》中，列有"殷代卜辭
分類分組表"④，採用了李氏的"兩系説"，並對 1991 年的分組、
分類有所改動：已基本不稱"組"，而是全部稱"類"了，共有
22 個類，具體是：

村北系列王卜辭：𠂤組肥筆類、𠂤組小字類、𠂤 類、𠂤賓間
類、賓組𠂤類、賓組一類、賓組二類（典型賓組類）、賓組三類
（賓組賓出類）、賓出類、出組一類（出組賓出類）、出組二類、
事何類、何組一類、何組二類、黄類（黄組）。

村中、南系列王卜辭：𠂤歷間類、歷組一類、歷組二類、歷草
體類、歷無名間類（歷無名間組）、無名類（無名組）、無名黄間
類（無名黄間組）。

如果將黄天樹與李學勤、彭裕商以字體為標準所做的分類與
斷代進行比較⑤，可以看到他們的意見頗不一致。如以𠂤組的分類
斷代為例，李、彭分"大字類"，在"大字類"中又分出"大字
類"，"大字類附屬"，在"小字類"中又分出"小字一類""小
字二類""其它小字類及小字類附屬"。黄氏祇分有𠂤組肥筆類、
𠂤組小字類。在斷代上，李、彭認為"大字類"、"小字類"上限
在武丁早期，"大字類"下限至武丁中期偏早，"小字類卜辭的下
限至多到武丁中期"，"小字類附屬"（也即"𠂤歷間組"）"上限

---

①　黄天樹：《殷墟王卜辭的分類與斷代》，臺灣文津出版社 1991 年版。

②　見李學勤《殷墟甲骨分期的兩系説》，《古文字研究》第十八輯，中華書局
1992 年版。

③　李學勤、彭裕商：《殷墟甲骨分期研究》，上海古籍出版社 1996 年版。

④　黄天樹主編：《甲骨拼合三集·附録三》，學苑出版社 2013 年版。

⑤　對黄書，李、彭之書中的"組""類"的統計都很費勁，因為太煩瑣。如有的
學者統計李、彭之書的"類"竟然達 36 個之多，見王宇信《新中國甲骨學六十年》，中
國社會科學出版社 2013 年版，第 432—433 頁。

可到武丁中期偏早","大致是武丁中期",即李、彭二氏總的認為自組卜辭的時代是在武丁早期至武丁中期。而黃氏則認為"自組肥筆類"在"武丁早期至武丁中、晚期之交","自組小字類"在"武丁早期至武丁晚期",即總的認為自組卜辭的時代在武丁早期至武丁晚期。

其實,這種用字體分類的難度,提出者自己也是有體會的。如李學勤就説:"歷組中以父乙為中心的卜辭有多種作風,有些和有父丁類的卜辭無法分開。在《南地》書裏,505 卜骨有兄丁,與《拾掇》1.422、《鄴中》3 下 46.1 繫聯,稱謂也是以父乙為中心的,其字體卻和《南地》所論武乙卜辭近似。"① 裘錫圭也説:"歷組"中"父乙類和父丁類卜辭的字形結構,大多數也完全相同或十分相似","僅僅根據字體很難把這兩類卜辭完全區分開來","事實上,有不少歷組卜辭,很難確定它們究竟屬於父丁類,還是屬於父乙類";"賓組晚期和出組早期的文例、字體很難區分"。因此,他認為饒宗頤在《殷代貞卜人物通考》② 中指出的"據字體斷代之不易。這話是有道理的。"③ 李、裘二氏所説還是對有明確稱謂的"歷組"、賓組、出組卜辭進行分類都有難度,那麼對那些不帶稱謂的卜辭的分類,其難度就更不必説了。黃天樹也説:"字體並非一成不變,情況錯綜複雜。對同一種客觀現象,由於各人觀察上有出入,有時會作出不同的分析。因此,所分出的類與實際情況就不一定相合,這是甲骨分類難以掌握之處。"④ 這確實是大實話。這與李學勤所説字體分類"應用起來還是簡易

---

① 李學勤:《小屯南地甲骨與甲骨分期》,《文物》1981 年第 5 期。李説《南地》505 與《拾掇》1·422 繫聯。我們查與原版甲骨不符,當是《拾掇》1·423 之誤。

② 饒宗頤:《殷代貞卜人物通考》,香港大學出版社 1959 年版。

③ 裘錫圭:《論"歷組卜辭"的時代》,《古文字研究》第六輯,中華書局 1981 年版;收入《裘錫圭學術文集·甲骨文卷》,復旦大學出版社 2012 年版。

④ 黃天樹:《殷墟王卜辭的分類與斷代》,科學出版社 2007 年版,第一章"緒論"。

適用的",是不相符的。以字體分類,在實際操作中有難度,其原因,一個是卜辭的字體複雜多樣,同一版甲骨上的字體許多時候都不屬一類,甚至屬多類。正如陳夢家所説:"在同一朝代之内,字體文例及一切制度並非一成不變的;它們之逐漸向前變化也非朝代所可隔斷的……這一朝代的變例或例外,正是下一朝代新常例的先河。已經建立了新常例以後,舊常例也可例外的重現。"①這就是"類型學"應用在字體分類上的局限性。另一個是缺乏科學的統一判定標準,每個人在判定字體上存有差異,相信如果讓多人參與分類,恐怕不會出現有兩個人完全相同的分類,這是不言而喻的。

三　"先用字體分類後斷代"行不通

由以上的分析可以看出,以字體對卜辭進行分類缺乏確定性,難以掌握。我們揭出的事實證明:以字體分類,不但在觀察者之間會產生差異,就是觀察者本人前後也會發生改變。如李學勤、彭裕商的分組分類與黄天樹的分類分組,在數目和組別、類別上都有差異;李學勤對"無名黄間類"卜辭的命名與斷代,彭裕商對黄組卜辭的分類與斷代,前後都發生了改變,等等。這些情況說明,以字體分類即使是在提出者和贊同者之間都難以達成共識,更何況別人。李學勤説他的分類斷代方法"應用起來還是簡易適用的",但事實上連他的追隨者黄天樹都感覺並非如此,黄氏説:"字體並非一成不變,情況錯綜複雜。對同一種客觀現象,由於個人觀察上有出入,有時會作出不同的分析,因此,所分出的類與實際情況就不一定相合,這是甲骨分類難以掌握之處"②,一個説"簡易適用",一個説"難以掌握"。李、彭二氏曾言"分類是斷

---

① 陳夢家:《殷虚卜辭綜述》,科學出版社 1956 年版,第 153 頁。
② 黄天樹:《殷墟王卜辭的分類與斷代》,科學出版社 2007 年版,第 8 頁。

代的基礎，分類的精確與否直接關係到斷代的質量"①，因此，分類的模糊與莫衷一是，絕對保證不了斷代的質量。總而言之，以字體對陳夢家的各個卜人組再進行細分類，再對各細類進行斷代的方法，在理論上看起來似乎有理，但在實踐中卻是難以行得通的。

本來，幾十年的實踐已經證明，董作賓的以貞人分期（1933年）、陳夢家的以卜人分組（1956 年）的斷代方法，都是很適用的科學的斷代方法，後學可根據考古學的發展和卜辭新材料的增加以及研究的深入，給予不斷地完善或糾正某些錯誤即可。但到20 世紀的 70 年代，李學勤提出"歷組"卜辭時代應提前的問題，遭遇到了考古發掘中"歷組"卜辭出土的地層與他組卜辭出土的地層的矛盾現象，李為了擺脱地層的困境，就提出殷墟甲骨發展的"兩系説"，將"歷組"卜辭、無名組卜辭從傳統的發展序列中抽出，並將"歷組"放在無名組之前，與無名組組成一系，稱之為"村中、南系"，將其他組卜辭稱之為"村北系"，製造出子虛烏有的所謂"兩系説"，而為了叙述他的"兩系説"，就重提所謂"先用字體分類再進行斷代"②。不過，由於董作賓的五期分法、陳夢家的分卜人組的斷代方法已為學术界所普遍接受，所以他不得不將分類的範圍由 1957 年的針對全部殷墟甲骨卜辭，改為縮小到在董作賓的"期"、陳夢家的"卜人組"的框架内進行。但是，他們自己的實踐已證明，這種先以字體分類的方法，有時會造成異常現象。如李、彭二氏説："何組卜人歔卜'燕惠吉'的卜辭，字體同於賓組卜人㕡相同卜問的卜辭；出組卜辭《合集》22598、22779 字體同於何組卜辭《合集》26975、27221、27321、27424 等。"不過，即便如此，他們還是堅持"不能因為這些原因而否認字體是分類的標準"③。但他們的分類與斷代方法在學界卻

① 李學勤、彭裕商：《殷墟甲骨分期研究》，上海古籍出版社 1996 年版，第 17 頁。
② 李學勤、彭裕商：《殷墟甲骨分期研究》，上海古籍出版社 1996 年版，第 20 頁。
③ 李學勤、彭裕商：《殷墟甲骨分期研究》，上海古籍出版社 1996 年版，第 20 頁。

質疑聲不斷，如王宇信曾就他們何組卜辭的分類與斷代，揭示其
出現了有違常理的錯誤：王先生說："'兩系說'分類斷代整理甲
骨的結果，是有不少貞人供職王室的時間過長。諸如《殷墟甲骨
分期研究》第 169—172 頁'關於何組卜人'的整理，供職於王朝
並跨兩個王世以上者，有何、專、叔、口、彭、即、睗、狄等人。
我們將各貞人所跨朝代列為下表（按：《貞人所歷朝代表》，此處
略），可見'何組'貞人為五朝、四朝、三朝元老者非常普遍。"①
這種以字體分類造成的錯誤還可舉出對武丁時期戰爭卜辭的研究，
對武丁戰爭卜辭研究，採用"兩系說""字體分類"的學者與採
用"五期"說進行研究的學者得出的結論很不相同。林小安、王
宇信採用傳統"五期"分法研究武丁時期的戰爭②，范毓周採用
"兩系說""字體分類"研究武丁時期的戰爭③，"但研究結果表
明，'兩系說'和傳統的'五期'分法的學者對武丁期所進行戰
爭，早、中、晚的結果是不盡相同的，特別是商代武丁時除了舌
方、周方相同外，而另一些重要的戰爭，即巴方、土方、人方、
下危是迥然有異的"④。我們多次指出，以字體分類者往往將同一
版甲骨上的數條卜辭，或同一版甲骨正反兩面的數條卜辭，因字
體不同而分在不同的類別中，然後再對各類作出不同的斷代，這
樣一版甲骨上的卜辭往往就屬於不同時代了。本來甲骨斷代的基
礎是"凡見於同一版上的卜人，他們差不多可以說是同時"的⑤，

---

① 王宇信：《新中國甲骨學六十年》，中國社會科學出版社 2013 年版，第 434 頁。
② 林小安：《殷武丁臣屬征伐與行祭考》，《甲骨文與殷商史》第二輯，上海古籍
出版社 1986 年版。王宇信：《武丁期戰爭卜辭分期之嘗試》，《甲骨文與殷商史》第三
輯，上海古籍出版社 1991 年版。
③ 范毓周：《殷代武丁時期的戰爭》，《甲骨文與殷商史》第三輯，上海古籍出版
社 1991 年版。
④ 王宇信、楊升南主編：《甲骨學一百年》，社會科學文獻出版社 1999 年版，第
182 頁。
⑤ 董作賓：《甲骨學五十年》，臺北，大陸雜誌社 1955 年版。

"在同一版甲骨上往往載有若干卜人，他們是同時的人"①。現在，由於他們以字體分類，就使斷代的根基不復存在了，因此，就不可避免地造成了斷代的混亂與錯誤。這裏我們不得不再提《屯南》2384 版卜辭，該版卜辭按"兩系説"者的字體分類應該是"歷組"卜辭與出組卜辭同版，他們將該版卜辭作為"歷組"卜辭提前的"最好的證據"②。但諱忌的是，他們均對該版卜辭避談字體分類，分析其難言之隱恐怕是：在他們的"兩系説"中，"出組"被分在"村北系"，"歷組"被分在"村中、南系"，現在在一版卜骨中刻有南北兩系的卜辭，這該作何解釋？有學者提出存在兩個占卜機關來搪塞③，這一點已被幾位學者利用"賓組"與"歷組"卜辭所卜事類的不同給予否定（見前述林小安《武乙、文丁卜辭補正》《再論"歷組卜辭"的年代》兩文④）。因此，《屯南》2384 版卜辭對他們來説是把"雙刃劍"：它既是"歷組"卜辭提前的"最好的證據"，也是"兩系説"不能成立的"最好的證據"。再者，按著他們的分類原則，如果"歷組"卜辭是武丁至祖庚時期的卜辭，"歷組"卜辭應該有不少與賓組、出組同版的辭例纏對，"歷組"卜辭更不會脱離與"村北系"的賓組、出組的聯繫，而脱鉤跑到"村中、南系"去，等等。總之，"以字體分類"同樣詮釋不了"兩系説"的存在，同樣證明不了"歷組"卜辭的時代應該提前。

李學勤等人一再説他們對字體的分類是採用的考古學的"類型學"方法。"類型學"，即考古學家蘇秉琦、殷瑋璋説的"器物形態學，又稱標型學或型式學"。"類型學"是指對發掘出土的器

---

① 陳夢家：《殷虚卜辭綜述》，科學出版社 1956 年版，第 137 頁。

② 李學勤：《小屯南地甲骨與甲骨分期》，《文物》1981 年第 5 期。

③ 李學勤：《甲骨文中的同版異組現象》，《夏商文明研究》，中州古籍出版社 1995 年版。

④ 林小安：《武乙、文丁卜辭補正》，《古文字研究》第十三輯，中華書局 1986 年版；《再論"歷組卜辭"的年代》，《故宮博物院院刊》2001 年第 1 期。

物進行分類、排隊、整理，以推斷其時代。蘇、殷二位先生指出：
"一些學者在運用器物形態學時曾經出現過一些偏差。例如有的學
者片面強調兩種形製不同的實物在一起找著，必定有一種形製恰
居另一種之前。這就難免把排比器物以確定時間早晚和器物形製
變化序列的工作絕對化，甚至為做到這一點而加進主觀臆測的成
分。這種方法表現出神秘而煩瑣的傾向。"以此對照前面我們揭示
的李學勤等人的字體分類，其"絕對化""主觀臆測的成分"和
"神秘而煩瑣的傾向"，都未能避免。蘇、殷二位先生還特別強調：
"運用器物形態學進行分期斷代，必須以地層疊壓關係或遺跡的打
破關係為依據。"① 而李學勤等人的字體分類，恰恰是沒有"以地
層疊壓關係或遺跡的打破關係為依據"，他們為了使"歷組"卜
辭的時代能够提前，創造出什麼"兩系說"，將"歷組"卜辭放
在所謂"村中、南系"，與"村北系"第一期卜辭的時代平行，
然後再臆測出所謂的"自歷間組"卜辭，使"歷組"卜辭在字體
上與第一期的自組卜辭連接；同時將"歷組"卜辭放在無名組卜
辭之前。這樣明顯的人為主觀安排完全違背了八十多年來殷墟考
古發掘的地層關係：一是在殷墟八十多年的歷次考古發掘中，都
沒有在早期地層和灰坑中發現過"歷組"卜辭，也即從來沒有發
現過"歷組"卜辭與早期的賓組、自組、子組、午組卜辭在早期
的一個灰坑中出現。二是多年從事殷墟考古發掘工作的學者們指
出："'兩系說'將歷組卜辭放到了無名組卜辭的前面，是同田野
考古中的地層關係相違背的。在 1973 年小屯南地的發掘中，無名
組卜辭雖與歷組父丁類卜辭同出在中期一組，但歷組父乙類卜辭
祇出在中期二組；且有多組中期二組坑打破中期一組坑。這說明，
無名組卜辭的產生早於歷組卜辭，這是建立在確切地層關係上的
結論。"② 因此，李學勤等人不以"地層疊壓關係或遺跡的打破關

---

① 以上所引見蘇秉琦、殷瑋璋《地層學與器物形態學》，《文物》1982 年第 4 期。
② 劉一曼、曹定雲：《三論武乙、文丁卜辭》，《考古學報》2011 年第 4 期。

係為依據"的字體分類，就是沒有根基的主觀臆測，他們欲以字體分類來證明所謂"兩系説"的目的沒有達到。

　　補充：彭裕商在 2021 年發表文章《关于整理与研究殷墟甲骨文的方法及其它》（刊《殷都學刊》2021 年第 1 期），重申研究甲骨文的方法是"先用字體分類再進行斷代"。對此，我們在前文中已做了詳細地分析，證明此種方法在理論上是錯誤的，在實踐上是行不通的。彭的這篇文章再次證明了這一點，這裏僅舉該文的兩個例子就可證明：

　　第一，彭文説："對於殷墟甲骨来説，字體是具有類型學性質的。據研究，殷墟甲骨文是由專門的刻手刻寫出來的，因此字體相同就可以認定为同一刻手所刻，其時代相同是不言而喻的。"此説不確。因為同一個刻手所刻的甲骨文字並不一定都是時代相同的，即並不一定都是屬於同一個王世的，因為刻手並不一定是與所服務的先王同殁的。如果説字體相同時代就相同，那麼，就違背了他所跟從的李學勤的"同一類卜辭也不見得屬於一個王世"的觀點。此説證明他們的"先用字體分類再進行斷代"的方法，導致出現了自我矛盾的現象。

　　第二，對於我們質疑他們的"師歷間組卜辭大致是武丁中期的遺物，其上限可到武丁中期偏早"，與他們所説的"歷組"卜辭的時代屬於武丁晚期至祖庚時期連接不上。彭裕商辯解説："至於歷組卜辭的時代屬武丁晚期到祖庚，是前此討論歷組時代時學者對其時代的大體看法，並未對其時代的上限做專門的探究。"（林澐還認為"歷組"卜辭的時代下限已到祖甲時期了。）這樣的辯解也掩盖不了"先用字體分類再進行斷代"的方法，導致不能自圓其説的尷尬。

　　由以上所舉彭文的兩點錯誤，可以看到，提前論者"先用字體分類再進行斷代"的方法，往往會使他們所得的結論出現自我矛盾和不能自圓其説的境況。這再一次證明，"先用字體分類再進行斷代"的方法，在理論上是錯誤的，在實踐上是行不通的。

近年，臺灣學者朱歧祥也對字體分類的方法提出了批評（見《古文字入門》第十二章，臺灣學生書局 2021 年版）。他説："林澐將陳夢家建構的卜人的'組類'研究，轉化為字的'組類'研究。這種單一應用字體、字形分類來整理甲骨的態度，隨即為首都師範大學黃天樹的《殷墟王卜辭的分類與斷代》（2007）、東北師範大學張世超的《殷墟甲骨字蹟研究——自組卜辭篇》（2002）……等甲骨著作認同，並加以落實字體的'精確化'分類。……然而，這種單純據字體細分組類的研究，卻構成今日學界需面對甲骨字形類別繁瑣不清的困境。"（第 114 頁）對於用字體分類的困境，他舉例説："黃天樹在書的第一章緒論末，已明白點出不同組類之間的字體可以並存、時代可以重疊的無奈：'類與類、組與組之間在時代上的相互關係，往往出現相互參差、相互疊合等錯綜複雜的局面'。""張世超亦客觀的説出組類畫分的困難，無法作為明確甲骨時間的判斷。"（第 115 頁）朱教授還指出："上述諸專書都是針對甲骨字體盡可能的細分，應已合乎林澐所謂的'精細化'要求，將字體作為甲骨分類的'唯一'、'絕對'的標準。……然而，這些號稱'科學的分類'方法看似進步，但無論在分類標準、名稱用例上卻都不統一，細分後字體的組類名目瑣碎難辨，不同組類之間又見全同的形體疊出，字形區隔不清，應用起來其實並不方便，連上述分類的著者本人亦嘗歎息：理論的字體全面分類並不容易落實，更惶論其他的外行人了。"（第 116 頁）這是十分中肯的批評。

這裏，順便提一下，不僅是對卜辭的分類與斷代要以地層學為依據，就是綴合甲骨，也是要以甲骨出土的地層為依據的。甲骨綴合大家桂瓊英先生（甲骨學家胡厚宣夫人）早就告誡："為確保正確無誤，綴合不能祇看拓片表面，因為同文的卜辭不少，還得參以實物；無實物者，出土地層的坑位、流傳的情況也是重要考慮因素。"她指出："甲骨中有不少同文卜辭，一些同文卜辭不僅字跡出於一人之手，而且卜辭的契刻部位也多有相同者，有如同一模具所鑄。因而，有的綴合雖然紋理、字形、刻辭內容都能對得上，但也不見得就很可靠，特別是不連接的所謂遙綴。"故而她在綴合甲骨時，特別注意甲骨"出土地層的坑位、流傳情況"，"特別注意是否同批出土，誰家所藏。"① 以此對比近年某些人不參驗原骨，不考慮甲骨出土的地層關係，不追究甲骨的流傳情況，而隨意地對甲骨進行大量的所謂綴合，甚至弄出諸多遙綴。那麼，這些綴合出的"成果"，究竟有多少是可信的呢？

　　當前有一說是進入了"甲骨綴合的全盛階段"②，對此，裘錫圭的學生李宗焜有言："有很多甲骨的細節，祇有通過實際整理甲骨實物纔會發現，當然有這種機會的人不多。我最近因為整理河南博物館舊藏的甲骨，做了一點綴合的工作，深深體會到用拓片綴合有相當的危險性。有些拓片綴合看起來天衣無縫，但是經過實物檢驗卻是錯的；相反的，有些拓片看起來無論如何不可能綴合，實物卻可綴起來。這就是利用甲骨實物去做整理的一個優勢。多數學者沒有這樣的條件，我們祇能期待，有機會整理甲骨實物的人，能夠給學術界提供更多的資訊。由於對甲骨整理的更加全面，能夠提供的資訊更多，我相信將來對甲骨的研究，會有另一個境界。"③ 此前李宗焜已就對"遙綴"提出質疑。④

---

　　① 彭邦炯：《默默奉獻的甲骨綴合大家——我所知的〈甲骨文合集〉與桂瓊英先生》，原刊《中國社會科學報》2010 年 7 月 27—29 日；收入彭邦炯《契文釋錄》附錄，上海書店出版社 2017 年版。

　　② 見蔣玉斌《綴玉聯珠：甲骨綴合 120 年》，刊於《出土文獻綜合研究集刊》第十二輯，巴蜀書社 2020 年版。

　　③ 北京大學中文系"中文學人系列專訪，受訪人：李宗焜，採訪時間：2020 年 9 月 24 日。

　　④ 見李宗焜《甲骨遙綴不可盡信》，收入香港中文大學中國語言及文學系何志華、馮勝利主編《承繼與拓新：漢語語言文字學研究》，香港商務印書館 2014 年版。

總而言之，脫離了考古地層學對甲骨進行的所謂"先用字體分類，再進行斷代"，是沒有科學根基的妄想，在實踐上根本是行不通的。

第八節　甲骨著錄書均不採提前說

雖然自 1977 年始，李學勤對殷墟甲骨卜辭的斷代問題提出了"歷組"卜辭提前說，臆構出子虛烏有的"兩系說"，對這些所謂"新說"，學界（除李氏和林澐）在編纂甲骨文著錄書時均不與採納，學者們仍是按著董作賓的五期分法對甲骨進行編纂的。

下面介紹 1977 年後歷年出版的甲骨著錄書情況：

1978 年，郭沫若主編、胡厚宣總編輯《甲骨文合集》，中華書局出版，收錄甲骨資料 41956 版，被譽為甲骨學史上里程碑式的著作。

該書 1978 年是從第二冊開始出版發行，1983 年圖版部分已全部印齊。①

《合集》所收錄的甲骨材料，是按時間先後而分期編排的。分期的原則基本上是按董作賓的五期分法進行，即：一、武丁期；二、祖庚、祖甲期；三、廩辛、康丁期；四、武乙、文丁期；五、帝乙、帝辛期。另外，"自組"、"子組"、"午組"卜辭，因諸家意見分歧，故附在一期之後。

《合集》各冊出版時間、期別及甲骨編號如下：

第一冊，1982 年 10 月，一期，1—1139 號。
第二冊，1978 年 10 月，一期，1140—4974 號。

---

① 關於《甲骨文合集》的出版時間，引用者十有八九是錯誤的。這中間以劉一曼、韓江蘇編著的《甲骨文書籍提要（增訂本）》（上海古籍出版社 2017 年版）表述最為準確。

第三冊，1978 年 12 月，一期，4975—7771 號。

第四冊，1979 年 8 月，一期，7772—11479 號。

第五冊，1979 年 10 月，一期，11480—14821 號。

第六冊，1979 年 12 月，一期，14822—19753 號。

第七冊，1980 年 8 月，第一期附，19754—22536 號。

第八冊，1981 年 1 月，二期，22537—26878 號。

第九冊，1981 年 6 月，三期，26963—29695 號。

第十冊，1981 年 12 月，三期，29696—31968；四期，
31969—32977 號。

第十一冊，1982 年 1 月，四期，32978—35342 號。

第十二冊，1983 年 6 月，五期，35343—39476 號。

第十三冊，1982 年 3 月，第一至五期（摹本），39477—
41956 號。第一期，39477—40814 號；附一期，
40815—40910 號；第二期，40911—41302 號；
第三期，41303—41453 號；第四期，41454—
41694 號；第五期，41695—41956 號。

《甲骨文合集》的出版，是甲骨學史上的一件大事。《合集》的意義，已有多文論及，這裏祇是談其分期斷代，他不贅言。

1980 年，中國社會科學院考古研究所編《小屯南地甲骨》，中華書局出版。該書收錄拓本圖版 834 頁，收甲骨 4612 片，是 1973 年在小屯南地發掘的全部刻辭甲骨。凡有字者，不論大小片及字的多少，一概收入。因綴合 530 片，加上有背文等，共收 4589 片。此外還收錄了自 1971 年以來在小屯一帶發掘及零星採集的甲骨拓本 23 片，作為附錄。圖版按灰坑、房基址、墓葬、探方為序。1—822 版（1—4589 號）是 1973 年發掘的，823—834 版，（4590—4612 號）是零星發掘與採集的。

編者在整理過程中，注意到考古發掘的地層、坑位關係及甲

骨與陶器共存等情況。在《前言》中，對這些問題作了具體的敘述。由於甲骨出土時都有明確的地層關係，而且與陶器共存，這為甲骨文分期斷代、為殷墟文化分期提供了證據。

編者指出：小屯南地早期時代大約是武丁前後，即大司空村一期；中期時代大致是康、武、文時代，即大司空村三期；晚期大致已進入帝乙時代，即大司空村四期。又指出小屯南地的早、中期間有缺環，即缺大司空村二期。

編者依據小屯南地地層、灰坑疊壓打破關係，並結合對卜辭的字體、文例、内容等方面的分析，對學術界一些有争議的問題提出了自己的看法。如：對"𠂤組""午組"卜辭，認為是屬於武丁時期；對康丁、武乙、文丁卜辭進行了比較，指出它們之間的區別和各自的特點。

與《屯南》同時，尚有1979年，日本東洋文庫古代史研究委員會編著《東洋文庫所藏甲骨文字》，東京株式會社印刷。該書甲骨分別按甲和骨收錄，時代按董作賓氏五期分法，不能劃分者則放在第五期後。最後該書稱異體的，即為"𠂤組"（或"王族"卜辭）卜辭。

1979年，許進雄編著《懷特氏等收藏甲骨文集》，加拿大皇家安大略博物館出版。該書甲骨以時代為序，分為五期，即：第一期武丁及其前世，第二期祖庚、祖甲，第三期康丁（序言中，作者將這批卜辭按五期劃分，但在第三期中僅列康丁，沒有廩辛。從該書所收這批甲骨卜辭看。實際是有廩辛時期的），第四期武乙、文丁，第五期帝乙、帝辛。

海外收藏甲骨尚有1983年，日本松丸道雄編著《東京大學東洋文化研究所藏甲骨文字》，東京大學東洋文化研究所發行。分河井荃廬氏舊藏甲骨、田中救堂氏舊藏甲骨及三浦清吾氏舊藏甲骨。

1985年，在臺灣地区的法國神父雷焕章編著《法國所藏甲骨錄》，臺北光啟出版社、利氏學社出版。仍是按董作賓五期分期法編排甲骨順序。

　　1985 年，李學勤、齊文心、艾蘭編著《英國所藏甲骨集》，中華書局出版。該書收錄拓本圖版 2674 版，下編又收錄 61 版。圖版著錄與《合集》相同，先分五期，再按甲骨內容分類。①

　　1987 年，日本伊藤道治編著《天理大學附屬天理參考館藏品・甲骨文字》，日本天理教道友社出版。本書共收甲骨 692 版，甲骨編排仍是分五期，“自組”“子組”附於一期後。

　　1988 年，胡厚宣編集《蘇德美日所見甲骨集》，四川辭書出版社出版。1996 年，胡厚宣輯《甲骨續存補編・甲編》，天津古籍出版社出版。乃胡先生“五十多年以來已出版未出版已完成未完成的論著”及“長年以來所蒐集的甲骨文資料”的整理。

　　1995 年，锺柏生主編《殷虛文字乙編補遺》，臺北歷史語言研究所出版。乃《乙編》未加收錄之有字甲骨，共收甲骨 7441 版，多為小片。編輯體例與《甲編》《乙編》同。

　　1996 年，日本荒木日呂子編著《中島玉振舊藏甲骨片》，日本創榮出版發行。雖僅收甲骨 56 版，編排仍是分五期。

　　1997 年，在臺法籍神父雷煥章編著《德瑞荷比所藏一些甲骨錄》，臺北光啟出版社出版。此書材料是一回事，分期法上作者一改原依董作賓五期分期法編排，接受“兩系說”觀點，按照字體分組分類整理甲骨的著錄書。②

　　1999 年，李學勤、齊文心、艾蘭編著《瑞典斯德哥爾摩遠東古博物館藏甲骨文字》，中華書局出版。該書收錄甲骨 108 版，此番編排順序是按分組方式排列。分賓組、出組、何組、黃組、自組、子組、歷組、無名組。

　　1999年，彭邦炯、謝濟、馬季凡編著《甲骨文合集補編》，語文出版社出版。共收甲骨13450版及綴合甲骨，主要是：《合集》擬選用，而在編排過程中遺漏者；《合集》選用過的剩餘片中有價值者；《合集》未選用歷史所藏甲骨拓本和藏片；《合集》出版後的材料等。甲骨編排仍是依《合集》體例，先分期再分類。仍是分五期。另外，"自組""子組""午組"卜辭，附在一期之後。

　　1998年，劉敬亭編著《山東省博物館珍藏甲骨墨拓集》，齊魯書社出版。2000年，路東之編著《路東之夢齋藏甲骨文》，文雅堂畫廊出版。2001年，董玉京主編《河南省運臺古物·甲骨文專集》，河南省運臺古物監護委員會出版。三部甲骨著錄中，劉是山博員工，墨拓是其本行，這部"墨拓集"均出自其親手製作；路是北京三大私人博物館"古陶文明博物館"的創辦人兼館長，甲骨得自安陽民間；董是彥堂哲嗣，這批甲骨是當年河南省政府發掘所得，由"河南省運臺古物監護委員會"掌管，暫存臺北歷史博物館，這次由在臺河南同鄉，名醫董玉京摹寫完成。①

　　2003年，中國社會科學院考古研究所編著（編纂人劉一曼、曹定雲）《殷墟花園莊東地甲骨》，雲南人民出版社出版。該書收甲骨689片（經綴合531片），是1973年在小屯南地發掘後又一次科學發掘者。該書在發佈甲骨資料同時，將甲骨出土的地層、坑位、坑的堆積、坑與周圍遺跡的關係詳加介紹，其"提供的花

---

　　①　中央研究院從1928年起，在殷墟進行前後十五次考古發掘。河南省政府不同意"中研院"史語所的發掘，在1929—1930年兩度派何日章率隊赴殷墟挖掘，挖出3000多片甲骨，兩家多有心結。這批含甲骨在內的文物原本典藏在開封河南博物館，因抗戰到了重慶，之後由"河南運臺古物監護委員會"運抵到臺，1956年移撥給歷史博物館。"河南省古物運臺監護委員會"先主張這批甲骨文的主權是"河南省所有"，2001年，董玉京整理成《甲骨文專集》，兩年後"委員會"改選主委並邀集同鄉開會投票決議，同意以"借用"方式，讓這批甲骨供"中研院"進行墨拓、研究、釋文，並以高檔數位攝影加以數位化，但這批甲骨仍需歸還給"史博館"，雙方簽約。不過迄今未見完成。

東 H3 甲骨坑的全面、準確、完整的科學資訊和編著者頗富啟示意義的創見，將推動今後甲骨文分期斷代、非王卜辭和商代社會結構及家族形態研究的深入"①。

2006 年，郭青萍編著《洹寶齋所藏甲骨》，內蒙古人民出版社出版。2007 年，郭青萍編著《〈洹寶齋所藏甲骨〉解讀》，北京藝術與科學電子出版社出版。書收安陽洹寶齋所藏甲骨 302 版，既未分期也無分類。2008 年，段振美、焦智勤、黨相魁、黨寧編著《殷墟甲骨輯佚·安陽民間藏甲骨》，文物出版社出版。收錄安陽民間散見甲骨 1008 版，按董作賓五期分期法編排。

2007 年，中國國家博物館編著《中國國家博物館館藏文物研究叢書·甲骨卷》，上海古籍出版社。該書收錄甲骨 268 版，編排以貞人和字體分組，每組又以內容排列。

2008 年，李鍾淑、葛英會編著《北京大學珍藏甲骨文字》，上海古籍出版社。該書收錄甲骨 2929 版，編排先按甲骨內容分類，每類再按董作賓五期法分期。

2009 年，濮茅左編著《上海博物館藏甲骨文字》，上海辭書出版社。所收甲骨以宗為單位，沒有分期分類，亦無統一編號。

2009 年，臺北歷史語言研究所編《史語所購藏甲骨集》，歷史語言研究所編印。該書共著錄甲骨 380 片，按字體風格和事類依時代順序排列。

2009 年，宋鎮豪、朱德天編集《雲間朱孔陽藏戩壽堂殷墟文字舊拓》，宋鎮豪主編《張世放所藏殷墟甲骨集》，均由綫裝書局出版。前者舊書整理，後者按字體分類。

2011 年，宋鎮豪、趙鵬、馬季凡編著《中國社會科學院歷史研究所藏甲骨集》，上海古籍出版社。甲骨先分組分類，再分期分類按傳統方式編排。

---

① 見王宇信《中國甲骨學》，上海人民出版社 2009 年版。

2012 年，中國社會科學院考古研究所編著（編纂人劉一曼等）《殷墟小屯村中村南甲骨》，雲南人民出版社。刊佈甲骨文資料 300 餘片，同樣將甲骨出土的地層、坑位、坑內堆積、坑與周圍遺跡詳細敘述。對學術界有爭議的分期斷代提出看法，認為"自組""午組"卜辭，屬於武丁前期，"歷組"屬於武乙、文丁時期。

2013 年，宋鎮豪、瑪麗婭主編《俄羅斯國立愛米塔什博物館藏殷墟甲骨》，上海古籍出版社。2014 年，中國社會科學院甲骨學殷商史研究中心、旅順博物館編著《旅順博物館所藏甲骨》，亦由上海古籍出版社出版。均按照董作賓五期法分期斷代。

2015 年，周忠兵的《卡內基博物館所藏甲骨研究》，上海人民出版社。稱"編排先按字體分類，在同類字體下再按相同或相近的事類編排，體現出甲骨文分類的最新研究成果"。周忠兵是林澐的古文字學的博士生，此書乃周氏 2009 年吉林大學博士論文"卡內基博物館所藏甲骨的整理與研究"，書前有"林澐序"，說到周特別是對"歷組"卜辭研究頗深，故便動員他去做這一項工作。又是因為此書的出版，"正好遇到北大學友劉一曼、曹定雲在《考古學報》2011 年第 4 期上發表《三論武乙、文丁卜辭》，再一次想論定歷組卜辭為武乙、文丁時代。因為這個問題牽涉很廣，須要專文討論纔能說清楚。在這裏，祇想就甲骨斷代學的方法論略談幾句"。林的觀點，前已有評論，此處不再贅述。

此後的甲骨著錄書的編輯，鮮見有按"歷組"卜辭提前說者。計有：

2015 年，宋鎮豪、焦智勤、孫亞冰編著《殷墟甲骨拾遺》，中國社會科學出版社出版。

2016 年，宋鎮豪、黎小龍主編《重慶三峽博物館藏甲骨集》；宋鎮豪主編、趙鵬編纂《笏之甲骨拓本集》，上海古籍出版社出版。

2018 年，宋鎮豪編著《符凱棟所藏殷墟甲骨》；宋鎮豪主編、馬季凡編纂《徐宗元尊六室甲骨拓片集》，上海古籍出版社出版。

2019 年，宋鎮豪主編、馬季凡編纂《繪園所藏甲骨》，上海古籍出版社出版。

2019 年，宋鎮豪主編、馬季凡編纂《殷虛書契四編》，上海古籍出版社出版。

2020 年，宋鎮豪主編、孫亞冰編纂《中國社會科學院古代史研究所藏甲骨文拓》，上海古籍出版社出版。

2020 年，拓本搜聚策事組（組長：王宇信，成員：馬季凡、韓江蘇、具隆會、常玉芝、楊升南、王宇信）《〈甲骨文合集〉第十三冊拓本搜聚》，文物出版社出版。該書將《合集》第十三冊的 1622 片摹本換成了拓本。

2015 年，澳門基金會出版蕭春源收藏的《珍秦齋藏甲骨文》，共 24 片，依分組排序。"前言"乃李學勤撰寫，一以貫之的推出其"兩系說"。2017 年，中文大學出版社出版何碧琪編輯的《典雅勁健——香港中文大學藏甲骨集》，收入中大所藏甲骨 71 片。

此外，2019 年，《復旦大學藏甲骨集》，復旦大學出版社、上海古籍出版社出版，乃復旦所藏甲骨之全面整理、研究。《安陽博物館藏甲骨》，西泠印社出版社出版，著錄了博物館館藏的全部甲骨。兩書圖版編次以藏品號為序。

2022 年，故宮博物院出版兩部院藏甲骨著錄書，按藏家分卷，《故宮博物院藏殷墟甲骨文·馬衡卷》，中華書局出版；《故宮博物院藏殷墟甲骨文·謝伯殳卷》，中華書局出版。兩書採用按組類編次。分賓組、出組、何組、無名組、歷組、黃組卜辭，每組甲骨按內容排列。

以上所列 1977 年以後國內外出版的 40 餘部殷墟甲骨著錄書中，祇有李學勤、林澐等主導的 4 部是貫徹其所謂"歷組"卜辭提前或"兩系說"的概念，由此可見李氏"新說"並不得人心！我們相信隨著對"歷組"卜辭時代的辨析明瞭之後，"歷組"卜辭提前說、

"兩系説""先用字體分類再進行斷代"等妄説可以休矣!

本章附錄　反對"歷組"卜辭提前的論著目

1977 年以前論述第四期卜辭（即"歷組"卜辭）為武乙、文丁卜辭的論著

1. 董作賓:《甲骨文斷代研究例》,中央研究院歷史語言研究所集刊外編第一種,《慶祝蔡元培先生六十五歲論文集》上冊,1933 年。

2. 陳夢家:《殷虚卜辭綜述》（第四章、第五章）,科學出版社 1956 年版;又,中華書局 1988 年版。

1977 年以後反對"歷組"卜辭提前的論著目

1. 中國社會科學院考古研究所:《小屯南地甲骨·前言》,中華書局 1980 年版。

2. 蕭楠:《論武乙、文丁卜辭》,《古文字研究》第三輯,中華書局 1980 年版。

3. 張永山、羅琨:《論歷組卜辭的年代》,《古文字研究》第三輯,中華書局 1980 年版。

4. 謝濟:《試論歷組卜辭的分期》,《甲骨探史錄》,生活·讀書·新知三聯書店 1982 年版。

5. 嚴一萍:《甲骨斷代問題》,藝文印書館 1982 年版。

6. 蕭楠:《小屯南地甲骨的鑽鑿形態》,載《小屯南地甲骨》下冊第三分冊,中華書局 1983 年版。

7. 張政烺:《帚好略説》,《考古》1983 年第 6 期。

8. 張政烺:《〈帚好略説〉補記》,《考古》1983 年第 8 期。

9. 曹定雲:《論武乙、文丁祭祀卜辭》,《考古》1983 年第 3 期。

10. 嚴一萍:《"歷組" 如此》,《中國文字》新八期, 藝文印書館 1983 年版; 收入《萍廬文集》第二輯, 藝文印書館 1989 年版。

11. 蕭楠:《再論武乙、文丁卜辭》,《古文字研究》第九輯, 中華書局 1984 年版。

12. 陳煒湛:《 "歷組卜辭" 的討論與甲骨文斷代研究》,《出土文獻研究》, 文物出版社 1985 年版。

13. 劉一曼、郭振禄、溫明榮:《考古發掘與卜辭斷代》,《考古》1986 年第 6 期。

14. 溫明榮、郭振禄、劉一曼:《試論卜辭分期中的幾個問題》,《中國考古學研究》, 文物出版社 1986 年版。

15. 林小安:《武乙、文丁卜辭補證》,《古文字研究》第十三輯, 中華書局 1986 年版。

16. 謝濟:《祖庚祖甲卜辭與歷組卜辭的分期》,《甲骨文與殷商史》第二輯, 上海古籍出版社 1986 年版。

17. 陳煒湛:《甲骨文簡論》, 上海古籍出版社 1987 年版。

18. 張永山:《小屯南地一版卜骨時代辨析》,《考古與文物》1989 年第 1 期。

19. 林小安:《武丁晚期卜辭考證》,《中原文物》1990 年第 3 期。

20. 方述鑫:《關於 "自歷間組" 卜辭的一些問題》,《徐中舒先生九十壽辰紀念文集》, 巴蜀書社 1990 年版。

21. 胡厚宣:"序", 方述鑫:《殷虚卜辭斷代研究》, 文津出版社 1992 年版。

22. 方述鑫:《殷虚卜辭斷代研究》, 文津出版社 1992 年版。

23. 白玉崢:《甲骨文之分期與斷代》,《中國文字》新 18 期, 1994 年版。

24. 郭振禄:《小屯南地甲骨綜論》,《考古學報》1997 年第 1 期。

25. 曹定雲：《田野發掘是卜辭斷代的基礎》，《殷都學刊》1999 年第 1 期。

26. 吳俊德：《殷墟第三四期甲骨斷代研究》，藝文印書館1999 年版。

27. 林小安：《再論"歷組卜辭"的年代》，《故宮博物院院刊》2000 年第 1 期。

28. 謝濟：《歷組卜辭武丁（晚）祖庚卜辭時代說質疑十題》，收入吳銳等編《古史考》第八卷，海南出版社 2003 年版。

29. 曹定雲：《殷墟田野發掘與卜辭斷代》，《考古學集刊》第15 集，文物出版社 2004 年版。

30. 吳俊德：《殷墟第四期祭祀卜辭研究》，臺灣大學出版委員會 2005 年版。

31. 謝濟：《甲骨文分期斷代兩系說不能成立論——兼說〈夏商周斷代工程 1996—2000 年階段成果報告〉（簡本）商代後期年代學的隱患》，收入吳銳編《中國古典學》第一卷，海南出版社2008 年版。

32. 謝濟：《再論甲骨文分期斷代兩系說不能成立論——再說〈夏商周斷代工程 1996—2000 年階段成果報告〉（簡本）商代後期年代學的隱患》，收入吳銳編《中國古典學》第二卷《楊向奎先生百年誕辰紀念文集》，吉林大學出版社 2009 年版。

33. 劉一曼、曹定雲：《三論武乙、文丁卜辭》，《考古學報》2011 年第 4 期。

34. 王宇信：《新中國甲骨學六十年》，中國社會科學出版社2013 年版。

35. 曹定雲：《論歷組卜辭中"小乙、父丁"稱謂及其相關問題——揭示歷組卜辭時代之確證》，《甲骨文與殷商史》新六輯，上海古籍出版社 2016 年版。

36. 陳煒湛：《關於歷組卜辭論爭的回顧與思考》，2002 年 6

月在臺北史語所學術演講提綱。收入《三鑒齋雜著集》，中西書局
2016 年版。

37. 曹定雲、劉一曼：《四論武乙、文丁卜辭》，《考古學報》
2019 年第 2 期。

38. 常玉芝：《殷墟甲骨斷代標準評議（二）——關於歷組卜
辭的時代問題》，《甲骨文與殷商史》新九輯，上海古籍出版社
2019 年版。

39. 劉一曼：《殷墟考古與甲骨學研究》，雲南人民出版社
2019 年版。

40. 常玉芝：《殷墟甲骨“先用字體分類再進行斷代”説評
議》，《殷都學刊》2019 年第 4 期。

41. 林小安：《我所知道的胡厚宣、張政烺先生關於歷組卜辭
的觀點》，2020 年 8 月 13 日。

42. 曹定雲：《論“歷組卜辭”時代爭論與“兩系説”使命之
終結》，《殷都學刊》2020 年第 1 期。

43. 常玉芝：《殷墟甲骨斷代標準評議》，中國社會科學出版
社 2020 年版。

44. 朱歧祥：《古文字入門》，臺灣，學生書局 2021 年版。

45. 吳俊德：《殷墟甲骨斷代綜述》，臺北：萬卷樓圖書股份
有限公司 2022 年版。

46. 曹定雲、劉一曼：《五論武乙、文丁卜辭》，《殷都學刊》
2023 年第 1 期。

47. 許進雄：《揭祕甲骨文——從斷運勢到問戰争，文字學家
解讀王的疑惑》，臺灣，商務印書館 2023 年版。

48. 李鳳英：《殷墟甲骨歲祭研究》，中華書局 2024 年版。

結 束 語

　　1977 年，李學勤將董作賓 1933 年分期的第四期卜辭即武乙、文丁卜辭①，改稱作“歷組”卜辭，並提出“歷組”卜辭應該提前到第一期武丁晚期至第二期早期祖庚時期②。對此説，贊成者有之，反對者有之，從此開啟了長達四十餘年的“歷組”卜辭斷代問題大論戰。

　　四十年之久的論戰，看似紛繁複雜、眼花繚亂，但綜觀雙方論戰的問題，仍然不出董作賓 1933 年製定的甲骨斷代十項標準之外。董先生斷代十項標準是：（1）世系，（2）稱謂，（3）貞人，（4）坑位，（5）方國，（6）人物，（7）事類，（8）文法，（9）字形，（10）書體。陳夢家在 1956 年，對董先生的十項斷代標準進行了分類、整理、歸納，濃縮成三大標準。在三大標準中，陳先生沒有列入董先生斷代標準的第（4）項“坑位”，第（6）項“人物”。之所以如此，是因為陳先生指出，董氏的“坑位”是指灰坑所在的發掘區中人為劃分的“區位”，並非是根據了出土甲骨的灰坑所在的地層層位，因此它不能表示甲骨的時代早晚。而“人物”，一是因為人物的活動包含在各種“事類”之中，二是殷

---

① 1933 年，董作賓劃分的第四期卜辭不包括自組、子組、午組卜辭。見董作賓《甲骨文斷代研究例》，《中研院歷史語言研究所集刊外編——慶祝蔡元培先生六十五歲論文集》上冊，1933 年。

② 李學勤：《論“婦好”墓的年代及有關問題》，《文物》1977 年第 11 期。

商時期有"異代同名"的社會現象，各期卜辭中同名者眾，因此，單純地依靠某個人物進行斷代，勢必會造成斷代的混亂，甚至無法斷代，故"人物"不能作為獨立的斷代標準。此外，對利用"稱謂"標準斷代，陳先生告誡説："單獨的稱謂不足以為斷代的標準，如'父乙'可以是武丁稱小乙，也可以是文丁稱武乙。"而對利用"字體"〔含第（9）項"字形"、第（10）項"書體"〕斷代，董先生和陳先生都有告誡。董先生説：字形"在分期整理完竣之後，自然可以找出一個系統來"，"'字形'、'書體'都是根據有貞人的基本片子推演出來的"；陳先生強調，列在第二大標準裏的字體、詞彙、文例的特徵，"是從第一標準（引者按：即世系、稱謂、卜人）提供的可定年代的標準片中總結出來的"。以上述斷代標準檢查李學勤的"歷組"卜辭提前説、"兩系説""先用字體分類"説，恰恰都是在陳、董二位先生告誡的"人物""坑位""單獨的稱謂""字體"等標準上大做文章，他反其道而行之，以此來建立自己的所謂"新説"。引發了長達四十餘年的大論戰。

概括地説，對"歷組"卜辭的時代，四十餘年來，雙方論戰的主要問題就是下面四個：

第一個問題："人物"是否可用作斷代標準。

1977 年，李學勤在《論"婦好"墓的年代及有關問題》，1981 年在《小屯南地甲骨與甲骨分期》兩文中，提出第四期"歷組"卜辭與第一期賓組、第二期出組卜辭有相同人名作論據。首先被提到的，也是最重要的人物（人名）就是"婦好"。他不加詳細論證，直指"婦好"是"一個人"的名。因此，第四期"歷組"卜辭中的"婦好"和第一期賓組卜辭中的"婦好"就是指的同一個人，所以，第四期卜辭的時代應該提前到第一期。進而他又舉出"歷組"卜辭中還有不少人名（人物）也與賓組、出組卜辭的人名相同。後來裘錫圭又為其補充了一些例證，裘氏以相同人名為主綫，羅列出"歷組"卜辭與賓組卜辭有所謂相同的事項（即事類）（檢查其羅列的事項，多數並不相同）。

反對方則以甲骨文、金文、古文獻資料作論據，進行反駁。一是詳細論證了"婦好"不是一個人的名，"婦"是指女官，"好"是族名、氏名、國名，"婦好是世婦，每王都會有過"；並舉出在"婦好"墓之外也見有幾件鑄有"婦好"銘文的青銅器，證明絕不是衹有一個"婦好"。二是用大量的甲骨文、金文、古文獻資料證明上古時期、包括商王朝都有"異代同名"的社會現象，殷商時期各代均有相同的族名、氏名、國名；卜辭和金文證明了族名也是世官；考古發現在不同時期的墓葬中出土的青銅器上鑄有相同族氏的名號，也證明了商代的職官具有世襲性，即商代有世官制。卜辭和考古資料又證明，各個時期中相同的"人"名所承担的職責、任務大多相同。這些證據都很好地證明了"歷組"卜辭與賓組、出組和其他組卜辭有眾多同名現象的原因。以上論證拔除了"歷組"卜辭提前論者用"歷組"卜辭與賓組卜辭都有"婦好"和其他相同"人"名，來證明"歷組"卜辭屬於早期武丁卜辭的根基。

第二個問題：單獨的親屬稱謂能否斷代。

李學勤在論證"歷組"卜辭是早期卜辭的另一個重要論據是舉"歷組"合祭卜辭中"小乙"下接"父丁"稱謂，認為"父丁"是祖庚稱武丁。

李學勤在《論"婦好"墓的年代及有關問題》《小屯南地甲骨與甲骨分期》兩文中，列出六版"歷組"合祭祖先的卜辭，合祭的最後兩個稱謂是"小乙""父丁"，他就憑"想像"，認為"父丁"理所當然地是指小乙之子武丁，因此，第四期"歷組"卜辭就應該提前到第二期祖庚時。

反對方則利用其他"歷組"合祭卜辭證明，"歷組"卜辭的時代盛行對祖先舉行合祭，而合祭的祖先是有選擇的，並不都是

世系緊密相連的。指出即使在李學勤所舉的六版合祭辭例中也是
如此，並證明在這些合祭卜辭中，在"小乙"之前被祭祀的先王
也不都是世次相連的，因此，"小乙"與其後的"父丁"就不一
定是與"小乙"直系相連，即不一定是指其子武丁。特別是舉出
在兩版"歷組"卜辭中，有"小乙"—"三祖"（祖己、祖庚、
祖甲）—父丁的世系連接，證明在"小乙"之後還有"三祖"即
祖己、祖庚、祖甲被祭祀，因此，合祭卜辭中"小乙"之後的
"父丁"，就絕對不是指武丁，而是指康丁，"父丁"是武乙對其
父康丁的稱呼。還舉出"歷組"多版合祭卜辭證明，"父丁"之
前接的也並不都是"小乙"，還有其他先王如祖乙、大甲等。再舉
出"歷組"卜辭有祭祀"三祖辛"（廩辛）、"祖甲"的辭例。上
述證據都證明了"歷組"卜辭絕對不是武丁至祖庚時期的卜辭。
李學勤利用單獨的親屬稱謂"父丁"，直指"歷組"卜辭是祖庚
卜辭不能成立。

　　第三個問題：對"歷組"卜辭出土地層、坑位進行辯論。

　　李學勤在論述"歷組"卜辭提前説和"兩系説"時，多次説
到他是"充分運用考古發掘提供坑位和層位的依據"。但檢查他所
説的坑位、層位依據，竟然還是 1933 年董作賓在《甲骨文斷代研
究例》中記錄的殷墟前五次發掘時，"為發掘與記錄方便起見在地
面上所作人為的分界，並非根據了地下遺物的構成年代而劃分的"
"區位"①。李學勤把這種人為劃分的"區位"當成"坑位"，以
此提出殷墟甲骨發展有所謂"兩系"。因"區位"不是科學意義
的"坑位"，並且還祇是前五次發掘的材料，不是殷墟發掘的全
部資料，所以李學勤據錯誤的"坑位"，又提不出"層位"證
據，提出的甲骨斷代意見"兩系説"都是不能成立的。李學勤
等學者否定地層證據，重點將目標對準了 1973 年小屯南地甲骨

---

①　陳夢家：《殷虛卜辭綜述》，中華書局 1988 年版，第 140 頁。

出土的地層關係。1996 年，李氏在與彭裕商合寫的《殷墟甲骨分期研究》一書中，首先對考古地層學、坑位學在甲骨斷代中的作用提出質疑。他們割斷考古發掘中早期、中期、晚期的地層關係，認為對甲骨斷代最有用的是早期單位，中期單位對早期卜辭的斷代無能為力，晚期單位更差，"對中期卜辭也無能為力。故中晚期單位一般來說均不能直接作為甲骨分期的主要標準而獨立解決問題"。這些觀點是不符合考古學規則的。林澐、裘錫圭也持相似觀點。

　　反對方以小屯南地甲骨親自發掘者為代表，他們多次撰文詳盡地介紹和列出了 1973 年小屯南地甲骨出土的地層、坑位及打破關係情況。他們將小屯南地殷代遺址分為早、中、晚三期，其中特別詳密地列出了出土甲骨的 59 個灰坑的情況。指出早期灰坑祗出武丁時代的卜辭，中期坑除出少量早期武丁卜辭外，"大量出無名組與歷組卜辭，晚期坑除出早期、無名組、歷組卜辭外，還見有黃組卜辭"。他們特別具體列出了出無名組、"歷組"卜辭的 32 個中期灰坑出土甲骨的情況，指出"無名組與歷組父丁類卜辭，除出於晚期坑層外，見於中期四段與三段的灰坑，而歷組父乙類卜辭除出晚期坑層外，則祗出於中期四段，不見於中期三段"。這些地層關係確鑿地證明了"歷組父乙類"卜辭晚於"歷組父丁類"及無名組卜辭。除此之外，他們還列出了 1928—1937 年殷墟甲骨的出土情況，指出此階段"在廩康以前的地層和坑位中，沒有發現'歷組'卜辭"。又列出了 1986 年、1989 年、2002 年、2004 年在小屯村中、村南的幾次發掘中甲骨的出土情況："1986—2004 年小屯村中、村南的發掘，歷組卜辭的出土情況與 1973 年屯南發掘基本相似，即歷組卜辭祗出於殷墟文化三、四期的坑層中"，也即"歷組"卜辭還是出在中期及其以後的地層和灰坑中。總之，在殷墟八十多年的考古發掘中，都沒有在早期地層中發現過"歷組"卜辭，考古發掘的地層證據，鐵證如山。

“歷組”卜辭確是武乙、文丁時期的卜辭，絕不是早期的武丁晚年至祖庚時期的卜辭；所謂殷墟甲骨發展的“兩系説”，是毫無根據的臆設。

第四個問題：“先用字體分類再進行斷代”是否行的通。

李學勤在“歷組”卜辭提前説、“兩系説”遭到諸多學者的反對後，於 1996 年與彭裕商合寫了《殷墟甲骨分期研究》一書①，該書的宗旨就是運用李學勤在 1957 年批判陳夢家《殷虛卜辭綜述》時，提出的“先用字體分類再進行斷代”的方法②，對“兩系説”進行“較全面的叙述”③。即用字體分類的方法使“兩系説”能够成立，從而使“歷組”卜辭提前説能够成立。他們把“先用字體分類再進行斷代”的方法，稱之為是用考古學的“類型學”方法對甲骨進行分期研究，並宣稱這是不同於董作賓、陳夢家甲骨斷代學説的“新理論”④。其實，早在 1991 年，李學勤就説過：“由歷組卜辭的爭論，逐漸引導到分期理論的重新檢討。”⑤ 這句話透露出李學勤早就欲通過“歷組”卜辭提前説引導學術界否定董作賓、陳夢家的甲骨斷代學理論，欲用他的“先用字體分類再進行斷代”的“新理論”取而代之。也就是説，李學勤欲以“字體”分類作為斷代的第一標準，否定董作賓、陳夢家以世系、卜人、稱謂作為斷代第一標準的學説。但是我們又很奇怪，在 1996 年出版的《殷墟甲骨分期研究》一書中，李、彭二氏對字體分類的範圍進行了限制，他們説：“目前除歷組卜辭而外，大陸上的學者對各組卜辭大致相當的年代已有了基本一致的看法。在這種情況下，這項工作目前的主要任務是在原有的基礎上更進

---

①　李學勤、彭裕商：《殷墟甲骨分期研究》，上海古籍出版社 1996 年版。
②　李學勤：《評陳夢家〈殷虛卜辭綜述〉》，《考古學報》1957 年第 3 期。
③　李學勤、彭裕商：《殷墟甲骨分期研究·後記》，上海古籍出版社 1996 年版。
④　李學勤、彭裕商：《殷墟甲骨分期研究》，上海古籍出版社 1996 年版，第 13 頁。
⑤　李學勤：“序”，黃天樹：《殷墟王卜辭的分類與斷代》，臺北，文津出版社 1991 年版。

一步，即在同一類卜辭中劃分早晚。"① 大家知道，目前各組卜辭的劃分基本上就是陳夢家劃分的"卜人組"，雖然李學勤將自己的分類稱作字體組，將陳夢家沒有列成"組"的康丁卜辭稱作"無名組"卜辭，將武乙、文丁卜辭稱作"歷組"卜辭，將帝乙、帝辛卜辭稱作"黃組"卜辭，但他們各"字體組"所包含的範圍基本上就是陳夢家各"卜人組"所指的範圍。如此，"在同一類卜辭中劃分早晚"（這就等於承認了陳夢家的"卜人組"斷代）就與他們宣稱的"新理論"的作用範圍不符。倒是林澐的字體分類忠實於李學勤的原意，林澐主張用字體對全部殷墟甲骨卜辭重新進行分類，説祇要把最早或最晚的字體搞清楚，就可以把全部甲骨用字體排成從早到晚的序列。②

反對方則指出，運用考古"類型學"對出土遺物進行分類斷代，必須要以出土遺物的地層關係為依據。因為甲骨是地下出土的遺物，是通過考古學方法發掘出來的，因此必須要運用考古地層學的方法對其進行整理研究，這是運用"類型學"進行分類斷代必須要遵守的前提和規則。因為不同時代的字體會有相似或雷同之處，前一時代常見的字體在後一時代甚至在後幾代，都會有少量存在。因此，脱離了地層關係，單純地用字體進行所謂分類與斷代，必定會造成誤判，必定會將斷代引入歧途。

檢查他們脱離了地層關係進行的字體分類與斷代，可發現種種問題：如他們將刻在同一版甲骨上的卜辭按字體分在不同的類中，再對各類進行斷代，其結果往往是違背了自己也主張的一個王世可以有多種類型的卜辭，一種類型的卜辭也可以分屬於多個王世的觀點。他們的字體分類又是很隨意的，特別是對所謂"自

---

① 李學勤、彭裕商：《殷墟甲骨分期研究》，上海古籍出版社 1996 年版，第 21—22 頁。

② 林澐：《小屯南地發掘與殷墟甲骨斷代》，《古文字研究》第九輯，中華書局 1984 年版。

歷間組""歷無名間組""無名黃間類"的分類，由於都是沒有統一的分類標準，所以就是在他們之間所分的類都不一致，如林澐認為是"自歷間組"的卜辭，李學勤、彭裕商就認為是"自組"卜辭。他們為了斷代的需要，可以隨心所欲地改變對同一類卜辭的分類，如李學勤將起初定為屬於武乙、文丁的"無名黃間類"卜辭，後來為了證明"兩系説"的需要，就改稱作"無名組晚期"卜辭，並且説無名組卜辭的時代是由康丁一直延續到帝辛。這樣將很少量的無名組卜辭，分配給了五個王世，延續了一百多年的時間，這樣離譜的斷代是違反常理的。又如，他們在先用字體對黃組卜辭進行分類後，再進行斷代時，卻發現"文武帝"一個稱謂被分在了兩類字體中，於是為了擺脱斷代的窘境，他們竟然得出"文武帝"一個稱謂是指兩個王的怪論。①

　　他們的字體分類是"在同一類卜辭中劃分早晚"，其目的由他們在兩類卜辭之間造出的"間組""間類"卜辭得以顯露。他們就是要用"間組""間類"卜辭（儘管這種"間組""間類"卜辭數量很少，有的甚至祇有幾版）將早已定出早、晚的前後兩類卜辭連接起來，即用"自歷間組"卜辭將"歷組"卜辭與早期的自組卜辭連接起來，用"歷無名間組"卜辭將"歷組"卜辭與無名組卜辭連接起來，用"無名黃間類"卜辭將無名組卜辭與黃組卜辭連接起來，這樣，就使"村中、南系"的各組卜辭都連接起來了，於是乎，"兩系説"得到了圓滿的解釋，進而"歷組"卜辭提前説也就能夠成立了。但脱離了地層關係對字體進行的所謂"類型學"分類，是不科學的。

　　實踐證明，用"字體"作為斷代首要標準的所謂"新理論"，給卜辭的分類與斷代造成了種種混亂和錯誤，是根本行不通的。

---

　　①　見常玉芝《殷墟甲骨斷代標準評議》，中國社會科學出版社 2020 年版，第240—287 頁。

在殷墟甲骨斷代的標準上，我們還是應該遵循董作賓、陳夢家的斷代學說，在運用其他各種斷代標準分出各組卜辭的時代之後，再探討各組卜辭的字體特徵及其演變情況，然後再根據這些特徵去考察那些不具卜人名，或沒有稱謂的卜辭的時代。李學勤將"字體"作為斷代的首要標準，犯下了本末倒置的錯誤。

　　四十多年來，李學勤由提出"歷組"卜辭時代提前說，發展到欲引領學界對甲骨斷代方法，即對董作賓、陳夢家相繼建立的甲骨斷代學理論做出改變，改用他的"先用字體分類，再進行斷代"的所謂"新理論"，這就是問題的實質。但近九十年（由1933年起）的實踐證明，董作賓、陳夢家的斷代方法，儘管有需要補充、修正、完善之處，但在整體上是科學的、適用的，至今仍然具有強大的生命力。

　　通過討論由李學勤提出的甲骨斷代問題，有一個頗為值得深思的現象，即為什麼李學勤祇用幾條簡單的、直觀的所謂"證據"："歷組"卜辭與賓組卜辭中都有"婦好"和其他相同的人名；"歷組"合祭卜辭中"小乙"稱謂下接"父丁"稱謂，"父丁"就是指武丁；"歷組"有的字體與賓組、出組相同，等等，祇是用這樣淺顯的幾條所謂"證據"，就能令大多數人同意他的"歷組"卜辭提前說和派生的"兩系說""先用字體分類再進行斷代"說？以至於把甲骨斷代研究引入錯誤的、煩瑣的、混亂的歧途。正如嚴一萍先生所說："研究甲骨，必需忠實，用隨便猜測的結果作證據來創立新說，是經不起考驗的。李君對於甲骨的態度，是隨心所欲……所以列舉的證據，一加深入探討，即見毛病百出。"① 甲骨學家陳煒湛先生曾說，對甲骨斷代問題有兩怕："一

---

　　① 嚴一萍：《"歷組"如此》，《中國文字》新八期，藝文印書館1983年版；收入《萍廬文集》第二輯，藝文印書館1989年版。

怕煩瑣哲學，二怕有人把水攪渾，攪渾易，正本清源難。"① 四十多年的實踐證明，確實如此！不過，我們堅信，真理會越辯越明，所謂"歷組"卜辭的時代，必定會越辨越明晰！

① 陳煒湛：《關於歷組卜辭論爭的回顧與思考》，收入《三鑒齋雜著集》，中西書局 2016 年版。

周祭中商先公先王先妣
世次表

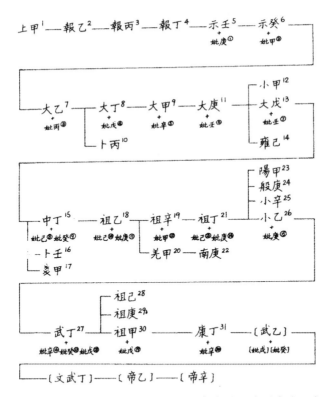

註：（一）表中先公、先王、先妣名右上角的數字分別表示先公、先王、先妣在黃組卜辭中的祭祀次序。

（二）〔 〕號表示某王某妣不屬周祭系統。

附 表 二

《史記·殷本紀》中商王世次表

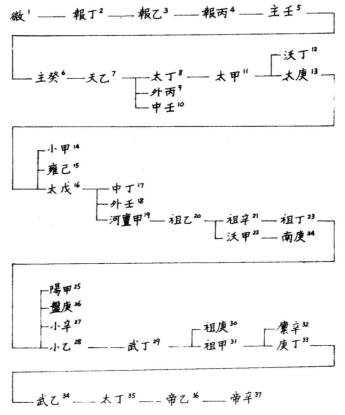

註：表中先王名右上角的數字表示他們的世次。

附 表 三

干支次序表

甲子	乙丑	丙寅	丁卯	戊辰	己巳	庚午	辛未	壬申	癸酉
甲戌	乙亥	丙子	丁丑	戊寅	己卯	庚辰	辛巳	壬午	癸未
甲申	乙酉	丙戌	丁亥	戊子	己丑	庚寅	辛卯	壬辰	癸巳
甲午	乙未	丙申	丁酉	戊戌	己亥	庚子	辛丑	壬寅	癸卯
甲辰	乙巳	丙午	丁未	戊申	己酉	庚戌	辛亥	壬子	癸丑
甲寅	乙卯	丙辰	丁巳	戊午	己未	庚申	辛酉	壬戌	癸亥

本書所引著錄書目及通用簡稱

編著者	書名	簡稱
劉鶚	《鐵雲藏龜》	《鐵》
羅振玉	《殷虛書契》	《前》
羅振玉	《殷虛書契菁華》	《菁》
羅振玉	《殷虛書契後編》	《後》
明義士	《殷虛卜辭》	《虛》
王國維	《戩壽堂所藏殷虛文字》	《戩》
林泰輔	《龜甲獸骨文字》	《龜（林）》
董作賓	《新獲卜辭寫本》	《寫本》
商承祚	《福氏所藏甲骨文字》	《福》
容庚	《殷契卜辭》	《契》
郭沫若	《卜辭通纂》	《通》
羅振玉	《殷虛書契續編》	《續》
商承祚	《殷契佚存》	《佚》
黃濬	《鄴中片羽》	《鄴》
方法斂	《庫方二氏藏甲骨卜辭》	《庫》
郭沫若	《殷契粹編》	《粹》
孫海波	《甲骨文錄》	《錄》
唐蘭	《天壤閣甲骨文存》	《天》
金祖同	《殷契遺珠》	《珠》

續表

編著者	書名	簡稱
李旦丘	《鐵雲藏龜零拾》	《零》
方法斂	《金璋所藏甲骨卜辭》	《金》
孫海波	《誠齋殷虛文字》	《誠》
董作賓	《殷虛文字甲編》	《甲》
董作賓	《殷虛文字乙編》	《乙》
李亞農	《殷契摭佚續編》	《摭續》
胡厚宣	《戰後寧滬新獲甲骨集》	《寧》
郭若愚	《殷契拾掇》	《拾掇》
胡厚宣	《戰後南北所見甲骨錄》	《南》
郭若愚　曾毅公　李學勤	《殷虛文字綴合》	《綴合》
胡厚宣	《甲骨續存》	《續存》
張秉權	《殷虛文字丙編》	《丙》
許進雄	《明義士收藏甲骨文字》	《安明》
貝塚茂樹	《京都大學人文科學研究所藏甲骨文字》	《京人》
嚴一萍	《甲骨綴合新編》	《綴新》
郭沫若　胡厚宣	《甲骨文合集》	《合集》
許進雄	《懷特氏等收藏甲骨文集》	《懷特》
中國社會科學院考古研究所	《小屯南地甲骨》	《屯南》
李學勤　齊文心　艾蘭	《英國所藏甲骨集》	《英藏》
彭邦炯　谢濟　馬季凡	《甲骨文合集補編》	《合補》
中國社會科學院考古研究所	《殷墟花園莊東地甲骨》	《花東》
段振美　焦智勤　黨相魁　黨寧	《殷墟甲骨輯佚》	《輯佚》
中國社會科學院考古研究所	《殷墟小屯村中村南甲骨》	《村中南》
羅振玉	《三代吉金文存》	《三代》

《小屯南地甲骨》前言

中國社會科學院考古研究所

　　河南省安陽市西北五里的小屯村一帶，是商代後期的都城遺址，號稱殷墟。早在 20 世紀末，在這裏就不斷發現有字甲骨。1928—1937 年，中央研究院歷史語言研究所，曾在這裡進行過多次發掘，獲得大量刻辭甲骨。1949 年以後，國務院於 1961 年公佈殷墟為全國重點文物保護單位，中國科學院考古研究所等單位又先後進行過多次發掘，其中也不斷有刻辭甲骨發現。[①] 尤其是 1973 年，考古研究所安陽發掘隊在小屯村南進行的發掘，發現數千片刻辭甲骨，是解放後發現甲骨最多的一次。並且，這批甲骨

---

① 1949 年後殷墟發現刻辭甲骨的情況如下（不包括 1973 年的發掘）：

1950 年，在四盤磨發現卜骨一片，見郭寶鈞《一九五〇年春安陽發掘報告》，《中國考古學報》1951 年第 5 冊。

1955 年，在小屯村東南發現卜骨一片，見河南文物工作隊第一隊《一九五五年秋安陽小屯殷墟的發掘》，《考古學報》1958 年第 3 期。

1959 年，在大司空村發現卜骨二片，見中國科學院考古研究所安陽發掘隊：《一九五八——一九五九年殷墟發掘簡報》，《考古》1961 年第 2 期。

1959 年、1961 年、1974 年在苗圃北地發現卜甲二片，卜骨一片（材料尚未發表）。

1958—1959 年，1971—1972 年在小屯西地發現卜甲二片，卜骨十三片，見郭沫若《安陽新出土的牛胛骨及其刻辭》，《考古》1972 年第 2 期（還有一部分材料尚未發表）。

1971 年後崗發現刻字殘骨一片，見中國科學院考古研究所安陽發掘隊：《一九七一年安陽後崗發掘簡報》，《考古》1972 年第 3 期。

都有明確的地層關係，因此是相當重要的一次發掘。下面簡單敘述這次發掘的經過、地層關係及我們的主要收穫。

一　發掘及整理經過

1972 年 12 月下旬，安陽小屯村社員張五元在村南公路旁的小溝取土，發現黃土中有一些卜骨碎片，其中六片有刻辭。他立即報告中國科學院考古研究所安陽發掘隊。當時正值隆冬，不便發掘，安陽發掘隊便對出卜骨之地採取了一些保護措施。1973 年 3 月下旬至 8 月 10 日，10 月 4 日至 12 月 4 日，安陽隊先後在村南進行了兩次發掘。這兩次發掘，共開探方二十一個，發掘面積 430 平方米。發掘地點在村南緊靠村口的公路上，1929 年春發掘的探溝 LK 和 JIH 正好在這次發掘的範圍內（圖一）。先後參加這次發掘的有戴忠賢、王金龍、劉一曼、屈如忠、曹定雲、孫秉根等同志。吉林大學歷史系教師姚孝遂同志也參加了部分發掘工作。

這次發掘共發現刻辭甲骨 5041 片（綴合前數字），其中卜甲 70 片，卜骨 4959 片、牛肋條 4 片，未加工的骨料 8 片[①]。

1975 年 10 月，考古研究所成立小屯南地甲骨整理小組，對這批甲骨資料進行整理。參加該組工作的有王兆瑩、劉一曼、鍾少林、曹定雲、郭振祿、溫明榮等同志。

這次甲骨的整理工作大致分兩個階段進行。第一階段主要作一些技術性的工作，如去土銹、加固、粘對、綴合、墨拓等。由於許多甲骨上面土銹很厚，把卜辭掩蓋起來，又由於許多甲骨出土時離地表祇有幾十厘米，保存情況不好，破碎較甚，所以，去土銹、粘對、綴合是一項艱巨而細緻的工作，花費了較長的時間。第二階段是釋文和作摹本（有一部分甲骨，字跡模糊不清，除進行

① 這幾個統計數字與《考古》1975 年第 1 期發表的《一九七三年安陽小屯南地發掘簡報》一文中的數字不同，而且某些灰坑和卜辭的分期等問題上，本書也與簡報有不一致之處，應以此書為準。

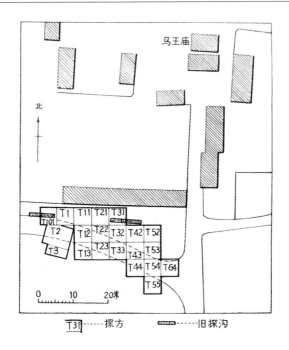

圖一　安陽小屯南地探方位置圖

墨拓外，還需補作摹本）。現在，第一階段工作已基本結束，通過這階段的工作，我們綴合了 530 片甲骨，完成了全部墨拓工作。

　　這批材料擬分上下兩冊發表。上冊是拓片部分，包括此次發掘的 4589 張和以前發掘與採集的 23 張，後者是作為附錄收集在內的，故本書共有拓片 4612 張。下冊是釋文部分，並附摹本及有關索引。為了使這批材料能早日與讀者見面，我們在第一階段工作基本完成的基礎上先行發表上冊，以後再發表下冊。

二　甲骨出土概況

　　小屯南地刻辭甲骨的出土情況有如下幾種：

　　1. 出在近代擾亂層、擾亂坑、井及隋唐墓的填土中。這部分均是小片的卜甲、卜骨，共 1847 片，占甲骨出土總數的 36.6%。這是由於在隋唐時期和近代挖墓、打井、挖溝、修路等過程中破壞了殷代的窖穴和文化層，故殷代的甲骨也就散佚在這些晚期的填土中。

2. 出在殷代文化層及房子基址夯土中。這部分亦多是小片的卜甲、卜骨，共 150 片，占甲骨總數的 3%。

3. 出在殷代的灰坑中。這次發掘共發現殷代灰坑 123 個，其中 58 個出刻辭甲骨，少者一片，多者數百片乃至上千片，共發現刻辭甲骨 3044 片，占甲骨出土總數的 60.4%。

甲骨在灰坑中埋藏，又分如下幾種情況：

（1）可能是有意識的儲存。在 H17、H24、H57、H103 等灰坑中出土大量甲骨，其他的文化遺物如陶片、獸骨等則較少。

H17：出於探方 T22 第③層下，坑口殘存一半，呈半圓形（灰坑的西半部被隋墓 M13 打破），距地表深 0.8 米，南北徑長 1.45 米，東西徑殘長 0.75 米，坑底與坑口同大，亦為半圓形，距地表 1.2—1.25 米。坑內堆積厚 0.4—0.45 米，坑壁較直，底部較平。坑內填純淨的黃土。共發現卜骨、卜甲 165 片，其中刻字卜骨 136 片，刻字卜甲 2 片。它們層層疊壓、互相枕籍。坑之東南部甲骨堆積較厚，中部甲骨較少。出土時有的卜骨骨版面朝上，有的朝下，高低不平；大塊的與小塊的卜骨、有字的與無字的卜骨交錯在一起，骨臼亦無一定的方向，看來放置時亦無一定的規律（圖二，圖版一）。

該坑甲骨層中，沒有其他遺物，祇是在坑之底部發現了鬲、簋、罐等陶器碎片。

H24：出於探方 T21 ③A層和 T22 第③層下，坑口近似橢圓形，距地表 0.8 米，南北徑長 2.66—2.76 米，東西徑長 1.83—2.08 米。坑底亦是橢圓形，南北徑長 2.46 米，東西徑長 1.78—1.85 米，距地表深 1.52—1.65 米。坑壁不大整齊，東壁從坑口以下逐漸向裏斜收直至底部；西壁從坑口以下略向外鼓，然後緩收至底。坑之底部不大平，東西兩邊比較高，中部略低。此坑被一東西向的近代小溝從中間打破，分成南北兩部分，而坑之南部又被隋墓

M9 的墓道破壞了一小部分。

　　坑内填土呈灰褐色，自坑口以下就發現密密麻麻的卜骨，集中地堆在一起，當中幾乎沒有什麼空隙。卜骨層在坑之北半部厚約0.3—0.35米，在坑之南半部厚約0.5米（圖版二.1、2）。出土時，按照卜骨上下位置與疊壓情況，分五層進行清理。大體上，上面的第一、二層是小片卜骨，下面的第三、四、五層是較大的卜骨，（如 H24：384—437 號）。全坑共出卜骨 1315 片，全部是牛肩胛骨，無一片龜甲。

　　在坑内卜骨層中不出其他遺物，祇在坑之底部發現少量碎陶片，器形有鬲、罐等。

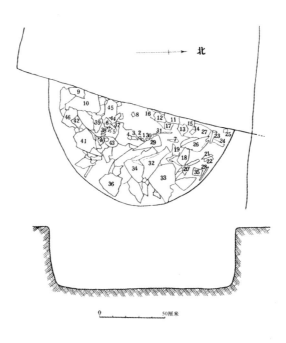

圖二　H17 甲骨出土情況

圖版一 H17 甲骨出土時情況

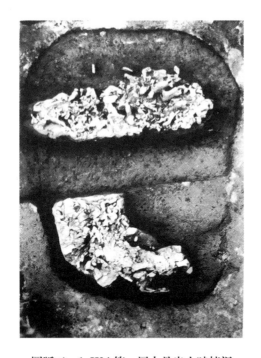

圖版二 1. H24 第一層卜骨出土時情況

圖版二　2. H24 第三層卜骨出土時局部情況

　　H57：出於探方 T52、T53 的第②層下，坑口略呈橢圓形，南北徑長 5. 74 米，東西徑長 3. 62 米，距地表深 0. 35 米。坑底南北高、中間低，形狀與坑口相似，距地表深 1 米，南北徑長 5. 45 米，東西徑長 3 米。此坑東南部被 H44 打破，東北部被隋墓 M16 打破，西南部被 T53 ②F 打破；而它又打破了 H58、H61。

　　坑內填灰色土，從坑口以下就發現很多大塊的或完整的卜骨堆在一起，卜骨堆積厚度約 0. 2—0. 6 米，排列不規則，無一定規律。總共發現刻辭卜骨 195 片、卜甲一片。

　　坑內其他遺物較少，祇有少量的鬲、罐、盆、簋等陶器碎片。

　　H103：出於探方 T52 ②層下，坑口為長方形，東西 0. 9 米，南北 1. 2 米，距地表 0. 98 米。坑底距坑口深 2. 54 米，底近平，東西 0. 78 米，南北 0. 85 米。此坑雖小，但形狀規整，保存完好。

坑內自坑口以下至 1.7 米深處均為純淨的黃土，質較硬；1.7 米以下至坑底為綠土，土質鬆軟。該坑距坑口 0.75 米以下就不斷出卜骨，根據卜骨出土深度，分八層進行清理，其中以第二層（距坑口 0.97 米）出土數量較多，卜骨亦較大（圖版三）。總共發現刻辭卜骨 74 片、卜甲 1 片。

圖版三　H103 距坑口 97 厘米處卜骨出土情況

　　坑內其他遺物很少，祇有少量陶片，器形有鬲、盆、簋、罐等。

　　（2）把廢棄的卜甲、卜骨碎片和日常生活殘餘物一起倒入灰坑中。按照出土情況可分兩類：一是把數量較多的卜骨、卜甲和大量的陶器碎片、牛骨、豬骨、灰燼等集中地傾入坑內。

　　如 H2，出於探方 T2③層下，坑口略呈圓形，距地表深 1—1.3 米，東西徑長 1.85 米，南北徑長 2.1 米；坑底距地表 1.62—1.92 米，大小略等於坑口。坑內堆積厚約 0.62 米，填土灰黃色，土質鬆軟。出土時，卜骨、卜甲和牛骨、豬下顎骨、木炭碎塊、陶片等混雜在一起。堆積北厚南薄，估計當時人們傾穢物時是由北向南傾倒的。此坑出卜骨、卜甲 795 片，其中刻辭卜骨 503 片（圖版四）

圖版四　H2 卜骨出土時情況

另一類是多次把零星卜甲、卜骨棄入坑內、屬於這種情況的較多。

如 H23：出於探方 T11③層下，坑口為長方形，距地表深 0.85 米，東西 1.86 米，南北 1.64 米。因東部的坑壁塌了一大塊，故坑之四壁不大規整，從上往下向裏斜收，至深三·二米以下，形狀纔比較規整。此坑 6.2 米見水，至 8.7 米時因地下水多，坑邊下塌，沒有繼續往下發掘，此時坑之平面仍是長方形，東西 1.2 米，南北 0.9 米。坑內填土呈灰黃色，內夾草木灰。從坑口至 8.7 米深處，卜骨斷斷續續地與陶片、獸骨、人骨等混雜在一起出土。例如：在坑深 4.3 米時，出卜骨 13 片，在東部靠近坑壁處發現一具側身屈肢的人骨架，坑的中南部還有一具狗骨架和陶罐之底部（圖三），卜骨間並有陶片與牛骨。此坑共出刻辭甲骨 181 片。

又如 H50：出於 T42②層下，坑口為長方形，距地表深 0.53

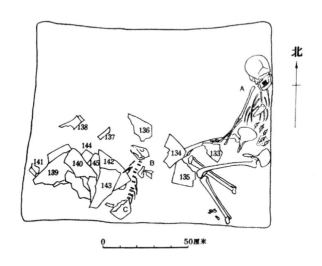

圖三　H23 距地表 4.3 米處的平面圖

A 人架, B 狗骨架, C 陶罐底部（圖上編號的是卜骨）

米, 其北部被一近代坑打破, 東西 1.9 米, 南北殘長 1 米。坑之下部四壁平直, 平面為方形, 邊長 1.6 米。此坑深達 10 米多。

坑內出卜骨、卜甲共 258 片, 其中刻辭卜甲 7 片, 刻辭卜骨 104 片。從坑口至水面甲骨陸續出土, 而且常與獸骨、陶片、人骨混雜在一起。如距地表深 0.7 米時, 出人架一具, 側身屈肢, 左肢上舉。同出有碎卜骨 2 塊（圖版五）。在距地表深 1.5 米時, 出有人頭骨、人腿骨和馬腿骨, 還有一件可以復原的陶鬲, 同出卜骨 18 片（圖四）。

H23 與 H50 坑深均達 10 米多, 形狀為長方形或方形, 坑壁較整齊, 估計是當時的水井, 廢棄後一些當時認為無保存價值之卜骨、獸骨和其他廢物一起傾入其中。

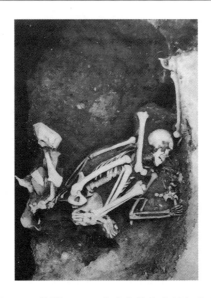

圖版五   H50 距坑口 0.7 米處卜骨與人骨架出土情況

圖四   H50 距地表 1.15 米處的平面圖

A 陶鬲，B 人頭骨，C 人腿骨，D 牛腿骨

（3）發現一些以放置骨料為主的窖穴。如 H99，出於 T53 第

②層下，坑口呈不規則的圓形，距地表深 0.4 米，南北徑長 2.14 米，東西徑長 2.04 米。坑底距地表深 2.52 米，平面亦呈圓形，南北徑長 2 米，東西徑長 2.1 米。坑內堆積厚 2.12 米。坑中填土淺灰色，在距坑口深 1.63—1.75 米處，出未經加工的牛肩胛骨 33 片、牛肋條骨 1 片、卜骨 6 片、卜甲 2 片。其中有刻辭的共 10 片，包括未整治的骨料而上有刻辭的 6 片，刻辭卜骨 2 片、刻辭卜甲 2 片。在這 10 片刻辭中有 7 片屬於習刻。

這個坑所出的未經加工的牛肩胛骨，保留有圓的骨臼，骨版背面有骨脊、其上沒有鑽、鑿、灼痕。這些現象，說明此坑主要是存放卜骨骨料的窖穴。

三 地層堆積與甲骨分期

這次發現的卜甲、卜骨出土時都有明確的地層關係，而且與陶器共存，這就為甲骨的分期斷代，同時也為殷墟文化的分期提供了依據。現在，把甲骨出土的地層與同出陶器的對應關係作一介紹。

先以探方 T55 東壁剖面的堆積為例（圖五）。

第①層，現代耕土層。厚 0.2—0.25 米。①A 層，現代路土、煤渣，厚 0.15 米。①B 層、路土，厚 0.15—0.3 米。在第①層下，在探方東部發現一現代路溝，深 1—1.25 米。

第②層，隋唐層。黃灰土，土中含有少量木炭、白灰，深 0.45 米，厚 0.1—0.4 米，出土有磚瓦、瓷片，還有殷代陶片、卜骨等。

第③層，殷代層（以下均為殷代層）。黃褐土，內含木炭屑，土質鬆軟，深 1.2—1.5 米，厚 0.45—1.05 米，出土有殷代陶片和卜骨。

第④層，深灰土，含小塊木炭，深 1.55—1.6 米，厚 0.25—0.4 米，出殷代陶片和少量卜骨。

第⑤層，黃土，深 1.7—1.8 米，厚 0.15—0.9 米，出少量碎

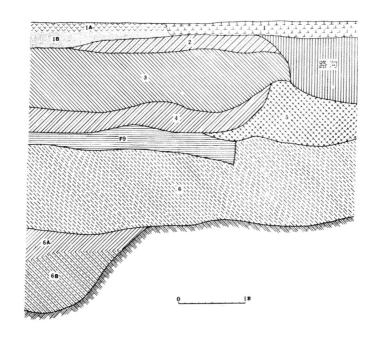

圖五　探方 T55 東壁剖面圖

陶片和卜骨。在第④層和第⑤層下發現夯土基址 F9。

　　第⑥層，該層上部被 F9 打破，淺灰黃土，土中含較多的木炭屑，土質鬆軟，距地表深 3—3.1 米，厚 1.15—1.25 米，出土少量陶片。

　　第⑥Ⓐ層，深灰土，深 3.4—3.5 米，厚 0.25—0.5 米，出一片有字卜甲和少量陶片。

　　第⑥Ⓑ層，褐灰土，土中含木炭屑和紅褐色斑點，深 4.35 米，厚 0.9 米，出少量陶片。

　　此探方的堆積情況在小屯南地的堆積中具有一定的普遍性。

　　T55 第③層以下的均屬殷代文化層，根據層次和陶器的共存關係，又可分為早、中、晚三期。即第③層屬晚期；第④、⑤兩層所出陶片接近，且與第③層有區別，屬中期；第⑥層、⑥Ⓐ層、⑥Ⓑ層所出陶片相近而與第④、⑤兩層不同，屬早期。

再以探方 T53 一組灰坑打破關係為例（圖六）。

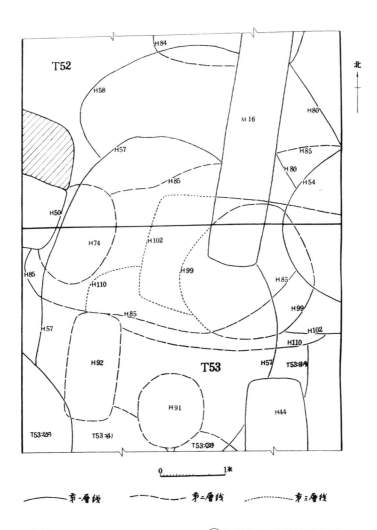

圖六 H57、85、99、102、T53：④Ⓐ等單位打破關係示意圖

H57→H85→H99→H102→H110→T53 ④A①

箭頭符號前面的灰坑打破箭頭後面的灰坑，如 H57 打破 H85。從這些灰坑所出陶片來看，H57 與 T55 第③層，H85、H99 與 T55 第④、⑤兩層，H102、H110、T53 ④A 與 T55 第⑥層、⑥A層、⑥B層分別接近②。因此，小屯南地的早、中、晚三期進一步從灰坑的打破關係上得到了證實。以 T55 東剖面堆積和 H57 等這一組灰坑打破關係為依據，進而將其它的灰坑進行分期；屬早期的灰坑有 H13、H102、H104、H107、H110 等；屬中期的灰坑有 H23、H24、H30、H31、H36、H37、H38、H39、H46、H47、H50、H55、H59、H72、H75、H85、H99、H103 等；屬晚期的灰坑有 H2、H17、H48、H57、H58、H64、H83、H86 等。

早、中、晚三期陶器在陶質上，除了鬲多為夾砂灰陶，晚期圜底罐多為泥質紅陶外，其餘都是泥質灰陶。器形特徵大致如下：

早期：鬲，分兩種形式：一種折沿方唇，通體長方形，通高大於腹徑，襠較高，尖錐足，腹飾中繩紋（圖七·1、5、9、13、16）；另一種矮領圓腹，襠較高，通體細繩紋，腹飾環帶紋，製作精緻（圖七·2、6、14）。

簋，圓唇，矮圈足，腹飾二道或三道凹弦紋（圖七·3、7、11、15）。

盆，折沿、圓唇、深腹、平底，器內口沿較窄，沿腹之間有突稜，腹部飾細繩紋和絃紋（圖七·4）。

圜底罐，短頸、圓腹、圜底，腹飾細繩紋（圖七·10）。

---

①　在小屯南地有些探方、殷代的灰坑和文化層遭到後代較嚴重的破壞。所以，在這些探方，曾見到不同時期的灰坑都在同一層下發現，如在 T53②層下（擾亂層）發現晚期灰坑 H57、中期灰坑 H99、早期灰坑 H102。這些灰坑的時代主要根據平面的打破關係和坑內出土的遺物（甲骨、陶器）來斷定。

②　各探方不同時期的文化層厚度不一致，受後代的破壞程度也不相同。所以，不同探方的同一層次號，時代不盡相同，如第④、⑤兩層在探方 T55 代表中期，而在探方 T53 代表早期。

平底罐，矮領圓腹，細繩紋（圖七・8）。

豆，斜沿外翻，淺平盤，矮圈足（圖七・12）。

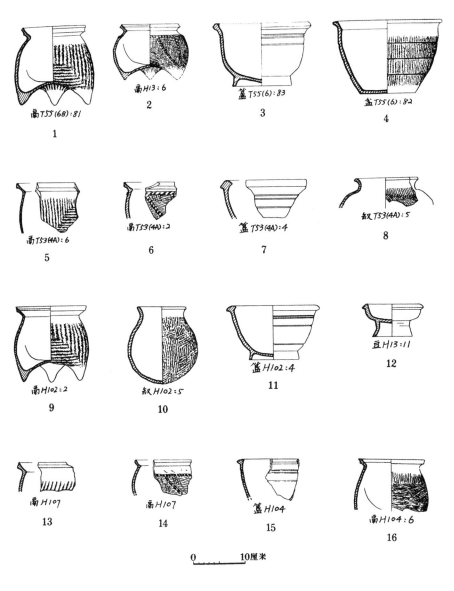

圖七 小屯南地早期陶器

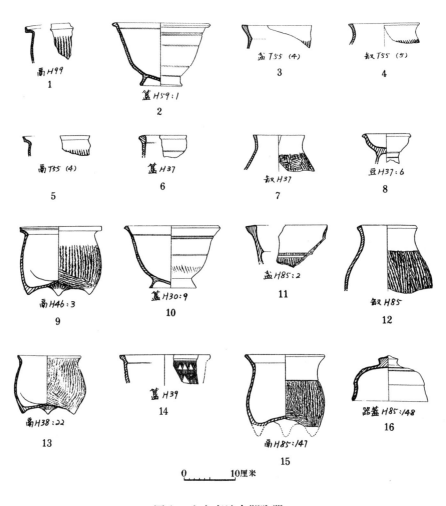

圖八　小屯南地中期陶器

　　中期：鬲，大多數通體扁方，通高略小於腹徑，襠較低（圖八·1、5、9、13）；還新出一種陶鬲，侈口、長頸、尖錐足，腹飾細繩紋（圖八·15）。

　　簋，有兩種：一為弦紋簋，與早期同類器形相比，圈足較高，口沿內出現凹弦紋（圖八·2、6、10）；另一種為新出現的，腹上有兩層繩紋三角劃紋，加飾小獸頭（圖八·14），完整器形可參考

1955 年小屯村東 H1：49 陶簋①。

圜底罐，與早期相比，頸部變長（圖八·4、7、12）。

豆，圓唇，腹較深，把較細（圖八·8）。

盆，與早期相比，內沿較寬（圖八·3、11）。

器蓋，象帽形，有小捉手（圖八·16）。

晚期：鬲，形體多樣化，除早、中期見到的折沿方唇鬲、矮領圓腹鬲、侈口長頸鬲以外（圖九·1、3、5、9、13），還見到一種泥質灰陶小鬲（圖九·4）。它們的共同特點是形體矮扁、襠低、乳錐足。

簋，種類亦多樣化，早、中期所見到的弦紋簋，口沿內凹弦紋更向下移；還有高圈足、腹飾三角劃紋或繩紋三角劃紋、菱形紋等（圖九·2、6、10）；另見一種小簋、歛口，口沿內亦有凹弦紋、外飾弦紋（圖九·14）。

盆，方唇，與早期相比，內沿更寬（圖九·11）。

平底罐，折肩，腹急收，小平底，外素面或飾繩紋（圖九·7、15）。

圜底罐，灰陶圜底罐已很少見，代之盛行的是一種紅陶圜底罐，直領折肩，肩施弦紋（或稱瓦紋），腹飾粗繩紋，鼓腹圜底（圖九·8、16）。

器蓋，形如傘狀，有子口和小捉手（圖九·12）。

安陽殷墟解放前和解放後發掘的資料已不少，分期亦有幾種。目前，一般考古工作者採用的是四期劃分法，即大司空村一、二、三、四期②。以此四期來衡量，小屯南地早期大約相當於大司空村一期，小屯南地中期約相當於大司空村三期，小屯南地晚期約相當於大司空村四期前半葉，比後崗圓坑要早。

---

① 河南省文化局文物工作隊第一隊：《一九五五年秋安陽小屯殷墟的發掘》，《考古學報》1958 年第 3 期。

② 中國科學院考古研究所安陽發掘隊：《一九六二年大司空村發掘簡報》，《考古》1964 年第 8 期。

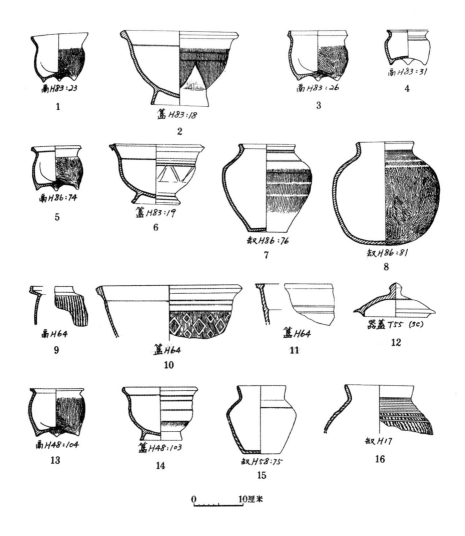

圖九　小屯南地晚期陶器

下面對小屯南地早、中、晚三期所出卜骨進行分析。

小屯南地早期地層與灰坑出自組卜辭、午組卜辭及賓組卜辭。[①]

---

① 關於"自組""午組""賓組"卜辭的名稱，參見陳夢家《殷虛卜辭綜述》，科學出版社 1956 年版，第 135—137 頁。

如 H104、T53 ④Ⓐ 出𠂤組［見《屯南》① 2765（H104：1）、2766（H104：2）、4511（T53 ④Ⓐ：140）——4515（T53 ④Ⓐ：144）、4516（T53 ④Ⓐ：145＋H91：1＋H91：4）、4517（T53 ④Ⓐ：146）、4518（T53 ④Ⓐ：147）；H102 出午組［見 2698（H102：1）］；T55 ⑥Ⓐ 出賓組［見 4575（T55 ⑥Ⓐ：87＋88）］；H107 𠂤組與午組共出。關於賓組卜辭，過去根據内容分析，學術界一致認為屬武丁時代，此次在小屯南地早期地層發現，進一步證實過去確定的年代是可信的。關於𠂤組卜辭和午組卜辭，學術界存在不同的意見：一種意見認為屬於盤庚、小辛、小乙時代②；另一種意見認為屬於武丁時代③，或武丁晚期④；第三種意見則認為屬於武乙、文丁時代⑤。根據此次發掘的地層關係，它們出在早期地層和灰坑裏。眾所周知，在考古發掘中，晚期的地層和灰坑裏出晚期遺物，有時也會出早期遺物，但早期的地層和灰坑裏祇能出早期遺物，不能出晚期遺物。因此，這兩組卜辭的時代應與賓組相近，大約在武丁前後。而且從 H102 打破 T53 ④Ⓐ看，午組卜辭還可能晚於𠂤組卜辭。這樣，通過此次發掘的地層關係，使長期以來爭論不決的𠂤組、午組卜辭的時代問題基本上獲得了解決。

小屯南地中期地層與灰坑所出卜辭數量多，内容豐富，時代複雜。同時，中期灰坑本身又有許多打破關係，這些打破關係為進一步劃分中期地層及灰坑所出卜辭的時代提供了依據。下面列舉幾例中期灰坑打破關係：

探方 T22：H39→H37

---

① 《屯南》指《小屯南地甲骨》，以後本書中凡引《屯南》拓片號，均省《屯南》，祇引順序號和原甲骨所在灰坑、單位登記號。

② 胡厚宣：《戰後京津新獲甲骨集》，1954 年，序要 1 頁。

③ 貝塚茂樹、伊藤道治：《甲骨文研究法の再檢討》，《東方學報》1953 年第 23 期，第 1—78 頁。

④ 陳夢家：《殷虛卜辭綜述》，科學出版社 1956 年版，第 144—145、162—164 頁。

⑤ 董作賓：《殷虛文字乙編》序，1948 年，第 10—20 頁；島邦男：《殷墟卜辭の研究》；許進雄：《骨卜技術與卜辭斷代》第二部第一章：王族卜辭的歸屬，1974 年。

探方 T53：H85→H99

探方 T54：H47→H55

上述三例打破關係，H37、H99、H55 所出陶器基本一致，H39、H85、H47 所出的陶器也基本一致，因此可以將 H37、H99、H55 定為一組，H39、H85、H47 定為另一組。前者時代較早，我們稱為中期一組；後者時代較晚，我們稱為中期二組。以此二組為標準進行劃分，屬於中期一組的還有 H31、H36、H59、H72、T55④、⑤ 等；屬於中期二組的還有 H23、H24、H30、H38、H46、H50、H75、H103 等。

兩組所出陶器也是有區別的，下面簡單的加以介紹：

鬲：兩組都有折沿方唇鬲，但二組的鬲比一組的鬲形體較扁、襠較低（一組的鬲在小屯南地缺乏完整器形，可以參考 1972 年後崗 T5④：18 陶鬲）[①]；而侈口長頸鬲（圖八·15）是二組常見的形式，一組則很少見。

簋：兩組中常見的弦紋簋的變化趨勢是，口內凹弦紋下移。例如，一組的簋（圖八·2）弦紋距口沿 1.9 厘米，而二組的簋（圖八·10）則是 2.4 厘米。此外，二組常見一種兩層三角劃紋中加小獸頭的簋，一組則不見（圖八·14）。

盆：其區別是，內沿的寬度（從口沿至起稜處）由窄變寬。如一組的盆（圖八·3）沿寬為 3.5 厘米，而二組的盆（圖八·11）沿寬為 6.5 厘米。

圜底罐：常見的灰陶圜底罐，其變化趨勢是頸部加長。如一組的罐（圖八·4、7）頸長分是 4.5 厘米、4.9 厘米，二組的罐（圖八·12）頸長是 6.8 厘米。此外，中期二組中出現肩施瓦紋、腹飾繩紋約紅陶圜底罐，一組則罕見。

中期地層及灰坑所出卜辭除少量的武丁卜辭外，其餘的大多

---

① 中國科學院考古研究所安陽工作隊：《一九七二年春安陽後崗發掘簡報》，第 15 頁（圖八·6），《考古》1972 年第 5 期。

數卜辭、字體較複雜，為了敘述方便，我們將其分為三類。下面分別加以敘述。

第一類卜辭：以 2085（H37：2＋3）、2497（H59：4＋T54：20）、4567（T55〈4〉：9＋T55〈5〉：12）、2531（H72：7＋8）、2254（H55：1）、2064（H31：7＋16）等為代表。這類卜辭字體的共同點是筆劃纖細，字體秀麗工整。稱謂（各類卜辭的稱謂有很多，我們在本書中主要列舉對分期意義比較大的父輩稱謂及某些特殊稱謂，一般稱謂從略，下同）主要有父庚〔2690（H99：15）〕、父甲〔2682（H99：3）〕、父己〔2742（H103：84）〕及兄辛〔657（H17：126）〕等。

第二類卜辭：以 2065（H31：11）、2058（H31：1＋5＋8＋20＋35）、2079（H36：2）等為代表。此類卜辭內部又有微別；但與第一類相比，卻有著明顯的共同特點：字體變大，筆劃變粗，筆風剛勁有力。稱謂上則是父丁大量存在。如與 2065（H31：11）字體一樣的 1116（H24：416）、951（H24：182）、2366（H57：142），與 2079（H36：2）字體一樣的 735（H23：76）與 2058（H31：1＋5＋20＋8＋35）字體一樣的 178（H2：309）、68（H2：72＋769）等，都有父丁稱謂。

第三類卜辭：以 751（H23：104）、2628（H85：124）、2601（H85：42＋43＋46＋102）、2126（H47：22）等為代表。此類卜辭本身也比較複雜，但其共同特點是字體較小，筆劃較細，絕大部分筆風柔軟而圓潤。主要稱謂為父乙，但所見甚少，此次祇 751（H23：104）一片有父乙稱謂。

現進一步分析以上三類卜辭的時代。第一類、第二類卜辭出於中期一組灰坑與地層，第三類卜辭出於中期二組灰坑與地層，一組灰坑與地層的時代要早於二組，故第一、二類卜辭的時代要早於第三類卜辭。

再從內容來看，第一類卜辭有父庚、父甲、父己、兄辛的稱謂。這些稱謂與文獻記載康丁諸父祖庚、祖甲、孝己及其兄廩辛正相符合，故第一類卜辭當為康丁卜辭。第三類卜辭晚於第一類卜辭，即在時代上晚於康丁，其本身又有父乙稱謂，此稱謂與文獻所載文丁父武乙正相符合，故第三類卜辭祇能是文丁卜辭。第二類卜辭在地層上與康丁卜辭共存，早於文丁卜辭，在字體、文例、內容上，與康丁、文丁卜辭都有密切關係，其本身又有父丁稱謂，與文獻記載武乙父康丁正相符合，所以應為武乙卜辭（後面還將進一步論述）。

小屯南地晚期的地層和灰坑中，除少量的武丁卜辭外，亦大量發現康、武、文卜辭，值得注意的是在 H17、H57、H48、H58 等灰坑中，出土了字體屬帝乙或接近帝乙時代的卜辭。如648（H17：114）、2157（H48：27）、2405（H57：206）、2263（H57：12）、2489（H58：70）等。這些卜辭儘管數量不多，但已説明這些坑的堆積年代已進入帝乙時代。

根據卜骨和陶器的對應關係判斷：小屯南地早期的時代大致相當於武丁前後，小屯南地中期大致相當於康丁、武乙、文丁時代，小屯南地晚期大致已進入帝乙時代。

這裏需要指出，無論從陶器型式的發展變化上觀察，還是從甲骨分期上觀察，小屯南地早期與中期之間都有缺環，時間上並不是緊密相接的。在這次發掘中，有個別灰坑出有近似大司空村二期的陶片，但數量很少，且不出刻辭甲骨。所以，關於大司空村二期與甲骨分期的對應關係，還有待於今後的發掘來充實。

四 幾點看法

（一）自組卜辭

關於自組卜辭，以前著錄中的材料不少，也有不少人進行過研究。這次發現的不多，共二十餘片。下面我們在過去研究的基礎上，結合這次的發現，簡略談談自組卜辭的特點。

1. 字體與文例

（1）字體。𠂤組卜辭的字體比較複雜，大致有如下幾種：

第一種，如《甲》3003、3013、3018 等。此種字體𠂤組卜辭中有，賓組卜辭中也有。如《甲》3177 為貞人⽇所卜，貞字寫作 ⿴，字體規整。⽇在《粹》1424 中與賓組貞人爭同版共卜，當為賓組貞人。故《甲》3177 當為賓組卜辭，但其字體與上述《甲》3003 等片𠂤組卜辭字體一致。故此種字體是賓組卜辭與𠂤組卜辭共有的一種字體。

第二種，如此次發掘的 643（H17：106）、2462（H58：17）、4429（T53〈2B〉：23 + M16：33）和《甲》210、2356，《乙》409、8988、9067、9103 等等。此種字體筆劃渾圓流暢、轉折處都是圓轉角，如用毛筆所寫。它們中有的字很大，有的較小，但總的風格是一致的。一些常用字的寫法，特點明顯。如丙字寫作⿴，丁寫作○，戊寫作⿰，庚寫作⿰、⿰，壬寫作⿻，子寫作⿰、⿰，卯作⿰，未寫作⿻、⿻，酉寫作⿰、⿰，貞寫作⿴、⿴，⿻寫作⿴，王寫作⿱，用寫作⿴，其寫作⿵，于寫作⿰，止寫作⿰，⿰寫作⿰，六寫作∩等等。

第三種，數量最多，此次發現的大部分𠂤組卜辭都屬此種字體。如 4512（T53 ④A：141）、4513（T53 ④A：143）、4514（T53 ④A：144）、4516（T53 ④A：145 + H91：1 + 4）、4517（T53 ④A：146）、4518（T53 ④A：147）、604（H17：52），等等。見於過去著錄的也不少，如《乙》開頭的 200 餘片基本上都是。此種字體筆劃纖細，字體較小，筆風紊弱，字的結構不大規整。一些常用字的寫法也很有特點，如其作⿱、⿱，令作⿰，不作⿰，辰作⿴、⿴，戊作⿰、⿰、⿰，隹作⿰，風作⿰，等等。

上述三種字體中，第一種字，形體比較固定、造型規整、美觀，是一種比較成熟的文字。第二、三兩種有兩個共同特點：一是異體字多、不定型，一個字往往有幾種乃至十幾種寫法，如貞字、子字、庚字等；一是象形性明顯，如上述的“隹”字作鳥形，“風”字作鳳形，“止”作足趾形，“貞”字作鼎形，等等。與第一種比較，保留了較多的文字早期階段的特點。在卜辭行款上，後兩種字體的卜辭排列相當雜亂。沒有一定的規格。

（2）文例

前辭形式：𠂤組卜辭前辭形式複雜，其中最常見的是“干支卜，某”，也有“干支卜，某貞”的形式。而其賓組以“干支卜，某貞”的形式最多。

兆辭：𠂤組卜辭兆辭不多，衹偶爾發現“二告”（《甲》3047）、“二告友”（《乙》202）、“不[illegible]”（《後下》34.4）等。

在用字習慣上，𠂤組卜辭句末好用疑問語氣辭“不”字，如4513（T53④A：143）“戊寅卜，于癸舞雨不?”、《存》1.524“丁卯卜，𠂤貞：方其征今日不?”等等。

2. 內容

（1）稱謂：𠂤組卜辭的父輩稱謂主要有父甲、父辛、父乙，以父乙所見最多。這次發現的有父甲［4517（T53④A：146）］。這種情況與賓組卜辭基本相同，不同的衹是𠂤組卜辭沒有明確的父庚稱謂[①]。比較特殊的稱謂是小王（《南・師》2.146），武丁時之子組卜辭也有，這可能是指武丁子孝己。

（2）人物：𠂤組卜辭中所見的主要人物有侯替、[illegible]、虎、[illegible]、[illegible]、[illegible]、竹、白[illegible]、雀、竝、子妥、[illegible]、[illegible]等。這次發現的有[illegible]［4518（T53④A：147）］、子妥［4514（T53④A：144）］、[illegible]［604（H17：52）］、[illegible]［643（H17：106）］、[illegible]［643（H17：106）］等。這些人物，大部份都見於賓組卜辭，[illegible]、[illegible]、[illegible]為𠂤組卜辭所特有。但賓組卜辭常見的人物，如婦好、婦井、子漁、望乘、沚戓等則不見於𠂤組卜辭。

---

① 陳夢家認為有父庚，見《綜述》，第146頁。

（3）方國。自組卜辭所見的主要方國是方、𢁭、歸、🔸、🔸等。此次發現的 4513（T53 ④A：143）有伐🔸、🔸，4516（T53 ④A：145 + H91：1 + 4）有伐歸、𢁭的材料。但賓組卜辭中對𠭯方、土方頻繁的戰爭則不見於自組卜辭。

（4）祭名。自組卜辭侑祭之侑多寫作"🔸"，與賓組、午組卜辭相同，但有時又寫作"又"，如 4517（T53 ④A：146）"辛酉卜，又且乙卅🔸"。

（5）記事刻辭。自組卜辭也流行記事刻辭，但數量不多。形式主要以右甲尾刻辭為主，此次發現的 2768（H107：3）一片有右甲尾刻辭"冊入"。但也有少量甲橋刻辭，如此次發現的 4514（T53 ④A：144）與 3707（T2 ③A：80）都有甲橋刻辭，前者為"乙未來"，後者為"壬……"

從上面所述的情況看，自組卜辭與賓組卜辭有許多共同之處：如地層關係上，此次都出在小屯南地早期地層；父輩稱謂基本一致；其他在內容、文例、字體等方面也都有不少相似之處。因此，它們在時代上基本是一致的，即都屬於武丁時代。但二者也有許多重要的差別，如賓組卜辭的許多重要人物與事件不見於自組卜辭，說明二者雖都是武丁卜辭，但在時間上不一定是平行關係，可能是先後關係。關於這一問題，學術界有兩種看法：一種認為自組卜辭早於賓組卜辭[1]；另一種意見認為自組卜辭晚於賓組卜辭，是武丁晚期的卜辭[2]。目前要解決這一問題的條件還不成熟。因為，雖然從某一點上看，如字體方面，自組卜辭的部分字體帶有某些早期階段的特點，但僅靠此點就斷言自組卜辭早於賓組卜辭還為時過早。第一，截至目前為止，祇發現過賓組、自組同出的地層關係，而尚未發現它們之間的疊壓和打破關係；第二，此次出自組卜甲的 T53 ④A 不是最早的地層，它還打破兩個沒有出甲

---

[1]　江鴻：《盤龍城與商朝的南土》，《文物》1976 年第 2 期。
[2]　陳夢家：《綜述》，第 153 頁。

骨、但從陶片上看是屬於小屯南地早期的灰坑 H111、H112，而在 H112 之下又發現 H115。在 H115 中，出了一片卜甲 2777（H115：1），但其上僅有兩字，其中一字還不清楚，所出幾片陶片又小又碎，難以分期。H115 坑之時代有兩種可能，一為武丁時代，一為盤庚、小辛、小乙時代。而至目前為止，我們還不能明確區分出武丁以前的甲骨和陶器。所以，這一問題的最終解決還有待於今後考古發掘中發現更多的自組卜辭和對全部武丁時期的卜辭作進一步的分析研究。

（二）午組卜辭

此次所獲的午組卜辭有十餘片，如 2118（H47：5）、2240（H50：208）、2238（H50：209）、2244（H50：212）、2248（H50：214）、2509（H61：34）、2556（H80：8）、2622（H85：112）、2647（H86：16）、2672（H95：47）、2673（H95：49＋60）、2671（H95：50＋59）、2698（H102：1）、2770（H107：10）、2771（H107：11＋12）等。下面簡述一下我們對午組卜辭某些問題的初步看法。

1. 貞人：該組卜辭很少看到"干支卜，某貞"的前辭形式，這就為貞人的確定帶來了困難。在過去的一些著錄中，確定為本組貞人的共有兩個，即午與𠨹。[①] 此次，我們在 4177（T31：80）中又發現了一個貞人，名↑，其辭為"丙辰（卜），↑貞……"

需要加以說明的是貞人午。因為在此組卜辭中，"午"常常用作祭名，如 2671（H95：50＋59）："癸亥卜，酌午石甲至𤔲，正"，《乙》4521："癸未卜，午余干祖庚"中的"午"便是。這樣，祭名"午"與貞人"午"就容易混淆。陳夢家同志在《綜述》中指出有貞人"午"的卜辭之一是《乙》7512，其辭為："癸酉卜，午：內乙，牢。"同時，饒宗頤在《殷代貞卜人物通

---

① 陳夢家：《綜述》，第 162 頁；李學勤：《帝乙時代的非王卜辭》，《考古學報》1958 年第 1 期。

考》中指出《甲》3442 中的貞人也是"午"，其辭為："辛酉卜，午貞：今日不風。"當然，對此片卜辭尚有不同看法。① 這些問題，目前尚難弄清。我們認為：不管貞人"午"存在與否，這一組特徵性很強的卜辭之存在則是無疑的，在沒有找到更合適的名稱以前，我們仍沿用"午組卜辭"這一名稱。

2. 時代

前面已經談到，對午組卜辭的時代，有幾種不同的看法。這些看法都是通過卜辭內容的分析得出的。我們這次主要不是通過卜辭內容的分析，而是通過地層、灰坑疊壓打破關係的分析來確定午組卜辭的時代。如前所述，根據地層、灰坑疊壓打破關係，午組卜辭的時代稍晚於自組卜辭，早於康丁卜辭，這就大體上確定了午組卜辭的時代範圍。再從午組卜辭的內容看，稱謂方面有下乙（祖乙），人物有光、戈、虎、舞侯等。這些都見於武丁時代的賓組卜辭。尤其是下乙，除午組外，過去祇見於武丁賓組卜辭，可能為武丁時代特有的稱謂。前辭形式，午組以"干支卜，某"的形式為主，這同於自組卜辭，賓組卜辭也存在這種形式。字體方面，午組卜辭的字體具有早期卜辭的特點，一些常用字的寫法，同於賓組卜辭，如庚寫作丙，子寫作占，未寫作米，酉寫作丏等。祭法上，侑祭之侑寫作㞢，也與武丁時代各類卜辭相同。總之，無論從地層方面還是從卜辭內容方面分析，午組卜辭的時代都大體確定在武丁時代。

3. 午組卜辭的特點

關於午組卜辭在字體、文例等方面的特點，以前的著作中，已經有過說明②，這裏不再重複。下面主要從內容方面談談午組卜辭的幾個特點。

（1）午組卜辭與其他卜辭相比，有一套獨特的稱謂，與其他

---

① 屈萬里：《殷虛文字甲編考釋》下，第 438 頁。
② 見《綜述》之《斷代》上，午組部分。

卜辭之稱謂很少聯繫，自成體系。這些稱謂已見於過去著錄①，此處從略。這次新發現的有祖癸［2771（H107：11＋12）］、南庚［2118（H47：5）］、母庚［2673（H95：49＋60）］、𤔲［2118（H47：5）］、𤔲［2671（H95：50＋59）］、𤔲乙［2698（H102：1）］。午組卜辭的稱謂大多數不見於其他卜辭；其他卜辭常見的許多稱謂，如夒、𤔲、𤔲、河、岳、王亥、上甲、報乙、報丙、報丁、示壬、示癸、大乙等也不見於午組卜辭。

　　（2）午組卜辭的另一特點就是內容簡單，範圍狹窄。大多數卜辭的內容一般包括祭祀先祖神祇、農事、田獵、方國往來、征伐、天象、吉兇，等等，並涉及大量的人物、事件，就是說，幾乎所有商王國的“大事”都應有盡有。午組卜辭則不然，其內容主要是祭祀，其他方面則很少見到，就是說，對商王國的“大事”很少涉及。就祭祀方面看，一方面是祭祀午組卜辭問疑者的先祖；另一方面就是午組卜辭的問疑者為了自身的安危而舉行钔祭。钔祭是午組卜辭中最常見的祭名，其次是歲祭和𤔲祭。钔即禦，《説文》“禦，祀也”。從卜辭看，钔含有被除不祥之意。在午組卜辭中，有時可以看到專門為“余”舉行钔祭的辭例，如：

　　　　于且戊钔余，羊、豕、𤔲。
　　　　癸未卜，午余于且庚，羊、豕、𤔲。（以上《乙》4521）
　　　　庚戌卜，余自钔。（《乙》5405）

　　上述三例中的“余”，我們認為不是人名，而是午組卜辭問疑者的自稱。同時，午組卜辭的問疑者與其他大多數卜辭問疑者也不同。其他大多數卜辭的問疑者是王。而午組卜辭中從未記錄過王的活動，其問疑者顯然不是王。因此，其他大多數卜辭的

---

① 見《綜述》之《斷代》上，午組部分。

"余"，往往是王的自稱，如《續》5.12.2，為賓組卜辭，其内容為："己卯卜，王貞：余勿从沚歔哉。六（月）。"此"余"很明顯就是王。午組卜辭中的"余"不是王自稱。從這一點看，午組卜辭之内容所涉及的不是整個商王國，而是一個家族。此組卜辭主要内容是祭祀，特别是㐅祭，正是為其家族成員，尤其是為其族長的安危而舉行的。"余"也就是這個家族的族長。根據這些特點，我們認為午組卜辭不是商王室的正統卜辭。

（三）康丁卜辭

對康丁卜辭，目前學術界的看法基本上是一致的。我們這次的收獲，主要是從地層關係上為學術界的看法提供了新的根據。康丁卜辭的特點，過去不少人已經作過論述，下面祇簡單地談談我們的一些看法。

1. 康丁卜辭與武丁、祖庚、祖甲、廩辛卜辭相比，最明顯的特點之一就是卜辭中不再有貞人出現。

與沒有貞人這一特點相聯繫的另一特點，就是康丁卜辭的前辭形式大大簡化，不像早期卜辭，特别是武丁卜辭前辭形式那樣複雜。這一特點是從康丁開始，一直延續至文丁時代。康丁、武乙、文丁卜辭的前辭形式主要是"干支卜"與"干支貞"，少量是"干支卜，貞"，其中康丁卜辭以"干支卜"為主，武乙卜辭以"干支貞"為主，文丁卜辭"干支卜"與"干支貞"並重。

2. 康丁卜辭在字體方面與以前的卜辭相比也起了很大的變化。總的來說，康丁字體比較纖細秀麗，筆劃均勻，字體規整。字體結構與以前相比，也起了變化，下面列舉一些常用字，進行比較。

庚，康丁以前多寫作𩵋，康丁時寫作𩵋、𩵋。子，康丁以前多寫作𩵋，康丁時寫作𩵋或𩵋。辰，康丁以前多寫作𩵋，康丁時寫作𩵋或𩵋。巳，康丁以前多寫作𩵋，康丁時寫作𩵋。午，康丁以前多寫作𩵋，康丁時寫作𩵋。未，康丁以前多寫作𩵋，康丁時寫作𩵋。酉，康丁以前多寫作〈字〉、〈字〉，康丁時寫作〈字〉。伐，康丁以前多寫作〈字〉，康丁時寫作〈字〉。災，康丁以前多寫作〈字〉、〈字〉，康丁時寫作〈字〉。羌，康丁以前多寫作〈字〉、康丁時寫作〈字〉、〈字〉、〈字〉。更，康丁以前多寫作〈字〉、康丁時寫作〈字〉等等。

康丁字體與武乙字體關係密切，一部分武乙字體若不依靠稱謂是很難與康丁字體區分的。如有的卜辭字體風格與康丁無別，但有父丁、父辛稱謂，這部分卜辭應屬武乙卜辭，而不屬康丁卜辭〔如 68（H2：72＋769）、2281（H57：39）〕。這種情況與武丁賓組卜辭部分字體同祖庚字體很難區分是一樣的。當然，就整個武乙字體看，與康丁字體的區別還是十分明顯的。

3. 康丁卜辭的兆辭主要是“吉”“大吉”“引吉”[1]“叙燮”等，也有少量“茲用”，有時“吉”與“茲用”連用，作“吉用”。“吉”“大吉”等兆辭在廩辛卜辭中已有，大量流行是在康丁時期。“茲用”“不用”康丁卜辭中還是少數，大量流行是在武乙、文丁時代，乙辛卜辭中仍在使用。康丁卜辭中還偶然出現“茲卸”〔39（H2：25）〕，這是在乙辛卜辭中經常使用的兆辭。

4. 康丁時期也有記事刻辭、但形式簡單，祇記干支。一般都刻在牛肩胛骨反面下部邊緣，刻在左邊緣的，大都倒刻，刻在右邊緣的，都是正刻。

總之，康丁卜辭在全部卜辭中處於重要地位。卜辭發展到康丁時代，在文例、字體各方面都起了很大變化，有些變化一直延續到文丁時代，形成了康、武、文卜辭的共同特點。過去許多人總是將康丁卜辭與廩辛卜辭放在一起，稱為第三期卜辭。實際上，廩、康卜辭共同點固然不少，但康、武、文卜辭的關係更為密切。所以，如果要對卜辭進行分期的話，當然以能分辨出每個王的卜

---

① 于豪亮：《説“引”字》，《考古》1975 年第 5 期。

辭最為理想，但實際上有困難，在此情況下，我們認為將卜辭分為早、中、晚三期（即早期：武丁—廩辛，中期：康丁—文丁，晚期：帝乙、帝辛）比分為五期更為合理。

（四）武乙卜辭

1. 時代的進一步確定

上一節已經指出，中期第二類卜辭從地層上看，與康丁卜辭、文丁卜辭的關係都較密切，下面再從內容上看它們之間的關係。

（1）與康丁卜辭的關係。

這類卜辭與康丁卜辭有許多共同點，文例方面，基本沒有貞人、前辭形式簡化、兆辭都有"茲用"等等。字的結構上與康丁一脈相承，與康丁以前則有很大區別。

（2）與文丁卜辭的關係。

貞人：都有一個貞人，即歷。以前的著錄中貞人歷總共在不到二十片卜辭中出現，此次六片卜辭中有貞人歷。這些有貞人歷的卜辭，少數是文丁卜辭，如《甲》544、《後下》11.6，大多數是中期第二類卜辭。這些卜辭的內容，總大多數都是貞旬辭，《存》2.832 是"今夕無囚"。《京津》4387 是征伐召方。前辭形式大多數是"干支歷貞"，個別是"干支貞，歷"。不論是帶有貞人歷的中期第二類卜辭，還是帶有貞人歷的文丁卜辭，都具有上述這些特點。這就說明，出現在中期第二類卜辭中的歷與出現在文丁卜辭中的歷是同一個人。

人物：中期第二類卜辭與文丁卜辭有不少相同的人名，除貞人歷外，還有沚哦、雀、晜，等等。卜辭中異代同名是普遍存在的現象，因此，同名並不等於同人（這裏所說的名，是指氏，不是私名，下面將詳述）。值得注意的是沚哦，因為出現在中期第二類卜辭和文丁卜辭中的這一人物，不但同氏（沚），而且同名（哦，私名），故應是同一個人。此人在《粹》1164 中也有。此片卜辭字體與《佚》884 接近。《佚》884 有上甲二十示，為文丁卜辭無疑，故《粹》1164 也為文丁卜辭。這就進一步證明，汜㕣亦是文丁時代的人物。

記事刻辭：文丁卜辭有記事刻辭，其形式為"㐅〓〾囗"。這種記事刻辭也出於中期第二類卜辭（對此，後面還將詳述）。

其他在文例方面的相似之處還有，如前辭形式簡化，基本不帶貞人，相同的兆辭等等。

從上述中期第二類卜辭與康丁卜辭、文丁卜辭的許多共同點看，它們之間的關係是密切的，時代也應當是接近的。尤其是出現在中期第二類卜辭與文丁卜辭中的人物——歷與汜㕣都是同一個人，就更説明二者的時代是先後銜接的。再結合中期第二類卜辭大量出現父丁稱謂，那麼，此類卜辭是武乙卜辭便是毫無疑問了。

2. 字體與文例：武乙卜辭字體文例的特點在康丁卜辭一節已經提到，此處不再全面敘述。需要指出的是武乙卜辭的文例字體與祖庚卜辭文例字體的區別。因為，目前學術界對我們所説的武乙卜辭仍存在不同意見，有的同志認為此種卜辭不是武乙卜辭，而是祖庚卜辭[①]。

字體方面，祖庚卜辭與武丁賓組卜辭部分字體的特點基本一致。這種字體筆劃較細、字體較小、風格拘謹，與武乙卜辭那種剛勁有力的字體的區別一望便知。字體結構上二者也有很大的不同。祖庚卜辭的字體結構與武丁賓組字體基本一致，武乙字體結構與康丁字體基本一致。現就一些常用字列表比較如下：

---

① 我們在本書中所稱的中期第二類卜辭與中期第三類卜辭，李學勤同志在《論"婦好"墓的年代及有關問題》（《文物》1977 年第 11 期）一文中稱為"歷組卜辭"，並認為其時代屬武丁晚至祖庚時期。我們推測，他是將其中有父丁的部分定為祖庚卜辭，有父乙的部分定為武丁卜辭。

表 1 　　　　　　　　　祖庚卜辭與武乙卜辭常用字比較表

常用字 / 時代	庚	子	辰	己	午	未	酉	重	(災)	伐	羌	侑
祖庚	〔甲骨文〕	〔甲骨文〕	〔甲骨文〕	〔甲骨文〕	〔甲骨文〕	〔甲骨文〕	〔甲骨文〕	〔甲骨文〕	〔甲骨文〕	〔甲骨文〕	〔甲骨文〕	〔甲骨文〕
武乙	〔甲骨文〕	〔甲骨文〕	〔甲骨文〕	〔甲骨文〕	〔甲骨文〕	〔甲骨文〕	〔甲骨文〕	〔甲骨文〕	〔甲骨文〕	〔甲骨文〕	〔甲骨文〕	〔甲骨文〕

　　文例方面，祖庚卜辭與賓組卜辭基本一致，武乙卜辭與康丁卜辭基本一致，二者的區別也是明顯的，這一點在康丁卜辭一節已提到。

　　3. 稱謂

　　（1）父丁：這是需要着重敘述的一個稱謂。對我們所說的武乙卜辭所以產生不同看法，原因之一是對這種卜辭中的父丁稱謂有不同看法。一種意見認為此父丁是武丁，不是康丁；我們的意見正好與此相反。現舉例說明如下：

　　例一：4331（T44：21）

　　　　乙未貞：于父丁牽。
　　　　乙未貞：牽自上甲十示又三牛，小示羊。
　　《後·上》28.8 內容與此例同。

　　此例中的上甲十示又三與小示同祭，前者用牛，後者用羊。據《卜》6 "大示卯一牛，小示卯叀羊" 之例，上甲十示又三當為大示。所謂大示，陳夢家同志在《綜述》中認為是自上甲起終於父王，與直系同①。我們基本同意這種看法。

---

　　① 見《綜述》，第 466 頁。

　　那麼，4331（T44：21）中上甲十三大示究竟包括哪些直系先王呢？對此，我們可以從卜辭中有關示的材料中去尋找綫索。

　　卜辭中，凡合祭大示，在武丁時期，我們看到的是九大示，為自大乙至祖丁九個直系先王，不包括上甲、報乙、報丙、報丁、示壬、示癸，也不包括父王（小乙）。祖庚、祖甲、廩辛、康丁。卜辭中關於示的材料很少，更看不到合祭十大示以上與合祭全部大示的材料。合祭十大示以上的材料祇有武乙卜辭與文丁卜辭中有，其中武乙卜辭中最多，文丁卜辭目前祇見二例。武乙卜辭中有上甲十又二示，上甲十又三示。

　　卜辭中合祭大示的範圍，從現有材料看，各個時代是不一樣的。前已指出，武丁時合祭大示最高到九大示，即大乙至祖丁，不包括上甲六示與父王。文丁時最高是二十大示，即自上甲至武乙的全部直系先王。武乙卜辭最高數是十三大示，沒有超過此數的。此數，我們認為正好就是上甲、大乙—祖甲，這是武乙時合祭直系先王的一種形式。從現有材料看，武乙時不存在合祭上甲至康丁全部直系先王的合祭形式，因為在武乙卜辭中從未發現合祭十九大示；同時在武乙時也不存在合祭上甲、大乙至父丁十四個直系先王的形式，因為在武乙卜辭中從未發現十四大示。其它如十五、十六、十七、十八大示也都沒有發現。因此，上甲十三大示就是武乙時合祭全部直系先王的形式，它不包括報乙、報丙、報丁、示壬、示癸，也不包括父王（康丁）。在這種形式中，父王是單獨祭祀的。

　　既然 4331（T44：21）中的上甲十三大示是上甲、大乙—祖甲，那麼此片卜辭的時代就應當是廩、康以後，其上的父丁就不可能是武丁，祇能是康丁。

　　還應該指出，卜辭中合祭先王不包括報乙、報丙、報丁、示壬、示癸的例子還有不少。如《丙》38 的五示是"上甲、成（大乙）、大丁、大甲、祖乙"，《佚》986 的十示是上甲、大乙—祖丁，等等。這可能是報乙等在地位上低於其他直系先王。因為在卜辭中有時還可以看到報乙、報丙、報丁、示壬、示癸在祭禮上要低於其他直系先王的例子，如《粹》112，其祭禮是："上甲十、報乙三、報丙三、報丁三、示壬三、示癸三、大乙十、大丁十、大甲十、大庚七、夒三……"甚至有時上甲—示癸的祭禮似乎也低於大乙以後的直系先王，如《京都》2979，上甲至示癸用一牛，大乙九示用一牢。所以，武乙時合祭直系先王略去三報、二示是完全可能的。

　　例二：1116（H24：416）

　　　　庚寅卜，貞：辛卯，又歲自大乙，十示又□牛，小示 <ruby>冗</ruby>羊。

　　　　乙未卜，貞：召方來，于父丁征（節錄）。（此骨出土時十示下有又字，後在搬運過程中脫落，今引文根據發掘現場摹本補入。）

　　據例一，此大乙十示又□也是大示。同時，與例一一樣，父丁不包括在大乙十示又□之內，而是單獨祭祀。此大乙十示又□，我們推測可能是三報二示及父丁以外的全部大示，即大乙至祖甲。此片卜辭也應是康丁以後的，父丁應是康丁。

　　此例中的父丁不可能是祖庚父武丁。因除武丁外，祖庚時大乙至小乙祇有十個直系先王，此片是十示以上，與祖庚時直系先王世系不合。

　　例三：601（H17：46）

　　　　辛未卜，秦于大示。
　　　　于父丁秦。
　　　　弜秦，其告于十示又四。（《南·明》655與此例同）

　　此例中父丁與大示相對，説明與上二例一樣，父丁也是單獨
祭祀。十示又四也與大示相對，當為小示。前面已經指出，大示
是直系先王，小示就是旁系先王。據《殷本紀》記載，商的旁系
先王共十四個，目前在卜辭中能夠對上的是十二個，仲壬、沃丁
還未能對上，但決不能由此就否定其存在。從此條卜辭看，商的
旁系先王確有十四個。十四個旁系先王中，最後一個是廩辛，故
此片決不可能是祖庚卜辭，必為廩辛以後之卜辭。此父丁也不可
能是祖庚稱其父武丁，祇能是武乙稱其父康丁。

　　從上述三例中可以看出，中期第二類卜辭中的父丁不是武丁，
而是康丁。當然，在有些武乙卜辭中，父丁排在小乙之後，但這
也決不能説明此父丁就是武丁。如《合》15，其次序為大乙、大
丁、大甲、且乙、小乙、父丁。此父丁排在小乙之後，但這一排
列不是依照商王世次逐一排列的，而是有選擇的：大乙、大丁、
大甲之後略去大庚、大戊、中丁；祖乙之後略去且辛、且丁；小
乙之後當然也可以略去武丁、祖甲。故這片的父丁不能定為武丁。

　　（2）父辛：武乙卜辭中屬於直系的父丁數量很多，屬於旁系
的父辛則很少見到，這一點與以前的卜辭不同。康丁卜辭中屬於
旁系的父庚，武丁卜辭中屬於旁系的父甲、父庚、父辛數量都相
當多。這説明到武乙時代，生父以外的諸父已不被重視了。但武
乙卜辭中確有父辛，如《甲骨綴合新編》588，其辭為"……又
歲父辛□牢，易日、茲……"（節錄）此片卜辭字體與小屯南地
中期第二類卜辭一樣，當屬武乙卜辭無疑。從此例也可看出，中
期第二類卜辭中父丁（多數）、父辛（少數）都有，正與文獻記
載的武乙諸父有廩辛、康丁相合，説明此類卜辭為武乙卜辭是無
可懷疑的。

　　（3）祖丁：武乙卜辭中對武丁的祭祀不多，1046（H24：
325）為其中之一例，其內容為：

佳祖庚壱。

佳祖辛壱。

佳祖乙壱。

佳祖□壱禾。

上面的次序是從下向上排列的。依《殷本紀》次序，祖庚是指般庚，祖辛是指小辛，祖乙是指小乙，祖□當是祖丁，即武丁。

若從上向下排列，則為祖□—祖乙—祖辛—祖庚。依照《殷本紀》次序，祖乙為仲丁子祖乙，祖辛為祖乙子，祖庚或為南庚，或為般庚。那麼，祖□當為哪一個先王呢？我們知道，祖乙以前，上甲至仲丁，卜辭中分別稱為上甲、報乙、報丙、報丁、示壬、示癸、大乙、大丁、大甲、大庚、大戊、中丁，很少稱為祖某。因此，此祖□不大可能是祖乙以前的先祖，此條卜辭不大可能是從上向下排列的。

4. 同名問題

在探討武乙卜辭（以及下面將要談到的文丁卜辭）時，會遇到一個問題，即有些人名，既見於武丁、祖庚卜辭，又見於武乙、文丁卜辭。這究竟如何理解呢？我們認為，這種現象（又叫異代同名）在卜辭中是普遍存在的，不僅存在於武丁、祖庚卜辭與武乙、文丁卜辭之間，也存在於其他各期卜辭之間。下面舉例說明。

𡡥：武丁卜辭、武乙卜辭有𡡥［《甲》2956、935（H24：150 + 153）］

康丁卜辭有犬𡡥［2329（H57：87），《摭續》1］

文丁卜辭有亞𡡥［340（H2：642）］

征：武丁卜辭、祖甲卜辭、武乙卜辭有犬征［《續》2.24.4，《文》152，539（H6：10）］

武丁卜辭、康丁卜辭有戍征［《甲》3510，728（H23：68 + T11〈2B〉：15 + 51 + 55）］

妥：武丁卜辭有子妥〔《乙》6273，4514（T53〈4A〉：
　　144）〕
　　康丁卜辭有小臣妥（《粹》1275）
般：武丁卜辭、祖甲卜辭，武乙、文丁卜辭有般、自般〔《存》
　　2.442，《續》6.21.10，《後下》24.1，340（H2：642）〕
　　康丁卜辭有亞般（《鄴》3.44.4）
🔣：武丁卜辭、武乙卜辭有🔣、射🔣（《前》5.17.7，《鄴》2
　　下、38.7）
　　康丁卜辭、乙辛卜辭有🔣（《掇》2.167，《前》2.11.1）
口：武丁卜辭、廩辛卜辭有貞人口（《明》692、《粹》444）
　　康丁卜辭有小臣口、犬口（《南明》760、《佚》81）
🔣：武丁賓組卜辭有🔣（《乙》6434）、午組卜辭有貞人🔣
　　〔4177（T31：80）〕
　　乙辛卜辭有貞人🔣（《簠·貞》25、《金璋》743）

　　卜辭中為什麼如此普遍地存在這種現象？為了解決這一問題，
還須聯繫到另外一個問題，即卜辭中普遍存在的人名、地名乃至
方國名相互一致的現象，就是說，許多人名都有與之相對的地名
（或方國名）。如：

征：
人名：征、犬征、戍征。
地名：2578（H84：27）：省征。715（H23：53）：征受年。
沚：
人名：沚𪘟，沚𠰶。
地名：《文》557：在沚。《續》2.28.4：沚不受年。
國名：4090（T23：83）：沚方。
🔣：
人名：🔣、犬🔣、亞🔣。
地名：《甲》2123：自🔣。

𠂤：

人名：𠂤《前》4.28.3

國名：𠂤方。869（H24∶23）

𡆠：

人名：𡆠、射𡆠。

地名：《存》1.796：使人于𡆠。《丙》373：𡆠不其受年。

𡉚：

人名：𡉚（《存》1.677）

地名：《遺》417：在𡉚。《丙》373：𡉚不其受年。

箙：

人名：武丁賓組貞人。

地名：《丙》332：箙受年。

卜辭中普遍地存在的異代同名，有些時間相距較近（如：武丁與祖庚或康丁與武乙卜辭中的同名）可能是指同一個人，但有不少時間相距較遠（如：武丁與武乙或祖庚與文丁卜辭的同名）指的就不是同一個人。所以，這些人名，不是某一個人所專有的私名，而可能是氏。

關於氏，《左傳》隱公八年有"胙之土而命之氏"的説法，孔疏則認為："諸侯之氏，則國名是也。"鄭樵在《通志》中列舉了三十二種命氏的方式，其中包括"以國為氏"與"以邑為氏"。這些雖然都是出於後人的推斷，但也應是有所本的。

在卜辭中，存在著許多方邦、侯國、地名與人名一致的現象，説明在商代也可能存在著以方名、地名為氏的情況。那麽，這樣的人名，就不是私名而是氏名。所以，卜辭中的同名例中，有相當一部分應是同氏，既是同氏，這些所謂異代同名之人，所指的就不一定是同一個人，而衹是同一個氏之人，他們可能都是某個族之族長。明確了這點，我們就會清楚，武丁卜辭與武乙卜辭、文丁卜辭中雖然存在著相同的人名，但不能因其同名而都看成是同一時代之人，更不能將這些卜辭都看成為同一時代的卜辭。

自然，我們上面講的，並不能包括卜辭中的所有同名問題，衹能是其中最主要的部分；有些，目前還找不到合理的解釋。但不管怎樣，卜辭中異代同名現象的普遍存在則是事實，現在的問題就是如何解釋這種現象。我們在此著重講了卜辭中的氏，但我們並不完全否定卜辭中有私名存在，如沚𢱭、沚𠱾之𢱭、𠱾就是私名。

上面通過卜辭內容的分析，進一步證明了中期第二類卜辭就是武乙卜辭，說明了我們對武乙卜辭的確定，不但有地層上的根據，而且在卜辭內容上也有充分的根據。

（五）文丁卜辭

在本文第三部分，通過地層分析，確定了中期第三類卜辭就是文丁卜辭。過去學術界一般是籠統地將武乙、文丁卜辭稱為第四期卜辭，這次通過地層分析，使二者初步區分開來，是我們這次發掘整理的主要收獲之一。但目前學術界對我們所確定的文丁卜辭仍存在不同看法，有的同志認為此種卜辭是武丁卜辭①。為了進一步說明此類卜辭的時代，我們在下面論述其特點時，有必要與武丁卜辭進行比較。

1. 字體與文例

整個文丁卜辭字體比較複雜，有幾種類型：第一種類型如《粹》221，其上有二十示，郭沫若同志據此定為文丁卜辭，這種字體筆劃較纖細瘦長；第二種類型如《佚》884，其上有上甲二十示，貞字作斜方頭形，是該類型明顯的特點；第三種類型如4103（T31：4＋23＋83）、582（H17：21＋93）、3847（T21 ㉔A：6＋

_____

① 我們在本書中所稱的中期第二類卜辭與中期第三類卜辭，李學勤同志在《論"婦好"墓的年代及有關問題》（《文物》1977年第11期）一文中稱為"歷組卜辭"，並認為其時代屬武丁晚至祖庚時期。我們推測，他是將其中有父丁的部分定為祖庚卜辭，有父乙的部分定為武丁卜辭。

10），字體風格近於武乙卜辭；第四種類型如 751 （H23：104）、739 （H23：84）、2126 （H47：22）、2601 （H85：42＋43＋46＋102） 等，其中 751 （H23：104） 有父乙稱謂。

上述四個類型中，前二種我們這次發現較少，後二種類型，尤其是第四種類型在小屯南地發現較多，所以是我們論述的重點。

這次發現的以 751 （H23：104） 為代表的文丁卜辭字體總的特點是字體較小，筆風柔軟而圓潤。字的結構也很有特點，從下面列舉的一些常用字中便可看出。

文丁卜辭（指第四種類型，下同）的常用字中，"戊" 寫作 𠂤，庚寫作 𠀋，子寫作 𠙻，辰寫作 𠙵，已寫作 𠂤、𠂤，午寫作 𠂤，未寫作 𠀉、𠂤，酉寫作 𠀉、𠀉、𠀉，戌寫作 𠀉，囲寫作 𠀉，更寫作 𠂤、𠂤，弜寫作 𠂤，啟寫作 𠀉、𠀉，允寫作 𠂤，伐寫作 𠂤，用寫作 𠀉，羌寫作 𠀉、𠀉，召寫作 𠂤，受寫作 𠂤、𠂤，等等。

從文丁卜辭常用字的結構看，雖然個別字，如庚、未似乎與武丁卜辭一樣；但總的看，卻截然有別。武丁卜辭的字體（主要指賓組）似乎可以分兩部分：一部分風格雄偉渾厚、方整、字體較大；另一部分與祖庚字體無別。它們與文丁卜辭字體的區別一望而知，不必贅述。武丁字體的結構，基本上同於祖庚，前面在敘述武乙卜辭與祖庚卜辭的區別時已經談到，此處不再重複。

文丁字體與武乙字體有一定的聯繫，有些文丁卜辭其字體具有武乙卜辭字體的風格，如《南明》479、613，《粹》375，《京都》2292 等片，上有父乙稱謂，但字體完全與武乙卜辭一致。又有一些武乙卜辭，字體具有文丁卜辭的一些特點，如 503 （H3：29＋33），上有父丁稱謂，但一些字的寫法，如更寫作 𠂤，已寫作 𠂤，又具有文丁卜辭的特點。還見到一些卜辭，其字體既有武乙特點，又有文丁特點，如 484 （H3：3），既有武乙特徵的 𠀉、𠂤，又有文丁特徵的 𠂤、𠀉；《明義士所藏甲骨文字》 B2413，𠂤、𠂤與 𠀋、𠀉、𠂤共存，前者當為武乙特點，後者當為文丁特點。

文例方面，文丁卜辭與武乙卜辭一脈相承，大同小異，與武丁卜辭的區別很大，這是眾所周知的，有的前面已有敘述，此處不再重複。

2. 稱謂：需要特別提到的是父乙。因為在文丁卜辭中有父乙稱謂，武丁卜辭中也有父乙稱謂。對這兩個父乙需要區別。

第一，從父丁與父乙的關係看，武丁卜辭有父乙稱謂，祖庚卜辭有父丁稱謂，二者的關係是父乙早于父丁。但根據此次發掘的地層關係，中期第二類卜辭有父丁稱謂，中期第三類卜辭有父乙稱謂，二者的關係是父丁早於父乙。前面二者的關係與後面二者的關係恰恰相反，故武丁卜辭中的父乙與中期第三類卜辭中的父乙不是同一個人，中期第三類卜辭不會是武丁卜辭。

第二，武丁卜辭中父輩稱謂除父乙外，還有父甲、父庚、父辛，中期第三類卜辭中父乙是唯一的一個父輩稱謂。這一區別是十分重要的，因為這與《殷本紀》關於商王名號的記載完全相符。據《殷本紀》記載，武丁繼承王位的諸父有陽甲、般庚、小辛、小乙；文丁繼承王位的父輩祇有武乙一個。

很明顯，從父輩稱謂看，中期第三類卜辭與武丁卜辭中的區別是十分清楚的。

3. 記事刻辭：武乙、文丁時期都有記事刻辭，二者的形式完全一樣，與武丁記事刻辭則不同。武丁記事刻辭形式多樣，計有：甲橋刻辭，右甲尾刻辭，背甲刻辭，骨臼刻辭，骨面刻辭。刻辭內容主要是"某來若干""某入若干""乞自某若干""帚某示若干屯"等等。其中有刻於骨上者，也有刻於龜上者。武乙、文丁的記事刻辭，都是骨面刻辭。刻辭形式主要是"干支𢀖三𢎀囗（囗為數目字）"，少數是"𢀖三𢎀囗"，有時在"𢀖三"與"𢎀若干"之間插入一個"𠁠"字或者𢀖字，最完整的形式是"乙未，𢀖三𢎀六，自𠦄𠁠"［3028（M13：137＋164＋264）］。這種記事刻辭的意義我們還不十分清楚，郭沫若同志在《粹編》考釋中認為"此等當是治作龜骨之記錄，"殆鑴之初文，後人以鑽為之"，"凸字作動詞用，即今俗作剮"，"【若干、凸若干者，前者蓋就龜言，後者蓋就骨言，即謂鑽若干龜、鑿若干骨也"。[①] 釋【為鑴之初文是有道理的，但【後一字不是數目字，因恒作三，殆為乞、即訖。【字釋骨為宜，其後一字為數目字，有三、六、十、十五等，可能為加工動物肩胛骨的記錄。因為這種刻辭都刻於骨上，而文丁卜辭絕大多數是卜骨，卜甲為數甚少。

我們從武乙、文丁記事刻辭與武丁記事刻辭相比較中可以看出，記事刻辭本身是有時代性的，不能籠統地都歸入武丁時代。

總之，通過此次發掘與整理，使我們將文丁卜辭既與武乙卜辭區分開來，又與武丁卜辭區分開來，從而使我們對文丁卜辭的認識前進了一步，也對卜辭分期的認識提高了一步。

五 卜辭中的某些新材料

這批卜辭的內容豐富，範圍廣泛，包括祭祀、征伐、農業、田獵、氣象、天文曆法、吉兇等各個方面，涉及大量人名、地名、事件。初步統計有八十多個人名，一百五十多個地名，十餘個方國。多數材料見於過去的著錄，有些材料是初次發現，或雖非初次發現，但對過去的材料也能有所補充。現列舉如下：

（一）貞人。這批卜辭中所見的貞人有武丁時期的殼、牯、扶、【；武乙、文丁時期的歷。這些都是過去著錄中有的。此次新發現的貞人有：

1. 屮（屮），見於 2113（H47：2＋T54：22），內容為："丙午卜，屮貞：翌丁未步，易。丁未王步，允易。"過去卜辭中有屮字，如《合》211，《乙》3805 等片，但作為貞人出現，還是首次。根據字體判斷，該片屬武丁時期。

---

① 郭沫若：《殷契粹編》，第 750—751 頁。

2. ⼈，見於 4177（T31：80）。⼈作為貞人曾出現於乙辛卜辭，如《金璋》743、《簠‧貞》二五。作為人名曾在武丁賓組卜辭中出現，而此次發現的⼈則是武丁午組卜辭的貞人。

（二）稱謂。此次發現的新稱謂有：

1. 祖癸，見於 2771（H107：11＋12），其文為："壬申卜，⽄歲于祖癸，羊。"

2. 勹乙，見於 2698（H102：1），其文為："于勹乙，歲牛五。"

3. ⿱，見於 2671（H95：50），其文為："癸亥卜，酌午石甲至⿱，正。"（此⿱也可能是⿱⿰）

以上均屬午組卜辭。

4. 小卜辛，見於 4518（T53 ④Ａ：147），其文為："癸丑卜，又小卜辛，羊豕。"屬自組卜辭。

5. 后祖妣庚，見於 3186（M13：329），其文為："甲申卜，其于后祖妣庚，⿰二牢。"屬康丁卜辭。

6. 中宗祖丁，見於 2281（H57：39），其文為："□辰⼞，翌日，其酌其祝自中宗祖丁、祖甲……［至于］父辛"。以前著錄的卜辭中，凡稱中宗者，都為"中宗祖乙"。此中宗祖丁，確為首次發現。

7. 高祖上甲，見於 2384（H57：179），其文為："庚辰貞，其陟用高祖上甲，茲用，王⿰……"卜辭中有高祖夒、高祖王亥、高祖河，從未見高祖上甲。過去有人認為祇有上甲以前可稱高祖[1]，上甲以後稱后祖。此次的發現打破了這一概念。該辭為武乙卜辭。

8. 后父丁，見於 647（H17：113），其文為："壬午卜，其⿰后父丁，襪。"屬武乙卜辭。

---

[1]　見《綜述》，第 351—352 頁。

9. 中己，見於 957（H24：196），其文為"父己、中己、父庚……"中己在卜辭中常見，但在此條卜辭中排列於父己、父庚之間，説明中己也是康丁的父輩，可能是為了與孝己區分，纔稱為中己。

（三）同版不同期的卜辭，共兩片。

1. 910（H24：106＋371），出於中期二組灰坑。其正面為文丁卜辭，反面是"壬子，毃（？）示……"可能為武丁記事刻辭。所以出現此種情况，是由於文丁時期利用了武丁時已經加過工的骨版。因為武丁記事刻辭往往為貢納龜骨的記録，這塊骨版就是武丁時已經貢納並加工，但未卜用，文丁時又加利用。

2. 2384（H57：179），出於晚期灰坑。其上部是庚、甲卜辭，為"庚辰卜，王"；下部是武乙卜辭，為"庚辰貞，其陟用高祖上甲……"上部共有九組相同之刻辭，其序數由下而上為一、二、三、四，字小而筆劃細，卜辭左行。下部序數是一，字大而筆劃粗，卜辭右行。從序數與卜辭看，上下兩組卜辭顯然不是一次刻成。故此片是武乙利用了庚、甲骨版的空隙。

（四）方國。此次所見方國，見於過去著録中的，康丁時期有盧方［667（H17：141）］、𤉲方［1999（H24：1403）］、𤇆方［2613（H85：75）］、見方［2328（H57：83）］、𤲮方［2962（M13：65）］、羌方［3038（M13：148）］等；武乙、文丁時期有召方［23（H1：33）］等。還有一些方國為過去著録所未見，或雖見於過去著録，但對其時代又有新的補充。這些方國是：

1. 殺方，字作𤲮，見於 2651（H86：10＋18），其文為："戊辰□，戍執征殺方，不往。"屬康丁卜辭。

2. 沚方，字作𤲮，見於 4090（T23：83），其文為："……未……沚方。"沚在著録中習見，但皆為地名或人名。

3. 𤲮方，見於 869（H23：23）

以上是新發現的方國。

4. 土方，見於 1015（H24：284），其文為："弜獸彡，其令伐土方。"又見於 994（H24：255＋1405），其文為："己酉貞，王亡眉𢀛土方。"

5. 尸方，見於 2064（H31：7＋16），其文為："王族其羍尸方邑𢀛，右左其𢀛"。

6. 馬方，見於 7（H1：12），其文為："……多射𢀛馬𢀛于𢀛"。

以上方國，過去認為屬於武丁時期①，此次則見於康丁（尸方）、武乙（土方、馬方）卜辭。

（五）關於商代軍旅編制方面的新材料：

1. 右旅、左旅，見於以下三條卜辭：

2328（H57：83＋328），其文為："其雉，翌日，王其令右旅眔左旅𢀛見方𢀛，不雉眾。"

2350（H57：125），其文為："王其以眾合右旅……旅，𢀛于𢀛𢀛。"

2064（H31：7＋16），其文為："右旅。"

以上三條均屬康丁卜辭。

旅，《爾雅·釋詁》謂"眾"也，《說文》謂"軍之五百人為旅。"卜辭的旅，當是軍旅，但不一定是五百人。商代軍旅編制，常以右、中、左分之。《粹》597，有"王乍三𢀛右、中、左。"關於𢀛，可以有兩種用法：一種如郭沫若同志在《粹編》中所說："多用為屯聚之屯。"② 另一種用法，則用為師旅之師，屬軍旅編制單位之一。金文中也常有此用法，如小臣謎𣪘的"𢀛戀父以殷八𢀛征東夷"。班𣪘的"以乃𢀛左比毛父"。"以乃𢀛右比毛父"之𢀛，就是其例。若用後一種用法，三𢀛也可以解釋為三師：右師、中師、左師。結合此次發現的右旅、左旅，𢀛作為後一種解釋的可能性較大。祇是這次發現的旅祇有右、左，而沒有中。

———————————

① 見《綜述》方國地理一節。
② 見《粹編》，第 510 頁。

2. 右戍、中戍、左戍

見於 2320 （H57：77），其文為：" □□□戈。中戍又戈。左戍又戈。""右戍不雉眾。中戍不雉眾。左戍不雉眾。" 此屬康丁卜辭。戍當為武職官名。軍官設置與軍旅編制是相應的。軍隊編制分右、中、左，軍官職稱之前也冠以右、中、左。

（六）天象方面的材料

1. 月又戠，

見於 726 （H23：66），其文為："壬寅貞，月又戠，其又土（社），尞大牢。""壬寅貞，月又戠，王不于一人𠚤，又𠚤。" 時代屬武乙。在過去著錄中經常見到的是日又戠，月又戠很少發現。關於戠，目前有幾種解釋：郭沫若同志在《粹編》中認為 "戠與食音同，蓋言日食之事耶？"[①] 陳夢家同志在《綜述》中推測是日中黑氣或黑子[②]。月又戠的發現說明了後一種看法是不能成立的。至於前一種看法，還有待於新材料的證明。

2. 王其蘿日出，

見於 2232 （H50：146＋147），其文為："王其蘿日出，其𨾴于日，𪊧。" 時代屬康丁。出寫作𪊧。

（七）百工。

見於 2525 （H65：2），其文為："癸未卜，又囚百工"。時代屬文丁。百工在文獻與周金文中常見，在卜辭中還是首次發現。

文獻記載之百工似有兩類：一類如《周禮·考工記》所載："國有六職，百工與居一焉。""審曲面執、以飭五材，以辨民器，謂之百工。" 此百工鄭玄注謂："司空事官之屬。" 即司空屬下的低級官吏。另一種則是泛指手工工匠，如《左傳》襄十四年所謂 "百工獻藝"，《論語·子張》所謂 "百工居肆" 之百工。周金文所載之百工似乎也是如此，如成王時之令彝所載："唯十月初吉癸未，明公朝至于成周，徝令舍三事令、眔卿事寮、眔諸尹、眔里君、眔百工。" 此百工與卿事寮、諸尹、里君列在一起，與《周

---

① 見《粹編》，第 368 頁。
② 見《綜述》，第 240 頁。

禮・考工記》之百工一樣，也當是低級官吏。師𣄩殷、伊殷中之
百工則與僕御牧臣妾列在一起，當是王室直屬的手工工匠。卜辭
中的百工究竟是屬於上述哪一種，從卜辭本身還難以判斷。從商
王卜問其是否"有囚"來看，似乎也是屬於商王之近臣。但卜辭
中有時商王或其他奴隸主貴族也為被統治階級中的人卜問安危吉
兇，如1971年在安陽小屯西地發掘的71ASTTI：8（附三．3）有
如下內容："卹眾于祖丁。"這是為免除眾的災害而舉行卹祭，因
為眾對商王及其他奴隸主貴族來說是十分需要的。這條卜辭啟示
我們，百工也可能是直屬於商王的手工工匠。他們是商王所需要
的許多精美的手工藝品的製造者，故商王對他們很重視，要卜問
其是否有囚。不但商代如此，就是到了周代，對這種手工工匠也
是十分重視的，如《酒誥》："惟工乃湎于酒，勿庸殺之，姑惟教
之。"這種工有條件"湎于酒"，而且在處分上也比其他人寬大，
可見這種工的地位要比一般奴隸的地位高。

（八）被截鋸的卜旬卜骨

在這批卜辭中，除一般通常所見的卜旬辭外，在T42、T52—
T54的地層和灰坑中還有一批（共二十片）卜旬辭，骨版是截鋸
過的。大多數是康丁卜辭，少部分可能到了武乙時代。此類卜辭，
著錄中罕見，《甲》513是僅見的一例。

骨版截鋸的部位與形式是有一定規格的。從所見的二十片看，
若是右胛骨［如2289（H57：46＋47）、2428（H57：304）、2565
（H84：1＋2）］，則鋸骨的右側部位，其形式為𝒟；若是左胛骨
［如2376（H57：156）］，則鋸骨的左側部位，其形式為𝒬。其中
前者占絕大多數，後者僅見一例。

這類被截鋸的卜骨背面的鑽、鑿、灼與正面的刻辭都是完整
的。這說明是先鋸截，再施鑽、灼，然後纔契刻文字。這些被鋸
截的卜旬卜骨，截鋸的部位及形式都有一定規格，可能是為了某
種目的，如便於存放而做的。

（九）成套卜骨

過去有人曾提出成套卜辭與成套甲骨的問題，而且列舉了不少成套卜甲的例子①。這次我們發現了一些成套卜骨，茲舉例如下：

1. 本批材料中的成套卜骨（括弧中數字為序數）：

2414（H57：278）（一）　　　4233（T31：139）（二）

又既。

󠀀大示秦龍。

率小示秦龍。

叀辛酉酚秦。　　　　同上

叀乙丑酚秦。

叀丁卯酚秦。

1066（H24：349）（二）　　　1082（H24：363）（？）

丁亥貞：王令陝彭囚。

丁亥貞：王令保老囚。　　　同上

丁亥貞：王令菁取󠀀。

636（H17：95）（一）　　9（H1：16＋H2：264＋447）（二）

甲辰貞：射󠀀以羌，其

用自上甲汎至于父丁。　　　同上

---

① 張秉權：《殷虛文字丙編》序和《論成套卜辭》（《歷史語言研究所集刊》外編第四種上冊）。張氏認為："成套卜辭是由甲骨上的那些在同一天內占卜同一事件而連續契刻在若干卜兆之旁的若干條辭義相同而序數相連的正問或反問卜辭組合而成的。""成套卜辭若分刻在幾塊龜甲或肩胛骨上，就是成套甲骨。"

　　叀乙巳用，伐冊。

　　……𚫕以牛，………用自上

　　甲五牢汎大示五牢。

2. 本批材料與過去著錄中的材料組成成套卜骨

1062（H24：346＋380＋542）（二）《甲骨綴合編》47（三）

　　丙寅貞：尞三小宰，卯

　　牛三。

　　丙寅貞：又𚫕歲于伊尹　　同上

　　二牢。

　　丙寅貞：叀丁卯酚於𚫕。

　　丙寅貞：于庚□酚于𚫕。

　　丁卯貞：于庚午酚，尞

　　于𚫕。

　　戊辰卜，及今夕雨。

　　弗及今夕雨。

　　己巳貞：庚午酚尞于𚫕。

　　癸酉卜，又尞于六云五豕，

　　卯五羊。

601（H17：46）（三）　　　《南明》655（二）

　　弜秦，其告于十示又四。

　　壬申卜，秦于大示。　　　同上

　　于父丁秦。

　　癸酉秦于大示。

上述成套卜骨，都是武乙時期的。其序數最高為三，內容都屬祭祀。

關於成套甲骨的序數，武丁時期，最高所見為五；其他各期，最高所見是三。武丁時期成套甲骨比較複雜，祭祀、征伐、農業、卜旬等項都有；祖庚、祖甲時期以祭祀為主；廩辛、康丁時期有祭祀、卜旬等項。

除成套卜骨外，這次還發現少量的同文卜辭：

如 665（H17：140 + H85：66）（一）　　1105（H24：405）（一）

　　癸酉貞：其又㞢于高祖。
　　叀辛巳酌。
　　于辛卯酌。　　　　　　同上
　　弜尞，用。
　　辛巳貞：雨不既，其
　　尞于𡚦。
　　弜尞，用。
　　其雨。
　　辛巳貞：雨不既，其尞于亳土。

由於時間的關係，我們沒有更多地查找同文卜辭，特別是沒有查找本次發掘與過去著錄中的同文卜辭，相信這樣的材料以後還會發現更多。

以上是關於小屯南地甲骨出土情況和整理工作中的初步收獲。因水平有限，錯誤之處一定不少，請讀者與專家們批評指正。

1979 年 3 月 14 日

《前言》所引甲骨著錄書目
（以在《前言》中出現的先後為序）

《甲》，指《殷虚文字甲編》，董作賓，1948 年。

《粹》，指《殷契粹編》，郭沫若，1937 年。

《乙》，指《殷虚文字乙編》，董作賓，1949 年。

《後·下》，指《殷虚書契後編》下，羅振玉，1916 年。

《存》，指《甲骨續存》，胡厚宣，1955 年。

《南·師》，指《戰後南北所見甲骨錄》中之《南北師友所見甲骨錄》，胡厚宣，1951 年。

《綜述》，指《殷虚卜辭綜述》，陳夢家，1956 年。

《續》，指《殷虚書契續編》，羅振玉，1933 年。

《京津》，指《戰後京津新獲甲骨集》，胡厚宣，1954 年。

《佚》，指《殷契佚存》，商承祚，1933 年。

《後·上》，指《殷虚書契後編》上，羅振玉，1916 年。

《卜》，指《殷契卜辭》，容庚，1933 年。

《丙》，指《殷虚文字丙編》，張秉權，1957—1967 年。

《京都》，指《京都大學人文科學研究所藏甲骨文字》，貝塚茂樹，1959 年。

《南·明》，指《戰後南北所見甲骨錄》中之《明義士舊藏甲骨文字》，胡厚宣，1951 年。

《合》，指《殷虚文字綴合》，郭若愚等，1955 年。

《摭續》，指《殷契摭佚續編》，李亞農，1950 年。

《文》，指《甲骨文錄》，孫海波，1937 年。

《鄴》三，指《鄴中片羽》三集，黃濬，1942 年。

《前》，指《殷虚書契前編》，羅振玉，1912 年。

《掇》二，指《殷契拾掇》第二編，郭若愚，1953 年。

《明》，指《殷虚卜辭》，明義士，1917 年。

《遺》，指《殷契遺珠》，金祖同，1939 年。

（原刊《小屯南地甲骨》，中華書局 1980 年版）

論武乙、文丁卜辭

蕭 楠

究竟什麼是武乙卜辭，什麼是文丁卜辭？學術界一直存在著不同的看法。董作賓首創了卜辭五期劃分法，並將武乙、文丁卜辭列為第四期卜辭。但後來他將多數人認為是武丁時期的自組卜辭、子組卜辭定為第四期的文武丁卜辭，這顯然是錯誤的。[①] 胡厚宣將全部卜辭分為四期，並認為廩辛卜辭、康丁卜辭、武乙卜辭、文丁卜辭很難區分，因此將其統稱為三期卜辭。[②] 陳夢家在《殷虛卜辭綜述》一書中將廩辛卜辭與康丁卜辭、康丁卜辭與武乙卜辭進行了區分。這在卜辭分期的研究中應當認為是前進了一步，但他仍不能將武乙卜辭與文丁卜辭很好地區分開來。他認為貞人歷屬武乙時代，這無疑是正確的。但貞人歷也屬文丁時代，則未能指出。如他所舉貞人歷的卜辭《甲》544，應是文丁卜辭，他卻列為武乙卜辭。最近有同志又提出了新的看法。即將出現貞人歷的卜辭稱為"歷組卜辭"，並認為此種卜辭的時代屬武丁—祖庚時代。也就是說，這種卜辭有父乙的部分是武丁卜辭，有父丁的部

---

① 董作賓：《殷虛文字乙編·序》，1948 年。
② 胡厚宣：《戰後京津新獲甲骨集·序要》，1954 年。

分是祖庚卜辭①。在武乙、文丁卜辭的確定上存在如此多的不同看法，說明這一問題仍然需要繼續進行研究，以求得到徹底解決。

1973 年中國科學院考古研究所安陽發掘隊在小屯南地發掘了4000 餘片甲骨，其中除少數武丁卜辭，乙辛卜辭外，其餘都是康、武、文卜辭，而武乙、文丁卜辭的數量又佔了很大的比重。十分可喜的是，這批甲骨都有明確的地層關係。這就為卜辭的分期，尤其是康、武、文卜辭的確定提供了有力的證據。同時，這次發掘得的地層關係使我們第一次有可能將武乙卜辭與文丁卜辭初步區分開來。所以，本文的目的是通過地層關係及卜辭內容的分析，確定武乙、文丁卜辭，闡述武乙、文丁卜辭的特點及其區別；同時也對涉及的一些問題提出我們的初步看法。下面從地層關係、卜辭內容幾方面進行敘述。

一　1973 年小屯南地的地層關係舉例

1. T55 的地層關係（以東剖面為例。參看下圖）：

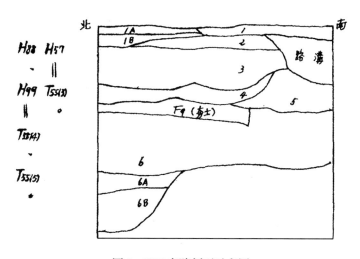

圖 1　T55 東壁剖面示意圖

---

① 李學勤：《論"婦好"墓的年代及有關問題》，《文物》1977 年第 11 期。

　　第 1（包括 1A、1B）、2 層是近代擾亂層和隋唐層。3—6 層是商代層。根據所出的陶器分析，第 3 層屬小屯南地晚期；第 4、5 層屬小屯南地中期；第 6 層（包括 6A、6B）屬小屯南地早期。

　　2. 探方 T53 中一組灰坑與地層打破關係：

　　H57→H85→H99→H102→H110→T53 ④A……

　　即 H57 打破 H85、H85 打破 H99、H99 打破 H102、H102 打破 H110、H110 打破 T53 ④A……

　　從所出陶器分析，H57 屬小屯南地晚期，與 T55 第 3 層相當；H85、H99 屬小屯南地中期，與 T55 第 4、5 兩層相當；H102、H110、T53 ④A 屬小屯南地早期，與 T55 第 6 層（包括 6A、6B）相當。即，

　　H57 = T55③。小屯南地晚期。

　　H88、H99 = T55④、T55（5）。小屯南地中期。

　　H102、H110、T53 ④A = T55 ⑥、T55 ⑥A、T55 ⑥B。小屯南地早期。

　　根據安陽殷墟考古資料的分析，小屯南地早期與大司空村一期相當；小屯南地中期與大司空村三期相當；小屯南地晚期與大司空村四期前半葉相當。

　　下面再看小屯南地早、中、晚三期地層及灰坑所出卜辭：

　　早期地層與灰坑出卜辭不多。T53 ④A 出自組卜甲（參看《考古》1976 年第 4 期《安陽小屯南地發現的自組卜甲——兼論“自組卜辭”的時代及其相關問題》）；H110 未出有字甲骨；H102 出午組卜甲一片，其內容為：“于甶乙歲五牛。”T55 ⑥A 出賓組卜甲一片（T55 ⑥A：87 + 88）。賓組卜辭學術界一般都認為是武丁時代的卜辭。這次出於早期地層，既證明了學術界的看法是正確的，也說明了早期地層的時代在武丁前後。自組卜辭、午組卜辭在地層關係上與賓組共存，說明它們的時代是接近的，即都在武丁前後。

　　晚期地層及灰坑所出卜辭除與早期、中期所出相同外，還出

少量乙辛時代之卜辭（參看《考古》1975 年第 1 期《一九七三年安陽小屯南地發掘簡報》圖一九之 2，H17：114）。

需要著重分析的是中期地層及灰坑所出的卜辭。

中期地層及灰坑本身又有不少打破關係，下面列舉幾例：

探方 T22：H39→H37，即 H39 打破 H37。

探方 T53：H85→H99，即 H85 打破 H99

探方 T54：H47→H55，即 H47 打破 H55。

H37、H99、H55 所出陶器基本一致，H39、H85、H47 所出陶器基本一致。前者時代較早，我們稱之為中期一組；後者時代較晚，我們稱之為中期二組。屬於中期一組的還有 H31、H36、H59、H72、T55（4）、T55（5）等等。屬於中期二組的還有 H23、H24、H30、H38、H46、H50、H75、H103 等等。中期一組與中期二組所出卜辭時代複雜，為了便於分析，我們將其分為三類：

第一類：如《屯南》[1] 2085（圖版壹之 3）、2497（圖版貳）、2531（圖版壹之 1）、2254（圖版叁）、2064、4567（圖版壹之 2）等。此類卜辭的共同特點是筆劃纖細、字體秀麗而工整。主要稱謂有父甲、父庚、父己（《考古》1975 年第 1 期《一九七三年安陽小屯南地發掘簡報》圖一四、圖一六之 1、3）、兄辛（圖版玖）。

第二類：如《屯南》2065（圖版肆之 5）、2079（圖版肆之 3）、2058（圖版肆之 4）、4331（圖版陸之 1）等。此類卜辭一般說來字體較大、筆劃較粗、筆風剛勁有力。主要稱謂有父丁（《考古》1975 年第 1 期《一九七三年安陽小屯南地發掘簡報》圖一七、一八）等。

第三類：如《屯南》2100（圖版肆之 2）、2126（圖版肆之 1）、2601（圖版柒）等。此類卜辭與第二類相比，字體較小，筆

---

[1]　中國社會科學院考古研究所：《小屯南地甲骨》。

風圓潤而柔軟。主要稱謂有父乙等。此次所見，僅《屯南》751（H23：104）一片有父乙稱謂（《考古》1975 年第 1 期《一九七三年安陽小屯南地發掘簡報》圖一九）。

根據地層關係分析：中期地層、灰坑及所出三類卜辭的時代，總的説來，要晚於早期地層、灰坑及所出卜辭，即晚於武丁時代；同時又早於晚期地層、灰坑及所出卜辭的時代，即早於乙辛時代。但根據前面所述的小屯南地地層分期與大司空村地層分期的對應關係，小屯南地早期地層、灰坑與中期地層、灰坑之間在時代上不是緊密銜接的，而是有間隔的。再結合卜辭出土情況看，此次沒有發現庚、甲卜辭與廪辛卜辭。這樣，地層上既存在缺環，卜辭上又存在缺環，二者應該是一致的。至於這個缺環，還待今後考古發掘加以充實。因此，小屯南地中期地層與灰坑的時代，總的來説，約在康、武、文時代。其所出卜辭的時代也應該是與此一致的。就中期地層與灰坑所出的三類卜辭本身的地層關係看：第一類、第二類卜辭既出於中期一組地層與灰坑，也出於中期二組地層與灰坑；第三類卜辭則祇出於中期二組地層與灰坑，不出於中期一組地層與灰坑。中期二組地層與灰坑的時間要晚於中期一組地層與灰坑的時間，即第三類卜辭的時間要晚於第一類、第二類卜辭的時間。

再從三類卜辭本身的特點看：第一類，其主要稱謂有父甲、父庚、父己、兄辛。這與文獻記載康丁之諸父祖庚、祖甲、孝己及其兄廪辛是一致的。因此，這類卜辭當屬康丁卜辭。第二類，有父丁稱謂，偶爾也看到有父辛稱謂。字體風格與第一類又有區別，結合地層關係，此類卜辭當屬武乙卜辭無疑。其父輩稱謂也正與文獻記載武乙諸父有康丁、廪辛相符。第三類，根據地層關係晚於第一類、第二類，即晚於康丁卜辭與武乙卜辭。從卜辭內容看，有父乙稱謂，與文丁父武乙之稱相符合。因此，當為文丁卜辭。

二 武乙卜辭，文丁卜辭的特點

1973 年中國科學院考古研究所在安陽小屯南地所獲武乙、文丁卜辭數量較多。尤其是武乙卜辭，數量更多。下面根據此次的發現，也結合過去著錄中的材料，簡述武乙、文丁卜辭的特點。

（一）武乙卜辭

1. 貞人：武乙卜辭祇有一個貞人，名歷。出現次數很少，從著錄和這次發掘的材料初步統計祇二十餘片。因此，可以説武乙卜辭基本上是不附貞人的。這一點與康丁卜辭相同，而與廪辛以前大量附有貞人的卜辭是不同的。

2. 前辭形式：武乙卜辭前辭形式與康丁卜辭有共同之處，即比較簡單。沒有早期卜辭（廪辛以前，尤其是武丁卜辭）那樣複雜。主要形式是"干支貞"，也有少量"干支卜"、"干支卜貞"。附有貞人歷的，其形式作"干支歷貞"或"干支貞，歷"，内容多是"旬亡囚"或"今夕亡囚"。

3. 兆辭：常見"兹用""不用"。

4. 字體：總的看來，武乙卜辭字體較大，筆風剛勁有力。細分也可有幾種類型：

第一種：以《屯南》647（圖版伍）、2281（圖版捌之 1）為例，字體秀麗，與康丁卜辭字體風格一致。若不依靠父丁、父辛稱謂，就很難與康丁卜辭區分。此種時間可能較早，與康丁卜辭相銜接。

第二種：以《屯南》1116、4331 為例，字體粗大，剛勁有力。此種類型是武乙卜辭的主流，數量最多（參看圖版肆之 3—5）。

第三種：以《屯南》503（圖版捌之 2）、611（圖版陸之 2）為例，字體也較秀麗，但與康丁字體不同，風格比較柔和。某些字，如更寫作🜔，接近文丁卜辭字體；另一些字，如祖常寫作🄰，獨具一格。此種字體時間可能較晚，與文丁卜辭比較接近。

　　武乙卜辭在字體結構上與康丁卜辭相似之處較多，與早期卜辭區別較大。一些常用字的寫法列舉如下：庚寫作𩙿、𩙿、𩙿，子寫作𩙿，辰寫作𩙿、巳寫作𩙿、𩙿，午寫作𩙿，未寫作𩙿，酉寫作𩙿、𩙿，"有無"之"有"與"侑祭"之"侑"都寫作𩙿，羌寫作𩙿、𩙿，伐寫作𩙿，叀寫作𩙿、𩙿，災寫作𩙿，王寫作𩙿，以寫作𩙿、𩙿等等。

　　5. 稱謂：武乙卜辭中所見稱謂很多，這裏不一一列舉，祇列舉 1973 年發現的新稱謂和對斷代意義較大的父輩稱謂。

　　1973 年發現的新稱謂有：

　　中宗祖丁：出自《屯南》2281，其文為："□辰卜：翌日其酌，某祝自中宗祖丁、祖甲、（至于）父辛。"（圖版捌之 1）過去發現的卜辭中，凡稱中宗者，都是中宗祖乙，中宗祖丁尚屬首次發現。祖乙、祖丁都可稱中宗，可見商代對哪一個先王稱中宗，並不十分固定。此中宗祖丁，可能指武丁。武丁史稱高宗，但此稱不見於卜辭。他是商代後期中興之賢王，是可以當得起這一稱號的。此片從字體看，近於康丁；從稱謂看，中宗祖丁可能指武丁，祖甲可能指武丁子、祖庚弟祖甲，父辛可能是廩辛，故可能為武乙卜辭。字體上分類，屬於第一類。

　　高祖上甲：見於《屯南》2384，其文為："庚辰貞，其陟用，高祖上甲，茲用……"卜辭中有高祖夒、高祖河、高祖王亥。高祖上甲也屬首次發現。過去以為上甲以前稱高祖，上甲開始稱後祖。[①] 此發現打破了這一概念。

　　武乙卜辭最常見的父輩稱謂是父丁，也偶爾發現父辛的稱謂（此次發現父辛稱謂的卜辭，不是典型的武乙字體。這方面的例子，可參看《甲骨綴合新編》588），分別是指武乙之諸父廩辛、康丁。

　　6. 常見方國：召方。字作𩙿。

　　（二）文丁卜辭

　　1. 貞人：與武乙卜辭一樣，文丁卜辭也祇有一個貞人歷，所

---

　　① 陳夢家：《殷虛卜辭綜述》，第 351—352 頁。

見更少（參看《甲》544、《後》下11.6）。因武、文卜辭時代相鄰，故在兩種卜辭中所見到的歷，可能是同一個人。由此可以看出，含有貞人歷的卜辭，實際上就是武乙、文丁卜辭。

2. 前辭形式：特點同於武乙卜辭。基本形式是"干支卜""干支貞"，二者並重。

3. 兆辭："茲用""不用"。

4. 字體：文丁卜辭字體也較複雜，可以分為幾個類型。

第一類：以《粹》221為例，其上有廿示，郭沫若認為是上甲廿示。①

第二類：以《佚》884為例，其上有上甲廿示，當為自上甲到武乙廿個直系先王。這類文丁卜辭的貞字皆寫作閂，是一個明顯的特點。

第三類：以《粹》375為例，字體剛勁有力，近似武乙卜辭字體風格。

此三類文丁卜辭，我們這次發現的都很少，不是本文敘述的重點。我們這次發現最多的是以《屯南》751、2100、2126、2601為例的第四類文丁卜辭。這類文丁卜辭字體的主要特點上面已經提到，下面舉例說明其常用字的結構：庚，多數作ꭓ、少數作ꭓ，子作ꭓ，辰作ꭓ，巳作ꭓ、ꭓ，午作ꭓ，未作ꭓ、少數作ꭓ，酉作ꭓ、ꭓ，戌作ꭓ，有、侑作ꭓ，羌作ꭓ、ꭓ，伐作ꭓ，更作ꭓ、ꭓ，災作ꭓ，啟作ꭓ、ꭓ，用作ꭓ，弜作ꭓ，因作ꭓ，允作ꭓ等等。

具有武乙特點的字與具有文丁特點的字有時會出現交錯現象，即某些武乙卜辭中會出現具有文丁特點的字，一些文丁卜辭字體具有武乙字體的特點。這是由於二者時代相鄰所形成的。

5. 稱謂：這裏也不準備列舉文丁卜辭的全部稱謂，祇舉父輩稱謂。其父輩稱謂祇有父乙一個，所見甚少。過去著錄中祇有十

---

① 郭沫若：《殷契粹編》，第414頁。

餘片。1973 年發掘的材料中也祇在《屯南》751（H23：104）一片中發現父乙稱謂。

6. 見於文丁卜辭和武乙卜辭的相同人名：

文丁卜辭與武乙卜辭時代相鄰，故見於武乙卜辭中的一些人名，也見於文丁卜辭，如雀、𠦪、沚㠱等。這些相同的人名所指的應該是同一個人。需要着重指出的是沚㠱（𡿨𠂤）。沚㠱是武乙卜辭與文丁卜辭最常見的人物之一。《粹》1164 有如下內容：“己丑卜，貞：𤼈以沚㠱伐𡆥，受又。”這片卜辭字體與《佚》八八四相近，貞字寫作斜方頭形。《佚》884 有上甲廿示，當為文丁卜辭無疑。故此片卜辭也是文丁卜辭。沚㠱確為文丁時的人物，當然他也生活在武乙時代。由此片卜辭就可證明一切有沚㠱這一人物的卜辭都是武乙、文丁卜辭。

三　幾個問題

在探討武乙、文丁卜辭時，遇到了一些問題，如武乙、文丁卜辭中有父乙、父丁的稱謂，武丁卜辭、祖庚卜辭中也有父乙，父丁稱謂；一些人名，既見於武乙、文丁卜辭，又見於武丁、祖庚卜辭；武乙、文丁時期有記事刻辭，武丁時期也有記事刻辭等等。由於這些問題的存在，所以學術界有的同志認為我們所説的武乙、文丁卜辭應當是武丁、祖庚卜辭。[①] 為了更深入地探討武乙、文丁卜辭，有必要談談我們對這些問題的初步看法。

（一）在探討上述問題之前，首先需要簡要地敍述一下武乙、文丁卜辭在字體、文例方面與武丁、祖庚卜辭的區別。

1. 前面已經説過，武乙、文丁卜辭基本沒有貞人；武丁、祖庚卜辭則大量帶有貞人。據陳夢家在《綜述》中的統計：武丁卜辭（包括賓組、午組、𠂤組、子組及附屬於各個組的）總共約有七十

---

① 李學勤：《論“婦好”墓的年代及有關問題》，《文物》1977 年第 11 期。

餘個貞人，祖庚卜辭中有六個貞人（包括附屬的）。這是一個很大的區別。這種區別是從康丁卜辭開始，武乙、文丁卜辭繼承了康丁卜辭的這一特點。與有無貞人相聯繫的，是前辭形式的不同。武乙、文丁卜辭的前辭形式比較簡單，一般不記貞人；武丁、祖庚卜辭的前辭形式較複雜，以"干支卜，某貞"為主，"干支卜，某"次之。另外，陳夢家在《綜述》第152頁中指出，武丁卜辭常於前辭之後用"曰"字，如"干支某卜，某固曰""干支卜，某曰""干支卜，某貞，王曰""干支卜，王貞，某曰""干支卜，曰貞"等形式。而在武乙、文丁卜辭一般不見這種辭例。兆辭也完全不同，武乙、文丁的兆辭是"兹用""不用"；武丁卜辭的兆辭是"二告""小告（或釋'上吉'、'小吉'）""不𩵋黽"；祖庚卜辭很少看到兆辭。

2. 武乙、文丁卜辭與武丁、祖庚卜辭在字體風格上有很大差別。武乙、文丁字體特點前面已經指出。武丁卜辭賓組部分字體雖然較大，但不如武乙卜辭字體那樣剛勁有力。祖庚卜辭字體比較拘謹細小，與武乙、文丁卜辭字體更截然不同。在字體結構上也有很大差別。下面列表比較這些卜辭的一些常用字變化：

表1   **常用字變化表**

常用字＼時代	武丁（賓組）	祖庚	武乙	文丁
庚子辰巳午未酉有侑羌伐重災		（同左）		

（二）關於武乙卜辭中的父丁稱謂：

父丁是武乙卜辭中最主要的父輩稱謂。這一稱謂，學術界有的同志認爲不是康丁，而是武丁①。下面我們舉例說明這一問題。

例一：《屯南》4331（圖版陸之1），其內容爲：

> 乙未貞：其桒自上甲十示又三，牛，小示羊。
> 乙未貞：于父丁桒。

此條卜辭的內容是卜問桒于父丁還是桒于上甲十示又三和小示？此上甲十示又三與小示相對，前者用牛祭，後者用羊祭。據《卜》6 "大示卯更牛，小示卯更羊"之例，上甲十示又三當爲大示。所謂大示，陳夢家在《綜述》中認爲是自上甲起，終於父王，與直系同。② 我們基本同意這種看法。那麼，此例中的上甲十三大示究竟是哪些直系先王呢？要解決此問題，我們需要考察卜辭中關於合祭大示的材料。

卜辭中，凡合祭大示，武丁時沒有超過九大示的。九大示，是指大乙至祖丁九個直系先王（見《粹》149、《綴》2），不包括上甲至示癸，也不包括父王（小乙）。祖庚至康丁的卜辭中，關於合祭大示的材料很少，合祭大示的最高數更不清楚，可能當時不盛行此種祭法。合祭大示材料最多的是武乙卜辭，其中有合祭十個以上的大示，如《續存》1.1785有上甲十二大示，也有象此例中的上甲十三大示。文丁卜辭中合祭大示最高數是上甲廿示，如《佚》884、《粹》221，此上甲廿示當指上甲至武乙二十個直系先王，包括上甲至示癸，也包括父王（武乙）。這一點與武丁卜辭、武乙卜辭不同。武乙卜辭中合祭大示的最高數是上甲十三大示，正好就是三匚、二示、父王（康丁）以外的全部直系先生，即上

---

① 李學勤：《論"婦好"墓的年代及有關問題》，《文物》1977年第11期。
② 陳夢家：《殷虛卜辭綜述》，第466頁。

甲、大乙至祖甲。這不是偶然的巧合，因為在武乙卜辭中從未見到過將三匚、二示、父丁與其他所有直系先生放在一起合祭的例證，若有，在武乙卜辭中就應有十九大示（上甲至父丁）；也未看到過將父丁以外的全部直系先王放在一起合祭的材料，若有，在武乙卜辭中就應有十八大示；同樣，也沒有看到過將上甲、大乙至父丁放在一起合祭的材料，若有，在武乙卜辭中就應當有十四大示。在上舉《屯南》4331 例中，桒于父丁與桒于上甲十三大示相對，也説明父丁是單獨的祭祀，不包括在上甲十三大示之内的。以上推測如果可以成立的話，此例中的上甲十三示，就是上甲、大乙至祖甲，此片卜辭的時代應在祖甲以後，此父丁就是康丁。

還應該指出，卜辭中合祭先王略去三匚、二示是經常的，不是武乙卜辭所特有。如《丙》38 之五示是上甲、成、大丁、大甲、祖乙、《佚》986 之十示是上甲、大乙至祖丁等，都是如此。同時，在武乙卜辭中，三匚、二示的地位似乎比其他直系先王都要低，如《粹》112，其祭禮是“上甲十、匚乙三、匚丙三、匚丁三、示壬三、示癸三、大乙十、大丁十、大甲十、大庚七、寮三……”就是其例。也許在商人看來，大乙以前，祇有上甲有創業之功，因此地位較高，祭禮較隆重，其他則不能與大乙以後的直系先王相比。

例二：《屯南》1116（《考古》1975 年第 1 期，圖一八）：

庚寅卜，貞：辛卯又歲自大乙十示又□，牛，小示亢羊。

乙未卜，貞：召方來，于父丁延。（節錄。此骨出土時十示下有又字，後在搬運中又字脫落，故現在的拓片無又字，引文據發掘現場摹本）。

據例一的分析，此大乙十示又□也是大示，不同的是，例一是自上甲若干示，此例是自大乙若干示。此例中的父丁也是單獨祭祀，不包括在大乙若干示之内。自大乙始，十個以上的大示，至少是十一大示，即大乙至武丁。祖庚時，父丁以外自大乙始祇有十個直系先王，與此例的十示又□顯然不同，故此條卜辭不可能是祖庚卜辭，其中的父丁也不可能是武丁。至於此例中的十示又□究竟是多少大示，我們認為是十二大示的可能性較大，因為此片可能也是合祭父丁（康丁）以外的全部直系先王，即大乙至祖甲十二大示，與例一相比，祇是沒有上甲，其餘的世次全是相同的。

例三：《屯南》601：

辛未卜：桼于大示。

于父丁桼。

弜桼，其告于十示又四。

此十示又四，陳夢家在《綜述》464 頁中認為是小示，我們認為是對的。大示為直系先王，小示則當為旁系先王。《殷本紀》記載商的旁系先王有十四個，正與此例之十示又四相合。當然目前在卜辭中祇對上了十二個旁系先王，仲壬、沃丁未能對上，但不能由此就否定其存在。十四個旁系先王的最後一個是廩辛，故此條卜辭的時代祇能在廩辛以後，不能在廩辛以前，其中的父丁祇能是武乙稱其父康丁，不能是祖庚稱其父武丁。

又，從此條卜辭看，桼于父丁與桼于大示並列，説明武乙時父丁既不與大示一起合祭，也不與小示一起合祭，而是單獨舉行祭祀。

上述三條例證説明，我們所確定的中期二類卜辭中的父丁是康丁，不是武丁。這就再一次證明了這類卜辭確為武乙卜辭。

當然，在有的武乙卜辭中的父丁，祭祀次序排列在小乙之後，如《合》15：“……大乙、大丁、大甲、祖乙、小乙、父丁。”但此條排列次序並不足以説明這條卜辭中的父丁就是武丁。因為在卜辭中同時合祭若干先王，有時也看到不是依照先王的先後次序依次排列，而是有選擇的排列。如此例，大甲之後省略了大庚、大戊、中丁，祖乙之後又省略了祖辛、祖丁。故不能説小乙之後的父丁一定就是武丁，不能是康丁。

　　順便説明一下，武丁在武乙卜辭中應稱祖丁，但在武乙卜辭中這樣的例子較少。《屯南》1046 可能是一個例證。其内容是：

　　　　佳祖庚卷。
　　　　佳祖辛卷。
　　　　佳祖乙卷。
　　　　佳祖□卷。

　　上面的排列次序是由下向上排列的。依照這樣的排列次序，祖庚當為盤庚，祖辛當為小辛，祖乙當為小乙，祖□當為祖丁，即武丁。此次序與《殷本紀》所載商王世次相符。若從上向下排列，其次序是：祖□、祖乙、祖辛、祖庚。祖乙為仲丁子，祖辛為祖乙子，祖庚為南庚或盤庚，祖□則不好確定。因為在卜辭中，祖乙以前的商王都有專稱，如大乙、大丁、大甲、大庚、大戊、中丁，很少稱祖乙、祖甲等。故後一種排列次序存在的可能性不大，前一種可能性大。

　　（三）關於文丁卜辭中的父乙稱謂

　　父乙稱謂是文丁卜辭中的唯一的父輩稱謂，當指文丁父武乙。但學術界有的同志認為此父乙不是武乙，而是小乙，因此認為我們所指的文丁卜辭應當是武丁卜辭。[①] 下面我們試比較文丁卜辭中的父乙與武丁卜辭中的父乙的區別。

　　1. 武丁卜辭中有父乙稱謂，祖庚卜辭中有父丁稱謂，二者的

---

① 李學勤：《論"婦好"墓的年代及有關問題》，《文物》1977 年第 11 期。

關係應當是父乙早於父丁。但根據我們在 1973 年發掘的地層關係看，恰恰與此相反，是有父丁稱謂的卜辭（即中期二類卜辭）早於有父乙稱謂的卜辭（即中期三類卜辭），即父丁早於父乙。因此，此父丁不可能是祖庚卜辭中的父丁，此父乙也不可能是武丁卜辭中的父乙。

2. 武丁卜辭中父輩稱謂除父乙外，還有父甲、父庚、父辛。我們所確定的文丁卜辭中的父輩稱謂祇有父乙一個。這一區別是十分重要的。因為這與《殷本紀》的記載是相符的。據《殷本紀》的記載，武丁繼承王位的諸父有陽甲、盤庚、小辛、小乙，文丁繼承王位的父輩祇有武乙一個。

（四）武乙、文丁記事刻辭與武丁記事刻辭的區別

武乙、文丁時期與武丁時期都有記事刻辭，但二者的形式是不同的。武丁時期的記事刻辭有甲橋刻辭、右甲尾刻辭、背甲刻辭、骨臼刻辭、骨面刻辭五種。形式主要有"某來若干""某入若干""乞有某若干""帚某示若干屯"等。武乙、文丁時期的記事刻辭都是骨面刻辭，形式是"〔三〕若干""〔三〕若干""〔三〕若干""干支〔三〕若干""干支〔三〕若干自〔〕"等。這種記事刻辭的意義還不十分清楚。郭沫若同志在《粹編》中認為："此等當是治作龜骨之記錄，〔〕殆鑴之初文，後人以鑽為之。""凸字作動詞用，即今俗作剮。'〔〕若干、凸若干'者，前者蓋就龜言，後者蓋就骨言，即所謂鑽若干龜，鑿若干骨也。"[1] 這種見解是有一定道理的。但〔〕後一字不是數目字，因恒作〔三〕，殆為乞，即訖。〔〕是骨字，不是動詞，其後一字是數目字，有三、六、九、十五等。這種記事刻辭可能為將動物肩胛骨加工為卜用骨之記錄。這種記事刻辭都刻於骨上。武乙、文丁卜辭大部分是骨，龜甲甚少。

同時還應看到，記事刻辭不但武丁、武乙、文丁時代有，康

---

[1]　郭沫若：《殷契粹編》，第 750—751 頁。

丁時代也有，衹是形式更為簡單，衹記干支而已。一般是刻在骨之背面左、右兩端的下部，刻在左下端的大都為倒刻，刻在右下端的為正刻。因此，記事刻辭不是武丁時期所特有的。它本身也有時代的區別，不能籠統地都歸於武丁時代。

（五）同名問題：

前面已經指出，一些人名既見於武乙、文丁卜辭，也見於武丁、祖庚卜辭。如何理解這種現象呢？首先，我們認為同名現象是在卜辭中普遍存在的，不僅存在於武乙、文丁卜辭與武丁、祖庚卜辭之間，其他各期卜辭之間都不同程度地存在。下面列表舉列説明。

表2　　　　　　　　　　　　　卜辭異代同名舉例表

人名 時代	𡆥	征	妥	般	𤔫	口
武丁	𡆥《甲》2956	犬征《續》2.24.4　戉征《甲》3510	子妥《乙》6273《屯南》4514	般《續存》2.442 自般《佚》163	𤔫《前》5.17.7 射𤔫《鄴》2 下38.7	貞人口《明》692
祖庚		犬征《文》152		般《續》6·21·10		
祖甲						
廩辛						貞人口《粹》1444
康丁	大𡆥《摭續》1	戉征《屯南》728	小臣妥《粹》1275	亞般《鄴》3·44·4	𤔫《掇》2·167	小臣口《南·明》760 犬口《佚》81

續表

人名＼時代	▨	征	妥	般	▨	口
武乙	▨《屯南》935	犬征《屯南》539		自般《後·下》24·1	▨《甲》3621 射▨《粹》81	
文丁	亞▨《屯南》340			自般《屯南》340		
乙辛					▨《前》2·2·1	

　　要解決卜辭中普遍存在的這種現象，還必須聯繫到卜辭中另外一種普遍存在的現象，即人名、地名（或國名）一致的現象。下面也列表舉例説明。

表3　　　　　　　　卜辭異代人、地（或國）名同名舉例表

名稱／類別	人名	地名	方（國）名
征	征 犬征 戍征	征受年《屯南》715 省征《屯南》2578	
沚	沚畞 沚吠	在沚《文》557 來于沚《前》7·29·1	沚方《屯南》4090
▨	▨ 犬▨ 亞▨	自▨《甲》2123	
▨	▨		▨方《屯南》869
▨	▨ 射▨	▨受年《乙》6519 使人于▨《存》1·796	
▨	▨	在▨《遺》417 ▨不其受年《丙》373	
簴	簴	簴受年《丙》332	

上述兩種現象是密切相關的。異代同名，説明此名不是私名，人名與地名一致，説明此人名可能是氏。

關於氏，《左傳》隱公八年有"胙之土而命之氏"的説法。孔疏則認為："諸侯之氏，則國名是也。"也就是説，諸侯之氏與其所封國之國名是一致的。即以國為氏。鄭樵在《通志》中列舉了三十二種命氏的形式，其中包括"以國為氏"和"以邑為氏"兩種。即諸侯是"以國為氏"，大夫是"以邑為氏"，與孔穎達的説法基本一致。

在卜辭中不少的方邦、侯國、地名與人名一致，説明商代也存在"以國為氏""以邑為氏"的情況。那麼，這些與方名、地名一致的人名，就不是私名，而是氏。這一點既已肯定，進而就可以肯定卜辭中的異代同名實際上就是同氏。既是同氏，這些同名者祇能表明他們是出自同一個族氏，而不是同一個人。

同名問題既已解決，在研究卜辭分期中就排除了一個障礙，就不會將凡是有相同人名的卜辭都看成同一時代的卜辭。

當然，我們上面的論述並不能包括卜辭中的全部人名，祇能是其中最主要的一部分，有些目前還未找到合理的解釋。但不管怎樣，卜辭中異代同名現象的普遍存在則是肯定的。同時，我們上面的論述並不排除卜辭中有私名存在，如沚䒸、沚䯄，䒸和䯄可能就是私名。

上面對武乙、文丁卜辭的分期和對一些問題的看法還是初步的，提出來就教於專家與讀者。

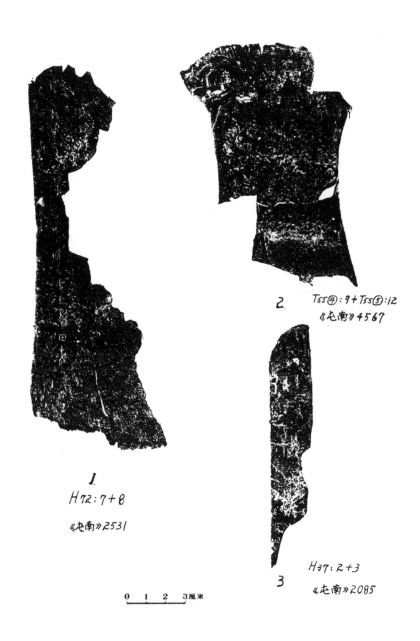

2

$Tss④:9+Tss⑤:12$

《屯南》4567

1.

$H72:7+8$

《屯南》2531

3

$H37:2+3$

《屯南》2085

0　1　2　3厘米

圖版壹

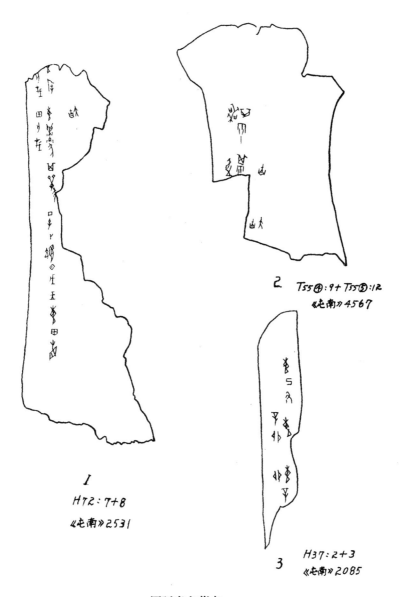

圖版壹之摹本

H59：4＋T54：20

《屯南》2497

0　1　2　3厘米

圖版貳

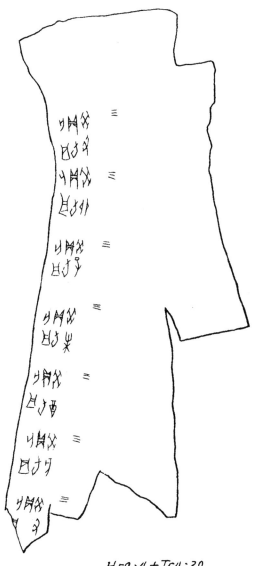

H59:4 + T54:20

《屯南》2497

圖版貳之摹本

H55:1

《屯南》2254

0　1　2　3厘米

圖版叁

H55:1
《屯南》2254

圖版叁之摹本

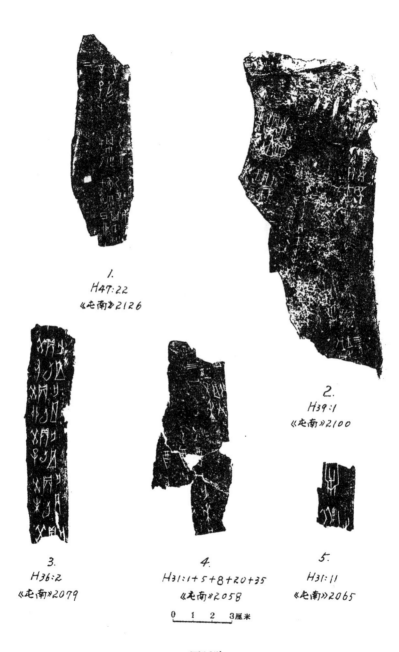

1.
H47:22
《屯南》2126

2.
H39:1
《屯南》2100

3.
H36:2
《屯南》2079

4.
H31:1+5+8+20+35
《屯南》2058

5.
H31:11
《屯南》2065

0　1　2　3厘米

圖版肆

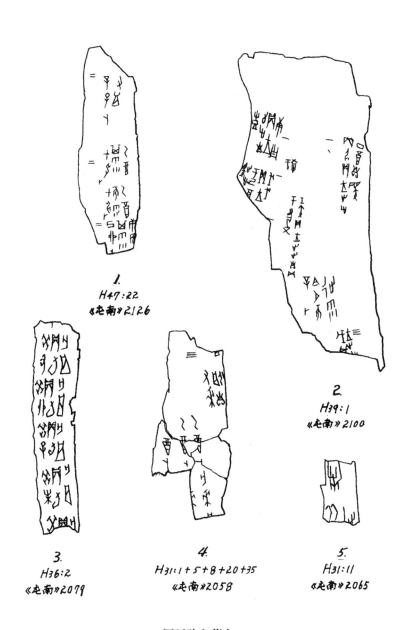

圖版肆之摹本

H17:113
《屯南》647

0   1   2   3厘米

圖版伍

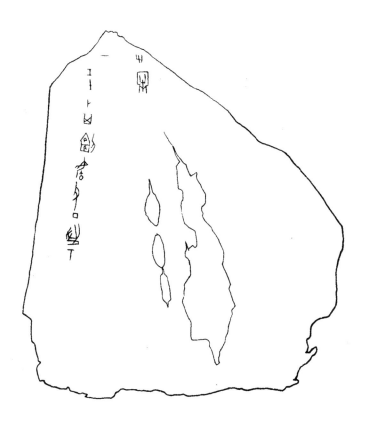

H17:113
《屯南》647

圖版伍之摹本

1.

T44:21

《屯南》4431

0　1　2　3厘米

2.

H17:63+176+177　《屯南》611

圖版陸

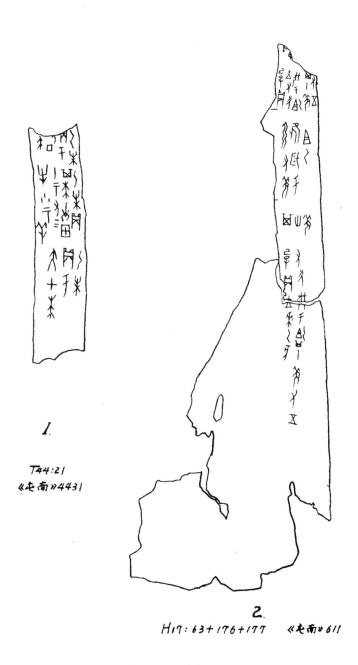

1.

T44:21
《屯南》4431

2.

H17:63+176+177　　《屯南》611

圖版陸之摹本

H85: 42+43+46+102

0　1　2　3厘米　《屯南》2601

圖版柒

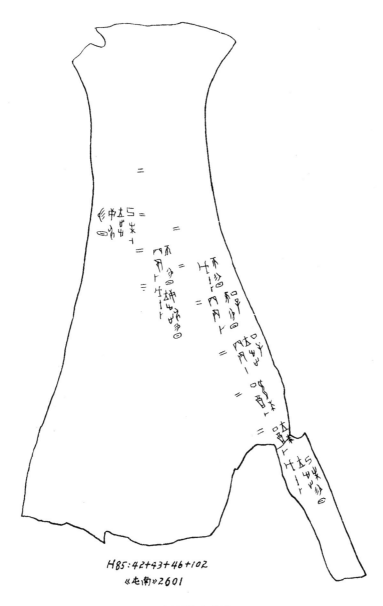

H85:42+43+46+102
《屯南》2601

圖版柒之摹本

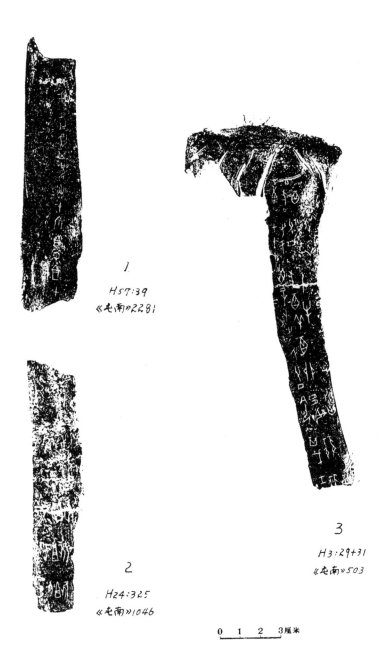

1

H57:39

《屯南》2281

2

H24:325

《屯南》1046

3

H3:29+31

《屯南》503

0　1　2　3厘米

圖版捌

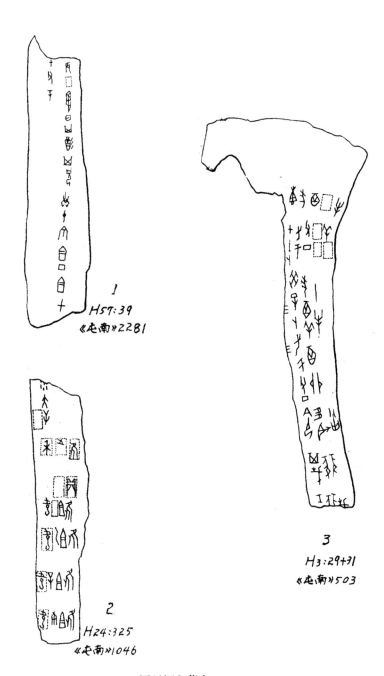

圖版捌之摹本

H17:126
《屯南》657   0 1 2 3厘米

圖版玖

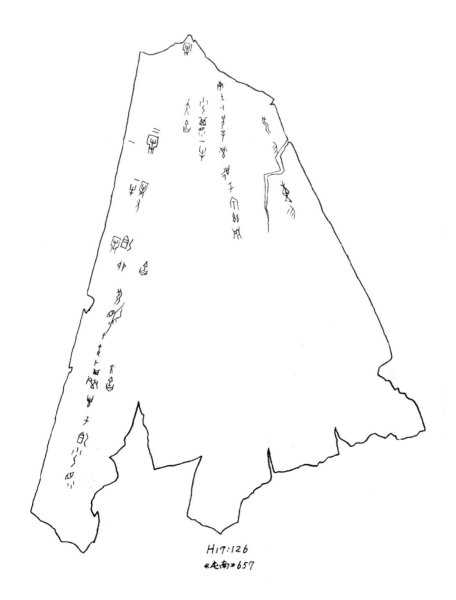

H17:126
《屯南》657

圖版玖之摹本

（原刊《古文字研究》第三輯，1980年版）

附錄三

再論武乙、文丁卜辭

蕭　楠

關於武乙、文丁卜辭，我們過去曾進行過論述。[①] 自那以後，學術界又繼續進行討論，尤其是《小屯南地甲骨》問世以後，大家更為關注。目前討論的中心，仍然是該類卜辭的時代。我們所稱的武乙、文丁卜辭，有的同志稱作"歷組"卜辭，認為是武丁晚期至祖庚時代的卜辭。[②] 針對這種情況，我們有必要重申自己的看法。為了在討論中交換意見準確，本文內所稱的武乙卜辭均屬"歷組"父丁類，即武乙大字（其他武乙卜辭不在討論之例）；所稱的文丁卜辭，則屬"歷組"父乙類。下面就武乙、文丁卜辭的稱謂、人名、事類、坑位和地層關係等四個方面，進一步闡述我們的看法。

一　關於稱謂

我們在論述武乙、文丁卜辭的稱謂時（其他各類亦然），是將武丁卜辭同文丁卜辭、祖庚卜辭同武乙卜辭進行比較的。

---

① 蕭楠：《論武乙、文丁卜辭》，《古文字研究》第三輯，1980年版。
② 見李學勤《論"婦好"墓的年代及有關問題》，《文物》1977年第11期；裘錫圭《論"歷組卜辭"的時代》，1980年成都古文字討論會上散發。

（一） 關於武丁卜辭同文丁卜辭的稱謂比較

我們所稱的武丁卜辭，主要是指賓組卜辭和自組卜辭，因子組、午組是非正統卜辭，不在比較之例。比較中，主要是分析對分期斷代有重要意義的父稱和母稱，對於其他稱謂，除個別外，一般不予涉及。

現將賓組、自組卜辭的稱謂整理如下：

表 1   **賓組、自組卜辭的稱謂**

稱謂	賓組	自組
父甲	《乙》2680、2693	《乙》456、《掇》2.170
父庚	《乙》7767、721、1063	《遺珠》530、《庫》1083
父辛	《合》179、《乙》918、2030	《甲》488、《人文》3014、《六曾》3
父乙	《丙》50、《乙》6588、《鐵》254.2	《佚》599、《甲》3046
父戊		《乙》409、《甲》2907、《甲》243
禹父壬	《丙》607	
父癸		《乙》9054
母丙	《乙》1670《佚》143、《鐵》251.3	《甲》3047＋3048《前》1.28.4
母丁	《乙》1089、《前》1.28.5	《乙》412
母戊	《乙》2343	
母己	《前》1.39.1《前》1.28.6	
母庚	《乙》496、3205、《庫》481	《柏》9、《甲》2356、《屯南》3586①
母壬	《安》4.1、《乙》5269	《甲》3045、《乙》8661、《甲》2902
母癸	《乙》4318《前》1.31.1	《乙》8661

由於賓組、自組都是王室卜辭，因而在父輩、母輩的稱謂中，有不少是相同的：如父稱中的父甲、父庚、父辛、父乙；母稱中的母丙、母丁、母庚、母壬、母癸。不僅如此，這些父稱和母稱

---

① 屯南，指《小屯南地甲骨》。

往往見於同版。例如，兩個父稱同版的父乙、父辛（《乙》4516、《合》177，屬賓組，《續》1.33.5，屬𠂤組）；父乙、父庚（《乙》6408、7596，屬賓組）；父辛、父甲（《續》1.34.1，屬賓組）；父辛、父庚（《乙》7767、2589，屬賓組）；父庚、父甲（《丙》13，屬賓組）等。三個父稱同版的有父乙、父辛、父庚（《合》179，屬賓組，《粹》277，屬𠂤組）；父辛、父庚、父甲（《後》上25.9，屬賓組）。四個父稱同版的有父乙、父庚、父辛、父甲（《丙》15、《丙》17，屬賓組，《鄴》1.39.11，屬𠂤組）。兩個母稱同版的有母丙、母庚（《佚》143，賓組）；母己、母癸（《前》1.39.1，賓組）等。由於篇幅所限，我們不能把同版情況一一列出。根據上述材料，可知賓組和𠂤組在其主要的父稱同版情況是基本相同的。

文丁卜辭的父輩、母輩稱謂都比較簡單。父輩稱謂中目前能肯定的衹有一個——父乙，如《甲》611、《懷》1564、《粹》373、《屯南》751等。有同志提出《鄴三》下42.3的“父庚”和《明後》2223、2224的“父甲”應是該組卜辭的父稱。經查對，《鄴三》下42.3雖是“歷組”卜辭，但其字體介於父丁類、父乙類之間，暫還不好確定屬何類；至於《明後》2223、2224，則是康丁卜辭。文丁卜辭的母稱則有母庚，如《南·明》102、613、《續》1.2.5等。

如果將武丁賓、𠂤組卜辭稱謂同文丁卜辭稱謂作對比，則可以看到如下區別：

①武丁卜辭中，常見的父稱有父甲、父庚、父辛、父乙；除此之外，還有父壬、父戊、父癸。其父甲、父庚、父辛、父乙在一般情況下是指陽甲、盤庚、小辛、小乙。這幾個父稱同時出現，是武丁卜辭的一個重要特徵，以後各期卜辭則沒有這一特徵。這是由於武丁的四父都曾繼承王位的緣故。文丁卜辭則不同，它衹有一個父稱，即父乙。這是由於父丁繼承王位的父輩衹是武乙一

個的緣故。

②由此而產生，武丁卜辭中出現許多集合的父輩稱謂，如賓組卜辭有"三父"（《乙》2172、4687，《遺珠》1048）；自組卜辭出現"四父"（《安明》2266），父甲至父乙（《掇》2.170）等。並且，還出現"多父"之稱，如《甲》3164、《文·束》22 等。這些集合的父輩稱謂，在文丁卜辭中是找不到的。

③武丁卜辭多母，最常見的母稱是母庚、母丁、母壬、母癸，其中母庚是小乙的法定配偶。而文丁卜辭則祇見母庚。

綜觀上述三個區別，武丁卜辭同"歷組"父乙類卜辭不可能是同時的。但是，由於這兩類卜辭中都有父乙、母庚、兄丁，且有時同版，容易引起人們的錯覺，故須要加以討論。為此，我們先列舉有關卜辭如下：

丁己卜，賓：御子𢦏于父乙？

賓：御子𢦏于兄丁？　　　　　　　　　　　　《鐵》254.2

丙午卜：勿御雀于兄丁，三宰？

于父乙𠙶、宰，御☒？　　　　　　　　　　　《鐵》145.3

貞：王𭆌兄丁不隹囚？

卯㞢父乙？　　　　　　　　　　　　　　　　《乙》6408

乙亥，扶：用𠀁，令興母庚，允史？

丙子卜，扶：兄丁二牛？　　　　　　　《甲》2348＋2356

貞：于母己御？

貞：于兄丁御？　　　　　　　　　　　　　　《前》1.39.1

以上武丁卜辭。

癸己卜：將兄丁凡父乙？

　　　　　　　　《甲》611（《懷》1564 與此同文）

　　　甲午🔲：將🔲丁于🔲乙？

　　　甲午卜：又🔲于子戠十犬，卯牛一？　　　　　　　　《佚》194

　　　丙子卜：將兄丁于父乙宗？

　　　　　　　　　　　《後》上7.5（《粹》373與此同文）

　　　庚申卜：叀父乙叀用？茲用。

　　　庚申卜：母庚示旬？不用。

　　　　　　　　　　　《明後》2524（《南·明》613）

　　以上文丁卜辭。

　　上述武丁卜辭中的"父乙""母庚""兄丁"同文丁卜辭中的"父乙""母庚""兄丁"存在著區別：

　　首先，此三稱在兩類卜辭中的情況是不同的：武丁卜辭的三稱祇是同版關係，是分別祭祀的對象；而在文丁卜辭中，"父乙""兄丁"往往同辭，是合祭的對象。

　　其次，武丁卜辭中的"父乙""母庚""兄丁"所受祭祀的種類比較多，除御祭、𤉲祭外，還有告祭、𥄂祭、酌祭、🔲祭；而文丁卜辭中的"父乙""母庚""兄丁"所受祭類少得多，主要是又祭，其次是告祭、將祭，而母庚祇受又祭、兄丁祇受將祭。

　　第三，武丁卜辭的三稱所受犧牲的種類比較多，以"宰"為主（武丁賓組卜辭祭祀時基本上用"宰"，廩康以後宰、牢並用。），其次是牛、羊、伐等；而文丁卜辭三稱所受犧牲種類比較少，主要是牛，次為羊，沒有見到"宰"。

　　此三點表明：武丁卜辭中的"父乙""母庚""兄丁"同文丁卜辭的"父乙""母庚""兄丁"是不相同的。

　　（二）關於祖庚卜辭與武乙卜辭的稱謂比較

　　要將祖庚卜辭同武乙卜辭相比較，就有一個首先確認和劃分祖庚卜辭的問題。過去，陳夢家先生根據有無"兄庚""周祭"和"歲祭"三點，從出組卜辭中分出兄、出、中、𠂤、𠬝、凸等貞人的卜辭是祖庚卜辭，其餘的則是祖甲卜辭。① 從理論上講，這樣劃分有缺陷，而且在實際的區分中也有困難。近年來，又有同志提出"賓組晚期卜辭有相當大的一部分已經晚到祖庚時期"②。可是截至目前為止，還沒有在賓組卜辭中發現"父丁"稱謂。儘管賓組卜辭中的某些人名曾出現於出組卜辭，或者有事類相同的例子；但是，出組卜辭中的貞人如行、喜、大、矣、洋也見於賓組卜辭。因此，賓組晚期卜辭是否有相當大的一部分到祖庚時代，目前尚無確證。所以，祖庚卜辭的真正劃分，目前仍是一個難點。祖庚、祖甲是兄終弟及，在他們的卜辭中，除了"兄庚"這一稱謂不同以外，其父輩和母輩的稱謂，基本上是相同的。基於這一點，我們仍是將一般的出組卜辭同武乙卜辭相比較，祇是盡力避開那些有明確稱謂可以確定的祖甲卜辭。

表 2　　　　　　　　　　出組卜辭與武乙卜辭比較

稱謂	出組卜辭	武乙卜辭
父丁	《續》1.19.4、《戩》3.8、《後》下20.7	《甲》795、754、《屯南》601、4015
父戊	《後》上5.11、《粹》377、《河》330	
父辛		《綴新》588③（見圖版壹）
母己	《粹》395、《前》1.28.8	
母辛	《前》5.48.1、《續》1.43.2、《粹》384	《甲》397、《懷特》1566、《摭續》77
母壬	《明》123	
母癸	《戩》7·10	

① 陳夢家：《殷虛卜辭綜述》，第 192 頁。
② 裘錫圭：《論"歷組卜辭"的時代》，1980 年成都古文字討論會上散發。
③ 《綴新》，指《甲骨綴合新編》，嚴一萍輯。

　　從上面的對比可以看出：雖然出組卜辭和武乙卜辭都有"父丁""母辛"，但出組有"父戊""母己""母壬""母癸"，這些不見於武乙卜辭；而武乙卜辭之"父辛"，亦不見於出組。這種情況同殷代歷史情況相符合。出組卜辭中的"父戊"，就是武丁卜辭中的"兄戊"（如《乙》4626、5853，《鐵》157.1）；武乙卜辭中的"父辛"，則是康丁卜辭中的"兄辛"，即廩辛。關於母稱，因武丁多妻，其法定配偶就有三個（妣戊、妣辛、妣癸），故出組除母辛外，還有其他諸母（法定配偶母戊未見）；而康丁祇有一個法定配偶——妣辛，故武乙卜辭除母辛外，未見其他母稱。可見，出組卜辭同武乙卜辭在稱謂上的差別還是較大的。

　　雖然武乙卜辭及出組卜辭均有"母辛"，但它們同樣是有區別的，試看下面三條武乙卜辭：

□未卜：又母辛☑十，犬十？茲用。　　　　　《甲》397
□未卜：又母辛🄱人十，犬十？茲用。引吉。《撫續》77
庚戌卜：將母辛宗？　　　　　　　　　　　《懷》1566

上述卜辭與出組有"母辛"稱謂的卜辭有兩點不同：第一，卜辭中出現了"茲用""引吉"等習慣用語，這是出組卜辭所罕見和不見的；第二，出組卜辭之"母辛"享有屮、告、歲祭，而武乙卜辭之"母辛"則享有又祭和將祭。所以，這兩種卜辭之"母辛"，應是不同時代的兩個人。

　　另外，在出組和武乙卜辭均見到"囗"（武丁卜辭也有）。武乙卜辭的"囗"數量較少，其中多數又可釋作"祊"。出組卜辭"囗"較多，除了有的釋作祊外，通常可釋為"丁"，指先王。如《粹》250："己丑卜，大貞：五示告：丁、且乙、且丁、羌甲、且辛？"但對出組卜辭的"丁"，學術界早就存在不同的看法，郭沫若認為是武丁①；陳夢家則謂："丁在成唐、祖丁、祖乙之後，在武丁的兄庚之前，似與兄丁、帝丁為一人"②。故出組卜辭的"丁"到底是誰，目前尚不好論斷。

在此還應指出的是，在武乙的祭祀卜辭中，經常見到"小乙、父丁"排在一起，中間略去武丁、祖甲。雖然如此，我們不可認為整個武乙卜辭不祭這兩位先王。在武乙合祭先王的卜辭中，如"自上甲十示又三"（《屯南》4331）是包括了武丁和祖甲的。在合祭之外，也仍然存在祭祀武丁和祖甲的卜辭。

> 弜☐于且乙，🔲且🔲、且甲☐？
>
> 《拾遺》1.11（圖版貳，4）
>
> 佳且庚🔲？ 佳且辛🔲？ 佳且乙🔲？ 佳且☐壱？
>
> 《屯南》1046

以上二例中，《拾遺》1.11 的"且丁"應指武丁，且甲應指武丁子且甲；《屯南》1046 之"且☐"，根據先後次序的排列，當為"且丁"，即武丁。更為重要的是，在該類卜辭中有"三且"之稱。今引述如下：

> 甲辰貞：☐歲于小乙？
>
> 弜又？
>
> 二牢？
>
> 三牢？（二）。
>
> 弜至于三且？（二）。　　　《綴合》336（圖版貳、1）
>
> 弜至三且？
>
> 丙子貞：父丁🔲？

---

① 郭沫若：《殷契粹編》250 版釋文。
② 陳夢家：《殷虛卜辭綜述》，第 437 頁。

不冓雨？　　　　　　　　　　《明後》B2526（圖版貳、2）

上述卜辭中的"三且"，陳夢家先生曾指出是"武乙稱祖己、祖庚、祖甲"（《綜述》第494頁），後屈萬里亦主此説（《甲編考釋》第627片，第99頁）。與此相印證，在康丁卜辭中，有"三父"的集合稱謂：

凡于☐三父又？　　　　　　　《人文》1817、（圖版貳、3）

康丁卜辭中的"三父"是指父己、父庚、父甲，亦即孝己、祖庚、祖甲。此"三父"至武乙時自當稱"三且"。這是該類卜辭為武乙卜辭的有力佐證。

二　關於人名

殷代卜辭中，常常可以看到不同時期的卜辭裏出現相同的人名。這是卜辭中的"異代同名"問題。對此，我們過去曾指出，卜辭中出現的絕大多數人名都不是私名而是"氏"，因為這些人名往往同時又是國名、地名、族名。這是古代以國為氏、以地為氏的反映。卜辭中此例甚多，試舉如下。

卜辭中不少的諸侯國名，如𡉚侯（《丙》298）、𠂤侯（《存》下463）、𠦪侯（《明後》1683）、攸侯（《林》2.3.18）、犬侯（《續》5.2.2）、𢀛侯（《乙》2000）、光侯（《庫》1670）等，在卜辭中均可作為"人名"。又如𣆪方（《屯南》869）、𡾓伯（《庫》1551）、𡇬任（《天》87）等，也都可以作為"人名"。這些"人名"實質上都是"氏"，是以國為氏的反映。

卜辭中不少的地名同時又是人名，如𠂤、征、冓、羽、壴等等。這些人名亦是"氏"，是古代以地為氏的反映（此中有的亦可能是國名）。

卜辭中有些人名，在另外的卜辭中可以確知為族名者，如黃（《誠》356 貞：☐亞以王族眔黃☐?）、疒（《續》6.14·6、貞：乎王族眔疒?）黃、疒與"王族"並列，可知黃、疒是"族名"。

還應指出的是，卜辭中的婦名也不是私名，而是國名或族名。例如帚妌、帚周、帚鼠、帚妌等等，就是這些國家之女子嫁到殷王室為妻者。至於帚好，則是子國（或子姓）之女嫁給殷王室為妻者。此例甚多，不一一例舉。

關於卜辭中的"異代同名"問題，絕大多數研究甲骨的同志都是承認的。裘錫圭同志曾正確地指出："甲骨卜辭裏所見的人名，絕大多數就是這個人的族氏，例如周族的人就叫做'周'，父、子、孫都叫'周'。因此，在相距一二百年甚至更久的卜辭裏，可以看到很多相同的人名。這個問題張政烺先生的《中國古代的十進制氏族組織》已經講得很清楚了（見《歷史教學》二卷三、四、六期）。"① 由於卜辭中的人名基本上都是"氏"，故在不同時期的卜辭裏會出現"相同"的人名。這是"異代同名"問題的來由，也是問題的實質。

卜辭中的"異代同名"，各期都有。不過，一、四期之間的"同名"現象比其它各期"同名"現象要多一些，此中的原因自可討論。我們覺得，這與卜辭內容有一定的聯繫：一、四期卜辭內容多、涉及面廣、故"人名"也多，"同名"現象自然就多；而二期以祭祀（特別是周祭）、卜旬、卜王為主，三期以田獵卜辭為主，五期以祭祀、田獵、卜旬辭為主，另有一些征人方的材料，涉及的"人名"相對少一些，故"同名"現象相對也少一些。一、四期"同名"現象雖多，但這些"相同"的人名仍然是可以區別的，試例舉如下：

---

① 見《安陽殷墟五號墓座談紀要》，《考古》1977 年第 5 期。

1. 關於婦好、婦妌

武丁卜辭和武乙、文丁卜辭都有婦好、婦妌，但她們在卜辭裏的具體情況是不相同的。如婦好：

壬申卜，爭貞：令帚好從沚馘伐𢀛（巴）方，受㞢又？

《粹》1230

□午卜，卜賓貞：王叀帚好令正夷？　　　　《佚》527

辛巳卜，貞：登帚好三千，登旅萬，乎伐⊠？《庫》310

貞：羽乙卯，勿乎帚好㞢父乙？　　　　　　《存》1.48

己丑卜，㱿貞：羽庚寅帚好冥？　　　　　　《續》4.29.2

卲帚好于父乙？　　　　　　　　　　　　　《前》1.38.3

以上武丁卜辭。

丙戌貞：帚好亡囚？　　　　　　　　　　　《掇》1.444 反

帚好♂？　　　　　　　　　　　　　　　　《掇》1.444

己亥卜，辛丑貳帚好祀？　　　　　　　　　《甲》668

以上武乙、文丁卜辭。

武丁卜辭中，有關婦好的卜辭近 200 條，其主要內容有征伐羌方、土方、巴方和夷的戰爭，並在戰爭中統帥諸如沚馘等人，她征集過軍隊，主持過祭祀，還有一些是武丁為她生育、疾病而占卜的卜辭。從這些情況看，武丁卜辭中的帚好是地位十分顯赫、權力非同一般、受到特殊寵幸的人物。

武乙、文丁卜辭中的帚好則不同：卜辭數量少（祇有幾條），內容簡單、多是卜帚好有無囚。此時之帚好沒有擔任什麼要職、地位亦不高。可見，此帚好與武丁卜辭中的帚好不是同一個人。

帚妌的情況同帚好相類。武丁卜辭中有關帚妌的材料達 100

多條，此時之帚妌曾參與過對龍方的戰爭，也曾主持過祭祀，也有不少關於她生育的卜辭，其地位僅次於婦好。而武、文卜辭中的帚妌（帚井），其卜辭材料少，雖然也有關於征伐的內容，但其地位遠不能與武丁時的帚妌相比。故此兩類卜辭中的“帚妌”亦非同一個人。

2. 關於沚戠、沚戓

沚戠，這是賓組卜辭常見的人名；另有沚戓，主要見於武乙、文丁卜辭。

我們過去曾對沚戠、沚戓作過解釋，認為沚是族名，而戠、戓則是私名。現在看來欠妥。如果將沚戠、沚戓同卜辭中的沚戈聯繫起來觀察，就可發現“戠”“戓”，“戈”不是私名，因此中的“戠”“戈”又可作地名。“戠”作地名者，如《合》400：“史人于戠”；沚戈之“戈”作地名者，如《粹》971：“□寅卜、壬：王叀戈田省，己𢦏？”沚戠、沚戓、沚戈都不是私名，而可能是同一氏族下三個不同的分支家族。

武丁卜辭中的沚戠同武、文卜辭中的沚戓雖然都是武將，但他們的主要事情並不相同：

貞：王叀沚戠从伐（巴）方，帝受我又？　《乙》3787
丁巳卜，㱿貞：王叀沚戠从伐土方？　《戩》12.13
⧄戠爯冊王从伐舌⧄？　《續》3.5.5
□卜，㱿貞：戠幸羌，王固曰：㞢⧄？　《人》337

以上武丁卜辭。

癸酉貞：王从沚戓伐召方⧄又，在大乙宗。　《京》4395
辛未貞：王从沚戓伐召方⧄？　《屯南》81
庚午卜：今日令沚戓？　《屯南》935

以上武乙、文丁卜辭。

從上列卜辭可以看出，武丁卜辭中的沚戠主要參與對巴方、土方和𢀛方的戰爭，有關這方面的卜辭達200多條（出組未見沚戠）；而武乙、文丁卜辭中的沚𢦏主要是參與對召方的戰爭。在有關主要的戰事上，兩類卜辭是不同的。可見，沚戠、沚𢦏不是同一個人。

3. 關於𠂤（𠂤）

此是武丁賓組卜辭和武乙、文丁卜辭中常見的人名，而且武丁卜辭和武乙、文丁卜辭中有關𠂤的事情也有點"相似"之處，但這些"相似"事類是屬於不同時候可以重複發生的事類；而在一些關鍵事類上，兩類卜辭並不相同：

庚辰卜，争貞：𠂤㞢于祊（或釋丁），宰？　《文》341

乙巳卜，賓貞：翌丁未酌，𠂤歲于祊，尊㞢□？

《前》5.4.7

丁未卜、賓貞：勿令𠂤伐𢀛方，弗其受㞢又？　《佚》17

癸未卜，賓貞：叀𠂤往追羌？　《前》5.27.1

小臣𠂤。　《掇》1.343

以上武丁卜辭

卜：𠂤御于父丁☐牛？　《南·明》624

己未貞：𠂤其御于☐，用牡一，父丁羌百又☐？

《屯南》1111

甲辰貞：𠂤□眾□伐召方，受又？　《粹》1124

癸未貞：王令𠂤□方？　《屯南》243

丁酉卜：亞𠂤以眾涉于西，若？　《粹》1178

甲午貞：𠂤來☐其用自上甲十示又□，羌十又八，乙未☐？　《屯南》3562

以上武、文卜辭。

上述武丁卜辭與武乙、文丁卜辭中的𠦪（𠦪）有如下區別：

①兩個𠦪雖然都主持祭祀，但祭祀對象不同：賓組祭祀的是"𥙊"（或釋丁），在通常情況下應釋"𥙊"；即使釋"丁"，也非指"父丁"，因武丁卜辭有"兄丁"，截至目前，賓組卜辭還沒有見到"父丁"稱謂。而武乙卜辭明確是祭"父丁"。

②賓組之𠦪，作戰的主要對象是舌方，其次是羌；而武、文卜辭之𠦪，作戰的主要對象是召方，其次是方。

③職稱不同：賓組卜辭有小臣𠦪（此小臣𠦪也許是另一人）；武乙、文丁卜辭是亞𠦪。

④武乙卜辭之𠦪祭祀先王時，出現"自上甲十示又☒"，此"自上甲十示又☒"，目前賓組卜辭未見。

4. 關於望乘

賓組之"望乘"同武、文卜辭之"望乘"也是有區別的：賓組有關"望乘"的卜辭100多條，其中絕大多數是征伐下危（𠁥）的卜辭（如《丙》311 癸丑卜，亘貞：王叀望乘从伐下危?），其次是虎方（《叕》19 貞：令望乘眔興途虎方?）；武、文卜辭的"望乘"祇有十多條，祇有一條關於危方的卜辭（《京》4386 庚辰貞：令望圀途危方?）。

上述所列一、四期同名例證向人們表明：這些相同的人名實質上都是不同的人。因此，這些"相同"的人名，不能成為賓組卜辭同"歷組"卜辭同時代的根據。

三　關於事類

卜辭中不但可以出現相同的人名，而且還可以出現相近甚至極個別相同的事類。這是因為，殷代是奴隸社會，王朝中的各級大小官吏都是大、小不同的奴隸主，他們的職務一般是世襲的，其權力和地位一般不會發生太大的變化，他們對殷王朝也世世代代盡相同或相近的義務。因此，這就產生了可以重複發生的事類：如某一氏族主要從事農業，則該氏族在不同時期可以發生在某地墾荒造田事；某一氏族主要從事畜牧，則不同時候都可能發生該族向殷王朝進獻牛羊的事情；某一氏族世代任“犬”官，則不同時候都可能發生該族長向殷王朝報告野獸的活動並參與田獵之事；某一氏族世代襲某一武職、並與某方鄰近，此“方”又是殷之敵國，則不同時候都可能發生該氏族與某方的戰爭，此氏族向殷王朝進獻俘虜以作犧牲之事，如此等等。再由於卜辭出現的“人名”均非私名而是“氏”，由於殷代紀日均用干支，不斷地周而復始。由於這三方面的原因，使得卜辭中會出現人名相同、事類相近或相同、干支相近（極個別甚至相同）的卜辭。遇到這種情況，應當作認真的分析，尤其要看事類的性質：是屬於一般性的、可以重複發生的事類，還是屬於特殊的、有著時代區別意義的事類？對於前者，儘管其事類相近或相同，但仍不能作為卜辭同時代的根據。我們試舉例如下：

己卯卜，賓貞：翌甲申用，射𠂤以羌自上甲？八月。

《燕》235 賓組卜辭

癸酉貞：射𠂤[illegible]羌用自上甲于甲申？

《京》3996　武乙卜辭

此兩例卜辭事類看起來相近，其實是分屬於不同的時代，存在著區別：賓組卜辭“射𠂤以羌”之“以”作“[illegible]”，武乙卜辭作“[illegible]”。此字的早晚變化情況，張永山、羅琨同志已作過論述。[①] 至於“以羌”這件事，因𠂤與羌較近、𠂤任武職又稱“射𠂤”，經常與羌人發生戰爭。殷王朝在祭祀中用羌人作犧牲是經常的、大量

① 張永山、羅琨：《論歷組卜辭的年代》，《古文字研究》第三輯，1980年版。

的，𠂤給殷王朝送羌人作犧牲，大概也是一項世代的義務。故不同時期的卜辭中均出現“射𠂤以羌”的事是可以理解的。如在田獵方面，亦可出現“相同”的事類：

戊午卜，貞：王其田衣，[illegible]，亡巛？

《甲》1549　廩辛卜辭

戊午卜，在[illegible]貞：王田衣，逐，亡[illegible]？

《前》2.15.1　乙辛卜辭

戊辰卜：在[illegible]，犬中告麋，王其射，亡𢦏？[illegible]。

《粹》935　康丁卜辭

乙酉卜：犬告又鹿，王往逐？　《屯南》997　武乙卜辭

上舉四則卜辭是兩組相近的事類：《甲》1549與《前》2.15.1干支相同，田獵地點相同，可謂是很“相同”的事類了，可一是廩辛卜辭，一是乙辛卜辭，中間相隔三世；《粹》935與《屯南》997，其事類亦是“相近”的，可一為康丁卜辭，一為武乙卜辭。又如在戰爭方面，亦可發生“相同”的事類：

癸酉卜，戍伐，又（右）牧𠤳启人方，戍又𢦏？

《屯南》2320　康丁卜辭

壬申卜，在攸貞：又（右）牧𠤳告啓，王其乎戍从[illegible]伐，弗[illegible]利？　《簠·征》38　乙辛卜辭

此二例卜辭的干支相近，辭中均有右牧𠤳，事類也大體相近，可一為康丁卜辭，一為乙辛卜辭。在祭祀中，也可以出現相同的事類：

丙申卜，旅貞：王賓報丙𦎫，亡尤？

《後》上8.13　出組卜辭

丙申卜，貞：王賓報丙𡥚，亡尤？《京》4998　乙辛卜辭

己卯卜，尹貞：王𡧊且乙奭妣己，𣇀亡尤？

《通》175　出組卜辭

己卯卜，貞：王𡧊且乙奭妣己，翌日亡尤？

《續》1.15.2　乙辛卜辭

上面是兩組出組卜辭同乙辛卜辭"相同"的祭祀卜辭，其干支和内容都是相同的，但時代相距甚遠。

上述例證表明：殷代不同時期的卜辭中，完全可以出現事類相近甚至相同的卜辭（此多屬於可以重複發生的事類）。因此，我們絕不能以此種事類相同去推斷卜辭的時代相同。

武丁、祖庚卜辭同武乙、文丁卜辭在事類中的主要區別表現在方國關係上。我們初步統計了武丁、庚甲、武乙、文丁時代的方國，共計34個（凡卜辭中稱"方"者統計，其他一律不入），將情況列入一個總表（見表3）。

表3　　　　武丁、庚甲時期同武乙、文丁時期方國關係比較表

時代/卜辭例證/方國名/順序號		武丁		庚甲		武乙		文丁	
		關係	卜辭例證	關係	卜辭例證	關係	卜辭例證	關係	卜辭例證
1	土方	敵	《菁》二、《菁》六			敵	《屯南》994 1015	敵	《屯南》2564
2	羌方	敵	《前》6.60.6 《續》3.43.1	敵	《遺珠》349 《明》83	敵	《屯南》2907		
3	方	敵	《菁》五、《前》5.28.6	敵	《南誠》77 《河》573	敵	《屯南》234、776	敵	《屯南》313

續表

時代/卜辭例證/方國名/順序號		武丁		庚甲		武乙		文丁	
		關係	卜辭例證	關係	卜辭例證	關係	卜辭例證	關係	卜辭例證
4	[illegible]方	敵	《甲》279 《粹》1187			敵	人方 《屯南》2038 4530		
5	舌方	敵	《續》1.10.3 《菁》3	敵	《河》637				
6	亘方	敵	《京》2981 《乙》4693						
7	龍方	敵	《乙》3797						
8	[illegible]方	敵	《乙》3787 《粹》1230						
9	[illegible]方	敵	《乙》6692						
10	[illegible]方	敵	《存》1.627						
11	[illegible]方	敵	《存》2.300 《前》6.28・8						
12	[illegible]方	敵	《乙》4701						
13	[illegible]方	敵	《叕》19						
14	祭方	敵	《南誠》30 《乙》5317						
15	[illegible]方	敵	《京》1230						
16	[illegible]方	敵	《合》151 《後》上18.3			與	《綴》334 《京》4386		
17	[illegible]方	敵	《河》631 《庫》1596			與	通Ⅻ. Ⅰ 《屯南》918		

續表

時代/卜辭例證/方國名/順序號		武丁		庚甲		武乙		文丁	
		關係	卜辭例證	關係	卜辭例證	關係	卜辭例證	關係	卜辭例證
18	馬方	敵	《乙》5408				《屯南》7（參考）		
19	大方	敵	《合》87《南·坊》3.61				《屯南》1209		
20	井方	與	《後·上》18.5《後·下》37.2			敵	《粹》1163		
21	召方	與	《續》2.24.5			敵	《寧》1.424《屯南》38	敵	《屯南》81、2634、4103
22	𢅰方	與	《後·下》28.2《續》4.29.1						
23	𢗏方	與	《乙》1054《續》3.26.3						
24	卭方	與	《後·下》41.16						
25	興方	與	《丙》42《合》151						
26	𢀛方		《存》1.627						
27	𢀛方		《乙》6684						
28	𢀛方		《乙》2170《合》218						
29	𢀛方		《乙》7767						
30	刀方					敵	《粹》1188《安明》2719	敵	《佚》187

續表

時代/卜辭例證/方國名/順序號		武丁		庚甲		武乙		文丁	
		關係	卜辭例證	關係	卜辭例證	關係	卜辭例證	關係	卜辭例證
31	𢀛方					敵	《粹》1535 《屯南》491		
32	北方					敵	《存》2. 755 《屯南》1066		
33	𦍌方						《屯南》2260		
34	𢦏方						《屯南》869		

根據表3，可以看出如下幾點。

①在統計的34個方國中，武丁時代29個、庚甲時代3個、武乙時代14個、文丁時代4個，庚甲時代的方國關係基本上是武丁時代方國關係的繼續，文丁時代的方國關係基本上是武乙時代方國關係的繼續。

②武丁卜辭的舌方、亘方、龍方、𢀛方、𢀛（巴）方、𢀛方、𢀛方、𢀛方、𢀛方、𢀛方、卲方、鬼方、𢀛方、𢀛、祭方、興方、𢀛方、𦍌方等不見於武乙、文丁卜辭；而武乙、文丁卜辭的刀方、𢀛方、𦍌方、北方、𢦏方等亦不見於武丁和庚甲卜辭。

③有些方國在長時間內，都與殷王朝處於敵對的關係狀態，它們是方、土方、羌方。

④武丁時代作戰的主要對象是舌方。武丁卜辭中，有關舌方來犯及征伐舌方的卜辭，在所有方國關係中佔第一位，説明舌方是殷王朝的主要外患，也是作戰的主要對象。而武乙、文丁卜辭中，有關召方的卜辭很多，在同時期方國關係中佔第一位，説明此時召方是殷王朝的主要外患，也是作戰的主要對象。關於這一

點，張永山、羅琨同志已作過充分的論述。[①] 這一區別是十分明顯的：我們在武乙、文丁卜辭中，找不到有關𢀛方的材料；同樣地，在賓組卜辭中，召方是與國，未見征伐召方的記錄。如果它們是同時代的卜辭，為什麽在其主要的作戰對象上互不反映呢？

⑤一些武丁時的敵國，到武乙時即轉化為與國，如㝬方：

庚午卜，賓貞：㝬方其□乍𠂤？　《河》631
癸未卜，貞：旬亡𡆥。三日乙酉，㞢來自東𡚧乎□告㝬𠂤？
《後》下 37.2

以上武丁卜辭。

辛酉貞：㝬□牛其𢍏，于來甲申？　《通》ⅩⅡ．Ⅰ

以上武乙卜辭。

相反，召方、井方是武丁時的與國、到武乙時卻轉化為敵國。關於召方，前已論述；關於井方，其辭如下：

癸卯卜，賓貞：井方于唐宗彘？《後》上 185　武丁卜辭
己巳貞：執井方？　《粹》1163　武乙卜辭

⑥武丁時的祭方是敵國，到武乙時，已在殷王朝有效控制的版圖之内：

壬辰卜，㱿貞：雀弗其𢦏祭？三月。
壬辰卜，㱿貞：雀𢦏祭？　《乙》5317

① 張永山、羅琨：《論歷組卜辭的年代》，《古文字研究》第三輯，1980 年版。

以上武丁卜辭。

辛未卜，貞：今日告，其步于父丁、一牛？在祭卜。

《寧》1. 346

以上武乙卜辭。

總結以上可以看出：賓、出組卜辭同武乙、文丁卜辭在方國關係上存在很多差別：方國關係對象的多少有別；作戰的主要對象有別；同一方國前後敵友關係變化有別，有的甚至由方國而成為殷王朝的版圖等，所有這些，反映殷王朝的不同時期，在方國關係上的變化和發展。

四　坑位和地層關係

在考古發掘中，地層、坑位是判斷遺物時代早晚的依據。早期地層和灰坑祇出早期遺物，不能出現晚期遺物；晚期的地層和灰坑除出晚期遺物外，還可能出部分早期遺物。所以，遺物與其所出之坑位的時代有時並不完全一致。但是，儘管如此，早期遺物首先應當出現在早期的地層和灰坑中，這是無容置疑的。例如：武丁時的賓組、自組、午組、子組卜辭，雖然曾出在殷墟晚期或中期的地層和灰坑中，與康、武、文、帝乙、帝辛卜辭共存；但是，這些卜辭大量地見於殷墟早期的地層中。如果一種遺物，在多次的考古發掘中，都不出於早期的地層，而要說它的時代是早的，那是缺乏根據，令人難以置信。

過去，我們曾概略地論述過 1973 年小屯南地甲骨的坑位和地層關係，將小屯南地的地層、灰坑分為早、中、晚三期；早期祇出武丁時代的卜辭；中期除出部分武丁卜辭外，大量地出康、武、文卜辭；晚期除見以上幾種卜辭外，還出帝乙、帝辛時代的卜辭①。而且，我們還根據灰坑打破關係和陶器型式的變化，把中期灰坑分成一組與二組，其中，中期一組的時代應早於中期二組。這一劃分是我們判斷小屯南地所出甲骨時代先後的地層根據，尤其是區分康、武、文卜辭時代先後的根據。現在為了進一步討論武乙、文丁卜辭的時代，我們選用了小屯南地六組有打破和疊壓關係的中、晚期坑位，供同志們判斷參考。此六組是 H57→H58→H99、H75→H92，H58→H84，H47→H55，H24→H39→H37，H24→H36。在此六組中，我們按照相對早晚順序對甲骨進行分類整理，然後觀察其變化（見表4）。表中"早期"表示廩辛以前的卜辭，具體何期在表內注明；5 表示乙、辛卜辭；3b，即我們過去說的中期第一類卜辭，其特點是筆劃纖細、字體工整秀麗、有筆鋒，此類有"父甲""父庚""父己""兄辛"等稱謂，是康丁卜辭；4a，即我們過去所說的中期第二類卜辭，其特點是字體較大，筆鋒剛勁有力，此類有"父丁""父辛"稱謂，是武乙卜辭（歷組父丁類）；4b，即我們過去所說的中期第三類卜辭，其特點是字體較小，筆劃較細，筆鋒圓潤而柔軟，此類有"父乙"稱謂，是文丁卜辭（這裏應說明的是，文丁卜辭有幾種，我們這裏指的4b，主要是指以《屯南》751 為代表的這類字體。儘管"父乙"稱謂在《屯南》祇見一片，但此類字體的卜辭是有一定數量的。）

從此表中，可以看出：

第一，第五期的乙、辛卜辭均出於小屯南地晚期，如：第一組 H57 的 2405，第三組 H58 的 2489 等。這是《屯南》最晚的卜辭。

第二，4b 類卜辭除見於晚期坑外，還見於中期二組的坑，如第一組的 H85，第二組的 H75，第四組的 H47，第五組的 H24、H39。但是，它們不見於中期一組的坑。而 3b、4a 類卜辭，除出

---

① 蕭楠：《論武乙、文丁卜辭》，《古文字研究》第三輯，1980 年版。

表4　小屯南地典型坑位甲骨分期統計

組別/坑號/時代	第一組 H57→H85→H99			第二組 H75→H92		第三組 H58→H84		第四組 H47→H55		第五組 H24→H39→H37			第六組 H24→H36	
早期	賓組 2390	午組 2622	白組 2688 2692		賓組 2663	武丁 2573	武丁 2485	賓組 2113	午組 2118					
3b	2315 2334 2354	2588 2589 2610	2682 2690 2693	2535 2542 2538	2661 (習刻)	2565 2568 2579	2467 2478 2483	2114 2119 2125	2254	957 1042 1443	2107 2108 2110	2085	957 1042 1443	2081 2082
4a	2414 2366 2273	2584 2587 2593		2536		2567 2576	2457 2463 2471	2115 2122 2124		923 1111 1116	2105 2106	1050	923 1111 1116	2078 2079
4b	2272 2347 2439	2601 2604 2605		2534 2541			2482	2123 2126		944 961 1051	2100 2104		961 1051 944	
5	2405						2489							
坑位分期	晚	中三	中一	中一	中一	中一	晚	中二	中一	中三	中二	中一	中二	中一

在晚期和中期二組的坑外，還出於中期一組灰坑中，如：第一組的 H99，第二組的 H92，第四組的 H55，第五組的 H37，第六組的 H36。這說明 4b 類卜辭的時代比 3b、4a 兩類晚，但比 5 期要早。

　　還應指出的是，在中期二組灰坑中所出卜辭，除了早期、3b、4a、4b 外，還見有如 2172（H50：20 + 30）、2178（H50：31）"災"字作　或　的田獵卜辭及 2617（H85：86）"王"字作　的卜辭。這兩種卜辭數量少，總共纔十幾片，在中期二組中祇有 H50、H85、H103 幾個坑發現，其時代早晚不影響 4b 類卜辭的斷代，故本文暫且不論。而 4b 類卜辭數量一百多片，普遍見於中期二組的十幾個灰坑之中。如上所述，4b 類既不出在早期，又不出在中期一組坑，所以，我們認為 4b 類是中期二組坑中最晚的一種卜辭。

　　3b、4a 類雖同出於中期一組坑，3b 類從稱謂上看是大家公認的康丁卜辭，4a 類比 4b 早，字體、文例既與 3b，也與 4b 有許多相似之處，其發展序列是介於 3b、4b 之間。這三類卜辭前後的順序是 3b—4a—4b，即康丁—武乙—文丁卜辭。若將 4a 視為祖庚卜辭，4b 視為武丁晚期卜辭，那它們之間的次序應當是 4b—4a—3b。這種看法與考古發掘中的地層、坑位情況是矛盾的。

　　為了慎重，我們還檢查了解放前殷墟出甲骨的地層關係。此工作是從兩方面進行的：①分析甲骨出土的層位情況；②分析甲骨坑中各類卜辭的共存關繫。

　　1. 甲骨出土的層位情況

　　解放前殷墟發掘中甲骨出土的層位關係，至今沒有發表出完整的資料，幸石璋如在《乙編・殷墟建築遺存》一書中，在介紹小屯村北甲、乙、丙三組基址時，將有關的甲骨坑位作了介紹。這為此項工作進行奠定了基礎。在甲、乙、丙三組基址中，除甲組由於時代較早，其下未疊壓卜骨坑外，乙、丙二組基址下都疊壓著卜骨坑。現將疊壓情況分述如下：

乙基一，下壓兩個甲骨坑（其中 B31 資料未發）：

　　B10，卜辭為《甲》3347，屬自組。

乙基三，下壓坑號 7：H27，卜辭為《甲》3306，屬出組。

乙基五，下壓五個甲骨坑（其中 H83 資料未發）：

　　B170，卜辭為《甲》3357，屬自組；

　　B30，卜辭為《甲》3303、3304、3305，屬自組；

　　H38，卜辭為《乙》475、476，字體近出組；

　　H76，卜辭為《乙》483，屬賓組。

乙基六，下壓 H5，卜辭為《乙》298、8649、8650，屬自組。

乙基八，下壓 H36，卜辭為《乙》474、8683—8687、8657—

　　8660，屬自組。

乙基十一，下壓兩個甲骨坑：

　　H228，卜辭為《乙》8689，屬武丁時代；

　　H244，卜辭為《乙》9057，屬武丁時代。

乙基十三，下壓 H371，卜辭為《乙》9026—9032，屬自組①。

丙基十，下壓 H427，卜辭為《乙》9096—9098，屬自組②。

丙基十三，下壓兩個甲骨坑：

　　H423，卜辭為《乙》9095，屬自組；

　　H359，卜辭為《乙》9090、9092，屬自組。

丙基十五，下壓 H364，卜辭為《乙》9093、9091，屬自組。

丙基十七，下壓兩個甲骨坑：

　　　H344，卜辭為《乙》8997—9022，9066—9079，屬
自組；

　　H393，卜辭為《乙》9033、9034，9033 為自組，9034 似
　　　為廩辛卜辭。

　　上述基址中，大多數基址的時代是可以作出判斷的。

---

① 原表注在乙基十三傍南，查文內地層關係，實應在乙十三基址下。

② 原表注在丙九基址下，查文內地層關係，應在丙十基址下。

乙基五：下壓卜骨坑所出卜辭分別為賓組、𠂤組、出組；其基中（原文如此，推斷應是打破基址，但與基址同時的甲骨坑）尚有甲骨坑 B125，卜辭為《乙》277—289、8646、8501，分屬於賓組、出組卜辭；還有兩個出賓組的甲骨坑 B126、B130 亦在基中。據此可以推測，該基址當是祖庚、祖甲時期的建築。

乙基六：下壓 YH005 坑，該坑出𠂤組卜辭，並出有成組陶器，鄒衡先生將其列入殷墟文化第二期第三組①，故此基址時代上限不能早於第二期，可能比乙基五略晚。

乙基八：其基中有卜骨坑 C75，卜辭為《乙》8648、8682，似𠂤組。此基址又打破水溝，水溝的時代相當於殷墟文化第二期，故其年代上限不能早於第二期，可能是庚、甲稍晚時候的建築。

乙基十一：下壓 H228、H224，出武丁時代的卜辭，此基址打破水溝，但它又被乙基十二及 YH158（殷墟文化第三期）所打破。屬於本基址的葬坑 YM222 是第三期較早的墓，故此基址時代可能在第二期末至第三期早期。

乙基十三：下壓 H371，出𠂤組卜辭，本身又被乙基十二所打破，故其時代應與乙基十一大體相當。

因此，上述乙組基址，其時代都比較接近，大概都是庚、甲至廩、康時期的建築。至於丙組基址，其時代的判斷就較困難些。

丙基十：其地層關係是，基址十 → H430 → H431 → H427，H427 出𠂤組卜辭。但它又打破第三期窖穴（YH352），故其時代上限不能早於殷墟文化第三期。

丙十三、丙十五、丙十七三個基址，因其上缺乏打破和疊壓

---

① 本文論述解放前殷墟發掘的甲骨坑位，參考了鄒衡先生《試論殷墟文化分期》一文［見《北京大學學報》（社會科學版）1964 年第 4—5 期］。我們基本上同意他的看法。該文把殷墟文化分為四期七組，其中第二期約相當於武丁、祖庚、祖甲時代，第三期約相當於廩辛、康丁、武乙、文丁時代，第四期約相當於帝乙、帝辛時代。本文中凡提到殷墟文化 X 期 X 組，均是指鄒文而言的。

的坑位資料，對其下限的判斷缺乏直接根據。根據建築遺跡之分群和下面的疊壓關係來看，大約與丙基十的年代相去不遠。

在上述乙、丙基址中，對於武乙、文丁卜辭（即所謂“歷組卜辭”）的斷代有決定意義的是乙組基址。因上述乙組基址大致都是庚、甲至廩、康時期的建築，而下壓的均是賓組、𠂤組、出組等卜辭。假如“歷組”卜辭是武丁晚期至祖庚時代的卜辭，那為什麼在這些基址下一片“歷組”卜辭也不出現呢？村南、村北近在咫尺，又同是王室的卜辭，為什麼“歷組”不會進入村北呢？況且，村北是出“歷組”卜辭的，經正式發掘的大連坑（如《甲》2667）、E52（如《甲》3649）、YH258（如《乙》9064）、YH354（如《乙》9089）等都出“歷組”卜辭。事實證明：村北是出“歷組”卜辭的，祇不過沒有出在這些基址下罷了。這正說明：“歷組”卜辭要晚於這些基址的時代。

2. 甲骨坑中各類卜辭的共存關係

前面著重分析了乙、丙兩組基址下疊壓卜骨坑的情況，但這些卜骨坑祇是整個甲骨坑的一部分。其餘甲骨坑的情況還須要作進一步分析，即分析這些坑的共存關係（地層疊壓情況，因很多缺乏完備資料，不好論斷）。這裏有幾點須要說明：第一，我們祇分析小屯村的甲骨坑，小屯村以外的不在其中；第二，分析的對象必須是出有兩種以上卜辭的坑位；第三，祇作質的分析，不作量的統計，凡某坑所出某類卜辭，不論多少，均用“某組”代表之；第四，凡二期的卜辭，均用“出組”字代表。我們將分析的結果歸納為五個類型，列表如下：

表 5 中第一類是以賓組、𠂤組為其主體的共存關係，另外還包括了子組和午組。實際上，此類就是武丁時代四種卜辭的共存關係。第二類是以出組卜辭為其下限的共存關係。在這一類中，有賓組、𠂤組、子組卜辭，這是早期卜辭進入晚期地層的正常現象。第三類是以何組卜辭為其下限的共存關係。在這一類坑中，

表5　解放前，小屯部分甲胄坑位卜辭共存情況簡表

類別／坑號	第一類					第二類								第三	
坑號	B119	YH6	YH127	YH265	YH330	A26	縱一癸北	縱二甲乙	橫十三乙	E16	E23	B125	橫十三丙	H20	D49
所出卜辭	《乙》1—237 8638 8639 8661 8674 8675 8662	《乙》299—467 8502—8531 8651—8656①	《乙》487—8500 8663—8673	《乙》8935—8936	《乙》8939—8994	《甲》110—179 368—375 391	《甲》929 943 211	《甲》2239—2242 2884 2885	《甲》950—969	《甲》2941—3176 3324—3328 3322 3330—3346 3361 3362	《甲》3351 3353	《乙》277—289 8646 8501	《甲》1032—1042 2272—2387	《甲》3382—3574 3651 3653—3658	《甲》3774 3775 3776
共存情況	㠯、賓	㠯、賓、子	賓、㠯、子、午	賓、㠯	㠯組等	賓、㠯、出	賓、㠯、出	賓、出	㠯、出	賓、㠯、出等	賓、出	賓、出	㠯、出、何	賓、㠯、出、何	賓、何
發掘次第	13	13	13	15	15	1	3	3	3	4	4	13	3	5	8

① 鄒衡先生曾指出：《乙編》8651、8652 之坑號可疑，或為 YH006 南井之誤，見上引《試論殷墟文化分期》。

續表

類	YH393	第四類						第五類			
	YH393	F24	F27	F31	F37	E9	大連坑	E5	B12	E181	D120
	《乙》9033—9034	《甲》353—367 378—387 390 424—427	《甲》376 392 410 411	《甲》179 393—409	《甲》415—420 428—438 423 440 442 443 445	《甲》1—109 297—352	《甲》1353—1465 2513—2883 2892—2898	《甲》3307 3352 3354	《甲》3301 3302	《甲》3688 3687 3690	《甲》3930—3936
	自、何	康丁、武乙、文丁	武乙、文丁	自、康丁、武乙、文丁	自、康丁、武乙、文丁	賓、出、何、乙辛等	賓、出、何、康丁、武乙、乙辛	賓、乙辛	出、乙辛	出、乙辛	何、乙辛
	15	1	1	1	1	1	3	4	4	7	9

還有賓組、自組、出組卜辭。第四類是以文丁卜辭（歷組父乙類）為其下限的共存關係。在這一類中，主體是康、武、文卜辭，另外還有自組。第五類是以乙辛卜辭為其下限的共存關係，賓組、出組、何組、康丁卜辭都出現於這一組合中。由於科學發掘的第五期卜辭坑位不多，故此類反映的共存關係可能不夠全面。

判斷一個甲骨坑的時代，必須根據地層關係、所出卜骨、同出陶器等其它遺物纔能決定。上述五類中的各甲骨坑，因缺乏完備的資料，很難逐個進行分析，但總的來説每類中的各坑，彼此的時代應大體相去不遠。

第一類中的各坑，如其中的 YH6，根據陶器和地層、屬殷墟文化二期子組；又如 YH127，就地層關係而言，它疊壓在 H117、H121 之下，其時代應是該堆積中最早的①；YH265 出賓組、自組字體甲骨，時代可能也屬殷墟文化第二期。其他各坑，其時代應大體相近。

第二類中的各坑，在共存的卜辭中，最晚的是出組卜辭，故該類中的各坑至少是庚甲和祖庚以後的遺存，個別的可能進入廩辛早期。例如 E16 坑，就發掘的的地層和陶器看是較早的，相當於殷墟文化二期；B125，出於乙五基址中，乙五基址前面已作過分析，指出是庚甲時候的建築，故 B125 也應是庚甲時代的。其他各坑亦應與 E16、B125 相近或相去不遠。

第三類中各坑，其共存的卜辭中，最晚的是廩辛何組卜辭，故該類中的各坑最早不能在廩辛以前，至少是廩辛和廩辛以後的遺存，個別可能進入康丁時代。例如 YH393，壓在丙十七基址之下，該坑從地層關係和出土卜骨看，大體相當於殷墟文化三期 4 組或略早。

第四類中的各坑，都是第一次發掘的，由於缺乏經驗，故發

---

① 石璋如：《殷墟最近之重要發現附論小屯地層後記》，《中國考古學報》第四期，第 301 頁。

掘的資料缺乏科學的坑位、層位關係依據。該類中的各坑、地處小屯村中和村南,與 1973 年屯南發掘之地相鄰,且坑中卜辭共存情況也與《屯南》大致相類,故 1973 年發掘的情況可以供參考。例如 F35,出有三片武乙卜辭(歷組父丁類,因該坑祇出一種卜辭,故表 5 未列入),並同時出有陶器,與小屯南地中期坑所出相近,估計其時代也大致相同。至於表中的 F24、F27、F31、F37,其上限不得早於文丁時代,或與小屯南地中期二組的時代相當。

第五類中的各坑,其共存卜辭中,最晚的是乙辛卜辭,故這些坑位不能早於乙辛以前。但此中的情況比較複雜,如第三次發掘的大連坑,實際上不是一個坑,而是多坑的混合,所出卜辭的主體是廩辛何組卜辭,但由於夾有少量的康丁、武乙、乙辛卜辭,故祇好將此混合的坑位歸於此類中,其情況祇作參考。E181,出有殷墟第四期(即晚期)陶器,卜辭時代與坑位時代是一致的。

當我們清楚各類坑位的時代以後,就看到這樣一個事實:在第一、二、三類(即廩康以前)的甲骨坑中,沒有發現"歷組"卜辭同賓組、自組、出組、何組卜辭共存。祇是在第四類的坑位中,纔有自組同"歷組"卜辭共存。然而,該類坑位的時代是晚的,自組同"歷組"發生共存,是早期卜辭進入晚期地層所發生的正常現象,如同賓組卜辭進入晚期地層和乙辛卜辭發生共存(如第五類中的 E5、E9)是一樣的。

總結解放以前殷墟發掘中的甲骨坑位關係和卜辭共存情況,可以歸結為一句話:在廩康以前的地層和坑位中,沒有發現"歷組"卜辭。這一情況同 1973 年小屯南地發掘的情況是一致的。如果"歷組"卜辭是武丁晚期至祖庚時代的卜辭,那為什麼在廩康以前的地層中找不到它們呢?這一情況,不能不引起人們的深思。因此,我們認為,從截至目前的地層情況看,沒有證據證明"歷組"卜辭是武丁晚期至祖庚時代的卜辭;相反,它應該是武乙、文丁時代的卜辭。因為,地層情況恰恰是為後者作了證明的。

五　結語

我們從稱謂、人名、事類、坑位和地層關係等四個方面、對武乙、文丁卜辭進行了論證，得出了上述的看法和結論。至於文例、字體、習慣用語等方面，一則由於我們過去論述過；二則由於絕大多數同志都公認賓組、出組卜辭同武、文卜辭的差別，故本文從略。

由於受所見的材料及我們自身水平的限制，本文不妥及錯誤之處在所難免，請古文字學界的專家和同志們予以批評指正。

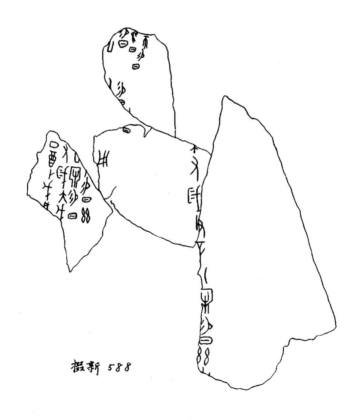

摭新 588

圖版壹

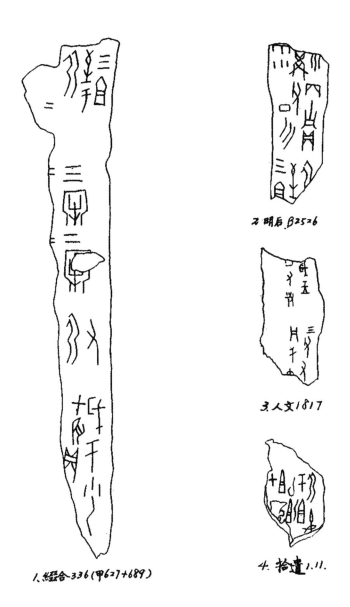

圖版貳

（原刊《古文字研究》第九輯，1984 年版）

附 錄 四

三論武乙、文丁卜辭

劉一曼　曹定雲

目　　次

　　1973 年春、秋兩季，中國科學院考古研究所安陽工作隊在安陽小屯南地進行了兩次重要發掘，共開探方 21 個，發掘面積 430 平方米。在這一年度的發掘中，共發現刻辭甲骨 5335 片（整理後數字），是新中國成立後最為重要的一次發現，為學術界所矚目。1975 年，我們發表了《1973 年安陽小屯南地發掘簡報》，對發掘和所出甲骨情況做了扼要報導。此次出土甲骨的主體是傳統的武乙、文丁卜辭，而它們出土的層位屬於小屯南地中期和晚期，"小屯南地中期相當於'大司空村Ⅱ期'的前半葉，絕對年代為康丁、武乙、文丁時代，約公元前 12 世紀後期至 11 世紀初期；小屯南地晚期相當於'大司空村Ⅱ期'後半葉，絕對年代為帝乙、帝辛時代，約在公元前 11 世紀中葉"①。卜辭時代與卜辭出土層位是吻合的。

　　1976 年，殷墟小屯西北地發掘了著名的婦好墓，出土了豐富遺物，又一次引起學術界的轟動。1977 年，學術界展開了對該墓年代的討論。討論中，李學勤先生根據婦好墓新材料，認為武丁賓組卜辭中的婦好與歷組卜辭（即傳統的武乙、文丁卜辭）中的"婦好"是同一個人，而婦好墓是屬武丁後期，因此，歷組卜辭的時代應當提前，他說："從近年發表的各種材料看，自組等必須列於早期。婦好墓的發現，進一步告訴我們，歷組卜辭的時代也非移前不可。""我們認為，歷組卜辭其實是武丁晚年到祖庚時期的卜辭。歷組與賓組的婦好，其實是同一個人。"② 由此引發了對歷組卜辭年代的討論。學術界存在兩種意見：一種主張此類卜辭時代為武丁晚年至祖庚時期③；另一種則堅持舊說，即認為歷組屬武乙、文丁卜辭。④ 光陰荏苒，不同觀點的爭論至今已三十多年，學

---

① 中國科學院考古研究所安陽工作隊：《1973 年安陽小屯南地發掘簡報》，《考古》1975 年第 1 期。

② 李學勤：《論"婦好"墓的年代及有關問題》，《文物》1977 年第 11 期。

③ 李學勤：《小屯南地甲骨與甲骨分期》，《文物》1981 年第 5 期；裘錫圭：《論"歷組卜辭"的時代》，《古文字研究》第六輯，中華書局 1981 年版；林澐：《小屯南地發掘與殷墟甲骨斷代》，《古文字研究》第九輯，中華書局 1984 年版；彭裕商：《也論歷組卜辭的時代》，《四川大學學報》1983 年第 1 期；李學勤、彭裕商：《殷墟甲骨分期研究》，上海古籍出版社 1996 年版；黃天樹：《殷墟王卜辭的分類與斷代》，科學出版社 2007 年版。

④ 蕭楠：《論武乙、文丁卜辭》，《古文字研究》第三輯，中華書局 1980 年版；謝濟：《試論歷組卜辭的分期》，《甲骨探史錄》，生活·讀書·新知三聯書店 1982 年版；張永山、羅琨：《論歷組卜辭的年代》，《古文字研究》第三輯，中華書局 1980 年版；蕭楠：《再論武乙、文丁卜辭》，《古文字研究》第九輯，中華書局 1984 年版；陳煒湛：《"歷組卜辭"的討論與甲骨文斷代研究》，《出土文獻研究》，文物出版社 1985 年版；林小安：《武乙、文丁卜辭補正》，《古文字研究》第十三輯，中華書局 1986 年版；方述鑫：《殷虛卜辭斷代研究》，文津出版社 1992 年版。

者之間尚未取得一致的看法。但這場爭論，促使大家深入探討甲骨文的分類、分期及各類卜辭的年代等問題，推動甲骨文研究向縱深發展，還是很有意義的。

我們力主後一種觀點，曾於 1980 年、1984 年以蕭楠的筆名發表了《論武乙、文丁卜辭》（下文簡稱《一論》）①與《再論武乙、文丁卜辭》（下文簡稱《再論》）②。之後，我們忙於殷墟發掘、《花東》甲骨的整理及其他工作，對此問題一直沒有再發表文章。1989 年、2002 年考古所安陽隊在小屯村中、村南的發掘中，又發現了多片歷組卜辭，使我們對這類卜辭的時代再次進行了認真的思考。我們認為，以前提出的有關歷組卜辭的主要觀點是對的，但在個別具體問題上，需要做些修正與補充，故特寫此文，再次申述我們的看法。

一　武乙、文丁卜辭的分類

過去我們在《屯南·前言》及《一論》《再論》中，對武乙、文丁卜辭的分類、字體、文例特徵等已做過較詳細的闡述，這裏祇做扼要的介紹。

據字體，武乙、文丁卜辭可分為四類。

第一類，字體纖細秀麗，筆劃較均勻，字形有的較小，有的稍大、略窄長。此類卜辭無貞人，學術界稱之為無名組卜辭③。這類卜辭的父輩稱謂有兩個：

1. 父丁，見於《集合》32223、32715、32111、32718、32719、32720、32714、32716、32390、32654、32655、32603、32645、30335 及《屯南》68、590、647 等片（圖一，4）。其中《合集》

---

① 蕭楠：《論武乙、文丁卜辭》，《古文字研究》第三輯，中華書局 1980 年版。
② 蕭楠：《再論武乙、文丁卜辭》，《古文字研究》第九輯，中華書局 1984 年版。
③ 李學勤、彭裕商：《殷墟甲骨分期研究》，上海古籍出版社 1996 年版，第 269—307 頁。

32654 "兄（祝）在父丁升？" "至於祖甲？"《合集》32655 "祖甲燎，其至于父丁？" 學者多認為是武乙祭祀其祖父祖甲、父親康丁的卜辭。

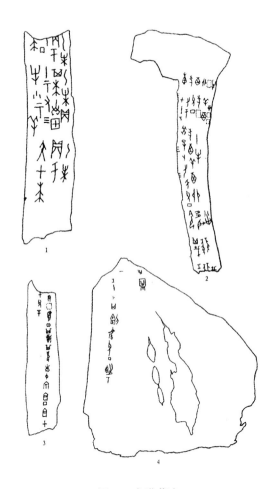

圖一　卜辭摹本

1.《屯南》4331　2.《屯南》503　3.《屯南》2281　4.《屯南》647

2. **父辛**，見於《屯南》3720、2281（圖一，3）、《村中南》[①]

---

　　① 中國社會科學院考古研究所：《殷墟小屯村中南甲骨》（簡稱《村中南》），雲南人民出版社將於近期出版，下文凡引及此書者，不復注。

277 等片（圖二，1）。其中《屯南》2281 "□辰卜：翌日其酻其祝自中宗祖丁、祖甲☒于父辛?" 辭中的祖甲、父辛，是武乙對其祖父祖甲、父廩辛的稱呼，上述列舉的無名組中有父丁、父辛稱謂的卜辭，無疑應是武乙卜辭。這類卜辭與有父庚、父甲、父己、兄辛稱謂的康丁卜辭，字體風格很相似，若不依據稱謂，是難於將其區分的。

　　在無名組卜辭中，有一類字體 "災" 寫作 "𤕫" 或 "𤑣" 的田獵卜辭，如《屯南》607、660、2172、2178、2236、2301、2306、2440、2640、4236、4405 及《合集》33373、33482 等片，還有 "王" 字作 "𐀟" 的祭祀卜辭，如《屯南》2617，過去在《屯南》釋文中，我們未對它們進行分期，現在據這些卜辭中某些干支字或常用字稍接近黃組字體，且在小屯南地，它們除出於晚期的坑層外，祇見於中期四段的灰坑中（如 H50、H85），所以我們認為，這些卜辭的時代較典型的無名組卜辭略晚，應屬武乙、文丁時期。[1]

　　第二類，字體剛勁有力，筆劃轉折處棱角分明。此類字，字的結構基本相似，但字形之大小，筆劃之粗細有差異。有的字，字體粗大，遒勁有力，如《屯南》608、856、996、1111、4331（圖一，1）、《合集》32790、33611、《村中南》202（圖二，3）、203（圖二，5）等；有的字，筆劃粗細及字形大小適中，如《屯南》194、994、2079、2058、《村中南》12（圖二，4）、46 等；還有的字，筆劃較細，字體多為折筆，但某些字圓折兼施，較柔和，如《屯南》503（圖一，2）、611、866、1062 等。

　　第三類，字體風格與第二類較相似，多屬折筆字，但某些干支字或常用字的寫法，如庚、酉、貞、叀、羌、用、翌、受、囚等，與第二類有區別，富於特徵，如《屯南》582、2605、4100（圖三，2）、4103（圖三，1）、《合集》32051、33148 等。

---

① 主張歷組卜辭時代提前的學者，稱此類卜辭為無名黃間類卜辭。

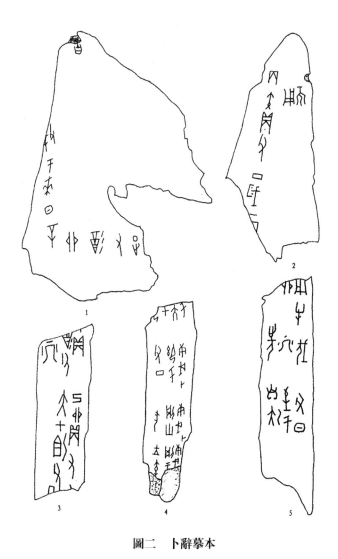

圖二 卜辭摹本

1. 《村中南》277　2. 《村中南》46　3. 《村中南》202　4. 《村中南》12
5. 《村中南》203

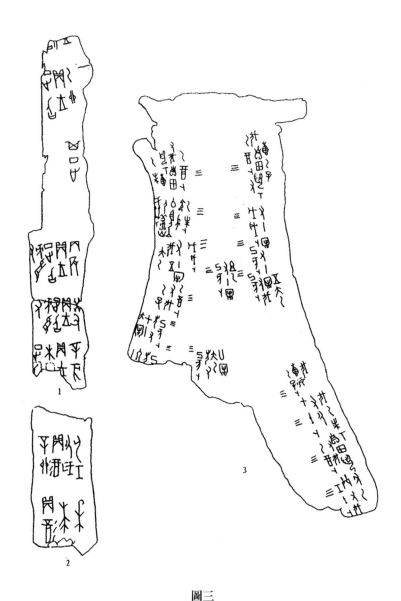

圖三

1.《屯南》4103　2.《屯南》4100　3《屯南》751

　　第四類，字體較小，筆鋒圓潤，如《屯南》751（圖三，3）、
2126、2534、2601（圖四）、《合集》32031 等。此類字，字的結
構與第三類基本相似。

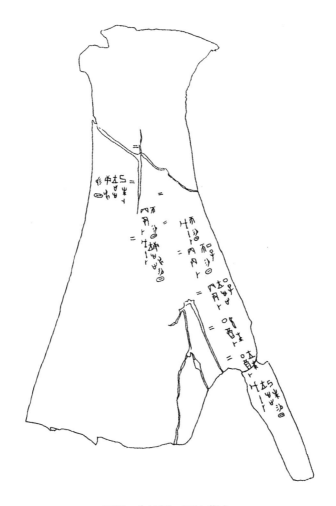

圖四　《屯南》2601 摹本

　　第二至第四類卜辭，祇有一個貞人“歷”，為數不多，祇二十多片，學術界將之稱為“歷組”卜辭。第二類卜辭的父輩稱謂以“父丁”為主，故學者稱之為“歷組父丁類”。該類還偶見“父辛”（《綴新》588，圖五，2）。第三、四類卜辭父輩稱謂主要是“父乙”，故學者稱之為“歷組父乙類”。不過仔細想來，這種稱呼並不是很貼切，因為第二類字體的祭祀卜辭也發現少量的“父乙”（如《合集》32730、32731 等），而在第三類卜辭中，發現個別的“父丁”（如《合集》32680）。由於大多數甲骨學者都知道這些稱呼的含義，故本文為討論方便，仍採用“父丁類”“父乙類”之稱。

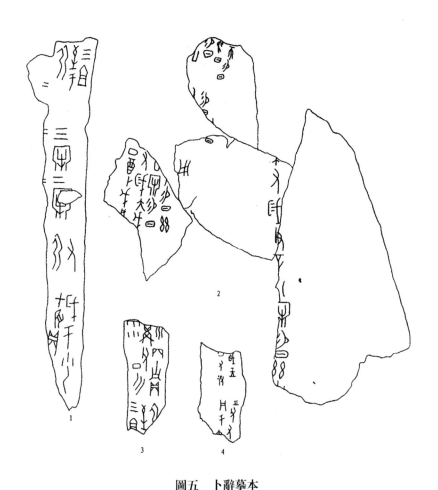

圖五　卜辭摹本

1.《合》336　2.《綴新》588　3.《明後》B2526　4.《人文》1817

這裏還應提到的是關於《粹》221、222（《合集》34122、34121）、《佚》884（《合集》34120）“上甲廿示”卜辭的時代。在 20 世紀 80 年代初，學術界有不同的看法，有學者指出，它們不是文丁卜辭，可能是武丁卜辭①。我們當時接受郭沫若《殷契粹編考釋》的觀點②，在《屯南・前言》及《一論》中認為它們是文丁卜辭。經過反復思考，認識到應當改變原來的看法。我們認為，儘管學者之間對"上甲廿示""二示"的含義存在不同的理解，但一個不能否定的事實是，上述三片及字體與之相類的一批卜辭的干支及常用字的字體與歷組卜辭父乙類（即上述第三、四類文丁卜辭）相差較遠，而與𠂤組及一期卜辭較接近③，其時代應較早，約當董作賓五期分法的第一期。因而，與"上甲廿示"相類的一批卜辭，如《屯南》2173、2628、3568、3598、3911、4242、4305、4566、4573、《屯南》412 +《合集》20170 等片，不屬本文討論之列。

二 武乙、文丁卜辭的坑位和地層關係

眾所周知，殷墟甲骨是從地下出土的，其中有相當一部分是經科學發掘而獲得的，它與商代的陶、銅、玉、石、骨器一樣，是一種文化遺物。判斷甲骨時代，研究它所出的坑位和地層關係是至關重要的。

（一）關於 1928—1937 年殷墟甲骨出土情況

1928—1937 年，中央研究院歷史語言研究所考古組在殷墟進行了十五次發掘，出土過不少武乙、文丁（歷組）卜辭。我們在《再論》的表三及方述鑫在《殷虛卜辭斷代研究》第 195—198 頁均有論述，讀者可以參考。

應當指出的是，1928—1937 年考古發掘所獲的武乙、文丁卜辭大多是第一至五次殷墟發掘，在村中、村南出土的。早年的殷

---

① 李學勤：《關於𠂤組卜辭的一些問題》，《古文字研究》第三輯，中華書局 1980 年版；裘錫圭：《論"歷組卜辭"的時代》，《古文字研究》第六輯，中華書局 1981 年版。
② 郭沫若：《殷契粹編考釋》，科學出版社 1965 年版，第 414、415 頁。
③ 曹定雲：《論上甲廿示及其相關問題》中的《𠂤組卜辭、粹 221、佚 884、文丁卜辭典型字體比較表》，見《殷商考古論叢》，藝文印書館 1996 年版，第 141 頁。

墟發掘所説的坑，是指發掘單位（如大小不一的探溝、探方），與我們現在説的甲骨埋藏的灰坑、窖穴有所不同。早年的發掘，記錄出土文物（包括甲骨），不是按它所在的文化層次，而是按其深度來登記的，這是不太科學的。因為文化層有高低起伏，在殷墟發掘中，同一個探方内，晚期層（或坑）有時比早期層更深，故埋藏較深的遺物不一定比較淺的遺物時代早。

關於 1928—1937 年殷墟甲骨出土情況，我們在《再論》中曾做過詳細分析。這項工作是從兩方面進行的：一是分析甲骨出土的層位關係；二是分析甲骨出土的共存關係。其結果歸結為一句話："在廩康以前的地層和坑位中，沒有發現'歷組卜辭'。"①

（二）關於 1973 年小屯南地甲骨出土情況

過去我們在《屯南·前言》《一論》《再論》中已做過介紹，本文結合《1973 年小屯南地發掘報告》的資料②，再做簡要敘述。

1973 年我們曾將小屯南地殷代遺址分為早、中、晚三期，早期與中期各分二段。該次發掘，在五十九個灰坑中都發現了刻辭甲骨。早期一段坑 H115，出一片時代比武丁略早的卜辭。早期二段五個坑，出自組、午組或字體似賓組的卜辭。中期坑，除出少量早期卜辭外，大量出無名組與歷組卜辭。晚期坑除出早期、無名組、歷組卜辭外，還見有黃組卜辭。

本文主要敘述出無名組、歷組卜辭的中期坑。小屯南地中期有灰坑 32 個（附表）③。其中，中期三段有 11 個，四段有 21 個。中期四段坑出的陶器型式較三段略晚。並且有的中期四段坑打破中期三段坑，如 H39→H37、H85→H99、H47→H55、H24→H36。

---

① 蕭楠:《再論武乙、文丁卜辭》,《古文字研究》第九輯, 中華書局 1984 年版, 第 122 頁。

② 中國社會科學院考古研究所安陽工作隊:《1973 年小屯南地發掘報告》,《考古學集刊》第 9 集, 科學出版社 1995 年版。

③ 此表參考了郭振祿《小屯南地甲骨綜論》(《考古學報》1997 年第 1 期) 一文第 35 頁中的表一, 並對該表的甲骨號進行了核對, 卜辭類型也有所訂正。

無名組與歷組父丁類卜辭，除出於晚期坑層外，見於中期四段與三段的灰坑，而歷組父乙類卜辭除出晚期坑層外，則祇出於中期四段，不見於中期三段坑。故我們認為，歷組父乙類晚於父丁類及無名組卜辭是有考古學依據的。

（三）1986—2004 年小屯村中、村南的發掘

1986 年、1989 年、2002 年、2004 年考古研究所安陽發掘隊在小屯村中、村南進行了幾次發掘，共發現刻辭甲骨 514 片。大多數甲骨文可以分期，其中屬午組、自組、一期卜辭 90 多片，無名組卜辭 140 多片，歷組卜辭 160 多片，黃組刻辭 1 片。

村中、村南刻辭甲骨，除 160 多片出於隋唐以後的地層外，其餘均出於殷代的灰坑或地層。下面將殷代坑層甲骨出土情況列表如下（表一）。

表一　　　　　　　《村中南》所出無名組、歷組號碼統計表

甲骨出土年代	灰坑或層位號	甲骨著錄號	甲骨類別	時代
1986	T2（3A）	7	無名組	三期晚或四期初
	T2（4B）	5	無名組	三期晚
	H5	5、8	無名組	三期晚或四期初
1989	T4（4）	19	無名組	三期
	T8（3）	200—279、281—283	無名組、歷組（父丁、父乙類）	三期或三期晚
	T8（3A）	280、284—288、291、292	自組、無名組、歷組父丁類	三期或三期晚
	H7	9—15	無名組、歷組父丁類	四期早段
	T6（3B）	28、29、33、35	無名組、歷組父丁類	四期早段
	T6（3C）	34、59	歷組父丁類	四期早段
	T6（3D）	36—58、60—64	無名組、歷組（父丁、父乙類）	四期早段
	T7（3A）	68	無名組	四期早段

甲骨出土年代	灰坑或層位號	甲骨著錄號	甲骨類別	時代
2002	H4	294、309	午組、自組、一期	一期
	H6 下	340—348	自組、一期	二期早段
	H57	446—498	午組、賓組、一期、歷組（父丁、父乙類）	三期
	H6 上	310—339	無名組、自組、一期、歷組（父丁、父乙類）	三期
	F1	499	歷組父乙類刻辭	三期
	H9	350—400	午組、自組、一期、歷組（父丁、父乙類）	四期
	H55	411、413—445	午組、一期、無名組、歷組（父丁、父乙類）、黃組	四期
	H23	401—405	午組、無名組	四期
	H24	406、407	無名組	四期
	H47	408—410	自組、無名組、歷組父丁類	四期
	H54	412	午組	四期
	G1	500、501	歷組父丁類	四期
	T4A（3）	507、509—512	午組、無名組	四期
2004	T5（10）	513、514	無名組習刻	四期

　　從表一可知，午組、自組、和一期卜辭出於早期灰坑（殷墟文化一期及二期早段）H4 與 H6 下，黃組刻辭（《村中南》438）出於殷墟文化第四期的灰坑 H55 中，而無名組、歷組（父丁與父乙類）出於殷墟文化第三期（或三期晚）、四期或四期早段的灰坑及文化層中。

　　《村中南》刻辭甲骨，以無名組、歷組卜辭占多數，其中五片有父輩稱謂的卜骨。

《村中南》277〔T8（3）：221〕（圖二，1）：

　　　☑父辛，來日辛卯，酓又正？

《村中南》202〔T8（3）：139〕（圖二，3）：

　　　己卯貞：又☑大甲、祖乙、父丁☑？

《村中南》203〔T8（3）：135〕（圖二，5）：

　　　自大乙至于父丁①？

《村中南》12〔H7：1〕（圖二，4）：

　　　庚戌卜：剮于王牢？
　　　庚戌卜：剮三十犬？
　　　庚戌卜：御于父丁？
　　　于大甲御？

《村中南》46〔T6（3D）：28〕（圖二，2）：

　　　丙寅貞：父丁歲一〔牢〕？不用。

　　以上第一片字體屬無名組，而後四片字體屬歷組父丁類。在1989年小屯村中的發掘中，還出了一片與《粹》597同文的歷組父乙類卜辭，《村中南》212〔T8（3）：148〕（圖六，4）：

---

① “丁”字誤寫為“日”。

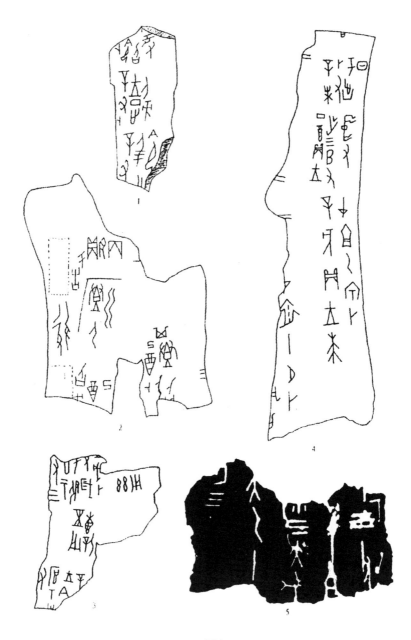

圖六

☑在衣，十月卜。

丁酉貞：王作三師，又（右）中ナ（左）？

辛亥貞：王羍？在祖乙宗卜。

辛未卜：又于出日？

　　T8（3）的時代相當於殷墟文化三期晚段，89H7 與 T6（3D）相當於殷墟文化四期早段。

　　總之，1986—2004 年小屯村中、村南的發掘，歷組卜辭的出土情況與 1973 年屯南發掘基本相似，即歷組卜辭祇出於殷墟文化三、四期的坑層中。稍有不同的是村中南的三期灰坑與地層，從出土陶片考察，屬三期偏晚階段，較小屯南地中期三段略早。

　　殷墟田野發掘從 1928 年開始，到現在已經 83 年。檢查歷次甲骨出土的情況是：1973 年小屯南地的發掘，歷組卜辭出在小屯南地中期、晚期地層[1]；解放以前的殷墟發掘，甲骨出土的情況也是“在廩康以前的地層和坑位中，沒有發現‘歷組卜辭’”[2]；1986—2004 年小屯村中、村南的發掘，歷組卜辭還是出在中期及其以後的地層和灰坑中，歷次發掘都沒有在早期地層中發現過歷組卜辭，這是最基本、最重要的事實。

三　武乙、文丁卜辭的稱謂與世系

　　本文所指的武乙、文丁卜辭稱謂主要是指歷組卜辭，無名組中的武乙、文丁卜辭不在其列。武乙、文丁卜辭稱謂比較多，本文也不逐一論及，而祇是討論對時代有決定意義的父輩、母輩及特殊的祖輩稱謂。關於世系，是通過對祭祀卜辭中的集合廟主進行分析，找出其中存在的先王世次，從而對卜辭時代做出判斷。

---

　　① 蕭楠：《論武乙、文丁卜辭》，《古文字研究》第三輯，中華書局 1980 年版，第116—117 頁。

　　② 蕭楠：《再論武乙、文丁卜辭》，《古文字研究》1984 年第 9 輯，第 122 頁。

（一）武乙卜辭中的稱謂

武乙卜辭中的父輩稱謂有"父丁""父辛"；母輩稱謂主要是"母辛"；祖輩稱謂主要是"三祖"。現分述如下。

1. "父丁"稱謂 "父丁"稱謂有以下幾種組合。

（1）單稱"父丁"，如：

壬辰卜：秦自且乙至父丁。 《合集》32031

丁亥貞：用于父丁？ 《佚》875

庚子：又伐于父丁，其十羌？ 《合集》32071

（2）"小乙、父丁"連稱，如：

☐乙丑，在八月酚，大乙牛三，祖乙牛三，小乙牛三，父丁牛三？ 《屯南》777

自祖乙告，祖丁、小乙、父丁？ 《屯南》4015

☐大乙、大丁、大甲、祖乙、小乙、父丁？ 《合》15

甲午貞：乙未酚，高祖亥☐，大乙羌五牛三，祖乙羌☐，小乙羌三牛二，父丁羌五牛三，亡壱？茲用。《南·明》477

（3）"祖乙、父丁"連稱，如：

重夕☐☐酚☐告于祖乙、父丁？ 《合集》32578

丁未貞：王其令望乘帚（歸），其告于祖乙一牛，父丁一[牛]？ 《綴》334（《粹》506+《明續》499）

☐大乙、大丁、大甲、祖乙、父丁？ 《甲》754

（4）"毓祖乙、父丁"連稱，如：

庚午貞：王其𢦔，告自祖乙、毓祖乙、父丁？

《屯南》2366

對上述卜辭中的“父丁”究竟指誰？以往學術界有不同的看法。

其一，明義士認為是指武丁。1928 年，他將所收購的一部分甲骨拓成墨本，定名為《殷虚卜辭後编》，在其未完成的《序言》中，將 1924 年冬小屯村中一坑所出的三百餘片甲骨加以分類，企圖以稱謂和字體決定甲骨的時代。他認為歷組卜辭中的“父丁”是武丁，“父乙”是小乙。①

其二，董作賓認為是康丁。他在《甲骨文斷代研究例》中討論到有父丁、母辛稱謂的歷組卜辭時說：“本來，武丁之配有妣辛，康丁之配也名妣辛。稱父丁、母辛固然可以是武乙時卜辭，但同時也可以是祖庚、祖甲時的卜辭。”因此他說：“單以稱謂定時代的方法，被窮於應付了。在貞人、文法、字形等方面，固然也可以幫著解決，而最有力的標準卻是坑位。因為這父丁、母辛的卜辭出土村中（第三區），我們可以斷然説，這是武乙時期的卜辭。這裏的‘父丁’自然是指康丁。”②

其三，郭沫若也認為“父丁”是指康丁。他在《殷契粹編考釋》第 20 片中指出，該片中的“父丁”是康丁。③ 這一看法也影响到後來的學者。

其四，1975 年小屯南地甲骨開始整理，我們甲骨整理小組（筆名“蕭楠”），在其《小屯南地甲骨》專著和相關文章中始終認為，歷組卜辭中的“父丁”是指康丁。因為，1973 年小屯

① 陳夢家：《殷虚卜辭綜述》，科學出版社 1956 年版，第 135—136 頁。

② 文載《慶祝蔡元培先生六十五歲論文集》上冊，中央研究院歷史語言研究所 1933 年版，第 409—411 頁。

③ 郭沫若：《殷契粹編考釋》，第 20 片，科學出版社 1965 年版。

南地所出甲骨中，歷組卜辭全部出在中期地層。中期地層又分為中期一組與中期二組。中期二組地層打破或疊壓在中期一組之上，這證明，中期一組早於中期二組。而出土的甲骨情況是，中期一組出"父丁"類卜辭，中期二組則"父丁"類與"父乙"類卜辭同出。正是根據這一地層關係，我們認為，此"父丁"必為康丁。①

　　其五，李學勤先生認為，此"父丁"是祖庚稱其父武丁。他在《小屯南地甲骨與甲骨分期》中說："這裏父丁排在小乙之後，自係武丁。如果說父丁是康丁，那麼這些祀典中就是把武丁和祖庚這兩位直系的名王略去了。無論從歷史還是從卜辭慣例來看，這都是不可能的。"② 裘錫圭先生亦持相同的看法。他列舉了如下卜辭作為依據：

　　　　甲申貞：小乙日，亡蚩？
　　　　丙戌貞：父丁日，亡蚩？《明後》2487 +《人文》2288③

裘先生認為，"甲申隔一天就是丙戌，其間也沒有容武丁、祖甲的餘地"④。總之李學勤和裘錫圭兩位先生都認為，歷組卜辭中的父丁必是武丁。

　　以上五種說法實際是兩種觀點，即認為"父丁"是武丁，或認為"父丁"是康丁。在這兩種觀點中，我們始終認為"父丁"為康丁的觀點是正確的，這是因為，1973 年小屯南地的田野發掘為此結論提供了最好的地層證明。

---

① 蕭楠：《論武乙、文丁卜辭》，《古文字研究》第三輯，中華書局 1980 年版。
② 李學勤：《小屯南地甲骨與甲骨分期》，《文物》1981 年第 5 期。
③ 《明後》2487 +《人文》2288 是許進雄在《明後·序》中綴合的。
④ 裘錫圭：《論"歷組卜辭"的時代》，《古文字研究》第六輯，中華書局 1981 年版。

2. "父辛"稱謂　今徵引如下:

　　☒又歲父辛〔八〕牢,易日? 茲〔用〕。

《綴新》588(圖五,2)

　　該片中的"父辛"當是武乙稱其父廩辛,卜辭内容與卜辭時代完全吻合。這一稱謂也是出組卜辭所不見的,歷組父丁類卜辭中既有"父丁"稱謂,又有"父辛"稱謂,那麽,這類卜辭祇能是武乙卜辭,是武乙稱其父廩辛與康丁,没有别的選擇。這是該類卜辭中"父丁"為康丁的有力佐證。

　　3. "母辛"稱謂　今徵引如下:

　　　　□未卜:又母辛☒十,犬十? 茲用。　　　　《甲》397
　　　　□未卜:又母辛以人十,犬十? 茲用。引吉。

《摭續》77

武乙卜辭的"母辛"同祖庚、祖甲(出組)卜辭中的"母辛"有很大區别,武乙卜辭中出現了"茲用""引吉"等習慣用語,這是祖庚、祖甲(出組)卜辭所罕見和不見的。所以,出組卜辭中的"母辛"同武乙卜辭中的"母辛"是不同的兩個人。

　　4. "三祖"稱謂　這是武乙卜辭中最為重要的稱謂。今徵引如下:

　　　　甲辰貞:□歲于小乙?
　　　　弜又?
　　　　二牢?
　　　　三牢? 二
　　　　弜至于三祖? 二 《合》336(《合集》32617)(圖五,1)

在該片祭祀中，"三祖"明顯排在"小乙"之後，這是確定無疑的。

弜至三祖？

丙子貞：父丁彡？

不遘雨？　《明後》B2526（《合集》32690）（圖五，3）

在此片祭祀中，"父丁"明顯排在"三祖"之後，這同樣是確定無疑的。如今的問題是，這兩片祭祀卜辭中，甲辰與丙子雖相隔33天，但都有祭祀"三祖"的卜問，祭祀"三祖"的日期是在甲辰至丙子的日期之中。我們以"三祖"作為接合部（連結點），將兩版卜辭內容繫聯如下：

甲辰貞：□歲于小乙？

弜又？

二牢？

三牢？　二

弜至于三祖？　二

弜至三祖？

丙子貞：父丁彡？

不遘雨？

上述兩版卜辭繫聯之後，大家可以看到，在小乙至父丁之間的祭祀過程中，明顯存在著"三祖"；致祭"三祖"的時間是在"小乙"之後，但卻在"父丁"之前。此中的致祭次序是小乙→三祖→父丁，這是小乙與父丁之間存有"三祖"先王的確證。歷組提前論學者所徵引的小乙、父丁卜辭，中間確實是略去了"三祖"。該祭祀過程清楚的證明，此中的"父丁"就是康丁。

武乙卜辭中的"三祖"還見於《南輔》63，其辭云："庚子卜：其又歲于三且？"此"三祖"是谁？陳夢家曾指出，是武乙稱祖己（孝己）、祖庚、祖甲。[①] 屈萬里先生亦主此説。[②] 陳、屈二位之論是正確的。

與武乙卜辭中的"三祖"相對應，在康丁卜辭中有"三父"之稱，今引徵如下：

　　凡于☒三父又？　　　　　　　　　　　《人文》1817（圖五，4）

上述康丁卜辭中的"三父"當指父己、父庚、父甲，亦即孝己、祖庚、祖甲。此"三父"之稱與武乙卜辭中的"三祖"之稱完全吻合，證明歷組父丁類卜辭中的"父丁"確實是康丁。

除此之外，武乙卜辭中還存在著單獨祭祀武丁和祖甲的卜辭，今例舉如下：

　　弜☒于祖乙，以祖〔丁〕、祖甲☒？　　　《拾遺》1.11
　　唯祖庚龙？唯祖辛龙？唯祖乙龙？唯祖□龙？《屯南》1046

以上二例中，《拾遺》1.11 的"祖丁"應指武丁，祖甲應指武丁子祖甲；《屯南》1046 之"祖□"，根據先後次序排列，當為"祖丁"，即武丁。至此，我們有充分的理由説，武乙卜辭中的"父丁"不是武丁，而是康丁。

（二）武乙卜辭中集合廟主所反映的世系

武乙卜辭中的集合廟主比較多，本文祇選擇其中對時代有決定作用的"十示又三""十示又四"進行分析。

---

① 陳夢家：《殷虛卜辭綜述》，科學出版社 1956 年版，第 494 頁。
② 屈萬里：《殷虛文字甲編考釋》，第 627 片，歷史語言研究所 1961 年版，第 99 頁。

1. "十示又三"卜辭，引述如下：

乙未貞：其桼自上甲十示又三，牛；小示，羊？

《後·上》28.8

甲辰貞：今日桼禾自上甲十示又三？　　　《屯南》827

乙未貞：其桼自上甲十示又三，牛；小示，羊？

乙未貞：于〔父〕丁〔桼〕？　《屯南》4331（圖一，1）

上述三例中，《後·上》28.8 及《屯南》4331 之"十示又三"與
"小示"相對，可知"十示又三"必是"大示"。我們又從《屯
南》4331 得知，"父丁"是單獨祭祀，是不包括在"十示又三"
之中的，這就為我們判斷這類卜辭的時代提供了依據。當年董作
賓先生根據《佚》986 中的"十示"，在論述《後·上》28.8 中
的"十示又三"時說："可知這十示又三，是增加了三示，祖丁
以後的三世，是小乙、武丁、祖甲，可知此片至早也須在第三期
（廩辛、康丁之世）。但從字形考之，自作 𠨧，未作 ，當是武乙時
物。"[1] 董氏的推斷是正確的。

我們認為，此"十示又三"是上甲、大乙至祖甲十三世直系
先王（大示）。在此合祭中，上甲與大乙之間略去了三匚二示，而
父丁（康丁）又是單獨祭祀的，所以，此"十示又三"之先王數
與武乙時代所祭直系先王數完全吻合，與此同版單祭的"父丁"
當然是康丁。

2. "十示又四"卜辭　徵引如下：

辛未卜：桼于大示？ 三

于父丁桼？ 三

① 董作賓：《甲骨文斷代研究例》，《慶祝蔡元培先生六十五歲論文集》上冊，中
央研究院歷史語言研究所 1933 年版，第 369 頁。

　　弜桒，其告于十示又四？三

　　壬申卜：桒于大示？三

　　于父丁桒？三

　　　　　　《屯南》601（圖七：《南·明》655 與此同文）

關於此"十示又四"，陳夢家先生認為是"小示"，並説："小示的十四示，當指上甲至中丁十二大示之後，自祖乙至康丁的六世十四王（不包括祖己）。"[1] 我們曾指出：陳先生認為是"小示"是對的，但具體的推算卻欠妥。既為"小示"，則祇祭旁系先王，而武乙時代，從卜丙至廩辛的全部旁系先王恰好是十四位。所以，此小示"十示又四"當是卜丙至廩辛的旁系先王。與此同版的"父丁"當然也必是康丁。[2]

　　綜上所述，武乙卜辭中，無論是"大示"的"十示又三"，還是"小示"的"十示又四"，其所祭先王數與武乙時代的世系完全吻合，故此中的"父丁"確實是康丁。

　　（三）文丁卜辭中的稱謂

　　本文所指的"文丁卜辭"即歷組父乙類卜辭。文丁卜辭中，其父輩稱謂祇見"父乙"；母輩稱謂祇見"母庚"。此與武丁卜辭中眾多的父輩和母輩稱謂相比，真有天壤之別。

　　1. "父乙"稱謂　有如下三種組合。

　　（1）單獨的"父乙"稱謂：

　　壬午卜：芮又伐父乙？　　　　《屯南》751（圖三，3）

　　甲戌卜：又于父乙一牛？　　　《合集》32722

　　癸亥卜：兄（祝）于父乙？　　《合集》32723

---

① 陳夢家：《殷虛卜辭綜述》，科學出版社 1956 年版，第 464 頁。

② 曹定雲：《論武乙、文丁祭祀卜辭》，《考古》1983 年第 3 期。

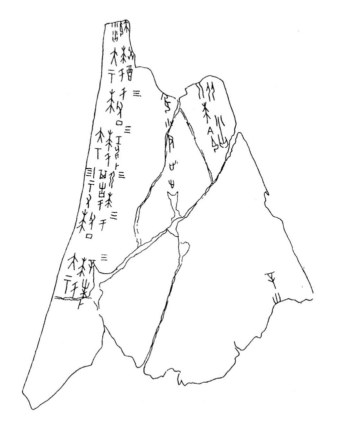

圖七　《屯南》601 摹本

（2）"兄丁、父乙"連稱：

　　丙子貞：將兄丁于父乙？用。　　　　　　　《粹》373

　　癸巳卜：將兄丁凡父乙？　　　　　　　　　《甲》611

（3）稱"兄丁、父宗"：

　　辛酉卜：將兄丁于父宗？《摭續》223（《合集》32765）

此稱目前僅一見，"兄丁、父宗"即"兄丁、父乙宗"。廟主稱

"宗"，是文丁卜辭的特點之一。

2. "母庚"稱謂　文丁卜辭中的母輩稱謂祇有"母庚"一個，此與武丁卜辭中存在著母庚、母丁、母壬、母癸等多母的情況又有極大的差別。今擇引如下：

　　　　庚申卜：母庚示旬？不用。　　　　　　　　《明後》2524

上述文丁卜辭中的"父乙""兄丁""母庚"同武丁卜辭中的"父乙""兄丁""母庚"有很大的區別：首先，此三稱在武丁卜辭中是同版關係，是分別祭祀的對象，而在文丁卜辭中，"父乙""兄丁"往往同辭，是"合祭"的對象。其次，武丁卜辭中，此三稱所受祭祀種類比較多，除御祭、出祭外，還有告祭、祉祭、酌祭等，而文丁卜辭中，此三稱所受祭祀種類少得多，主要是又祭，其次是告祭、將祭；而母庚祇受又祭，兄丁祇受將祭。

此外，武丁卜辭中，此三稱所受犧牲比較多，以"宰"為主，其次是牛、羊、伐等；而文丁卜辭中，此三稱所受犧牲比較少，主要是牛，次為羊，沒有見到"宰"。

以上情況表明，文丁卜辭中的"父乙""兄丁""母庚"同武丁卜辭中的"父乙""兄丁""母庚"是不相同的人，其時代自然也不相同。

（四）文丁卜辭中集合廟主所反映的世系

文丁卜辭中對時代推斷有重要意義的集合廟主是"伊，廿示又三"。今引徵如下：

　　　蚩新X用？
　　　〔壬〕戌卜：又歲于伊、廿示又三？
　　　　　　　《京》4101（圖六，3；《佚》211與此同文）

關於此辭，陳夢家先生曾指出："'伊廿示又三'，當讀作'伊、廿示又三'。伊尹事湯，放大甲而為大甲所殺，為沃丁所葬。則此二十三示應是自大甲至康丁的二十三王，乃小示。"① 我們曾經指出："陳先生對此世系的推算是對的，但認為是小示則可商。'伊、廿示又三'是伊尹、大甲以下直系、旁系先王的合祭，故不是小示。此'伊、廿示又三'與文丁卜辭的時代亦相吻合。"②

綜上所論，無論是從地層關係，還是從卜辭稱謂和世系進行分析，文丁卜辭內容與其所處的時代是完全吻合的。

四 武乙、文丁卜辭的事類

武乙、文丁（歷組）卜辭與武丁、祖庚（賓組、出組）卜辭在占卜事類方面既有某些相似性，又有明顯的差異性。前者多是各個時期都可以重復發生的事件，後者則是某一時期所特有的事類，關於這一問題，我們過去已有所論述，現稍作補充。

商周時期，"國之大事，在祀與戎"，即祭祀與戰爭是商王國政治生活的重要內容。所以殷墟卜辭中，祭祀內容占了多數，戰爭內容也有一定數量。在戰爭與祭祀兩件大事上，在商代後期的不同階段是有所不同的。

（一）關於戰爭

我們在《再論》中已經分析了武丁、祖庚、祖甲與武乙、文丁時的方國關係③，文中指出，武丁時期作戰的主要對象是舌方，武乙、文丁時期作戰的對象主要是召方，兩者有顯著區別。林小安在《武乙、文丁卜辭補正》與《再論歷組卜辭的年代》兩篇文章裏，對伐舌方的卜辭做了詳細的分析，其文的要點是：在殷墟

---

① 陳夢家：《殷虛卜辭綜述》，科學出版社 1956 年版，第 465 頁。
② 曹定雲：《論武乙、文丁祭祀卜辭》，《考古》1983 年第 3 期。
③ 蕭楠：《再論武乙、文丁卜辭》，《古文字研究》第九輯，1984 年。《甲骨學論文集》，中華書局 2010 年版，第 114—115 頁。

卜辭中，占卜伐吾方的卜人有賓、殷、爭、古、亘、永、箙、韋、〇、出等十名（除"出"外，其餘均為賓組卜人），涉及近五百條卜辭，從卜辭中看出，武丁對這場戰爭十分重視，不但御駕親征，還調集了滿朝重臣，如〇、師殷、望乘、子畫、沚〇等名將前往作戰。戰爭的規摸大，動用了三千、五千的兵力，持續的時間也較長，是武丁晚至祖庚初年最重要的戰爭。若歷組卜辭與賓組、出組同時，歷組的貞人必定對此重大事件進行占卜，但為何置若罔聞？這一現象唯一的答案是貞人歷不是武丁晚至祖庚時代之卜官，這類卜辭也不是武丁至祖庚的卜辭①。我們認為林氏的分析很有見地。

下面再談一下有關召方之事。張永山、羅琨在有關文章中對此曾做過詳細的論述，他們指出，在武丁賓組卜辭時期，召方與商王朝是聯盟關係，而在歷組卜辭時，卻成了主要的敵國。②

在 1986—2004 年小屯村中南所出的歷組卜辭中，依然不見吾方的蹤影，但發現了兩片征伐召方的卜辭，其內容如下：

己酉□：召〔方〕☒? 三

己酉卜：其〇人☒〔召〕☒? 三

弜〇人?

丙辰貞：于□告☒燊?　　　《村中南》228（圖六，2）

辛丑〔卜〕：三千□令☒?

辛丑卜：王正（征）刀方?

□□卜：□□令□召□〔受〕又?

《村中南》66（圖六，1）

---

① 林小安：《再論歷組卜辭的年代》，《故宮博物院院刊》2000 年第 1 期。

② 張永山、羅琨：《論歷組卜辭的年代》，《古文字研究》第三輯，中華書局 1980 年版。

刀方，即召方①。㣈，即征召之意②。在已發現的伐召方的六十多條卜辭中，未見"㣈人"或"㣈人"之數目③。上述兩片卜辭，既有"㣈人"，又見"三千"，雖然《村中南》66 第一辭"三千"之後缺字，但從同版的二、三辭可推知，該辭是卜問是否命令三千人伐召方。可見武乙、文丁時期，征伐召方動用的兵員較多，戰爭的規模也較大，召方確是這一時期殷王朝最主要的敵國。

（二）關於祭祀

在賓組、出組、歷組卜辭中，祭祀祖先的卜辭數量大，現祇選取對斷代意義最有價值的祭祀父乙、父丁的祭名與用牲情況做一比較④。

1. 祭名

（1）父乙　在賓組卜辭中，祭祀父乙的祭名有出、御、賓、酓、告、酉、嚮、奉、伐、舌、伐、舌、祀、彳、登等多種，出祭最多，占了約 50%，次為御祭、賓、酓、告、酉、嚮也有數條，後幾種偶見。

歷組對父乙祭祀的祭名有又、將、剛、祝、告、伐、歲、禣，以又、將、剛為多，其中將、剛、祝、歲四個祭名不見於賓組，而賓組的御、賓、酓、嚮等多個祭名也不見於歷組祭祀父乙的卜辭。

（2）父丁　在出組卜辭中，祭祀父丁的祭名有賓、歲、又、彡、舌、叔、召、夕、告、蓑、御、侖、秦、彳、祭、酓、升等，以賓、歲、又為主，特別是賓祭，占了近半。

歷組卜辭對父丁的祭祀，祭名有告、又、秦、彳、歲、御、酓、伐、燎、尊、甗、報、汎、祝、彡、彀、昇、舌、米、劃、叡、

---

①　陳夢家：《殷虛卜辭綜述》，科學出版社 1956 年版，第 287 頁。

②　于省吾主編：《甲骨文字詁林》，中華書局 1996 年版，第 953—955 頁。

③　《合集》33018 有"☐王㣈☐〔往〕伐召，受又"，可能是"㣈人"之辭。

④　方述鑫在《殷虛卜辭斷代研究》第 223—224、230—231 頁，對賓組、自組與歷組父乙類，出組與歷組父丁類的祭名做過比較，讀者可參考。

餗等，以告祭最常見，次為又祭、桒祭，歷組的報、汎、燎、祝、𠛱、尊、[illegible]、甗、米、餗等不見於出組，出組的賓、[illegible]、龠、[illegible]等不見於歷組。

出組與歷組對父丁的祭祀卜辭有一部分祭名相同，但內容有别。以告祭為例，出組對父丁的告祭祇見二條卜辭，内容較簡單。《英》1957："貞：告于父丁？"《合集》23259："甲子卜，大貞：告于父丁，今日温酌？"而歷組對父丁告祭的卜辭達三十條，内容豐富。如《合集》33526："癸丑貞：王令利出田，告于父丁，牛一？兹用。"《合集》32680："丁卯貞：其告于父丁，其狩，一牛？"《合集》33710："辛巳貞：日戠，其告于父丁？"《合集》31995："己丑卜：[illegible]衆，告于父丁，一牛？"《合集》33015："己酉卜：召方來，告于父丁？"《屯南》1089："甲戌貞：告于父丁，餗一牛？兹用。"以上卜辭反映出，當時田獵、日食、戰争、祭祀等多方面的事情，商王都要對其父進行告祭。①

2. 用牲

賓組、出組、歷組卜辭對父乙、父丁的祭祀，在用牲方面也存在較明顯的差别。下面我們以《類纂》所載的卜辭資料，對這幾組卜辭的用牲狀况做一統計（表二）。

表二　　**賓組、出組、歷組卜辭祭祀父乙、父丁用牲統計表**

卜辭組別 / 卜辭條數 / 用牲	賓組祭祀父乙卜辭	出組祭祀父丁卜辭	歷組祭祀父丁卜辭	歷組祭祀父乙卜辭
羌	2	4	15	
伐	1		2	
艮	9			

① 張永山、羅琨在《論歷組卜辭的年代》一文中，對歷組卜辭告祭父丁的内容曾做過論述，讀者可參考。

續表

用牲 ＼ 卜辭條數 ＼ 卜辭組別	賓組祭祀父乙卜辭	出組祭祀父丁卜辭	歷組祭祀父丁卜辭	歷組祭祀父乙卜辭
𢀖	2			
牢	1		15	
牛	9	19	34	3
宰	24	18	6	
羊	8		6	
犬			4	
豕	1		1	
青	3			
合計	60	41	83	3

賓組祭祀父乙記用牲的卜辭 60 條，其中用人牲的卜辭 14 條，種類為羌、伐、𠂤、𢀖、用人牲最高數為三十伐（《合集》886），次為十（《合集》702 正）。用畜牲 46 條，種類有牢、宰、羊、牛、豕、青，用畜牲最高數為百宰（《合集》6664 正），次為三十（《合集》886）。

歷組祭祀父乙記用牲的卜辭較少，全部用牛，最高數為三牛（《合集》34240）。

出組祭祀父丁記用牲的卜辭 41 條，其中人牲 4 條，均為羌，最高數為三十（《合集》22549）。用畜牲 37 條，種類較簡單，衹牛（牡、牢歸入牛類）、宰二種，用牲最高數為十牛（《合集》23180），次為五（《合集》22555）。

歷組祭祀父丁記用牲的卜辭 83 條，其中用人牲的卜辭 17 條，種類為羌與伐，最高數為百羌以上（《屯南》1111），次為伐四十（《屯南》636）。用畜牲 66 條，種類有牛、牢、羊、宰、犬、豕，一次用畜牲最高數為百，有百犬、百豕、百牛（《合集》32674）、百小宰（《合集》32675、《屯南》4464）。歷組祭祀父丁較出組祭祀父丁用牲種類多，數量也大。

　　這裏需要提到的是祭祀卜辭中的牢與宰兩個字的含義。關於牢，學術界有不同的看法，有釋為大牢，指牛、羊、豕三牲，有釋作二牛（或指一牡牛與一牝牛），還有釋圈養的牛，或特別圈養供祭祀用的牛。關於宰，有學者釋為小（少）牢，指羊、豕二牲，也有釋作圈養的羊，或特別圈養供祭祀的羊。[①] 我們認為，牢、宰是指特別圈養供祭祀的牛和羊，用牢、宰祭祀較用牛、羊為隆重。

　　牢與宰在賓組、出組、歷組祭祀卜辭中，其數量與占的比例是不同的。從表二可知，賓組祭祀父乙記用牲的卜辭中以宰為多，計 24 條，占全部牲畜條數（46 條）的 52.2%，若宰與羊合算為 32 條，則羊畜占 70%，牢祇見一條，牛、牢合算 10 條辭，占 22%。出組祭祀父丁卜辭，宰牲為 18 條，占該組畜牲條數（37 條）的 48.7%。牛牲 19 條，比例升至 51.3%。歷組祭祀父丁用宰的卜辭 6 條，占該組畜牲條數（66 條）的 9.1%，若以宰、羊合算為 12 條辭，則羊牲占 18%。牢 15 條，占該組畜牲條數的 22.7%，若牢與牛合計為 49 條辭，占該組畜牲條數的 74%。

　　雖然我們祇統計了賓組、出組、歷組祭祀父乙、父丁的用牲情況，但它能大體反映出這三組卜辭用牲之差異，其中最主要的不同點是，賓組、出組卜辭祭祀祖先使用的畜牲以宰為主，牢很少[②]，羊牲的比例大。何組、無名組牢、宰並用，歷組用牢多於宰，牛牲比例較羊牲大，而到了黃組，祭祀祖先的卜辭絕大多數用牢與牛，宰與羊很少。可見宰與羊、牢與牛祭祀卜辭條數多寡之變化，反映了時代之差異。歷組卜辭之父乙、父丁較賓組的父乙、出組的父丁晚。

---

　　① 于省吾主編：《甲骨文字詁林》，中華書局 1996 年版，第 1504—1517、1538—1540 頁。

　　② 非王卜辭中的用牲情況與王卜辭有些差異，如《花東》的子卜辭，用牢祭祀祖先有 30 片，用宰祭祀 42 片。用牢較賓組卜辭多。

讓我們再看一下殷墟商代後期祭祀遺存中羊牲與牛牲的情況。

（1）羊牲 據已發表的考古資料，殷墟埋羊牲的祭祀坑數目約 27 座，其中單獨埋羊的 3 座，其餘的 20 多座，除羊外還有其他犧牲（主要是犬）。羊牲的數目在 180 頭以上。[①] 羊牲祭祀坑絕大多數發現於小屯北宮殿宗廟區內。如小屯乙七基址南面的 M182（屬北組墓葬）、M152（屬中組墓葬），乙七、乙十三基址的 M105、M109、M364、M368 等十二座"基中墓"[②]，丙一基址東南的 M338、M339，丙十七基址中部的 M393，丙組基址北段的 M357 等。這些祭祀坑內埋羊的數目少者 1 頭，最多的 42 頭。此外，在郭家莊西南及西北岡也各發現一座埋羊的祭祀坑。

（2）牛牲 殷墟埋牛的祭祀坑或文化層有 12 個單位。分佈於小屯宮殿區、西北岡王陵區、苗圃北地、大司空村、孝民屯等地，牛牲總數約 503 個個體。除小屯北 M390 坑屬牛與羊合埋外，其餘的坑都單獨埋牛。這類坑大多埋的是整牛，但也發現埋牛的某一部分骨骼。在白家墳的 VD 區，探方 T2 東北隅的地層中，發現牛角四十餘支，為二十頭牛的角。在孝民屯鑄銅遺址，發現了專埋牛的牙齒與下頜骨的坑，如 H265，坑內埋 3600 多個牛的門齒，屬於 434 個牛的個體。[③]

上述埋羊、牛的祭祀坑（或文化層）共三十九個單位，除少數幾座坑不好斷代外，大多數坑（或文化層）是可以據其與周圍遺跡的關係及坑內共存陶器的形態進行分期。屬於殷墟文化一、二期的有羊坑 19 座（埋羊 120 隻）、牛坑 5 座（埋牛 44 隻），小

---

① 謝肅：《商代祭祀遺存研究》，博士學位論文，中國社會科學院研究生院，2006 年，第 142—145 頁，商文化犧牲祭品統計表。

② 有學者稱這類墓為"置礎墓"，但這些墓葬中的人牲是在基址的夯築過程中埋入的，和置礎立柱在時間上不一致，故應稱為"基中墓"較好。

③ 殷墟孝民屯考古隊：《河南安陽孝民屯商代鑄銅遺址 2003—2004 年的發掘》，《考古》2007 年第 1 期。

屯宮殿基址發現的羊坑、牛坑，絕大多數都屬於這一時期①。屬於殷墟文化三、四期的有羊坑2座（埋羊3隻），牛的坑、層六個單位（埋牛約459個個體），苗圃北地、孝民屯、白家墳發現的埋牛的坑、層及郭家莊西南的羊坑屬於這一階段。

考古資料表明，殷墟文化一、二期（相當於賓組、出組卜辭時期）用羊牲祭祀較多，牛牲較少，而殷墟文化三、四期（相當於無名組、歷組、黃組卜辭時期）則大量使用牛牲祭祀，用羊牲則相當少，這與甲骨卜辭的記載大體上是符合的。

五　關於《屯南》4050 與《屯南補遺》244 的綴合問題

2004 年 11 月，中國古文字研究會在杭州召開，台灣學者林宏明博士提交了《從一條新綴的卜辭看歷組卜辭時代》一文。林博士在該文中綴合了《屯南》4050 與《屯南補遺》244。② "綴合後發現内容和王國維、董作賓所綴合的《合》32384 内容類似、字體相同的歷組卜辭。雖然這組卜辭綴合後仍然非常殘缺，但重要的是此版為歷組卜辭這類列舉一系列先公先王的殘辭，目前惟一一例可以見到‘父’字的。將這組綴合和《合》32384 比較，兩者行款大致一致，推測這可能是一組同文卜辭"。③ 綴合後的卜辭内容如下（圖六，5）：

（□乙）三，
□大乙十，□

---

① 有關小屯宮殿基址及其周圍祭祀坑的時代可參考中國社會科學院考古研究所：《殷墟的發現與研究》，科學出版社 1994 年版，第 51—69 頁；杜金鵬：《殷墟宮殿區建築基址研究》，科學出版社 2010 年版，第 161—176、257—258、329—334 頁。

② 中國社會科學院考古研究所安陽工作隊：《1973 年小屯南地發掘报告·（五）小屯南地甲骨補遺》，《考古學集刊》第 9 集，科學出版社 1995 年版。

③ 林宏明：《從一條新綴的卜辭看歷組卜辭時代》，《古文字研究》第二十五輯，中華書局 2004 年版，第 87 頁。

　　　　☐小甲三，大戊☐

　　　　☐乙十，且☐

　　　　☐□三，父☐。

　　關於《合》32384，其辭是歷組父丁類中的祭祀卜辭，文為：

　　　　乙未酚系品：上甲十，乙三，

　　　　☐丙三，☐丁三，示壬三，示癸三，大乙十，

　　　　大丁十，大甲十，大庚七，小甲三，☐

　　　　☐戔甲三，祖乙☐。

綴合後的卜辭與《合》32384 相比，增加了第五行，而且還出現了父名。對於"父"下之字，林宏明博士認為是"丁"，並說："根據世系，筆者以為這個'父'為'父丁'（武丁）的可能性比康丁大出許多。"①

　　林文發表以後，李學勤先生認為，這為歷組卜辭提前"再次提供了有力證據"。又說：綴合後的第五行"父"下之字應為"乙"；"所見的'父'，祇能是'父乙'，即'小乙'……假如以辭中'父乙'為武乙，是怎樣也沒有辦法講通的"②。

　　我們認為，林宏明博士的綴合是成功的，他認為"父"下之字可能為"丁"也是對的。因為，該片是典型的歷組父丁類卜辭。李學勤先生認為"父"下為"乙"不妥。至於該片的時代，卻不能因為"綴合"而提前：第一，綴合後仍然是一片殘辭，所缺之字甚多，"父"字前和"父"字後，仍不知所指是谁。第二，雖然"父"後之字可以定為"丁"，但也不能説父丁就一定是武丁。

---

　　① 林宏明：《從一條新綴的卜辭看歷組卜辭時代》，《古文字研究》第二十五輯，中華書局 2004 年版，第 89 頁。

　　② 李學勤：《一版新綴卜辭與商王世》，《文物》2005 年第 2 期。

因為殘缺的"父丁"卜辭，證明"父丁"屬哪一個王，其力度當然要比"小乙、父丁"卜辭要小，如今，由於有"小乙→三祖→父丁"之祭祀過程被發現，完整的"小乙、父丁"卜辭中的"父丁"已經被證明不是武丁，而是康丁，那殘缺的"父丁"卜辭更是不足為據了。

六 關於武乙、武丁卜辭中的同版問題

在武乙、武丁卜辭討論中，有學者對某些問題，尤其是同版問題提出過疑問。關於這些問題，有的我們過去回答過，有的尚未回答。現借此機會，一併回應如下：

（一）關於《屯南》2384（H57：179）中的同版問題

《屯南》2384 是"出組"與"歷組"同版的卜辭，内容如下：

> 其上 1—9：庚辰卜：王。
> 其下：庚辰貞：其陟☒高祖上甲，兹用，王固，兹□？一

該片上部 1—9 辭是典型的出組卜辭，而下部是典型的歷組父丁類卜辭。背面的鑽鑿形態是早期的，而不是武乙時候的。該版胛骨卜辭，我們在《屯南·釋文》中指出："此骨為同版不同期卜辭，骨上部為祖庚、祖甲時期的卜辭，骨下部是武乙時期的卜辭……這是武乙時期利用了庚、甲時期的卜骨的空隙而形成的。"[1]

《小屯南地甲骨》（上冊）問世後，不少主張歷組卜辭早期説的學者認為這是歷組與出組時代相同的佳證。[2] 在這些先生看來，同版就一定同期，似乎成為一條定律。

---

[1] 中國社會科學院考古研究所：《小屯南地甲骨·釋文》，中華書局 1983 年版，第 1010 頁。

[2] 李學勤：《論小屯南地出土的一版特殊胛骨》，《上海博物館集刊》1987 年第 4 期。

　　其實在甲骨卜辭中，同版祇是一種現象。同版可以同期（相對而言）；同版也可以不同期。具體情況具體分析，不能一概論之。在《小屯南地甲骨》中，同版不同期尚有其他的例證。如《屯南》2157，該版上部似康丁卜辭，下部似乙辛卜辭。出現這種情況，明顯是晚期利用了早期卜骨之故。①

　　殷墟卜辭中，不同時期的卜辭出現在同一版上應當是可以理解的。殷代卜龜（骨）是很寶貴的，占卜完後，不會馬上扔掉，而是保存下來，因為這是檔案，時王甚至後繼者還會不時地檢驗查看，而史官們也會經常查閱這些卜骨，從中總結出占卜的經驗；後來的史官也會翻閱以前的卜龜（骨），從中學習前輩的技術。在以上這些過程中，難免會有史官在過去空缺的卜骨上，重新占卜或刻辭，這是合乎情理的事情。這有點像近現代學者常會在古書上作眉批，難道人們會將古書與眉批看作是同一時代嗎？所謂卜辭同版同時祇是相對的，是從大處著眼而言的，因為兩種刻辭相隔時間可能是幾天、幾個月、幾年，人們可以忽略不計，算作是同一時期。若從細微處出發，同版不同時則是絕對的，即便是同一天，二者之間也有先後；如果這種不同時超過了十年、幾十年，甚至上百年，人們就不能再說它們是同一時期的了！

　　在《小屯南地甲骨》中還存在另外一種現象：卜甲（骨）上的卜辭與其上的紀事刻辭歸屬於不同的時代。有學者將這種現象也稱作同版。其實，這與真正的卜辭同版是有區別的。因為，紀事刻辭發生於甲骨整治過程結束之時，是甲骨整治管理者檢驗甲骨時的簽屬記錄，不是真正的卜辭；而卜辭則是貞人占卜之後史官刻在甲骨上的記錄。這兩種記錄的性質完全不同，而且發生的時間也不相同。此中存在的時間差究竟有多長，很不好說，可能幾天、幾個月，也有可能是幾年、幾十年甚至上百年。這就好像

────────────

　　①　中國社會科學院考古研究所：《小屯南地甲骨·釋文》，中華書局1983年版，第1010頁。

信紙信封上面在印刷時印有單位名稱，這種名稱往往有明確的時代標記，但寫信人何時用此紙（包括信封）寫信，則是另一回事，寫信人可能在當年用此紙寫信，也可能是在幾年、幾十年之後用此紙寫信。殷代整治好了的龜骨是十分珍貴的，會放在庫房備用，待貞人占卜時，再從庫房取出，占卜完後，史官在上面刻上卜辭。此中前後間隔的時間同樣會有長有短。所以，這種現象不能叫同版，祇能稱之為"同龜（骨）"。這種"同龜（骨）"的現象，卜辭中有不少例證。例如《屯南》910、911 就是典型代表。今將該片正面卜辭與反面的辭刻分列如下：

正面（911）　　　戊寅☒?

己卯貞：秦禾于示壬，三牢?

□酉卜：于伊□丁亥?

反面（910）　　　壬子，殼〔示〕。

該卜骨正面從字體看是歷組父乙類，屬文丁卜辭；而反面有賓組卜人的簽名，是武丁時的紀事刻辭。這同樣是"晚期利用了早期的卜骨"[1]。已故著名學者張政烺先生說："《南地》910、911 片是一骨之正背兩面，背面有'壬子，殼示'四字，是一期紀事刻辭……骨面有歷組卜辭三條。……可見此是一期入藏之骨，至歷組卜人始用之，而非賓組、歷組合作的產物。"[2] 類似的情況也見於《屯南》2263 與 2264，2263 是正面，其上似乙辛卜辭；2264是反面，其上是康丁至武乙紀事刻辭[3]。再如《英藏》2415：

---

① 中國社會科學院考古研究所：《小屯南地甲骨·釋文》，中華書局 1983 年版，第 907 頁。

② 張政烺：《婦好略說補記》，《考古》1983 年第 8 期。

③ 中國社會科學院考古研究所：《小屯南地甲骨·釋文》，中華書局 1983 年版，第 994 頁。

正面　　🔲令🔲人先涉？

反面　　丁卯🔲出于🔲三宰，〔在〕🔲。

該片的正面大部分是偽刻，祇有一行是卜辭，字體近似歷組；背面是賓組字體的紀事刻辭。[①] 這也是後來（康丁、武乙）時代貞人利用了武丁時代已整治好的卜骨進行占卜的緣故。

以上三例都是卜辭與紀事刻辭"同龜（骨）"的現象。這不能叫"同版"，因為後者不是卜辭；且往往不在同一版上，而是在龜（骨）的正面與反面，所以祇能稱作兩種刻辭"同龜（骨）"。這兩種刻辭原本就發生在不同的時間，性質本不相同，因此它們之間的時代不同也就不足為怪了。

七　關於殷墟卜辭中的異代同名問題

殷墟卜辭中有兩個婦好，一是武丁（賓組卜辭）時的婦好，另一個是武乙、文丁（歷組卜辭）時的婦好。這兩個婦好，無論從字體的寫法還是她們的平生事蹟，以及死後所享受的祭祀待遇等方面都有很大區別。關於這些區別，我們過去多次做過論述，現在不再重復。[②]

李學勤先生將歷組卜辭提至武丁和祖庚時代，其起因就是因為婦好。殷墟五號墓（婦好墓）發掘之後，在學術界引起極大反響。此墓屬於殷墟二期早段，墓中的主人（婦好）見之於武丁時代的賓組卜辭，其卜辭數量還相當多。因此，"婦好"墓主人的身份與時代不存在任何疑問。正是根據此事，李學勤先生認為："殷墟甲骨不止是武丁時期的賓組卜辭有婦好這個人物，多出自小屯村中的一種卜骨也有婦好。這種卜骨字較大而細勁，祇有卜人🔲

---

① 李學勤、齊文心、艾蘭：《英國所藏甲骨集》下篇上冊，中華書局 1992 年版，第 135 頁。

② 蕭楠：《再論武乙、文丁卜辭》，《古文字研究》第九輯，中華書局 1984 年版。

（歷）。我們稱之為歷組卜辭。按照舊的五期分法，歷組卜辭被認為屬於武乙、文丁時期的第四期。新出土的各墓青銅器及玉器上的文字，其字體更接近於歷組卜辭。"據此，李先生認為歷組卜辭的時代必須提前。[①]

　　其實，婦好之"好"從"女"從"子"，"子"乃此女子之母國國號。如同婦井是井國之女子，道理是一樣的。[②]武丁時代，子國之女嫁到殷王室為妃，稱為"婦好"；武乙、文丁時候，子國之女也嫁到殷王室為妃，同樣還得叫"婦好"。這兩個婦好相距時代甚遠，怎能將武丁卜辭的婦好與武乙、文丁卜辭中的婦好看作是同一個人呢？

　　在殷墟卜辭中，異代同名的現象很普遍。關於這一問題，我們在《一論》《再論》中已有論述，甲骨文中出現的絕大多數人名不是私名，而是氏名，因為這些人名往往又是國名、地名、族名，這是古代以國為氏、以邑（封地）為氏的反映。我們過去論述此問題，主要依據卜辭中的資料，現在考慮到甲骨文中的不少人名，在商代後期（甚至西周早期）的銅器銘文中作為族名出現，所以本文擬從商代銅器銘文的族名這一角度再做補充。商代銅器銘文的族名相當多，這裏我們祇選取十幾個既見於銅器又見於甲骨文的較重要的名號做一分析（表三）。

表三　　　　　　　　　商代銅器銘文中常見族名表

銘文	銅器著錄號			卜辭出現組別
	二期	三期	四期	
戈	3018、3172	1203	766、1204	𠂤組、午組、賓組
冀	377、5446	2112、2941	461、3147	𠂤組、賓組、歷組

[①]　李學勤：《論"婦好"墓的年代及有關問題》，《文物》1977 年第 11 期。

[②]　參見蕭楠《再論武乙、文丁卜辭》中有關"婦好"章節（《古文字研究》第九輯，中華書局 1984 年版；《甲骨學論文集》，中華書局 2010 年版，第 109 頁）。

續表

銘文	銅器著錄號			卜辭出現組別
	二期	三期	四期	
𦥑	6604、7456	7457	J829、OU264	賓組、出組、無名組、歷組、黃組
旗	J866、J867	10646、1114	2400、2401	賓組、何組、無名組、歷組
史	1075、6610	1084、8615	1088、2957	賓組、花東子卜辭
矢	380、1430	1426、9156	1429、7779	出組、歷組
何	5445、11721	2750、6424	5756、5757	𠂤組、賓組、花東子卜辭、出組、何組、歷組
寧	1361、1362	J793、1366	1116、6625	花東子卜辭、無名組、何組
犬	7179	1565、6356	10840	𠂤組、賓組、何組、無名組、歷組、黃組
中		J1114、J1115	8630、8166	賓組、出組、無名組
光	1025、8600	6030	2709、J565	𠂤組、午組、賓組
并	9830	8898	6579	𠂤組、賓組、出組、歷組
狄	6702、6703	6700、J760	505、J681	賓組、花東子卜辭
𢀖	2546、9854	8059、7796	1035、OU47	賓組、花東子卜辭、歷組

　　説明：表中 J 指劉雨、盧岩《近出殷周金文集録》（中華書局 2002 年版），OU 指劉雨、汪濤《流散歐美殷周有銘青銅器集録》（上海辭書出版社 2007 年版），其他均為中國社會科學院考古研究所《殷周金文集成》（中華書局 1984—1994 年版）號碼。①

　　表三所舉的十四個族名，其中十三個均見於殷墟文化第二、三、四期的銅器上，袛有"中"銘，見於三、四期，但由於在賓組卜辭（武丁中晚期）有其名號，故我們認為，將來在殷墟二期的墓葬中可能會有此銘出土。

　　表中所列的大多數銅器是傳世品，但也有少量是經科學發掘

---

　　① 此表參考嚴志斌《商代青銅器銘文研究》中的《商代青銅器銘文分期一覽表》，博士學位論文，中國社會科學院研究生院，2006 年；趙鵬《殷墟甲骨人名與斷代的初步研究》中的附録三《殷墟甲骨文所見人名列表（部分）》，綫裝書局 2007 年版。

出土的，下面我們選取考古發掘出土的旛犾銘銅器，來考察一下器主旛與犾在不同時期的情況。

旛銘銅器，見於郭家莊東南95M26與06M5二座墓葬①，前者時代為二期晚段，後者為三期早段②。95M26出青銅禮器12件和鉞、戈、矛、鏃等兵器46件，五件銅禮器上有"旛"銘。06M5出青銅禮器9件和鉞、戈、矛、鏃等兵器21件，三件銅禮器上有"旛"銘。此二墓的墓主應為"旛"。我們對此二墓的隨葬品曾做過研究，認為95M26的墓主是位權力較大的指揮官，而06M5墓主則屬於中下級武官。③

犾銘銅器出於殷墟西區族墓地第八墓區的M271與M1125④。前者出青銅禮器4件和銅戈、矛等兵器4件，時代屬殷墟三期；後者出青銅禮器3件和戈、矛、鏃等兵器5件，時代屬殷墟四期。兩墓的墓主為小貴族，低級武官。⑤

以上的例子表明，這兩組具有同一名號的墓主，生前均出自同一族氏。這反映出殷代的職官具有世襲性，即一些強宗大族的族長或重要人物世代為官，尤其是世代出任武職的更常見。

殷代銅器銘文中屢見異代同名現象，給我們以啟示，即甲骨文中的"同名"也應當如此解釋，特別是一些時代相隔較遠的卜辭組如賓組、出組與歷組，賓組與無名組，賓組、出組、何組與黃組中的同名者，應是出於同一個氏族中不同時代的人。

過去有的學者注意到，甲骨文的一、四期（賓組與歷組）

① 中國社會科學院考古研究所安陽工作隊：《河南安陽市郭家莊東南26號墓》，《考古》1998年第10期；安陽市文物考古研究所：《河南安陽市郭家莊東南五號商代墓葬》，《考古》2008年第8期。

② 發掘報告執筆者認為06M5屬殷墟文化二期，我們據該墓出的銅器、陶器的型式較二期器物略晚，改訂為殷墟三期早段。

③ 劉一曼：《甲骨金文的"旛"與殷墟"旛"墓》，《殷都學刊》2011年第1期。

④ 中國社會科學院考古研究所安陽工作隊：《1969—1977年殷墟西區墓葬發掘報告》，《考古學報》1979年第1期。

⑤ 劉一曼：《論安陽殷墟墓葬青銅武器組合》，《考古》2002年第3期。

“同名”現象較各期多，由此對異代同名產生懷疑，甚至認為，賓組、出組與歷組的同名不是異代同名，而是指時代相同的同一個人。在《再論》一文中，我們談到一、四期卜辭“同名”較其他各期多的現象曾說道：“這與卜辭內容有一定的聯繫：一、四期卜辭內容多、涉及面廣，故‘人名’也多，‘同名’現象自然就多；而二期以祭祀（特別是周祭）、卜旬、卜王為主，三期以田獵卜辭為主，五期以祭祀、田獵、卜旬為主，另有一些征人方的材料，涉及的‘人名’相對少一些，故同名現象相對也少一些。”

　　現在看來，上面的解釋仍然是合理的，我們不能以同名現象在各期（或各組）出現多寡的不同而對異代同名產生懷疑或否定。因為，如同表三所示，一些重要的族氏，從武丁（甚至更早）直至帝乙、帝辛時期，一直活躍在商王朝的政治舞臺上，這昭示出在殷代各個時期，異代同名的確是一個非常普遍的現象。

八　歷組卜辭產生時代探索

　　武乙、文丁卜辭中，除少量的無名組卜辭外，絕大部分是歷組卜辭。“武乙、文丁卜辭”與“歷組卜辭”不是同一個慨念，歷組卜辭並不等同於武乙、文丁卜辭。本文所論的武乙、文丁卜辭是歷組卜辭的主體，所占份額起碼在百分之九十五以上。這就意味著，歷組卜辭中可能有極少量其他時代的卜辭。我們以《類纂》為依據，對該類卜辭中的父輩稱謂做過統計，其中有父丁稱謂215條，有父乙稱謂21條，有父庚稱謂1條，父庚稱謂約占總數的0.4%，因此我們說歷組卜辭的主體是武乙、文丁卜辭是沒有錯的。但卜辭的產生與時王的更替並不等同，歷組卜辭究竟產生於何時是可以討論的。由於歷組卜辭的主體是武乙、文丁卜辭，故歷組卜辭的產生離武乙時代不會太遠，很可能在康丁之世，這是一種合乎邏輯的推論。這一推論在地層上並無障礙，1973年小屯南地的發掘表明，中期一組地層既出康丁卜辭，也出武乙卜辭（歷組父丁類）①。康丁與武乙在時間上是相連的，在地層上是共存的。

歷組卜辭中的"父庚"稱謂，目前雖祇一見，但值得注意，今引徵如下：

辛亥卜：囗戠于父庚？ 　　《鄴三》42.3（《合集》27435）

對於該片卜辭的稱謂與時代，陳夢家先生曾做過研究。他認為這片仍是武乙卜辭，其"父庚"是廩辛卜辭中的"兄庚"。② 他這樣說，也有一定道理。可我們仔細審閱過這片卜辭，按其字體可以歸入歷組，但並非典型歷組，有的字又接近於無名組。嚴格地講，該片是無名組向歷組過渡的一種卜辭，這一特徵正好説明了它是歷組卜辭的早期形態。因此我們認為，此片中的"父庚"很可能是康丁稱其父祖庚，故該片可能是康丁時期的卜辭。

《屯南》2668 有"其又歲于兄庚"一辭，不過，那是一片習刻；《屯南》2296 有"中己歲兄己歲"一辭，此片中的"兄己"不能作為孝己的證據。因為，殷代各王時代中，名"兄己"者多有其人，僅憑"兄某"是不能定其時代的。即便是單個的"父某"，如果沒有更多的稱謂或稱謂組合，沒有明確的地層證據，也是難以定其時代的。

九 字體變化在卜辭斷代中的地位和作用

在甲骨分期斷代的研究中，人們通常會將卜辭字體進行分類，以便整理與研究。這種方法在考古學上稱作類型學。但甲骨卜辭本身是地下遺物，是通過考古學方法發掘出來的，所以人們

---

① 中國社會科學院考古研究所：《小屯南地甲骨·前言》，中華書局 1980 年版。
② 陳夢家：《殷虛卜辭綜述》，科學出版社 1956 年版，第 457 頁。

又必須運用考古地層學的方法，對出土甲骨進行整理。這兩種方法都是需要的，二者互相融合，互相補充，相得益彰。但在二者的關係中，地層學是基礎，是根本，地層學決定著類型學。所謂類型學，就是按遺物（器物）的外部特徵與內涵進行分類，將具有相同或相近特徵的器物歸納在一起進行分析與研究，以便考查它們的變化與發展。這是考古學中經常運用的方法，也是一種有效的方法，但它的前提是必須建立在地層學的基礎之上。類型學本身有其局限性，不同的時代，事物的外形有時會有相似與雷同之處。如果離開地層學，單純憑器物的外部形態進行分類，並斷定器物的時代，那就非常危險，甚至有誤入歧途的可能。此外還應指出，文字的形態會受師承關係的影響，這點應引起學者足夠的重視。

在所謂歷組卜辭中，真正有貞人歷（𠭰）的卜辭是很少的。將相當多字體相同或相近的卜辭稱之為“歷組”卜辭，學者中至今仍有人不予認同，這是可以理解的。我們認為，稱“歷組”卜辭也不是不可以，但在研究中，要切忌濫用，不要一見字體稍微相近，不考慮其他，尤其是不考慮地層關係，就籠統地稱之為“歷組”卜辭，並隨之著手改變其時代，那樣就難免出錯。

在卜辭分期斷代中，人們自然要注意字體的變化。從歷史的角度看，甲骨文字體確實總是處在不斷變化和發展之中，這是不容懷疑的。人們之所以能將卜辭進行分類，所根據的還是字體的變化。但具體到某些個別的字，情況就不一樣了。例如，過去董作賓先生所總結出來的甲骨文第五期的“癸”，其形作“𝕏”，筆劃都出頭。一般研究者都據此作為認定第五期的依據。然而，1991年花園莊東地 H3 所出卜辭中，“癸”字出頭者比比皆是。難道我們能將花東的甲骨看成是第五期的嗎？或者反過來將過去的第五期提到武丁或武丁以前嗎？無論哪種做法都是不妥的。再如

"王"字的寫法，過去傳統看法分"新派""舊派"，"舊派"寫作"太"，"新派"寫作"玉"。如今，在花園莊東地 H3 甲骨中，這兩個"王"字是並存的，《花東》420"王"作"玉"；480"王"作"太"①，無所謂誰早誰晚。因此，僅憑某些個別"字"的寫法變化，就去斷定卜辭的時代，是不可取的，也是非常危險的。判斷卜辭的時代，一定要看卜辭的群體特徵，要根據地層關係，要看稱謂組合、世系、事類等各種因素。總之一句話，要綜合各種因素，切忌根據一兩點就匆忙下結論。

十　關於殷墟卜辭"兩系説"

在歷組卜辭時代的討論中，李學勤先生提出了"兩系説"。他説："以性質而言，以商王為占卜中心的是王卜辭，不以商王為占卜中心的是非王卜辭。…… 以發現地點而言，有的組類祇出於或主要出於小屯村北，有的組類祇出於或主要出於小屯村中和村南。在王卜辭中，祇有自組村北、村南都出，其他可分為村北、村南兩系。"② 後來，"兩系説"又被進一步完善，並用圖表述如下：

（村北）　自組 →自賓間組 →賓組 →出組 →何組 →黄組

（村南）自歷間組 →歷組 →無名組 →無名黄間組 ──↑

進而指出："自組卜辭村南、村北均有出土，是兩系共同的起源，自賓間組祇出村北，自歷間組祇出村南，纔開始分兩系發展，往後賓組、出組、何組、黄組為村北系列，歷組、無名組、無名黄間類為村南系列，無名黄間類以後，村南系列又融合於村北系列之中，黄組成為兩系的歸宿。"③

---

① 中國社會科學院考古研究所：《殷墟花園莊東地甲骨》（六），雲南人民出版社 2003 年版，第 1723、1744 頁。

② 李學勤、彭裕商：《殷墟甲骨分期新論》，《中原文物》1990 年第 3 期。

③ 李學勤、彭裕商：《殷墟甲骨分期研究》，上海古籍出版社 1996 年版，第 306 頁。

　　我們推測，提出“兩系說”的學者，大概是難以解釋歷組卜辭與賓組、出組之間的差異，以及歷組與他組之間的地層關係，因而將之從何組、黃組的鏈條中抽出，並放在無名組的前面，以擺脫歷組卜辭在地層上遇到的困境。

　　對於“兩系說”，方述鑫、林小安等學者已提出過質疑①，本文在他們論述的基礎上，再做一些補充。

　　其一，“兩系說”與小屯甲骨出土的實際情況不符，因為村南是出賓組、何組、黃組卜辭的，如《屯南》2113、2663、910 與《村中南》384、454、455 等為賓組卜辭，《屯南》2384 上有出組卜辭（與歷組同版），《屯南》4327、4447 為何組卜辭，《屯南》648、2157（第 2 辭）、2263、2405、2489、3564、3793、4363、4474、4475、4476 及《村中南》438 為黃組卜辭。村北也出歷組卜辭，如甲二基址 E52 的《甲》3649、大連坑的《甲》2667、2859，丙一基址 H354 的《乙》9089、C 區 YH258 的《乙》9064 等片都屬於歷組卜辭。

　　其二，兩系中上下銜接的各組卜辭應當是年代相承襲，字體一脈相承，中間沒有缺環，但是何組與黃組卜辭的聯繫不是緊密的，兩者之間有一定的空隙。這點，“兩系說”的學者已經注意到了。但他們指出，何組與黃組之間還有一批過渡的卜辭，《安陽侯家莊出土的甲骨文字》中的第 9—42 片就屬於此種卜辭，它的字體較何組三類帶有更多的晚期特徵。這批過渡性的甲骨卜辭在殷墟是存在的，祇是尚未在小屯出土而已。② 我們認為，這種推測根據不足。蔣玉斌博士研究了侯家莊第 9—42 片甲骨，他

---

① 方述鑫：《殷虛卜辭斷代研究》，第 168—169 頁，文津出版社 1992 年版；林小安：《再論“歷組卜辭”的年代》，《故宮博物館院刊》2001 年第 1 期。
② 李學勤、彭裕商：《殷墟甲骨分期研究》，上海古籍出版社 1996 年版，第 306 頁。

認為那是另一種子卜辭（即非王卜辭），不屬於王卜辭之列。①
蔣氏的看法是有道理的。王卜辭與子卜辭是性質不同的卜辭，不
應當將侯家莊的"子卜辭"拿來填補小屯"兩系説"中王卜辭
的空白。

其三，村南村北近在咫尺，在殷代是在同一宮殿區中，殷王
朝沒有必要在同一時期設立兩個占卜機關。若是在同一時期存在
兩個獨立的占卜機關，那應當在占卜事類上有所分工。但歷組與
賓組、出組卜辭在内容方面均有占卜祭祀、天氣、田獵、農業、
戰爭等事項，兩者之間沒有多大的不同，分設兩個占卜機關的意
義又在哪裏？若是在同一時期存在著兩個獨立的占卜機構，那麼
各機構的人員應當在各自的衙署内從事占卜活動，為何又發現賓
組、出組與歷組的字體同見於一塊甲骨之上的現象？

其四，"兩系説"將歷組卜辭放到了無名組卜辭的前面，是同
田野考古中的地層關係相違背的。在 1973 年小屯南地的發掘中，
無名組卜辭雖與歷組父丁類卜辭同出在中期一組，但歷組父乙類
卜辭祇出在中期二組；且有多組中期二組坑打破中期一組坑。這
説明，無名組卜辭的產生早於歷組卜辭，這是建立在確切地層關
係上的結論。

總之，無論從卜辭内容進行分析，還是從田野發掘的地層關
係進行檢驗，"兩系説"都是難以成立的。

---

① 蔣玉斌：《殷墟子卜辭的整理與研究》，博士學位論文，吉林大學，2006 年，第
132—137 頁。

附表　　　　　　　**1973 年小屯南地中晚期灰坑出土刻辭甲骨統計表**

期段	灰坑號	甲骨著録號	卜辭類型	灰坑時代
中期三段	H8	569—571	歷組父丁類	三期早段
	H16	572、573、補 36	習刻	
	H36	2077—2084、2086	無名組、歷組父丁類	
	H37	2085	無名組	
	H55	2254	無名組	
	H72	2529—2531	一期、無名組	
	H91	2659、2660	𠂤組	
	H92	2661—2663	賓組、習刻	
	H95	2667—2676、補 112	午組、無名組	
	H99	2682—2697	𠂤組、一期、無名組	
	H109	2772	歷組父丁類	
中期四段	H23	690—856、補 37、38	無名組、歷組（父丁、父乙類）	三期晚段
	H24	857—2057、補 39—88	無名組、歷組（父丁、父乙類）	
	H31	2058—2076	無名組、歷組父丁類	
	H32	補 89	不明	
	H38	2087、2099、2101— 2103	無名組、歷組父丁類	
	H39	2100、2104—2112	無名組、歷組（父丁、父乙類）	
	H47	2113—2115、2117—2129	午組、賓組、無名組、歷組（父丁、父乙類）	
	H50	2160—2249、補 92—95	午組、無名組、歷組（父丁、父乙類）	
	H59	2494—2500、補 105	無名組	
	H61	2502—2509	𠂤組、午組、無名組、歷組父乙類	
	H74	2532、2533	無名組	
	H75	2534—2542	無名組、歷組父乙類	
	H78	2547、2548	習刻	

續表

期段	灰坑號	甲骨著録號	卜辭類型	灰坑時代
中期四段	H79	2549—2551	無名組	三期晚段
	H80	2552—2559	無名組、歷組父丁類	
	H84	2565—2583	一期、無名組、歷組父丁類	
	H85	2584—2639、補106、107	午組、無名組、歷組（父丁、父乙類）	
	H87	2654—2658、補108、109	歷組父丁類	
	H93	2664—2666、補111	無名組	
	H98	2677—2681	無名組、歷組父丁類	
	H103	2699—2764、補113、114	無名組、歷組（父丁、父乙類）	
晚期五段	H1	1—25	無名組、歷組（父丁、父乙類）	四期早段
	H2	26—482、補1—32	無名組、歷組（父丁、父乙類）	
	H3	483—521、補33	無名組、歷組（父丁、父乙類）	
	H4	522—525	無名組、歷組父丁類	
	H5	526—535	無名組、歷組父丁類	
	H6	536—561、補34	無名組、歷組（父丁、父乙類）	
	H7	562—568	無名組、歷組（父丁、父乙類）	
	H17	574—689	無名組、歷組（父丁、父乙類）、個別自組、黃組	
	H45	2115、2116、補90、91	無名組、歷組父丁類	
	H48	2130—2159	無名組、歷組（父丁、父乙類）、個別字體近黃組	
	H54	2250—2253	一期、無名組、歷組父丁類	
	H57	2255—2454、補96—103	無名組、歷組（父丁、父乙類）、黃組，個別屬一期及出組	
	H58	2455—2493、補104	無名組、歷組（父丁、父乙類），個別黃組、自組、一期	

續表

期段	灰坑號	甲骨著錄號	卜辭類型	灰坑時代
晚期五段	H60	2501	無名組	四期早段
	H63	2510—2518	無名組、歷組父丁類	
	H64	2519—2523	無名組	
	H65	2524—2528	自組、無名組、歷組（父丁、父乙類）	
	H77	2543—2546	無名組、習刻	
	H83	2560—2564	無名組、歷組（父丁、父乙類）	
	H86	2640—2653	無名組、歷組（父丁、父乙類），個別午組	
	H114	2773—2776	一期、無名組	

引用書目簡稱

《後·上》　羅振玉：《殷虛書契後編》上，影印本 1916 年版。

《拾遺》　葉玉森：《鐵雲藏龜拾遺》，影印本 1925 年版。

《佚》　商承祚：《殷契佚存》，金陵大學中國文化研究所 1933 年版。

《鄴三》　黃濬：《鄴中片羽三集》，北平尊古齋影印本 1942 年版。

《甲》　董作賓：《殷虛文字甲編》，中央研究院歷史語言研究所 1948 年版。

《綴》　曾毅公：《甲骨綴合編》，修文堂書房 1950 年版。

《摭續》　李亞農：《殷契摭佚續編》，商務印書館 1950 年版。

《南·明》　胡厚宣：《戰後南北所見甲骨錄·明義士所藏甲骨》，來薰閣書店 1951 年版。

《南·輔》　胡厚宣：《戰後南北所見甲骨錄·輔仁大學所藏甲骨文字》，來薰閣書店 1951 年版。

《京》　　　胡厚宣：《戰後京津新獲甲骨集》，群聯出版社
　　　　　　1954 年版。

《合》　　　郭若愚、曾毅公、李學勤：《殷墟文字綴合》，科
　　　　　　學出版社 1955 年版。

《人文》　　貝塚茂樹：《京都大學人文科學研究所藏甲骨文
　　　　　　字》，京都大學人文科學研究所 1959 年版。

《粹》　　　郭沫若：《殷契粹編》，科學出版社 1965 年版。

《明後》　　許進雄：《殷墟卜辭後編》，藝文印書館 1972
　　　　　　年版。

《綴新》　　嚴一萍：《甲骨綴合新編》，藝文印書館 1975
　　　　　　年版。

《合集》　　郭沫若主編，胡厚宣總編輯：《甲骨文合集》，中
　　　　　　華書局 1978—1983 年版。

《屯南》　　中國社會科學院考古研究所：《小屯南地甲骨》，
　　　　　　中華書局 1980—1983 年版。

《類纂》　　姚孝遂、蕭丁：《殷墟甲骨刻辭類纂》，中華書局
　　　　　　1989 年版。

《花東》　　中國社會科學院考古研究所：《殷墟花園莊東地甲
　　　　　　骨》，雲南人民出版社 2003 年版。

　　　　　（原刊《考古學報》2011 年第 4 期）

四論武乙、文丁卜辭

——論"無名組卜辭"與"歷組卜辭"早晚關係

曹定雲　劉一曼

一　問題的提出

"歷組卜辭"是武乙、文丁卜辭的主體。自上世紀 70 年代以來，關於"歷組卜辭"時代的爭論，進行了近四十年。爭論中，我們先後發表了三篇關於"武乙、文丁卜辭"的文章，論述該類卜辭是屬於武乙、文丁時代。尤其是 2011 年發表的《三論武乙、文丁卜辭》一文中，指出在"歷組卜辭"中明確存在"小乙—三且（祖）—父丁"這一祭祀順序，"小乙"之後的"父丁"必是康丁。上述文章在學術界產生了較大影響。當然，"歷組卜辭"不等同於武乙、文丁卜辭。武乙、文丁卜辭中，除"歷組卜辭"外，還有其他一些卜辭，其中就包括相當一部分後來學術界所稱的"無名組卜辭"。嚴格來説，"無名組卜辭"的叫法並不科學，因為，卜辭中的"無名者"（指貞人）並非都是一類。由於現今甲骨學界討論的"無名組卜辭"都有其特定的指向，並非泛指所有的"無名者"，本文為討論方便，故仍就沿用之。

　　"無名組卜辭"是 20 世紀 80 年代初提出來的。在此之前，甲骨學界對這一類卜辭有自己的處置方法：董作賓先生在他的五期分法中，"無名組卜辭"歸於第三期，"歷組卜辭"歸於第四期[①]；胡厚宣先生在出版《戰後寧滬新獲甲骨集》中説："其三期四期，即廩辛、康丁及武乙文丁時物，雖有少數可以分為兩期，或可以確知其當屬於一王者，但絕大多數，往往類似混同，不易分辨，故今多列為一期。改正訂補，俟之將來"[②]，將三、四期合併為一期；在胡厚宣先生領導編輯《甲骨文合集》時，大部分"無名組卜辭"編入第三期，有一部分編入第四期；我們在《小屯南地甲骨·釋文》一書中，沒有稱"無名組卜辭"，而是將這部分卜辭分別對待，分別定為康丁卜辭、康丁—武乙卜辭、武乙卜辭和少量接近帝乙時代的卜辭。[③] 林澐學友説："蕭楠把'無名組卜辭'仍稱為'康丁卜辭'，這是很不妥當的。"[④] 這顯然是林澐的誤解。如今看來，《甲骨文合集》和《小屯南地甲骨》之分期雖説不是十分完備與精確，但大致不誤。在此二書的分期中，"無名組卜辭"主要屬於康丁、武乙，有少量屬於文丁；"歷組卜辭"屬武乙、文丁；"無名組卜辭"早於"歷組卜辭"；但在武乙時期是同時並存的。這兩種卜辭往往同時並存於一個坑，就是最好的證明。

　　在關於"歷組卜辭"時代的討論中，李學勤先生提出了"兩系説"。他説："在王卜辭中，衹有自組村北、村南都出，其他可以分為村北、村南兩系。"後來，"兩系説"又進一步完善，並用

　　① 董作賓：《甲骨文斷代研究例》，《慶祝蔡元培先生六十五歲論文集》上冊，中央研究院歷史語言研究所 1933 年版，第 359 頁。
　　② 胡厚宣：《戰後寧滬新獲甲骨集》，北京來薰閣書店 1951 年版。
　　③ 中國社會科學院考古研究所：《小屯南地甲骨·釋文》，中華書局 1983 年版。
　　④ 林澐：《小屯南地發掘與殷墟甲骨斷代》，《古文字研究》第九輯，中華書局 1984 年版，第 141—142 頁。

圖表述如下：

　　（村北）自組→自賓間組→賓組→出組→何組→黃組

　　（村南）自歷間組→歷組→無名組→無名黃間組——①

　　關於李先生的"兩系説"，我們早已作過評論②，在殷代歷史的實際中，是根本不存在的，今日亦無任何的考古地層證據能夠證明，故本文在此不予多説。在此特別要指出的是，在李先生的"兩系説"中，"歷組"是早於"無名組"的。這一結論顯然與甲骨文事實不符，是本文須要特別加以澄清的。

　　在關於"歷組卜辭"時代的爭論中，學友林澐後來也加入其中，支持"兩系説"。我們對林澐學友的觀點，一直未作正面回應。近幾年來，林澐的觀點越來越頻繁地出現於文章中：他先是在 2012 年 1 月寫的《卡内基博物館所藏甲骨研究·序》中，提出了這樣的甲骨文發展自然順序，即"自歷間組—歷組一類—歷組二類—歷無名間組—無名組—無名黃間組—黃組"③。稍後於 2012 年 6 月，在臺灣召開的第四屆國際漢學會議上，發表了《評〈三論武乙、文丁卜辭〉》一文④；2013 年 11 月，林澐又在臺灣召開的"古文字年會"上，進一步就"歷組卜辭"時代提出了他的看法⑤。其實，林澐學友的這些觀點，不是什麽"新看法"，是他在 20 世紀 80 年代就提出來了。他在《小屯南地發掘與殷墟甲骨斷代》一文中，將殷墟全部王室卜辭的分類和時代歸納為：

<hr>

　　①　李學勤、彭裕商：《殷墟甲骨分期研究》，上海古籍出版社 1996 年版，第 305—306 頁。

　　②　劉一曼、曹定雲：《三論武乙、文丁卜辭》，《考古學報》2011 年第 4 期。

　　③　林澐：《卡内基博物館所藏甲骨研究·序》，見周忠兵《卡内基博物館所藏甲骨研究》，上海人民出版社 2015 年版。

　　④　林澐：《評〈三論武乙、文丁卜辭〉》，《出土材料與新視野》，臺北，"中研院"歷史語言研究所 2013 年版，第 1—26 頁。

　　⑤　林澐、劉金山：《〈甲骨文斷代研究例〉在斷代中仍可發揮作用》，《古文字與古代史》第四輯，臺北，"中研院"歷史語言研究所 2015 年版。

自歷間組→歷組一類→歷組二類→無名組→無名組晚期→黃組

自組大字→自組小字→自賓間組→典型賓組→賓組晚期→出組→何組①

　　他認為，從字體上看："自組→自歷間組→歷組一類→歷組二類→無名組→無名組晚期→黃組是一個逐步過度的連續序列，從字體以外的其他方面可以找出不少證據，證明排成這樣一個序列是完全合理的。"②

　　上述表述就是林澐的"兩系説"。他的"兩系説"同李學勤的"兩系説"大同小異，今天在此也不多作評論。這裏要特別指出的是，他同樣認為："歷組卜辭"早於"無名組卜辭"，而"歷組一類"（我們所稱的文丁卜辭）又早於"歷組二類"（我們所稱的武乙卜辭）。在這一根本問題上，林、李二位的觀點是完全一致，與我們的觀點則是針鋒相對的。所以，我們不得不作出認真回答，以澄清甲骨分期上的是是非非。這裏首先是要解決"歷組卜辭"與"無名組卜辭"究竟"誰早誰晚"的問題。為此，特作如下論述。

二　"無名組卜辭"與"歷組卜辭"類型

　　要想解決"無名組卜辭"與"歷組卜辭"早晚關係，首先必須對這兩類卜辭正確地進行分類。我們過去對"無名組卜辭"沒有作過專門分析，曾分別稱之為"康丁卜辭""康丁—武乙卜辭""武乙卜辭""接近帝乙時代卜辭"。這些提法都不大嚴密。如今，我們要在過去的基礎上，重新進行分類。為此，我們以《屯南》為主，兼顧《合集》《村中南》等書③，共收集"無名

---

①　林澐：《小屯南地發掘與殷墟甲骨斷代》，《古文字研究》第九輯，中華書局1984年版，第142頁。

②　林澐：《小屯南地發掘與殷墟甲骨斷代》，《古文字研究》第九輯，中華書局1984年版，第136頁。

③　《屯南》，指《小屯南地甲骨》，中國社會科學院考古研究所編著，中華書局1983年版。《合集》，指《甲骨文合集》，郭沫若主編，胡厚宣總編輯，中華書局1978—1983年版。

組卜辭”404 片，分為五個類型（詳見文後《附表》）。關於
“無名組”中部分字體較晚的田獵卜辭，因其內容與字體的特殊
性，須另作專門的討論。現將本文中所收“無名組卜辭”分類
介紹如下：

　　第一類，亦稱 A 類，以《屯南》88（圖版壹：1）、1048（圖
版壹：2）、1011（圖版壹：3）等為代表；歸入此類的有《合集》
27606（圖版壹：4）、27615（圖版壹：5）、27364（圖版壹：6）、
27617、27621、28278 等，作為我們考察的依據，共收集卜辭 81
片。[①] 此類卜辭還可以細分（見《附表》），為避免繁瑣，權作一
類述之。

　　此類卜辭的特徵是字體工整，帶筆鋒。字體大多較狹長，較
大；也有少數卜骨字體較小，筆劃較細，字的結構兼有歷組與無
名組的特點。其特徵性的字是：“庚”作 ；“子”作 、 ；
“丑”作 、 ；“歲”作 ；“用”作 、 ；“重”作 ；“其”
作 ；“又”作 ；眔作 ；翌作 ；羌作 等。尤其是“ ”“ ”
“ ”“ ”等字都獨具特徵，與他組有明顯的區別。

　　此類卜辭稱謂大多分書，也有少量合書。常見的“父”輩稱
謂有：“父甲”與“父己”同版（《合集》28278）；“父甲”與
“父己、且丁”同版（《合集》27348）；“父丁”與“且丁”同版
（《屯南》68）；“祖丁”“父甲”“兄辛”同版（《合集》27364）。
單獨的“父丁”（《屯南》590《合集》32645、32673）；“父辛”
與“祖甲”“中宗祖丁”同版（《屯南》2281）；“父戊”（《屯南》
1048）等。其“兄”輩稱謂有：“兄庚”與“兄己”同版（《合
集》27615、27617）。單獨的“兄庚”（《合集》27619、27620、
27621），“兄己”（《合集》27611、27612、27613、27614），“兄辛”
（《合集》27625、27626、27627）等。這些“父”“兄”稱謂，對

---

　　① 此 81 片是我們這次寫論文過程中，收集到的卜辭片數，不是精確的統計，祇作
為參考。以下同，不另注。

考察這類卜辭的時代，將提供重要依據。

　　第二類，亦稱 B 類，以《屯南》95（圖版貳：1）、42（圖版貳：2）、766（圖版貳：3）、1098、2359、2483、2557、3542、3828、4582 等為代表；《合集》27416、27622、27624、27633 等可以歸於此類。這類卜辭我們共收集 173 片，作為考察的依據。同 A 類一樣，這些卜辭也還可以細分（見《附表》），為避免繁瑣，權作一類述之。

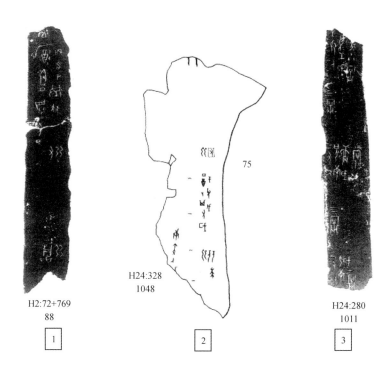

H2:72+769
88

1

H24:328
1048

75

2

H24:280
1011

3

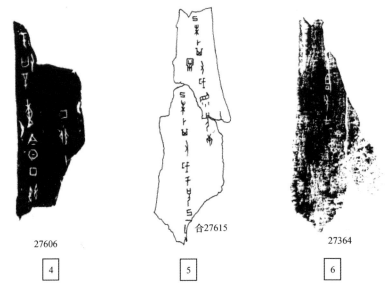

27606

4

合27615

5

27364

6

圖版壹　無名組卜辭 A 類

H2:124
95

1

H2:23
42

2

H23:126
766

3

圖版貳　無名組卜辭 B 類

這類卜辭的字體比較小，刻劃纖細、緊密，秀麗、勻稱、有筆鋒。一些常用字的寫法，有的同於 A 類，有的則與 A 類有區別，如“庚”字大多作㡀；“丑”作㣲；“用”作㽷與㽷；“重”作㮥與㮥；“雨”作㽷、㽷；“羌”作㽷、㽷、㽷；“翌”作㽷；“受”作㽷；“其”作㽷、㽷與㽷，“吉”作㽷㽷與㽷等。尤其是庚、重、雨、吉、翌諸字，與 A 類區別明顯。

這類卜辭的“父”輩稱謂有：“父甲”與“且丁”同版（《合集》27363、27370）；“父甲”與“父己”同版（《屯南》95）；“父己”與“父庚”同版（《合集》27416，《屯南》210、957）；父丁與且丁同版（《合集》32603）；單獨的父甲（《屯南》4510），“父己”（《屯南》2483），“父戊”（《屯南》4078）。父辛（《村中南》277）①。其“兄”輩稱謂有“兄辛”，見於《屯南》2996、《合集》27633（與子癸同版）、27624 等。其“且”輩稱謂有“且丁”，見於《屯南》60、《合集》32603（與父甲同版）；《屯南》1005、2359（與毓且丁同版）；“且乙”，見於《屯南》618、4554；“且辛”，見於《屯南》139、656（與小乙同版）等。

第三類，亦稱 C 類，以《屯南》257、610（圖版參）、1103（圖版肆）、2341、2542、2699、2739、4033 等為代表，總共收集的卜辭約有 75 片，內中可以分為若干組，詳情見後面《附表》。為避免繁瑣，同樣一併述之。

這類卜辭的字體風格是：字有的較小，有的較大，筆劃纖細；字不整齊，較草率；筆道軟、轉角圓；字無筆鋒；稱謂多分書。其特徵性的字體是：“庚”作㡀、㡀，同於 B 類；“子”作㽷、㽷；“歲”作㽷、㽷；“王”作㽷；“用”作㽷、㽷；“重”作㽷、㽷；“其”作㽷、㽷、㽷；“又”作㽷、㽷；“吉”作㽷、㽷、㽷；翌作㽷、㽷；菁作㽷；雨作㽷等。其中，㽷、㽷、㽷等字尤具特徵；有

---

① 《村中南》，指《殷墟小屯村中南甲骨》，中國社會科學院考古研究所編，雲南人民出版社 2012 年版。

的字雖同於第二類，但筆鋒柔軟、散漫。

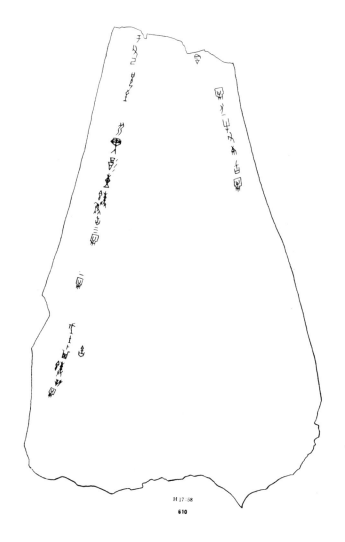

圖版叁　無名組卜辭 C 類

　　這類卜辭的"父"輩稱謂有："父甲"與"父庚""且丁"
同版（《屯南》1055）；"父庚"與"父己""且丁"同版（《屯
南》2742）；"父庚"與"父己"同版（《屯南》610）。單獨的
"父甲"（《屯南》1061、2520、3666）；單獨的"父庚"（《屯南》

2209、3002）；單獨的"父己"（《屯南》2140，《村中南》437）；其"兄"輩稱謂有："兄辛"與"小乙、且乙"同版（《屯南》657）。其"且"輩稱謂主要"且乙"，見於《屯南》3030 等。

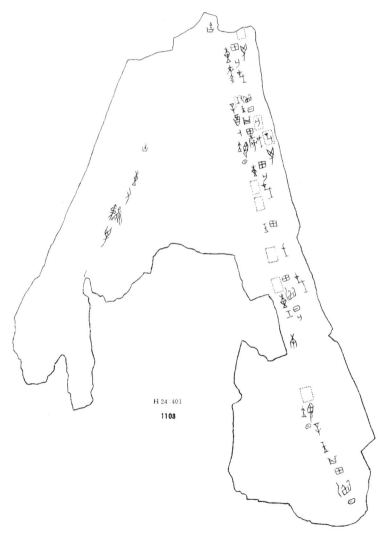

圖版肆　無名組卜辭 C 類

第四類，亦稱 D 類，以《屯南》2064、2219、2232、2320、2219（圖版伍）、2168、2279、2328 等為代表，歸入此類者有

《合集》28957、28958、29146、32390、32654、32714,《村中南》51、63等,共收集卜辭58片,詳情見後面《附表》。

　　該類卜辭的字體風格是:字體大多較小,勻稱、秀麗;稱謂多合書。其特徵性的字體是:"庚"作 ⿰、⿰;"子"作 ⿰;"用"作 ⿰、;"叀"作 ⿰;"弜"作 ⿰;"其"作 ⿰;"吉"作 ⿰⿰;"雨"作 ⿰;"戌"作 ⿰;"又"作 ⿰等,尤其是 ⿰、⿰、⿰等字獨具特徵。

　　這類卜辭的"父"輩稱謂有:"父丁"與"且甲"同版(《合集》32654、32655);單獨的"父丁"(《合集》32714、32390)。這些稱謂為斷定該類卜辭時代提供了依據。

H50:111＋122＋123＋124＋166＋112
2219

圖版伍　無名組卜辭 D 類（《屯南》2219）

　　第五類，亦稱 E 類，以《屯南》2617（圖版陸）、2306、2346、2440、3564 等為代表，共收集卜辭 18 片，根據字體仍可細分（見《附表》），為避免繁瑣，權作一類述之。

　　該類卜辭字體風格中，具有一些很特徵性的字：如"庚"作、、；"酉"作；"子"作；"戊"作；"戌"作；"王"作、；"災"作、；"用"作、；"重"作、；"吉"作；"其"作；"又"作等。尤其是、二字，與前面區別明顯；又"子"作；"王"作等也很具特色。

圖版陸　無名組卜辭 E 類（《屯南》2617）

該類卜辭目前見到的稱呼有"大京武丁"（《屯南》4343）、"武乙宗"（《屯南》3564）。

　　關於“歷組卜辭”類型，我們過去多有分析，尤其在《三論武乙、文丁卜辭》一文中，作過詳細的討論，學界均已知情，故本文簡略介紹如下：

　　第一類，亦稱 A 類，即“歷組父丁類”。該類字體剛勁有力，轉角處棱角明顯。但這類字形狀大小、筆劃粗細又有差異：有的字字體較大，遒勁有力，以《屯南》608、856、1111、4331 等為代表，《合集》32790、33611，《村中南》202、203 等亦可歸入此類；有的字，筆劃粗細大小適中，如《屯南》194、994、2079、2058，《村中南》12、46 等；還有的字，筆劃較細，字體多折筆；但某些字圓折兼施較柔和，如《屯南》503、611、866、1062 等。

　　該類卜辭的父輩稱謂以“父丁”為主，“歷組父丁類”之稱也由此而來。但該組中還有“父辛”稱謂，見於《綴新》588①。

　　第二類，亦稱 B 類，即“歷組父乙類”。該類卜辭字體也可細分為兩種：一種字體風格與“父丁類”較相似，多屬折筆字，但某些干支或常用字的寫法，與“父丁類”又有區別，如庚、酉、貞、重、羌、用、翌、受、囚 等都有其特殊的寫法，屬此類者有《屯南》582、2605、4100、4103，《合集》32051、33148 等。另一類（《三論》中的第 4 類）字體較小，筆鋒圓潤，如《屯南》751、2126、2534、2601，《合集》32031 等。

　　該類卜辭的父輩稱謂主要是“父乙”，“歷組父乙類”之稱也由此而來。不過，以上這種類別上的叫法，嚴格說來並不十分貼切：因為“父丁類”字體卜辭中，也有少量的“父乙”稱謂，如《合集》34240、32735 等；而“父乙類”字體卜辭中，也發現個別的“父丁”稱謂，如《合集》32680。這種現象的存在合於情理，但並不妨礙我們的分類法。故本文仍採用“父丁類”“父乙類”以作區分，學者們是會理解和明白的。

---

① 《綴新》，指《甲骨綴合新編》，嚴一萍編著，臺灣藝文印書館 1975 年版。

三　"無名組卜辭"與"歷組卜辭"稱謂與時代

要想確定"無名組卜辭"與"歷組卜辭"之間的早晚關係，必須首先從其"稱謂"入手，且著重於"父"輩與"兄"輩稱謂，尤其要分析每一類卜辭的"稱謂組合"（即"同版關係"），這樣，可以為每一類卜辭的時代提供重要依據。先分析"無名組卜辭"稱謂：

第一類（A），"父"輩稱謂有："父甲"與"父己"同版（《合集》28278）；"父甲"與"祖丁"、"兄辛"同版（《合集》27364）；"父丁"與"且丁"同版（《屯南》68）。另有"父丁"（《屯南》590，《合集》32673）；"父戊"（《屯南》1048）。其"兄"輩稱謂有："兄庚"與"兄己"同版（《合集》27615、27616、27617）。另有單獨的"兄庚"（《屯南》1011，《合集》27619、27620、27621）；"兄己"（《合集》27611、27612、27613、27614）；"兄辛"（《合集》27625、27626、27627）。此外，有"三且"之稱（《合集》27179）。根據上述稱謂，應當有下列時代的卜辭：

祖甲時代卜辭：其根據是"兄庚"與"兄己"同版，此"兄庚"當是"祖庚"，"兄己"當是孝己。此外，單獨的"兄庚""兄己"，也應當是指祖庚、孝己。此類中單獨的"父丁"有的可能是指武丁，但目前仍缺乏明確的同版關係證據。

康丁時代（廩辛在位很短，暫不考慮）卜辭：根據是"父甲"與"父己"同版，此"父甲"當為祖甲，"父己"當為孝己；"父甲"與"且丁""兄辛"同版，"父甲"是指祖甲，"兄辛"是指廩辛，"且丁"是指武丁。此外，單獨的"兄辛"也應當是指廩辛。

武乙時代卜辭：其根據是"父丁"與"且丁"同版（《屯南》68），此"父丁"是指康丁，"且丁"是指武丁。此外，單獨的

"父丁"可能是指康丁（《屯南》68可證）。又"父辛"與"祖甲""中宗祖丁"同版，"父辛"是指"廩辛"，"祖甲"是武丁子"且甲"，"中宗祖丁"則是指武丁。"三且"則指孝己、祖庚、祖甲。

從上面分析可以看出，第一類卜辭時間跨度較大，從祖甲一直到武乙。因此，判斷該類卜辭時代，不僅要看字體，更要看稱謂，二者必須結合，纔能作出正確的結論。

第二類（B），"父"輩稱謂有："父甲"與"且丁"同版（《合集》27363）；"父甲"與"父己"同版（《屯南》95）；"父己"與"父庚"同版（《合集》27416、《屯南》210、957）。"三父"（《人文》1817即《合集》27491圖版柒：2)①。此外，還有單獨的"父己"（《屯南》2483、《合集》27013）；"父戊"（《屯南》4078）；"父丁"與"且丁"同版（《合集》32603）；"父辛"（《村中南》277）。其"兄"輩稱謂有："兄辛"（《屯南》2996、《合集》27633等。根據上述稱謂，可推斷下列時代卜辭：

康丁時代卜辭：其根據是"父己"與"父庚"同版，"父己"是指孝己，"父庚"是指祖庚；"父甲"與"父己"同版，"父甲"是指祖甲，"父己"是指孝己；"父甲"與"且丁"同版，"父甲"指祖甲，"且丁"指武丁。單獨的"父己"應當是指孝己；合稱的"三父"是指祖庚、祖甲、孝己。"兄辛"應是指廩辛。這些稱謂均與康丁時代吻合。

武乙時代卜辭，根據是"父丁"與"祖丁"同版，"父丁"是指康丁，"祖丁"是指武丁。單獨得"父辛"是指廩辛。

第三類（C），"父"輩稱謂有："父甲"與"父庚"、"且丁"同版（《屯南》1055）；"父庚"與"父己""且丁"同版（《屯南》2742）；"父庚"與"父己"同版（《屯南》610）；"父己"

---

① 《人文》，指《京都大學人文科學研究所藏甲骨文字》，貝塚茂樹編，京都大學人文科學研究所刊發，1959年。

與"己父"同版(《屯南》2315)。此外,有單獨的"父甲"(《屯南》1061、3666);"父庚"(《屯南》2209、3002);"父己"(《屯南》2140)。根據上述稱謂,可推斷卜辭時代:

康丁時代卜辭:其根據是同時有"父甲""父庚""父己"之稱謂,且多為"同版",此三父當是祖庚、祖甲、孝己,為康丁卜辭無疑。單獨的"父甲""父庚""父己"自然也是指此三人。稱謂與時代完全吻合。

第四類(D),"父"輩稱謂有:"父丁"與"且甲"同版(《合集》32654、32655)。另有單獨的"父丁"(《合集》32714、32390)。

根據上述稱謂,可以推斷該類是武乙時代卜辭:此中的"父丁"是康丁,"且甲"即武丁"子"祖甲。稱謂與時代也完全吻合。

第五類(E),該類字體卜辭中,目前為止沒有見到"父""兄"稱謂,見到的祇有"大京武丁"(《屯南》4343)。"武乙宗"(《屯南》3564)。從字體與稱謂分析,該類應是文丁時代卜辭。

"歷組卜辭"中的稱謂,我們過去多有分析,現簡略介紹如下:

"父丁"類卜辭中有:"父庚"(《合集》27435),目前僅此一見;"父丁"稱謂很多,我們初步統計,這類字體卜辭中,有"父丁"稱謂的卜辭有215條[1],此中,又可分下列幾種情況:"小乙、父丁"連稱(《屯南》4015);"且乙、父丁"連稱(《甲》754)[2];"毓祖乙、父丁"連稱(《屯南》2366);單獨的

---

[1] 劉一曼、曹定雲:《三論武乙、文丁卜辭》,《考古學報》2011年第4期。

[2] 《甲》,指《殷墟文字甲編》,董作賓著,中央研究院歷史語言研究所1948年版。

"父丁" 就更多了,如《合集》32071、《佚》875 等①。此外,還有 "父辛" 稱謂(《綴新》588);有 "小乙—三且—父丁"(《合集》32617 繫聯 32690 圖版柒:1、3)之 "祭祀順序"②。

根據上述稱謂,"歷組父丁類" 卜辭中,可能有極少量的康丁卜辭(目前祇一見),其根據是有 "父庚" 稱謂(《合集》27435)。儘管學術界對此 "父庚" 有不同的看法,但我們仍認為,該片有可能是康丁卜辭。學者多認為,卜辭的組別與王世往往出現不相一致的情況,"歷組父丁類" 卜辭字體,產生於康丁時期是極有可能的。

但 "歷組父丁類" 卜辭主體是武乙卜辭,此中的 "父丁" 是康丁,"父辛" 是廩辛,"三且" 是祖庚、祖甲、孝己。

此外,"歷組父丁類" 卜辭中,還存在集合廟主大示 "十示又三"(《屯南》827)、小示 "十示又四"(《屯南》601),我們推斷:此 "十示又三" 是上甲、大乙至祖甲十三世直系先王(大示),在此合祭中,上甲與大乙之間略去了三匚二示,而父丁(康丁)又是單獨祭祀的。所以,此 "十示又三" 之先王數與武乙時代所祭直系先王數完全吻合,與此同版單祭的 "父丁" 當然是康丁;關於 "十示又四",我們也指出:既為 "小示",則祇祭旁系先王,而武乙時代,從卜丙至廩辛的全部旁系先王恰好是十四位。所以,此小示 "十示又四" 當是外丙至廩辛的旁系先王,與此同版的 "父丁" 當然也必是康丁③。

總之,不管是從 "稱謂" 還是從 "集合廟主" 分析,"歷組父丁類" 卜辭的主體,必是武乙時代卜辭,沒有遊移的餘地。

"歷組父乙類" 卜辭中,稱謂較少,主要是 "父乙",另有

---

① 《佚》,指《殷契佚存》,商承祚編著,金陵大學中國文化研究所 1933 年版。
② 劉一曼、曹定雲:《三論武乙、文丁卜辭》,《考古學報》2011 年第 4 期。
③ 劉一曼、曹定雲:《三論武乙、文丁卜辭》,《考古學報》2011 年第 4 期。

"兄丁"。稱謂組合有如下幾種："兄丁、父乙"連稱（《粹》373①、《甲》611）；"兄丁、父宗"連稱（《合集》32765）。其次是單稱的"父乙"（如《屯南》751、《合集》32722、32723）等，其集合廟主有"伊廿示又三"（《京》4101，《佚》211與此同文）②。

根據上述稱謂與集合廟主，可以確定"歷組父乙類"是文丁卜辭。卜辭中的"父乙"是武乙；"兄丁"雖難以確定是何人，但不影響卜辭時代確定。有人認為，此中的"父乙""兄丁"就是武丁卜辭中的"父乙""兄丁"。其實，此二者之間有很大的區別：武丁卜辭中的"父乙""兄丁"是"同版"關係，是分別祭祀的物件；而文丁卜辭中的"父乙""兄丁"是"同辭"關係，是合祭的對象。它們之間的不同，是顯而易見的。最重要的是，該類卜辭中有集合廟主"伊廿示又三"，此中祭祀的先王是"伊尹、大甲以下直系、旁系先王的合祭……與文丁卜辭的時代亦相吻合"③。

綜上所述，"歷組卜辭"可以分為兩大群體："歷組父丁類"與"歷組父乙類"。"歷組父丁類"有可能產生於康丁時期，但卜辭主體是武乙卜辭，"歷組父乙類"卜辭主體則是文丁卜辭。當然，這種"稱謂"與"字體"的結合不是絕對的，前面已有論述，不再重複。

四 "無名組卜辭"與"歷組卜辭"早晚關係

關於"無名組卜辭"與"歷組卜辭"之早晚關係，是我們同李學勤、林澐的"兩系説"最主要的分歧之一。前面已經指出，

---

① 《粹》，指《殷契粹編》，郭沫若編著，日本東京文求堂石印本1937年版；又科學出版社1965年版。
② 《京》，指《戰後京津新獲甲骨集》，胡厚宣編著，群聯出版社1954年版。
③ 劉一曼、曹定雲：《三論武乙、文丁卜辭》，《考古學報》2011年第4期。

李學勤與林澐的"兩系説",基本上"大同小異":他們都認為,"歷組卜辭"早於"無名組卜辭",在卜辭發展系列中,將"無名組卜辭"排在"歷組卜辭"之後;同時,"歷組卜辭"本身又是"歷組父乙類"早於"歷組父丁類"。這就是"兩系説"的"核心內容"所在。

我們已經指出過,所謂"無名組卜辭"的叫法並不科學,"無名組卜辭"本身是"不同字群"的"混合體",因為都無"名"(無貞人名),便集合在"無名組"的旗幟之下,湊成了這一"無名組卜辭"群體。而實際情況是,內中至少可以分為A、B、C、D、E等不同的字群,而且稱謂也不相同,顯然是不同字群的"混合"。"無名組"實際就是"雜牌軍"。我們過去的文章中,很少用"無名組卜辭"這一稱呼,而分別稱之為康丁卜辭、康丁—武乙卜辭、武乙卜辭、文丁卜辭等。但我們這一分法,卻遭到了某些學者的"非議",認為我們"分類"不嚴謹。如今,我們就按"無名組卜辭"群體,從中進行分析,看其與"歷組卜辭"究竟誰早誰晚?

為了比較"無名組卜辭"與"歷組卜辭"早晚關係,我們將上文論述的"無名組卜辭"各類型的時代,以及"歷組卜辭"各類型的時代,進行清理。由於"無名組卜辭"是一個複雜的"混合體",故按A、B、C、D、E以作區分。根據不同字群中的稱謂列入同一表中,以觀察其變化。需要説明的是:此表祇表示"質"的變化,而不表示"量"的變更。現將結果整理如下:

表1　　　　　　　　無名組卜辭與歷組卜辭早晚關係比較表

	無名組卜辭					歷組卜辭	
	A	B	C	D	E	父丁類	父乙類
武丁							
祖庚							

續表

	無名組卜辭					歷組卜辭	
	A	B	C	D	E	父丁類	父乙類
祖甲	▲						
康丁	▲	▲	▲			1 例	
武乙	▲	▲		▲		▲	
文丁					▲		▲
帝乙							
帝辛							

注：廩辛在位時間很短，暫不計入表中。

通過表 1 及上文各類卜辭的統計，我們可以看到如下幾點：

1. "無名組 A 類產生於祖甲時期，續存於康丁、武乙，延續時間較長；B 類存在於康丁、武乙時期，C 類祇存在於康丁時期，D 類祇存在於武乙時期；E 類存在於文丁時期。由此不難看出，所謂"無名組"確實是一個"混合體"，存在的時間最長，從祖甲一直到文丁。

2. B 類是本文五類卜辭中最多的，達 173 片。該類存在於康丁、武乙時期。從該類卜辭的稱謂看，有父丁、父辛稱謂的卜辭遠較有父庚、父甲、父己、兄辛稱謂的卜辭少。可以粗略估算，在 B 類中，康丁卜辭可占五分之四以上。再加上 C 類甲骨及 A 類中的康丁時代甲骨，康丁時代的卜辭應占全部無名組卜辭的大多數。

3. D 類存在於武乙時期，E 類存在於文丁時期，兩類合計 76 片，加上 B 類與 A 類中的武乙時代卜辭，大約 140 片。若再加上其他著錄書中的武乙、文丁時代的"無名組"卜辭及何組晚期的武乙卜辭，其總數五六百片。由於"兩系說"將"歷組卜辭"從傳統的武乙、文丁卜辭中抽出。因此，這五六百片也就是"兩系說"中全部武乙、文丁時代的卜辭數量。

4. 按照通常情況，武乙、文丁時代卜辭數量至少應有數千片以上。因為，武乙、文丁在位一共57年①，其卜辭數量不應比年數較短的祖庚、祖甲卜辭少。在《合集》中，共刊出刻辭甲骨41956片，二期的祖庚、祖甲卜辭（出組）有4734片；那麼，武乙、文丁卜辭粗略估計也應當在五六千片以上。而如今"兩系説"所能掌握的全部武乙、文丁卜辭，充其量不過"五、六百片"。由此可見，將"歷組卜辭"從傳統的武乙、文丁卜辭中抽出，提前到武丁晚至祖庚時代，是多麼地不合情理。

5. "歷組卜辭"時代比較集中而又單純，它基本祇存在於武乙、文丁時代，從總體看，"父丁類"主要是武乙卜辭，"父乙類"主要是文丁卜辭。

6. "無名組卜辭"與"歷組卜辭"在武乙、文丁時期是同時並存的，不存在由誰發展到誰的問題。但"無名組卜辭"之產生，顯然比"歷組卜辭"要早，它在祖甲時代已經有相當數量，在康丁時代已大量存在，這是"歷組卜辭"無法比擬的。因此，將"歷組卜辭"放到"無名組卜辭"前面，並説"無名組"是從"歷組"發展而來，顯然是與殷墟卜辭的實際情況不相符。

總之，"無名組卜辭"產生在先，"歷組卜辭"產生在後。"無名組卜辭"的產生要比"歷組卜辭"早二代（祖甲、康丁），在"武乙、文丁"時期是同時並存的。但"無名組卜辭"中的主體是在康丁時代，"歷組卜辭"的主體是在武乙、文丁時代。所以，一般説來，"無名組卜辭"早於"歷組卜辭"，是順理成章的結論。

五 論"小乙—三且—父丁"中的"三且"

在"歷組卜辭"時代的爭論中，涉及到歷組卜辭中的"三

---

① 曹定雲：《殷代積年與各王在位年數》，《殷都學刊》1999年第4期。

且"稱謂。我們在《三論》中，專門討論了這一問題，指出此
"三且"就是"孝己、祖庚、祖甲"。林澐學友説，此"'三且'
是陳夢家早已發現的稱謂，他推測是武乙稱祖己、祖庚、祖
甲"①。不錯，此"三且"是陳夢家早已指出的，但將兩版"三
且"的卜辭（《合集》32617、32690 圖版柒：1、3）"繫聯"成
功，復原"小乙→三且→父丁"這一祭祀順序，則是我們的"成
果"。正是這一"成果"，證實了歷組卜辭"小乙、父丁"中的
"父丁"就是"康丁"，證實了"歷組父丁類卜辭"必是武乙卜
辭。這是對"兩系説"的有力否定。林澐學友不是也"勉強同
意"了嗎。② 《三論》還指出，此"三且"就是康丁卜辭中的
"三父"（《人文》1817 圖版柒：2），本文歸之於無名組 B 類。康
丁稱"三父"，武乙稱"三且"，稱謂與時代完全吻合，應當是
"無可疑義"。

　　"無名組卜辭 B 類"中有"三父"（《人文》1817）之稱，
是指孝己、祖庚、祖甲；而"歷組卜辭"則有"三且"（《合
集》32617、32690）之稱，此"三且"也是指孝己、祖庚、祖
甲。同樣的三個人，"無名組卜辭 B 類"稱"父"，而"歷組卜
辭父丁類"稱"祖"，誰先誰後，誰早誰晚，不就"昭然若揭"
了嗎？

　　林澐學友雖然"勉強承認了'小乙→三且→父丁'"這一祭
祀順序，卻並不承認此"三且"就是"孝己、祖庚、祖甲"，而
是"賓組卜辭"（《合集》2330、893 反、930）中的"三父"。他
説："陳夢家認為這裏的'三父'是指'武丁前一世四王中之
三'，當即小乙的三位兄長陽甲、盤庚、小辛。到了祖庚時代，他

---

　　① 林澐：《評〈三論武乙、文丁卜辭〉》，《出土材料與新視野》，臺北，"中研院"
歷史語言研究所 2013 年版，第 12 頁。

　　② 林澐：《評〈三論武乙、文丁卜辭〉》，《出土材料與新視野》，臺北，"中研院"
歷史語言研究所 2013 年版，第 12 頁。

們自然變成了小乙之外的‘三且’，不是很合適嗎?"①

　　林澐學友此話實在未加思量：

　　第一，"歷組卜辭"中的"三且"是在"小乙之後，父丁之前"，他們祇能是"孝己、祖庚、祖甲"。這個"三且"是與"無名組B類"中的"三父"（《人文》1817）相匹配的。如今林澐學友要把歷組卜辭中的"三且"當成是"陽甲、盤庚、小辛"，明顯是找錯了"對象"。

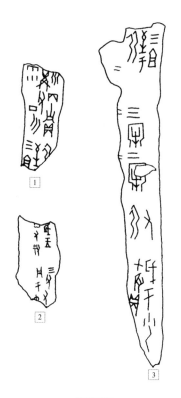

圖版柒

1. 《合集》32690　　2. 《人文》1817（《合集》27491）　　3. 《合集》32617

---

　　① 林澐：《評〈三論武乙、文丁卜辭〉》，《出土材料與新視野》，臺北，"中研院"歷史語言研究所2013年版，第12—13頁。

　　第二，退一步説，假定此"三且"確是祖庚、祖甲時候的"三且"（陽甲、盤庚、小辛），須知此三人是小乙之兄，而且都先於小乙去世。按照當時宗法制度、人倫關係與祭祀禮儀，應當先祭"三且"，然後再祭"小乙"，其祭祀順序應當是"三且→小乙→父丁"；如果"逆祭"，則應當是"父丁→小乙→三且"。"三且"要麽居前，要麽居後，纔合乎情理；可"歷祖卜辭"中的祭祀順序是"小乙→三且→父丁"，"三且"在"小乙"之後，"父丁"之前，處於"居中"位置，這與"三且→小乙→父丁"是絶然不同的兩種祭祀順序。"小乙—三且—父丁"中的"三且"必然是"孝己、祖庚、祖甲"，沒有任何遊移的餘地。林澐學友居然要將"陽甲、盤庚、小辛"（三且）放在"小乙"之後，"父丁"之前進行祭祀，明顯違背當時的祭祀制度，與"小乙—三且—父丁"中的"三且"格格不入，"很合適"又從何説起呢？

六　"無名組卜辭"與"歷組卜辭"所出地層

　　關於"無名組卜辭"與"歷組卜辭"所出地層，我們過去多有論述，學界早已知曉。"兩系説"將"歷組卜辭"放到了"無名組卜辭"的前面，是同田野考古中的實際情況相違背的。"在1973年小屯南地的發掘中，無名組卜辭與歷組父丁類卜辭同出在中期一組，但歷組父乙類卜辭祇出在中期二組，且多有中期二組灰坑打破中期一組灰坑。這説明，無名組卜辭的產生早於歷組卜辭。這是建立在確切地層關係上的結論。"[1] 這一結論與卜辭稱謂比較所得出的結論是互相吻合的。

　　對於上述結論，林澐學友自己也不得不承認："蕭楠所認為的文丁卜辭，包括了我所劃分的'自賓間組'、'歷組一類'和'歷

---

[1]　劉一曼、曹定雲：《三論武乙、文丁卜辭》，《考古學報》2011年第4期。

組二類’中有父乙稱謂者。據此而檢查這次發掘中所得全部甲骨的坑位記錄，除了《前言》中未能説明期別的灰坑和地層外，凡出有‘自歷間組’和‘歷組一類’卜辭的灰坑和探方地層，確實都是屬於小屯南地中期二組堆積及更晚的堆積。……所以，蕭楠把‘自歷間組’、‘歷組一類’和有父乙稱謂的‘歷組二類’，定為文丁之物，就這次發掘的層位現象來説，並無明顯破綻。”①

　　林澐學友雖然沒有在 1973 年小屯南地的發掘中，找到“歷組卜辭”提前的證據，但他還是要極力尋找地層證據，他在解放以前發掘的甲骨坑中做起了文章。他説：

　　　　然而，解放前殷墟發掘的原始記錄和出土遺物至今還沒有全部發表，因此要確定解放前發掘的每片甲骨的出土層位現在還是做不到的。……由於他們認為何組卜辭的下限是廩辛時代。而無名組卜辭年代始於康丁，所以纔説歷組卜辭不出於廩辛以前地層。其實，這是根本不科學的。因為歷組卜辭即使不和任何其他字體的卜辭共出，祇要這個坑的開口在殷墟文化二期的層位，它就可以是早期的。共存卜辭的年代根本不能證明其年代的上限或下限。……②

　　林澐學友在這裏，沒有把問題説清楚：“開口在殷墟文化二期的層位”是指什麽？是指打破二期？還是指壓在二期下。如果是一個具體灰坑，其情況必然是“二者必居其一”。其他的情況（既不壓在下面，又不打破）是不可能存在的。如果“壓在二期下”，那它與“二期”就不是“同一層位”（指考古中劃分出的實

---

　　① 林澐：《小屯南地發掘與殷墟甲骨斷代》，《古文字研究》第九輯，中華書局 1984 年版，第 132 頁。
　　② 林澐：《卡內基博物館所藏甲骨研究·序》，見周忠兵《卡內基博物館所藏甲骨研究》，上海人民出版社 2015 年版。

際層位）；所謂“開口在殷墟文化二期”，它肯定是“打破二期地層”。如果是這種情況，憑什麼説它一定是早期的呢？林澐學友又説：

> 《殷墟甲骨文分期研究》的作者看過石璋如 1982 年的論文，對歷組卜辭的出土情況有一段話很值得引起注意：“如場南橫坑（……），出有陶罐 133D，114C，陶瓿 274D 和一件圓底陶罐，鄒衡先生認為其時代屬殷墟早期（林按：‘早期’是指不能確指為一期或二期，可參考鄒衡《試論殷墟文化分期》……）。但坑中卻出有歷組卜辭三片：《甲》877（林按：此版為無名組）、878、880，還有何組卜辭一片：《甲》477（賈卜），歷無名間組一片：《甲》879，出土深度歷組在最下”（《殷墟甲骨分期研究》第 259 頁），可見歷組卜辭是和何組卜辭有同坑共存的現象，且見於出早期陶器的單位。①

林澐學友所指的出三片“歷組卜辭”的坑，實際屬於第一次發掘所得（場南橫坑），是 1928 年在小屯村中麥場以南開的探溝。這個所謂的“坑”，同後來考古中按地層劃分出來的“坑”實在是不可同日而語。殷墟早期的發掘（尤其是第一次發掘），由於缺乏經驗，出土物是按出土深度登記的，與我們今天所説的地層、坑位相距甚遠。殷墟真正的科學發掘，那是在考古學家梁思永參加發掘之後，是梁思永將近代田野考古方法帶進了殷墟，也帶進了中國考古界。因此，殷墟第一次發掘所作的各種記錄，充其量衹能作為參考，根本不能作為論證時代早晚的依據。所出陶器與所出甲骨，是否是“同一坑”都無法判斷，“出土深度歷組在最下”什麼問題也説明不了。我們不苛求前人，任何學科都有一個

① 林澐：《卡内基博物館所藏甲骨研究·序》，見周忠兵《卡内基博物館所藏甲骨研究》，上海人民出版社 2015 年版。

發展的過程，但我們今天應當用科學的態度，科學地看待不同時期的不同記錄，纔能作出科學的結論。

七　關於"地層學"與"類型學"關係

無論是解放以前的殷墟田野發掘，或者是解放以後的殷墟田野發掘，都沒有為"歷組卜辭"提前提供任何證據，也沒有為"歷組卜辭"早於"無名組卜辭"提供任何證據。在此情況下，林澐學友提出了另一個"説法"：他的"類型學"不受"地層學"的約束，可以獨立於"地層學"之外，因而他的"結論"是"絶對可靠的"。他説：

在中國考古學中十分盛行的類型學（或稱型式學）方法，本質上就是用遺存在形態上的順序漸變現象來推斷遺存的相對早晚關係。當然，並非一切形態上的順序漸變都有年代早晚的意義。祇有某種形態的順序漸變能和另外一種或更多的形態順序漸變表現平行演變的現象，纔可以斷定其形態的變化確有年代早晚的意義。……

我認為，劉、曹兩位學友在研究過程中，已經逐步接近殷墟各類卜辭早晚發展序列的真相，祇是在方法上還不相信類型學上的方法實際是一種獨立於地層學的推定遺存年代早晚的方法，所以纔功虧一簣。其實，當初首創這種方法的蒙德留斯成功地確定了一系列青銅器的年代早晚關係，是根本沒有可參照的層位元學根據的。蘇秉琦先生當年研究鬥雞臺東區墓葬時，也是沒有層位關係為根據的。如果仔細研究甲骨這種遺存的多方面的形態變化，在類型學上建立起比較可靠的各類卜辭的演變序列，祇要肯定師組卜辭出於殷墟一期的地層，或是黃組卜辭明確出於殷墟四期的地層，便可以確定這個序列哪一頭早，哪一頭晚。無須每類卜辭都還要一一確知其最早的出土層位來作斷代證據。而可以從每類卜辭所見的祭祀對象來確定其存在年代。[①]

　　林澐學友上述觀點説得非常明白：衹要我這個"類型系列"頭尾時代確定了，其中間部分是不用考慮"地層"的，沒有"地層證據"照樣可以成立。當年考古大家蘇秉琦先生整理鬥雞臺墓葬報告時，不是什麽地層依據都沒有嗎？因此，"類型學"可以獨立於"地層學"之外，可以獨立決定自己的發展系列。這就是林澐學友觀點的"核心"。也是他將"歷組卜辭"提到"無名組卜辭"之前的主要根據。

　　關於"地層學"與"類型學"的關係，我們過去多有論述。衹要是"田野考古"，就存在"地層"問題：古生物學如此，古人類學也是如此；史前時代如此，歷史時代同樣也如此；古今中外，概莫能外。甲骨是殷墟地下文物，衹要是正式發掘，就存在"地層"問題，就要根據"地層"來確定它的時代，這是"天經地義"的科學的態度。"類型學"是需要的，它有其獨特的作用；但"類型學"有其局限性，它受"地層學"制約。它不能超越"地層學"，甚至凌駕於"地層學"之上。否則，"田野考古"就失去其存在的價值。

　　關於類型學與地層學的關係，俞偉超先生曾有精彩的論述。他認為，判別物品形態發展的順序演化是 A→B→C，而不是 C→B→A，除了有紀年性物品為依據外，"還是要靠層次關係來解決問題。……就考古學的發展過程來説，首先引導人們去總結類型學原理的，也是因不同地層中出土物形態有別的啟發。所以，在

① 林澐：《卡內基博物館所藏甲骨研究·序》，見周忠兵《卡內基博物館所藏甲骨研究》，上海人民出版社 2015 年版。

地層學與類型學的關係中，歸根結蒂，地層學是有決定性意義的"①。

當年蘇秉琦先生整理鬥雞臺墓葬，沒有地層可依，靠"類型學"整理出來，那是"沒有辦法的辦法"；如今考古學有了長足的發展，我們不但要用類型學，而更需要用地層學來解決出土文物的年代問題。這纔是事實求是的科學的態度。

甲骨學是一門特殊的學問，它存在著文字字形。因此，在甲骨學研究中，對文字字形進行分類整理是完全必要的。否則，研究無法下手。但這一方法同樣存在著"局限性"。我們曾指出過：

> 類型學本身有其局限性，不同的時代、事物的外形有時會有相似與雷同之處。如果離開地層學，單純憑器物的外部形態進行分類，並斷定器物的時代，那就非常危險，甚至有誤入歧途的可能。此外還應指出，文字的形態會受師承關係的影響，這是要引起學者足夠的重視……

> 從歷史的角度看，甲骨文字體確實總是在不斷變化和發展之中，這是不容懷疑的。人們之所以能將卜辭進行分類，所根據的還是字體的變化。但具體到某些個別的字，情況就不一樣了。例如，過去董作賓先生所總結出來的甲骨文第五期的"癸"，其形作"ⅹ"，筆劃都出頭。一般研究者都據此作為認定第五期的依據。然而，1991 年花園莊東地 H 3 所出卜辭中，"癸"字出頭者比比皆是，難道我們能將花東的甲骨看成是第五期的嗎？或者反過來，將過去的第五期提到武丁或武丁以前嗎？無論哪種做法都是不妥的。再如"王"字的寫法，過去傳統看法分"新派"、"舊派"，"舊派"寫作

---

① 俞偉超：《關於"考古學類型"的問題》，《考古類型學的理論與實踐》，文物出版社 1989 年版，第 11 頁。

"太","新派"寫作"玉"。如今，在花園莊東地 H3 甲骨中，這兩個"王"是並存的，《花東》420"王"作"玉"，480"王"作"太"，無所謂誰早誰晚。因此，僅憑某些個別字的寫法變化，就去斷定卜辭的時代，是不可取的，也是非常危險的。①

通過以上論述，講明了一個道理："地層學"與"類型學"是考古中最常用的兩種方法，它們互相配合，互相補充，相得益彰。但在二者的關係中，"地層學"是基礎，是根本，"地層學"決定著"類型學"。如果將"類型學"置於"地層學"之外，甚至凌駕於"地層學"之上，顯然是不科學的。林澐學友甚至説："不從事田野考古的研究者們也不必真認為有確鑿的地層證據證明歷組卜辭不能提早到武丁、祖庚時代。"② 學友此話很不妥當，這是在公開宣揚：不搞考古的甲骨學研究者們，在甲骨分期研究中，不用考慮有無確切的地層證據。眾所周知，甲骨文是從地下出土的，其中有相當一部分是經科學發掘而獲得的。它與商代的陶、銅、玉、石、骨、蚌器一樣，是一種文化遺物。所以，若要研究甲骨文的分期斷代，即便是不從事田野考古的學者，也應當瞭解甲骨文所處的坑位和地層關係，並將之作為斷代的一個重要依據，這纔是科學的態度。

八　結論

"無名組卜辭""歷組卜辭"與"武乙、文丁卜辭"不是同一個概念，"無名組卜辭"中，有"祖甲、康丁卜辭"，也有"武乙、文丁卜辭"；"歷組卜辭"可能產生於康丁末期，但它的主體

---

① 劉一曼、曹定雲：《三論武乙、文丁卜辭》，《考古學報》2011 年第 4 期。
② 林澐：《評〈三論武乙、文丁卜辭〉》，《出土材料與新視野》，臺北，"中研院"歷史語言研究所 2013 年版，第 18—19 頁。

是"武乙、文丁卜辭"。"武乙、文丁卜辭"是該時期"無名組卜辭"、何組卜辭①與"歷組卜辭"之和。它們不是同一個概念，不可混淆。

"無名組卜辭"產生於祖甲時代，盛行於康丁時期，有少量無名組卜辭延續至武乙、文丁時代；"歷組卜辭"可能產生於康丁時期，盛行於武乙、文丁時代。在武乙、文丁時期，這兩種卜辭是平行發展的。但在產生的時間上，"無名組卜辭"顯然早於"歷組卜辭"，這既有卜辭內容的證據，又有考古地層上的證據，是無可動搖的。

"地層學"與"類型學"的關係，是考古研究中（包括甲骨學）帶有根本性的理論問題，雖然兩者都非常重要，但"地層學"是根本，"地層學"決定著"類型學"。衹有這樣，纔有可能作出科學的結論。

曹定雲、劉一曼

2017 年 6 月 18 日草稿

2019 年 1 月 11 日修訂

附表　　　　　　　　　本文所涉無名組卜辭分類登記表

類別		卜辭片號	片數	總數
第一類 A	①	《屯南》214、246、277、305、456、895、1011、1048、1219、1226、2041、2165、2290、3629；《合集》27372（《南輔》62）、27611、27612、27613、27614、27615、27616、27617、27619、27620、27621、30335、32448、32449、32643、32645、32660、32664、33425	33	

---

① "何組卜辭"中，可能有部分卜辭延至武乙時期，如《甲》2938 有父辛、且己稱謂，便是明證。

續表

類別		卜辭片號	片數	總數
第一類A	②	《屯南》68、76、173、174、589、590、647、736、768、794、922、1042、1094、1123、1124、1255、2943、3109＋3149、3186、3265、3776、3778、3794《合集》27623、27625、27626、27627、28276＋28278（《綴新》609）、32449、32451、32452、32673	32	81
	③	《屯南》632、952、1031、2281、2298、2299、2364、2365、3249、4576；《合集》27179、27606、27348、27364；《村中南》21、238	16	
第二類B	①	《屯南》6、18、42、60、95、139、208、210、244、261、271、323、335、345、469、594、618、624、625、626、658、669、699、765、957、1501、2483、2557、2996《合集》26879、26880、26898、26906、26910、26911、26912、26916、26976、26992、26994、27013、27017、27040、27087、27092、27099、27111、27217、27254、27280、27281、27348、27363、27370、27398、27401、27416、27419、27454、27491（《人文》1817）、27589、27609、27622、27624、27629、27633、27902、28089、28180	69	173
	②	《屯南》641、651＋671＋689、656、662、673、694、698、714、728、738、743、762、766、779、789、815、817、880＋1010、1005、1098、1443、2071、2107、2140、2163、2184、2185、2199、2254、2256、2265、2311、2324、2343、2345、2354、2363、2395、2396、2406、2445、2483、2623、2666、3203。《合集》28335、28628、29239甲、30032、30688、30693、30958、32451、32603	54	
	③	《屯南》2291、2300、2304、2329、2349、2355＋2357、2356、2358、2359、2383、2531、2538、3054、3124、3156、3157＋3410、3542、3759、3828、4078、4200、4240、4285、4334。《村中南》37、44、48、56、64、67、110、113、123、169、210、215、237、277、292、402、431、432、437	43	
	④	《屯南》4510、4451、4534、4544、4554、4562、4582	7	

續表

類別		卜辭片號	片數	總數
第三類 C	①	《屯南》53、88、158、236、257、366、606、610、637、650、657、692、715、722、763、786、2146、2209、2315、2360、2363、2520、2742；《合集》27628、27630、27631	26	75
	②	《屯南》888、915、942、958、987、1003、1004、1013、1055、1061、1073、1088、1092、1103、1127、2137、2140、2194、2292、2327、2341、2386、2392。《村中南》437	24	
	③	《屯南》2397、2529、2542、2598 + 2608、2618、2699、2706、2710、2715、2729、2735、2739、2854、3002、3030、3208、3445、3722	18	
	④	《屯南》3666、3792、4033、4483、4556、4563。《村中南》83	7	
第四類 D		《屯南》39、49、2064、2136、2168、2179、2181、2193、2219、2230、2232、2279、2286、2301、2302、2320、2328、2350、2388、2561、2579、2636、2711、2713、2751、2839、3550、4181、4301、4558、4559；《合集》27796、28258、28497、28939、28945、28951、28954、28955、28956、28957、28958、29042、29055、29057、29058、29146、29198、29202、29208、30447、31848、32390、32654、32655、32714、《村中南》51、63	58	58
第五類 E	①	《屯南》607、660、2157（上）、2172、2178、2182、2263、2266、2306、2323、2346、2440；《村中南》410、《合集》29087、33482	15	18
	②	《屯南》2617、3564、4343	3	

注：凡綴合成功者，都衹算一片，總共 405 片。

附錄六

五論武乙、文丁卜辭

——對《評〈四論〉》一文中提出問題的辯駁

曹定雲　劉一曼

序言

甲骨學界關於"歷組卜辭"的時代爭論已經進行 40 餘年。"歷組卜辭"的主體是武乙、文丁卜辭。因此,"歷組卜辭"的時代爭論,其實質就是武乙、文丁卜辭的時代爭論。按照傳統的分期法,"歷組卜辭"是屬於武乙、文丁卜辭;而李學勤先生提出"兩系説",將"歷組卜辭"提至武丁晚期與祖庚時代①,由此開始了甲骨學界關於"歷組卜辭時代"的爭論。爭論開始不久,學友林澐提出自己的"兩系説",表示對李學勤的支持。林澐的"兩系説"同李學勤的"兩系説"基本上"大同小异",其實質是一樣的②。對於李學勤的"兩系説",我們早有評論,學界盡知。但對於林澐的"兩系説",我們一直是"退避三舍"。但事與願違,他針對我們觀點的文章,卻頻頻出現於刊物中,提出"歷組

---

① 李學勤:《論"婦好"墓的年代及有關問題》,《文物》1977 年第 11 期。

② 林澐:《卡内基博物館所藏甲骨研究·序》,見周忠兵《卡内基博物館所藏甲骨研究》,上海人民出版社 2015 年版。

卜辭"應當提前，且"歷組卜辭"早於"無名組卜辭"。在此情況下，我們不得不發表《四論武乙、文丁卜辭》，首次正面回應林澐："無名組卜辭"應早於"歷組卜辭"；由於"歷組卜辭"中存在着"小乙—三且—父丁"這一祭祀順序，此中"父丁"只能是"康丁"。因此，"歷組卜辭"根本不可能提前，他的"兩系説"同李學勤的"兩系説"一樣，照樣不能成立。

面對我們的辯駁，林澐學友又寫出了《評〈四論武乙、文丁卜辭〉》（刊於《出土文獻》2020 年第 1 期）。他在此文中，再次提出一些問題，為"歷組卜辭"提前辯護。為此，我們不得不再次作出辯駁，以澄清甲骨分期上的大是大非。

一　關於所謂"用侯屯"成套卜骨

殷墟卜辭中有"用侯屯"的記載，目前一共二見。其一是《合集》32187，其二是《合集》32188 + 32189 + 34413 + 40867。《合集》32187 原藏於美國卡内基博物館，由多片綴合而成，其釋文如下[①]：

于［來乙亥］用［屯］。
于甲戌用屯。一
壬戌卜：用侯屯自上甲十［示］（主）。一
于七□
壬戌卜：乙丑用侯屯。一
癸亥卜：乙丑用侯屯。一
于來乙亥用侯屯。一
癸亥［卜］：乙丑易日。一
不易日。（見圖一：1）

---

① 蔡哲茂：《殷卜辭"用侯屯"辨》，《甲骨文與殷商史》新二輯，上海古籍出版社 2011 年版，第 110 頁。本文採用周忠兵、蔡哲茂的釋文。

圖一　1《合集》32187

《合集》① 32188＋32189＋34113＋40867，該片釋文如下②：

> 于來乙亥用屯。三
> 于甲戌用屯。三
> 壬戌卜：用侯〔屯〕自上甲十示（主）。三
> 〔于〕五示（主）。用侯屯。三
> 于七示（主）用侯屯。
> 壬〔戌卜〕：乙〔丑〕用〔侯屯〕。三
> 癸亥卜：乙丑用侯屯。
> 于來乙亥用屯。

---

① 《合集》，指《甲骨文合集》，郭沫若主編，胡厚宣總編輯，中華書局 1978—1983 年版。

② A. 蔡哲茂：《殷卜辭"用侯屯"辨》，《甲骨文與殷商史》新二輯，上海古籍出版社 2011 年版，第 110 頁；B. 本文採用周忠兵、蔡哲茂的釋文。

癸亥卜：乙丑易日。

不易日。（見圖一：2）

圖一　2《合集》32188＋32189＋34113＋40867

按：此片中，《合集》32189＝《庫》1053＋1119＋1121＋1134＝《卡》32；《合集》40867＝《英》1771。

　　殷墟卜辭中有"用屯"卜辭，見於《屯南》[①] 2534，是 1973年安陽小屯南地所出，其辭云：

不易［日］。二

壬［戌卜］□于五示□。二

壬戌卜：于七示自□？　二

壬戌卜：用屯乙丑？　二

---

　　① 《屯南》，指中國社會科學院考古研究所編著《小屯南地甲骨》，中華書局1980—1983 年版。

癸亥卜：用屯乙丑？二
癸亥卜：用屯甲戌？二
甲子卜：易日，乙丑？允。二
不易日？二
甲子卜：乙丑易日，允。二
不易日
□亥卜：□來乙亥用屯？二（見圖一：3）

圖一　**3**《屯南》**2534**

　　《屯南・釋文》提到："此片與《庫》1119、1121 内容相近"①。
　　以上 3 片卜骨，其中第 3 片（《屯南》2534）是 1973 年小屯
南地的發掘品，屬於"歷組卜辭"父乙類，我們定為文丁卜辭②。
關於 1、2 兩片，我們過去未作專門論述，祇是在《屯南》2534
的考釋中，提及"此片與《庫》1119、1121（《庫》1119 與 1121

---

① 見《小屯南地甲骨・釋文》，第 1023 頁。
② 見《小屯南地甲骨・釋文》，第 1023 頁。

可綴合，亦即《美藏》81）内容相近"①。這個《庫》1119 與 1121 就是本文第 2 片"用侯屯"卜辭的綴合部分，亦即《合集》32189 的一部分。我們曾發表過《論"上甲廿示"及其相關問題》的文章，認為"上甲廿示"卜辭應當提前到武丁時代，並在《三論》②中予以肯定。在該文中，我們將"上甲廿示"卜辭分為兩類：一類是《粹》221；一類是《佚》884。在論及《佚》884 卜辭特徵時，説過"卜辭内容除祭祀外，多見'易日'、'不易日'、'用侯屯'及卜旬。"③除此之外，再未言及其它。

可沒想到的是，這 3 片卜辭的相關論述，竟成為林澐學友將"歷組卜辭"提前的"重要證據"。他將這 3 片看成是"成套卜骨"，並説："我當時看到他們這篇文章時（按：指《三論》），是很高興的。他們畢竟把原來定為文丁時的一批甲骨改定為武丁時了，很有名的'用侯屯'成套卜辭，一卜和三卜正是他們覺得應該改定到武丁時的字體（合 32187、合 32189＋……），而二卜却是他們説的歷組卜辭父乙類（即歷組一類字體），也就是他們在同一篇文章中作為第四類文丁卜辭的代表性甲骨——屯 2534。成套卜骨無疑應是同時所刻，不可能是後代使用早期卜骨。所以，完全可以證明歷組一類字體和自歷間組字體曾同時存在。而且，自歷間組和歷組一類卜辭都祭祀父乙……可見歷組一類的父乙也是武丁稱小乙。"④

這 3 片卜骨是否是"成套卜骨"？牽涉到"歷組卜辭"能否提前的大問題，為此，本文不得不加以詳辯：

首先，討論的前提是何謂"成套甲骨"？最先提出"成套甲骨"這一名稱的是張秉權，他認為成套甲骨是指在不同的甲骨上

---

① 見《小屯南地甲骨·釋文》，第 1023 頁。

② 劉一曼、曹定雲：《三論武乙、文丁卜辭》，《考古學報》2011 年第 4 期。

③ 曹定雲：《論"上甲廿示"及其相關問題》，《文物》1990 年第 5 期；又見《殷商考古論叢》，臺北，藝文印書館 1996 年版，第 121—155 頁。

④ 林澐：《評〈四論武乙、文丁卜辭〉》，《出土文獻》2020 年第 1 期。

刻有内容相同的成套卜辭，這些甲骨上的序數是相連的。他還指出，成套甲骨是大小相近（即甲骨的形態近似）、内容相同的卜辭刻在相同的位置上。"成套甲骨"的出現"一定是由於同日同時同一貞人取用若干塊不同的甲骨，來占卜同一事件所得的結果"①。概而言之，成套甲骨應當是：甲骨的形態相近，卜辭内容相同，字體與卜辭契刻部位相似，序數相連。

張秉權列舉了《丙》一二、一四、一六、一八、二〇及三四、三五、三六、三七、三八兩套卜甲作例子。成套卜骨，他當時掌握的資料少，祇列舉了一套中的四版，而且都是小片的賓組卜骨。後來，由於 1973 年小屯南地、1986—2004 年小屯村中、村南甲骨的出土，我們可以列舉出一些歷組成套卜骨，如《屯南》2414 與 4233；《屯南》636 與 9 + 25；《屯南》1062 與《合集》33273 +《英》2443；《村中南》212 與《粹》597 等。這幾套成套卜骨，完全符合張氏提出的標準。

其次，讓我們具體分析一下"用侯屯"3 片卜骨的情況：

第一，卜骨形態不同。大家一看拓片就非常清楚：《合集》32187（圖一：1）、32188 + 32189（圖一：2）相同，而《屯南》2534（圖一：3）與前二者區別十分明顯，尤其是"骨臼部分"，《屯南》2534 比《合集》32187、32188 要寬。其次，《屯南》2534卜骨左側弧度較大，而《合集》32187 卜骨左側弧度較小。

第二，占卜内容有所不同。林澐與一些學者②認為上述 3 片有用屯祭祀"七示""五示"，又占卜"易日"與否，應屬同時所卜的内容相同的成套卜辭。我們過去曾經指出，"殷代不同時期的卜辭中，完全可以出現事類相近，甚至相同的卜辭（此多屬可以重復發生的事類）。因此，我們絕不能以此種事類相同去推斷卜辭的

---

① 張秉權：《甲骨文與甲骨學》，臺灣"國立"編譯館 1988 年版，第 199—202 頁。
② 蔡哲茂：《殷卜辭"用侯屯"辨》，《甲骨文與殷商史》第二輯，上海古籍出版社 2011 年版，第 112 頁。

時代相同"①。以上 3 片的内容是占卜祭祀與天氣，均屬於可以重復發生的事情。不過，我們也注意到，《屯南》2534 與《合集》32187、《合集》32188 + 32189 + 34113 + 40867 在内容上雖有一定的相似性，但也存在三點不同：

①《合集》32187、32188 + 32189 都提到"用侯屯自上甲十示"，還有"五示""七示"；而《屯南》2534 則只有"五示""七示"，缺了一個最重要的"上甲十示"；②《屯南》2534 有"甲子卜：易日，乙丑"，而《合集》32187 等則根本没有這一天的占卜内容。③"屯"之來源不同。"用侯屯"與"用屯"之"屯"究竟是什麽意思？學界早有考釋。"屯"指的是"一種奴隸的名稱，常用作祭祀時之犧牲"②。"用侯屯"是指"用'侯'帶來的屯，並非有個叫'侯屯'的人"③。《合集》32187、32188 + 32189 辭例中基本上是"用侯屯"（個别省作"用屯"）；而《屯南》2534 全部辭例都是"用屯"，"屯"前均無"侯"字。可見，《合集》32187、32188 + 32189 之"屯"與《屯南》2534 所用之"屯"並非一類，來源並不相同。

第三，字體風格完全不一樣。現將卜辭中最常用的幾個字的寫法比較如下：

表一　　　　　　　《合集》32187 等與《屯南》2534 字體比較表

	戌	亥	用	易	丑	不	日	屯	于
《合集》32187									
《屯南》2534									

① 蕭楠：《再論武乙、文丁卜辭》，《古文字研究》第九輯，1984 年；又刊於《甲骨學論文集》，中華書局 2010 年版，第 103—125 頁。

② 劉一曼、岳占偉：《殷墟近出刻辭甲骨選釋》，《考古學集刊》第 18 輯，科學出版社 2010 年版，第 218—219 頁。

③ 蔡哲茂：《殷卜辭"用侯屯"辨》，《甲骨文與殷商史》新二輯，上海古籍出版社 2011 年版，第 127—128 頁。

現將此表細説如下（文中合集 32187 用 "上" 表示；屯南 2534 用 "下" 表示）：

①"戌"字：上者"刃面"呈直道，後部交叉；下者"刃面"呈弧狀，後部一橫。

②"亥"字：上者直道下部有轉折；下者直道下部無轉折，略向左。

③"用"字，此字區別十分明顯：上者上部右邊一短劃平直，下部兩長劃平直，字之整體匀稱；下者上部右邊一斜劃，下部一劃平直，字之整體上寬下窄。

④"易"字：上者後部之"把"呈方形；下者後部之"把"呈弧形。

⑤"丑"字：上者手掌向外撇，三短道略呈弧狀；下者有兩種形體，一種向內勾，三短道基本在一條直綫上（右）；另一種下手無勾（左）。

⑥"不"字：上者上部無橫劃；下者上部有一橫劃，字的形態也不一樣。

⑦"日"字：上者左側一筆下來近直，或略有弧度；下者左側一筆下來中間有轉折，呈三角狀。

⑧"屯"字：上者"屯"字下筆長，略有弧度，有一斜筆與之相交；下者"屯"字下筆很短，有一橫劃與之相交。

⑨"于"字：上者上部二橫劃略斜，中間直筆下來稍微向左；下者上部二橫劃近平，中間直筆下來轉折向左斜，斜筆非常明顯。

"用侯屯"卜骨其上面的字本來就不多，上述九字基本上包括了卜辭中的絶大部分。《合集》32187 與《屯南》2534 字體區別如此明顯，説明是不同的人（卜人）所契刻。

第四，卜辭的排列位置不同。前兩片卜骨（即圖一，1 與 2）卜辭排列位置相似，但與《屯南》2534 有差異。如在卜骨的外緣上方（即左側）《屯南》2534 是兩段"不易日"卜辭，前兩片除

了 "不易日" 外，還有兩段 "用侯屯" 的卜辭。卜骨內緣（即右側）上方的卜辭，《屯南》2534 為 "□亥卜，□來乙亥用屯"。而前兩片卜骨為 "壬戌卜：乙丑用侯屯"。

第五，卜辭時代不同。為了弄清楚《合集》32187、32188 與《屯南》25342 是否為 "成套卜骨"，我們必須要弄清楚它們的時代，否則，一切都是 "無從談起"。關於《屯南》2534，我們早已定為文丁卜辭，屬 "歷組卜辭" 父乙類①；剩下的就是《合集》32187、32188 "用侯屯" 卜辭的時代了。

我們在《論 "上甲廿示" 及其相關問題》一文中，討論了 "上甲廿示" 及相關卜辭。我們將 "上甲廿示" 卜辭字體分為兩類，即粹 221 類型與佚 884 類型，並將這兩類字體與𠂤組卜辭、文丁卜辭（也分兩類）字體進行比較，並列有一個 "𠂤組卜辭，《粹》221、《佚》884、文丁卜辭典型字體比較表"②，由於篇幅原因，《表》不予重復，祇將比較結果中與本文有關的 "字" 引述如下：

戌，𠂤組卜辭有三種類型，其主要特徵是象形，刃部為直道。《佚》884 之 "戌" 獨具特徵，其後部交叉。文丁卜辭（1）類之 "戌" 略近於𠂤組第一種，但（2）類之 "戌" 的刃部作弧形，或弧形轉折狀。

…………

不，𠂤組卜辭有三種類型，其共同特徵是扁肥，其上部一般不見橫劃。《粹》221 與《佚》884 均同於𠂤組。文丁卜辭之 "不" 其特徵是瘦長，其上一般都有橫劃。

…………

易，《佚》884 之 "易"，其後部把手作方形。文丁卜辭

___

① 見《小屯南地甲骨·釋文》，第 1023 頁。
② 曹定雲：《論 "上甲廿示" 及其相關問題》，《文物》1990 年第 5 期；又見《殷商考古論叢》，藝文印書館 1996 年版，第 121—155 頁。

（1）、（2）類之“易”，其後把手分別作半圓形和三角形。①

通過以上引述，我們就十分清楚：《合集》32187、32188 字之風格與《佚》884 相同；而《屯南》2534 字之風格與文丁卜辭，尤其是與文丁（2）類基本相同。因此，《屯南》2534 與《合集》32187、32188 文字風格不屬於同一類型，基本可以定論。

關於《佚》884 卜辭時代，我們在文章中已有論述，指出：“《佚》884 相類卜辭與𠂤組卜辭之間有非常密切的聯繫，𠂤組是毫無疑問的武丁卜辭。《佚》884 亦當毫無疑問是武丁卜辭”②。

由此，我們可以認定：前面討論的 3 片卜骨；《合集》32187、32188 + 32189 是武丁時代卜骨；而《屯南》2534 是文丁時代卜骨。它們產生的時間相隔四代，相差至少 100 餘年。

根據以上五點，可以得出明確結論：《合集》32187、32188 + 32189 與《屯南》2534 根本不是“成套卜骨”，因為它們卜骨形態不同、卜辭內容與排列位置不同、字體風格不同、卜辭時代更不同，怎能根據其上的序數“二”與“一、三”能“聯上”就將它們説成是“成套卜骨”呢？

林澐學友在這個問題上錯誤有三：①不辨卜辭內容、性質，將《屯南》2534 與《合集》32187、32188 + 32189 + ……“捆綁”到一起，構成所謂“成套卜骨”；②“上甲廿示”卜辭有《粹》221、《佚》884 兩種類型；文丁卜辭也有（1）（2）兩種類型。學友不辨它們之間的區別，將三片卜骨字體都視為“上甲廿示”類型；③不辨《屯南》2534 與《合集》32187、32188 + 32189 在時間上的區別，統統歸入武丁時代。

---

① 曹定雲：《論“上甲廿示”及其相關問題》，《文物》1990 年第 5 期；又見《殷商考古論叢》，第 121—155 頁。

② 曹定雲：《論“上甲廿示”及其相關問題》，《文物》1990 年第 5 期；又見《殷商考古論叢》，第 121—155 頁。

討論至此，可以得出一個明確的結論："上甲廿示" 相關卜辭提前到武丁時代，不能成為 "歷組卜辭" 也要提前的依據。《屯南》2534 是明確的 "歷組父乙類" 卜辭，屬於文丁時代。它與屬於武丁時代的《合集》32187、32188 不是什麼 "成套卜骨"。任何人想要在這上面 "做文章"，肯定是不會成功的。

二　關於 "武丁哪裏去了?"

林澐學友在他的《評〈四論武乙、文丁卜辭〉》中，提出了一個 "爆炸性" 的問題，就是 "武丁哪裏去了?" 他在文章中是這樣説的：

> 問題之一：把歷組二類中的祭祀父丁説成是武乙祭祀康丁，那麼商王 "武丁" 哪裏去了？
>
> 這個問題是李學勤在 1977 年就提出來的。他舉了《殷虛文字綴合》15（《合》32439）和《戰後南北所見甲骨録·明義士舊藏甲骨文字》477（《合》32087）説："這兩片'父丁'排在小乙之後，顯然是武丁。如果把'父丁'理解為康丁，那麼在祀典中竟略去了稱為高宗的武丁及祖甲兩位名王，那就很難想象了。"①

又説：

> 另一方面，劉、曹兩位學友在《三論》中舉出了兩版甲骨來説明歷組卜辭父丁類中有武丁和祖甲：
>
> 弜□于祖乙，以祖〔丁〕、祖甲……《鐵雲藏龜拾遺》1.11（即合 32577）

---

① 林澐：《評〈四論武乙、文丁卜辭〉》，《出土文獻》2020 年第 1 期。

　　唯祖庚害，唯祖辛害，唯祖乙害，唯祖□害。《屯》1046

　　他們認為第一例中的“祖［丁］”是指武丁，祖甲是武丁之子……第二例中“祖□”是指武丁，祖乙是小乙，祖辛是小辛，祖庚是盤庚……他們由此而斷言，“至此，我們有充分的理由說，武乙卜辭中的‘父丁’不是武丁，而是康丁。”理由實在是很不充分的。①

　　林澐學友的話非常清楚：如果將“歷組卜辭”中“父丁”認定為“康丁”，那“武丁”哪裏去了？你們在《三論》列舉的兩版有關“武丁”的卜辭，是不夠的，是說不過去的。言外之意：你們將“歷組卜辭”中的“父丁”解釋為“康丁”，那“歷組卜辭”中，就沒有“武丁”了，這是不可能的。林澐學友的這些話與李學勤的觀點是完全一致的。那麼，李氏的觀點是否正確呢？

　　首先，我們來看一下《合集》32439 與《合集》32087 兩片“父丁”排在“小乙”之後的卜辭，父丁是否一定是小乙之子武丁呢？早在 1982 年，謝濟就著文對李學勤上述觀點進行批駁。他說：“所祭並不是順序直系先祖，而是選祭。”“每一先祖中間隔了幾代若干王，小乙以後選祭康丁，也是隔幾代若干王。如果小乙以後必是祭武丁，那就與前選祭的情況不合。”② 因為是選祭，所以辭中的父丁應是康丁而非武丁。

　　常玉芝在其新著《殷墟甲骨斷代標準評議（二）》中，對李學勤上述觀點作了詳細的分析，她認為李學勤列舉的 6 條歷組“小乙、父丁”稱謂的卜辭，其上都祇有一個單獨的“父丁”稱謂，單獨的稱謂是有局限性的，“不足以為斷代的標準”。她指出，李學勤“不明瞭各代商王在祭祀祖先時是存在着制度上的差異

---

　　① 林澐：《評〈四論武乙、文丁卜辭〉》，《出土文獻》2020 年第 1 期。
　　② 謝濟：《論歷組卜辭的分期》，《甲骨探史録》，生活·讀書·新知三聯書店1982 年版。

的"。歷組卜辭祭祀祖先"最大的特點是盛行合祭",合祭祖先是
有選擇的,不但對旁系先王不予合祭,就是對直系先王也是進行
選祭的。"選祭是選擇那些在商人歷史發展中有過重大貢獻的直系
祖先進行祭祀,同時也將與自己關係最為密切的父王與這些重要
祖先進行合祭。"常玉芝文中還列舉了 5 條有"祖乙、父丁"或
"大甲、父丁"稱謂的歷組卜辭,排在父丁之前的先王都不是與父
丁緊相連接的父子關係。從而認為,李先生將小乙之後的"父丁"
看成是小乙之子武丁,衹能是猜測而已,是經不起推敲的①。

　　"歷組卜辭"中的"父丁"是"康丁",我們在《三論》《四
論》中反復論證了這一問題,在此無須多説。問題是,"武丁哪裏
去了"? 倒是需要同林澐學友好好討論的。

　　"歷組卜辭"中,肯定有祭祀"武丁"的卜辭。"武丁"是一
位名王,殷"中興"之主,武乙、文丁不可能不予以祭祀。問題
是,我們如何從卜辭中去尋找。我們同意常玉芝的看法,歷組卜
辭祭祀祖先最大的特點是盛行合祭。這就需要我們從"集合廟主"
中去尋找。實際上,"歷組卜辭"中這樣的"集合廟主"比較多,
今列舉如下:

　　1. "七示"與"十示又二"

　　"七示"為大示,是 1973 年小屯南地的新資料,分屬於武乙、
文丁卜辭:

　　　　甲辰□:伐于七大示? 不 [用]。一
　　　　于十示又二,又伐? 兹用。《屯南》1015(圖二:2)
　　　　壬戌卜:于七示自□? 二《屯南》2534

　　上舉兩例中,《屯南》1015 為武乙卜辭,《屯南》2534 為文丁

---

　　① 常玉芝:《殷墟甲骨斷代標準評議(二)——關於"歷組"卜辭的時代問題》,
《甲骨文與殷商史》新九輯,上海古籍出版社 2019 年版。

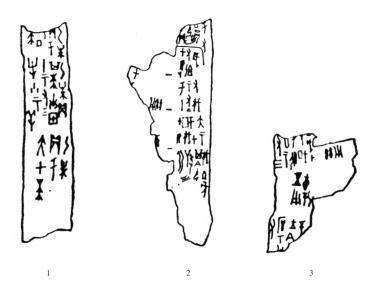

圖二　1.《屯南》4331；2.《屯南》1015；3.《京》4101

卜辭。前者"七大示"與"十示又二"並列。武乙卜辭中，"十示又二"有兩種：一種是"起自大乙"；另一種是"起自上甲"。若此"十示又二"是"自大乙十示又二"，則此"七大示"於"自大乙十示又二"之前和以後均無法安排，因均少於七個直系先王；若此"十示又二"是"自上甲十示又二"，則此"七大示"是自且乙以下推七個直系先王正好至康丁，與該卜辭時代相合。因此，《屯南》1015中之"十示又二"應是"自上甲十示又二"，而"七大示"則應是且乙至康丁七個直系先王。且乙至康丁七個直系先王自然就有武丁。《屯南》2534屬"歷組父乙類"，此中的"七示"亦應同於"歷組父丁類"卜辭，"七示"中有"武丁"。

且乙至康丁的合祭（七大示），在武乙卜辭中還有其他的例證：

己未貞：其□祭自且乙歲至父丁？二《屯南》441
壬辰卜：秦自且乙至父丁？

壬辰卜：秦自上甲六示?《南·明》① 531 （《合集》32031）

上列兩版都是武乙卜辭（"歷組父丁類"），都是"且乙至父丁"的合祭。此中的"父丁"就是康丁。故"且乙至父丁"就是"且乙至康丁"，共七個直系先王，也就是武乙卜辭中的"七大示"。我們曾經指出："陳夢家先生在《綜述》中，認為'且乙至父丁（康丁）'為小示是欠妥的，《屯南》1015 中的'七大示'加'十示又二'等於祭祀了從上甲至康丁的全部直系先王。卜辭内容與卜辭時代完全吻合；相反，若將該類卜辭視為祖庚卜辭，則'且乙至父丁'祇有五個直系先王，該類卜辭中的'七大示'得不到解釋。很清楚，出現此七大示的卜辭祇能是武乙和武乙以後的卜辭。"② 這個結論是非常正確的。

"且乙至父丁（康丁）"一共七個直系先王，他們是：祖乙—祖辛—祖丁—小乙—武丁—祖甲—康丁，武丁位居其五。

2. 大示"自上甲十示又三"。該"集合廟主"目前祇見於武乙卜辭，今舉例如下：

乙未貞：其秦自上甲十示又三，牛；小示，羊?《合集》34117 （《後·上》28.8）
乙未貞：其秦自上甲十示又三，牛；小示，羊?
乙未貞：于［父］丁［秦］?《屯南》4331 （圖二：1）
甲辰貞：今日秦禾自上甲十示又三?《屯南》827

上述三例中，《屯南》4331 與《合集》34117 為成套卜辭，其上内容與卜辭契刻部位均相同，字體風格也一致，當出於一人

---

① 《南·明》指《戰後南北所見甲骨録》中的《明義士舊藏甲骨文字》，來薰閣書店 1951 年版。

② 曹定雲：《論武乙、文丁祭祀卜辭》，《考古》1983 年第 3 期。

之手。對於"自上甲十示又三"，陳夢家曾推斷為"上甲至且乙十三世直系"①。我們則認為：此"十示又三"應是上甲、大乙至祖甲十三世直系先王，在此合祭中，上甲與大乙之間略去了三匚二示。對此，我們過去已作過專門論述②。由此不難看出：此中的"上甲、大乙至祖甲十三直系先王"包括了武丁，武乙是不可能在祭祀中把"武丁"忘掉的。

總之，歷組卜辭"牽自上甲十示又三"是"上甲、大乙至祖甲十三世直系先王"，此中有武丁，是明明白白擺着的事實，怎麼可能"找不到"呢？

3. 歷組父乙類卜辭"伊、廿示又三"。此"集合廟主"目前祗見於文丁卜辭，其辭如下：

> 重新X用？
> 〔壬〕戌卜：又歲于伊、廿示又三？《京》4101（圖二：3）

對於該片卜辭，陳夢家先生曾指出："'伊廿示又三'當讀作'伊、廿示又三'。伊尹事湯，放大甲而為大甲所殺，為沃丁所葬。則此二十三示應是自大甲至康丁的二十三個王，乃小示。"③ 我們則認為："陳先生對此世系的推算是對的，但認為是小示則可商。'伊、示又三'是伊尹、大甲以下直系、旁系先王的合祭，故不是小示。此'伊、廿示又三'與文丁卜辭的時代亦相吻合。"④ 此"廿示又三"中自然也有武丁。

從以上的論述中可以看到："歷組卜辭"（武乙、文丁卜辭）中，至少有四種"集合廟主"裏有武丁的"神位"，它們是：

---

① 陳夢家：《殷虚卜辭綜述》，科學出版社1956年版，第464頁。
② 蕭楠：《論武乙、文丁卜辭》，《古文字研究》第三輯，中華書局1980年版，第53、54頁。
③ 陳夢家：《殷虚卜辭綜述》，第465頁。
④ 曹定雲：《論武乙、文丁祭祀卜辭》，《考古》1983年第3期。

①與"十示又二"並列出現的"七大示"; ②單獨以祖先名出現的"且乙至父丁"(七大示); ③粂自"上甲十示又三"; ④ "伊、廿示又三"。這四種"集合廟主"裏都有武丁, 怎能説: "武丁哪裏去了?"而且, 在殷代, 祭祀是年復一年、周而復始地進行, "武丁"被祭祀的情況會反復出現。因此, 在武乙、文丁卜辭中, 武丁被祭祀是一件非常平常的事, 祇要你認真找, 隨手就到, "武丁哪裏去了"的問題是根本不存在的。

除"集合廟主"外, 在"歷組父丁類"卜辭中, 武丁還被單獨祭祀。今列舉如下:

> 弜□于祖乙, 以祖〔丁〕、祖甲□。《合集》32577
>
> 唯祖庚壱, 唯祖辛壱, 唯祖乙壱, 唯祖□壱。《屯南》1046

以上二例中,《合集》32577 中的"祖「丁」"應指武丁, 祖甲應指武丁子祖甲;《屯南》1046 之"祖□", 根據先後次序排列, 當為"祖丁"即武丁。我們過去就是這樣論述的①。

林澐學友説: 這樣來回答"武丁哪裏去了? 理由實在是很不充分的"。今天, 本文將四種"集合廟主"加上這兩例單獨的卜辭一起列出, 難道理由還不充分嗎?

三　關於"三且"與"三且辛"

"三且"是歷組卜辭中的重要稱謂, 我們在《三論》中提出了一個新的"祭祀次序": "小乙—三且—父丁"②, 此中的"三且"就成為歷組卜辭時代的"壓艙石": 祇要它存在, 任何人想要將"歷組卜辭"搬到其他時代去, 都是不可能的。

---

① 劉一曼、曹定雲:《三論武乙、文丁卜辭》,《考古學報》2011 年第 4 期。
② 劉一曼、曹定雲:《三論武乙、文丁卜辭》,《考古學報》2011 年第 4 期。

對於"小乙—三且—父丁"這一祭祀次序，林澐學友開始還是"勉强同意"的，不過，他認為此"三且"不是孝己、祖庚、祖甲，而是賓組卜辭（《合集》2330、893 反、930）中的"三父"。他説："陳夢家認為這裏的'三父'是指'武丁前一世四王中之三'，當即小乙的三位兄長陽甲、盤庚、小辛。到了祖庚時代，他們自然變成了小乙之外的'三且'，不是很合適嗎?"①

對於林澐學友這一觀點，我們在《四論》中給予否定：第一，歷組卜辭中的"三且"是在小乙之後，父丁之前，他們祇能是孝己、祖庚、祖甲，如今林澐要把歷組卜辭中的"三且"當成陽甲、盤庚、小辛，明顯是找錯了對象；第二，退一步説，假定此"三且"是陽甲、盤庚、小辛，而此三人都是小乙之兄，且先於小乙去世，其祭祀次序應當是"三且—小乙—父丁"，這與"小乙—三且—父丁"可以説是"格格不入"②。林澐學友的這一觀點是根本站不住脚的。

林澐學友的觀點在遭到我們的反駁後，不再正面提及"小乙—三且—父丁"中的"三且"，而是拐了個"彎"，提及《戰後南北所見甲骨録·輔仁大學所藏甲骨文字》（下文簡稱《南·輔》）63（《合集》27179）中的"三且"。他説：

　　實際上，不同時代的卜辭中的"三祖"可以指不同的先王。他們在《三論》中所舉《戰後南北所見甲骨録·輔仁大學所藏甲骨文字》63（即合 27179）有"三祖"，説："陳夢家曾指出，是武乙稱祖己（孝己）、祖庚、祖甲。屈萬里先生亦主此説。陳、屈二位之論是正確的。"其實這版甲骨在兩位學友的《四論》中，已被分為 A 類，也就是"歷無名間類"，

---

① 林澐：《評〈三論武乙、文丁卜辭〉》，《出土材料與新視野》，臺北"中研院"歷史語言研究所，2013 年，第 12—13 頁。

② 曹定雲、劉一曼：《四論武乙、文丁卜辭》，《考古學報》2019 年第 2 期。

這類卜辭祭祀父丁（武丁）和兄己（孝己）、兄庚（祖庚），
所以是祖甲時出現的，最晚祇能到康丁而不可能晚到武乙
（下文詳論），則"三祖"顯然不可能是指孝己、祖庚、祖
甲，陳、屈兩位先生都誤以為它是"第四期"卜辭，纔弄錯
了。我根據類型學把歷組二類和歷無名間類排在先後相連的
序列，可見它們的"三祖"應該和歷組二類一樣，都是指陽
甲、盤庚、小辛。①

《南輔》63（《合集》27179，見圖三：1）屬於無名組卜辭，
但它歸屬於武乙時代。我們在《四論》中對無名組卜辭進行過專
門的分類，他屬於"無名組第一類A③"（見《四論·附表》）；
而它的具體時代，則在武乙（見《四論·表一》）②。我們在《三
論》《四論》中對該片卜辭的論述，前後完全一致的。這片卜辭
就是武乙時代卜辭，不光我們這樣認為；前輩學者陳夢家、屈萬
里也都這樣認為；《合集》的編輯者也是這樣認為。可林澐學友要
"力排眾議"：你們統統都"錯了"，祇有我纔是對的。他的理由
是，因為此片在《四論》中歸為"歷無名間類"卜辭，而此類卜
辭根據稱謂是祖甲時出現，最晚祇能到康丁，不可能晚到武乙。
實際上，此類卜辭據稱謂完全可以下延到武乙時代（詳下文）。
《合集》21719上的"三祖"應指祖庚、祖己、祖甲。

歷組卜辭中除了"三且"這一重要稱謂外，還有一個重要稱
謂——"三且辛"，其辭如下：

辛亥卜：其又歲于三且辛？《合集》32658（即《粹》
341見圖三：2）

---

① 林澐：《評〈四論武乙、文丁卜辭〉》，《出土文獻》2020年第1期。
② 曹定雲、劉一曼：《四論武乙、文丁卜辭》，《考古學報》2019年第2期。

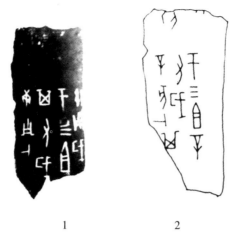

1　　　　　　　　　　2

圖三　　1.《合集》21179；2.《合集》32658

　　此片從字體分析，似歷組父丁類，但從内容分析，應是歷組父乙類。這兩類字體其稱謂的分野不是很嚴格，我們過去已有論述，① 學界可以理解。關於此"三且辛"，郭沫若在《粹》341 片釋文中指出："此三祖辛當是廩辛，其前有祖辛、小辛，此居第三位也。"② 郭老的推斷是正確的。此片的占卜者稱廩辛為"三且辛"，那麼該片的時代自然是文丁。這是歷組父乙類卜辭是文丁卜辭的重要證據。裘錫圭在《論"歷組卜辭"時代》一文的第 40個注釋③中，指出文丁卜辭有 4 片，他所指出的第 3 片就是《粹》341。

　　在卜辭時代推斷中，不少學者認為，"祖"輩的稱謂作用不如"父"輩稱謂作用大。但某些特殊的"祖"輩稱謂則不盡然，例如《粹》341 中的"且辛"，前面加一個"三"字，"這個'三'字極為重要，把此條卜辭牢牢地鎖定在文丁時代，成為歷組卜辭

_____

① 劉一曼、曹定雲：《三論武乙、文丁卜辭》，《考古學報》2011 年第 4 期。

② 郭沫若：《殷契粹編》，科學出版社 1965 年版，第 450 頁。

③ 裘錫圭：《論"歷組卜辭"的時代》，《古文字研究》第六輯，中華書局 1981 年版，第 320 頁。

時代不能提前至武丁、祖庚的極好材料。"①

我們再回頭看看《南輔》63（《合集》27179）字體，它與《合集》32658 有許多相似之處，尤其是"且"字的寫法，十分接近。這並不奇怪：因為，《南輔》63 屬武乙卜辭，而《合集》32658 屬文丁卜辭，如果細分，屬文丁卜辭（1）類，與《屯南》751 為代表的典型文丁卜辭（2）類有別，而文丁卜辭（1）類"此類卜辭字體雖小，但剛勁有力，近似武乙卜辭字體風格"②。我們曾經指出：無名組卜辭與歷組卜辭"在武乙、文丁時期是同時並存的"③。既然是"同時並存"，字體互相影響是不可避免的，接近也就自然。大家一看照片，兩種字體之間確實有某些"相似"。林澐學友硬要把《南輔》63 看成是"祖庚、祖甲時代卜辭"，於"字形"上是很難説通的。

總之，無論是歷組父丁類中的"小乙—三且—父丁"中的"三且"，還是歷組父乙類中的"三且辛"，都是歷組卜辭時代的"壓艙石"，祇要它們存在，任何人想要將歷組卜辭搬到其它時代去，都是不可能的。

四　關於"歷無名間類"卜辭的下限

林澐學友説的"歷無名間類"卜辭，即我們在《四論》分的無名組 A 類卜辭。這類卜辭的下限是否能到武乙時代，這關係到此類卜辭中的"三祖"是誰，也關係到歷組卜辭的時代問題。因而有必要展開討論。

斷定此類卜辭時代下限，有一條很重要的卜辭，就是《屯南》2281，"□辰［卜］：翌日其其祝自中宗祖丁、祖甲□［于］父

---

① 劉一曼：《殷墟考古與甲骨學研究》，雲南人民出版社 2019 年版，第 227—228 頁。

② 曹定雲：《論"上甲廿示"及其相關問題》，《文物》1990 年第 5 期；又見《殷商考古論叢》，藝文印書館 1996 年版，第 121—155 頁。

③ 曹定雲、劉一曼：《四論武乙、文丁卜辭》，《考古學報》2019 年第 2 期。

辛？"我們在 1980 年已指出，此片的祖甲、父辛是武乙對其祖父祖甲、父廪辛的稱呼，中宗祖丁可能指武丁①。姚孝遂②、黄天樹③、劉風華④等學者均同意這一看法。也就是説，諸家均承認此片是武乙卜辭。

林澐學友在文中對此片提出不同的看法：其一，該片"中"字當中是圓圈，"酉"字外形作弧綫，中間祇有一横畫，與"歷無間類"寫法不同，可見並不是"歷無間類字體"；其二，無名組卜辭祭"中宗祖乙"習見，而"中宗祖丁"僅此一見，"以祖丁為'中宗'者似非王室直系，或是旁系的占卜主體所卜的非王卜辭，亦未可知"；其三，如果因為其上有父辛而把 A 類字體下延到武乙是不妥的……其實，歷無間類充其量不過 200 片，把它的時間拉那樣長是完全不合理的"。

下面我們對林澐學友的看法逐一進行討論：

（一）關於《屯南》2281 的字體。該片可辨的字體有 17 個，其中"祖""其"二字出現了兩次，實為 15 個字。除了林澐説的"中"與"酚"字外，辰、翌、日、其、祖、丁、辛、父、于等 9 個字的形體，都見於"歷無間類"卜辭中（見表二）。

表二　　　　　　　　　　《屯南》2281 字例

字形隸定	辰	翌	日	其	祖	丁	辛	父	于
甲骨字形	𠀤	𠂤	日	𠙻	𠂤	口	𠂤	𠂔	𠂤

①　蕭楠：《論武乙、文丁卜辭》，《古文字研究》第三輯，中華書局 1980 年版。
②　姚孝遂、蕭丁：《小屯南地甲骨考釋》，中華書局 1985 年版，第 50 頁。
③　黄天樹：《殷墟王卜辭的分類與斷代》，科學出版社 2007 年版，第 246 頁。
④　劉風華：《殷墟村南系列甲骨卜辭的整理與研究》，上海古籍出版社 2014 年版，第 97、98 頁。

續表

字形隸定	辰	翌	日	其	祖	丁	辛	父	于
該字在歷無間類中的片号	《合集》27617 32454	《合集》33370 《屯南》290 2290	《屯南》590 2365	《合集》27613 27615 《屯南》632 《村中南》21	《合集》23425 27364 《屯南》174 632	《合集》27364 32448 《屯南》2364 《村中南》21	《合集》30173 31679 《屯南》174 632	《屯南》647	《屯南》632 3794 《村中南》21

　　黄天樹、劉風華都將該片歸屬歷無間類卜辭，大概是着眼於該片大多數字體與歷無間類卜辭相似纔如此劃分的。但令人感到奇怪的是一向主張用特徵性字體特定組合進行分類的林澐學友為什麼卻祇據該片中的"中、彭"兩個字，就將它排斥在"歷無間類"之外呢？

　　（二）關於"中宗祖丁"。該片的"中宗祖丁"是指哪位先王，甲骨學界主要有兩種不同的觀點：一種意見説他是武丁，另一種認為是中丁。林澐學友的導師于省吾先生就持後一種觀點。但是，誰也不懷疑該卜辭屬王卜辭。而林澐學友却"獨樹一幟"推測該片是非王室直系，甚至懷疑是"旁系的占卜主體所卜的非王卜辭。"這種看法的原因是"中宗祖丁"僅此一見，並無其他令人信服的證據。所以，他的看法祇是主觀臆測而已。

　　（三）關於卜辭斷代的方法問題。甲骨學者均認為，分析卜辭上的稱謂，是甲骨斷代中的重要方法，尤其是一條卜辭上有兩三個成組的稱謂更是判斷其時代絶好的資料。例如出組卜辭《後》上19.14有父丁與兄己、兄庚稱謂，《合集》27364有"祖丁、父甲、兄辛"，學者就可將前者定為祖甲卜辭，後者定為康丁卜辭。《屯南》2281有中宗祖丁、祖甲、父辛，根據這三個稱謂，就可將該片及歷無間類卜辭的下限穩穩地卡在武乙時代，同時也表明上述《合集》27179 也應是武乙卜辭。

林澐學友以歷無間類卜辭不過 200 片為由，認為其下限到康丁初期。衆所周知，各類卜辭的片數是客觀存在，怎能以其數量較少就認定它"決不能延到武乙之世"呢？這種説法不是太主觀武斷了嗎？

五　關於小屯南地的中期一組與二組

從 1975 年開始，我們對小屯南地甲骨進行整理，於 1980 年和 1983 年甲骨資料與釋文先後出版。這是解放後甲骨學界的一件大事，為甲骨學研究增添了一批珍貴的資料；也為甲骨文的分期斷代提供了堅實的基礎。

整理過程中，我們將小屯南地遺址分為早、中、晚三期，早期與中期各分為兩段。早期一段的坑 H115，出一片時代比武丁稍早的卜辭；早期二段 5 個坑，出自組、午組或字體似賓組的卜辭。中期坑，除出少量早期卜辭外，大量出無名組與歷組卜辭。晚期坑，除出早期卜辭、無名組、歷組卜辭外，還見有黃組卜辭。我們在《三論》中，對中期灰坑所出甲骨進行專門分析，指出："小屯南地中期有灰坑 32 個（附表），其中，中期三段有 11 個，四段有 21 個。中期四段坑出的陶器型式較三段略晚。并且有的中期四段坑打破中期三段坑，如 H39→H37，H85→H99，H47→H55，H24→H36。無名組與歷組父丁類卜辭，除出於晚期坑層外，見於中期四段與三段的坑，而歷組父乙類卜辭，除出晚期坑層外，則衹出於中期四段，不見於中期三段坑。故我們認為，歷組父乙類晚於父丁類及無名組卜辭是有考古學依據的。"①

正是基於這一分析，我們認定"歷組卜辭"是武乙、文丁卜辭，且"父丁類"早於"父乙類"，即武乙卜辭早於文丁卜辭。

---

① 劉一曼、曹定雲：《三論武乙、文丁卜辭》，《考古學報》2011 年第 4 期。

對於這樣一個結果，林澐學友以前也是"同意"的。在20世紀80年代中期，他曾説過：

　　蕭楠所認為的文丁卜辭，包括了我所劃分的"𠂤賓間組"、"歷組一類"和"歷組二類"中有父乙稱謂者。據此而檢查這次發掘中所得全部甲骨的坑位記録，除了《前言》中未能説明期別的灰坑和地層外，凡出有"𠂤歷間組"和"歷組一類"卜辭的灰坑和探方地層，確實都是屬於小屯南地中期二組堆積及更晚的堆積。……所以，蕭楠把"𠂤歷間組""歷組一類"和有父乙稱謂的"歷組二類"，定為文丁卜辭，就這次發掘的層位現象來説，並無明顯破綻。①

可到35年後的今天，學友的觀點突然發生"逆轉"，認為我們的"分期"有"問題"。他説：

　　其實，他們分出的中期一組，根據薄弱，是難以成立的。《四論》對無名組和歷組重新分類和斷代，從其中的"無名組卜辭與歷組卜辭早晚關係比較表"來看，他們所分的中期一組應該是對應康丁、武乙之世，而中期二組是對應文丁之世。那麼一組一共祇有20個灰坑，而二組有36個灰坑，似乎不成比例。

又言：

　　然而查正式報告的結果是：在20個灰坑中，11個單位僅出甲骨53版，其中H8出2版歷二類（《屯》570、571，兩

---

① 林澐：《小屯南地發掘與殷墟甲骨斷代》，《古文字研究》第九輯，中華書局1984年版，第132頁。

個片號為同一版的正、反面），H36 出 3 版歷組二類（《屯》2077、2078、2079），H109 出 1 版歷組二類（《屯》2772）。還有 H95 所出的《屯》2667 是一版習刻，"受年"作"受禾"，應是仿歷組字體刻的。原來所謂"確切的地層關係"就是在這三個灰坑裏祇出五版歷組二類卜辭，而沒有發現歷組一類卜辭啊！①

林澐學友的上述文字值得商榷。現專就論述中的問題，逐一指出如下：

第一，對於小屯南地甲骨坑的分期，以前是"基本肯定的"，如今來了一個 180 度大轉彎，成為"根據薄弱，是難以成立的"。請問林澐學友：你以前説"並無明顯破綻"，這不是"違心"嗎？

第二，對於小屯南地的中期一組與中期二組，你説："一組一共祇有 20 個灰坑，而二組有 36 個灰坑，似乎不成比例"。請問林澐學友：要怎樣纔能"成比例"？這是考古發掘：一組 20 個灰坑，二組 36 個灰坑，那是客觀存在，不是任何人主觀規定的。我們祇能是客觀地進行整理，而不能"主觀"地去規定每一組應該是多少坑。學友這番話，實在有悖於考古常識。

第三，學友説什麼："在 20 個灰坑中 11 個單位僅出甲骨 53 版，其中 H8 出二版歷二類……H36 出三版歷組二類……H109 出 1 版歷組二類……原來所謂'確切的地層關係'就是在這三個灰坑裏祇六版歷二類卜辭，沒有發現歷組一類卜辭啊！"

林澐學友此話實在未加思量：考古發掘中，每一個"坑"出多少甲骨，出什麼樣的甲骨？都是客觀存在，不是任何人主觀決定的。考古發掘中，考古人員通過"地層關係"去發現"質"的變化，而不在於"量"的多少。三個"坑"中出六版歷二類卜

---

① 林澐：《評〈四論武乙、文丁卜辭〉》，《出土文獻》2020 年第 1 期。

辭，已經不少了；即使出三版也行啊！它說明：歷二類卜辭（即我們所說歷組父丁類卜辭）在這個"層位'中是存在的；或者說，最早出現在這個"層位"中。這就是"考古地層學"的價值所在。至於出多少片，並不是最重要的；當然，出的多自然更好！至於"沒有發現歷組一類卜辭"，那是因為你舉的是"中期一組"的坑，"中期一組"早於"中期二組"，"中期二組"纔出"文丁卜辭"（即所謂歷組一類）。因此，在中期一組的坑中，沒有發現"歷組一類卜辭"，是很正常的事，又何必作"驚訝"之舉呢？

總之，林澐學友對小屯南地中期一組與二組所進行的"質疑"，是經不起推敲的，希望學友好好認真研讀"小屯南地甲骨分期"，這些問題就不解自明了。

六　關於地層學與類型學的關係

關於地層學與類型學的關係，這是我們與林澐學友分歧較大的一個問題，下面從兩個方面談談我們的看法。

（一）蘇秉琦先生是如何對待地層學與類型學關係？林澐學友在文章中提到蘇秉琦先生"用鬥鷄臺東區墓葬年代排序的成功，說明了不依賴層位完全可以正確解決遺存的年代問題"。他還說：蘇秉琦先生後來在《洛陽中州路》的研究中，還是用的純粹類型學的方法，也取得了成功。林澐學友是以蘇秉琦先生的例子來說明，在中國考古學中，類型學是可以不依賴地層學而獨立地解決遺存的年代問題。事實是這樣的嗎？讓我們看看蘇先生的這兩部名著中是如何解決墓葬的分期年代問題。

首先，看《鬥鷄臺東區墓葬》的分期排序。蘇先生將墓形可辨的 76 座墓分為南北豎穴墓、東西豎穴墓、洞穴墓三組，前者時代較早，後者較晚。他這種分法有兩點依據：其一是依據層位與墓葬的打破關係。在報告中，作者列舉了兩組東西豎穴墓位於南北豎穴墓的上方，即 N2→N4；I3→I5（N2 與 I3 為東西豎穴墓，

N4 與 I5 為南北竪穴墓）。又列出了一座洞穴墓打破一座東西竪穴墓，即 H12→F9；一座洞穴墓打破一座南北竪穴墓，即 H8→H14。

其次，是對墓中的隨葬品進行分析。① 蘇秉琦先生對各組墓葬中常見的隨葬品組合特徵進行排比，區分出三組墓葬中更小的年代組，即南北向與東西向的竪穴墓各分三期，洞穴墓五期。以上表明，蘇先生對鬥鷄臺東區墓葬分期時，是依據了層位疊壓與墓葬打破關係的。

下面，再看一下《洛陽中州路》（以下簡稱《中州路》）中②，蘇先生對東周墓的分期。

蘇先生在《中州路》結語五中談到，該報告定為東周的墓葬 260 座，其中有陶、銅容器的 165 座。報告編寫者③ "還根據器物形制組合、地層關係，並參考過去發現和著録材料，進行了初步的年代和分期問題的討論，把它們分為七期"。蘇先生還指出，"260 個墓中有十幾起一墓打破另一墓的。這些事例對考訂它們的年代和分期問題提供了更直接的證據"。他還列舉了六組不同期墓葬的打破關係和一組同期墓葬的打破關係實例。④

《中州路》東周墓多組墓葬的打破關係，為蘇先生對墓中各類遺物（尤其是陶器）進行類型學的分析，進而判斷各期墓葬年代提供了堅實的依據。1982 年，蘇先生又一次提到《中州路》報告取得成功的原因，他説："田野工作中層位關係清楚，基於地層學所做的考古分期越準確，在推定年代方面提供的條件也越好。《洛陽中州路》對東周墓葬的分期，每期所跨越的時限衹有幾十年，

---

① 蘇秉琦：《鬥鷄臺東區墓葬（節選）》，《蘇秉琦考古學論述選集》，文物出版社 1984 年版，第 26 頁。

② 中國科學院考古研究所：《洛陽中州路（西工段）》，科學出版社 1959 年版。

③ 《洛陽中州路》報告，東周墓葬的整理與編寫者是林壽晉、安志敏。

④ 蘇秉琦：《洛陽中州路·結語》，《蘇秉琦考古學論述選集》，文物出版社 1984 年版，第 72—74 頁。

就是一個很好的實例。"① 也就是说，蘇先生認為《中州路》對東周墓的分期做得細緻、準確，是由於田野發掘提供了可靠的地層學依據。

面對這些清清楚楚的事實，怎能説蘇先生的《中州路》研究"還是用的純粹類型學的方法呢"？

蘇先生在《地層學與器物形態學》一文中，對地層學與類型學（即器物形態學或型式學）的關係作了精闢的論述。他説："近代考古學正是運用了地層學和器物形態學這兩種方法，纔把埋在地下的無字'地書'打開，並把它分出'篇目'和'章節'來。""如果説地層學是考古發掘工作最基本的一個環節，這決非過分。田野發掘中揭露的任何遺存，一般地説都須藉助於地層關係以確定其時代。""運用器物形態學進行分期斷代，必須以地層叠壓關係或遺迹的打破關係為依據。"② 蘇先生這些精闢論述，得到考古學界的廣泛認同。

（二）地層學與類型學在甲骨斷代中的運用。殷墟甲骨文與商代的陶、銅、玉、石、骨、蚌器一樣，是一種文化遺物，其中有相當一部分是經科學發掘出土的。所以研究甲骨文也當用地層學與類型學的方法。

如甲骨學者用類型學的方法將甲骨文字分成不同的類型、組別，進而推斷各組各類卜辭的時代。問題是如何將卜辭組排序，又如何推斷各卜辭組的時代？我們的看法是，在卜辭的排序及斷代中，地層學有着重要作用。如關於"歷組卜辭"，林澐學友按照他的字體分類法，將之置於村南系列，排於"𠂤組"與"無名組"之間（具體地説是"𠂤歷間組"與"歷無間組"之間），認為其時

---

① 蘇秉琦、殷瑋璋：《地層學與器物形態學》，《文物》1982 年第 4 期；又收入《蘇秉琦考古學論述選集》，文物出版社 1984 年版，第 253 頁。

② 蘇秉琦、殷瑋璋：《地層學與器物形態學》，《文物》1982 年第 4 期；又收入《蘇秉琦考古學論述選集》，文物出版社 1984 年版，第 249—257 頁。

代相當於武丁晚至祖庚時代。這種排法是否正確呢？我們認為應從"歷組卜辭"出土的地層中去檢驗。

殷墟田野發掘從 1928 年開始，到現在已經 92 年。檢查歷次甲骨出土的情況：1973 年小屯南地發掘，"歷組卜辭出在小屯南地中期、晚期地層"[①]；在解放以前的殷墟發掘，也是"在廩康以前的地層和坑位中，沒有發現'歷組'卜辭"[②]；1986—2004 年，小屯村中、村南發掘，"歷組卜辭"還是出在中、晚期地層[③]。歷次發掘中都沒有在早期地層中出過"歷組卜辭"，這是最基本、最重要的事實。所以，絕不能將它的時代提前到武丁晚至祖庚時代。

結語

本文一共談了六個問題，都是林澐學友在《評〈四論武乙、文丁卜辭〉》中提出的問題。這些問題基本上都是不存在的，或者說是由他的錯誤理解所致。具體說來：①《屯南》2534 與《合集》32187、32189 根本就不是"成套卜辭"，"上甲廿示"卜辭提前，與《屯南》2534 毫無關係；②關於"武丁哪裏去了"？武丁是武乙之曾祖、文丁之太祖。祭祀武丁，一般情況下祇存在於"集合廟主"中，本文列舉了四種"集合廟主"，武丁都在其中，他跑不了；③關於"三且"，歷組卜辭中，有"小乙—三且—父丁"之"三且"，這是歷組卜辭時代的"壓艙石"，此中的"三且"祇能是"孝己、祖庚、祖甲"，而決不可能是"陽甲、盤庚、小辛"，林澐學友想用《南輔》63 中的"三且"替代"小乙—三且—父丁"中的"三且"，將之說成是"陽甲、盤庚、小辛"，與歷史事實不符；④關於"歷無間類"卜辭的下限，林澐學友認為

---

① 蕭楠：《再論武乙、文丁卜辭》，《甲骨學論文集》，中華書局 2010 年版，第 116、117 頁。

② 蕭楠：《再論武乙、文丁卜辭》，《甲骨學論文集》，中華書局 2010 年版，第 122 頁。

③ 劉一曼、曹定雲：《三論武乙、文丁卜辭》，《考古學報》2011 年第 4 期。

衹到康丁初年。我們分析了《屯南》2281 的字體,指出它屬"歷無間類"卜辭,該片上的中宗祖丁、祖甲、父辛是指武丁、祖甲、廩辛,從而可以將此類卜辭的年代下限卡定在武乙之世。⑤小屯南地地層分中期一組與二組,中期一組早於中期二組,中期一組出歷組父丁類,中期二組纔出歷組父乙類。林澐學友在中期一組的坑中沒有發現"歷組父乙類"卜辭很正常,説明"小屯南地中期分一組、二組"是正確的;⑥關於地層學與類型學關係,是老問題。林澐學友以蘇秉琦先生的《鬥鷄臺東區墓葬》及《洛陽中州路》東周墓年代排序成功為例,認為中國考古的類型學是不依賴層位可以獨立地解決遺存的年代問題,這是對蘇先生觀點的曲解。蘇先生是强調用類型學進行分期斷代時,必須以地層叠壓關係或遺迹的打破關係為依據的。蘇先生的論述對甲骨文的分期斷代也是完全適用的。

　　希望林澐學友認真研讀蘇秉琦先生的著作,尊重考古發掘的事實,仔細分析卜辭的内容,改正自己的錯誤看法,回到正確的軌道上來。

(原刊《殷都學刊》2023 年第 1 期)

帚好略説

張政烺

殷墟五號墓出土銅器四百多件，其中有帚好銘文的約六七十件。殷墟卜辭中關於帚好的記載估計有一二百條，絕大部分屬於第一期（即武丁時期，例如《甲骨文合集》［簡稱《合集》］606—2721 片），一小部分屬於第四期（即武乙文丁時期，例如《合集》32755—32762 片），兩者中隔祖庚、祖甲、廩辛、康丁兩代四王，約數十年至一百年。這種情況怎麽解釋，帚好究竟是一人還是二人，銅器銘文的帚好屬於哪個王，這些都是考古學界關心的問題。

甲骨文帚即婦字，郭沫若、唐蘭已作出很好的説明①。帚好之好從女，子聲，不讀好惡之好。卜辭中帚×之稱有數十個，其字多有女旁，本來極普通的字也加女旁，如帚井寫成帚姘，帚良寫成帚娘，其例不可勝舉。卜辭有：

癸巳卜，重戊御帚子，七月。

［《甲骨續存》（簡稱《續存》）407］

貞勿御帚子于……

（《合集》2833）

---

① 郭沫若：《骨臼刻辭之一考察》，見《古代銘刻彙考續編》；唐蘭：《殷虛文字記》，第 24—27 頁。

帚子即帚好，故知好當讀子。

帚好是女人的稱呼，卜辭一期、四期分別出現，不是一個人。異代同名是當時的一種社會現象，須要聯繫其他人物的一些材料纔能看得清楚，如：

人名	《合集》一期	二期	四期
羑	4003—4035		32829—32838
雀	4108—4173		32839—32843
阜	4036—4103		32844—32871（除去 32870）
牟	4104—4107		32872—32874
焱	4174—4209		32884—32885
竝	4386—4405		32886—32891
望乘	3994—4002		32895—32899
白般	4213—4238		32900—32901
犬征	4630—4639		32903—32904
帚好	2606—2721		32756—32762（除去 32758）
帚井	2756—2772		32763—32764
子弜	3073—3086	23531—23533	
子麦	3030—3060	23529—23530	32770—32774（除去 32772）
子熹	3137—3144		32776
子漁	2973—3005		32780—32781

子效　　3090—3095　　　　　　　　　32782

　　由於《甲骨文合集》方便，略舉幾片為例，其他人物異代同名的還多。有的學者想把一期、四期的尋好說成一個人，看來不難（四期材料內容簡單），但是要把卜辭中所有的異代同名的人物都併成一個人，似不可能。我在過去的一篇文章中曾舉出犬征族和罕為例，那個材料最清楚，引如下：

　　　　丙戌卜，貞：令犬征田于京。
　　　　　　　　　　　［《殷契卜辭》（簡稱《卜》）53 一期］
　　　　戊子卜，宕，貞：令犬征族衷田于虞。
　　　　　（《京都大學人文科學研究所藏甲骨文字》281 一期）
　　　　□卯卜，出，貞：犬征……
　　　　　　　　　　　［《甲骨文錄》（簡稱《錄》）152 二期］
　　　　□寅卜：令犬征田京。　　　　　（《續存》1852 四期）

據此可見犬征是族名，自一期至四期連續存在，不僅世祿而且世官。

　　　　癸卯［卜］，宕，貞：［令］罕衷田于京。
　　　　　　　　　　　　　　　　　　　　　（《卜》417 一期）
　　　　□卯貞：王令罕衷田于京。　　（《殷契佚存》250 四期）

罕的情況和犬征一樣，也是族名，也是世官[1]。也許有人會問，日期干支差不多，人名地名相同，把它算作一回事，簡單明瞭豈不更好？對於這一點我則認為不可。卜辭斷代根據許多條件，雖屬人為，實有規律，截至目前，成果還不能令人滿意，其原因在於

---

　　[1]　見《考古學報》1973 年第 1 期，第 109—110 頁。

材料不足。對一種現象的分析，必須和其他有關的現象聯繫起來考慮，我們再看看卜辭所載的各期卜人名，也有不少異代同名的實例。如：

丙午卜，永，貞：射𦰩隻。　（《殷虛書契菁華》7 一期）

癸未卜，永，貞：王旬亡𢔶。才正月。甲申，祭且甲，爯象甲。

[《殷虛書契前編》（簡稱《前》）1.19.5 五期]

卜人永既見於一期也見於五期。

癸未卜，𡆥，貞：旬亡𡆥。爯井示。　（《錄》82 一期）

丁卯卜，𡆥，貞：王往于刃，不遘雨。

[《龜甲獸骨文字》（簡稱《林》）1.30.14 三期]

𡆥見一期，也見於三期。

丁卯卜，口，貞：羽庚易［日］。

（《殷虛卜辭》692 一期）

丙子卜，口，貞：王其往于田，亡𪊖。才十二月。

（《錄》726 二期）

甲午卜，口，貞：令戈執鹿。十二月。

[《殷虛文字甲編》（簡稱《甲》）3399 三期]

口見於一、二、三期。

丙午卜，大。　（《合集》19875 一期𠂤組）

癸丑卜，大，貞：子屮于𤕫，羌五。

[《殷契遺珠》（簡稱《珠》）1055 一期]

辛卯卜，大，貞：洹引弗韋邑。七月。 （《珠》395 二期）

丁亥卜，大……其鑄黃呂……乍凡利車……

（《甲》1647 三期）

大見於白組（公認最早的卜辭），也見於一、二、三期。

癸巳卜，黃，貞：旬亡囚。 （《林》1.5.13 二期）

癸未卜，黃，貞：王旬亡𢚩。王來征人方。

（《甲》3355 五期）

黃見於二期及五期。根據這些材料可以説永、彘、口、大、黃等都是龜卜世家，子孫繼續擔任占卜工作，為殷王室服務。這當然不是偶然的事情而是歷史條件決定的。這裏還要説明一點，既説卜辭所記這些活動人物是世族，為什麼各期記載不平衡，有時多，有時少，有時沒有？這有很多原因，考古材料的發現從來都帶偶然性，今日所見的甲骨絕非全部。研究上古史，在文字記錄斷爛不全的情況下，我們祇能徵其有，不能斷其無。春秋時，齊國有國氏、高氏兩家世卿，衛國的甯氏是九世之卿族，但在《左傳》《國語》等書中，他們究竟出現過幾次？《周禮》記載大卜“以邦事作龜之八命”，殷代無此局限，各期卜辭不劃一，占卜何事全看殷王的心願。例如當時殷的社會生產以農業為主，王靠糧食養活，還要用糧食作酒喝，但是卜辭祇有一期、四期記載有關農業生產的活動，它期則否，相信在這文字無徵的年月裏，農業正在發展而不是停止了。

上舉材料裏還有子×，這類材料很多。子是親屬稱謂，似應有行輩問題，而異代同名子字不變。蓋在殷代後期子已變成男子的尊稱或爵稱，猶《舊唐書·突厥傳》之特勤，已非兒子之義。

以上説明殷墟卜辭中異代同名的現象，如果進一步考查，它們有族眾、有物產，實皆"國氏土地之號"，世代綿長，有的還保留到西周銅器銘文中。古代學者對這種現象的解釋，如《史記·五帝本紀》："黃帝者，少典之子"，《索隱》曰："少典者，諸侯國號，非人名也。又案《國語》云：'少典娶有蟜氏女，生黃帝、炎帝。'然則炎帝亦少典之子。炎黃二帝雖則相承，如《帝王世紀》中間凡隔八帝，五百餘年。若以少典是其父名，豈黃帝經五百餘年而始代炎帝後為天子乎？何其年之長也！又案《秦本紀》云：'顓頊氏之裔孫曰女脩，吞玄鳥之卵而生大業，大業娶少典氏而生柏翳'。明少典是國號，非人名也。"司馬貞所見極是，其所謂國號我們以為是氏族。世官之制史不絕書，《國語·周語》："昔我先王世后稷以服事虞夏。"《史記·太史公自序》："重、黎氏世序天地。……司馬氏世典周史。"《周禮》中以氏為官者很多，像馮相氏、伊耆氏等約四十個。《世本·氏姓篇》："彭祖氏，大彭支孫以號為氏，在商為守藏吏，在周為柱下吏，年八百歲。"這裏八百歲是取其成數，有的書上寫著"至殷末七百六十七歲"，則不僅族名承襲，其壽數也是累計的。卜辭中常見大方，是當時的重要方國之一，楊樹達《積微居甲文説》謂即大彭氏，彭祖氏或其支裔，世為商周史官，"述而不作，信而好古"，故《論語》稱之。通過這些現象知道殷代存在許多氏族，世代供奉王職，女官當亦如此，有了這點認識，以下説帚好就比較容易了。一期卜辭：

　　丙午貞：多帚亡疾。丙午貞：多臣亡疾。

（《殷虛文字乙編》8816）

當時或是疫疾流行，所以有此占問。以多帚與多臣對貞，説明帚和臣是同類事物，在殷王心目中地位相等。三期卜辭有：

更多母良（酬）。更辟（嬖）臣良（酬）。

（《甲骨綴合編》101）

母是古代成年女子的美稱，嬖臣即近臣，以多母與嬖臣對貞，和上舉卜辭相似，兩相比照，知道殷王周圍有些擔任職務的婦女。殷代屬於階級社會初期，統治者的歷史使命是摧毁或廓清氏族社會的風俗和傳統，氏族成員狃於習慣很難為力，許多新興事務衹好交奴隸去作，於是原始的奴隸（臣）便逐漸變成了原始的官吏（臣）。多帚和多臣相似，介於原始奴隸與原始官吏之間，在統治者的支持下既辦公事，也任私役。《國語·吳語》記吳敗越後：

> 句踐請盟：一介嫡女執箕箒以㕦姓於王宫，一介嫡男奉槃匜以隨諸御。……亦征諸侯之禮也。

殷王的多帚是怎麽來的？推測其中有些便是被征服者或歸順者世代貢納的。

殷周的世婦，文獻有記載，《禮記·曲禮下》：

> 天子有后，有夫人，有世婦，有嬪，有妻，有妾。天子建天官，先六大，曰大宰、大宗、大史、大祝、大士、大卜，典司六典。

鄭玄《注》：“此蓋殷時制也。”孔穎達《疏》：“此一節總論立男官女官之事，……記者之言不可一依周禮，或可雜夏殷而言之。”《曲禮下》又言：

> 國君不名卿老、世婦，大夫不名世臣、姪娣，士不名家相、長妾。

國君指諸侯，其世婦相當於大夫之姪娣，士之長妾。不名是不直呼其名以示敬意。這裏有兩個世字，世在古書上有二義，大及世代。古稱世子即大子，世父世母即大父、大母，但在這裏講不通，世婦世臣人數多，地位不很高，不得言大。《孟子·梁惠王下》：

> 所謂故國者，非謂有喬木之謂也，有世臣之謂也。

趙岐《注》世臣是"累世修德之臣"，這和《孟子》講世祿、世官是一致的。世婦之義與世臣同，當是累世常有之婦。世婦與卿老政分內外，世代相承。

《周禮》書中有世婦，首見《天官·冢宰》，無員數。

> 世婦掌祭祀、賓客、喪紀之事，帥女官而濯摡，為齍盛。及祭之日，涖陳女官之具，凡內羞之物。掌弔臨于卿大夫之喪。

一見《春官·宗伯》，"每宮卿二人，下大夫四人，中士八人"。

> 世婦，掌女官之宿戒，及祭祀，比其具。詔王后之禮事，帥六宮之人共齍盛，相內外宗之禮事。大賓客之饗食亦如之。大喪，比外內命婦之朝莫哭，不敬者而苛罰之。凡王后有拜事于婦人，則詔相。凡內事有達于外官者，世婦掌之。

兩處職掌基本相同，可見世婦是女官，住在宮中，管祭祀、賓客及喪禮等。從《周禮》本文看，應以《春官·宗伯》的世婦為主，有級別，編制具體，職掌詳明。《天官·冢宰》的世婦無員數，不說組織情況，廁於九嬪、女御之間，已經列入天子的眷屬了。推測周代的世婦先是官員，在宮中工作遂變成天子嬪御，這種情況後代也有，《今古奇觀》有一篇《單符郎全州佳偶》，説到宋代作官人家的女傭人都有名額，像厨娘、針綫人等等，後來都一律成為主人的姬妾，在家長制專制主義統治下，這是不可避免的。《周禮·春官·宗伯》敘官，在世婦之後是：

> 內宗，凡內女之有爵者。
> 外宗，凡外女之有爵者。

內女是王同姓之女，外女是異姓之女，世婦的來源也不外乎此，大約都是由一定的宗族產生的。《左傳》（昭元）記子產説"內官不及同姓"而晉平公"內實有四姬焉"，這就指內女。"契為子姓"，則殷之帚好也可能是內女。世婦接近王，如果年歲容貌或某些條件不相當，也不會被寵愛變成嬪御，所以《周禮》分成兩官。

卜辭中關於帚好的記載有一二百條，自從帚好銅器發現後已再三被人引用。其中有很多條是關於祭祀的，這和《周禮》的世婦相合，現在不談。其中有關於帚好生子的，占卜特別詳細，分娩日期，是男是女，是否順利，貞問不休。有關於帚好生病的，也極為關切，連牙痛小病也不放鬆。從這些細膩的小節看，帚好、武丁是夫妻，她不可能是兒媳，更不可能是一般的君臣關係。上面講過，世婦處宮中，轉化為天子的眷屬是形勢所趨，不會有人感到意外，一期卜辭有：

> 貞：乎帚好見多帚于𩫖。　　　　　　　　　（《合集》2658）

大約帚好本來就在多帚之中，後被武丁賞識遂躍居多帚上，她有很大的兵權，這一點與《周禮》世婦不合，應當是得到武丁特殊寵幸的結果，同時有多帚不是每個帚都如此，前後兩個帚好也不是每個帚好都如此。

一期卜辭有：

貞：隹唐取帚好。

貞：隹大甲。

隹且乙。

貞：隹唐取帚好。

貞：帚好屮取上。

貞：隹大甲取帚。

貞：帚好屮取不。

貞：隹且乙取帚。　　　　　　　　　　　（《合集》2636 正）

己卯卜，宁，王固曰：上隹甲。　　　（《合集》2636 反）

貞：帚好屮取上。

隹大甲取帚。

貞：帚好屮取不。

貞：隹且乙取帚。

隹父乙。

　　　［《庫方二氏藏甲骨卜辭》（簡稱《庫》）1020 正］

己卯卜，宁，王固曰：上隹甲。　　　（《庫》1020 反）

己卯卜，宁，貞：隹帝取帚好。　　　（《合集》2637）

這三片卜骨都記"己卯卜，宁"，内容相同，自是同時之物。末一片有帝字，《禮記·曲禮下》："措之廟，立之主曰帝"，帝是稱最近的王，在這裏和上一片的父乙相同，皆指武丁父小乙。姚孝遂同志説，取即娶，先王取帚是娶冥婦之禮。[1] 按唐（湯）是高祖，大甲是大宗，祖乙是中宗，父乙或帝是禰，都把對象集中在一個帚好，怎麽開交，而由武丁親自占卜和處理，又情何以堪？古人

---

① 見《吉林大學社會科學學報》1963 年第 4 期，第 79—82 頁。

講倫常，而對於婦好的分配卻如此離奇，實不可解。因此想到幾
點：1. 婦對殷王不是固定的夫妻名義，其發生男女關係者纔是事
實上的夫妻；2. 婦好是世婦，每王都會有過，而不衹武丁時期的
一個婦好；3. 多婦是高祖廟、大宗、中宗和禰廟掌祭祀的女官，
而婦好也是其一。

武丁時期的婦好死於何時，一期卜辭有：

□寅卜，韋，貞：賓婦好。

貞：弗其賓婦好。　　　　　　　　　　　　　（《合集》2638）

司婦好。　　　　　　　　　　　　　　　　　（《合集》2672）

貞問是否祭祀婦好，根據這類材料推斷她當武丁在世時已死，是
可以的。殷墟五號墓有婦好銘文的銅器從形製花紋看有早有晚，
銘文的字體也很不一致，這種演變不一定是一代人的時間所能形
成的。那麼，這些婦好銅器的主人是否都是武丁時期的一個婦好
呢？如果同意婦好是累世相承的世婦，也許問題就好回答了。

（原刊《考古》1983 年第 6 期）

《帚好略説》補記

張政烺

《小屯南地甲骨》（簡稱《南地》）917 片：

乙酉卜，御箙旋于帚好，十犬。

這是新發現的關於帚好的資料，受到各方面學者的重視。這片卜辭的字體，按舊派的標準當為四期武乙時，按新派的標準屬於歷組，當為武丁至祖庚時。乙酉是卜日，御，動詞，是一種祭祀，以求護佑。箙旋是人名。"御箙旋"是祭祀祈求保護箙旋。"于帚好"説明祭祀的對象。

一期卜辭有：

丁亥卜，㱿，貞：昔乙酉箙旋御［自唐］、大丁、大甲、且乙，百㹊、百羌、卯三百牢。……

[《殷虚書契後編》上·28.4 及
《殷契佚存》（簡稱《佚》543）]

御下有缺文，一期卜辭有"貞御自唐、大甲、大丁、且乙，百羌、百牢"（《佚》873 及《甲》1094），今據補"自唐"二字。㱿是武丁時卜人，確鑿無疑。"昔乙酉箙旋御"和前一條"乙酉卜，御箙旋"文義相同，學者因謂這兩條是同時之物，也就成為歷組卜辭當併入一期的證據。然覆按之，疑義尚多，今擇要點説明於下。

"昔乙酉"指祭祀的日期，昔是去日，這條卜辭的卜日是丁亥，乙酉則早兩天。為什麼選用乙酉作祭日呢？從大量資料看蓋與唐有關，唐即大乙，故祭於乙酉，例如：

乙酉卜：虫于成。　　　　　　　　　　（《巴黎所見甲骨録》9）

羽乙酉，虫伐自成。

羽乙酉，虫伐于五示：上甲、成、大丁、大甲、且乙。

　　　　　　　　　　　　　　　　　（《殷虚文字丙編》38）

甲申卜，殼，貞：羽乙酉……乙酉，酒唐允……

　　　　　　　[《殷虚書契前編》（簡稱《前》）7. 35. 1]

貞：羽乙酉酒唐，正。

　　　　　　　[《甲骨文合集》（簡稱《合集》）1300 正]

[辛] 巳卜，貞：羽乙酉其酒唐，易日。

　　　　　　　　　　　　　　　　　　（《合集》1304）

甲申卜：王用四牢大乙，翌乙酉用。　（《合集》19816）

甲申卜、囗，貞：羽乙 [酉] 𢽳于大乙，亡 [𡆥] 才……

　　　　　　　　　　　　　　　　　　（《合集》22734）

囗囗 [卜]，尹，[貞：羽] 乙酉𢽳于大乙，亡𡆥。才八月。

　　　　　　　　　　　　　　　　　　（《殷契遺珠》369）

[乙] 酉，王其又大乙。王受又　　　　（《合集》27089）

其又𡥆大乙，叀翌日乙酉酒。　　　　（《合集》27100）

乙酉貞：又尞于上甲、大乙、大丁、大甲……

　　　　　　　　　　　　　　　　　　（《合集》32387）

乙酉卜，貞：王賓大乙翌日，亡尤。　（《合集》35490）

以上列舉十二片甲骨，一、二、三、四、五期的都有。成、唐、大乙皆稱成湯一人。祭日用乙酉，在二三百年間沿襲不絕，蓋由當時的禮俗所決定。《南地》917 片御于帚好為什麼也要以"乙酉卜"呢？這有兩種可能。一是無意的，卜辭沒有乙酉日祭帚好的例子，這一條完全屬於偶合，可是由於御者同是𣪊旋，這樣解釋不能使人滿意。一是有意的，即受唐的影響，這是"唐取帚好"的反映。一期卜辭有：

> 貞：佳唐取帚好。
> 貞：佳大甲。
> 佳且乙。
> 貞：佳唐取帚好。
> 貞：帚好㞢取上。
> 貞：佳大甲取帚。
> 貞：帚好㞢取不。
> 貞：佳且乙取帚。　　　　　　　　　　　（《合集》2636 正）

這裏占問唐等取帚，和上引殷卜辭𣪊旋御的對象比較，唐、大甲、且乙相同，祇差大丁一位。取字卜辭常見，有選取之意，例如：

> 癸亥卜，貞：乎多射衛。　（《龜甲獸骨文字》2.320.2）
> 丁未卜，𣪊，貞：雀取射。
> 叀𡿱令取射。
> 　　　　　　　　　　　　　　　　　　　　（《前》7.10.3）

射是官名，類似《周禮》之射人，人數很多，而王命雀和𡿱取射，則是有所選擇。

> 壬戌卜，𣪊，貞：乎多犬网鹿于䝅。八月。

壬戌卜，㱿，貞：取犬乎网鹿于甚。

（《殷虚文字乙編》5329）

犬是官名，類似《周禮》之犬人。取犬與多犬對言，是從多犬中選取的犬。卜辭帚是官名，類似《周禮》之世婦，而取帚好是從多帚中選擇一個帚好。唐、大甲、且乙皆有宗廟，取帚所以守宗廟、奉祭祀。殷代各王皆有多帚，也皆有帚好，"唐取帚好"之貞是例行公事，隨時可有，必不止一次。被選取的帚好主要掌管祭祀，她們和先王宗廟生死相依，所以祭祀先王時也對死去的帚好給以禮遇。有些學者認為殷代帚好祇有一個，即武丁的配偶，在許多地方講不通，例如"唐取帚好"就無法解釋。卜人㱿是一期賓組卜人的中堅分子，留下來的甲骨很多，殷墟 127 灰坑出土武丁時期甲骨一萬七千多片，卜人㱿的名字最常見，比卜人賓還多。這一坑中不出歷組卜辭，也不出出組卜辭，我認為卜人㱿的年代較早，在出組卜辭、歷組卜辭之前，故不相混。《南地》910、911 片是一骨之正背兩面，背面有"壬子，㱿示"四字，是一期記事刻辭，它和甲橋刻辭、骨臼刻辭等（《合集》17485—17665 片）相似（參考胡厚宣《武丁時五種記事刻辭考》，見《甲骨學商史論叢》初集）。骨面有歷組卜辭三條，而歷組卜辭的記事刻辭（《合集》35166—35218 片）卻與"壬子，㱿示"絕不相同。可見此是一期入藏之骨，至歷組卜人始用之，而非賓組、歷組合作的產物。

最後，為《南地》917 片作一小結。《南地》917 片不與卜人㱿同時，要晚得多。箙旋是族名（也可稱作官氏），可以異代同名。帚好是世婦，殷王世代皆有，作武丁配偶的祇是其中之一。乙酉作祭日是禮俗決定的，可以世代奉行，所祭帚好是"唐取帚好"而不是武丁配偶。《南地》917 片不能因為干支（乙酉）御者（箙旋）和賓組（㱿）卜辭相同，便提高到武丁中期以前。

（原刊《考古》1983 年第 8 期）

"歷組卜辭"的討論與甲骨文斷代研究

陳煒湛

　　現在研究甲骨文，劈面第一個大難題便是斷代：準確地判斷每片甲骨的時代。這是項十分複雜、十分棘手的工作，幾十年來學者間分歧屢見，爭論不休。近幾年來圍繞著"歷組卜辭"所展開的討論，尤其引人矚目。這類卜辭的時代若有更改，必將引起連鎖反應，一些成説也得隨之改易。而且，關於"歷組卜辭"的討論，實際上已遠遠超出了"歷組"的範圍，它幾乎涉及甲骨斷代的各個方面。這一問題不辨明，其他的一些研究工作如卜辭的分類整理、文字的歷史演變等等也都無從著手。正因如此，故敢不揣淺陋，附驥一鳴，或許愚者千慮亦有一得。相信真理總是愈辯愈明，愈辯愈接近真理。苟得真理，則俯首而從之，不亦宜乎。

　　　　一

　　"歷組卜辭"的概念，是李學勤同志在 1977 年首先提出來的。他在《論"婦好"墓的年代及有關問題》一文中説："……多出自村中的一種卜骨也有婦好。這種卜骨字較大而細勁，祇有一個卜人甦（歷），我們稱之為歷組卜辭。按照舊的五期分法，歷組卜辭被認為屬於武乙、文丁時的第四期。"又説:"1933 年董作賓提出的五期分法,早已陳舊了。……婦好墓的發現,進一步告訴我們,歷組卜辭的時代也非移前不可。"他的結論是:"歷組卜辭其實是武丁晚年到祖庚時期的卜辭。"① 在中國古文字研究會第二、三、四屆年會上,甲骨斷代都是討論的中心之一。裘錫圭同志、林澐同志均先後撰長文"改從李説"。蕭楠等同志則認為原定"歷組"為武乙文丁卜辭不誤,且據地層關係加以證明。雖然相當一部分同志不同意"歷組卜辭"這一概念,但為了討論的方便,也祇得沿用這一名稱了。

李學勤定"歷組卜辭"於武丁至祖庚的觀點,源於加拿大人明義士。1928 年明義士將其未收於《殷虛卜辭》的甲骨文拓本編為《殷虛卜辭後編》②,其所作序言(未完稿)即根據稱謂與字體將 1924 年冬小屯村中一坑所出的三百餘片甲骨(絕大部分即李氏所謂之歷組、無名組卜骨)加以分類,把相當一部分甲骨的時代定為武丁或祖庚祖甲時期③。對於明氏的這種分類,陳夢家曾毫不客氣地批評道:"此坑所出我定為康丁、武乙、文丁三王卜辭,而明氏誤認'父丁'為武丁(其實是武乙稱康丁),'父乙'為小乙(其實是文丁稱武乙),因此他的斷代不免全錯了。"④ "不免全錯"四字也就把明氏這篇序言基本上否定了。陳氏之後,二十餘年來對此一直未聞有何異議,似成定論。⑤ 現在李學勤舊案重提,加以申論發揮,把"未免全錯"的觀點説成正確的學説,這就不可避免地要引起一番爭論了。

---

① 李文刊《文物》1977 年第 11 期。

② 此書明氏生前未印,後由許進雄重加整理,編輯為《殷虛卜辭後編》二冊,共收拓本二千八百零五紙,1972 年出版。

③ 見《文物》1981 年第 5 期李學勤文所附。

④ 陳夢家:《殷虛卜辭綜述》,科學出版社 1956 年版,第 135—136 頁。

⑤ 李學勤《評陳夢家〈殷虛卜辭綜述〉》一文(《考古學報》1957 年第 3 期)對《綜述》批評頗多,但對此卻未加評論,似尚未以為謬。

　　關於"歷組卜辭"的時代，經過近四年的討論，已經明顯地形成了兩派不同的意見。一派意見認為它屬於武丁祖庚時代，以李學勤為代表，已發表的文章有五篇；一派意見認為它屬於武乙文丁時代，以蕭楠為代表，已發表的文章有四篇。[1] 兩派意見針鋒相對，各自認為具有充足的無可辯駁的理由（詳見本文附錄一《"歷組卜辭"討論中爭論雙方的主要論點》）。今夏以來，我仔細拜讀（或重讀）了有關"歷組卜辭"爭論的這九篇論文，深受啟發，得益不淺。然而，也發現了一個頗為奇怪的現象：雙方儘管爭論得很激烈，但很少具體討論"歷組卜辭"的核心——真正有貞人歷的卜辭，有的文章乾脆把它們拋在一邊，卻大談"歷組卜辭"的各種特點，與賓組、出組的異同等等。説"歷組卜辭"屬於武丁祖庚時期者固然沒有證明任何一片歷貞卜辭可歸諸武丁或祖庚時期；説"歷組卜辭"屬於武乙文丁時期者也很少著墨於歷貞之辭。所以，具體地分析一下歷貞的卜辭，以期先在"小範圍"內取得較為一致的意見，顯然是非常必要的。這應該説是"歷組卜辭"討論中的一個被遺忘或忽略了的前提吧。

　　二

　　嚴格説起來，"歷組卜辭"這一名稱是不夠科學的。在甲骨斷

---

　　① 認為"歷組卜辭"屬於武丁至祖庚時期的文章是：

李學勤：《論"婦好"墓的年代及有關問題》，《文物》1977年第11期；裘錫圭：《論"歷組卜辭"的年代》，中國古文字研究會第三屆年會論文，收入《古文字研究》第六輯（本文簡稱《裘文》）；李學勤：《小屯南地甲骨與甲骨分期》，《文物》1981年第5期（本文簡稱《甲骨分期》）；林澐：《小屯南地甲骨與殷墟甲骨斷代》，中國古文字研究會第四屆年會論文（本文簡稱《林文》）；李先登：《關於小屯南地甲骨分期的一點意見》，中國古文字研究會第四屆年會論文。

認為"歷組卜辭"屬於武乙文丁時期的文章是：蕭楠：《論武乙文丁卜辭》，《古文字研究》第三輯（本文簡稱《蕭文》）；羅琨、張永山：《論歷組卜辭的年代》，《古文字研究》第三輯（本文簡稱《年代》）；中國社會科學院考古研究所：《小屯南地甲骨·前言》，中華書局1981年版（本文簡稱《屯南前言》）；蕭楠：《再論武乙文丁卜辭》，中國古文字研究會第四屆年會論文（本文簡稱《再論》）。

代研究中，所謂某組卜辭是有特定含義的，實際上是指根據貞人
同版關係歸納出來的同時期的貞人集團，不過以某貞人之名命名
罷了，如陳夢家《殷虛卜辭綜述》所定的賓組、出組、何組等等
便是。即便午組人數最少，也有二人（兒、午）。目前所謂的"歷
組卜辭"，卻祇有一個貞人歷，與其他貞人毫無同版關係。一人如
何稱"組"？依據字體風格這一並不可靠的標準把一些與"歷"
未必有關亦未必同時的沒有貞人的卜辭強拉到"歷"的旗幟下，
充當"歷組卜辭"，這種做法的科學性就很值得懷疑。由於是根據
字體風格來確定"歷組卜辭"的範圍，這範圍便因人而異，大小
不同，有些明顯不屬此"組"的卜辭也混雜其間了。於是有些同
志又創造出一些祇有自己纔能確知其義的新名詞，如"歷自間組"
"自歷間組""歷組一類""歷組二類"等等，令讀者眼花繚亂，
頗有玄之又玄、機深莫測之感。

　　其實，十萬餘片甲骨中，現在確知貞人是歷的卜辭，一共祇
有十二片，歷多作𤔲或省作𤔲。主要是貞旬卜辭（九片），其次是
貞夕、征伐和祭祀（各一片）。現先依次敘述如下：

　　　1. 癸未，歷貞：旬亡囚？
　　《後》下11.5（《京津》4710重，拓本較《後》下為優）
　　　2.〔癸〕未，歷貞：旬亡囚？又囚？
　　　《庫》1678（此片與《後》下11.5同文，行款相反）
　　　3.〔癸〕未，歷〔貞〕：旬亡囚？
　　　　　　　　《後》下11.6（《南北·坊間》2.200重）
　　　4. 癸未，歷貞：旬亡囚？又囚？
　　　癸巳，歷貞：旬〔亡囚〕？　　　　　　《寧滬》1.446
　　　5. 癸未，（歷）貞：旬〔亡囚〕？
　　　癸巳，歷貞：旬亡囚？又囚？
　　　癸丑，歷貞：旬亡囚？又囚？

　　　　　癸亥，歷貞：旬亡〔国〕？　　《屯南》457（H2：817）

　　6.　癸酉，歷貞：旬亡〔国〕？

　　　　　癸未，歷貞☑　　　　　　　《屯南》905（H24：101）

　　7.　癸酉，歷貞：旬？三卜，亡国。《甲編》544（2.2.0087）

此片各家斷句不同。屈萬里氏《甲釋》斷為："癸酉，歷貞旬，三卜，亡国。"屈氏謂"三卜，亡国"乃記驗之語，謂三次卜旬皆亡国也。饒宗頤氏《殷代貞卜人物通考》讀為"旬三卜"，謂"此指一旬間之三卜"[①]。

　　8.　又国？

　　　　　癸丑，歷貞：旬？三卜，亡国。又国？

　　　　　癸亥，歷貞：旬？三卜，亡国。　　　　《懷特》1621

　　9.　癸卯，歷貞：旬？三〔卜，亡国〕。

　　　　　癸亥，歷貞：旬？三卜，亡国。　　　　《懷特》1622

以上九片為貞旬卜辭。

　　10.　辛丑，歷貞：今夕亡国？　　　　　　《續存》下832

此片貞夕。夕字作Ｄ，而不像武丁賓組或祖庚出組之作Ｄ，值得注意。

　　11.　己亥，歷貞：三族，王其令追旨方，及於ʃθ？

　　　　　　　　　《京津》4387（旨方，或釋召方）

---

①　饒宗頤：《殷代貞卜人物通考》，香港大學出版社1959年版，第67頁。

此為征伐卜辭。《明後》2630（《南北·明》616）與此片干支，事類均同，而稱告於"父丁"，可資參證（詳下文）。

12. 丙午貞：酒屮歲于中丁三牢，祖丁三牢？歷貞。二（序數） 　　　　　　　　　　　　　　　　　　　　　　　　　《甲編》556

此乃祭祀卜辭。屈萬里曰："此置貞人之名於辭末，乃罕見之例也。"按此片歷貞二字均有殘損，是否與"丙午貞"為同辭，不能無疑，但"歷"為貞人則可斷言。又同片尚有一辭曰："貞：叀王出伐方？"

又有一些卜辭，不稱"歷貞"，而稱"貞歷"或"歷"。不見於前辭而見於命辭中，可能是貞人，但也可能不是貞人，祇是人名，甚或連人名都不是。① 這樣的卜辭共見八片：

1. 癸亥貞，歷：旬亡囚？ 　　　　　　　　　　　《京津》4709
2. ☐歷☐旬☐　又囚？
   癸巳貞，歷：旬亡囚？又囚？
   〔癸〕卯卜〔貞〕，歷：〔旬〕亡囚？

　　　　　　　　　　　　　　　　　　　　　　《續存》上2202

3. 癸巳貞，歷☐又囚？
   癸卯貞，歷：旬亡囚？ 　　　　　　　　　　　《金璋》396

以上三片貞旬。

4. 癸未貞，歷：酒屮歲？一（序數，下同）
   弜酒？一

---

① 參見《表文》注①。

《戩壽》40.3（《續》2.7.7 重，唯下部剪平，
上部未拓全）

5. ▢歷：酒？ 一（序數，下同）
甲午卜，▢一　　　　　　　　　　　　　《後》下 11.3
6. 壬午貞，歷：酒五示？　　　　　　《年代》附圖 1

此片貞字不清晰，《年代》釋"卜"，恐不確。

7. 其歷登？
弜歷登？ 三（序數）　　　　　　　　《後》下 11.4
8. 己亥貞：來乙其酒五牢？
己亥貞：辣弜歷酒即？
甲寅卜：乙卯啟？不啟？　　　《屯南》974（H24：235）

以上五片為祭祀卜辭。

此外，還有三片歷貞或與歷有關的卜辭，皆殘碎，內容難以
確定。它們是：《屯南》1181（H24：491），1533（H24：902），
3438（M13：646）。

綜上所述，歷貞或與歷有關的卜辭，迄今共見二十三片（圖
一、圖二）。① 全部是卜骨，未見卜甲。分析這二十三片卜辭，可
以發現它們有如下一些特殊之點：

第一，前辭形式。除《續存》上 2202 有一例作"干支卜貞
歷"形式外，皆作"干支歷貞"或"干支貞歷"，省去"卜"字，
而絕不見武丁至廩辛時期（即一至三期）卜辭"干支卜某貞"的
完整形式。

---

① 又有《京都》264 片，亦有歷字，似亦人名，辭曰："戊……歷狩……三日庚
辰……🔲🔲🔲獲兕一豕百……"據字體及辭例，顯係武丁時所卜，毋庸討論。但此片之
歷，並非"歷組卜辭"之"歷"，故不列論。

　　第二，卜辭內容。占卜事類較少，內容比較簡單，以貞旬為主。而貞旬卜辭也極簡單，僅卜“亡囚”“又囚”而已。無“王固曰……”之類的占辭。除“三卜亡囚”（《甲編》544，《懷特》1621、1622）可能屬於記驗之語外，不見武丁賓組卜辭中記錄一旬大事式的驗辭，亦不見任何兆側刻辭（兆語）。

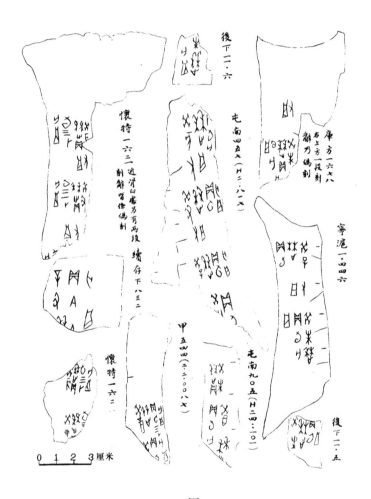

圖一

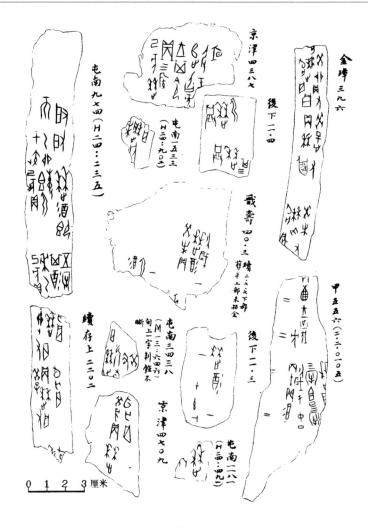

圖二

　　第三，不涉及任何先公先王，也不涉及任何個人。故既無稱謂可考，亦無人物可供參證。

　　第四，地層或坑位。《屯南》六片歷貞卜辭，除一片出於 M13（《屯南》3438），現尚不知其地層關係外，其餘五片皆出於中晚期灰坑：四片出於 H24（《屯南》905，974，1181，1533），係中期灰坑，一片出於 H2（《屯南》457），為晚期灰坑。早期灰坑或地層中絕不見歷貞卜辭。

第五，鑽鑿形態。上述二十三片卜骨，有能知其鑽鑿形態者，為《懷特》1621 一片。許進雄描述曰："長鑿的排列是———型式。鑿長可知者為一·七，一·四，一·五及一·六公分。除一個彎曲肩外，都是窄肩，挖刻整齊，骨沿有曲折。是文武丁時期的。"《懷特》1622 許氏亦定為第四期，但無鑽鑿説明。

第六，字形。形體結構比較一致。有不少特徵性字。現將此二十三片中所見若干干支字及常用字的寫法歸納整理如下：

上舉各種字形，有的也常見於武丁祖庚祖甲乃至廩辛康丁時期，如貞之作Ｈ Ｈ，其之作Ｕ，癸之作Ｘ，王之作Ⅰ，亥之作Ｆ，辛之作Ｙ，午之作Ｊ，卜之作Ｙ、Ｙ，巳之作Ｕ等，可説是前期結構體勢的延續使用。其中最引人注目者莫過於王字。董作賓氏之所以認為"文武丁復古了"，王之作Ⅰ不作Ⅰ是一重要原因。那是他把文字的發展演變過於絕對化的結果。其實，Ⅰ雖通行于武丁祖庚時期，但祖甲以後仍繼續使用。如《粹》327 妣庚與兄庚並見，確為祖甲時物，王作Ⅰ；《前》5.43.1 有貞人Ⅰ，陳夢家定為廩辛時人，此片王亦作Ⅰ。① 可見，正如Ⅰ、Ⅰ兩種寫法不限於一時一

---

① 《年代》對此亦有論述，可參看。

樣，☒也並非衹出現於武丁之時。王字的三種寫法固然有時代先後的不同，但也有交替使用的階段。所以，歷貞卜辭王作☒並不能作為斷代的依據。

值得注意的是，上述各種字形中有不少是在目前所能確知的武丁賓組和祖庚出組卜辭中未見或極罕見的。如癸之作☒，未之作☒，酉之作☒，丑之作☒，囚之作☒、☒、☒、☒等形，以及巳之作☒，午之作☒，酒之作☒☒，夕之作☒等，它們所呈現的字形特徵，非如《論"婦好"墓》所謂的"是早期的"，"都近於武丁時期"；恰恰相反，而是接近於康丁及帝乙帝辛時期，顯係中晚期之物。

至於書體，也比較一致，用筆剛勁有力，結構勻稱，大小適中。誠如裘錫圭所指出，"歷組卜辭的字形一般比較大，書法比較恣肆，不象賓組卜辭那樣秀麗整飭"（《裘文》）。李學勤也説"這種卜骨字大而細勁"（《論"婦好"墓》）。就這二十餘片卜骨而論，李、裘的歸納是正確的。這組卜骨似係一人所刻（有些可能是一骨之折，或可綴合），其為同時之物，當可無疑。

按常理推論，如果一定要劃出一部分卜辭，稱之為"歷組卜辭"的話，則歸屬於這組的卜辭，即使沒有"歷"，至少也應該在前辭形式，字形結構，書體風格等方面與上述有"歷"的卜骨相同或極接近纔是，斷不能無限地擴大再擴大，乃至把與歷貞卜骨毫不相干者也歸諸其間。但是，十分遺憾，在近年來的討論中，這種毫不相干的"歷組卜辭"還曾被用作立論的依據呢。如《明後》2223、2224（即《南北·明》95、610）有"父甲"稱謂，筆劃纖細，字體結構與歷貞卜辭亦大異，分明是廩辛或康丁之稱祖甲，裘錫圭卻以之為"歷組卜辭"，且認為可能是武丁之稱陽甲。又如《粹》373，有"父乙""兄丁"稱謂，既無貞人歷，字體與歷貞卜辭也明顯不同，裘氏亦視為"歷組卜辭"，認為應屬武丁時代（《裘文》）。再如《屯南》中不少卜骨，字體甚小，筆劃纖細，蕭楠定為武乙或文丁卜辭，不失為可信之論，但若強拉入

"歷組卜辭"來進行討論,亦不免可笑。它們符合"歷組"哪一條?至於所謂"歷自間組""自歷間組"類卜辭,究竟與歷貞卜辭有多少關係,也實在令人懷疑。

從上面的分析中,已可約略地看出,歷貞卜辭與武丁祖庚卜辭相異者多而相同者少,説它們是武丁至祖庚時物,委實令人難以置信;説它們是武乙或文丁時物倒較易為人接受。

關於這二十三片卜骨的時代,李、裘、林等同志都未予論證。陳夢家《殷虚卜辭綜述》談到貞人歷,説得簡單而不肯定:"武乙、文丁兩世的卜辭,很少有記卜人的,我們祇找到一個卜人歷,他的字體似當屬於武乙。"饒宗頤《殷代貞卜人物通考》卷十七搜集歷貞卜辭九條,言歷事者一條,但對"歷"之時代則未論及。屈萬里《殷虚文字甲編考釋》將《甲編》544、556兩片定為第四期,説歷"為第四期貞人名"。《懷特》1621、1622兩片,許進雄根據鑽鑿形態亦定為第四期。但陳、屈、許均未論證,"歷"為何屬於第四期乃至武乙之貞人。

二十三片卜骨中,比較能確定時代的,莫過於《京津》4387片。該片稱"己亥貞,歷:三族王令追旨方,及於ƒΘ",與此文字風格完全一致的《明後》2630片則云:"己亥貞:令王族追旨方及于□?己亥卜,告于父丁三牛?"其稱告於父丁,則是武乙之稱康丁,此片乃武乙所卜。二片相較,干支亦同,所異者一有"歷",一省去"歷"而已。由此可證,《京津》4387當亦為武乙時所卜(與《明後》2630確為同時卜一事),貞人歷當為武乙時人無疑。持相反意見者也許會反駁,《明後》2630之"父丁"乃祖庚之稱武丁,故屬祖庚卜辭,《京津》4387亦當屬祖庚。但這與當時的方國關係不合。正如蕭楠及羅琨、張永山等同志所指出,旨方在武丁祖庚時期是商王朝的與國,其首領且曾任職朝廷;在賓組、出組卜辭中未見有征討旨方的卜辭。所以,定《京津》4387為武乙卜辭是比較可靠的。既然如此,貞人歷以及歷貞卜辭之屬於武乙時代也應該是比較可信的。

說歷貞卜辭不可能是武丁至祖庚之物，還可舉出兩條消極方面的理由。

其一，字形、書體風格及文例明顯屬於晚期，而與早期卜辭不類。郭老關於《粹》20（此片字體與歷貞卜辭同）的考釋是完全正確的：

> 此蓋武乙時所卜，父丁者康丁也。知非祖庚祖甲之稱武丁，帝乙之稱文丁者，以其辭例字體均不類。祖庚祖甲時卜辭皆列卜人名，例為"某日卜某貞"，帝乙時卜辭雖多省去卜人名，但無省去卜字者，且字體秀麗，無此茁壯之作。

細細玩味這段話，應當承認，這是很重要的一個論斷，它幫助我們區分同具"父丁"稱謂而分屬早中晚三個時期的卜辭。這段話完全適用於對《明後》2630、《京津》4387 以及全部歷貞卜辭的分析。祖庚祖甲時期的前辭形式，確如郭老所言，均作"干支卜某貞"，絕無"干支某貞"或"干支貞某"之例。

其二，這二十餘片卜骨沒有武丁卜辭（特別是賓組）的特徵。既沒有"王固曰"云云的占辭，也無道地的驗辭，也不見兆側刻辭如"二告"（或釋"上吉"）、"不玄黽"之類。而這些，正是武丁卜辭所極常見的，幾乎武丁時各組貞人的卜辭上都有。如果真象李、裘、林等同志所斷言，此二十餘骨當屬武丁，為何這些武丁卜辭的特徵一例都不見？倘說是兩個貞卜機關所為，或分屬於不同官署，更是難以服人：為何商王武丁竟這樣地厚此薄彼，對一個"機關"或"官署"特別重視，親臨視兆占卦，對另一個"機關"或"官署"卻不聞不問？

總之，歷貞卜辭屬於武乙時代，它與武丁祖庚卜辭有著明顯的區別，不相混淆，把它劃入武丁至祖庚時代是不妥當的。

三

那麼，將範圍擴大到"歷組卜辭"，其時代又如何？我認為，即使擴大到李、裘、林等同志文章所涉及的範圍，除個別特例需另作解釋以及某些骨片（如《粹》373）有可能屬於武丁時期外，大多數"歷組卜辭"也不屬於武丁祖庚時期，而是屬於武乙文丁時期。鑒於《年代》《屯南前言》《再論》等文在這方面已有相當充分的論證，且有確鑿的地層關係作為佐證，毋庸重復，這裏祇擬就有關問題談些看法，作為補充。

看來，字體及文例二者之不能證明"歷組卜辭"屬於早期，已較明顯；對於稱謂（如"父丁""父乙"等）的解釋可有爭議，但不能作為確證。不同組的卜辭共見一骨，亦可解釋為"同版不同期"的特殊現象。賓組與"歷組"部分人名相同，也可解釋為異代同名現象。討論還比較少的是所謂貞卜事類相同的問題。裘錫圭堅定地認為："在歷組卜辭裏還可以找到很多與賓組出組早期卜辭相同的占卜事項，有一些歷組卜辭與賓組或出組卜辭甚至可以肯定是同時為一件事而占卜的。這是歷組卜辭和賓組出組卜辭時代相同的最有力的證據。"為了證明這一點，他又在李氏《論"婦好"墓》所舉文例之外，補充了"一批例子"，分為二十組，進行對照分析，最後得出這樣的結論："面對上引這些歷組卜辭與賓組或出組早期卜辭所卜事項相同的實例，除了承認歷組與賓組和出組早期時代相同以外，是沒有其他辦法的。"如果讀者光是讀他的文章，不研究甲骨原片，那除了"承認"以外，確實"是沒有其他辦法的"。但對照原片進行研究之後，卻使我無法承認裘氏所云乃"最有力的證據"。這二十組文例雖然很有架勢，但並不經得起認真推敲，也並非沒有商榷的餘地。實際上，這二十條例證中真正可謂事類相同乃至"同時"卜同一事，證據較為確鑿者，僅得一例，即例（17），《懷特》1649、1651兩片之自般可能即

《南北·上海》68,《合》5666 之自般,所卜可能為一事。其次是第(16)例,亦較可信。其餘則皆有可商,大致可歸納為四種情況:第一,兩組卜辭干支不同,事類相似,袛是一般性的"同一事類",而且關鍵性字絕異,無以證明其同時:例(4)、(5);第二,干支相近或相接,事類相同,但關鍵性字絕異:例(2)、(3)、(10)、(13)、(18);第三,干支相同或相接,事類相近,但主要人物不同,或地名不同。差異明顯:例(1)、(7)、(12)、(14)、(15)、(19)、(20);第四,二者所卜顯非一事或可疑而不能定者:例(6)、(8)、(9)、(11)。可見,裘氏所謂"最有力的證據"除一二特例外,大部分並不可靠,也就並非最有力。(詳見本文附錄二:《裘錫圭〈論"歷組卜辭"的時代〉一文中二十組文例的商榷》)

其實,退一步說,即使有兩條卜辭真的卜日干支相同或相接,事類相同,也並不能就此斷言這兩條卜辭必屬於同一時期;更不能推而廣之,說"兩組"卜辭必同時代。還得考慮其他的因素諸如字形、書體、辭例等等,作綜合的考察。《再論》即曾舉出田獵、祭祀卜辭中干支事類皆同而時代絕異的一些卜辭作為反證,無可辯駁地指出:"殷代不同時期的卜辭中,完全可以出現事類相近甚至相同的卜辭(此多屬可以重復發生的事類)。因此,我們絕不能以此種事類相同去推斷卜辭的時代相同。"我完全贊同這一論斷。而且,即以干支而論,眾所周知,古人以干支紀日,六十日為一甲子,周而復始,同一干支至少可相距兩個月。如元月某日為"甲子",則三月、五月、七月……之某日皆可云"甲子",隔了一年,二年,三年……若干年之後也仍然可有甲子,倘謂這些"甲子"必為同一天,怎能令人信而無疑。即如例(4),現既無確鑿證據,怎麼能推斷《甲》2029 之"乙酉"即《綴》334 一辭中甲申後之乙酉,而既不在前一甲子,又不在後一甲子?若將不同時期的卜辭打亂,袛問干支與事類相同與否,同即為同時所卜,異即為異時所卜,試問結果當是如何?豈非又是一片混亂,還有什麼"甲骨斷代"之可言?

關於卜辭中的異代同名問題,《年代》《再論》等文的論證已相當詳盡,我祇想借此機會,稍費筆墨,記下一則頗為有趣的異代同名實例。今秋在太原參加中國古文字研究會第四屆年會後,我陪同香港中文大學中國文化研究所的饒宗頤先生遊大同,在華嚴寺見展出秘笈有清雍正版金光明經,其序文為"慈覺大師饒宗頤"所作,不禁相視大笑,歎為巧合。饒先生亦喜極,且謂《宋史·藝文志》著錄釋宗頤《勸孝文》一篇。饒先生乃於翌晨得詩一首以紀此事,詩曰:"失喜同名得二僧,秋風代馬事晨征,華嚴寺畔掛瓢去,前生應是寫經生。"幽默風趣已極。同是"宗頤",一為《宋史·藝文志》著錄之《勸孝文》的作者,一為清雍正時金光明經序文作者慈覺大師,還有一位則是古文字學界朋友都熟悉的饒宗頤教授,《殷代貞卜人物通考》的作者。倘若後人不明其間區別,將此三人混為一談,把饒先生視為宋釋或清僧,豈不謬誤之極?以今例古,則商代武丁時有婦好、望乘,並不排斥武乙文丁時亦有一個婦好、望乘也。

如果將"歷組卜辭"歸諸武丁祖庚之說可以成立,就把本屬武乙文丁的卜辭基本上抽空了。那武乙文丁時期到底還有沒有卜辭?裘錫圭是這樣解釋的:"可能文丁卜辭的主要蘊藏地不在殷墟已發掘的範圍之內,也可能已發現的甲骨文裏本來有不少文丁卜辭,但是被我們誤認為其他時期的卜辭了。"(《裘文》)這樣解釋當然也未嘗不可。他一共舉出了五片"文丁卜辭",即《屯南》648、2157,《京都》2507,《粹》341,《南北·輔仁》61。李學勤《甲骨分期》在"什麼是武文時期甲骨"一節中認為《甲》495、729,《庫》985+1106(案即《美錄》USB10—11),《屯南》2281、2172、2323、2136、2405、2917、3564,《南北·輔仁》61可定為武文卜辭。又說:"《南地》附錄1971年小屯西地出土甲骨（案即《屯南》附 1—10），現在從原大圖版觀察，字體也近於無名組，而稱謂以父乙為中心，考慮到所出層位等方面，很可能亦屬文丁時期。"① 他並認為《甲零》41 與《佚》426、528 中 "應有一組屬於文丁時期"。林澐則認為所謂 "無名組晚期" "纔是文丁卜辭"，"《屯南》3564 之出現，'武乙宗'，《南北·輔仁》61 之出現，'康祖丁'，都顯然是文丁之世纔能出現的稱謂"（《林文》）。此外，他也承認蕭楠所舉《屯南》2281 為武乙所卜；又謂無名組卜辭之祭兄癸者如《南北·坊間》5.61，《南北·明》644、645（案即《明後》2250、2248），亦是武乙時所卜。② 綜上裘、李、林三人所確認的武乙文丁卜辭，去其重復，纔得三十來片。其中還包括了不少顯然屬於康丁或帝乙帝辛時期的甲骨。如《屯南》648、2157、3564，《甲零》41，《佚》426、528，從字體上看，均應屬諸帝乙帝辛時期。如這類卜辭移前至文丁之世，勢必又得將一大批帝乙帝辛卜辭也改定為文丁時期。至於《南北·輔仁》61 殘存 "康祖丁宗" 四字，當然有可能是文丁時所卜；但帝乙、帝辛時期亦可稱康丁為康祖丁，其例亦屢見。如《粹》343、346、349、350、352、353，《續存》上 2283、2284 均是。《屯南》3564 之 "武乙宗" 也決不是祇有文丁之世才能出現的稱謂，這乃是盡人皆知的事實。③ 而且，文丁稱武乙也應稱父乙纔是，似不應直呼之為 "武乙"。《屯南》附 1—10 的時代

---

① 關於小屯西地出土的卜骨，郭沫若《安陽新出土的牛胛骨及其刻辭》一文（《考古》1972 年第 2 期）曾定為 "武丁時代的遺物"，但又覺得這一看法 "和從字形上來的初步定年不一致"，"和從陶器上來的約略定年也不一致"，並 "覺得十枚牛胛骨上的刻辭顯然有早晚混淆的現象"。李學勤《論 "婦好" 墓》一文認為這批卜骨 "字體屬於歷組"，郭說 "是富於洞察力的灼見"。其《甲骨分期》之說與此直接矛盾，則這批甲骨又不屬於 "歷組卜辭" 而 "近於無名組" 了。

② 董作賓在《殷虛文字乙編序》中即曾提出 "三代一癸" 說，認為 "文武丁有一個伯父名癸，乃是武乙之兄"，"即康丁的長子，但是他在康丁時已死了。所以康丁也祭祀他，稱為子癸"，並引若干卜辭為證。林澐此說，殆本諸董氏。

③ 關於武乙宗的文例，見島邦男《殷墟卜辭綜類》，第 271 頁。

亦頗複雜，指之為"歷組卜辭"固然非是，説它們全屬文丁所卜，也未必盡妥。較有把握者僅《屯南》附1、2兩段，可屬諸文丁。就算這三十來片都是"真正的"武乙文丁卜辭，那也少得太可憐，與武乙文丁之在位年數太不成比例了。説是"真正的"武文卜辭尚在地下，還未挖出，已是勉強；若説因《書·無逸》記載祖甲以後諸王在位時短，故僅得此三十餘片，則更難服人。要"短"大家"短"，何以廩辛、康丁、帝乙、帝辛時期又有如此大量的卜辭，遠較"真正的"武乙、文丁為多？

綜上所述，把本來屬於武乙、文丁時代的卜辭算作"歷組卜辭"，移到武丁、祖庚時代，又把本來屬於康丁或帝乙、帝辛時代的卜辭移花接木地充作"真正的"武乙、文丁卜辭，這兩種説法都是難以令人信服的，都是值得商榷的。

四

"歷組卜辭"的討論，牽涉到甲骨斷代的方法問題，也很自然地要聯繫到1933年董作賓發表的《甲骨文斷代研究例》這一著名論文，涉及對這篇論文的評價。正確地評價董氏之説，在目前頗有必要。因為董氏此文為甲骨文斷代研究奠定了基礎，又引起了一系列關於甲骨文斷代問題的爭論。董氏之説雖非盡善盡美，但也堪稱基本正確。特別是他的貞人説，乃是對甲骨文研究的一大貢獻。郭沫若譽之為"鑿破鴻濛"（《卜辭通纂·序》），並非過論。關於斷代的十條標準，董氏後來在《甲骨學五十年》一書中又作了補充和修訂。以現在的眼光來看，除坑位、方國兩項難作為依據，文法一項宜改稱辭例外，其餘各項也還是大體可靠的斷代標準，一點也不見得有什麼"陳舊"。

有的文章以"復古"二字來概括董作賓的斷代學説，這是不妥當的，也是不公道的。事實遠非如此。董氏斷代學説的基礎或核心是貞人説——據世系、稱謂確定貞人的時代，又據同版關係將貞人劃分為各個"集團"（即今之所謂"組"），又據有明確時代的卜辭研究其字形、書體、人物、事類等方面的異同，反過來再進行斷代——除非哪位先生把它徹底推翻了，纔能説董説已經"陳舊"；否則，還得老老實實地承認董説的核心部分是正確的，其原理現在還是基本適用的。董氏在甲骨斷代方面的明顯錯誤是，把𠂤組、子組卜辭誤認為是文丁卜辭（而把一些文章稱為"歷組"的卜辭定為武乙、文丁卜辭則不誤），提出了"文武丁復古了"的理論。① 但"復古"祇是董氏斷代學説中的一個具體論點，並不是斷代學説的核心，更不足以概括他的全部斷代學説。

　　當然，給董作賓的斷代學説以恰當的評價，並不等於説我們可以墨守陳説，止步不前。董氏當年寫作《甲骨文斷代研究例》時，就曾在文末鄭重的聲明："這不是斷代研究成功後的一篇結論，這乃是斷代研究嘗試中的幾個例子。大體的輪廓是有了，一個研究甲骨文字的新方案我已提供在這裏。希望治此學者平心靜氣地來批評這方案是否可用？是否完備？……"經過近五十年的檢驗，證明董氏提供的方案雖不完備，卻是大體可用的。如果沒有董氏提供的這個方案，甲骨文斷代研究能否達到今天的水準，也很難預料。但是，為了解決懸而未決的問題，為了使甲骨斷代更精密，更科學，開展自由的討論，百家爭鳴，是十分必要的。我們也不妨尋求新的斷代方法，建立新的斷代理論，進行各種新的探索，以補充、修訂乃至取代或推翻前人的斷代學説。一旦新的方法、理論、新的學説真正建立起來並得到公認，那董氏的學説便會自然而然地顯得陳舊起來，不在話下。

　　最後，我還寄希望於當代先進的科學技術。如能將先進的科學技術應用到甲骨斷代上來，那許多疑難問題當可迎刃而解，論爭雙方皆可偃旗息鼓，鳴金收兵了。我熱切地盼望著這一天的到來。

————————

　　① 其説見《殷虛文字乙編·序》。

附錄一 "歷組卜辭"討論中争論雙方的主要論點

根據我的理解，認為"歷組卜辭"屬於武丁祖庚時代的論點主要有以下六點：

（一）從字體的演變考察，"歷組卜辭"是早期的。如王字、貞字以及一些干支字，歷組的寫法近於武丁時期（《論"婦好"墓》、《林文》）。關於這一點，《裘文》並不強調，反倒認為不能僅根據字體來判斷時代。

（二）從卜辭的文例考察，"歷組卜辭"也是早期的。歷組的卜骨不少刻有署辭，"文例與武丁至祖庚甲骨相近"（《論"婦好"墓》）。"歷組也有'二告''弜彡'（《寧滬》1·319）等兆語"，而"廩辛、康丁卜辭的兆辭已經改為'吉'、'大吉'、'引吉'、'習一卜'等等新的内容了。"（《論"婦好"墓》）

（三）"歷組卜辭"出現的人名，許多與武丁、祖庚卜辭相同。《論"婦好"墓》一文指出，歷組中不僅有婦好，還有子漁、子畫、子𢦚、婦井、婦女，"都見於武丁卜辭"；歷組中的重要人物望乘、沚䧂應該就是武丁賓組卜辭中的望乘、沚䧂。𦥑、並、由、𦣞般、犬征等人名也見於武丁、祖庚時期。《裘文》又作了大量的補充，認為歷組人名與賓組、出組相同者有五十人之多，且將𦣞侯、𠻕侯、𠦪侯、攸侯、犬侯、雀、周等亦列為人名加以比較。

（四）"歷組卜辭"有些與武丁時的賓組或祖庚時的出組卜辭所卜事項相同，"這些同事項卜辭證明歷組卜辭與賓出兩組的同時"（《論"婦好"墓》）。關於這一點，李學勤舉了三條文例，裘錫圭又補充了二十條例證，認為"有一些歷組卜辭與賓組或出組卜辭，甚至可以肯定是同時為一件事而占卜的"，"面對上引這些歷組卜辭與賓組或出組早期卜辭所卜事項相同的實例，除了承認歷組與賓組和出組早期時代相同以外，是沒有其他辦法的"（《裘文》）。

（五）稱謂。李、裘、林均認為"父乙"為武丁稱小乙，"父丁"為祖庚稱武丁。《論"婦好"墓》且舉父乙與母庚同版（《南北·明》613），與兄丁、子戠同版（《佚》194，《甲》611）為證。《裘文》並謂"歷組卜辭還偶見'父庚'（《鄴三》下42.3）'父甲'（《明後》2223，2224），可能是武丁稱盤庚、陽甲"。李、裘均指出，"歷組卜辭"合祭重要先王時，往往把父丁排在小乙之後（《合》15，《南北·明》477，《屯南》777、2366、4015），認為"父丁"必是祖庚稱武丁。"如果把'父丁'理解為康丁，那麼在祀典中竟略去了稱為高宗的武丁及祖甲兩位名王，那就很難想像了。"（《論"婦好"墓》）"如果是武乙祭祖，斷斷不會不祭地位既重要、跟自己的關係比較密切的武丁祖甲，而去祭地位既不那麼重要，跟自己的關係又比較疏遠的小乙。"（《裘文》）

（六）兩組卜辭同見一版。《屯南》2384上部是祖庚祖甲卜辭，刻"庚辰卜，王"九段，下部為"歷組卜辭"。李學勤認為"這一骨版是出組歷組同時並存的例證"，"字體分屬歷組、出組的八條卜辭的卜日都是庚辰，其為同一天占卜的正式卜辭，沒有疑義"（《甲骨分期》）。又《屯南》910—911，正面為"歷組卜辭"，背面刻有賓組字體的"壬子殼……"林澐也以之為定歷組於武丁的證據之一（《林文》）。

上述諸論點中第三、四、五比較重要，特別是第四點，裘錫圭認為"是歷組卜辭和賓組出組卜辭時代相同的最有力的證據"（《裘文》）。

同樣，根據我的理解，認為"歷組卜辭"屬於武乙、文丁時代的主要論點也可歸納為如下七點：

（一）小屯南地出土甲骨的地層關係。1973年在小屯南地出土四千餘片甲骨，均有明確的地層關係。而"歷組卜辭"均出於中期地層與灰坑，絕不見於早期地層與灰坑。而且從地層關係上看，歷組的父丁類（以《屯南》2065、2058、2079、4331為代表），出於中期一組灰坑與地層；歷組的父乙類（以《屯南》

751、2100、2628、2126 等為代表），出於中期二組灰坑與地層，而一組灰坑與地層要早於二組（《蕭文》，《屯南前言》）。蕭楠並檢驗了解放前殷墟出土甲骨的坑位以及卜辭同坑共存的情況，在廪辛、康丁以前的地層和坑位中，未見歷組卜辭，與 1973 年小屯南地的發掘情況一致。所以，蕭楠認為："從截至目前為止的地層情況看，沒有證據證明'歷組'卜辭是武丁晚期至祖庚時代的卜辭；相反，它應該是武乙文丁時代的卜辭。"（《再論》）

（二）字體。武乙、文丁卜辭與武丁、祖庚卜辭在字體結構及風格上有很大差別（《蕭文》）。王字寫成𠂤，通行於"歷組"，並不是突然的復古，也不能作為"歷組"是武丁時期的依據。而且，歷組卜辭的用字習慣與武丁賓組卜辭也不同，如歷組習見"以"，賓組習見"氏"，分別出現於兩組，絕不相混（《年代》）。這點與李、林針鋒相對。

（三）前辭形式。"歷組卜辭"多不記貞人，前辭形式作"干支貞""干支卜""干支卜貞"，早期卜辭常見的"干支卜某貞"的前辭形式不見於歷組（《蕭文》，《年代》）。

（四）稱謂。歷組父丁類卜辭中的"父丁"與"自上甲十示又三"同版（《屯南》4331），或與"自大乙十示又□"同版（《屯南》1116），或與"大示"及"十示又四"（小示）同版（《屯南》601），可證父丁即指康丁。歷組父乙類卜辭中父輩稱謂僅見"父乙"一個，而沒有發現習見於武丁卜辭的"父甲""父庚""父辛"（《蕭文》，《屯南前言》）。又有"自上甲廿示"的占卜（《佚》884，《粹》221），為自上甲至武乙，父子相繼共二十世，顯係文丁所卜（《年代》，《屯南前言》）。

（五）歷組記事刻辭與武丁記事刻辭有明顯區別。武丁時的記事刻辭有甲橋刻辭、右尾甲刻辭、背甲刻辭、骨臼刻辭、骨面刻辭五種，而歷組記事刻辭均為骨面刻辭，其形式亦不同於武丁記事刻辭。

（六）方國關係。歷組卜辭反映出的商代方國關係與武丁祖庚時期有明顯的不同。如"旨"，在武丁卜辭中是與國，其首領供職於王朝，但在歷組卜辭中卻是商王朝征討的對象，成了敵國了。又如危方，在歷組中是與國，但在武丁卜辭中卻是強大的敵國（《年代》）。武丁時作戰的主要對象是舌方，在"歷組卜辭"中卻找不到有關舌方的材料（《再論》）。蕭楠認為，賓、出組卜辭同歷組卜辭在方國關係上存在很多差別："方國關係對象的多少有別；作戰的主要對象有別；同一方國前後敵友關係變化有別；有的甚至由方國而成為殷王朝的版圖等"，因此它們顯非一時之物（《再論》）。

（七）"歷組卜辭"對父輩的祭祀較武丁卜辭為重，祈求事類也比武丁時代增多，超過前代。"這種現象與商王王位的繼承由'兄終弟及'和'父子相傳'兩種形式向'父死子繼'一種形式的轉變相一致。"（《年代》）

七項之中，第一項地層關係最為有力；其次是第四項稱謂大示"十示又三"，小示"十示又四"和"自上甲廿示"，以及第六項方國關係也較有說服力。蕭楠、張永山、羅琨還以"異代同名"說來解釋李、裘等人指出的武丁賓組與歷組人名相同的現象。

附錄二　裘錫圭《論"歷組卜辭"的時代》一文中二十組文例的商榷

裘錫圭同志為了證明"歷組卜辭"屬於武丁至祖庚時期，在《論"歷組卜辭"的時代》一文中就稱謂、人名及占卜事項三者作了詳細的論證。其中"占卜事項"用力尤勤，選取二十組文例，進行比較，認為歷組卜辭與賓組、出組占卜事項相同，有些甚至可以肯定為同時所占卜，因而"這是歷組卜辭和賓組出組卜辭時代相同的最有力的證據"。在核對原片進行研究之後，我也有些不同意見，覺得這二十組文例中全有比較可靠者，但大都不甚可信，亦有不足為據者。現姑依其次第及體例分別商榷如下，其錯誤之處，望裘錫圭同志及讀者予以指正。卜辭中一些關鍵性的字或特徵性字照錄其形，以便觀覽而資比較。

(1)丙子卜，賓貞：令 ⿱　我于 ⿱自，⿰告不 ⿰　　丙子貞：王 ⿰ 令 ⿰ ⿰
我。《粹》1247
《續》5·4·3　　（《京都》2537同文）

以上兩辭卜日干支相同，但⿰與⿰寫法明顯不一樣，未必是一字。即或是一字，也可能是代表著不同時代的不同寫法。《粹》1247 叀作⿰，乃晚期寫法。

(2)己卯卜，賓貞：翌甲　　癸酉貞：射 ⿰ ⿰（以）⿰
申用射 ⿰ ⿰（氏）⿰（羌）　　（羌）⿰（自）上甲于甲
⿰（自）上甲。八月。　　申。《京津》3966（裘
《燕》235　　文誤引為3996）

裘文尚引《京津》2086（賓組）、《京都》2265（歷組），但皆殘缺。不足據。《燕》235 與《京津》3966 祇是祭祀的對象相同（"自上甲"云云，乃五期卜辭之通例），卜日干支不同，一稱氏（致也）羌，一稱以羌，"羌""自"的寫法也迥然不同，"顯然"不是為了同一批羌俘而進行的占卜。

(3) 甲申卜，爭貞：勿 ⿰　　丁亥貞：用望 ⿰（乘）⿰（以）
用望⿰ 《燕》618　　（羌）自上甲。《佚》875
庚子卜，賓貞：翌甲辰，用　　（裘文誤為874）
望 ⿰（乘）来 ⿰（羌）。
《燕》596

上引兩組卜辭卜日干支雖相接近，但一稱來羌，一稱以羌，羌字寫法迴異，顯係不同時期之物。《佚》875 言明“自上甲”，該片另有“丁亥貞用于父丁”一辭，並不能作為《燕》596、618 等賓組卜辭“晚到祖庚時期”的理由，因為光憑此片，同樣可作出父丁係武乙之稱康丁這樣的解釋。

(4)乙酉卜，争貞：酒危方（氏）（牛）自上甲。一月。　《甲》2029（《甲綴》340）

癸亥貞：危方（以）（牛）其登于甲申。　《綴》334
癸未貞：甲申□危方（以）〔牛〕（自）上甲。　《鄴三》下44.6

上引兩組卜辭雖都有用“危方氏牛（以牛）”自上甲，但一為酒祭，一為登祭，所卜事項並不相同，衹是相似而已，焉得謂之“應是為同一件事而占卜？”而且，一稱“氏牛”，一稱“以牛”，“自”字寫法亦迴異。裘氏謂：“大概先卜於甲申日用危方送來的牛祭自上甲以下的祖先，得兆不吉，或由於其他原因其事未實現，所以在甲申的第二天乙酉再就此事進行占卜。”人們不免要問：“大概”之類的揣測之辭（裘文中屢見）也能作為“最有力的證據”麼？

(5)辛丑卜貞：（氏）（羌），王于門尋。　《後》下9.4

辛（酉）貞：王尋（以）南門。　《懷特》1571

上引兩辭卜日干支不同（相距二十日），事類相似，與例（4）一樣，衹是一般性的“同一事類”。但與是否一字，是否一人，不能無疑；一稱，一稱，區別亦至為明顯。又，《懷特》1571 似係習刻之辭，背面之長鑿，據許進雄分析，乃中期形態。

(6) 癸卯〔卜〕，賓貞：〔令〕   □卯貞：王令✦□田于京。
✦✦田于京。 《燕》417   《佚》250

上引《佚》250 一辭首字未必是癸，裘氏謂"很可能"是癸，不知所據為何。✦與✦寫法差異至顯。即使承認為一字異形，也無由證明其必同時，反倒是因異時所致。又《佚》250 田上一字殘損莫辨，裘隸定為✦，且謂✦、✦是一字異體，更不知根據何在。此例實不足為據。

(7) 貞：令✦方✦（東）土，   丁巳卜，貞：王令✦方于
告于祖乙于丁。八月。   ✦（東）✦ ☐ 《安明》
《粹》249   2723

此二辭所卜事類相近，但✦與✦明顯有別，與第（6）例同。二辭之東字寫法亦異。《安明》2723 鑿形是寬直肩平圓頭，許進雄定為第四期的早期形態。

(8) 貞：令多馬✦于北。   甲辰卜，呼多馬✦从北。
（同版爭貞，裘文奪馬字）   善齋舊藏
《甲》3473

上引善齋舊藏未見原拓，不便置評，卜日干支是否相同，亦不能確定。

(9) □□卜，賓：令✦✦   丙申卜：王令✦✦（以）多
（氏）多馬✦✦（裘文   馬。（同版有羌字作✦）
奪✦字）《合》5712   《安明》2711

上引《合》5712 "卜"上所缺不能確定為何字，與《合》8964 並無必然關係。⬚字亦不明何意。《合》5712 與《安明》2711 卜日干支無從比較，文例亦異，二辭所卜顯非一事。

(10)☑ ⬚（重）族馬令往。　　　乙酉卜，于丁令馬。
（同版争貞）　《粹》1291　　　　⬚（重）族令。
　　　　　　　　　　　　　　　⬚令三族。
　　　　　　　　　　　　　　　⬚（重）三族馬令。　《寧滬》
　　　　　　　　　　　　　　　1.506

上引二辭卜日干支未必相同；事類雖相近，但一言令"往"，一無所令內容。且關鍵性字"重"絕異，一作⬚，一作⬚和⬚，反映出時代的差異。

(11)貞：⬚（重）木令⬚　　　壬⬚（午）貞：癸⬚（未）
一月。　《燕》598　　　　　　　王令木⬚　《甲》600

裴謂⬚也是⬚的異體，似過於武斷。且不論⬚與⬚是否一字；⬚與⬚雖然均由止與方組成，但結構方式正好相反，就未必是一字。甲骨文中同一組偏旁部首（構字部件）祇因配置部位不同而構成不同文字者可謂不乏其例，如⬚之與⬚或⬚，⬚之與⬚，能説是一字異體麼？故上引二辭實難視為"同一事類"。《燕》598 一辭無卜日干支，尤難證明其與《甲》600 同時。

(12)辛未卜貞：令⬚⬚（氏）　　辛未貞：王令⬚（以）⬚于⬚。
□射从⬚，⬚方我。《續》　　　辛未貞：⬚以新射于⬚。
3.46.6　　　　　　　　　　　　　《明後》2629（《南北·
　　　　　　　　　　　　　　　明》498）
　　　　　　　　　　　　　　　乙亥貞：令⬚于龜。
　　　　　　　　　　　　　　　乙亥貞：令辰以新射于⬚。
　　　　　　　　　　　　　　　《安明》2710

上引兩組卜辭干支相同或相接。裴氏謂⬚與⬚"當指一地無疑"，所言或是；至謂"辰和𣪘當是同一人名的不同寫法"，則實未必。目前確知為武丁時期的人名同時具有兩種不同結構、繁簡並存者至為罕見。若云𣪘與辰為一字，試問𣪘與豕（鹿）為一字否？𨑮與𤔲、𨾟與佳，𡧎與內，𨤳與余，等等亦可證明為一字否？既然主要地名、人名寫法不同，其特徵性字𓏪與𓎤亦分別清清楚楚，正好說明了時代的差異。

(13)乙卯卜，賓貞
翌日。十三月。
《前》7·5·2（《金》
355同文）

甲寅卜：𣪘（重）翌日
《掇》一、430（《京津》
4823重）

上引二辭卜日干支相接，但兩個怪字不"應為一字異體"，一從獻從龜，一則不知所從，顯係兩字。此例殊不足據。

(14)貞：于乙亥入𣪘（黃）氏
（尹）丁（祊）人。
《續存》下229
（同版古貞）

□〔今〕日其取𣪘（伊）丁
（祊）人。
□□貞：于乙亥〔取〕伊丁
（祊）人。
《明後》2442（《南北·明》
497重，參《寧滬》1.235）

以上兩辭干支相同，事類相近，但一稱黃尹（寅尹），一稱伊，也可以理解為同一人名在不同時代的不同稱呼。故兩辭不能證明必為同時所卜。

(15)丁丑卜，賓貞：𣪘往。
六月。《前》1.46.5
（《甲》1492爭貞，同文）

丁丑貞：往亡𣪘（𤼬）𣪘。
《粹》1049

上引兩辭卜日相同，但人名一作🔣，一作🔣，文句亦異。田作🔣，尤為第四期的特徵性字。

(16)貞：🔣（翌）乙亥令🔣（黃）　　　　戊寅貞：王令🔣（黃？）
　　🔣（步）《合》7443　　　　　　　　🔣（翌）己卯（卯）🔣
　　　　　　　　　　　　　　　　　　　（步）。《安明》2713

以上兩辭干支相近，人名相似，事類相同。唯字形差異較大。

(17)癸巳卜，□貞：叀乙未　　　　　　癸巳貞：今日王令自（師）
　　令自（師）般。《南北·　　　　　　般。王于乙未令。
　　　　上海》68　　　　　　　　　　　　　《懷特》1651
　　癸巳卜，古（？）貞：令自　　　　　□令自（師）般🔣🔣。
　　（師）般涉于河東北，🔣于　　　　　　《懷特》1649
　　□🔣王臣。
　　《甲釋》圖版072
　　（《合》5566）

上引《南北·上海》68 與《懷特》1651 干支、事類、人名（師般）皆同，確有可能為裘文所云，"是在同一天為同一事而占卜的"。《懷特》1651、1649 有可能亦當定為武丁卜辭。

(18)□翌乙酉呼子🔣酒　　　　　　　壬午卜，🔣 又伐父乙。
　　伐于父乙。　　　　　　　　　　　《考古》1975 年 第1期
　　　　《續》1.28.9　　　　　　　　　45頁圖一九（即《屯
　　　　　　　　　　　　　　　　　　南》751）

上引兩辭干支相接，而字體大異。又《屯南》751 筆劃纖細、圓潤，字體與歷貞卜辭亦有明顯區別，此為文丁卜辭無疑。所謂父乙，乃文丁之稱武乙；與《續》1.28.9 異。

(19)甲午卜，賓貞：沚🀀
启王勿从，弗其受☒《乙
綴》192

庚寅卜，重🀀〔启〕我用若。
重沚🀀启我用若。
　　　　　《鄴三》下39.10
　　　　　（《綴》128）
🀀（癸）🀀（巳）卜王从沚🀀。
　　　　　《甲》695

上引卜辭卜日干支相接，但🀀與🀀顯非一人，安得謂之"大概都
是圍繞同一事件而占卜的"？

(20)辛酉卜，爭貞：王从望
乘伐卜危。
辛酉卜，爭貞：王勿隹
望乘从。
貞：王勿隹沚🀀从。
貞：王重尸叩（方？）正。
貞：王勿隹尸正。
　　　《丙》24 +《京津》1266
　　（丙編插圖貳綴合，此版
　　序數為一）
貞：王从望乘伐。
王勿从望乘伐。
王重止（沚）🀀。
勿隹止🀀
王重尸正。
勿隹尸正。
　　　《乙》3797
　　（與上版同文，序數為五）

癸亥〔卜〕王重🀀从。
〔癸亥卜〕：王🀀（重）🀀（望）
🀀（乘）🀀（从）。
癸亥卜：王🀀（重）🀀（尸）正。
乙🀀（丑）卜，王🀀（重）🀀从。
乙丑卜，王重望从。
　　　　　《鄴三》下38.1
甲〔子卜〕：王〔重🀀〕从。
甲（子）卜：王🀀（重）望乘从。
丁卯卜：王弜从🀀。
丁卯卜：王弜从望乘。
　　　　　《懷特》1637

上引兩組卜辭卜日干支前後相接（辛酉—癸亥—甲子—乙丑—丁
卯），事類也頗相似，"從望乘"、征夷（人）方也同。唯"从沚
🀀"與"从沚🀀"異〔🀀與🀀為異時異人，見例（19）〕。征夷方
之事不同時期都可能發生。"望乘"則當屬於異代同名之例（《年

代》《再論》對此已有詳論）。而且，《丙編》插圖貳與《乙》3797 殆為成套卜甲之第一與第五版，是武丁時常見的隆重的占卜儀式；《鄴三》下38.1 與《懷特》1637 則皆為卜骨而非卜甲，更不"成套"，其隆重程度遠不如賓組卜辭。這難道不也透露出了不同的時代氣息嗎？

（原刊《出土文獻研究》，1985 年版）

《殷虛卜辭斷代研究》序

胡厚宣

殷墟甲骨卜辭，自從 1899 年開始發現，迄今已經九十周年。九十年來，甲骨之學，不斷發展，已經成為一種非常活躍的熱門學科。其中有一個重要項目，即甲骨卜辭的斷代，這是近年以來，爭論最為熱烈的一個問題。

殷墟甲骨文字，長期以來，一般都認為是商代後期，"自盤庚遷殷，至紂之滅，二百七十三年"八世十二王的占卜之辭。董作賓先生 1933 年作《甲骨文斷代研究例》一文，把十二王的卜辭分為五期，第一期盤庚、小辛、小乙、武丁，第二期祖庚、祖甲，第三期廩辛、康丁，第四期武乙、文丁，第五期帝乙、帝辛，也都認為這五期的甲骨文，都是王室之物。

日本學者貝塚茂樹先生首先提出了一個"非王卜辭"的問題。他 1938 年作《論殷代金文中所見圖形文字》一文，（刊《東方學報》京都第九冊）從卜辭中找出一部分"子卜貞卜辭"認為是"非王卜辭"。1946 年又作《中國史學之發展》一書，其中有"甲骨學之展開"和"殷墟卜辞中所見之殷代文化"兩章，1953 年又作《甲骨文斷代研究之再檢討》一文，（刊《東方學報》京都第二十三冊）以及 1959—1960 年出版之《京都大學人文科學研究所藏甲骨文字》一書的圖版和釋文兩編，都申論這一學說，認為甲骨文中有"非王卜辭"。

李學勤先生也認為甲骨文中有"非王卜辭"。他 1957 年作《評陳夢家〈殷虛卜辭綜述〉》一文,(刊《考古學報》1957 年第 3 期) 認為卜辭不是一切都屬於殷王,有一部分是屬於殷代晚期貴族貴婦的卜辭。1958 年又作《帝乙時代的非王卜辭》一文,(刊《考古學報》1958 年第 1 期) 又盡情發揮,舉出了"婦女卜辭"和"子族卜辭"等"非王卜辭"凡五種。

1979 年林澐先生作《從武丁時代的幾種子卜辭試論商代家族形態》一文,(刊《古文字研究》第一輯) 雖然他認為時期不屬於"帝乙時代",但對李先生"非王卜辭"的學說,則予以支持。

反對這一學說的有李瑾先生,他 1982 年作《從卜辭前辭語序省變形式統計——兼評"非王卜辭"說》一文,(《重慶師範學院學報》1982 年第 1 期),1983 年又作《卜辭王婦名稱所反映殷代構詞法分析——再評"非王卜辭"說》一文,(刊《重慶師範學院學報》1983 年第 1 期和第 2 期),另外還有一篇《帝乙時代的非王卜辭與中國古代社會的差異》(打印稿本),都是針對李學勤先生的論點而發。

1987 年陳煒湛先生作《甲骨文簡論》一書,其中有"關於非王卜辭"一節,他認為李瑾先生"這三篇文章對非王卜辭論的批判,基本上是正確的,很有參考價值"。

再有就是還有一批陳夢家先生在《殷虛卜辭綜述》中所謂"自組卜辭"的時代問題。這一部分甲骨,董作賓先生 1945 年在《殷曆譜》一書,1948 年在《殷虛文字乙編》一書的《序言》中,1955 年在《甲骨學五十年》一書,1965 年在《甲骨學六十年》一書等一系列的著作中,都以為是文武丁時代的卜辭。

在大陸地區自從 1956 年陳夢家先生《殷虛卜辭綜述》一書出

版之後，學者一般多已承認所謂"自組卜辭"應為殷代早期之物。1973 年小屯南地甲骨出土，早期坑位中出現"自組卜辭"。1979—1983 年，《甲骨文合集》十三冊出版，1980 年、1983 年，《小屯南地甲骨》上下冊出版，則"自組卜辭"應為殷代早期之物，更為多數學者所同意。

唯有先在台灣地區後在美國的嚴一萍先生先後作《甲骨文斷代研究新例》一文（刊《歷史語言研究所集刊外編》第四種，《慶祝董作賓先生 65 歲論文集》下冊，1961 年）《甲骨斷代問題》一書（1982 年）及《商周甲骨文總集》一書（1984 年），仍堅持董作賓先生文武丁時代之説。

另外還有一個"歷組卜辭"的問題，也是近年李學勤先生首先提出，是由殷墟婦好墓的發現而談起的。1976 年殷墟婦好墓發現，1977 年李學勤先生寫了《論"婦好"墓的年代及有關問題》一文，（刊《文物》1977 年第 11 期）首先提出了"歷組卜辭"的問題。他一反董作賓先生早年第四期之説，認為"歷組卜辭其實是武丁晚期到祖庚時期的卜辭"。1980 年《小屯南地甲骨》一書出版，他又寫了《小屯南地甲骨與甲骨分期》一文，（刊《文物》1982 年第 5 期）進一步闡明這一學説。

同意這一學説的有裘錫圭先生，1981 年他發表了《論"歷組卜辭"的時代》一文。（刊《古文字研究》第六輯）又有彭裕商先生，1983 年他發表了《也論歷組卜辭的斷代》一文，（刊《四川大學學報》1983 年第 1 期）還有林澐先生，1984 年發表了《小屯南地發掘與殷墟甲骨斷代》一文。（刊《古文字研究》第九輯）他們都支持李學勤先生的意見，以"歷組卜辭"為早期的卜辭。

不同意這一學説的，首先是蕭楠先生。1980 年《小屯南地甲骨》一書出版，在"前言"中就已經有所説明。同年又發表《論武乙文丁卜辭》一文，（刊《古文字研究》第三輯）1984 又發表

《再論武乙文丁卜辭》一文。(刊《古文字研究》第九輯) 又有張永山和羅琨兩先生，1980 年發表《論歷組卜辭的年代》一文。(刊《古文字研究》第三輯) 又有謝濟先生，1982 年發表《試論歷組卜辭的分期》一文。(刊《甲骨探史錄》) 他們都不同意"歷組卜辭"應屬早期的學說。

1985 年陳煒湛先生發表《"歷組卜辭"的討論與甲骨文斷代研究》一長文，(刊《出土文獻研究》) 不同意這一學說。1987 年又出版《甲骨文簡論》一書，仍然不同意把"歷組卜辭"提到早期的這一問題。

在美國的嚴一萍先生 1982 年出版《甲骨斷代問題》一書，其"再序"中，就對裘錫圭先生的學說有所商榷。1983 年又發表《歷組如此》一文，(刊《中國文字》新八期) 則專對李學勤先生的意見，提出批評。他也不同意把"歷組卜辭"提到早期，仍然主張維持董作賓先生文武丁時代的學說。

方述鑫先生係徐中舒先生的博士研究生。其博士論文題目是《殷虛卜辭斷代研究》我承邀為論文答辯委員會委員，對於這篇論文，頗感材料豐富，論證明晰，極見作者刻苦鑽研之功。方先生學位通過之後，對於論文，又重加修改，撰為專著，今即將出版，又徵序於余，余堅辭不獲，乃重讀論著，共分三章，正是研究當前學術界我前面所說正在爭論的那三個問題。

方先生《殷虛卜辭斷代研究》一書，從出土的坑位地層，結合甲骨文的字形、文例、人名、地名、方國、事類、親屬稱謂，同版關係以及卜兆鑽鑿問題等大量的材料，論證所謂"非王卜辭"，乃武丁時殷王所卜，既不屬於帝乙時代，也不是非王卜辭。又論證所謂"自組卜辭"應屬於武丁時期，但有先後演變之別。又論證所謂"歷組卜辭"仍當屬於第四期即武乙文丁時代。資料充實，分析明確，持之有故，言之成理，是一部非常優秀的學術論著，對於當前正在爭論的這三個問題，我想還是很有裨益的。

因強為序言以歸之。

一九八九年四月十五日

（注：此文為胡厚宣先生為方述鑫先生於一九九二年七月在臺灣文津出版社出版的《殷虛卜辭斷代研究》一書所寫的序）

附 錄 十一

再論"歷組卜辭"的年代

林小安

内容提要：20 年前，有學者提出將"歷組卜辭"的年代從原來公認的武乙、文丁提前至武丁晚期至祖庚年間。這一觀點如果成立，將引發以往甲骨學研究的一系列結論和觀點的改變。20 年來，同意"歷組卜辭"的年代提前與反對提前的學者各沿相反方向進行研究，使甲骨學研究出現了極大分歧。本文提出應儘快解決這一分歧，並從"歷組卜辭"不含"伐舌方"等角度論證了"歷組卜辭"的年代不應提前。

關鍵詞：歷組卜辭　武丁　祖庚　武乙　文丁　伐舌方　類型學　兩系説

任何一項文物考古的研究，首先要解決的是年代問題。祇有正確認識了所要研究對象的年代，纔便於開展其他方面的研究。如果年代確定錯了，其他方面的研究結論就很難成立，這是不言而喻的。

近 20 年來在甲骨學研究中出現了一個爭議很大而又影響到整個甲骨學研究的問題："歷組卜辭"的年代。所謂"歷組卜辭"，即甲骨學界原來認定為武乙、文丁的卜辭。自 1977 年開始，相繼有多位學者提出要把整個第四期卜辭（原來認定為武乙、文丁的卜辭)全部提前至第一期至第二期之間(即改定為武丁晚至祖庚的卜辭)。這一改變牽扯到要將兩個殷王多達六七千片卜辭的年代進行跨越祖甲、廪辛、康丁等數個王世的挪動。而且,這一改變還牽扯到以往甲骨學研究中所得到的一系列的認識和結論的改變。

目前在甲骨學界,主張將"歷組卜辭"的年代提前的學者與反對的學者仍然尖銳對立,持相反觀點的兩派依然沿著各自認為正確的方向繼續進行背道而馳的研究。長此以往,必將使甲骨學研究陷入混亂。各用相反的觀點論述同一問題,討論的問題越多越混亂。就"歷組卜辭"而言,因有對先王的稱謂(不是武丁稱小乙為"父乙",祖庚稱武丁為"父丁";就是武乙稱康丁為"父丁",文丁稱武乙為"父乙")所限,在這兩種截然相反的觀點中,祇能有一種是正確的。因而,當前甲骨學研究迫切需要在"歷組卜辭"的斷代問題上儘快獲得真知,儘快將分歧、矛盾統一起來,避免使甲骨學研究陷入更加混亂的局面。1986年,在山東長島召開的中國古文字學研討會年會上,中山大學的陳煒湛教授發出了在甲骨分期問題上的"正本清源"的倡議。筆者就陳教授的倡議向胡厚宣先生和張政烺先生徵詢意見,二位先生都明確表示支持陳教授的倡議。

在討論"歷組卜辭"的年代的歸屬的時候,我們非常同意李學勤、彭裕商在《殷墟甲骨分期研究》中所説的:"對任何一門學科來説理論方法都是至關重要的,而所謂某一學科的進展歸根到底實際上都是理論方法的進展。所以,理論方法是衡量一門學科發展狀況的標尺。"[①] 我們在討論甲骨分期的分歧時,必然要對甲骨分期的理論和方法的分歧同時進行討論。

要討論殷墟甲骨刻辭分期的結論及分期的理論和方法正確與否,有必要簡略回顧一下過去在殷墟甲骨刻辭分期方面行之有效

---

① 李學勤、彭裕商:《殷墟甲骨分期研究》,上海古籍出版社1996年版。

的理論和方法。

殷墟甲骨刻辭的分期是董作賓首先鑿破混沌取得突破的。他在 1933 年發表的《甲骨文斷代研究例》[①] 中，完整地提出了他關於殷墟甲骨分期的理論和方法，他列出了 10 項分期標準：

1 世系   2 稱謂   3 貞人   4 坑位   5 方國   6 人物   7 事類
8 文法   9 字形   10 書體

董氏在闡述這些理論和方法時提出："主要的法寶不過是'稱謂'同'貞人'，其餘八項除了世系外都是由稱謂、貞人推演出來的。"1956 年，陳夢家在《殷虛卜辭綜述》中列出了 13 項分期標準，且把它們分為 3 個等級：

標準 1：世系、稱謂、占卜者
標準 2：字體、詞彙、文例
標準 3：祭祀、天象、年成、征伐、王事、卜旬

在最近 20 年甲骨分期的研究中，從方法論來説，增加了地層、鑽鑿、同版等。關於卜辭的斷代，主要在兩個方面進行了探索：（一）武丁卜辭的分期。在現存甲骨中，武丁卜辭占了一半還多。僅就《甲骨文合集》而言，《甲骨文合集》一共 13 冊（總共 4.9 萬餘片），第 13 冊是摹文，前 12 冊拓本中就有 7 冊（2 萬餘片）都是武丁卜辭。可見現存武丁卜辭之多。這與史籍記載武丁在位 59 年，大體是一致的。如此多的卜辭已足夠進行再分期，至少可分為早、中、晚三期。儘管有"歷組卜辭"的年代之爭，但在𠂤組、午組、子組、賓組卜辭的分期上，大陸學者見解大致相同。𠂤組卜辭被確認為武丁早期、中前期；午組、子組被確認為武丁中期偏早，或早期偏晚；賓組被確認為武丁中期至後期。武丁卜辭的進一步分期，稱謂、世系根本用不上，祭祀、王事、字體、書體、文法、詞彙、年成等也幫不上大忙，區別武丁早、中，晚

---

① 董作賓：《甲骨文斷代研究例》，《中央研究院歷史語言研究所集刊外編——慶祝蔡元培先生六十五歲論文集》，中央研究院歷史語言研究所，1933 年。

卜辭的主要標準靠的是人物、征伐、方國。(二) "歷組卜辭"年代的爭論。主要是兩種觀點:一是堅持認為是武乙、文丁卜辭。二是認為應改定為武丁晚及祖庚卜辭。主張"歷組卜辭"的年代應當提前的學者,使用的方法主要是運用字體、書體的分類來分期。他們認為這樣做是把考古學的類型學的理論和方法運用到了甲骨學領域,並要據此建立全新的甲骨分期體系——兩系說。①

本文要討論的是"歷組卜辭"的年代問題。姑請申論之:

在"歷組卜辭"的年代的爭論中,雙方對分期的理論和方法的本身沒有爭議,也並沒有提出什麼新的理論和方法。但結論卻大相徑庭,一方說是武乙、文丁卜辭,一方說是武丁、祖庚卜辭,可謂針鋒相對。分期理論上沒有矛盾,結論卻出現分歧,問題出在如何使用這些理論和方法,以及在使用這些方法時所強調的側重點的不同。運用類型學的方法並不是近 20 年開始的。甲骨分期從一開始就是根據同版關係確認了同代貞人後,運用類型學的方法來確認不同貞人的卜辭的字體、書體的特徵(類型),並據這些不同的特徵(類型)來確認不同時期的卜辭的。甲骨分期常用的方法就是運用字體、書體的特徵(類型學)來辨認年代。因為具有稱謂和貞人的卜辭畢竟是很少、很有限的,大多數沒有貞人、稱謂的卜辭就要靠字體、書體來辨認其年代。但是這裏有個原則問題,字體、書體的確認是建立在貞人和稱謂的基礎之上的,貞人和稱謂(世系)是第一位的,字體、書體是第二位的。甲骨學的類型學分期與考古學的類型學的斷代不盡相同。甲骨分期之所以出現"歷組卜辭"這樣大的分歧,說明甲骨學的類型學還沒有完全理清脈絡,還有很多模糊之處,至少在相當多的人中存在著模糊觀念。不然不會在兩種對立的觀點中各有那麼多的人,既然甲骨學的類型學還沒有完全清楚地建立起來,用字體、書體來斷

---

① 李學勤、彭裕商:《殷墟甲骨分期研究》,上海古籍出版社 1996 年版。

代就存在可疑性。

我們認為除了貞人、稱謂（世系）是第一標準外，相較而言，人物、方國、征伐、王事（例如：婦某生子）比字體、書體更能幫助卜辭的斷代，至少在卜辭的字體、書體發展的脈絡完全清楚之前應該如此。在歷史上，人物的出現、方國的存滅、叛服與某些方國的戰爭都是有特定的時間的。它不像某些事項會反復出現，例如卜風、卜雨、卜旬、卜祭上甲、卜祭大乙、卜祭大甲等（卜祭廿示、廿一示應另當別論），這些事項任何一代殷王都會占卜的，無法作為分期斷代的標準。而特定的人物、特定的方國、特定的戰爭卻可以作為分期斷代有力的證據。

《殷墟甲骨分期研究》一書中對𠂤組卜辭的斷代就充分運用了人物、方國和戰爭的標準，來論證𠂤組卜辭的年代屬於武丁的早期和中期偏早，我們是很贊同的。我們不明白的是，李學勤、彭裕商運用人物、方國、戰爭作為分期標準成功地斷定了𠂤組卜辭的年代，為什麼不把更能有助於分期斷代的伐舌方之戰也運用來判定"歷組卜辭"的年代？李、彭二氏在論證𠂤組卜辭的年代時引用的方國和戰爭都是比較小的方國和比較小規模的戰爭，而伐舌方之戰的規模是很大的，牽涉的人物、方國也較多，又恰恰是有賓組卜辭和出組卜辭都卜問過伐舌方之戰，説明伐舌方之戰正好是武丁晚期和祖庚年間的事。誠如主張"歷組卜辭"的年代應提前的學者所説"歷組卜辭"是武丁晚期和祖庚年間的卜辭，那麼伐舌方之戰正好是"歷組卜辭"應提前的最強有力的證據。為什麼在論證𠂤組、子組、午組、賓組、歷組卜辭的年代時偏偏不提伐舌方之戰，我們百思不得其解。

下面我們來論證一下伐舌方在判斷"歷組卜辭"年代中的作用。

主張"歷組卜辭"的年代應提前的學者，是將"歷組卜辭"的年代定在武丁晚期至祖庚時期的。筆者在研究殷代戰爭時發現在賓組卜辭和出組卜辭中有一場很重大的戰役，即"伐舌方"之戰，而在"歷組卜辭"中卻沒有任何反映。換句話説，在"歷組卜辭"中沒有任何一片卜辭貞卜"伐舌方"，這與武丁晚期至祖庚時期有一場重大的"伐舌方"的戰爭的史實是不相符的。如果"歷組卜辭"是武丁、祖庚間的卜辭，而歷組卜官（整個"歷組卜辭"祇見貞人"歷"一位卜官，該組其他卜辭未署貞人名。但是，這時期顯然絕不會祇有"歷"一位卜官，祇不過其他卜官未署名罷了。我們姑且將這一時期署名與未署名的卜官一律稱為歷組卜官。）卻從不曾占卜貞問"伐舌方"，這與殷代史實是不相符的。關於這一問題，需從多角度來進一步討論。

　　首先需要討論的是"伐舌方"的年代。貞卜"伐舌方"的卜辭絕大部份是賓組卜辭，極少部分是出組卜辭。由於有出組卜辭貞卜"伐舌方"，説明"伐舌方"不會是武丁早期的事，祇能是武丁晚期至祖庚時期的事情。不同卜官貞卜"伐舌方"的卜辭有：

丁未卜爭貞：勿令舟以眾伐舌？　　　　　　　　《合集》26①

戊辰卜賓貞：登人乎往伐舌方？　　　　　　　　《合集》6177

壬子卜㱿貞：舌方出不唯我有作禍？五月。　《合集》6087

庚午卜亙貞：乎伐舌方受□佑？　　　　　　　　《合集》6240

甲午卜古貞：王伐舌方我受佑？　　　　　　　　《合集》6223

□子卜永貞：乎伐舌方……？　　　　　　　　　《合集》6247

……箙貞：舌方其出？　　　　　　　　　　　　《合集》6111

丁巳卜韋貞：舌方其敦䧹？　　　　　　　　　　《金》531②

……𣢸貞：舌方出帝…　　　　　　　　　　　　《合集》6093

丁酉卜出貞：舟雉舌方？　　　　　　　　　　　《合集》24145

　　① 《合集》，指《甲骨文合集》，下同。郭沫若主編，胡厚宣總編輯，中國社會科學院歷史研究所編，中華書局1978—1983年分13冊出版。

　　② 《金》，指《金璋所藏甲骨卜辭》，方法斂編，美國紐約，1939年。

上述卜辭為武丁時期的卜官"賓、爭、㱿、亘、古、永、箙、韋、㞢"等及祖庚時期的卜官"出"貞卜"伐舌方"的卜辭。此處僅舉每位貞人貞卜"伐舌方"的卜辭各一例，表明"伐舌方"的絕大多數卜辭是賓組卜辭，極少部分是出組卜辭，故"伐舌方"之戰的時間是在武丁晚期至祖庚時期之事。

　　除了賓組卜辭和出組卜辭有貞卜"伐舌方"卜辭外，整個殷墟卜辭未見其它任何卜辭貞卜"伐舌方"之事。𠂤組卜辭是武丁早期卜辭，其中就沒有"伐舌方"卜辭。子組卜辭、午組卜辭是武丁早、中期之間的卜辭，其中也沒有"伐舌方"的卜辭。而賓是武丁中後期卜官，"伐舌方"卜辭絕大多數是賓組；出是祖庚時期卜官，"伐舌方"卜辭中極少部分是出組。這一情況表明，"伐舌方"的年代定為"武丁晚期至祖庚時期"是確定無疑的。

　　肯定了伐舌方戰爭是武丁晚期至祖庚年間的史實，我們就能夠將"伐舌方"作為武丁晚期卜辭和祖庚卜辭分期斷代的標準。我們認為可以這樣解釋：凡有貞卜"伐舌方"的卜官必是武丁晚期或祖庚時的卜官；反之，凡無貞卜"伐舌方"的卜官，很可能不是武丁晚期或祖庚時的卜官。例如：𠂤組（武丁早期）、子組、午組（武丁早中期之間）、何組（廩辛）、歷組（武乙、文丁）、黃組（帝乙、帝辛）均無貞卜"伐舌方"卜辭，故它們均非武丁晚期或祖庚時的卜官。

　　主張將"歷組卜辭"年代提前的學者是把"歷組卜辭"的年代定在"武丁晚期至祖庚時期"的。然而，"歷組卜辭"沒有一片卜辭貞卜過"伐舌方"。這說明有三種可能：或者歷組卜官不是"武丁晚期至祖庚時期"之卜官；或者歷組卜官無卜戰事之責；或者"伐舌方"之戰不需經歷組卜官貞問即可定其吉兇。下面我們通過論證推翻後兩點來證明第一點——"歷組卜官不是'武丁晚期至祖庚時期'之卜官"是唯一的可能！

　　先秦時代，"國之大事，在祀與戎"。傳世文獻中反復記述了先秦統治者的這一觀念。殷墟卜辭絕大多數是貞卜祭祀先公、先王、先妣和戰爭的卜辭，既證明了"祭祀和戰爭"在先秦統治者觀念中的重要地位，也反映了殷墟甲骨刻辭與文獻記述的一致。從整個殷墟卜辭，我們看不出殷代卜官在貞卜事項方面有何分工。即使有分工，貞卜祭祀先祖和與敵方交戰的大事，都是所有卜官必不可缺的職責。就以"歷組卜辭"而論，既有大量占卜祭祀的卜辭，又有貞卜戰爭的卜辭。例如：

　　　　庚午貞：今夕師亡震？

　　　　辛未貞：今夕師亡震？

　　　　甲戌貞：今夕師亡震？　　　　　　　　　　　　《合集》34715

"歷組卜辭"中此類貞卜"師亡（無）震？"之辭尚多，不煩備舉。"歷組卜辭"中的以下卜辭表明占卜貞問殷王室軍隊的安危吉兇是歷組卜官的重要職責之一：

　　　　癸酉貞：王比沚𢀛伐召方受又？在太乙宗……

　　　　　　　　　　　　　　　　　　　　　　　　　　《合集》33058

　　　　己亥貞：令王族追召方及于……　　　　　　　《合集》33017

　　　　癸巳…于一月伐羌及召方受又？　　　　　　　《合集》33019

　　　　庚戌貞：叀王自征刀方？　　　　　　　　　　《合集》33036

　　　　乙巳貞：令𢃐关刀方？　　　　　　　　　　　《合集》33037

　　　　己丑卜貞：䣇以沚𢀛伐貓受又？　　　　　　　《合集》33074

　　　　癸亥卜：今夕敦貓撲？　　　　　　　　　　　《合集》33077

　　　　丁丑卜貞：今乙亥王敦巽撲？　　　　　　　　《合集》33080

　　　　丁丑卜：今日撲巽？

　　　　丁丑卜：戊寅撲巽？　　　　　　　　　　　　《合集》33081

辛酉卜：王翌壬戌撲不由？十二月。　　　《合集》33082

……翌甲子伐盧？　　　　　　　　　　　《合集》33086

今夕圍甫？　　　　　　　　　　　　　　《合集》33088

□酉貞：王叀西方征？　　　　　　　　　《合集》33093

己巳貞：執井方？　　　　　　　　　　　《合集》33044

己巳貞：並關伐𢁒方受又？並弗受又？　《合集》33042

上述卜辭中，歷組卜官一而再、再而三地卜問有關戰爭之事，説明歷組卜官是擔負著貞卜戰爭吉兇的重任的。上述戰事的貞卜次數並不多，説明上述戰事的規模並不大，對殷王室的威脅也不大。我們認為，歷組卜官對於對殷王室影響不大的小規模戰事都要占卜貞問，對於象"伐𢁒方"這樣發生在武丁晚期和祖庚時期的重大戰事，如果歷組卜官是武丁晚期或祖庚卜官是不可能不占卜貞問的。

　　"伐𢁒方"戰爭的規模有多大？它對殷王室的影響有多大？我們從下列卜辭可知其大略。在整個殷墟卜辭中，同時有多個貞人反復貞卜伐某一方國的大多是一些重要的戰事。上引卜辭説明貞卜"伐𢁒方"的有"賓、殼、爭、古、亘、永、箙、韋、𨾔、出"等多名卜官，有這麼多卜官反復貞卜同一戰事在整個殷墟卜辭中是很罕見的，説明"伐𢁒方"是很重大的戰爭。我們粗略統計了一下，整個殷墟卜辭中有近500版貞卜"伐𢁒方"的卜辭。貞卜次數如此之多，説明"伐𢁒方"事關重大，需反復貞卜其吉兇。據我們的研究，在整個殷墟卜辭中"伐𢁒方"戰爭的規模僅次於殷末"伐人方"的戰爭。

　　□辰卜殼貞：翌辛未令伐𢁒方受有佑？一月。

　　　　　　　　　　　　　　　　　　《合集》540

　　乙酉卜爭貞：往復從臬執𢁒方？二月。　《合集》6333

貞：甫弗其邁舌方？　　　　　　　　　　　　《佚》13①

……乎（師）般伐舌？　　　　　　　　　　《前》6.58.4②

癸酉卜殸貞：保及舌方？　四月。　　　　　《英》566③

壬子卜殸貞：舌方出不唯我有作禍？　五月。《合集》6087

癸酉卜貞：六月卓截舌方？　　　　　　　　《合集》6293

□丑卜殸貞：令戊來……戊□伐舌方？　七月。

　　　　　　　　　　　　　　　　　　　　《合集》6379

己卯卜爭貞：于令丐舌方……？　八月。　　《合集》6156

己酉卜永貞：我截舌方？　九月。　　　　　　《英》78 正

己丑卜殸貞：令戊來，日戊□伐舌方？　在十月。

　　　　　　　　　　　　　　　　　　　　　《英》1179

貞：舌……出王勿享？　十一月。　　　　　《合集》6095

戊子卜賓貞：卓乞步伐舌方受有佑？　十二月。

　　　　　　　　　　　　　　　　　　　　《合集》6292

辛丑卜賓貞：叀羽令以戈人伐舌方截？　十三月　《英》564

丙午卜貞：今春舌方受有佑？　　　　　　　《合集》8525

戊寅卜賓貞：今秋舌方其圍于緐？　　　　　《合集》6352

上述卜辭説明"伐舌方"的戰事遷延的時間很長。從一月到十三月，各月都有。言"今春""今秋"，很可能伐舌方之戰不祇一年、兩年。這説明舌方的實力強、威脅大，絕不是一二次戰役所能解決的。又：

貞：登人三千乎伐舌方受有佑？　　　　　《合集》6168

貞：登人五千乎見舌方？　　　　　　　　　《合集》6167

---

① 《佚》，指《殷契佚存》，商承祚編，金陵大學中國文化研究所，1933年。

② 《前》，指《殷虚書契》，羅振玉，《國學叢刊》，1911年。

③ 《英》，指《英國所藏甲骨集》，李學勤等編，中華書局1986年版。

卜辭中反復貞卜"伐舌方"用兵三千、五千，可知"伐舌方"之
規模實不算小。又：

丁未卜爭貞：勿令𠦪以衆伐舌？　　　　　　　　《合集》26

癸酉卜爭貞：乎多𠘧伐舌？　　　　　　　　　　《合集》542

貞：叀王往伐舌方？　　　　　　　　　　　　　《合集》614

貞：舌方其來，王逆伐？　　　　　　　　　　　《英》555

乎多臣伐舌方？　　　　　　　　　　　　　　　《合集》616

己丑卜㱿貞：令戍來，曰戍𠘧伐舌方？在十月。

　　　　　　　　　　　　　　　　　　　　　　《英》1179

辛丑卜賓貞：叀羽令以戈人伐舌方截？十三月　《英》564

貞：𠂤啟王，其執舌方？　　　　　　　　　　　《合集》6332

己酉卜古貞：我及舌方？　　　　　　　　　　　《合集》6340

癸丑卜貞：𠀁及舌方？　　　　　　　　　　　　《合集》6341

令望乘？

比望乘？

貞：于唐告？

……舌……于……　　　　　　　　　　　　　　《合集》6148

貞：王勿比沚𢀛？

貞：王比沚𢀛？

貞：于唐告？

貞：告舌方于上甲？　　　　　　　　　　　　　《合集》6135

貞：叀子畫乎伐？

貞：勿拜于黃尹？

貞：拜于黃尹？

貞：德有于黃尹？

貞：叀師般乎伐？

貞：叀吕乎伐舌?

貞：叀王往伐舌?　　　　　　　　　　　　　《合集》6209

貞：叀王往伐舌?

貞：叀𠂤乎伐舌?　　　　　　　　　　　　　《合集》6211

上述卜辭表明"伐舌方"戰爭的規模之大，不僅逼使殷王不得不御駕親征，還不得不調集武丁晚期滿朝之重臣𠂤、師般、望乘、子吕、子畫、💪、氾𠂤、戉、羽、戈人、多🔲等"多臣"及諸方國的軍隊一並前往。武丁調集戰將和軍隊之多，也説明"伐舌方"之戰乃武丁晚期震動朝野之大事。"國之大事，在祀與戎。""伐舌方"之戰緊急到必需殷王親自出戰乃至必須調集滿朝重臣，戰事如此緊急峻刻，賓組卜官一人卜過不行，還需上述各卜官一一輪流占卜貞問，方能定其吉兇。歷組貞人若是武丁晚期卜官的話，為什麼對武丁如此焦急之事，卻不見任何一片"歷組卜辭"貞卜"伐舌方"之事? 這是不合情理的。需説明的是，出組卜辭僅有極少的貞卜"伐舌方"之辭，這表明"伐舌方"的戰事至祖庚時已是尾聲，已不需再調兵遣將，也不需再反復占卜貞問"伐舌方"的吉兇了。武丁晚期及祖庚的卜官（賓組貞人、出組貞人）都無例外地占卜貞問了"伐舌方"之事，被認為是"武丁晚期及祖庚時"的卜官的歷組貞人卻獨獨置若罔聞，不置一辭，對於這一現象祇能有一種解釋，即歷組貞人不是武丁晚期或祖庚時期的卜官。

綜上所述，結論祇有一個，即"歷組卜辭"根本不是武丁晚期至祖庚時期的卜辭。

"歷組卜辭"的年代不應提前，已有不少學者從考古學、古文字學、甲骨學等多角度論證過。賓組卜辭、出組卜辭與"歷組卜辭"所卜戰爭的不同也已有學者論及。本文僅從"伐舌方"的年代和規模的角度，再強調而申論之。

1989 年，筆者在安陽參加甲骨文發現 90 周年國際學術討論會時見到中國社會科學院考古研究所在小屯村南地發掘出土的 48 片刻辭甲骨，這 48 片刻辭都是"歷組卜辭"，就此徵詢發掘者考古所劉一曼先生："這些卜辭出土的地層和同出陶片是早期的還是晚期的？"劉一曼先生斬釘截鐵地說："（地層和陶片）都是晚期的！"此外，她還補充："鄭振香先生說'歷組卜辭'從未在早期地層裡出土過！"我們知道：在考古發掘中，早期遺物出現在晚期地層中的現像是存在的。但是，"'歷組卜辭'從未在早期地層裏出土過！"卻是值得重視的事實！晚期遺物出現在晚期地層是大量、普遍的現象，是合乎情理的必然現象。而早期遺物出現在晚期地層的數量是很少的，多是個別現象、偶然情況。"'歷組卜辭'從不出現在早期地層，祇出在晚期地層"卻是普遍現象，這絕不是早期遺物出現在晚期地層那樣的偶然現象！這祇能說明"'歷組卜辭'不是武丁晚期至祖庚卜辭！""會不會對'歷組卜辭'出土的地層的時代也估計過晚了呢？"① 筆者曾以此問題請教過考古所安陽工作隊的同志，回答是："我們對地層和陶器早晚的判斷，根據的是地層相互之間的疊壓（地層學）和陶器類型的排隊（類型學），豈能靠估計定早晚！"我們知道考古學所定歷史遺物、遺址的年代，主要方法是類型學和地層學。殷墟發掘已 70 年了，殷墟以外的商文化的發現也不計其數，考古學發展到今天，殷墟地層的早晚、殷商文化陶器的早晚的辨認是已經解決了的。如果到今天連殷墟的地層和陶器的早晚都辨認不出來，正如考古所同志所說："這幾十年，我們白幹了！"

再者，小屯南地所出歷組卜骨，有"父丁"稱謂的卜骨出在有"父乙"稱謂的卜骨的下層，正與"歷組卜辭"是武乙、文丁卜辭的論斷相符。因為稱康丁為"父丁"的武乙卜辭比稱武乙為"父乙"的文丁卜辭年代要早，當然其地層應在下。這一地層關係

---

① 裘錫圭：《古文字論集》，中華書局 1992 年版。

充分説明"歷組卜辭"肯定不是武丁、祖庚間卜辭。因為，稱小乙為"父乙"的武丁卜辭比稱武丁為"父丁"的祖庚卜辭年代要早，那就祇能是稱"父乙"的卜辭的地層在稱"父丁"的卜辭的地層之下，而不能相反。小屯南地出土的"歷組卜辭"中有"父丁"和"父乙"稱謂的卜辭的地層關係與武乙、文丁的世系是一致的，與武丁、祖庚的世系是相矛盾的。忽視或不承認這一反映"歷組卜辭"真實年代的地層關係是説不過去的。

把"歷組卜辭"提前至"武丁晚期至祖庚時期"的議論如果是錯誤的，必然會出現在許多方面與殷代史實不合的現象。上述"伐舌方"問題如此，地層關係如此。"歷組卜辭"《合集》34120"癸卯卜貞：酒莘乙巳自上甲廿示一牛二示羊土燎四戈嶷牢四戈豭？"及《合集》34117"乙未貞：其莘自上甲十示又三牛小示羊？"中的"廿示""十三示"，按"歷組卜辭"是武乙、文丁卜辭就能講得通，按"歷組卜辭"是武丁、祖庚間卜辭就講不通。殷墟卜辭中"三示""六示""九示"都是指殷之先公、先王。整個殷墟卜辭沒有任何證據表明"三示""六示""十三示""廿示"是先公、先王之外的指稱。主張"歷組卜辭"的年代應提前的學者為了自圓其説而對此問題另作解釋，也祇是停留在一種假設的解釋上，在文獻和殷墟刻辭中找不到任何根據，其假設的解釋也難以自圓其説，固難服人。

還有，殷墟卜辭中的"人名"（姑且如此稱之）究竟是私名還是通名（族名？氏名？）是解決殷墟卜辭分期斷代的一個重要問題。"歷組卜辭"的年代應提前論者是把殷墟卜辭中的"人名"看作私名的。這是引發"歷組卜辭"的年代提前的重要起因，也是要把"歷組卜辭"的年代提前的重要依據。但是，被用做判定"歷組卜辭"年代應提前的一位關鍵性人物"羊"，卻出現在五期卜辭中。例如：

弗截吉？

不矢佳衆，王占曰弘吉？

其矢佳衆，吉？

壬申卜，在攸貞：又牧￼告啟王其乎伐比宜伐弗悔利？

……利？　　　　　　　　　　　　　　　《合集》35345

這是標準的五期（帝乙、帝辛）卜辭，但其中有武丁、祖庚卜辭和武乙、文丁卜辭中常見的"人名"——"￼"。主張將"歷組卜辭"的年代提前至"武丁晚期至祖庚時期"的學者即將"￼"視為私名，認為"歷組卜辭"中的"￼"即是武丁晚期至祖庚時期的"￼"。如果的確如此，那麼《合集》35345 的"￼"也當是"武丁晚期至祖庚時期"的"人名"，然而這是絕對不可能的。沒有任何理由可以把《合集》35345 提前至"武丁晚期至祖庚時期"。

　　還有，在賓組卜辭中常出現"沚￼"而不出現"沚或"，在"歷組卜辭"中卻祇出現"沚或"不出現"沚￼"。主張將"歷組卜辭"的年代提前的學者把"歷組卜辭"中的"沚或"與武丁卜辭中的"沚￼"說成是同一個人並以之作為論據。這兩個字除了都從"戈"外，另外所從（一個從"￼"，一個從"口"）從字形看沒有任何相同之處。主張"歷組卜辭"的年代應提前的學者沒有給我們任何關於這兩個字是同一個字的文字學的解釋和交待。而從文字學上是找不出"或"與"￼"是同一字的任何根據的。既然證明不了"沚或"與"沚￼"是同一人，那麼以此為論據的結論就有欠科學。

　　卜辭的常用語每個時期有不同的風格。在"歷組卜辭"中常見"師亡（無）震"（《合集》34715 等）一語，在第五期卜辭中此語作"今夕師不震"（《合集》36435 等）、"今夕師亡（無）禍，寧？"（《合集》36461 等），在一期卜辭中每作"師亡（無）

禍"(《合集》4249)、"師亡其戈"(《合集》5809 等)、"茲邑亡(無）震"(《合集》17360 等)、"茲邑其有震"(《合集》17361 等)。從語詞的發展來看，"歷組卜辭"的"師亡震"距離武丁卜辭的"茲邑其有震"較遠，距離五期卜辭的"師不震"更近。這一現象不也告訴我們"歷組卜辭"應是武乙、文丁卜辭，而不是武丁、祖庚卜辭嗎?

主張"歷組卜辭"的年代應提前的學者找到 10 片"歷組卜辭"與武丁、祖庚卜辭同版的"證據"來證明"歷組卜辭"與武丁、祖庚卜辭同代。[①] 我們認為，晚期卜辭刻在早期卜骨的可能性是存在的。本來"歷組卜辭"與武丁卜辭、祖庚卜辭就都出在殷墟。偶爾有幾片早期甲骨被刻上晚期刻辭，並不足為怪。現在的殷墟博物苑還在收購殷代空白甲骨殘片再刻字出售。同版必同代是通例，但不應排除個別例外。如果認為同版必同代，那麼，"歷組卜辭"就應像賓組卜辭各卜官之間那樣，相互間有很多的同版關係，而不應像"歷組卜辭"同武丁、祖庚卜辭這樣僅僅衹有 10 片同版關係。"歷組卜辭"與武丁卜辭、祖庚卜辭同版的數量如此之少，正說明它們的同版關係衹不過是偶然現象，是個別例外。偶然的例外是不足為據的! 在陝西周原鳳雛宗廟遺址內，文王時期、武王時期、成王時期的卜用甲骨都存放在同一個地方，說明後朝卜官是經常見到前朝卜用甲骨的。在此情況下，偶爾出現後朝卜官在前朝卜用甲骨上刻辭，是完全可能的。張永山已指出《文錄》82 之正面卜辭為"癸未卜凭貞:旬無禍?"[②] 此版甲骨的背面甲橋刻辭"婦妌示□"是武丁刻辭，那麼這版甲骨就應是武丁時的甲骨。而"凭"為廩辛、康丁時的卜官，他的卜辭顯然是刻在武丁時的甲骨之上的。廩辛、康丁已隔武丁有三代了。如此

---

① 李學勤:《甲骨文中的同版異組現象》，《夏商文明研究》，中州古籍出版社1995 年版。

② 《小屯南地一版卜骨時代辨析》，《考古與文物》1989 年第 1 期。

說來，在殷墟甲骨中確實存在著三代同版的現象。因此，我們認為這 10 版異代同版的例子證明不了"歷組卜辭"是武丁、祖庚間的卜辭。

主張將"歷組卜辭"的年代提前的學者認為，"對於'歷組卜辭'和賓組、出組卜辭之間的風格差異來説，時代因素基本上無關。很可能占卜機關的不同是造成這種差異的主要原因"①，這與上述"歷組卜辭"與賓組、出組卜辭同版的現象亦相牴牾。既然是不同的占卜機關所卜，不同的占卜機關應該是在不同的衙門工作的，他們所用的卜骨應該是存放在不同的地方的，怎麼會把卜辭刻在同一塊甲骨上了呢？無法想象會發生歷組卜官到賓組卜官的廢棄坑裏去撿取甲骨來占卜刻寫之事。上述同版現象正説明歷組卜官與賓組卜官、出組卜官是同一占卜機構！"歷組卜辭"與賓組、出組卜辭字體風格的不同是時代不同的反映，而不是占卜機構不同的反映！

主張"歷組卜辭"的年代應提前的學者在建立"全新"的甲骨分期體系的同時，宣稱他們這是將考古學的"類型學"引入了甲骨學②。然而，他們不得不承認"'歷組卜辭'和賓組、出組卜辭之間"的"風格差異"③，"風格差異"正是"類型"不同！正説明把"歷組卜辭"的年代提前是不符合類型學的。按照類型學的原理，把與賓組卜辭和出組卜辭有明顯"風格差異"的"歷組卜辭"同放置在武丁晚期和祖庚時期是不妥的！

持年代提前説學者為了解釋"歷組卜辭"和賓組、出組卜辭之間的風格差異提出了"兩系説"④。"兩系説"即謂殷王有兩個不同的貞人集團，由於是不同的貞人集團所以表現出"風格差

① 裘錫圭：《古文字論集》，中華書局 1992 年版。
② 李學勤、彭裕商：《殷墟甲骨分期研究》，上海古籍出版社 1996 年版。
③ 裘錫圭：《古文字論集》，中華書局 1992 年版。
④ 李學勤、彭裕商：《殷墟甲骨分期研究》，上海古籍出版社 1996 年版。

異"。"兩系説"把整個殷墟卜辭定為武丁早期是一系，帝乙、帝辛是一系，其他卜辭則是兩系。《殷墟甲骨分期研究》中説："本書已將全部殷墟王室卜辭討論完畢，其發展情況可簡單概括如下：村北，師組—師賓間組—賓組—出組—何組—黃組；村南，師組—師歷間組—歷組—無名組—無名黃間類。師組卜辭村南、村北均有出土，是兩系共同的起源，師賓間組祇出村北，師歷間組祇出村南，纔開始分兩系發展，往後賓組、出組、何組、黃組為村北系列，歷組、無名組、無名黃間類為村南系列，無名黃間類以後，村南系列又融合於村北系列之中，黃組成為兩系共同的歸宿。"此説實在太難令人置信，太不合事物發展的規律了！事物的發展要麼就是由一系發展為兩系，要麼就是由兩系發展為一系。而"兩系説"為我們描繪的卻是由一系發展為兩系，再由兩系發展為一系。這種發展規律也太離奇了！該書還説："綜上所述，甲骨分期應該充分使用考古學方法，先分類，再斷代。"主張"用考古學的類型學的手段來解決甲骨刻辭的分期"。他們把主要著眼點放在字體、字形的特徵上，提出以字體、字形的分組作為分期的最基本的手段。主張推翻舊的分期體系，建立全新的甲骨分期體系。我們認為前輩學者之所以將"歷組卜辭"與賓組卜辭、出組卜辭區分開來，正是由於它們的類型不同。因此，不能説把"歷組卜辭"與賓組卜辭和祖庚卜辭分定在不同時期就違背了類型學。而把"歷組卜辭"與賓組卜辭和出組卜辭分定在不同時期恰恰是堅持了類型學。把與賓組卜辭、出組卜辭類型完全不同的"歷組卜辭"強置於同一時代，這纔真正是違背類型學的。

由王國維、董作賓、郭沫若、陳夢家、胡厚宣先後創建並漸趨完善的殷墟甲骨的分期體系從一開始就是以探求殷墟甲骨刻辭的内涵與所反映的殷代史實相一致作為分期、斷代的基本出發點的。殷墟甲骨刻辭中關於先公、先王的稱謂和世系與殷代固有的先公、先王的世系是一致的，其與傳世文獻有個別出入的地方也是文獻流傳過程中的訛誤。"伐舌方"之戰是討論武丁晚期卜辭和祖庚卜辭不能回避的史實,"歷組卜辭"的年代要提前至武丁晚期祖庚時期就必須對"伐舌方"之戰有個交待! 在舌方大舉進攻,殷王面臨大敵當前時,"歷組卜辭"為什麼不占卜貞問"伐舌方"?

殷墟甲骨刻辭的內涵與殷代史實原本是一致的,不一致的祇能是研究者的認識。如果研究者的認識與殷代史實出現了不一致,那祇能是研究者自身錯誤造成的。對於同樣的材料,得出完全相反的觀點,説明觀點錯誤的一方研究的方法存在問題。我們認為,探求殷墟甲骨刻辭的內涵與殷代史實的一致應該是研究分期斷代問題最基本的出發點和著眼點,應該是判定分期、斷代是否正確的最根本的準則。

1999 年 10 月 11 日定稿於故宮南三所

(原刊《故宮博物院院刊》2001 年第 1 期)

我所知道的胡厚宣、張政烺先生
關於"歷組卜辭"的觀點

林小安

　　殷墟刻辭甲骨在 1899 年發現後出現了爭論 40 年的全學科的關於卜辭分期的大論戰！1982 年，我因為主編《出土文獻研究》創刊號，委託中華書局編輯陳抗向他讀研究生的母校中山大學徵稿。他徵來的是陳煒湛教授寫的關於當時正在熱議的甲骨文分期的論文！當時李學勤、裘錫圭剛剛提出"歷組卜辭"應該提前至武丁祖庚時期不久，尚無有資歷有聲望學者對此事關大局一反主流觀點的文章表態！我碩士剛畢業不久，但是我的碩士論文恰恰是討論武丁時期臣屬的戰爭與祭祀，我剛剛把武丁期間戰爭與祭祀的卜辭翻來覆去查閱了數遍，對武丁卜辭的主要方面和全部情況瞭若指掌，所以對李學勤提出要把"歷組卜辭"提前非常反感和頗不以為然！非常高興就選中了陳煒湛的文章，並排在《出土文獻研究》創刊號的第一篇！

　　我把陳煒湛反對"歷組卜辭"提前的論文放在《出土文獻研究》創刊號第一篇，張政烺師沒有説任何不同意！覺得是很正常很自然的事！胡厚宣座師（厚宣先生是我碩士答辯評委主席，過往應稱座師）私下主動對我説："徐老（中舒師）來信問我，歷組卜辭究竟應該不應該提前？我回答説，我們《甲骨文合集》（編纂）組從老到小沒有一位同意'歷組卜辭'提前！"我知道中舒師正在主編《甲骨文字典》，字典裏的字例是按時代順序排列的，厚宣先生是甲骨學集大成者，當然要聽取厚宣先生的意見！後來正式出版的中舒師主編的《甲骨文字典》就沒有理睬李學勤"歷組卜辭"應當提前的主張！仍然按"歷組卜辭"作武乙文丁卜辭排列。1992年在洛陽召開的中國殷商史研究會上，李學勤發言舉出異代同版的例子為"歷組卜辭"提前論作證明。我當場向李學勤提問説："您不是説'歷組'卜官與賓組卜官不是同一個占卜機構嗎！怎麼不同占卜機構的卜辭刻到同一塊甲骨上了？"李學勤立刻回答説"我沒有説過！"我説"你的文章發表了，怎麼會沒説過！"李學勤啞口無言！會下胡厚宣先生王宇信先生分別對我説"提得好！提得好！""問得好！問得好！"在中國社會科學院舉行的胡厚宣誕辰百周年紀念會上，我説"胡厚宣先生説甲骨卜辭第一期第四期都分不清，這輩子甲骨學豈不白幹了！"這是分量極重的話！當今之世誰能説胡厚宣先生這輩子甲骨學白幹了！要分清殷墟甲骨刻辭的第一期第四期卜辭，必須對整個殷墟從第一期到第五期卜辭的内涵有完整全面深刻的研究，否則是不可能分得清的。這是關涉整個甲骨學研究的學養學識的問題！試想一個人對人體解剖學沒有基本知識，患者説胸口疼，他怎麼判斷出是心臟疼還是胃疼？

在全國都在宣傳年輕數學家陳景潤時，是張政烺師主動積極向有關方面推薦裘錫圭的傑出成果，在張政烺師的遊説下，裘錫圭被當作文科領域的陳景潤（傑出人材）。張政烺師還主動積極向文物出版社推薦出版《裘錫圭論文集》。但是在裘錫圭自報的論文集題目時，張政烺師向出版社建議删除主張"歷組卜辭"提前的這篇論文。張政烺師是出於愛護裘錫圭，不希望裘錫圭在這麼重大問題上犯這麼嚴重的錯誤！張政烺師晚年對我説，他有三年春節在裘錫圭給他拜年時對裘錫圭説"我反復全面研究了所有甲骨！'歷組卜辭'絕不能提前！"

默默奉獻的甲骨綴合大家

——我所知的《甲骨文合集》與桂瓊英先生

彭邦炯

　　每當我翻閱《甲骨文合集》時，總會想起引我步入甲骨學堂奧的胡厚宣先生及其夫人桂瓊英先生。今年是甲骨文發現111周年，胡先生逝世15周年，桂先生逝世33周年。胡厚宣先生我們是忘不了的，在"甲骨熱"與甲骨綴合十分熱門的當今，我們對桂先生這位甲骨學史上的綴合大家也是不應忘卻的！

　　《甲骨文合集》（下文簡稱《合集》）由郭沫若任主編，胡厚宣擔任總編輯親自主持，歷時約20年，於1978—1982年底相繼出版完成。這部甲骨學史上的里程碑巨著，共收錄甲骨41956片，其中有很多都是經過拼綴的（所謂拼綴，現在通稱作綴合，就是將分散在不同處而原屬同版的甲骨碎片拼接復原）。在該書的編纂過程中，凡各片原為一版之折者，都盡可能地做過拼接復原，這是該項大型資料收集整理和編纂工作的一個重要方面。對這一工作出力最多、貢獻首屈一指者，當數桂瓊英先生。

《合集》的醞釀與編纂

　　甲骨文從1899年被王懿榮發現後，到中華人民共和國成立前的 50 年間，先後出土 15 萬餘片，分散於海內外。據胡厚宣先生調查統計，大陸地区共有 25 個省市自治區、41 個城市、95 個機關單位、44 位私人藏家，總共收藏甲骨 9 萬多片，港臺地区藏有 3 萬多片。另外，日本、加拿大、美國、英國、法國、德國、瑞士、比利時、韓國等國還藏有 2 萬多片。

這些分散於海內外的大批甲骨資料，雖有近 10 萬片已經著錄，但也有不少缺點，諸如：

一些著錄書圖片印刷不清；有的拓本祇拓了有字部分，或剪去無字部分；同骨正、反、臼分散在不同處；摹本失真或摹寫錯誤；拓本、摹本中雜存偽刻；不同書或同一書屢有重見；舊書刊印數稀少且價昂，等等。一句話：可謂紛繁散亂，千金難求。這樣為研究者帶來極大不便，妨礙了甲骨學的深入研究與發展。海內外不少學者早就想對這些“紛繁散亂的甲骨文資料”，做一番“科學的總結整理”。

海外，董作賓、饒宗頤、嚴一萍等都曾做過嘗試，終因條件所限，沒有成功。大陸的陳夢家先生也曾打算對甲骨文材料“作一番科學的總結整理”，也始終未成。

1956 年，在黨和政府提出“向科學進軍”號召的鼓舞下，胡厚宣先生與其夫人桂瓊英先生，把他們醞釀已久的想法——對甲骨資料做“科學總結整理”，使編纂《甲骨文全集》的計畫提了出來。很快，這一計畫得到有關方面的肯定，並正式列入國家“十二年科學遠景規劃”重要項目。

為了實現國家“十二年遠景規劃”中的這個重大項目，同年兩位先生被調來北京，具體主持該計畫的實施。不久，便成立了以郭沫若為主任委員，由全國有關方面的領導和知名甲骨文專家組成的編輯委員會，並在中國科學院歷史研究所先秦史組（今屬中國社會科學院歷史研究所先秦史室）成立了以胡厚宣先生為組長的《甲骨文全集》（1959 年後改為《甲骨文合集》）編輯工作組，成員主要是先秦史研究室裏當時的一批年輕人。

1961 年春，《合集》編輯組正式開始工作。因為受當時各種"政治運動"的干擾，一直是時作時輟。"文化大革命"時期停止了工作，全部材料封存於"戰備"箱，轉運去了河南雞公山隱蔽起來，一直到"文化大革命"後期纔又輾轉運回北京。

我所知道的桂先生和《合集》的工作

1973 年《合集》編輯組恢復工作，原先參加籌備和選片工作的部分成員，因工作變動不能繼續參加，成員減少，人手不夠。為加快進度，奪回被浪費的時間，使《合集》儘快與讀者見面，又先後吸收了歷史研究所裏尚未開始業務工作的部分同志——主要是"文化大革命"前夕到先秦史室的年輕人進入《合集》編輯組工作。

我是先秦史室內最晚一批參加《合集》編輯組的。據我所看見與瞭解的當時《合集》編輯進展的情況是：經過先期參加的同事們初步搜羅材料、整理已出版的著錄書和有關期刊、校重去偽、拼綴等艱苦工作，已初選了 5 萬片左右。選片主要來源有以下幾個方面：

第一，從 1903 年刊出的第一部甲骨著錄書《鐵雲藏龜》，至"文化大革命"前所能收集到的海內外甲骨著錄書刊上剪下的材料，其中有石印、柯羅版、影印及摹本等。那時不能復印，都是在原書刊上剪下來的。

第二，"文化大革命"前歷史所收集和新拓回的各地公私收藏的原骨墨拓片。

第三，"文化大革命"前已墨拓的本所藏骨的部分拓片（當時商復九老先生還在室裏專門墨拓尚未拓完的所內所藏甲骨）。

第四，少量甲骨照片（主要是國外的）。

所有初選片基本上都貼卡裝入特備的卡片盒或大紙袋中。一般小片或不過巴掌大小的都貼在專門設計的卡片（約 16 厘米 × 12 厘米大小）上；同卡的另一面分別印有原著錄號（選片來源）、重見、拼合、現藏（藏家）以及分期、分類、選定號、合集編號等欄目，以備在不同階段注明相關資訊。超過卡片而放不下的大片則連同卡片一起裝進特製的大牛皮紙袋中，紙袋又裝在大型卡片櫃的抽屜裡。《合集》編輯組恢復工作後，除繼續組織人到各地有藏骨的單位進行墨拓，補收“文化大革命”時期國內外新出的甲骨書刊和拓本外，還有很多繁複而瑣碎又不可缺少的工作要做，諸如：對從刊物上剪下的非原大片，根據比例尺作照相放縮還原、拼綴的補換，以及全部初選片的再對重、分期、分類、排版、貼版、編號、貼號等，這些都是圖版的編排在定稿前需要做的。全部圖版完成後還有釋文、來源表、索引等，也都是很繁重的工作。

　　我剛參加編輯組時，先分配我協助桂瓊英先生做拼綴工作。最初我看到桂先生做的拼合版原稿，大都貼在有點發黃的毛邊紙上。那時條件差，紙質很不好，一般的出版物所用的都是發黃的再生紙。拼綴版除少量暫用的摹本及少數照片待換外，用的全是原著錄書刊上剪下的拓印片。

　　桂先生工作做得很細，所有拼綴小片的拼綴邊口部分，祇留下髮絲般寬的白邊。一開始我覺得不夠密合，想徵得先生同意，將綴口邊的白邊全剪掉，先生跟我說：“留點兒餘邊，這樣不傷及原片，既可看見拼接面的原貌，又不妨礙拼接的密合，還便於核對。”凡組成綴合版的每一小片，桂先生或在非綴口的一個留得較寬的邊上，用鋼筆或鉛筆清晰地標記該片來自何書何頁何號，或在所綴各小片旁邊標注上“①②③”等小號，同時在貼片下的襯托紙上寫明：①是某書某頁片號；②是某書某頁片號；③……桂先生的字寫得清秀漂亮，非常好辨認。從這些仔細標注的文字上，既可一目了然該小片的來源，不會錯片，又便於校對。我接手的綴合版，除少量未來得及拼綴貼上外，大都拼綴貼上了毛邊紙，連同卡片一起，裝在特製的大紙袋中。先期參加《合集》編輯組的老同事告訴我說，所有的那些拼合版，都是桂先生一人親自動手細心剪貼的，沒有任何人協助她。

我能方便順利地完成覆核校對工作，完全得益於先生認真細緻的基礎工作和工整清秀的字跡。説實話，我這不能算作真正的甲骨綴合，因為桂先生已把大多數圖版拼綴在一起了，而且各小片的來源都作了標記，我要做的工作主要是：

第一，復查桂先生已拼綴好的每一版是由哪些片拼成的，逐一與原書各片核對，同時注明是否別人有過綴合；

第二，遇有桂先生未來得及拼貼的散片，經核對無誤後，再小心翼翼地學著先生的樣版，剪綴口邊拼綴貼在毛邊紙上；

第三，偶爾祇見卡片上有綴合號和部分剪下的片子（即還缺與之相拼的某片），或少量用摹本（還偶有少數照片）的，我則查找出原書補剪，或找出墨拓，經核對無誤，再拼綴貼好在白紙上；

第四，最後按每部書的出版先後集中抄錄成《拼合總表》，比如用《鐵雲藏龜》本身作拼綴的就簡寫作“鐵 43.1 ＋ 鐵 53.4（見《合集》1039）”；用《甲編》為主拼的則寫作“甲 1114 ＋ 甲 1154 ＋ 甲 1289 ＋ 甲 1749 ＋ 甲 1801（見《合集》1801）”；類推《乙編》或別的書亦如此。

以上工作都是為下一步《合集》分類排版或作為《附錄索引》用的。先生要求特嚴，曾再三強調，“千萬要仔細，儘量少出或不出錯最好”。

總之，我的任務就是校核全部綴合版使用過的書名、頁碼、片號及相隨的卡片中所填相關信息，最後依校對過的卡片整理抄錄成《拼合總表》。現在的《合集》沒有單附《拼合總表》，是因為《來源索引表》中包括了《拼合總表》的內容；也就是説，《拼合總表》都分散納入了《來源索引表》中，為省篇幅就省去了這個《拼合總表》。

　　剛進編輯組，我聽到要我協助桂先生搞拼綴就發怵，心裏有些犯嘀咕，對這項工作的意義可謂毫無認識，覺得沒什麼意思，所以很少在拼綴上多動腦子，致使個人在綴合上終無成果可言。但按當時人們普遍接受的"馴服工具"論教育："一切服從組織分配"，無條件接受。最後還是一一去做了，不過也僅僅是抄了六七本拼合記錄，並在此基礎上向桂先生交出了一份《拼合總表》。據我粗略統計，《拼合總表》中總共2000餘版。在眾多的拼綴中，少者由兩片綴成，多者十多片，比如今《合集》6530片用了《乙編》的14個小片拼綴而成（此片與《丙編》319版同，但《丙編》也未綴全）。從拼綴採用的著錄書刊與未刊行的拓本看，桂先生起碼採用了40多種，大概為"文革"前海內外所見著錄書刊的三分之二以上，用了上萬片材料。

　　由於數量龐大，少數拼綴不當的也有。這一點桂先生一開始就提醒我說："拼合中免不了有錯，發現就記下來。"我從頭到尾也有過某些懷疑，但實際核查後基本上沒有多大問題。據我現在所找出的當年個人工作日誌看，也許是個人當時的甲骨學水準太低，特別是甲骨綴合基礎知識缺乏與重視不夠，我祇在桂先生用《乙編》為主做的拼綴中校出過兩處問題：一處是先生所拼的"乙200＋乙364＋乙427"版中，我校出其中364片不能與另兩片相拼綴，後經王貴民先生證實，我纔大著膽子向先生說了。當我將這版請先生審閱定奪時，得到了先生贊許。其實應該是王貴民先生之功，因為他也發現這版中有問題。從此以後，我這個比較粗心的人也不好意思太粗心了。可是從那以後，我也祇校出另一片"乙1314＋乙8500"不能相綴。別的，除發現有某些書號、頁碼有筆誤外，我那時候確實沒有再發現什麼實質性的錯誤。先生早就提醒過"拼合中免不了有錯"，這就是說不是沒有問題了，確實是我當時沒有核對出來。比如三十年後，我室青年學者孫亞冰同志所舉《合集》10970 號，桂先生用《前》6.11.5 與 6.11.6 相拼的情況，憑我當時那點甲骨知識是很難看得出問題的。

《合集》出版至今，學者們在《合集》基礎上進行綴合取得了許多成果。更有海內外不少學者發表過評論，指出過某些存在的問題，但指出其原綴合片不當或錯誤的確實不多，這也是事實。《合集》的拼綴是非常龐大而繁瑣的工程，做到如此地步確屬不易，這也不難想見桂先生要付出多大的心血！所以說，沒有特別的毅力和耐心細緻，沒有高度的敬業精神和科學責任心，這是難以做到的。我敢說，在整個《合集》編輯組裡，除桂瓊英先生外，別人恐怕很難勝任！

先生領我入甲骨學堂奧

我進《合集》編纂組之前，雖然也多少接觸過一點甲骨學論著，但對甲骨學知識的瞭解還是膚淺得可憐，或者說甲骨學知識等於零。這決非個人的卑謙。記得剛進編輯組時，當時有位室領導特別通知我說："明天胡先生和桂先生可能要專門給你們幾位新參加的同志談話。"按當時慣例，每當新參加某項工作前，有關負責人總是要先做一番"熱愛本職工作"之類的思想教育，講工作意義如何。可兩位先生沒有那些老套路，桂先生直接拿出一些綴合大片，就指導我如何具體操作，並沒有強調拼合工作如何重要，有何意義。

桂先生和胡先生一樣，很關心青年同志的成長。我曾請教兩位先生，學習甲骨該從哪裏開始？先讀什麼書？桂先生親切地囑我，有時間先翻翻郭沫若的《卜辭通纂》《殷契粹編》或曾毅公的《甲骨綴合編》等書。胡先生則笑容可掬地說："蓬生麻中，不扶自直。在我們組裏，我看大家都能成為專家。"起初我不明白先生的用意，後來我纔覺悟到，郭老的《通纂》不僅是 20 世紀 30 年代前期綴合最多的（綴合 30 多版）著錄書，而且是學習甲骨文必讀的入門書。郭沫若《粹編》、曾毅公《甲骨綴合編》更使我領會到拼綴工作的重要意義和學術研究的價值。原來，這是桂先生對我的甲骨啟蒙教育，真是難得的教誨啊！兩位先生還多次對我說："書（指拓片著錄書）看多了就熟悉了，大家都會成專家。"記得兩位先生每次來組，一般總是先問問工作中有何問題，然後結合工作中的問題大家一起議論。很多時候胡先生都愛說："大家都是專家了（我知道指的是老同志）！"這句既謙遜又鼓勵肯定大家的話給我留下了深刻印象。

在我的工作日誌本裏，還留有桂先生用鋼筆親自寫的甲骨文父、尹、聿三字的不同形體。那是一次例會後，我看到一片卜辭中的尹字與聿字一樣，便趁兩位先生走到我座位旁時請教。先生就在我的本子上一邊熟練地描寫出這三字的各種異體，一邊詳細講解同一字在不同時期的特點。組裏有位年紀較大的同事，將甲骨文字寫在小本上隨身攜帶著，像記外語單詞一樣，有空就拿出來背誦。我有時也在兩位先生面前說學甲文是學"第二外語"。桂先生不止一次地鼓勵我說："甲骨文不是外國語，也不神秘。甲骨、金文、篆書、隸書直到今天通用的漢字是一脈相承的。看多了，慢慢就熟悉了。"很多時候在我不懂字辭時，她總是逐辭逐字教我讀，不厭其煩地給我講解單字的構形、意義及各條卜辭間的聯繫。桂先生在講解時有個最大的特點：總是要介紹不同學者的觀點。

在協助桂先生做拼合核對中，我不僅有機會翻檢大量原著錄書刊，而且對每部書的序跋總要先流覽一下，瞭解該書的編纂情況，這使我逐漸增加了不少甲骨學的知識。比如，我檢讀到郭沫若的《殷契粹編》112、113 片及考釋，始知王國維從綴合《戩》1.10 和《後》上 8.14 甲骨卜辭，證明了《史記·殷本紀》所記殷先公的可信及世次上報乙至報丁的小誤。《殷契粹編》113 考釋的綴合，再次證明商的先人上甲之後為報乙、報丙、報丁、示壬、示癸，"又為王說得一佐證"。

當我讀到陳夢家為《甲骨綴合編》所寫序言裏詳述綴合之必要後，我纔真正瞭解到拼綴工作有多麼重要。

由於甲骨卜辭是經過鑽鑿火灼契刻後埋藏地下，歷經了三千多年，質地疏鬆易碎，出土後大多破碎，加之收藏流傳過程中，收藏者祇重視有字部分，碎損無字者多被忽視。因而，已著錄的甲骨卜辭，有彼此本為一片但折後分散各處者；有同一片甲骨之上原本完整的卜辭語句可以相互拼合而分散在不同著錄書中者；甚至一個文字，都被分得支離破碎而不成文字難以句讀，這是出土後甲骨所常見的。由此可見卜辭字句的釋讀難度，不光是古今語言的差別使然，更是甲骨本身的破碎使然，從而這就影響了對辭義和卜辭內容的理解。所以陳夢家先生說："為求文例的研究，及窺見卜辭的完整記載，甲骨綴合實為最基本的工作。"呵！原來甲骨綴合是整理甲骨、研究卜辭工作中的不可缺少的非常重要的環節。沒有這一步，必然嚴重影響甲骨文與殷商史的深入研究。從此，我的思想深處纔真正體會到拼綴工作的艱巨和重大意義所在。

記得有一次我在胡、桂兩先生面前提及學者把考釋文字比作"天文學家在天空發現新星"，把拼合甲骨的甘苦比作"尋找'姘頭'"。桂先生說："考釋古文字和拼合甲骨的確不是容易的事。正確釋讀一個甲骨文對古史研究者來講，與天文學家在天上找到新星一樣有意義，也可以比。但說甲骨拼綴是'尋找"姘頭"'卻有點不好聽。我與厚宣（桂先生對胡先生的親切稱呼）說過另有一比：好比尋找那些在戰亂中失散多年的家庭成員，想使他們重新團聚一樣艱難。"我一想，"尋找'姘頭'"雖也一定程度上道出了甲骨拼綴的甘苦，可有點不雅，還是桂先生比喻得好。想想甲骨發現後，從清光緒末至中華人民共和國成立前，那真可謂戰亂不斷。甲骨文從王懿榮發現收藏後的一而再、再而三的易手、轉移失散，確實與戰爭有很大關係。桂先生的比喻是再恰當不過的！

桂先生做拼綴很慎重。甲骨中有不少同文卜辭，一些同文卜辭不僅字跡出於一人之手，而且卜辭的契刻部位也多有相同者，有如同一模具所鑄。因而，有的綴合雖然紋理、字形、刻辭内容都能對得上，但也不見得就很可靠，特別是不連接的所謂遙綴。我在剛參加這項工作時，就曾幼稚地"發現"還有很多可以綴合的。

組裏的同事也偶有拼合所得，有的表面看還很密合，但先生總是反復核對，特別注意是否同批出土，誰家所收藏。她認為，甲骨綴合具有一定的特殊性，一些甲骨如果僅看拓本，不驗原骨，綴合正確與否往往很難判斷。有的甲骨有兩個甚至更多的綴合者，其綴合結果或此是彼非，或此非彼是，或互有是非，或彼此皆非，均有可能。為確保正確無誤，綴合不能祇看拓片表面，因為同文的卜辭不少，還得參以實物；無實物者，出土地層的坑位、流傳的情況也是重要考慮因素。由此，我想到為何胡厚宣先生對甲骨流傳與收藏的轉移變遷十分重視，原來甲骨的流傳、收藏、轉移變遷對綴合也有重要參考價值。

桂先生的業績與奉獻精神永存

《甲骨文合集》（當時名為《甲骨文資料彙編》）自列為國家"十二年遠景規劃"重大項目後，在 1961 年成立《合集》編輯組開始工作，至"文化大革命"時暫停，到 1973 年恢復工作，終至 1978 年，《合集》開始出版。至 1982 年，這部"集 80 多年以來出土甲骨之大成"的《合集》，雖然歷經艱難，前後斷斷續續達 20 餘年，總算全部圖版 13 巨冊出齊了。

《合集》"為甲骨的空前的科學整理結集"。出版後"受到國内外有關方面的普遍稱許和歡迎"（《甲骨文合集補編·李學勤序》)。国内外等有關報刊都有報導和評論，充分肯定該書對甲骨學的巨大貢獻，一致認為《合集》是甲骨學史上"繼往開來的一座里程碑"(見《人民日報》1997 年 5 月 21 日專刊文《甲骨豐碑鑄，青春忽已逝》)。

回想《合集》出版前的 30 年中，由於有歷次主要科學發掘的計 25000 多片甲骨和相關考古發掘資料集中在臺灣(胡厚宣《八十五年來甲骨文材料之再統計》，《史學月刊》1984 年第 5 期)，大陸去臺學者又整理刊行了大批材料(如《殷虛文字》甲、乙、丙編)，同時帶出了一批新人，出版了相當數量且頗具影響的研究論著和工具書。一時間，海外學者(特別是中國港臺地区學者)的成果數量和影響都超過了我們，因而董作賓(彥堂)先生及海外學者曾認為："臺灣成了中國甲骨文研究的中心。"(日本《甲骨學》，1951 年 1 卷 1 號，第 23 頁)但是，隨著《合集》的出版，我們的一批中青年學者成長了起來，甲骨文研究的中心地位很快轉移到了大陸，徹底改變了甲骨文的"研究中心"在臺灣地區的看法。

這一切，都是與親自主持《合集》的總編輯胡厚宣先生和他的夫人、甲骨學研究中的親密戰友桂先生的工作分不開的。《合集》這個"里程碑"性的大項目，是他們共同提出來的，他們是最早的創意者和策劃人。桂瓊英先生更以普通編輯組成員的身份，"除了擔任全書籌備和搜集材料墨拓甲骨之外，還擔任了整個全書的拼合工作，由於她的耐煩和細心，作出了優越的成績"(《甲骨文合集·序》)。她盡了最大努力，把散見於 40 多種舊著中原為一片之折的甲骨，盡可能地尋出來加以拼掇復原。這項工作十分重要！經過綴合的甲骨有助於見識卜辭的完整記載，可避免研究者斷章取義、穿鑿附會，從而能正確理解與運用甲骨文資料來研究中國古史。所以業內人士都深知，甲骨拼合工作是整理研究甲骨文中的一項不可或缺甚至是極為重要的工作。

　　在《合集》的編纂工作中，桂先生肩負的這一重任是別人難以承擔的。按當時的條件，海外特別是臺灣的書刊，是很難及時看到的。比如，張秉權在臺灣用十多年時間，對照實物綴合 630 餘版編成的《殷虛文字丙編》，就是比較晚纔從海外輾轉購得的。桂瓊英先生則用董作賓的《殷虛文字》甲、乙兩編的上萬圖片就拼綴了 1000 版以上，不僅大多與張氏不謀而合，還比《丙編》多出了 300 多版。現在臺灣綴合甲骨最豐的蔡哲茂教授對此也驚歎道："晚近集大成者當以《甲骨文合集》的印行，桂瓊英先生拼綴了二千版的甲骨最為驚人。"（蔡哲茂《甲骨綴合集·自序》）

　　桂先生不幸於《合集》定稿即將出版的前一年即 1977 年因病去世。這位為《合集》鞠躬盡瘁的中年甲骨學者，熟諳甲骨，長期致力於拼綴。胡厚宣先生曾透露過，桂先生原有打算出一部大型《甲骨綴合》專著的心願，早在《合集》立項前，她就在夜以繼日地潛心研究前人有關著作，同時做《甲編》《乙編》的拼綴工作了。當時已經拼綴有數百版初稿，1958 年"大躍進"時，當時歷史所第一研究組（後來先秦史室的前身）的個人研究計畫還列有桂先生的《甲骨文綴合彙編》項目。後來全部按《合集》新的體例，被無條件納入了《合集》。

　　現在的《合集》總共收錄拼綴不下 2000 版，如果加上她尋回的同骨反面與骨臼，大約 2500 版。這些都是桂先生一人精心拼對親手完成的。要是將桂先生的成果匯成專集，那是遠遠超過迄今任何一位學者綴合成果的數倍！

　　當然，《合集》尚存沒有拼合的，但正如蔡先生所坦言，"由於《合集》已經分期分類，使得綴合工作更加容易"（蔡哲茂《甲骨綴合集·自序》），使後來的學者得以更方便快捷地綴合未拼綴的甲骨。蔡哲茂先生的《甲骨綴合集》360 多版成果即是在此基礎上取得的。可以說，甲骨拼綴迄未完結，還有很多工作須做。尤其是《甲編》《乙編》坑位地層記錄的發表及《乙編》新版與《乙編補遺》的出版，使這一大批甲骨拼綴和完善更有了條件。

特別應說的是，不論過去或今天，在甲骨學界，通常是有人綴合一兩版就可做一篇論文發表，綴合幾十版就可出專著，綴合上百版更是對甲骨學的巨大貢獻！被桂先生納入《合集》的綴合達 2000 多版，以她的條件和地位，本來有許多機會先期發表其眾多綴合成果，可是，她沒有以自己的名義發表過一篇論文，而是將她的全部科研成果毫無保留地融入了《合集》。這是多麼崇高的精神！桂瓊英先生為甲骨學無私奉獻的精神更加光彩照人，極為可貴！

桂先生一生默默奉獻、不為名利、勤勤懇懇、任勞任怨，具有崇高品質，是學術界的好榜樣！先生業績永存，永遠為甲骨學界所懷念和敬仰！

（原刊《中國社會科學報》2010 年 7 月 27—29 日　後海/19 版——刊出略有刪改）

本書圖版

第三章所附圖版

圖3—1　《甲》668（《合集》32757）

圖 3—2　　《粹編》8 + 267（《合集》28240 + 32612，《合補》9018）

圖 3—3　《乙編》3363

圖3—4　《屯南》2384

第四章所附圖版

圖 4—1　《集成》9509.1

圖 4—2　《集成》9509.2

圖4—3　《集成》6867

圖4—4　《彙編》1503

圖 4—5　《綴合》15（《合集》32439）

圖 4—6　《南·明》477（《合集》32087）

圖4—7 《屯南》777

圖4—8 《屯南》2366

圖4—9　《屯南》4015

圖4—10　《屯南》2342

圖4—11　《合集》32617（《綴合》336）

圖4—12　《合集》32690（《明後》B2526）

圖 4—13　《合集》32467

圖 4—14　《合集》32469

圖4—15 《合集》32389＋32482＋32440

圖4—16　《合集》32578

圖4—17　《合集》32483

圖 4—18　《合集》32658

圖 4—19　《合集》32577

圖4—20 《合集》32654

圖4—21　《合集》32655

圖4—22　《合集》32198

圖 4—23　《屯南》2281

圖4—24　《丙》124 正（《合集》1027 正）

圖4—25　《契》245（《合集》293）

圖4—26　《後・上》28・3（《合集》301）

圖4—27　《京》4065（《合集》32674）

圖4—28　《安明》2329（《合集》32055）

圖 4—29　《屯南》2100

圖 4—30　《文錄》666（《合集》24249）

圖4—31　《文錄》472（《合集》24252）

圖4—32　《續存·下》680（《合集》26246）

圖4—33 《合集》37852

圖4—34 《合集》36824

圖4—35　《合集》37854

圖4—36　《合集》37857

圖4—37 《合集》36182 + 《輯佚》690

圖 4—38　《合集》36482

圖 4—39 　《屯南》2064

圖 4—40 　《屯南》2350

圖4—41　《英藏》2526

圖4—42　《前》2 · 5 · 1（《合集》36486）

圖4—43　《屯南》2320

圖 4—44　《懷特》1903

圖 4—45　《合集》36492 +《合集》36969 +《懷特》1901

圖 4—46　《合集》33052

圖 4—47　《合集》35345

圖 4—48　《合集》36484

後　　記

　　"歷組卜辭提前說"，由此派生出的殷墟甲骨發展的"兩系說""先用字體分類再進行斷代"說的提出者是李學勤，率先跟進的是裘錫圭、林澐。學術界對這些問題的爭論已長達四十餘年，其延續的時間之長，參與的人數之衆，在甲骨斷代學史上都是空前的。

　　查閱李學勤的著述，可發現存在以下弊端：一是抽樣論證；二是對卜辭材料做牽強附會的解釋；三是不忠實於甲骨原刻，隨心所欲地篡改、拼合甲骨材料；四是缺乏考古學的基本常識；五是多見不能自圓其說、自我矛盾、有違常理之處；六是用"隨便猜測的結果作證據來創立新說"（嚴一萍語）。而以劉一曼、曹定雲、陳煒湛等爲代表的反對者，是從甲骨學、考古學、商代史諸方面對上述諸說進行了多層次、多角度、全方位地詳細批判與論證，指出上述諸說均不具有科學性，其在理論上是錯誤的，在實踐上是行不通的。

　　但令人遺憾的是，反對者的論述似乎在年輕學者中的影響遠不及李、裘、林的大。究其原因不外乎兩種：一種是在高校工作的李、裘、林，名氣大，有資源招收一代接一代的弟子，弟子或不加思考或因其他原因不得不承繼師說。另一種是因李、裘、林，特別是李學勤的論述簡單、直觀，很能迷惑人，如不加深入地檢驗、思考，則極易接受。而劉、曹等人因在科研機構工作，難得有資源培養學生；再加上其著述都是論證詳密的长篇巨製，深奧有加，如不下大功夫學習就很難掌握，特別是對那些缺乏考古學知識的人，理解起來就更加困難。

甲骨斷代的正確與否，不僅關係到甲骨學的發展，更重要的是直接關係到對商代史復原研究的正確與否。如：持“歷組卜辭提前說”者，把發生在武乙、文丁時期的對召方的戰爭給提前到了武丁時期，但賓組卜辭記錄武丁時期，召方與商王國是聯盟關係，不是敵國關係；又如持“兩系說”者，把為數不多的“無名組卜辭”的時代，沒有根據地斷定是康丁至帝辛，跨越五王一百多年的卜辭，由此把康丁時征伐夷方的戰爭與帝辛時征伐夷方的戰爭弄成是帝辛的一次戰役，直接抹殺掉了康丁伐夷方的功勞；而將“先用字體分類再進行斷代”弄成是斷代的首要標準，更是給甲骨斷代學研究造成了極度的混亂，其自相矛盾，不能自圓其說，隨處可見。

面對如此令人堪憂的甲骨學、商史研究狀況，我們課題組幾個人在 2020 年 10 月份懷有同感，覺得應該對四十多年來“歷組”卜辭時代等問題的爭論，做一個系統性的總結工作，即將爭論雙方的觀點做全面鋪開，並加以評議，特別是要收錄那些不被重視的反對方的代表作，以便於讀者對比閱讀，判斷孰是孰非，做出正確的選擇。我們相信，有志於甲骨學、商代史研究的青年學者終究會選擇“我愛我師，我更愛真理”的正確道路。

做出寫作決定後，我們致信、致電劉一曼、曹定云、陳煒湛諸先生，得到他們的全力支持。遂向中國社會科學院古代史研究所學術委員會、中國社會科學院離退休幹部工作局提出立項申請，均獲順利通過。

十分令人痛惜的是，在 2023 年 4 月全部書稿完成交付中國社會科學出版社後不久，課題組成員之一林小安先生卻因病溘然遠去。

　　本書的出版還要特別感謝責任編輯安芳女士。該書體量較大，是用繁體字書寫的充滿了甲骨文、金文、考古學、古文獻較繁難的資料，她都認真負責，精心編校，她對甲骨文等古文字已相當熟悉，提出了許多很好的修改意見，給出了許多很好的建議，付出了艱辛的勞動。在此，我們課題組對她表示由衷地感謝！

　　另説明，本書在文前附部分主張"歷組"卜辭是武乙、文丁卜辭學者照片。

本書課題組

2024 年 8 月 25 日